D1594178

VOYEZ DE VOS YEUX

SUPPLEMENTS

TO

VETUS TESTAMENTUM

EDITED BY
THE BOARD OF THE QUARTERLY

J.A. EMERTON – PHYLLIS A. BIRD – W.L. HOLLADAY
A. van der KOOIJ – A. LEMAIRE – R.E. MURPHY – B. OTZEN
R. SMEND – J.A. SOGGIN – J.C. VANDERKAM – M. WEINFELD
H.G.M. WILLIAMSON

VOLUME XLVIII

VOYEZ DE VOS YEUX

ÉTUDE STRUCTURELLE DE VINGT PSAUMES
DONT LE PSAUME 119

PAR

PIERRE AUFFRET

E.J. BRILL
LEIDEN · NEW YORK · KÖLN
1993

The paper in this book meets the guidelines for permanence and durability of the Committee on Production Guidelines for Book Longevity of the Council on Library Resources.

Library of Congress Cataloging-in-Publication Data

Auffret, Pierre, P.S.S.
    Voyez de vos yeux : étude structurelle de vingt psaumes, dont le
psaume 119 / par P. Auffret.
        p.   cm. — (Supplements to Vetus testamentum, ISSN 0083-5889 ;
v. 48)
    Includes bibliographical references and index.
    ISBN 9004097074 (alk. paper)
    1. Bible. O.T. Psalms—Criticism, interpretation, etc.
    2. Bible. O.T. Psalms CXIX—Criticism, interpretation, etc.
    I. Title. II. Series.
BS1430.2.A935   1993
223'.206—dc20   92-34557
                                         CIP

ISSN   0083-5889
ISBN   90 04 09707 4

PRINTED IN THE NETHERLANDS

TABLE DES MATIÈRES

AVANT-PROPOS

Le titre de ce livre, « Voyez de vos yeux ! »,[1] est emprunté à Si 51,27. La suite du texte dit: « comme j'ai eu peu de mal pour me procurer beaucoup de repos ». L'invitation à voir de ses propres yeux est celle qu'il nous tarde d'adresser au lecteur au départ de ces pages. Nous l'invitons à considérer le texte lui-même, en son architecture, pour y découvrir déjà une très large part de ses significations. Au vrai, cela ne nous a pas coûté « peu de mal », mais beaucoup de travail. Et pourtant, comparés au « repos » que donne la lecture ainsi obtenue, ce mal et ce travail sont bien peu de chose. Ainsi pouvons-nous souscrire au verset entier du Siracide et souhaiter au lecteur de pouvoir y souscrire plus pleinement encore, puisque – nous l'espérons – ce que nous lui proposons ici comme résultat de notre étude lui épargnera une bonne part de la peine que nous avons eue à l'obtenir. Alors nous pourrions dire, encore avec Si 33, 17-18: « Comme le vendangeur j'ai rempli le pressoir... Je n'ai pas travaillé pour moi seul, mais pour tous ceux qui cherchent l'instruction ».

Nous avons déjà souvent, et principalement à propos du Psautier,[2] tenté de mettre en oeuvre cette analyse structurelle des textes.[3] Encore une fois, elle ne prétend pas à définir l'oeuvre

---

[1] Nous nous référons au texte grec. La quasi-tautologie nous évoque cette pensée de Charles Péguy: « Il faut toujours dire ce que l'on voit. Surtout il faut toujours, ce qui est plus difficile, voir ce que l'on voit » (*Pensées*, Paris 1934, éd. Gallimard, p. 45). Quiconque a un peu travaillé les textes conviendra que – contrairement aux apparences – il n'y a pas là l'ombre d'une tautologie.

[2] Aux indications bibliographiques données dans la n. 2 de l'Avant-Propos à notre livre *Quatre Psaumes et un cinquième* (Paris 1992), ajoutons notamment, et sans donner ici les titres, les études structurelles au sujet des Pss. 13 (*BN* 53 (1990) 7-13), 21 (*VT* 40 (1990) 385-410), 37 (*SJOT* 1990/2, 13-43), 39 (*BTFT* 51 (1990) 118-138), 47 (*ScEs* 42 (1990) 61-75), 48 (*ScEs* 42 (1990) 305-324), 129 (*SEL* 7 (1990) 87-96), 146 (*RT* 90 (1990) 623-633), 93 (*ZAW* 103 (1991) 101-109), 82 (*BN* 58 (1991) 7-12), 25 (*EgT* 22 (1991) 5-31), 14 et 53 (*BZ* 35 (1991) 217-230), 46-48 (*ScEs* 43 (1991) 339-348), 50 (*FoOr* XXVIII (1991) 135-155), 77 (SJOT 1992/1, 92-122).

[3] Ce que nous avons eu l'occasion de faire à propos des Pss 14 et 53 dans «‹ Qui donnera depuis Sion le salut d'Israël ? › Etude structurelle des psaumes 14 et 53 », *BZ* 35 (1991) 217-230, et des Pss. 40 et 70 dans «‹ Les oreilles, tu mes (les) as ouvertes › Etude structurelle du Ps 40 (et du Ps 70) », *NRT* 109 (1987) 220-245. Ailleurs nous avons tenté de montrer l'apport de l'analyse structurelle à l'étude de collections de psaumes, soit 7-10 dans notre livre cité à la note précédente, 15-24 dans *La Sagesse a bâti sa maison*, OBO 49, Fribourg (S.) et Göttingen 1982, pp. 407-438, 46-48 dans nos quatre articles de *ScEs* (1990 et 1991) sur chacun de ces psaumes et sur l'ensemble des trois, 93-101 dans « Essai sur la structure littéraire

exégétique en sa totalité ; mais elle prétend bel et bien en offrir une
étape souvent incontournable parce que donnant cette vue d'ensemble du texte, que le texte lui-même propose, à partir de ces
indices qu'il fournit au lecteur. Nous l'appliquons ici au long et
grand Ps 119 de façon systématique et exhaustive, ce qui nous
permet, nous semble-t-il, un regard un peu neuf tant sur l'unité de
chaque strophe que sur celle de certains ensembles de strophes, et
partiellement sur celle de l'ensemble du poème. Mais auparavant
nous considérons du même point de vue les Pss 52, 54-60, 108, 62,
64-66, 78-80, 85, 91-92, nous efforçant à l'occasion de montrer
comment l'analyse structurelle permet de mieux saisir l'enchaînement des psaumes consécutifs dans *le Psautier*, ou encore les rapports entre psaumes opérant entre eux d'importants emprunts (Pss
57.60.108). Toutefois chacun des chapitres peut être lu indépendamment des autres.

Il nous reste seulement une dernière invitation à faire au lecteur
s'il veut tirer profit de ces pages, à savoir celle de pratiquer une
navette inlassable entre le texte et notre étude. A ce prix nous
sommes bien sûr qu'il y trouvera « beaucoup de repos » selon les
termes mêmes du Siracide.

---

du Psaume 94 », *BN* 24 (1984) 44-72, pp. 70-72, et enfin 120-134 et 135-138 dans
La Sagesse..., pp. 439-532 et 533-550.

ABRÉVIATIONS

AOAT	Alter Orient und Altes Testament
Avishur	Y. Avishur, *Stylistic Studies of Word-Pairs in Biblical and Ancient Semitic Literatures, AOAT* 210, Neukirchen-Vluyn, 1984
Bib	*Biblica*
BibOr	Biblica et Orientalia
BJ	*Bible de Jérusalem*
BN	*Biblische Notizen*
BSR	Bibliothèque de Sciences religieuses
BZ	*Biblische Zeitschrift*
CBQ	*Catholic Biblical Quarterly*
CBQMS	*Id.* Monograph Series
EgT	*Eglise et Théologie*
EstBib	*Estúdios Biblicos*
FoOr	*Folia Orientalia*
Girard	M. Girard, *Les Psaumes – Analyse structurelle et interprétation: 1-50*, Recherches Nouvelle Série 2, Montréal - Paris 1984
HeyJ	*The Heytrop Journal*
JANES	*The Journal of the Ancient Near Eastern Society*
JBL	*Journal of Biblical Literature*
JETS	*Journal of the Evangelical Theological Society*
JSOT	*Journal for the Study of the Old Testament*
JSOT Sup.	*Id.* Supplement Series
KB³	Hebräisches und aramäisches Lexicon zum Altes Testament, von L. Koehler und W. Baumgartner, dritte Auflage, Leiden 1967-1990
LV	*Lumière et Vie*
Mannati	M. Mannati, *Les Psaumes, 2 et 3*, Cahiers de la Pierre-qui-vire, Paris 1967
NRT	*Nouvelle Revue Théologique*
NTS	*New Testament Studies*
OBO	Orbis Biblicus et Orientalis
Ravasi	G. Ravasi, *Il Libro dei Salmi – Commento et attualizzazione II (51-100)* et *III (101-150)*, Bologne 1983 et 1984
RevQum	*Revue de Qumrân*
ScEs	*Science et Ésprit*
SEL	*Studi Epigrafici e Linguistici sul Vicino Oriente antico*
SJOT	*Scandinavian Journal of the Old Testament*
SVT	Supplements to *Vetus Testamentum*
THAT	E. Jenni et C. Westermann, *Theologisches Handwörterbuch zum Alten Testament*, Münich et Zürich 1971
TM	Texte Massorétique
TOB	*Traduction Oecuménique de la Bible*
Trublet-Aletti	J. Trublet et J.N. Aletti, *Approche poétique et théologique des Psaumes – Analyses et Méthodes*, Initiations, Paris 1983
TWAT	*Theologisches Wörterbuch zum Alten Testament*
UF	*Ugarit-Forschungen*
VT	*Vetus Testamentum*
ZAW	*Zeitschrift für die Alttestamentliche Wissenschaft*

CHAPITRE I

« ET MOI, COMME UN OLIVIER VERDOYANT... »
ÉTUDE STRUCTURELLE DU PSAUME 52

Dans son récent commentaire des Psaumes Ravasi[1] constate que presque tous les commentateurs du Ps 52 le subdivisent en trois strophes, 3-6, 7-9 et 10-11, la première traitant de l'impie, la seconde de Dieu (qui châtie) et des justes (constatant le châtiment), la troisième de l'orant avec l'assemblée. Dans son commentaire M. Mannati donnait à ces trois strophes les titres suivants « 1. portrait de l'impie, vv. 3-6 ; 2. annonce du châtiment, vv. 7-9 ; 3. bonheur des justes, vv. 10-11 ».[2] Cependant Ravasi précise que selon lui 10-11 répondent à 3-6 autour de 7-9, et qu'en 3-6 il faut distinguer 3 et 4-6, ainsi qu'en 7-9 de même 7 et 8-9. Au même moment J. Trublet et J.N. Aletti[3] proposaient pour leur part de distinguer deux parties bâties chacune selon un parallèle, soit pour 3-6 : a = v.3 (mal) ; b = v.4 (langue... qui fait imposture) ; a' = v.5 (mal) ; b' = v.6 (langue de mensonge), le parallélisme étant ici « basé sur le vocabulaire » ; puis pour 7-11: a = v.7 (Dieu punit le méchant) ; b = v.8-9 (réaction des justes: se moquent du méchant) ; a' = v.10 (juste béni et confiant) ; b' = v.11 (réaction: action de grâce), ces vv. 7-11 étant donc « articulés selon l'alternance des acteurs et de la *thématique* ».[4] Pour ce qui concerne 3-6 les propositions de Ravasi et Trublet – Aletti sont finalement convergentes, les derniers permettant d'affiner la proposition de Ravasi. Tous ont sans doute raison de distinguer 7 et 8-9 puisque, si articulés qu'ils soient l'un à l'autre, les thèmes en diffèrent nettement. On en dira autant avec Trublet – Aletti de 10 et 11. Cependant si 10 paraît bien faire écho à 7 comme ils l'avancent, la correspondance de 11 à

---

[1] Ravasi, II, sur la structure du Ps 52 pp. 68-70.
[2] Mannati, *Les Psaumes 2*, n.4 p. 167. Nous revenons ci-dessous, dans notre § 2., sur cette note, une mine pour l'analyse structurelle de notre psaume.
[3] Trublet – Aletti, p. 53.
[4] Ce changement de critères appellerait sans doute les remarques de J. Trublet lui-même dans « La poétique des psaumes », *LV* n° 202, 1991, pp. 55-73, à la p. 64: « Il faut absolument maintenir le même critère pour établir une division. Si l'on choisit le lexique, il faut déterminer toute la structure sur le lexique, et ainsi des autres critères ». Sans vouloir imposer au texte les règles du critique, nous nous efforcerons cependant d'appliquer avec le plus de rigueur possible la règle ici énoncée par Trublet.

8-9 est bien moins manifeste. Le changement de critères, du vocabulaire aux thèmes, qu'ils opèrent de 3-6 à 7-11, recouvre d'ailleurs sans doute quelque imprécision dans leur lecture de 7-11. Pour y remédier on pourrait recourir aux judicieuses remarques de M. Mannati dans sa note déjà citée: « le verset 9 synthétise le contenu des versets 3-6 en en donnant l'explication dernière, avec des reprises textuelles significatives: *héros* et *personnage* (nous traduisons ci-dessous: *l'homme*), mot d'une même racine prégnante, maléfices (nous traduisons ci-dessous: *crimes*) (vv. 4 et 9) (...) Le verset 10 contraste à la fois avec le v.7 (extirpation et enracinement) et avec le verset 9 (la foi mise en la richesse et la foi mise dans la *hessed*), et le verset 11 contraste avec le verset 3 (*todah* de YHWH, louange du mal)... ».[5] En reprenant ces remarques, une fois mieux précisées les diverses unités, nous aurons sous les yeux toute la structure littéraire de ce poème. Mais pour procéder avec ordre et méthode, nous commencerons par déterminer les unités et leurs structures (1.), étant alors à même de considérer la structure de l'ensemble (2.). En conclusion nous reviendrons brièvement sur les propositions de Ravasi et Trublet – Aletti pour les confronter à nos propres conclusions.

Nous empruntons largement sa traduction à la *Bible de Jérusalem*. Cependant, à la suite de Ravasi (p. 73), nous retenons la proposition de M. Dahood[6] pour 3-4a, rattachant (avec Dahood) la seconde proposition à la question initiale plutôt qu'à l'affirmation suivante (avec Ravasi). Nous restituons le COMME de comparaison en 4a (comme en 10a), PAROLE (*dbr*) en 5b, traduisons le verbe initial en 5a et 6a par PRÉFÉRER pour éviter la confusion avec AIMER/AMOUR (3b.10c.11d). Nous écrivons *Dieu* pour *'l*, et DIEU pour *'lhym*, traduisons « abondance de richesses » en 9c pour éviter la confusion avec bien (*twb*) en 5a. Nous nous efforçons d'obtenir un même mot français pour un même mot hébreu, et l'écrivons alors en CAPITALES. Mais, quand cela n'est pas possible, nous nous contentons d'écrire le mot français en *italiques* en le faisant suivre de la racine hébraïque récurrente (entre parenthèses). Nous transcrivons aussi les prépositions *b*, *l*, *mn*, sans cependant toujours en souligner la traduction pour obtenir un texte plus lisible. Les interlignes sont fonction de nos conclusions dont le lecteur aura ainsi une première idée.

---

[5] Soit en 11a et 3a, *rendre grâce* et *se prévaloir* dans la traduction ci-dessous.
[6] *Psalms II (51-100)*, Anchor Bible, New York 1968, pp. 11-13.

PSAUME 52

3a Pourquoi te prévaloir du (*b*) MAL, ô *héros* (*gbwr*),
3b AIMANT *Dieu* (*'l*), TOUT le jour 4. ruminer le CRIME ?
4a Ta LANGUE est COMME un rasoir effilé,
4b artisan (*'śh*) D'IMPOSTURE.
5a TU PRÉFÈRES le MAL au (*mn*) *bien* (*ṭwb*),
5b le mensonge à (*mn*) la PAROLE de JUSTICE ;
6a TU PRÉFÈRES TOUTE PAROLE qui dévore,
6b LANGUE D'IMPOSTURE.

7a C'est pourquoi *Dieu* (*'l*) t'écrasera,
7b jusqu'à (*l*) la fin te détruira,
7c t'arrachera de (*mn*) la tente,
7d t'extirpera de (*mn*) la terre des vivants.

8a Ils verront, les JUSTES, craindront,
8b et de lui se riront:
9a « Le voilà *l'homme* (*gbr*) qui n'a pas mis
9b en DIEU sa FORTeresse,
9c mais SE FIAIT à (*b*) l'abondance de ses richesses,
9d se faisant FORT de (*b*) son CRIME ! »

_____

10a Et moi, COMME un olivier verdoyant
10b dans (*b*) la maison de DIEU,

10c je ME FIE à (*b*) l'AMOUR de DIEU
10d TOUJOURS et perpétuellement.

11a Je veux te rendre grâce pour (*l*) TOUJOURS,
11b CAR tu as agi (*'śh*),
11c espérer ton nom, CAR il est bon (*ṭwb*),
11d devant ceux qui t'AIMENT.

1. *Détermination et structure des unités*

Pour 3-4aα nous avons donc adopté la traduction de Dahood qui fait remarquer qu'on obtient ainsi deux stiques (de 10 syllabes et 4 accents) agencés entre eux selon un chiasme:

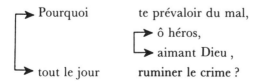

Le chiasme est encore un peu plus riche en hébreu où *crime* (répondant à *mal*) se lit avant *ruminer* (répondant à *se prévaloir*). A cette interpellation initiale fait suite une dénonciation en 4aβ-6. Cette dernière semble structurée comme le fera voir la mise en page ci-dessous des récurrences et correspondances:

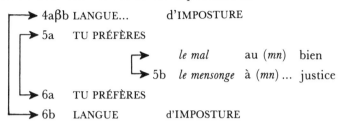

Le schéma d'ensemble est celui d'un chiasme à six termes.[7] Aux centres nous lisons les deux confrontations (et préférences du méchant) entre mal et bien, mensonge et parole de justice, puis, en allant vers les extrêmes, les deux TU PRÉFÈRES, et enfin les deux LANGUE + d'IMPOSTURE (même si en hébreu les mots, de même racine, sont légèrement différents). On voit que si 4aβb comporte deux stiques contre un pour 6b qui lui correspond, il en va à peu près à l'inverse pour 5aα (un demi-stique) par rapport à 6a (un stique entier), tandis que dans les centres c'est aussi le second qui double sensiblement les proportions du premier. Revenons à présent sur 3-4aα. Nous y lisons en parallèle le MAL (objet de *se prévaloir*) et le *crime* (objet de *ruminer*), soit un couple de termes fort semblable à celui que nous avons repéré aux centres de 4aβ-6, avec ici encore LE MAL comme premier terme, suivi du *mensonge*. Ainsi 3-4aα, en s'en prenant à ces options du méchant, annoncent les centres de 4aβ-6, qui font de même en précisant que MAL et *mensonge* sont préférés à *bien* et *justice*. La question initiale de 3-4aα prépare la dénonciation de 4aβ-6, dont nous venons de voir que les

---

[7] R.L. Alden, « Chiastic Psalms (II): A Study in the Mechanics of Semitic Poetry in Psalms 51-100 », *JETS* 19 (1976) 191-200, pp. 191-192, propose en un premier temps une structure concentrique autour de 5b pour 3-7b, 5a et 6a, 4 et 6b, 3b et 7ab se répondant donc successivement autour du centre. Ayant adopté une autre traduction pour 3b, nous ne pouvons souscrire à la correspondance entre 3b et 7ab, correspondance qui d'ailleurs – dans son hypothèse – est d'un autre type que les autres. Pour ce qui concerne 4-6, nous pensons avec lui, au terme de son commentaire, qu'il est préférable de rattacher 5b à 5a, étant donné le parallélisme des membres. On a alors 4 (LANGUE... IMPOSTURE) qui appelle 6b (LANGUE D'IMPOSTURE) et 5 (TU PRÉFÈRES...PAROLE) qui appelle 6a (TU PRÉFÈRES TOUTE PAROLE), soit un chiasme de type. ABba. Mais les deux PAROLES en question sont de nature opposée. On remarquera que comme Trublet – Aletti après lui, Alden ne se risque à une proposition de structure fondée sur le vocabulaire que pour la première moitié du psaume.

centres lui sont fortement apparentés. Articulant les deux, notons encore à la fin de la première et au début de la seconde la répartition des deux termes de la paire stéréotypée: *ruminer* (*ḥšb*) et *faire* (fait de l'artisan: '*śh*)[8], faisant se correspondre la rumination (*ḥšb*) du crime et l'artisan d'imposture. Ainsi ces quatre versets constituent-ils une unité bien structurée où à l'apostrophe initiale fait suite une ample dénonciation des méfaits du méchant. L'articulation entre apostrophe et dénonciation se joue d'abord à la charnière où nous lisons encore:

... ô aimant Dieu ,

tout le jour ruminer le crime ?

Ta langue est comme un rasoir effilé,

artisan d'imposture.

Si thématique qu'il soit, le chiasme est pourtant très perceptible. Au premier titre, sarcastique (aimant Dieu), le second répond sous un mode on ne peut plus direct (artisan d'imposture). A la rumination du crime fait suite la parole destructice. Selon une sorte de logique nous passons successivement de ce que le méchant aime (en fait le mal) à ce qu'il pense ou rumine, puis à ce qu'il dit (sa langue), et enfin à ce qu'il fait (artisan). On peut remonter à la source de son agir, on y rencontre déjà le mal. On peut aussi partir de ce qu'il a au coeur et découvrir sans la moindre surprise les conséquences qui s'ensuivent dans son action. Une récurrence importante passe du premier membre du chiasme de l'interpellation au premier centre du chiasme de la dénonciation: MAL. Ce MAL fait décidément l'objet de tous les points d'appui et préférences du méchant. Les deux termes AIMER (3b) et PRÉFÉRER ('*hb*: 5a.6a) constituent une paire stéréotypée.[9] AIMER étant employé sous un mode sarcastique en 3b, on voit que 3bα, 5a et 6a se répondent et accablent l'impie. La dénonciation de 4-6 est par là encore articulée aux questions initiales de 3.

L'unite thématique du v.7 est manifeste, ainsi que le parallélisme de ses deux derniers stiques, la récurrence de la préposition *mn* (de) y jouant un rôle évident. Le jeu de mots entre *r'h* (voir) et *yr'* (craindre) en 8a est si classique qu'il constitue même une paire stéréotypée.[10] En 8, entre les trois verbes, nous voyons comme insérés les partenaires ici en présence, soit *les justes* et *lui*, c'est-à-dire l'impie. Puisque le *crime* de 9d est en opposition radicale avec DIEU

---

[8] Voir Avishur pp. 83, 192, 283.
[9] Avishur p. 758 (à l'index: *ḥsd/'hbh*)
[10] Avishur p. 702.

nommé en 9ab, et que FORT(eresse) et FORT en 9ab et d sont de même racine, on appréciera l'inversion de 9ab à 9d dans « pas Dieu... forteresse » et « fort de son crime ». Ils encadrent 9c dont les données, parallèles à celles de 9d (confiance *dans* (*b*) les richesses, fort *dans* (*b*) son crime), dénoncent une abondance de biens d'autant plus illusoire quand nous en savons l'origine. Le v.8 étant l'introduction au discours du v.9, il est clair qu'il faut tenir ensemble ces deux versets, comme une unité. L'hébreu n'oblige pas à considérer le v.10 comme une unité syntaxique, puisque 10ab peuvent fort bien être lus comme une proposition nominale indépendante. Les thèmes sont d'ailleurs différents en 10ab (prospérité) et 10cd (confiance), même s'ils ne sont bien sûr pas sans rapport. Nous serons donc libres dans notre étude de la structure d'ensemble de voir en 10ab et 10cd deux unités distinctes. Tel qu'il est le v.11 présente un parallèle entre 10a (rendre grâce) + 10b (CAR...) et 11cα (espérer) + 11cβ (CAR...), le complément de 11d portant sur l'ensemble.

2. *La structure littéraire de l'ensemble*

Partons de la première remarque de Mannati, citée dans notre introduction, soit le v.9 comme synthétisant 3-6 en en donnant l'explication dernière, avec les récurrences significatives de CRIME (3b.9d) et *héros* (*gbwr*)/*homme* (*gbr*). Ajoutons, puisque 8, constituant son introduction, est inséparable de 9, la récurrence de JUST(IC)E (5b.8a), la correspondance entre *Dieu* ('*l*, 3b) et DIEU ('*lhym*, 9b), la répartition des deux termes de la paire stéréotypée *ḥsd*/'*wz*[11] en 3b (AIMANT) et 9d (se faisant FORT, avec déjà FORTeresse en 9b), et l'opposition entre les deux emplois de *mn* en 5 (suivis de *bien* et JUSTICE) et les deux emplois de *b* en 9cd (suivis de *richesses* et CRIME). Les deux paroles commencent de façon comparable, ici en interpellant le *héros*, là en traitant de cet *homme* qui... Puis ici et là s'oppose à Dieu ('*l* ou '*lhym*) le CRIME dénoncé chez ce héros ou cet homme. De manière sarcastique, il est dit ici AIMANT DIEU, mais là il est dénoncé explicitement comme « se faisant FORT de son CRIME », ce qui n'est que l'affirmation complémentaire de la première de ce discours, selon laquelle il « n'a pas mis en DIEU sa FORTeresse ». Eloquente également est l'opposition des deux emplois de *mn* et *b*, puisque les premiers marquent l'éloignement de l'impie par rapport au bien et à la justice, tandis que les seconds montrent ses points d'appui dans les richesses et le crime. Cette JUSTICE évoquée vers le terme de 3-6, où on lui préfère le men-

---

[11] Avishur p. 282.

songe, le cède au départ de 8-9 à la mention des JUSTES qui cette fois contemplent et expliquent la chute de l'impie. A l'autre extrême de chaque unité nous lisons en deux stiques consécutifs un emploi de *b* en des contextes analogues (se prévaloir *du* mal, se fier *à* l'abondance de ses richesses), puis une occurence de CRIME, en 3 et 9cd. Nous sommes ici et là aux extrêmes de deux ensembles de six stiques (3-5 et 8-9), 6 – nous l'avons vu – n'étant en somme qu'un reflet de 4 dans la structure interne de 3-6. Ainsi 8-9 sont-ils en étroit rapport avec 3-6, et de ces deux unités on peut dire qu'elles encadrent 7 selon un schéma ABA'.

Mannati faisait ensuite remarquer que « le verset 10 contraste à la fois avec le verset 7 (extirpation et enracinement) et avec le verset 9 (la foi mise en la richesse et la foi mise dans la *hessed*) ». « Extirpation et enracinement », c'est exactement ce que nous voyons s'opposer de 7cd à 10b, et cela d'une part grâce à l'opposition des prépositions *mn* (de) et *b* (dans), et d'autre part grâce à la répartition ici et là des termes de deux paires stéréotypées, soit *tente-maison*[12] et *terre-maison*.[13] L'un est arraché, extirpé de la tente, de la terre des vivants; l'autre prospère dans la maison de Dieu. Mais le rapport peut aussi se préciser pour ce qui précède soit en 7ab, soit en 10a, car ici aussi nous lisons un violent contraste: celui-ci est écrasé, détruit, à jamais, celui-là pour sa part est comme un olivier verdoyant. Ainsi nous pouvons lire en parallèle 7ab + 7cd // 10a + 10b. Mannati a ensuite repéré l'opposition entre 9 et 10cd. Le même verbe avec la même préposition (SE FIER A) est en effet employé ici et là, mais avec des sujets et des compléments opposés, soit l'impie et le fidèle comme sujets, puis l'abondance des richesses (avec, en parallèle, le CRIME en 9d, et déjà le non-appui sur DIEU en 9ab) et l'amour de DIEU comme compléments. Celui-ci n'a pas mis en DIEU sa forteresse ; celui-là se fie à l'amour de DIEU, 8 étant l'introduction à 9, nous dirons que se lisent en parallèle dans notre texte 7 (et même 7ab + 7cd) + 8-9 et 10ab (et même 10a + 10b) et 10cd.

Enfin Mannati avance que « le verset 11 contraste avec le verset 3 (*todah* de YHWH, louange du mal) ». Son rapprochement entre « se prévaloir du mal » (3a) et « rendre grâce à Dieu » (11a), pour l'exprimer dans les termes de notre traduction, est d'autant plus pertinent que les deux verbes ici employés (*hll* et *ydh*) constituent une paire stéréotypée.[14] L'opposition est voulue. On y ajoutera trois

---

[12] Avishur pp. 158 et 282.
[13] Avishur p. 66.
[14] Avishur pp. 146, 283 et 328.

récurrences: AIMER (3b.11d), artisan/agir (*ꜥśh*: 4b.11b), *bien/bon* (*ṭwb*: 5a.11c),[15] chacune manifestant les oppositions entre celui qui en fait n'AIME pas Dieu et ceux qui l'AIMENT, le premier agissant dans le sens du mal, au contraire de Dieu qui, lui, agit de telle sorte que se manifeste la bonté de son nom. Ainsi le fidèle selon 11 s'oppose comme point par point à l'impie selon 3-6. Et à présent, récapitulant les rapports décelés jusqu'ici, nous découvrons que le psaume peut se lire selon un chiasme qui se présente comme ceci:

$$
\begin{array}{l}
\rightarrow 3\text{-}6 \text{ (A)} \\
\quad \rightarrow 7 \quad \text{(B)} \quad + \quad 8\text{-}9 \text{ (C)} \\
\quad \rightarrow 10ab \text{ (b)} \quad + \quad 10cd \text{ (c)} \\
\rightarrow 11 \text{ (a)}
\end{array}
$$

Les lettres majuscules et minuscules pour les sigles entre parenthèses veulent indiquer les proportions respectives, toujours plus brèves (au moins de moitié) dans la seconde partie. Les deux enchaînements centraux (B + C et b + c) sont inclus entre les unités extrêmes (A et a). Le chiasme couvrant l'ensemble peut donc s'écrire: A + BC / bc + a. Nous avons vu plus haut comment 3-6 et 8-9 encadraient 7, faisant ainsi de 3-9 un ensemble structuré. Relevons ici que les deux mots qui se lisent au terme de 10c (DIEU) et au début de 10d (TOUJOURS) se lisent également à la fin du dernier stique de 10ab et à la fin du premier stique de 11, 10cd fonctionnant donc comme une sorte de charnière entre 10ab et 11. Dans la maison de DIEU s'épanouit la confiance en l'amour de DIEU,[16] une confiance qui entend durer TOUJOURS tout comme l'action de grâce qui en est l'expression. De plus de 10cd à 11 nous lisons dans les stiques extrêmes TOUJOURS (10d.11a) et AMOUR/ AIMER (10cd.11d). La confiance porte sur l'AMOUR de Dieu et l'action de grâce et l'espérance ont pour motif les bienfaits de Dieu pour ceux qui l'AIMENT. Et il y a aussi une correspondance entre les deux objets de la confiance et de l'espérance puisque *l'amour* et *la bonté* sont si bien apparentés qu'ils constituent une paire stéréotypée.[17] Nous pouvons donc finalement avancer que cette deuxième partie 10-11 possède sa structure propre, 10cd y fonctionnant comme une sorte de charnière et étant dans un rapport structurel assez

---

[15] Sans oublier la paire stéréotypée *bien/mal* (Avishur pp. 93, 122, 281) qui fonctionne de 3a et 5a (*rꜥ*) à 11 ꜥ(*ṭwb*). La bonté du nom s'oppose radicalement au mal que choisit l'impie.

[16] Relevons la même préposition (*b*) en 10c et 11a pour indiquer le lieu de la prospérité de l'olivier et l'objet de la confiance du fidèle.

[17] Avishur pp. 218-219, 281 et 662.

étroit avec 11. Du début au terme notons, comme une sorte d'inclusion, ce *moi...* qui peu à peu se situe au milieu de... *ceux qui t'aiment.*

L'agencement de l'ensemble en chiasme, tel que nous l'avons découvert ci-dessus, n'en exclut pas d'autres. Ainsi, si nous considérons les personnes grammaticales pour chacun des trois partenaires en présence, Dieu, l'impie, le(s) fidèle(s), nous pouvons constater d'abord que de ces derniers il n'est question que dans la deuxième partie 10-11, tandis que de l'impie il n'est question que dans la première. Par contre, de Dieu, il est question dans chacune des parties. Ainsi, à une exception près sur laquelle nous allons revenir, nous constatons qu'en 3-9 c'est l'impie qui est en rapport avec Dieu, mais en 10-11 le fidèle. En 3-9 il est question de l'impie à la 2ème pers. sg. en 3-6 et 7, puis à la 3ème pers. sg. en (8-)9. Inversement en quelque sorte, de Dieu il est question à la 3ème pers. sg. en 10ab et 10cd, puis à la 2ème pers. sg. en 11. L'impie est interpellé en 3-6 sur son rapport avec Dieu, en 7 sur le rapport que DIEU aura avec lui (dans la perspective du châtiment). Mais c'est à DIEU que le fidèle s'adresse en 11 quand il s'engage à l'action de grâce. En (8-)9, sans plus qu'il soit interpellé, l'impie est dénoncé pour son absence de rapport avec Dieu; mais en 10 ab et cd le psalmiste lui-même se présente dans son heureux rapport avec Dieu. Ici il nous faut ajouter au relevé ci-dessus la présence de la 3ème pers. pl. en 8, LES JUSTES comme sujets des trois verbes de ce verset. Ils sont en quelque sorte ce groupe duquel va se détacher celui qui parle en 10-11 à la 1ère pers. sg., 10-11 étant ainsi comme amorcés en 8. D'ailleurs – nous y revenons ci-dessous – ces JUSTES de 8 forment avec ceux qui AIMENT Dieu, cités au dernier stique de 10-11, une paire stéréotypée.[18]

De 3-9 à 10-11 il existe encore des rapports organisés passant de A et C à c et a, ou de A et B à b et a. En A (3-6) et c (10cd) nous lisons JUSTICE et AMOUR, puis en C (8-9) et a (11) LES JUSTES et ceux qui AIMENT, soit la même paire stéréotypée rapportée ici à JUSTICE et AMOUR, là à ceux qui en sont les tenants. La parole de JUSTICE (5b) est méprisée par l'impie, mais les JUSTES (8) à leur tour verront le sort misérable de ce dernier. Se fier à l'AMOUR de Dieu (10c), c'est s'acheminer vers la louange parmi ceux qui l'AI-MENT. En A (3-6) et b (10ab), premières unités de chacune des deux parties, nous lisons une comparaison introduite par COMME,[19]

---

[18] Avishur pp. 237 et 282.
[19] Ce sont ces deux comparaisons qui inspirent à Ravasi son titre pour ce psaume: « Il cinico è come lama affilata, il giusto è come olivo verdeggiante ».

l'une s'appliquant à l'impie (dont la langue est COMME un rasoir effilé), l'autre au fidèle (COMME un olivier verdoyant). Et en B (7) et a (11) nous lisons des expressions se rapportant à la durée: jusqu'à la fin (*lnṣḥ*), pour toujours (*lʿwlm*), deux expressions de même sens, mais ici encore dans des contextes opposés, puisqu'il s'agit d'une part de la ruine définitive de l'impie, mais d'autre part de l'action de grâce perpétuelle rendue à Dieu par son fidèle. Ces rapports AC/ca et AB/ba peuvent être présentés schématiquement comme suit:

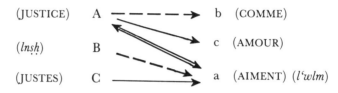

(JUSTICE)	A	b	(COMME)
(*lnṣḥ*)	B	c	(AMOUR)
(JUSTES)	C	a	(AIMENT) (*lʿwlm*)

Nous avons indiqué d'un trait plein les rapports A/c et C/a, d'un trait interrompu ceux de A/b et B/a. Et nous avons rappelé d'un trait double celui de A à a. Nous nous apercevons alors que A, initial dans la première partie, se trouve en rapport avec chacune des trois unités de la deuxième partie, et que inversement a, final dans la deuxième partie, est en rapport avec chacune des unités de la première partie. Pour ne pas rendre illisible notre tableau, et puisque les sigles les indiquent déjà, nous n'avons pas indiqué par d'autres traits les rapports de B à b et C à c. Mais à les prendre en compte, on s'aperçoit que B, au centre de la première partie, est en rapport avec les unités extrêmes de la deuxième partie, soit b (tente.terre/maison) et a (*lnṣḥ/lʿwlm*), tandis que c, au centre de la deuxième partie, est pour sa part en rapport avec les unités extrêmes de la première partie, soit A (JUSTICE/AMOUR) et C (SE FIER A). Grâce à l'ensemble des rapports repérés, on pourrait encore avancer une symétrie parallèle A + B // C + b (vu le rapport de C à A), et une symétrie concentrique tant pour A.B / C / b.c (vu le rapport de c à A) que pour B.C / b / c.a (vu le rapport de a à B). Les deux derniers ensembles ainsi déterminés permettent de mettre en relief le caractère de conclusion de 11 (après ABCbc) et celui d'introduction de 3-6 (avant BCbca), introduction et conclusion dont nous avons plus haut étudié les rapports. Autour du centre 8-9 jouent des oppositions entre 3-6 (justice méprisée) et 10cd (confiance dans l'amour) comme entre 7 (expulsion de la tente) et 10ab (prospérité dans la maison). Autour du centre 10ab jouent des oppositions entre 7 (destruction définitive) et 11 (action de grâce perpétuelle) comme entre 8-9 (confiance dans les richesses) et 10cd (confiance dans l'amour de Dieu). Les deux centres 8-9 et 10ab sont d'ailleurs les deux unités qui se trouvent au centre de notre psaume (aprés et avant deux autres unités). La lecture du poème offre donc successivement des ensembles en 3-9 (de type XYX'), 3-10b (de type XYX'Y'), 7-10 (de type XYX'Y'), 3-10 (de type XYZY'X'), 7-11 (de type XYZY'X'), et sur l'ensemble, rappelons-le, le chiasme A + BC / bc + a.[20] La trame est donc serrée, la structure complexe et riche de rapports variés et rigoureusement organisés.

* * *

Au terme de notre étude revenons sur les propositions de Ravasi et Trublet – Aletti. Il nous est bien apparu qu'il fallait, avec Ravasi, distinguer 3 de 4-6, mais que ces derniers, comme l'avancent Trublet – Aletti, présentent une structure propre que nous avons tenté de préciser. Nos trois auteurs voient juste quand ils distinguent 7 et 8-9. Mais si Ravasi a raison de tenir 10-11 pour un ensemble, Trublet – Aletti y distinguent à bon droit 10 et 11, et nous avons vu qu'il fallait même distinguer en 10 premiers et derniers stiques. Mais l'ampleur de la première unité en 3-6 a distrait nos auteurs d'une juste perception de la structure d'ensemble. Si, avec Ravasi, on prend l'ensemble 7-9, il faut lui donner pour pendant 10, et laisser se répondre aux extrêmes 3-6 et 11. Si, avec Trublet – Aletti, on tient à l'ensemble 7-11, il faudra d'une part en ajuster la structure (qui est concentrique, et non parallèle) et faire valoir comme introduction 3-6, et d'autre part montrer que 3-10 forment aussi un ensemble concentrique avant la conclusion de 11. Mais la structure la plus perceptible reste celle du chiasme qui entre 3-6 et 11 fait se correspondre en parallèle 7 + 8-9 et 10ab + cd. Après le volet consacré à l'impie vient celui qui concerne le fidèle. A l'un et à l'autre Dieu réserve le sort conforme à sa conduite, le premier étant voué à disparaître à tout jamais, le second vivant pour rendre grâce et louer pour toujours l'auteur de cette vie.[21]

---

[20] Nous hésitons à voir un chiasme commander les rapports entre les quatre dernières unités en 8-11, même si aux stiques extrêmes nous lisons les deux termes de la paire stéréotypée *ṣdyqym/ḥsydym* et dans les stiques du centre DIEU (précédé de *b*), mais les contextes tant de 8-9 et 11 que de 10ab et 10cd ne se prêtent pas à des rapprochements assez manifestes.

[21] W. Beyerlin, *Der 52. Psalm – Studien zu seiner Einordnung*, BWANT 11, Stuttgart 1980, considère (pp. 65-66 et 120-122) la séquence des deux psaumes 52 et 53 du point de vue qui est le sien (redaktionsgeschichtlich). De ses remarques, essentiellement thématiques, on pourrait tirer une sorte de parallèle entre nos deux psaumes, soit successivement entre 52, 3-6 et 53, 2-5 (présentations de l'impie), puis 52,7 et 53,6 (son châtiment), et enfin 52, 10-11 et 53,7 (salut de juste et

louange ou joie). On peut même appuyer ces rapprochements sur quelques indices, ainsi *śh* (52,4b ; 53,2d.4c), *twb* (52,5a ; 53, 2d.4c), *bl'* (52,6a) et *'kl* (53,5b) en tant que termes d'une paire stéréotypée (Avishur p. 677), et de même pour *ydh* (52,11a) et *śmh* (53,7c) (Avishur pp. 236-237). Ajoutons, encore à partir de paires stéréotypées, que, au vu de leurs contextes, s'opposent les emplois de *r'h* en 52,8a et *yd'* en 53,5a (Avishur p. 759, à l'index), comme ceux de *śym* en 52,9a et *ntn* en 53,7 (Avishur pp. 640-641 et 654. Par contre les négations *l'* en 52,9a et 53,5a.d et l'emploi du verbe *r'h* en 52,8a et 53,3a sont nettement de même sens). Mais, on le voit, les répartitions proposées pour chaque texte (52, 3-6.7.(8-9).10-11 et 53, 2-5.6.7) ne correspondent que vaguement à leurs structures littéraires (pour ce qui regarde celle du Ps 53 voir notre «' Qui donnera depuis Sion le salut d'Israël ? ›Etude structurelle des psaumes 14 et 53 », *BZ* 35 (1991) 217-230. Ce n'est donc pas ici l'analyse structurelle qui est la plus à même de faire valoir la séquence de ces deux psaumes.

CHAPITRE II

« JE RENDRAI GRÂCE A TON NOM »
ÉTUDE STRUCTURELLE DU PSAUME 54

Pour J. Trublet et J.N. Aletti[1] le Ps 54 présente une construction concentrique comme l'établissent le vocabulaire et la répartition des thèmes, soit:

a	= 3s	« sauve-moi par ton nom »	=	appel
b	= 5	« en veulent à ma vie (mon âme) »	=	ennemis contre
c	= 6	« voici, Dieu est mon aide »		
b'	= 7	« ceux qui m'espionnent »	=	ennemis punis
a'	= 8s	« à ton nom... il m'a délivré »	=	action de grâce

Mais il faudrait peut-être préciser en 5, ou compléter, le « contre », puisque ce n'est pas seulement au fidèle que les orgueilleux en ont, mais aussi à Dieu. De même pour 8-9 les thèmes paraissent plus divers que ne le laisse entendre cette présentation: le thème de la délivrance est précédé (en 8) par celui du sacrifice et de l'action de grâce, et peut-être même en 9 conviendrait-il de distinguer ce que fait Dieu et ce que fait le fidèle. De plus tous les indices ne paraissent pas exploités: il est d'autres récurrences que celle de TON NOM: sont aussi utilisées des paires de mots stéréotypées et des oppositions.

Commençons par proposer une traduction en fonction des conclusions que nous établirons ensuite. Largement empruntée à la *Bible de Jérusalem*, elle s'efforce cependant de faire valoir les récurrences et l'ordre des termes dans l'hébreu. Les récurrences sont portées en lettres CAPITALES. Nous signalons les prépositions *b* et *l* en les transcrivant simplement entre parenthèses. La traduction ici retenue pour 6b est proposée et justifiée dans de nombreux commentaires (par exemple Kraus, Mannati, Jacquet, Ravasi):

---

[1] Trublet – Aletti pp. 76-77.

3a O DIEU, par (b) TON NOM sauve-moi,
3b par (b) ton pouvoir fais-moi raison;
4a ô DIEU, entends ma prière,
4b prête l'oreille aux paroles de ma bouche !

5a CAR des orgueilleux ont surgi contre moi,
5b des forcenés pourchassent MON ÂME,

5c point de place pour DIEU devant eux,

6a Voici DIEU (qui vient) à (l) mon secours,
6b le Seigneur soutien de MON ÂME.

7a Que retombe le mal sur (l) ceux qui me guettent,
7b par ta vérité détruis-les !

8a De (b) grand coeur je t'(l)offrirai le sacrifice,
8b je rendrai grâce à TON NOM, CAR il est bon,

9a CAR de toute angoisse il m'a délivré,

9b et sur (b) mes ennemis mon oeil a regardé.

Pour saisir la structure littéraire de ce poème il nous sera particulièrement utile de partir des partenaires en présence, tenant compte
de la personne (grammaticale) selon laquelle ils nous sont présentés,
soit, sous forme de tableau:

	DIEU		LE FIDÈLE		LES ORGUEILLEUX
3-4	TOI	→	MOI		
5ab			MOI	←	EUX
5c	TOI	←			EUX
6	LUI	→	MOI		
7	TOI			→	EUX
8	TOI	←	MOI		
9a	LUI	→	MOI		
9b			MOI	→	EUX

Les flèches indiquent qui agit envers qui. En 6 et 9a c'est lui, Dieu,
qui agit pour moi, son fidèle. En 3-4 et 8 le sens s'inverse puisqu'à
l'action de TOI (Dieu) pour MOI répond celle de MOI pour TOI. De
même de 5ab à 9b: à ce que EUX (les orgueilleux) m'ont fait, à MOI,
répond ce que MOI je fais vis-à-vis d'EUX. Et encore de 5c à 7: EUX
n'ont pas tenu compte de TOI, mais TOI tu vas agir vigoureuse-
ment contre eux. Tenant compte de ces correspondances et inversions nous pouvons proposer les sigles suivants:

3-4 : A
5ab :   B
5c   :   C

```
6   : (A)
7   :           C'
8   : A'
9a  : (A)
9b  :      B'
```

De A (3-4) à A' (8) nous avons donc la récurrence de TON NOM, ici à l'oeuvre, là honoré, et aussi celle du *l*, l'oreille divine se prêtant *aux* paroles du fidèle en 4b, tandis qu'en retour selon 8a c'est *à* Dieu (à toi) que le fidèle offre le sacrifice. De A (3-4) à (A) (9a) jouent deux paires stéréotypées, soit *sauver-secourir*[2] et *sauver-délivrer*.[3] Notons aussi de 4 à 6 la préposition *l* suivie de la mention du fidèle (*aux* paroles de *ma* bouche, *à mon* secours). En B (5ab) et B' (9b) nous avons, répartis, les deux termes d'une paire stéréotypée se rapportant aux orgueilleux qui ont *surgi* et qualifiés d'*ennemis*.[4] Il y a encore quelques autres récurrences ou correspondances, mais qui ne s'inscrivent pas dans les unités de même type et ont une autre fonction. Nous y revenons plus loin. Déjà nous apparaissent comme deux parallélismes entre extrêmes et centres, soit A + B (3-5b) // (A) + B' (9), et C + (A) (5c-6) // C' + A' (7-8). En 3-4 il s'agit d'une demande et en 9a d'une chose obtenue, mais celle-là même qui était demandée. De 5ab à 9b nous avons déjà relevé le retournement. De 5c à 7 et de 6 à 8 nous lisons deux retournements: ceux qui ont méprisé Dieu, il est demandé à ce dernier de les détruire ; par contre à ce Dieu qui l'a secouru le fidèle promet l'action de grâce.

Mais ces parallélismes nous permettront aussi de découvrir une certaine structure décelable pour les unités A d'une part et pour les unités B et C de l'autre. Il nous suffira pour cela, en respectant strictement leur séquence dans le texte, de disposer comme suit nos unités:

```
        A    B
C      (A)
C'      A'
       (A)   B'
```

A considérer les unités A on voit le parallèle A... + ...(A) // A' + (A), et à considérer les unités B et C le chiasme B + C / C'... + ...B'. On sait les retournements opérés de B à B' et de C à C'. C'est encore un tel retournement qui s'opère de A à A' tandis que les deux unités

---

[2] Avishur pp. 71-72.
[3] Avishur pp. 88 et 225. Notons aussie que *secours-soutien* (en 6) constituent une paire stéréotypée: Avishur p. 233.
[4] Avishur p. 753 (à l'index).

(A) ne sont qu'une expression un peu plus solennelle (Dieu y étant à la 3ème pers.) de ce qui est énoncé dans l'unité A (où Dieu est interpellé à la 2éme pers.) Et nous pouvons ici situer quelques récurrences et correspondances. De C à A nous retrouvons DIEU (doublé de *Seigneur* en 6). De C' à A' nous trouvons les antonymes *mal* et *bon*, qui d'ailleurs constituent une paire stéréotypée,[5] l'opposition étant ainsi on ne peut plus évidente entre les ennemis et Dieu. De (A) à B', en 9a et 9b, nous trouvons, précédé le premier de *mn* (il s'agit d'être délivré), le second de *b* (il s'agit de dominer), les deux termes de paire stéréotypée *angoisse-ennemis*,[6] la complémentarité des deux stiques ne s'en percevant que mieux. Mais il est aussi des indices qui s'inscrivent dans l'ensemble des divers enchaînements. Relevons d'abord de AB à (A)B' une inversion. Nous lisons en effet CAR en B et en (A) pour introduire des données opposées (celles de 5ab et 9a). De A à B' jouent deux paires stéréotypées, soit *entendre-regarder*[7] de 4a à 9b, et *oreille-oeil*[8] de 4b à 9b. Nous avons comme la preuve de ce que Dieu a bien écouté son fidèle lorsque nous voyons ce dernier porter son regard victorieux sur ses ennemis. Ces correspondances jouent aussi – notons-le en passant – une fonction d'inclusion de tout le psaume puisqu'elles se lisent dans ses unités extrêmes. Curieusement il existe encore d'autres correspondances allant du premier (AB) au deuxième enchaînement (C(A)) comme du troisième (C'A') au quatrième ((A)B'). On lit en effet DIEU en A comme en C et MON ÂME en B comme en (A) de 6. Dieu est appelé au secours d'une âme pourchassée ; méprisé, on dirait qu'il réplique en venant soutenir l'âme de son fidèle. De C'A' à (A)B' il nous semble percevoir une certaine inversion. Nous lisons en effet CAR en 8 et 9a tandis que de 7 à 9b les verbes guetter et regarder sont d'un contenu assez voisin. En 8 comme en 9a CAR introduit à une donnée favorable au fidèle (bonté du nom, délivrance). En 7 le mauvais regard des ennemis est réduit à néant tandis que triomphe celui du fidèle sur eux en 9b. On notera enfin que le premier enchaînement, AB, reçoit un écho dans chacun des trois autres. Nous avons déjà repéré DIEU + MON ÂME de AB à C(A). De AB à C'A' nous retrouvons, dans le même ordre, d'abord un *b* (par) instrumental en 3 (*bis*) et 7b, introduisant à ces moyens par lesquels Dieu est appelé à agir (son nom, son

[5] Avishur pp. 93, 122, 281.
[6] Avishur p. 753 (à l'index).
[7] Avishur pp. 87, 263, 286 (voir aussi pour *entendre-prêter l'oreille* en 4ab pp. 101, 285, 665-666).
[8] Avishur pp. 570-571 et 578.

pouvoir, sa vérité), puis CAR en 5a et 8b, introduisant ici à une opposition entre les orgueilleux et celui-là qui est bon. Nous avons aussi relevé plus haut les correspondances (inversées) entre les enchaînements extrêmes.

Il n'est pas jusqu'aux proportions respectives des diverses unités qui ne s'harmonisent avec la structure de l'ensemble telle que nous l'avons présentée. Notons ici à côté de chaque unité, indiquée par son sigle, le nombre de stiques qu'elle comporte:

		A	: 4	B	: 2
C	: 1	(A)	: 2		
C'	: 2	A'	: 2		
		(A)	: 1	B'	: 1

De A à (A) nous passons de quatre stiques à deux, soit la moitié, puis de A' à (A) de deux à un, soit encore la moitié. Mais s'il en va encore ainsi de B à B' (deux, un), c'est l'inverse de C à C' (un, deux). Les deux premiers enchaînements pour l'un divise quatre par deux, multiplie pour l'autre un par deux. Les deux derniers enchaînements comportent des unités d'égale longueur (deux et deux, un et un). En faisant les totaux, on constate que AB comporte six stiques, puis C(A) trois, soit la moitié ; et de même C'A' en comportent quatre, puis (A)B' deux, soit la moitié.

Ainsi ce bref poème présente une structure littéraire complexe et offrant de nombreux jeux de rapports. Pour conclure cette brève étude nous considérerons à notre tour et sous l'angle structurel l'hypothèse de W. Beyerlin[9] selon laquelle les Pss. 52 et 54 primitivement se suivaient, le Ps 53 ayant été postérieurement inséré entre eux. Et si 52 et 54 étaient voisins, ce n'était pas sans raison comme nous allons, de notre point de vue, essayer de le montrer. Pour le Ps 52 nous nous référons à notre propre étude de sa structure,[10] y distinguant six unités organisées comme suit: A (3-6) / B (7) + C (8-9) / b (10ab) + c (10cd) / a (11). Notons d'abord, d'un psaume à l'autre, la position et la signification de certaines récurrences allant ici de A à a (52, 3-6 et 11) et là de A à A' (54, 3-4 et 8). En 52, 3-6 et 54, 3-4, soit dans la première unité ici et là, nous lisons *gbwr* (52,3a) / *gbwrh* (54,3b) et les deux termes apparentés[11] *langue* (52, 4a.6b) et *bouche* (54,4b). Ici il s'agit d'interroger (Pourquoi...) ce *héros* à la *langue* d'imposture ; là il est fait appel au *pouvoir* de celui qui écoutera favorablement la prière sortie de la *bouche* de

---

[9] W. Beyerlin, *Der 52. Psalm. Studien zu seiner Einordnung*, BWANT 11, Stuttgart 1980, pp. 67-68 (et 119-120).

[10] Voir au chapitre précédent, § 2. *La structure littéraire de l'ensemble.*

[11] Constituant d'ailleurs une paire stéréotypée selon Avishur p. 765 (à l'index).

son fidèle. Beyerlin lui-même a relevé l'étroite parenté de vocabulaire entre 52,11 et 54,8b: « *je veux te rendre grâce* (...), espérer *ton nom,
car il est bon* », « *je rendrai grâce à ton nom* (...), *car il est bon* ». Ces
citations suffisent à dire la parenté de thème entre ces deux unités.
Ajoutons ici que 52, 3-6 (A) est suivi en 7 d'une unité annonçant
l'extermination de l'impie, tandis que 54,8 (A') est précédé en 7
d'une unité appelant cette extermination.

Considérant toujours en nos deux psaumes leurs deux parties,
nous pouvons constater entre les dernières unités du premier (52,
8-9 et 11) et les avant-dernières de l'autre (54, 5c et 9a) les correspondances suivantes. Nous trouvons (en hébreu) la même expression en 52,9ab et 54,5c: *l' yśym 'lhym... l' śmw 'lhym...*, il n'a pas / ils
n'ont pas mis DIEU comme forteresse ou référence. Il s'agit bien ici
et là de dénoncer l'ignorance de Dieu où se tiennent les impies. Et
en 52,11b et 54,9a nous lisons une conjonction CAR introduisant à
des contenus très apparentés: « CAR tu (= Dieu) as agi », « CAR de
toute angoisse il (= Dieu) m'a délivré », ces énoncés étant donnés
ici et là comme motifs à l'action de grâce. Venons-en enfin à une
dernière remarque qui suggère un rapport entre la première partie
du Ps 52 et la deuxième du Ps 54. Nous lisons en effet ici et là aux
extrémités: *mal* (52, 3a.5a, avec d'ailleurs son antonyme *bien* dans
ce dernier stique, et 54,7a) et *voir/regarder* (*r'h*: 52,8a et 54,9b). Au
questionnement, aux reproches de 52, 3-6, on pourrait dire que la
malédiction de 54,7 donne comme une suite logique. Quant au
regard des fidèles (52, 8-9) ou du fidèle (54,9b) sur l'impie ou les
impies, il a ce même sens de triomphe et de vérification de l'inanité
du mal. Ainsi donc, à partir des données de l'analyse structurelle,
nous pouvons appuyer fortement, nous semble-t-il, l'hypothèse de
Beyerlin. Aussi apparentés, il est bien probable qu'à un certain stade
de l'élaboration du Psautier, nos deux psaumes aient été voisins. Et
même en la disposition actuelle du livre, leur parenté reste du plus
grand intérêt puisqu'ainsi ils se trouvent encadrer le Ps 53,[12] lequel
reçoit de cet encadrement un relief complémentaire.[13]

---

[12] Sur ce psaume voir, de nous, «‹ Qui donnera depuis Sion le salut d'Israël ? ›
Etude structurelle des Pss. 14 et 53 », *BZ* 35 (1991) 217-230.
[13] Sur le rapport de 53 à 52 on pourra lire les remarques de Beyerlin pp. 120-
123. De 53 à 54 notons au moins ceci – du point de vue structurel – : *Voir* (*r'h*) qui
se lit au centre de la première partie 53, 2-4 (voir l'article cité à la note précédente)
et *salut* (*yś'*) au centre de la dernière (53, 6-7) se retrouvent, en ordre inverse, dans
le premier et le dernier stique du Ps 54. Le regard du fidèle sur son ennemi a été
comme amorcé par celui de Dieu sur les fils d'humain. Et quant à la question sur
l'identité du sauveur, il apparaît bien qu'elle est résolue quand le fidèle s'adresse à
Dieu pour obtenir le salut.

CHAPITRE III

« IL NE PEUT LAISSER À JAMAIS
S'ÉCROULER LE JUSTE »
ÉTUDE STRUCTURELLE DU PSAUME 55

Si l'on en juge par les divergences entre les propositions de M. Mannati (1967)[1] et de G. Ravasi (1983),[2] deux auteurs attentifs à la composition d'ensemble de chaque psaume[3], la structure littéraire du Ps 55 est loin d'être clairement perçue. Mannati distingue trois parties: 2-12, 13-16 et 17-24. Ravasi voit s'ordonner concentriquement autour de 10-15 successivement 10 et 16, 7-9 et 17-20b, 3b-6 et 20c-23, le tout étant précédé de 2-3a et suivi de 24. Dans sa première partie Mannati distingue 2-3a, 3b-9 et 10-12, dans la seconde 13-15 et 16, dans la troisième 17-18, 19-23 et 24a-d, une conclusion faisant suite à l'ensemble en 24e.[4] Nous reviendrons à propos de la traduction sur la césure entre 3a et 3b ou 3b et 4. En 3b-9 Mannati distingue avec raison 3b-6 et 7-9, et en 3b-6 sa distinction entre 3b-4 et 5-6 ne manque pas de pertinence. Il faut aussi avec elle distinguer 13-15 et 10-12. Nos deux auteurs s'accordent à reconnaître comme unités 3b-6, 7-9, puis également 16. Ravasi va certainement trop loin en considérant 17-20b comme une unité, mais même Mannati qui ne distingue pas entre 17 et 18 et considère ensuite 19-20b comme une unité. Ici joue l'interprétation adoptée pour le v.20. Mais il reste de toute façon manifeste que 19-20b, et *a fortiori* 17-20b, abordent successivement plusieurs thèmes qu'il importe de distinguer. Prendre 20c-23 (avec Ravasi) ou même seulement 21-23 (avec Mannati) pour une unité, c'est trop simplifier. D'ailleurs Mannati subdivise 21-23 en

---

[1] Mannati, *Les Psaumes 2*, p. 183 et n. 9.
[2] Ravasi 104-107.
[3] Beaucoup d'autres souscriraient par exemple à cette assertion de J. Krašovec, *Antithetic Structure in Biblical Hebrew Poetry*, SVT XXXV, Leiden 1984, p. 69: "It would appear that the unity of the psalm depends on its emotional and intellectual content rather than on its structural composition. This is why Ps 55 will not lend itself easily to a rigid analytical procedure". Nous nous efforcerons de montrer que sans raideur, mais avec précision, l'analyse structurelle peut permettre, fut-ce au prix de quelque difficulté, de percevoir des critères de composition plus objectifs que ceux auxquels croit devoir s'en tenir Krašovec.
[4] Nous donnons les références en fonction de la répartition des stiques adoptée dans notre traduction ci-dessous.

21-22 et 23. Elle semble aussi avoir raison de distinguer le dernier stique de 24, ce que Ravasi ne fait pas. Bref pour ce qui est de la distinction des unités ces deux auteurs (et surtout Mannati) nous mettent sur la bonne voie, hésitant cependant là où le texte est lui-même difficile. Mais on voit bien que leurs propositions d'ensemble sont très différentes. Dans les titres qu'elle donne aux unités Mannati rapproche avec raison par exemple 3b-6, 13-15, 21-22 (avec 23: nous verrons plus loin pourquoi), ou encore 2-3a et 17-18 (selon ses subdivisions), ou encore 10-12, 16 et 24a-d. Mais elle ne parvient pas à manifester une véritable structure dans notre texte. Ravasi s'y applique, mais au prix d'approximations dans la détermination des divers termes de la symétrie concentrique qu'il croit percevoir en 3b-23. Pour notre part nous partirons de la détermination et de la structure de chaque unité pour établir la structure littéraire successivement de 2-16 (1.), 16-24 (2.), puis de l'ensemble du poème (3.).

Notre traduction s'inspire de celles de la *Bible de Jérusalem* et de L. Sabourin,[5] de ce dernier pour 3b.4b.4d.9b.10a.15b.16a.16c.19c[6]. 20c.24d. Nous nous efforçons ici ou là de traduire plus littéralement, de garder si possible l'ordre des termes de l'hébreu et de rendre les récurrences de termes, évitant aussi d'en susciter qui ne tiendraient qu'à la traduction.[7] Comme le fait par exemple Ravasi (p. 100), nous traduisons littéralement le v.13, le texte obtenu étant d'ailleurs très satisfaisant. Au v.15 nous lisons *yḥdw* initial comme s'appliquant aux deux propositions, et *bbyt 'lhym* comme s'appliquant simultanément à la première proposition (que donc elle achève) et à la seconde (que donc elle amorce), soit:

avec qui ensemble   nous vivions une douce intimité
                     dans la maison de Dieu
                     nous marchions avec la foule.

Pour rendre le texte supportable en français nous avons introduit un relatif avant la dernière proposition (où). Nous avons écrit les termes récurrents en lettres CAPITALES, mettant en *italiques* et transcrivant entre parenthèses ceux qu'il n'était pas possible de rendre par un même mot français, ce que nous faisons également pour les prépositions *mn*, *l*, *b*, *'l*, *k*, ici toutefois sans souligner la traduction.[8] Nous avons restitué le plus possible la conjonction *w*

---

[5] *Le livre des Psaumes traduit et interprété*, Recherches Nouvelle Série 18, Montréal-Paris 1988, pp. 258-261.

[6] Si l'on retenait l'option *BJ* pour *19c*, on aurait une récurrence de *rîb* de 10c à 19c.

[7] Comme dans *BJ*: *loin* (8a) et *s'éloigner* (12b), *entendre* (2a.18c.20a).

[8] Nous ne soulignons pas non plus « réponds » et « humiliera » en 3a et 20a

(ET, MAIS), mais avons dû l'omettre en 4a.11c.13b.20b.18a (la première). Nous mettons encore en *italiques Dieu*, traduisant la seule occurrence de *'l* que nous transcrivons entre parenthèses (20a). Les interlignes sont nôtres et indiquent les unités telles que nous les justifions dans l'étude qui va suivre.

2a Prête l'oreille, ô DIEU, à ma prière
2b ET ne te *dérobe* (*'lm*) pas à (*mn*) ma supplique,
3a donne-moi (*ly*) audience ET réponds-moi.
3b ConDESCENDS à (*b*) ma PLAINTE.

4a JE FRÉMIS sous (*mn*) les CRIS de l'ENNEMI,
4b devant (*mpny*) le regard du méchant.
4c CAR ils me (*'l*) chargent de CRIMES
4d ET m'invectivent en (*b*) pleine figure.
5a Mon COEUR se tord AU (*b*) DEDANS de moi
5b ET les affres de LA MORT tombent sur moi (*'ly*).
6a CRAINTE ET tremblement en moi (*by*) pénètrent
6b ET un frisson m'étreint.

7a ET je dis: qui me (*ly*) donnera (*ntn*) des ailes
            comme (*k*) à la colombe,
7b que je m'envole ET me pose ?
8a Voici: au loin je m'enfuirais,
8b je gîterais au (*b*) désert.
9a J'aurais bientôt un asile pour moi (*ly*)·
9b contre (*mn*) le vent d'orage (et) contre (*mn*) la tempête.

10a Détruis, Seigneur, leur langue bifide,
10b CAR je vois la violence
10c ET la discorde en (*b*) la ville ;
11a de JOUR ET de nuit elles tournent
11b en haut de (*'l*) ses remparts.
11c CRIME et peine sont AU (*b*) DEDANS.
12a La ruine est AU (*b*) DEDANS,
12b ET jamais de (*mn*) sa grand'place NE s'écartent
12c FRAUDE et tyrannie.

13a CAR ce N'est PAS un ENNEMI qui m'a insulté:
13b je l'aurais supporté !
13c Ce N'est PAS mon rival qui s'élevait contre moi (*'ly*):
13d à lui (*mmnw*) je me serais soustrait.

---

bien que soient semblables les deux racines utilisées, mais justement semblables seulement.

14a MAIS TOI, un HOMME de (*k*) mon rang,
14b mon ami et mon confident,
15a avec qui ensemble nous vivions une douce intimité
15b dans (*b*) la maison de DIEU (où) nous marchions avec (*b*) la foule.

16a Que sur eux (*'lymw*) LA MORT l'emporte,
16b qu'ils DESCENDENT vivants au shéol,
16c CAR le mal est dans (*b*) leur gorge, AU (*b*) DEDANS d'eux.

17a MOI, vers DIEU j'appelle
17b ET YHWH me sauve.

18a Le soir, le matin ET à midi
18b JE me PLAINS ET FRÉMIS.
18c Il ENTEND mon CRI.
19a Il rachète dans (*b*) *la paix* (*šlwm*) mon âme
19b de (*mn*) LA GUERRE qu'on me (*ly*) FAIT.

19c CAR ils sont en (*b*) nombre contre moi.

20a *Dieu* (*'l*) ENTENDRA ET il les humiliera.

20b Lui trône dès l'origine ;
20c Pour lui (*lmw*) il n'est point de changement.

20d MAIS ils NE CRAIGNENT PAS DIEU.

21a Il étend les mains contre (*b*) *ses alliés* (*šlmyw*)
21b ET il a violé son pacte ;
22a plus onctueuse que (*mn*) la crème est sa bouche,
22b MAIS son COEUR FAIT LA GUERRE ;
22c ses discours sont plus doux que (*mn*) l'huile,
22d MAIS eux, ce sont des épées nues.

23a Décharge sur (*'l*) YHWH ton fardeau
23b ET lui te subviendra.
23c Il NE peut *laisser* (*ntn*) à jamais (*l'wlm*)
23d s'écrouler (*l*) le juste.

24a ET TOI, DIEU, tu les fais DESCENDRE
24b dans (*l*) le puits du gouffre,
24c les HOMMES de sang ET de FRAUDE.
24d Ils N'arrivent PAS à la moitié de leurs JOURS.

24e MAIS MOI je compte sur (*b*) toi.

1. *Structure des unités et de l'ensemble en 2-16*

L'appel à l'attention de 2-3 est construit simplement. Le parallélisme des termes en 2a et 2b (A.B. // A.B) se retrouve en 3a, plus serré du fait de l'abrègement des seconds, simples pronoms (suffixes ; A.b. // A.b), tandis que 3b retrouve les proportions de 2a et b (A.B). – L'ensemble 4-6 inclut la présentation des ennemis en leurs méfaits (4aβ-d) entre le verbe initial JE FRÉMIS et le long déploiement qu'en constituent en quelque sorte les vv. 5-6. Cela précisé, nous avons donc principalement deux ensembles de quatre stiques, le premier presque totalement consacré aux ennemis, le second aux tourments du fidèle. En 4 relevons les deux emplois de *mn* (le second en *mpny*) parallèles en 4a et b, tandis qu'autour de 4c s'opposent *le regard* du méchant (4b) et *la figure* du fidèle (4d) en un dramatique face à face. Autour de 4c on pourrait même voir se répondre en parallèle les cris de l'ennemi (4a) + le regard du méchant (4b) // ils m'invectivent (4dα) + la figure du fidèle (4dβ). Entre les deux visages de l'ennemi et du fidèle ne passent pour l'heure que les cris menaçants et les invectives des ennemis.[9] En 5-6 le parallélisme des stiques centraux, 5b et 6a, est manifeste, l'hébreu respectant ici et là la même séquence verbe + complément (tombent sur moi // pénètrent en moi). Si l'on se réfère encore à l'hébreu, on verra par contre une certaine inversion de 5a à 6b puisqu'aux extrêmes la torsion du coeur appelle le frisson (dernier mot en 6b), tandis qu'au terme de 5a et au début de 6b nous lisons « au dedans de moi »[10] et « m'étreint », soit le lieu ou la façon dont cette torsion et ce frisson atteignent le fidèle (1ère pers.). Dans les trois derniers stiques de 4 nous lisons *'ly* (4c) entre les deux termes apparentés regard (4b) et figure (4d) ; dans les trois premiers stiques de 5-6 nous lisons de nouveau *'ly* (5b), cette fois entre deux compléments introduits par *b* en 5a (*bqrby*) et 6a (*by*). A ne considérer que les quatre stiques centraux en 4-6 on pourra encore relever qu'y sont répartis en chiasme *'ly* (4c et 5b) et *b* (*b'p* en 4d et *bqrby* en 5a).

Pour faire saisir la structure littéraire de 7-9 nous dresserons d'abord la mise en page suivante:

---

[9] Cette structure du v.4 plaide à sa manière en faveur de l'interprétation de Sabourin pour 4d (*figure*, plutôt que *rage*) et 4b (*regard*, plutôt que *huées*).

[10] A lui seul le stique 5a présente comme une structure aba' si l'on tient compte du fait que *lb* et *qrb* constituent une paire stéréotypée selon Avishur, p. 761 (à l'index), mais ici *lb* est sujet du verbe auquel pour cette raison nous le rapportons pour l'établissement de la structure de 5-6.

QUI...

```
me (ly) ...    des ailes
       ...    m'envole        +   me pose
       ...    m'enfuirais     +   je gîterais
                    ... un asile          pour moi (ly)
                  CONTRE LE VENT...
                  CONTRE LA TEMPÊTE...
```

Le problème est de trouver quelqu'un qui donne au fidèle les moyens de résister au vent et à la tempête: les deux termes de ce problème se lisent aux extrêmes de notre morceau. Le premier est suivi et le second est précédé par *ly*, soit la mention du destinataire de l'action attendue. Et entre ces deux *ly* nous est précisé ce qui est souhaité selon un schéma A.AB.AB.B, les trois termes A indiquant le moyen (des ailes) et le mode du mouvement (s'envoler, s'enfuir), les trois termes B le terme de ce mouvement: se poser, gîter, en un asile.[11]

L' ensemble 10-12 comporte un bref appel à l'intervention du Seigneur dans le premier stique (10a), puis cet appel est longuement motivé, dans les huit stiques qui suivent, par l'évocation de ce qui se passe dans la ville. Ces huit stiques respectent une certaine structure que montrera d'emblée le tableau suivant:

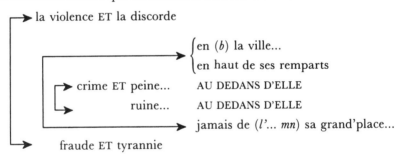

Nous avons ici traduit littéralement les finales de 11c et 12a où on lit en effet le pronom ELLE se rapportant à la ville. Dans les deux colonnes de notre tableau le lecteur aura facilement repéré d'abord les mentions de tout ce qui advient de défavorable, presque toujours exprimé par des couples de termes (avec ET), puis les mentions diverses des lieux (ville, remparts, DEDANS D'ELLE, grand'place). Dans celles-ci les première et dernière sont introduites respectivement par *b* et *l'... mn* qui y équivaut, les deux centrales sont identiques. Les flèches indiquent le chiasme sur

---

[11] Au terme de chaque série A et B, on trouve en hébreu une expression de même type: *'rhyq ndd, 'hyš mplṭ*, je mènerais loin la fuite, je me hâterais vers l'asile.

l'ensemble, qu'on pourrait symboliser à l'aide des sigles M (maux) et L (lieux) par: M / L / M.L / M.L / L / M. En 10c–11b on peut encore repérer un chiasme entre les mentions extrêmes des lieux (ville... remparts) et les précisions de temps au centre (... jour ET nuit...), 11 déployant pour ainsi dire la dernière expression de 10bc: en la ville, oui jour et nuit en haut de ses remparts.

A première lecture on perçoit qu'en 13-15 le virage se prend pour ainsi dire en 14a avec MAIS TOI... En 13ab et cd nous lisons en parallèle:

13a ce N'est PAS un ennemi (x)	13c ce N'est PAS mon rival (x)
qui m'a insulté (y)	qui s'élevait contre moi (y)
13b j'aurais supporté (z)	13d à lui je me serais soustrait (z)

Nous avons traduit littéralement 13b (j'aurais supporté, plutôt que: je l'aurais supporté, qui pourrait laisser entendre que l'objet du verbe est l'ennemi), si bien que de 13ab à 13cd le lecteur peut voir les déterminations nouvelles, de *un* ennemi à *mon* rival, de « j'aurais supporté » (sans complément explicite) à « *à lui* je me serais soustrait ». Et entre les éléments (y) on peut considérer qu'il y a au moins un crescendo puisque un d'un simple complément d'objet (suffixe en hébreu) on passe à *contre moi* ('*ly*, ici d'ailleurs précédant le verbe). Ainsi de 13ab à 13cd les choses se précisent ou s'intensifient: s'il s'était agi d'un ennemi (quelconque) ou même de mon rival, j'aurais trouvé la solution. Après le stique 14a, si nous utilisons les même sigles que ci-dessus, nous pouvons lire (avec l'exposant 'marquant ici le sens positif de ce qui est évoqué): x' (mon ami), x' (mon confident), Y' (avec qui nous vivions une douce intimité...), Y' (nous marchions avec la foule), *ami* et *confident* s'opposant évidemment à *ennemi* et *rival*, tandis que *l'intimité* ou *la marche* commune sont aux antipodes de *l'insulte* ou du fait de *s'élever contre* quelqu'un. En 14a nous avons l'interpellation à un égal, à quoi convient donc le sigle (X'), la parenthèse voulant signifier le caractère encore assez neutre de l'expression (comparée à *ami, confident*). Dès lors autour de (X') nous voyons se répondre x.y.z // x.y.z et x'.x' + Y'.Y'. Le regroupement des titres d'*ami* et *confident*, puis des deux évocations du compagnonnage donne évidemment à 14b-15 un caractère pressant, tout à fait différent du ton presque neutre dont sont exposés en un exact parallèle les deux cas de figure de 13ab et 13cd. C'est que ces cas, hypothétiques, ne se sont justement pas produits. La réalité, c'est ce qui est exposé en 14-15. Ainsi 14a est-il comme encadré par deux panneaux qui sont loin d'être symétriques. D'une part 13b et 13d n'ont pas de correspondant en 14b-15, ni même à strictement parler 13aβ (insulte) et 13cβ (s'élever contre), comme si l'auteur n'avait pas de mots, ni pour évoquer l'hostilité d'un ami, ni pour suggérer l'issue à un événement aussi inattendu. Les silences de 14b-15 par rapport à 13 sont donc très parlants. La phrase de 14-15 reste en suspens (les points de suspension au terme de 15 sont très importants). Déjà de 14a à 14b tout se passe comme si, dans la situation où il se trouve, le psalmiste ne pouvait pas immédiatement prononcer les mots d'*ami* et *confident*. Il emploie d'abord une expression assez neutre « un homme de mon rang ». La structure littéraire de cet ensemble, les oppositions et dissymétries entre 13 et 14b-15 autour de 14a, sont d'un effet puissant.

Il vaut la peine ici de considérer ensemble 10-12 et 13-15 d'un point de vue structurel. Du premier au dernier stique de l'ensemble on peut voir se répondre *Seigneur* et DIEU. Mais, de façon plus serrée, on verra s'opposer 10bc et 14b-15. En effet *mon ami* ET *mon confident* s'opposent assez nettement à *la violence* ET *la discorde*, et, alors que celles-ci se découvrent DANS (*b*) la ville, l'ami et confident se rencontrent DANS (*b*) la maison de DIEU, c'est-à-dire dans le temple, soit au coeur de la ville. Une autre correspondance, plus ténue, se prend d'ici à là à partir de la paire stéréotypée *voir-connaître*[12], la racine de ce dernier terme (*yd'*) étant celle du mot ici traduit confident.[13] Le psalmiste voit donc de ses propres yeux violence et discorde dans la ville ; mais – pire encore – son ami, son confident, celui-là même qu'il connaît mieux que personne, dans la maison de Dieu, l'a trahi. De 11-12 à 13–14a on peut voir se correspondre:

(*'l*) crime ET peine (11bc)	(*l'*) un ennemi	(13a)	
ruine (12a)	(*l'*) mon rival	{ (*'l*) (13cd) (*mn*)	
(*l'... mn*) fraude ET tyrannie (12bc)	un homme de mon rang (14a)		

Non-ennemi, non-rival, et homme du même rang sont synonymes. Ils s'opposent par leurs contenus à crime ET peine, ruine, fraude ET tyrannie. On notera que les deux couples de termes relevés en 11-12 sont précédés le premier par *'l* (*en haut de* ses remparts), le second par *mn* (*de* sa grand'place, précédé – en hébreu – par la négation), deux prépositions que nous lisons en 13-14a après la mention du rival (*contre* moi, *à* lui). Ainsi on peut

---

[12] Avishur pp. 259.261.293.294.
[13] On dit en français « une connaissance » pour parler d'un familier.

ment des deux unités 10-12 et 13-15, puisque – nous venons de le voir – 10bc appelle 14b-15, tandis que 11-12 appelle 13-14a, les rapports se jouant sur des oppositions.

Le v.16 est structuré comme 14b-15 qui le précède, c'est-à-dire en faisant se succéder deux termes identiques, puis deux autres. On voit bien, en effet, que les deux malédictions de 16a et b se répondent, tandis que les deux localisations finales, introduites l'une et l'autre par *b*, s'ajoutent l'une à l'autre. D'ailleurs la parenté avec 14b-15 n'est pas que formelle. A y regarder de plus près, on découvre des oppositions très sensibles entre les deux évocations de bonheur de 15 et les deux malédictions de 16ab, comme entre les deux titres d'*ami* et *confident* de 14b et la double dénonciation de la présence du mal chez ceux dont il est question en 16c. Ainsi donc, à partir de ces oppositions, on peut percevoir un certain chiasme A (14b). B (15) . B' (16ab) . A' (16c). Pour être purement thématiques, ces rapports n'en sont quand même pas moins manifestes.

Si nous considérons ensemble les trois unités précédemment étudiées, 10-12, 13-15 et 16, nous pouvons découvrir que la première et la dernière commencent par un appel à l'anéantissement des ennemis (en 10a et 16ab), chacun suivi d'un motif introduit par CAR et dans le développement duquel nous trouvons *bqrb* (AU DEDANS) suivi d'un suffixe se rapportant soit à la ville (11c.12a), soit aux ennemis (16c). De plus le premier motif est comme suivi d'un second lui aussi introduit par CAR en 13-15. Résumons schématiquement:

```
 10a : !  CAR...    AU DEDANS D'elle...    : 10b-12
          CAR...                           : 13-15
16ab : !  CAR...    AU DEDANS D'eux...     : 16c
```

On voit l'encadrement de 13-15 par les deux demandes motivées de 10-12 et 16. De façon homogène aux divers contenus, on notera que le lieu le plus circonscrit se lit en 13-15, soit le temple, tandis que la ville, ses remparts et sa grand'place, espaces déjà beaucoup plus larges, sont remplis de mille méfaits (10b-12), et qu'aux ennemis, auteurs de ces méfaits, est réservé le shéol (16ab) dont l'étendue n'est même pas connue. La ville contient pour ainsi dire les forfaits, le shéol leurs auteurs, mais le temple était le lieu choisi d'une amitié qui semblait indéfectible.

Nous pouvons à présent considérer la première partie de notre psaume, soit 12-16. Quelle est la structure littéraire de cet ensemble ? Considérons tout d'abord les deux premières et les deux dernières unités. En 2-3 et 16 nous lisons le verbe DESCENDRE, pour exprimer ici le voeu que Dieu conDESCENDE à la plainte du psalmiste, là qu'il fasse DESCENDRE les ennemis au shéol. Nous nous trouvons donc d'ici à là aux extrêmes, ces hauteurs d'où Dieu doit pour ainsi dire descendre jusqu'à son fidèle, et ce monde d'en-bas où l'on souhaite voir descendre les ennemis. De 4-6 à 13-15, deuxième et avant-dernière unités de 2-16, les indices d'un rapport sont plus nombreux. Nous lisons ici et là ENNEMI (4a et 13a), CAR (4c et 13a), 'ly (4c.5b et 13c), ainsi que les deux verbes *bw'* = pénétrer et *hlk* = marcher, aller (en 6a et 15b). Il s'agit ici de l'ennemi, mais là de l'ami qui a trahi, hostilité bien plus redoutable que celle de l'ennemi chargeant de crimes, s'élevant contre son adversaire, allant jusqu'à provoquer les affres de la mort. Au terme des deux unités on peut voir s'opposer les deux mouvements de la crainte et du tremblement *pénétrant* dans (*b*) le psalmiste et des amis *marchant* joyeusement dans (*b*) la maison de Dieu. Ainsi donc nous pouvons avancer qu'une ordonnance en chiasme commande les rapports entre 2-3 + 4-6 et 13-15 + 16. Mais à cette ordonnance semble s'en superposer une autre, celle-là parallèle. On lit en effet DIEU en 2-3 et 13-15 (2a et 15b), puis CAR, AU DEDANS, LA MORT, tant en 4-6 qu'en 16. La prière adressée en 2-3 trouve son motif le plus radical en 13-15, DIEU ne pouvant guère rester insensible à la trahison d'un ami dont l'amitié se vivait en sa maison même. En 16a nous avons l'exact pendant de 5b: ici les affres de la mort tombent sur le fidèle, là il apparaît donc comme un juste retour des choses que la mort l'emporte sur les auteurs de sa détresse. Si le fidèle est touché jusqu'au coeur, au dedans de lui-même (5a), c'est que le mal à lui infligé vient du dedans même des ennemis (16c) ; et c'est ainsi que nous assistons comme à une sorte de coeur à coeur dans l'hostilité. Si donc 2-3 + 4-6 et 13-15 + 16 respectent entre eux chiasme et parallélisme, nous dirons que leurs rapports sont commandés par une symétrie croisée.

Considérons maintenant, deux par deux, les quatre unités centrales, soit 4-6 + 7-9 et 10-12 + 13-15. Ici aussi nous découvrons un chiasme. Nous avons déjà étudié les rapports entre 4-6 et 13-15. En 7-9 et 10-12 nous voyons s'opposer les lieux du désert et de la ville ainsi que ce qui se rapporte à chacun d'eux. Les deux lieux sont introduits par les préposition *b* en 8b et 10c (et d'ailleurs aussi 11c et 12a). Notons aussi les emplois de la préposition *mn* dans le dernier verset ici et là: l'asile découvert protège *contre* le vent d'orage et *contre* la tempête, et par contre *de* la grand'place de la ville ne s'écartent jamais fraude et tyrannie. Dans le désert le repos, un gîte, un asile ; dans la ville violence et discorde, crime et peine, fraude et tyrannie. Par ailleurs nos quatre unités respectent encore entre elles un parallélisme. On lit en effet en 4-6 et

10-12 CAR (4c.10b), CRIME (4c.11c), AU DEDANS (5a.11c.12a) ainsi que les prépositions *mn* (4a.4b.12b), *'l* (4c.5b.11b) et *b* (4d.5a.6a.10c.11c.12a), puis en 7-9 et 13-15 *k* (7a.14a) et les deux termes d'une paire stéréotypée[14]: (lieu de *re)pos* (7b) et *maison* (15b). Au dedans du fidèle ce ne sont que tourments, étant donné les crimes et menaces dont il est accablé (*'ly*). Il ne peut échapper (*mn*) aux cris et au regard de ses ennemis. En (*b*) lui pénètrent crainte et tremblement. Et les choses ne vont pas mieux pour la ville. Au dedans d'elle on ne trouve que crime, peine ou ruine, la violence et la discorde sur (*'l*) ses remparts. Il est vain d'espérer que fraude et tyrannie s'écartent jamais de (*mn*) sa grand'place. C'est la violence et la discorde qu'on peut voir en (*b*) la ville. Les deux havres de paix se répondent de 7-9 à 10-12, soit celui qu'ici le fidèle cherche pour aujourd'hui au terme de son envol (7) et celui qu'autre-fois il partageait avec son confident (15). Faute de pouvoir compter sur celui qui est comme lui, de son rang (14a), il lui reste à rêver de pouvoir, lui, être comme la colombe (7a), capable de s'enfuir au loin. Ainsi ces deux agencements de 4-9 et 10-15 en chiasme et en parallèle révèlent-ils de riches significations. Et puisqu'ils se superposent nous parlerons ici encore de symétrie croisée.

Si maintenant nous considérons l'ensemble de nos six unités, nous pouvons encore, à partir des rapports ci-dessus étudiés, découvrir un agencement en chiasme entre 2-9 et 10-16, puis entre 2-6 et 10-15 comme entre 4-9 et 13-16, soit schématiquement:

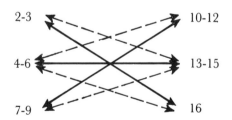

Ainsi 4-6 et 13-15 apparaissent-ils bien au centre de chacun des deux volets. Il s'agit ici et là de ce que l'ennemi fait endurer au psalmiste (1ère pers.). Or en 2-3 et 10-12, dans les unités qui précèdent, il est fait appel à DIEU (ou au Seigneur) pour qu'il intervienne, ici en faveur du fidèle (1ère pers.), et là contre les

---

[14] Avishur pp. 167.206.282 (*mškn* et *byt*).

ennemis. Or dans les dernières unités de chaque volet nous retrouvons les mêmes « bénéficiaires », soit de l'envol de la colombe (... un asile pour moi), soit de la descente au shéol des
ennemis emportés par la mort, mouvements – soit dit en passant – de sens tout à fait opposés, ce qui exprime à merveille
l'opposition des destins réservés à chacun. La différence d'avec
2-3 et 10-12, c'est qu'ici Dieu n'est pas donné explicitement
comme auteur de l'action, même s'il est bien clair qu'il est celui-là
dont on attend des ailes pour fuir vers un asile ou celui-là qui
délègue la mort pour faire descendre les ennemis au shéol. Mais
en 2-3 et 7-9, donc autour de 4-6, c'est le fidèle qui bénéficiera de
l'écoute divine ou du don des ailes libératrices, tandis qu'en 10-12
et 16, donc autour de 13-15, ce sont les auteurs des violences et du
mal qui pâtiront de la destruction et de la mort appelées sur eux.
Nous avons ainsi en 2-16 un ensemble richement composé où les
rapports indiqués entre les diverses unités permettent de donner
à chacune toute sa signification en la situant dans l'ensemble tel
qu'il est structuré.

2. *Structure des unités et de l'ensemble en 16-24*

Nous avons déjà considéré la structure du v.16. Celle de 17 est
simple, puisqu'on y lit, après le pronom (indépendant) initial, le
parallèle: vers DIEU + j'appelle // YHWH + me sauve. En 18-19b
nous découvrons une structure un peu plus complexe. Le stique
central annonce par son premier terme (Il ENTEND) le dernier
distique 19ab (où l'on voit qu'il a bien entendu), et reprend par son
second (mon CRI) le premier distique, 18ab (présentant les moments et la nature de ce cri). Ainsi ce petit ensemble présente une
symétrie croisée du type X.y.x.Y, les termes x et y se succédant par
deux fois, mais les termes extrêmes (X et Y) étant comme le
développement des termes centraux (y et x), parallélisme et
chiasme étant donc, on le voit, superposés l'un à l'autre. De 18ab à
19ab notons encore comme un chiasme. En effet en 18ab nous
lisons d'abord les compléments, puis les verbes, mais inversement
en 19ab d'abord le verbe, puis les compléments, soit donc d'ici à là
une disposition inversée, en chiasme. De plus en 18ab nous lisons
trois compléments (soir, matin, midi) suivis de *deux* verbes, mais en
19ab *un* verbe suivi de *trois* compléments (dans la paix, mon âme,
de la guerre...), l'ordre étant encore ici sensiblement inversé (de
trois à deux, puis de un à trois). A considérer l'ensemble 17 et
18-19b on peut, en étendant l'emploi des sigles ci-dessus, en
présenter l'ensemble selon le schéma suivant:

$$\begin{cases} X\ (17a) & Y\ (17b) \\ X\ (18ab)\ .\ y\ (18c\alpha)\ .\ x\ (18c\beta)\ .\ Y\ (19ab) \end{cases}$$

En somme 18-19b développe les deux stiques de 17 dans ses distiques extrêmes, articulant ces derniers en son stique central de la manière que nous avons précisée ci-dessus (symétrie croisée).

Il n'y a pas de remarque structurelle à faire sur les stiques 19c et 20a, qui chacun traitent d'un thème différent, ni même sur le distique 20bc, pas plus sur le stique 20d. Mais avec 21-22 nous arrivons à une unité de six stiques dont il importe d'étudier les structures. En respectant l'ordre des termes dans l'hébreu, proposons la mise en page suivante sur laquelle nous nous expliquerons aussitôt après:

> 21. *les mains contre* (a)
>   ses alliés (a')
>   *a violé* (a)
>   son pacte (a')
>
> ---
>
> 22. plus onctueuse (a') que la crème (b) sa bouche (c)
>   *fait la guerre* (a)   *son coeur* (c')
>   plus doux (a') ses discours (c) que l'huile (b)
> maix eux (c') *épées nues* (a)

Nous avons mis en *italiques* tout ce qui se rapporte à l'hostilité de l'ennemi, en lettres courantes ce qui pourrait et devrait normalement marquer ses dispositions favorables. A considérer seulement la deuxième colonne de notre tableau le lecteur peut voir s'inverser le double enchaînement aa'aa' en un double enchaînement a'aa'a. Au statut d'allié et au pacte conclu s'opposent les mains hostiles et la violation. Quant à la guerre et aux épées, elles s'opposent bien évidemment à toute l'onction et la douceur qui devraient marquer de bons rapports. Mais pour sa part le v.22 est d'une structure plus complexe. Il suffira pour le montrer de disposer comme suit les sigles indiqués:

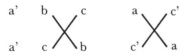

Après les affirmations initiales (en hébreu) de 22a et 22c (plus onctueuses, plus doux) se font suite comme deux chiasmes bc.cb et ac'.c'a. On voit comment sont ici situées les oppositions a/a' qui commandent le rapport de 22 à 21.

En 23 nous pouvons repérer une symétrie concentrique dans les deux premiers stiques, « fardeau » y étant immédiatement entouré par YHWH et *lui* (qui s'y rapporte), tandis qu'aux extrêmes nous lisons les deux actions du fidèle (décharge) et de YHWH (te subviendra). Si l'on tient compte du fait que l'objet (te) fait suite au verbe en 23b, on peut voir un certain parallèle entre « subviendra toi (objet) » et 23cd ou « le juste » est le destinataire de toute l'action présentée dans ce qui l'y précède.[15]

La structure de 24a-d se présente comme suit: la mention des « hommes de sang et de fraude » en 24c est encadrée par ce qui les attend de la part de Dieu, descendre dans le gouffre, ou en d'autres termes: ne pas arriver à la moitié de leurs jours. De par son sens 24e est comme la mise en oeuvre de l'invitation de 23a, et entre ces deux stiques nous lisons d'abord 23bcd, introduit par « ET lui » (pronom indépendant), au sujet de l'appui offert au juste, puis 24a-d, introduit par ET TOI (pronom indépendant), au sujet de la mort réservée aux hommes de sang et de fraude. Les deux indications de temps de 23c et 24d se répondent: l'épreuve du juste aura un terme, mais aussi (et plus tôt qu'il ne le pense) la vie de l'impie.

Mais plus largement encore il est peut-être possible de repérer une certaine structure pour l'ensemble des vv. 21-24. Aux extrêmes de 21-22 nous lisons *b* (contre) et MAIS *eux* (pron. ind.), dans le contexte de l'hostilité du méchant contre le fidèle. Et inversement en 24e nous lisons MAIS MOI (pron. ind.) et *b* (sur), dans le contexte, opposé, de la confiance du fidèle en DIEU. Au début de 23 nous lisons YHWH, puis ET *lui* (pron. ind.), et au début de 24, en ordre inverse, ET TOI (pron. ind.) DIEU, les deux pronoms se rapportant au même, interpellé ici comme YHWH et là comme DIEU. Dans ce qui suit en 23 et 24 nous voyons s'inverser la négation affectant un malheur (*l'wlm mwṭ*) concernant le juste, dont la mention donc lui fait suite, et l'évocation du puits du gouffre (*lb'r šḥt*) destiné aux hommes de sang et de fraude, suivie d'un emploi de la négation en 24d. Récapitulons schématiquement nos remarques:

---

[15] Mannati pp. 179 et 183 comprend le v.23 comme une parole (ironique) de l'ennemi introduite par le v.22. Notons pour notre part que dans les stiques extrêmes de 21-22 nous lisons « il étend » (21a) et « MAIS eux » (pron. ind. 22d), tandis que dans les stiques centraux de 23 nous lisons leurs correspondants en ordre inverse, « ET lui » (pron. ind. 23b) et « laisser » (23c), ce dernier verbe constituant une paire stéréotypée avec « étendre », selon Avishur pp. 10, 542-543, 577 (*ntn/šlḥ*).

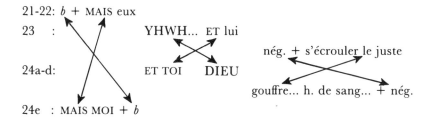

Le chiasme repéré ici aux extrêmes (fondé sur des oppositions) en encadre deux autres imbriqués pour ainsi dire l'un dans l'autre, YHWH, lui, NE laissant point s'écrouler le juste, ET TOI DIEU faisant en sorte que descendent dans le puits du gouffre les hommes de sang et de fraude, que donc ils N'arrivent PAS à la moitié de leurs jours. On voit ainsi s'opposer deux à deux les unités 21-22 + 23 et 24a-d + 24e, et plus précisément, selon une structure en chiasme, 24e à 21-22 et 24a-d à 23.

Nous pouvons maintenant considérer la structure littéraire de l'ensemble 16-22. Pour en faciliter l'exposé classons dès le départ les unités: 16, 24a-d et 20a nous présentent la fin, le châtiment (motivé) des ennemis, 19c, 21-22 et 20d leurs seuls méfaits; 17, 18-19b, 23 et 24e la confiance mise par le fidèle en YHWH et ses fruits (en 24e la seule confiance) ; et 20bc[16] est la seule unité concernant Dieu lui-même. Aux extrêmes nous avons deux enchaînements comparables en 16 + 17 et 24a-d + 24e. Nous lisons d'ailleurs dans des contextes de même sens DESCENDRE en 16b et 24a, MOI (pron. ind.) en 17 et 24e. Nous appuyant sur la classification ci-dessus nous voyons ensuite l'enchaînement de 18-19b (confiance) + 19c (méfaits) s'inverser en 21-22 (méfaits) + 23 (confiance). Puisque 20a concerne le châtiment des ennemis, il est en rapport avec 16 et 24a-d ; et 20d, qui concerne leurs méfaits, est pour sa part en rapport avec 19c et 21-22. Dès lors la structure d'ensemble paraît être la suivante:

---

[16] Nous avons opté en 20 pour la traduction de Sabourin. Mais si avec *BJ* on rattachait 20c à 20d (en comprenant que les ennemis ne changent, ne s'amendent pas), la structure littéraire n'en serait pas affectée.

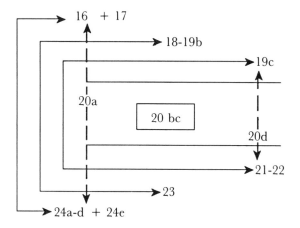

Autour de 20bc, central, 20a fait appel aux unités initiales des deux enchaînements se lisant aux extrêmes, 20d aux deux unités les plus proches du v.20. Si 20a semble trouver son accomplissement en 16 et 14a-d, l'humiliation attendue s'entendant de la mort même, à l'inverse 20d va, lui, au fond des méfaits des ennemis puisque leur persécution du fidèle (19c et 21-22) n'est en somme que l'affleurement du mépris de Dieu qu'elle manifeste. De 18-19b à 23 relevons les indications de temps: le fidèle se plaint *soir, matin et midi*, sans cesse ; Dieu ne laissera pas durer *à jamais* sa situation présente. La plainte et la situation qui la suscitent cesseront l'une et l'autre. De 16c à 19c notons les deux motifs introduits par CAR, en 18c et 20a l'affirmation que Dieu ENTEND, d'où la libération pour son fidèle (19ab) et l'humiliation pour les ennemis (20a). De 20d à 24d les deux négations se répondent: puisqu'ils NE craignent PAS Dieu, ils N'arriveront PAS à la moitié de leurs jours (DIEU est objet en 20d et sujet en 24abc). Dans l'ensemble 21-24 nous avons déjà relevé les quatre emplois de pronoms indépendants (en 22d.23b.24a.24e), contre un seul en 16-19 (17a). Ainsi nos deux volets ont-ils comme leur vocabulaire propre. Le v.20 est donc au centre d'une disposition concentrique où sont ordonnées de manière à se répondre les attitudes respectives des ennemis et du fidèle et leur sanction par DIEU, vouant les premiers à la mort et accordant son salut au second.

Cependant un important jeu de récurrences de 18-19b (prière et exaucement) à 21-22 (méfaits de l'ennemi) nous avertit qu'il y a là une opposition voulue par le texte. On lit en effet ici et là FAIRE LA GUERRE (19b.22b), *dans la paix* (*bšlwm*: 19a) et *contre ses alliés* (*bšlmyw*), les deux termes d'une paire stéréotypée[17], soit *âme* (19a) et *coeur* (22b).[18] Grâce à l'intervention divine le fidèle voit son âme établie dans la paix, dégagée de la guerre qu'on lui fait (19ab). C'était là chose nécessaire face à celui qui s'en prenait à ses alliés et dont – contrairement aux apparences – le coeur même faisait la guerre. En sens inverse, une opposition du même type se perçoit de 19c (ils sont *en* (*b*) nombre contre moi) à 24e (mais moi je compte *sur* (*b*) toi), la récurrence du *b* n'étant pas dépourvue de toute signification: eux mettent leur assurance dans (*b*) leur nombre, mais moi en (*b*) toi. Quant aux quatre autres unités autour de 20 elles respectent aussi des oppositions. De 16 (fin des ennemis) à 23 (salut du juste) nous retrouvons la préposition *'l*: que *sur* eux la mort l'emporte (16a), mais toi, décharge *sur* YHWH ton fardeau ; et de 17 (salut du fidèle) à 24a-d (fin des hommes de sang et de fraude) nous voyons ici YHWH sauver et là DIEU faire descendre au gouffre, les deux unités étant aussi introduites par un pronom indépendant: MOI, qui suis sauvé à la suite de mon appel, TOI, qui mène au gouffre les impies. Dès lors nous pouvons, nous appuyant sur ces oppositions, découvrir la structure d'ensemble que voici:

Ajoutons que comme l'ensemble 16-19, 20 commence (en 20a) par montrer Dieu à l'oeuvre contre les ennemis (ainsi qu'en 16) et s'achève en dénonçant (en 20d) le méfait des ennemis (comme le fait déjà 19c). On pourrait parler de chiasme entre 16-17 et 23-24d comme entre 18-19 et 21-22 + 24e. Le v.20 reste toujours au centre de l'ensemble, soit la présentation (en 20bc) de ce Dieu assurant le sort qui revient à chacun.

3. *Structure littéraire de l'ensemble*

Pour présenter de manière commode la structure littéraire d'ensemble de ce poème nous avons attribué un sigle à chaque

---

[17] Avishur p. 761 (à l'index).
[18] Ainsi que la préposition *mn* en 19b et 22a.22c, mais en des sens et contextes trop différents.

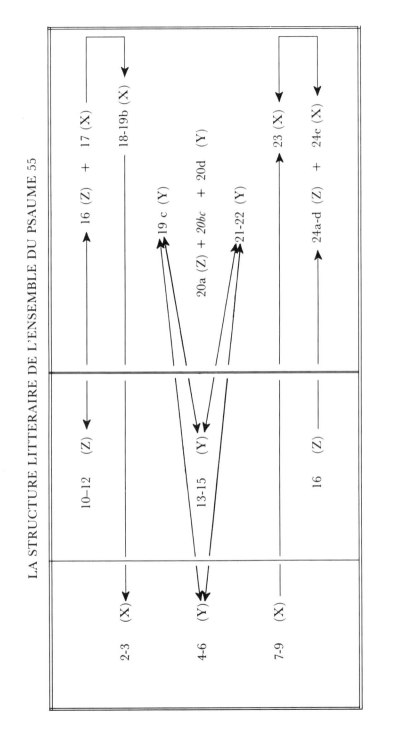

LA STRUCTURE LITTÉRAIRE DE L'ENSEMBLE DU PSAUME 55

série d'unités de même type, étendant à 2-15 le classement déjà établi pour 16-24. Ainsi 17, 18-19b, 23 et 24e reçoivent le sigle X, mais aussi 2-3 et 7-9 qui expriment eux aussi l'attente du fidèle tourné vers Dieu ; 19c, 20d et 21-22 reçoivent le sigle Y, mais aussi 4-6 et 13-15 qui eux aussi dénoncent les méfaits des ennemis ; enfin 16, 20a et 24a-d reçoivent le sigle Z, mais aussi 10-12 qui déjà nous présentent l'action (motivée) de Dieu contre les ennemis. Une fois ces classements admis, le lecteur peut se référer au tableau de la page précédente. Il y trouvera dans les deux premières colonnes chacun des deux volets de la première partie, et dans le reste du tableau la deuxième partie présentée en fonction de la première structure proposée au paragraphe précédent.

Etudions d'abord les correspondances entres unités de même type. Nous lisons ma PLAINTE en 2-3 et JE ME PLAINS en 18-19b, puis, symétriquement (comme le montre notre tableau) *ntn* (*donner/laisser*) en 7-9 et 23, le sujet étant ici et là finalement le même puisque la réponse à la question de 7 ne fait pas de doute. En ordre inversé, entre ces quatre unités nous lisons *'lm* (*se dérober/jamais*) en 2-3 et 23, et les prépositions *mn* (*contre/de*) et *l* (avec le même suffixe: *ly*) en 7-9 et 18-19b. Le fidèle compte bien que Dieu ne *se dérobe* pas à sa prière en le laissant à *jamais* s'écrouler. Il a besoin de lui *contre* le vent et la tempête comme pour le tirer *de* la guerre qu'on lui fait. Ainsi bénéficiera-t-il (*ly*) d'ailes pour s'enfuir (7a) et d'un asile (9a) plutôt que d'avoir à souffrir de la guerre (19b). De 4-6 à 19c nous retrouvons la conjonction CAR introduisant ici et là la présentation de l'hostilité des ennemis, le CŒUR étant celui du persécuté en 5a, du persécuteur en 22b, singulier coeur à coeur ![19] De 13-15 à 19c nous retrouvons encore CAR, dans la même fonction que ci-dessus, et de 13-15 à 21-22 l'emploi des pronoms indépendants (*w'th*, *whmh*) se rapportant aux ennemis (14a.22d) dont on dénonce ici et là les méfaits. Pour ce qui concerne le terme Y (20d) du v.20, relevons encore que comme Y de 4-6 (au centre de 2-11) il mentionne la crainte: d'ici à là s'opposent la CRAINTE du fidèle terrorisé par ses ennemis (6a) et ceux-là qui ne CRAIGNENT pas Dieu. Le premier sera sauvé, les derniers au contraire mourront. Entre les quatre unités Z (en laissant pour le moment 20a) les indices nous guident à la fois vers un parallèle et une inversion. Le parallèle se prend à partir des doubles emplois de *b* en 10-12 et en 16: AU DEDANS DE (11c.12a, et déjà *b* en 10c) la ville

---

[19] De 4-6 à 19c on pourrait encore relever les emplois de la préposition *b* en 4d et 19c puisqu'à chaque fois elle introduit à la modalité de l'action des ennemis (*en* pleine figure, *en* nombre).

comme AU DEDANS des ennemis, dans (*b*) leur gorge, on ne trouve que maux et violences. De 16 à 24a-d nous retrouvons dans des contextes fortement apparentés (mort, shéol, gouffre) le verbe DESCENDRE. L'inversion est aussi très repérable. Le v.16 étant repris du terme de 2-16 au début de 16-24, la correspondance est plus qu'évidente. Il s'agit d'une charnière. De 10-12 à 24a-d nous retrouvons JOUR (11a.24d), FRAUDE (12c.24c) et la négation (12b.24d). Il s'agit ici et là du Seigneur extirpant (10a.24ab) cette FRAUDE régnant dans la ville. Puisqu'elle y est JOUR et nuit et jamais NE s'écarte de sa grand'place, ses tenants N'arriveront PAS à la moitié de leurs JOURS. Une telle persévérance dans la perversité sera sanctionnée par l'abrègement de leur existence. Entre les quatre unités Z encore (20a excepté) on notera une certaine progression. On peut distinguer en chacune un appel au châtiment et une dénonciation des méfaits des ennemis. Or en 10-12 l'appel est très bref (10a) et la dénonciation très longue (10b-12) ; en 16 l'appel (16ab) est déjà plus important que la dénonciation (16c), changement qui s'accentue encore en 24a-d où un seul stique (24c) est consacré à la dénonciation, mais trois (24ab.d) à l'évocation du châtiment, d'ailleurs ici plus constaté que demandé. La menace va s'amenuisant d'une unité à l'autre, et tout à l'inverse le châtiment des ennemis est de plus en plus certain.

Nous avons jusqu'ici repéré les correspondances entre unités de même type (X, Y ou Z) d'une partie à l'autre. Mais cela n'épuise pas les jeux de rapports à nous offerts par le texte. Les unités Y et Z sont apparentées, les premières exposant seulement les méfaits des ennemis, les secondes les considérant aussi, mais comme motifs à un appel adressé à Dieu. On ne sera donc pas surpris de voir Y en 13-15 appeler les unités Z, symétriques, de 16 et 24a-d. De 13-15 à 16 CAR (13a.16c) introduit à un même contenu (les méfaits) ; mais d'ici à là s'opposent les emplois de la préposition *l*. En effet en 13c, avec un suffixe se rapportant au fidèle, elle sert à présenter une hostilité subie par lui (toute hypothétique qu'elle soit d'un certain point de vue), tandis qu'en 16a à l'inverse, avec un suffixe se rapportant aux ennemis, elle sert à présenter le châtiment dont ces derniers seront victimes. De 13-15 à 24a-d nous retrouvons HOMME et *w'th* (MAIS/ET TOI). A première vue ces hommes dont il est question ici et là s'opposent, mais en fait ils se sont avérés être de la même espèce, puisque l'ami a trahi. C'est ce traître qui est interpellé par *w'th* en 14a, mais le Dieu qui le châtiera (parmi d'autres) en 24a.

Mais il est encore d'autres rapports jouant des oppositions, soit entre unités Y et X, soit entre unités Z et X. Les premiers nous sont suggérés entre 4-6 et 13-15 d'une part, et d'autre part entre 18-19b et 23. Entre 4-6 et 18-19b nous retrouvons JE FRÉMIS (4a.18b), CRI (4a.18c), et des jeux de mots entre DEDANS (*qrb*: 5a), *matin* (*bqr*: 18a), et *guerre* (*qrb*: 19b, même racine qu'en 5a). Là le fidèle frémit sous les cris de l'ennemi, mais là, s'il frémit, c'est à l'adresse de Dieu auprès duquel il veut faire entendre son cri à lui. C'est qu'il est tourmenté jusqu'*en lui-même* (5a) par *la guerre* qu'on lui fait (19b), au point que le soir, *le matin*, et à midi, il ne cesse de pousser sa plainte. De 4-6 à 23 se lit la préposition *'l* dans des contextes pour ainsi dire inverses puisqu' en 5b il s'agit de ce qui tombe *sur* le fidèle et l'accable, tandis qu'en 23 le fidèle est invité à se décharger. *sur* YHWH de son fardeau. De 13-15 à 18-19b la préposition *mn* se lit dans des contextes presque identiques puisqu'il s'agit ici et là (en 13d et 19b) de se soustraire à une épreuve, à cela près cependant que celle de 13cd est hypothétique (mais la réalité est encore plus dure). En 13-15 et 23 nous trouvons deux pronoms indépendants introduits par *w*, *w'th* (14a) et *whw'* (23b). Ici le fidèle interpelle le traître, là lui est annoncé le salut par YHWH ; ici il découvre le scandale de la situation, là lui en est montrée l'issue. On découvrira enfin quelques échos des unités Z de la première partie aux unités X en 18-19b et 23 dans la seconde. De 10-12 à 18-19b nous voyons se répondre les deux expressions d'une permanence en 11a (de jour et de nuit) et 18a (le soir, le matin et à midi), la première affectant violence et discorde en la ville, la seconde, comme en écho, la plainte du fidèle auprès de son Dieu. De 16 à 23 joue encore une fois la récurrence de la préposition *'l*, ici pour dire ce qui va accabler les ennemis (*sur* eux la mort..., 16a), là au contraire pour dire le sort heureux qui attend le fidèle pour peu qu'il se décharge de son fardeau *sur* YHWH (23a).

Ainsi les deux parties de notre psaume sont-elles fortement articulées, un jeu de rapports plus ou moins manifestes étant tissé de façon très structurée de l'une à l'autre. Ce Dieu présenté au centre de la deuxième partie est celui qui répondra aux plaintes et appels de son fidèle en le libérant de ses ennemis et en vouant ces derniers à la mort.

* * *

Dans le Psautier le Ps 55 fait suite au Ps 54. Quelques remarques d'ordre structurel peuvent permettre de découvrir ce que cette séquence suggère pour la lecture des deux textes l'un à la lumière de l'autre. Il s'avère qu'on peut lire en parallèle les quatre premières unités de l'un et l'autre psaume, soit 54, 3-4 + 5 + 6 + 7 et 55, 2-3 + 4-6 + 7 + 10a(-12). Les trois premiers mots du Ps 55 se lisaient déjà en 54, 3-4, et la parenté thématique entre 54, 3-4 et 55, 2-3 est patente. En 54,5 et 55, 4-6 nous lisons les dénonciations des méfaits des ennemis, avec la même conjonction CAR en 5a et 4c. On trouve encore, répartis ici et là, les deux termes de la paire stéréotypée[20] *âme* (5b) / *coeur* (5a), dans des contextes de même type. La parenté entre 54,6 et 55, 7-9 n'est pas aussi manifeste. Elle ne fait pourtant guère de doute pour peu qu'on se souvienne de l'aspect rhétorique de la question de 55,7 dont la réponse ne laisse guère de doute: cette libération, c'est le Seigneur qui l'apportera. Ici et là pour annoncer l'heureuse issue, le texte commence par *Voici* (54,6a et 55,8a). Enfin 54,7 comme 55,10a sont des appels à la destruction des ennemis, le dernier étant suivi d'une longue motivation en 10b-12, à laquelle l'unité 13-15 fait suite en quelque sorte. En 54, 3-6 le v.5 sur les méfaits des ennemis est d'une certaine manière encadré par l'appel de 3-4 et l'affirmation de 6 sur le salut de Dieu. On peut découvrir des agencements sensiblement inverses en 55, 16-20a et 21-24d. En 16-20a nous lisons aux centres les deux appels suivis d'une annonce du salut en 17 et 18-19, encadrés d'abord par deux dénonciations des méfaits des ennemis (introduites par CAR) en 16c et 19c, puis par un appel ou une annonce visant leur châtiment en 16ab et 20a. En 21-24d, encadrant l'invitation et l'annonce au sujet du salut en 23, nous lisons d'une part la dénonciation des méfaits de 21-22, d'autre part le châtiment accompli en 24a-d.[21] Cependant si apparenté que soient nos deux psaumes, et cela dans une certaine mesure jusque dans l'agencement structurel de leurs divers thèmes, ils n'en gardent pas moins chacun leur note propre. Après 54,7, et avant 54,9 qui revient sur l'expérience du secours divin, nous lisons 54,8 sur l'action de grâce promise, thème ignoré du Ps 55. Et pourtant ce dernier a en propre ce bref regard sur Dieu, qu'on y lit en 20bc. Ledit regard est porté comme en pleine action. L'action de grâce est promise comme suite à l'action. Si distincts qu'ils soient, ils ne sont pas étrangers l'un à l'autre, concernant ce Dieu que les ennemis seraient bien avisés de craindre (Ps 55,20) et auquel le fidèle n'a que trop raison de vouloir rendre grâce. Ainsi des deux distiques 54,8 et 55,20cd ne sont-ils pas étrangers l'un à l'autre, pas plus que les deux psaumes auxquels ils appartiennent.

---

[20] Voir ci-dessus n. 17.
[21] La dénonciation se lisait déjà juste avant en 20d (qu'on comparera à 54,5c), et à l'invitation de 23a répond sans plus tarder 24e, juste après 24a-d.

CHAPITRE IV

« EN DIEU JE ME FIE »
ÉTUDE STRUCTURELLE DU PSAUME 56

A en juger par l'échantillonnage que nous en donne P.R. Raabe dans son livre sur les Psaumes à refrain,[1] les auteurs sont loin d'être d'accord sur la détermination des unités et des ensembles dans le Ps 56. On trouve proposés: 2-3, 2-4 ou 2-5 ; 4-5 ou 5 ; 6-7 ou 6-8 ; 8, 8-9 ou 8-10a ; 9-10a, 9-10, 9-11a ou 9-12 ; 10, 10-12 ou 10b-12 ; 11-12, 11b-12 ou 11-14 ; 13-14. Les seules césures sur lesquelles tous sont d'accord sont entre 5 et 6, puis 12 et 13 (à une exception près). On voit que les versets 4, 8, 9, 10, 11 sont lus tantôt avec ce qui les précède, tantôt avec ce qui les suit, et que l'importance de ce qui ainsi devrait les précéder ou les suivre varie selon les auteurs. La seule unité qui paraît s'imposer comme telle est 13-14. Avant Raabe trois seulement des auteurs qu'il cite tiennent qu'il faut considérer les refrains de 5 et 11-12 comme des unités indépen-

---

[1] Paul R. Raabe, *Psalm Structures. A Study of Psalms with Refrains*, *JSOT Sup.* 104, Sheffield 1990, pp. 90-111 sur le Ps 56, et pour les auteurs cités pp. 104-105. Il s'agit de Briggs (1907), Segal (1935), Kissane (1953), N. Ridderbos (1972), Beaucamp (1976), Jacquet (1977), Wahl (1977), Kraus (1978), van der Lugt (1980), Trublet et Aletti (1983), Gerstenberger (1988), auxquels nous ajoutons Raabe lui-même. Mentionnons aussi Baumann (1948), même si sa proposition appelle les fortes réserves formulées par Raabe. Donnons ci-dessous un tableau récapitulatif de ces propositions groupées selon l'ordre choisi par Raabe:

Briggs Segal Jacquet	Kissane Ridderbos	Kraus	Trublet Aletti	Wahl	Gerstenberger	Beaucamp	van der Lugt	Raabe
		2-3	2-3	2-3	2-3	2-3	2-3	
2-4	2-5							2-4
5 (R)		4-5	4-5	4-5	4-5	4-5	4-5	5 (R)
		6-7	6-7	6-7	6-7	6-7		
6-8	6-8	8					6-8	6-8
(R)			8-9		8-9	8-9		+
9-11a				8-10a	10		9-10a	9-10
11b-12(R)	9-12	9-12	10-12	10b-12		10-12	10b-12	11-12 (R)
					11-14			
13-14 (R)	13-14	13-14	13-14	13-14		13-14	13-14	13-14

(R = Refrain, soit existant, soit à restituer selon les auteurs de la première colonne). Beaucamp groupe 4-5 + 6-7 et 8-9 + 10-12, van der Lugt 4-5 + 6-8 et 9-10a + 10b-12. Le lecteur verra que jusqu'à 8 nous sommes d'accord avec une majorité d'auteurs, mais avec aucun à partir de 9 (sinon sur quelques césures, mais pas sur la détermination des unités).

dantes..., mais ils tiennent aussi qu'il faut ajouter deux fois ce refrain dans le cours du texte (Briggs, Segal, Jacquet). Le problème est d'importance et ne peut être résolu qu'après une étude structurelle la plus objective possible de notre texte. Nous y procéderons pour notre part en trois étapes, en considérant d'abord la structure littéraire des unités et des ensembles en 2-8 (1.), puis en 9-14 (2.), enfin en étudiant de ce même point de vue l'ensemble du poème (3.). En guise de conclusion nous nous risquerons à une comparaison entre les Pss. 56 et 57 considérés sous l'angle de leurs structures littéraires.

Notre traduction suit de près celle de Raabe à laquelle on voudra donc bien se référer (pp. 91-97, justifications comprises). Nous n'en différons que sur les points suivants. Sensible aux arguments qui lui font rattacher *mrwm* au v.3, nous préférons cependant avec Dahood le rattacher à 4 et y entendre un titre divin. Ainsi sont préservées les finales avec *ly* pour 3b comme pour 5c, 10c, 12b, auxquelles sont encore assez semblables celles de 8a (*lmw*) et 13b (*lk*). D'autre part l'opposition, relevée par Raabe (p. 95) entre *rwm* (4a) et *yrd* (8b) devient plus saisissante si le premier sert à exprimer quelque chose de Dieu lui-même. Précisons qu'en retenant la proposition de Raabe nous n'aurions que ce dernier rapport, secondaire, à déplacer dans notre proposition de structure d'ensemble pour 2-8, laquelle n'en serait pas autrement affectée. Quitte à être un peu lourd dans l'expression, nous croyons nécessaire de rendre les trois pronoms indépendants *'ny* (4a), *hmh* (7a), *'th* (9a), étant donné qu'ils remplissent une certaine fonction structurelle (voir d'ailleurs Raabe p. 110). Nous traduisons *ly* de la même manière en 3b, 5c, 12b, au regret de ne pouvoir le faire en 10c. Pour éviter les confusions ou au contraire faire percevoir les récurrences nous transcrivons les prépositions et éventuellement leurs suffixes après leur traduction. En 9c nous traduisons *hl'* de la même façon qu'en 14b pour justement en faire percevoir la récurrence. L'enchaînement logique de 10a à 9c, bien présenté par Raabe (p. 96), n'en est pas affecté. Si nous transcrivons *ky* après sa traduction par CAR (2b.3b.14a) et *que* (10c), c'est que nous n'avons pas trouvé une seule traduction possible pour ces quatre occurrences. Les quelques autres transcriptions veulent aider à l'étude qui va suivre. Nous mettons en lettres CAPITALES les récurrences chaque fois que nous avons pu les manifester (au moins partiellement) dans la traduction, ainsi que les pronoms indépendants. Les interlignes sont fonction de notre proposition dont le lecteur pourra ainsi déjà soupçonner quelque chose.

2a Prends pitié de moi, ô DIEU

2b CAR (*ky*) on (*'nwš*) me HARCÈLE,
2c TOUT LE JOUR quelque ASSAILLANT me presse.
3a Mes adversaires (me) HARCÈLENT TOUT LE JOUR.
3b CAR (*ky*) nombreux (sont) les ASSAILLANTS CONTRE MOI (*ly*).

4a O Très-Haut LE JOUR où JE CRAINS, MOI (*'ny*),
4b en toi (*'lyk*) JE ME FIE.
5a EN (*b*) DIEU DONT JE LOUE LA PAROLE,
5b EN (*b*) DIEU JE ME FIE, JE NE CRAINS PAS.
5c QUE PEUT BIEN FAIRE la chair CONTRE MOI (*ly*) ?

6a TOUT LE JOUR, par des PAROLES me visant, ils trouvent à
   redire.
6b Contre moi (*'ly*) TOUTES leurs pensées vont à (*l*) mal.
7a Ils sont hostiles, se cachent, EUX (*hmh*),
7b ils épient mes traces,
7c tant ils ont espéré me (prendre à) la GORCE (*npšy*).

8a En dépit (*'l*) de leur forfait, (serait-ce) la délivrance POUR eux
   (*lmw*) ?
8b Avec (*b*) colère fais dégringoler les peuples, ô DIEU !

9a Mes hochements, puisses-tu (les) COMPTER, TOI (*'th*) !
9b Mets mes larmes DANS (*b*) ton outre,
9c OUI (*hl'*) DANS (*b*) ton livre-de-COMPTES !

10a Alors (ils) s'en retourneront, mes ennemis, en arrière.

10b Au (*b*) JOUR où j'appelle,
10c cela, je (le) sais: que (*ky*) DIEU (est) POUR MOI (*ly*).
11a EN (*b*) DIEU DONT JE LOUE LA PAROLE,
11b EN (*b*) YHWH DONT JE LOUE LA PAROLE,
12a EN (*b*) DIEU JE ME FIE, JE NE CRAINS PAS.
12b QUE PEUT BIEN FAIRE l'homme (*'dm*) CONTRE MOI (*ly*) ?
13a A ma charge (*'ly*), ô DIEU, les voeux qui te concernent.
13b J'accomplirai les actions de grâce envers toi (*lk*).

14a CAR (*ky*) tu as libéré MA GORGE (*npšy*) DE (*mn*) la mort,
14b OUI (*hl'*) mes pieds DU (*mn*) faux-pas,

14c que (*l*) je puisse aller et venir devant (*lpny*) DIEU
14d DANS (*b*) la lumière de la vie.

1. *Structures des unités et de l'ensemble en 2-8*

L'appel de 2a est motivé en 2b-3. Comme Raabe l'a relevé (p. 101), 2b-3 présentent une double structure, parallèle et en chiasme, ce que nous appelons une symétrie croisée. Juxtaposons-les ici selon leurs indices:

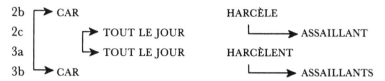

Raabe (p. 107) relève avec raison le passage du singulier au pluriel de 2bc à 3, et même l'intensification du pluriel en 3b avec *nombreux*. Mais pour ce qui concerne la distinction général/particulier au sujet des ennemis, nous ne la voyons pas avec Raabe de 2b à 2c et (parallèlement) de 3a à 3b, mais de 2bc à 3ab (*on* = *'nwš, quelque assaillant,* indéterminé à 3ab (*mes* adversaires, les ASSAILLANTS contre *moi*, déterminés dans leur rapport au fidèle). Ainsi, de 2bc à 3, les ennemis simultanément se multiplient et sont désignés plus spécifiquement comme les ennemis du fidèle, deux raisons pour ce dernier de se sentir de plus en plus menacé.

Raabe (p. 107) n'a sans doute pas tort de voir 4a conclure ce qui précède et (p. 104) 4b (*'lyk*: en toi) former avec 2a (*'lhym*) une inclusion. Nous pourrions alors lire 2-4 selon un chiasme de formule a (2a). B (2b-3). b (4a). a (4b), la crainte manifestée en 4a étant amplement justifiée par ce que nous ont appris 2b-3, et la confiance affirmée en 4b fondant l'appel initial de 2a. Cependant le rapport de 4 est plus étroit à ce qui le suit qu'à ce qui le précède, comme l'a bien perçu Raabe (*ibid.*) quand il note que 4b introduit à 5. On peut même repérer en 4b-5bα la symétrie concentrique suivante:

          JE ME FIE
                     EN DIEU
                                LA PAROLE
                     EN DIEU
          JE ME FIE,

laquelle peut encore s'élargir aux extrêmes par les deux emplois de CRAINDRE en 4a et 5bβ. Chevauchant cette première symétrie, un chiasme commande 5bc: aux extrêmes s'y opposent en effet DIEU et la chair, et aux centres SE FIER et CRAINDRE, oppositions que la négation de 5bβ et celle impliquée par l'interrogation (rhétorique) de 5c transforment en correspondances. Notons ici, en devançant un peu notre étude de 6-7, que ce chiasme lui aussi peut s'élargir, puisqu'aux extrêmes on peut encore y ajouter l'opposition entre LA PAROLE de Dieu (5a) et LES PAROLES des ennemis (6a). Ainsi se chevauchent, en 5aβb, les deux symétries de 4-5b et de 5aβ-6a.

Etudions à présent la structure de 6-7. Raabe (p. 98) note la correspondance sémantique de 6b à 6a, deux stiques de sens parallèle exprimant l'hostilité des ennemis du fidèle tant en paroles qu'en pensées. D'ailleurs, ces deux derniers termes constituant une paire stéréotypée,[2] on voit d'un stique à l'autre un certain parallèle entre TOUT... PAROLES et TOUTES... pensées. La notation initiale TOUT LE JOUR vaut pour les deux stiques. Le v.7 présente deux volets de proportions inégales autour du pronom indépendant, désignant les ennemis, EUX (*hmh*), deux simples verbes en 7a, deux verbes, le premier précédé et le second suivi (en hébreu) par un objet en 7bc (Raabe p. 98). Le rapport de 7 à 6 n'est que thématique, mais si nettement que cela ne laisse pas de doute sur l'unité que constituent ces deux versets. Dans leur rapport à 4-5 on notera que ces deux unités de cinq stiques comportent en leurs premiers et troisièmes stiques selon un ordre inversé: pron. ind. *'ny* (MOI) + LA PAROLE (de Dieu) et des PAROLES (des ennemis) + pron. ind. *hmh* (EUX), ainsi que JOUR en leurs premiers stiques. Au jour même où il se sait menacé, le fidèle s'appuie sur la parole divine, même si tout le jour les paroles des ennemis visent à le réduire à merci tant ils lui sont hostiles. Les deux descriptions des ennemis en 2b-3 et 6-7 se différencient donc déjà de par leur position dans le contexte puisque la première vise à appuyer un appel (2a) tandis que la seconde fait suite à la confiance retrouvée (4-5). Raabe fait aussi remarquer (p. 108) que 2b-3 insiste plus sur le nombre et le caractère des ennemis, et 6-7 sur leurs activités, ces dernières pouvant être – dirons-nous – plus aisément détaillées une fois que l'on sait qu'elles n'aboutissent pas.

Le v.8 commence par une question rhétorique qui équivaut à une négation, si bien que 8b ne fait que redire en langage clair ce que disait déjà 8a: non, certes, la délivrance pour eux, mais les peuples (= eux) voués à dégringoler (= non délivrance) de par l'action de la colère de Dieu méritée par leur forfait. On voit alors que 6-7 est encadré immédiatement par les deux questions rhétoriques de 5c et 8a, aux finales très comparables (*ly*, *lmw*). *La chair* ne peut rien contre le fidèle, si terribles qu'apparaissent les entreprises des

---

[2] *hšb* / *'šh* selon Avishur pp. 83, 192, 283.

ennemis (6-7) ; oui, si terribles qu'elles apparaissent, elles ne les
laisseront pas échapper à la colère divine.

A considérer l'ensemble 2-8, on voit s'ordonner autour de 4-5 les
deux descriptions des ennemis de 2b-3 et 6-7, puis les deux appels
du fidèle, en sa faveur en 2a, et contre les ennemis en 8, là où nous
lisons les deux vocatifs ô DIEU.[3] On peut récapituler comme suit
les indices d'une symétrie concentrique de l'ensemble:

2a	ô DIEU				
2c/3a		TOUT LE JOUR			
3b			CONTRE MOI (*ly*)		
4a				JE CRAINS	
4b					JE ME FIE
5a					EN DIEU
					JE LOUE LA PAROLE
5b					EN DIEU
					JE ME FIE
					JE NE CRAINS PAS
5c			CONTRE MOI (*ly*)		
6a		TOUT LE JOUR			
8b	ô DIEU				

La ligne de crête, si l'on peut dire, se situe en 5a avec la louange de
la parole. Aux extrêmes sont requises de Dieu deux actions complémentaires: pitié pour son fidèle, colère contre les peuples. Puis
TOUT LE JOUR indique ici et là la constance de l'hostilité dont pâtit
le fidèle. Mais si CONTRE MOI de 3b se situe encore dans ce
contexte, celui de 5c s'inscrit dans un contexte où le pouvoir de
l'ennemi est neutralisé. Il en va de même avec CRAINDRE: crainte
effective en 4a, surmontée en 5b. Puis tous les rapports restants vont
dans le même sens positif de la confiance. Cette première structure
n'exclut pourtant pas la disposition parallèle de:

2a DIEU	5b DIEU
⎰2b on (*'nwš*)	⎰5c la chair (*bśr*)
⎱3b CONTRE MOI	⎱ CONTRE MOI
⎰4a JOUR	⎰6a JOUR
⎱4a MOI (*'ny*)	⎱7a EUX (*hmh*)
5a DIEU	8b DIEU

---

[3] Dans leur proposition sur la structure d'ensemble, J. Trublet et J.N. Aletti,
(dont Raabe ne redonne que la détermination des unités, et en télescopant leur
distinction entre 2a et 2b-3), distinguent trois parties, les deux premières s'ache-
vant sur les refrains 5 et 12. Donnons ici le bâti des deux premières dont nous
allons voir l'intérêt pour l'ensemble 2-8:

Les rapports indiqués par les indices ci-dessus relevés ont tous été commentés, sauf celui de 2b à partir de *'nwš* et *bśr*, deux termes par lesquels l'auteur généralise au sujet de ses ennemis pour souligner leur appartenance aux créatures comme contredistinguées de Dieu. Ainsi 2b-5 se trouvent-ils inclus par ces deux stiques dont le second donne le danger comme conjuré. De même 4-7 sont en quelque sorte inclus par *'ny* et *npšy* en 4a et 7c, 7c n'ayant plus, après 4-5, le caractère angoissant de 4a. Les trois derniers termes de la première colonne et les trois premiers de la seconde se lisent dans l'unité centrale 4-5 (4-5a + 5bc), les deux précédents (*'nwš/ly*) et les deux suivants (*ywm/hmh*) respectivement en 2b-3 et 6-7, les premier et dernier enfin dans les unités extrêmes (2a et 8). Sur l'ensemble, comme il nous est suggéré par Raabe,[4] on pourrait peut-être opposer du début de 4-5 au terme de 6-8 le *Très-Haut* (4a) et *fais-les dégringoler* (8b), et, symétriquement, du début de 2-3 au terme de 4-5 *Dieu* (2a) et *la chair* (5c). Face au Dieu Très-Haut la chair est incapable de rien et ne connaîtra que la dégringolade. Les jeux de sens sont donc structurellement organisés.

Ajoutons ici que si, autour de 4-5, 2-3 ne présente pas de structure propre, il n'en va pas de même en 6-8. Nous avons vu qu'en 7, autour de EUX, il était question des entreprises des ennemis, d'abord sans souffler mot du fidèle en 7a, puis en le mettant en scène (grâce au suffixe 1ère pers.) en 7bc. Or il en va à l'inverse de 6 à 8, si bien que de ce point de vue nous voyons alterner 6 (psalmiste) et 7a (les seuls ennemis), puis 7bc (psalmiste mentionné) et 8 (les seuls ennemis, ici face à Dieu). Par ailleurs autour de 7 nous voyons se répondre de 6b à 8a *'ly* + *lr'* (contre moi... à mal) et *'l 'wn... lmw* (en dépit du forfait... pour eux). On voit le parallèle dans

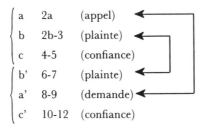

a	2a	(appel)
b	2b-3	(plainte)
c	4-5	(confiance)
b'	6-7	(plainte)
a'	8-9	(demande)
c'	10-12	(confiance)

En 2-9, pourvu que l'on écarte 9 dont le thème est distinct de celui de 8, nous avons notre ensemble 2-8 selon la symétrie concentrique abcd'a' (d'après leurs sigles), ce que veut indiquer *notre* fléchage à droite.

[4] Qui traduit autrement *mrwm* et le situe au terme de 3b. Voir nos notes sur la traduction. Mais l'opposition qu'il repère de *mrwm* à *yrd* (p. 95) reste valable dans notre proposition.

l'emploi des prépositions '*l* et *l*, à la première étant jointe ici la mention du fidèle, là celle du forfait (des ennemis), à la seconde ici la mention du mal (recherché par les ennemis contre le fidèle) et là celle des ennemis. A première vue tout se jouerait en faveur des ennemis: le mal pour moi (6b), la délivrance pour eux (8a). Mais en 8a nous avons une question, dont la raison est d'ailleurs donnée au début du stique. Ajoutons que de 6a à 8b on peut supposer une opposition voulue entre leurs PAROLES (me visant), ici, et, là, le DIEU interpellé, cela après avoir posé en 5a un rapport entre DIEU et sa PAROLE à lui. Ainsi 7 se trouve-t-il comme encadré par 6 et 8.

2. *Structures des unités et de l'ensemble en 9-14*

La structure de 9 a été bien décrite par Raabe (p. 99) pour ce qui est des deux premiers stiques. Sans contester l'articulation logique de 10a à 9c telle qu'il la présente, nous tenons cependant que 9c appartient à l'unité constituée par le v.9. On peut d'ailleurs traduire *hl'*, comme nous l'avons fait, ici comme en 14b et comprendre: « ... dans (b) ton outre, oui dans (b) ton livre de comptes ». En 10a, au sujet des ennemis, notons seulement qu'ils sont mentionnés entre les deux termes qui indiquent leur mouvement de recul (s'en retourneront... en arrière).

Avec 10b-13, après l'introduction de 10b, on peut voir se répondre en ordre parallèle 10c + 11 et 12b + 13. En effet de 10c à 12b l'affirmation « Dieu... pour (*l*) moi » et la question (rhétorique, équivalant à une négation) « l'homme... contre (*l*) moi » disent la même chose.[5] De 11 à 13, ensuite, nous avons les deux termes de la paire stéréotypée *louer / rendre grâce*.[6] En 11 *louer* est employé deux fois dans le parallèle entre les deux stiques ; en 13 les *actions de grâce* sont mentionnées en parallèle aux *voeux* dans le parallèle presque parfait entre les deux stiques (ô DIEU en plus dans le premier stique). De 10c à 13, aux extrêmes de notre parallèle, nous retrouvons DIEU et la préposition *l* + suffixe dans *pour moi* et *envers toi*. Ici nous avons comme un échange de bons procédés. Le fidèle, connaissant que Dieu est pour lui (pour moi) selon 10c, s'engage, dans la parole qu'il lui adresse, à accomplir les actions de grâce envers lui (envers toi) selon 13. Entre 10c-11 et 12b-13 nous lisons les deux expressions de même sens: je me fie, je ne crains pas. Récapitulons ces données dans un schéma:

---

[5] Comme l'a entrevu Raabe p. 97 où il cite aussi 5c (= 12b).
[6] Avishur pp. 146, 283, 328.

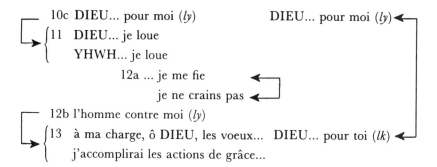

Si l'on tient compte que dans le canevas de l'histoire du salut l'appel est à situer au départ, et la louange et l'action de grâce au terme, on verra comment 10b introduit à 11 et 13. C'est d'ailleurs entre eux que se situe dans l'ordre chrono/logique la certitude de 10c et 12b sur laquelle se fonde la confiance exprimée en 12a. Ladite confiance, de ce point de vue, se situe donc entre la certitude exprimée en 10c et 12b et les louanges et actions de grâce envisagées en 11 et 13.

Bien qu'il exprime deux étapes différentes de l'histoire du fidèle, libéré en 14ab, jouissant de la présence divine en 14cd, le v.14 les articule si étroitement qu'il présente pour son ensemble une structure remarquable, comme l'a bien vu Raabe (p. 102). Aux extrêmes s'opposent *mort* et *vie* (en fin de stique ici et là), aux centres s'accordent les pieds tirés du faux-pas (14b) et la possibilité de pouvoir aller et venir devant Dieu (14c). En 14ab nous lisons en parallèle: *ma gorge de (mn) la mort // mes pieds du (mn) faux-pas*. Dans le second volet n'est repris qu'un seul terme de chacun des deux pendants de ce parallèle, soit *la mort* à laquelle s'oppose *la vie* et *les pieds* qui sont ce qui permet d'*aller et venir*. Du premier au second distique il est remarquable qu'en ce qui concerne Dieu on passe de la 2ème à la 3ème personne, celui qui délivre étant celui-là même devant lequel le psalmiste veut, au terme, se retrouver. Dans sa plus grande sobriété le second distique répond donc au premier selon l'ordonnance suivante:

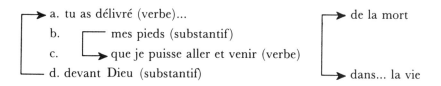

Dans ce passage de la mort à la vie (pour le fidèle) l'action de Dieu envers lui (a.b) lui permet un libre mouvement devant ce même Dieu (c.d).

Tous les auteurs cités par Raabe (pp. 104-105) et Raabe lui-même considèrent 13-14 comme une unité pour cette raison que 14, introduit par CAR, présente les motifs de l'action de grâce envisagée en 13. Le fait est incontestable, mais il n'invalide pas le rapport que nous avons décelé entre 11 et 13 et entre 10c et 13. Nous dirions donc que le CAR initial de 14, s'il articule immédiatement le dernier verset à celui qui le précède, l'articule aussi à 10b-13 dont nous avons vu qu'ils constituaient un ensemble structuré. Il convient d'ailleurs ici d'élargir encore la perspective en prenant en compte 9-14. En effet de 9-10a à 14 vont nous apparaître de nouveaux rapports. Et d'abord de 9 à 14ab nous retrouvons les séquences comparables de *b*... *hl'*... *b*... (*dans* ton outre, *oui dans* ton livre de comptes) et de *mn*... *hl'*... *mn*...[7] (ma gorge *de* la mort, *oui* mes pieds *du* faux-pas). Les deux temps envisagés s'appellent évidemment l'un l'autre: c'est une fois que Dieu aura pris en considération la détresse de son fidèle (9) qu'il sera amené à l'en délivrer (14ab). De 10a à 14cd les oppositions sont discrètes, mais pourtant, nous semble-t-il, bien présentes. Les ennemis s'en retournent alors que le fidèle peut, lui, aller et venir ; les premiers vont en arrière, le second, lui, reste devant Dieu. Le mouvement des premiers vise à leur disparition de la scène, celui du second à sa présence continuelle devant Dieu. Il nous semble donc légitime de lire en parallèle 9 + 10a // 14ab + 14cd. Nous avons vu plus haut comment en 10b-13 nous avions une structure complexe où, autour de 12a, 10b-11 et 12b-13 s'articulaient à la fois en chiasme et en parallèle. Retenons cette dernière perspective pour présenter schématiquement comme suit la structure de l'ensemble 9-14:

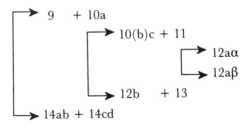

---

[7] Raabe est peut-être un peu imprudent de déterminer et limiter trop vite les répétitions qu'il estime significatives dans notre poème (p. 106). Une fois situées dans leurs contextes les répétitions d'allure très anodine ou purement formelle peuvent constituer les indices de rapports lourds de sens entre les unités qui les contiennent.

Les correspondances sont indiquées par les mises en colonnes. Ainsi la double déclaration de confiance de 12a est au centre non seulement de 10-13, mais même de 9.14. En ce qui concerne Dieu, nous le trouvons interpellé en 9 (TOI...) et en 14ab (ô DIEU), tandis qu'en 14cd il est question de lui (devant DIEU) et qu'en 10a il est absent (comme il convient pour suggérer la distance prise par les ennemis par rapport à lui). De 11 à 13, qui se correspondent, nous passons, à l'inverse de 14ab + cd, de la 3ème à la 2ème pers. en ce qui concerne Dieu (et, dans la disposition en chiasme, on dirait la même chose de 10c à 13). De 10bc à 12b nous trouvons à la 3ème pers. ici Dieu (pour moi effectivement), là l'homme (contre moi en vain), donc Dieu absent – en apparence seulement – en 12b comme en 10a. Les séquences de 9 + 10a et de 12b + 13 sont donc inverses l'une de l'autre: 2ème pers. + absence et absence + 2ème pers. De 10a à 14cd (absence et 3ème pers.), les choses vont à l'inverse de 10bc à 12b (3ème pers. et absence). L'affirmation centrale solennelle de 12a, avec Dieu à la 3ème pers., est préparée par deux unités, 10bc et 11, où il est déjà question de Dieu à la même 3ème pers.

3. *Structures littéraires sur l'ensemble du psaume*

Avant de considérer la structure littéraire de l'ensemble, il nous faut éprouver la pertinence de notre répartition entre 2-8 et 9-14. Il semble en effet que le texte puisse se prêter à d'autres propositions. En les examinant nous découvrirons, nous semble-t-il, encore d'autres rapports entre les unités, mais aussi leur caractère secondaire par rapport à ceux que nous avons présentés dans nos paragraphes 1. et 2. Nous verrons donc ici si 2-9 et 8-14 ne pourraient pas eux aussi être considérés comme des parties dans notre poème. En 2-9 on pourrait être tenté de voir un chiasme à six termes, chaque terme en étant représenté par une unité. Les deux unités extrêmes, adressées à Dieu (ô DIEU en 2a, TOI en 9a), appellent sur le fidèle sa pitié. De 2b-3 à 8 on peut voir se correspondre et s'opposer ici et là aux extrêmes: *l'homme* (on, *'nwš*) en 2b et DIEU[8] en 8b, le premier CONTRE MOI (*ly*, 3b), le second *contre eux* (*lmw*). Ici c'est le fidèle qui semble impuissant, mais là les ennemis qui certainement vont l'être. Enfin de 4-5 à 6-7 rappelons JOUR dans les premiers stiques (4a.6a), le pronom indépendant, et PAROLE, ici, dans cet ordre, aux premier et troisième stiques, là, dans l'ordre inverse, aux mêmes stiques. Nous avons déjà commenté les rapports par là indiqués. Un tel agencement n'est donc pas sans

---

[8] *'lhym* / *'nšym* constituent une paire stéréotypée selon Avishur p. 754.

fondement. Il faut pourtant reconnaître qu'il offre moins de consistance que la structure découverte en 2-8.

Mais en ce qui concerne 8-14 nous aurions affaire à une
architecture plus affirmée. Nous avons déjà repéré le parallèle entre
9 + 10a et 14ab + 14cd. Or avant, ici et là, en 8 et 13, nous lisons
non seulement le vocatif ô DIEU, mais encore les deux prépositions
'l (*en dépit de* leur forfait, *à* ma *charge*) et *l* (*pour* eux, *envers* toi).
S'adressant donc ici et là à Dieu, le fidèle est certain que ce n'est
pas la délivrance qui paiera les impies de leur forfait, et pour sa
part il est bien décidé à assumer lui-même voeux et actions de grâce
pour celui qui a si bien agi à son égard. Ainsi donc nous pouvons
tenir pour parallèles les séquences de 8 + 9 + 10a et 13 + 14ab +
14cd. Or aux extrêmes de 10b-12 nous lisons 10(b)c et 12b dont
nous avons déjà dit la correspondance, et au centre, en 11-12a, ces
trois stiques qui commencent par EN DIEU, EN YHWH, EN
DIEU, 11b se trouvant donc ainsi encadré par 11a et 12a. Récapitulons schématiquement:

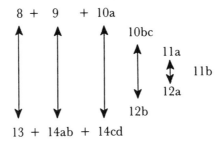

Même si cette proposition n'est pas si ajustée au texte que celle par
laquelle nous considérions ci-dessus 9-14 comme un ensemble
structuré, il faut lui reconnaître beaucoup plus de consistance qu'à
celle qui précède (sur 2-9). Elle pourrait donc donner à penser que
8 joue alors dans notre psaume un rôle charnière, appartenant à la
fois à 2-8 (avec pour centre la louange de la parole de Dieu en 5a) et
à 8-13 (avec pour centre la louange de YHWH en 11b).

Mais c'est entre 2-8 et 9-14 que les rapports entre les deux parties
du psaume sont structurellement le mieux organisés. Nous allons
tenter de le montrer. Commençons par un repérage du parallèle
assez sensible entre les deux parties selon les répartitions des
unités, soit:

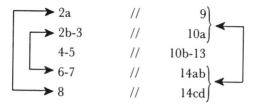

En 2a et 9 Dieu est interpellé dans un appel en faveur du fidèle.[9] On verra ensuite s'opposer clairement 2b-3 à 10a et 6-7 à 14ab. En 2b-3 et 10a le psalmiste désigne ceux qui l'éprouvent comme « *mes adversaires* » et « *mes* ennemis ». De 6-7 à 14ab on aura repéré la récurrence de MA GORGE (suffixe en hébreu pour MA): elle est ici menacée, là délivrée. On rapprochera aussi *mes traces* de 7b et *mes pieds* de 14b, l'ordre étant inversé de 7bc (traces/gorge) à 14ab (gorge/pieds).[10] Entre 4-5 et 10b-13 le rapport est manifeste, et nous aurons à y revenir plus en détail. De 8 à 14cd nous retrouvons DIEU, mais alors que 2a, 8 et 9 sont des appels adressés à Dieu, 14cd exprime l'espoir final qui les anime. Dans la mesure où la dégringolade (*yrd*) de 8b signifie la descente au shéol, c'est-à-dire la mort, on opposera le sort attendu pour les ennemis et la vie sur laquelle compte le fidèle, les deux étant d'ailleurs l'oeuvre de Dieu.

Mais nous pouvons pousser plus avant l'étude des rapports structurellement situés entre nos deux parties. Pour aider le lecteur à situer aisément les remarques qui vont suivre, en un premier temps disposons en vis à vis les deux parties structurées comme suit:

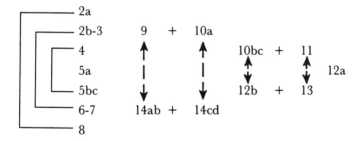

[9] Rappelons ici que dans leur proposition pour l'ensemble Trublet – Aletti (voir ci-dessus notre n. 3) voyaient se correspondre, non sans raison, 2a et 8-9. Nous avons plus haut retenu la correspondance de 2 à 8. Ici nous honorons celle de 2 à 9.

[10] Raabe (pp. 98-99) parle de « word-pair » pour *'qby//npšy* et note que « *npšy* and *rgly* are paired » en 14ab.

Le psalmiste s'adresse à Dieu en 2a et 8 (vocatifs) comme en 9 (TOI...) et 14ab, soit aux extrêmes de chaque partie. En 8 et 14ab relevons la répartition des deux termes d'une paire stéréotypée: *délivrer* et *libérer*.[11] De 4 à 11 nous passons du discours direct (en toi...) au discours sur Dieu (et YHWH), mais inversement de 5bc à 13, qui leur sont symétriques, du discours sur Dieu au discours direct (vocatif). Une inversion du même genre peut se découvrir de 2b-3 et 9 à 6-7 et 14ab (leurs symétriques). En effet en 2b-3 et 14ab nous lisons un CAR pour introduire la justification de la prière de 2a ou de la promesse de 13 (comme le note Raabe p. 109), suivi chacun d'un verbe qui fait assonance avec l'autre: *ylḥṣny* au terme 2, *ḥṣlt* (*npšy*) en 14a (L et Ṣ ici et là, puis N et Y si l'on tient compte de *npšy* en 14a), le rapport étant évidemment d'opposition puisque, ici, l'assaillant presse le fidèle tandis que, là, Dieu l'a délivré. De 6-7 à 9 nous trouvons, situés l'un et l'autre au centre d'un petit ensemble, deux pronoms indépendants: EUX au centre de 7 (après 6), TOI au centre de 9abα (avant 9bβc), le rapport étant, encore ici, d'opposition entre l'hostilité des premiers et le souvenir bienveillant du second. Puisque *npš* et *ḥyym* constituent une paire stéréotypée[12] nous pouvons remarquer deux rapports symétriquement disposés de 2b-3 à 10a comme de 6-7 à 14cd, ici encore selon des oppositions. En 2b-3 le psalmiste présente « *mes* adversaires » sous leur aspect pour lui menaçant ; en 10a il voit déjà « *mes* ennemis » s'en retourner en arrière. En 6-7 sa *gorge* (*npšy*) est convoitée par les ennemis, mais en 14cd il se voit déjà aller et venir devant Dieu dans la lumière de la *vie* (*ḥyym*). Considérons maintenant, toujours comme symétriquement situés, 4 et 10bc avec 5bc et 12b. Comme Raabe (p. 93) l'a montré, les introductions de 4 et 10bc avec la référence à un certain JOUR (où je crains, où j'appelle) sont très comparables. Ce qui est exprimé ici et là va dans le même sens, 10bc marquant cependant un progrès sensible par rapport à 4: de la seule crainte nous sommes passés à l'appel, de la confiance à la certitude qui la fonde. De 5bc à 12b nous retrouvons presque mot pour mot 5c en 12b, soit cette certitude de l'inefficacité de l'homme (contredistingué de Dieu) contre le fidèle. Ajoutons ici que JOUR (4a.10b) et ce rapport posé entre l'homme (*bśr*, *'dm*) et le fidèle (*ly*) se lisaient aussi le premier en 6-7 (TOUT LE JOUR, premiers mots) et le second en 2b-3 (*'nwš... ly* de 2b à 3b), si bien que, étant donné les contextes en 2b-3 et 6-7 (empire des ennemis), il existe aussi une opposition de 2b-3 (*'nwš*

---

[11] Avishur p. 228.
[12] Avishur p. 66.

dominant) à 12b (*'dm*[13] soumis) comme de 6-7 (tout le *jour* le fidèle opprimé) et 10bc (ce *jour* où le fidèle retrouve Dieu comme son allié[14]). De 6-7 à 10bc l'opposition peut encore s'appuyer sur la répartition ici et là des deux termes d'une paire stéréotypée, soit *penser* (6b) et *savoir* (10c):[15] eux, leurs pensées sont orientées vers le mal ; quant au fidèle, son savoir concerne Dieu. Considérons maintenant les centres 5a et 12a. Avec le second se trouvent en rapport 4 et 5bc (autour du premier) à partir des deux verbes CRAINDRE et SE FIER présents dans ces trois unités. La confiance est encore confrontée à la crainte en 4, mais elle l'emporte sur elle en 5b(c) et 12a (qui entre eux sont identiques). Comme symétriquement, il existe aussi un rapport entre 5a d'une part et d'autre part 11 et 13 (au terme de 10b-11 et 12b-13 qui entourent 12a). De 5a à 11 la chose s'entend à première lecture puisque 11a est identique à 5a et que 11b ne fait que doubler 11a. Ici et là il s'agit donc de louer la parole de Dieu. Mais si l'on se souvient de la paire stéréotypée *louer /rendre grâce* (voir ci-dessus notre n. 6), on découvrira sans peine le rapport entre 5a et 13.[16] Les choses deviennent seulement plus circonstanciées en 13. Si donc en 4.5bc.12a, c'est la première unité qui est originale par rapport aux deux autres (où 5b = 12a), en tant qu'y est encore présente la crainte, en 5a.11.13, c'est la dernière qui est originale par rapport aux deux premières (où 5a = 11a), en tant que l'engagement à l'action de grâce est mis plus clairement en rapport avec l'histoire présente du psalmiste.[17] Pour finir sur ce premier jeu de rapports entre 2-8 et 9-14 notons encore ceux de 2a à 10bc comme de 8 à 12b, entre eux symétriques bien entendu. De 2a à 10bc nous retrouvons DIEU dans des contextes très apparentés, soit l'appel de 2a et la certitude qui le fonde en 10bc. Ici et là le fidèle (suffixe 1ère pers.) est l'objet des soins divins. De 8 à 12b nous avons comme deux oppositions, entre *Dieu* et *l'homme*, et entre *pour eux* (*lmw*) et *contre moi* (*ly*). Il n'y aura pas de délivrance pour eux, car Dieu est là pour les faire dégringoler ; mais l'homme, lui, ne

---

[13] *'dm* et *'nwš* constituent d'ailleurs une paire stéréotypée selon Avishur pp. 6 et 41-42.

[14] Contre *moi* leurs pensées vont à (*l*) *mal* (6b), mais *Dieu* est *pour* (*l*) *moi* (10c).

[15] Avishur p. 337.

[16] C'est en somme le même que celui entre 11 et 13 que nous avons exposé ci-dessus à propos de 10b-13.

[17] On peut encore relever un rapport entre 5a et les extrêmes de 10b-13. Nous lisons en effet PAROLE en 5a, et en 10b *j'appelle*, deux termes souvent couplés (selon Avishur pp. 120 et 309), la parole divine s'entendant à la fois comme point d'appui pour l'appel du fidèle et comme réponse à cet appel. De 5a à 13b nous avons déjà dit plus haut la correspondance à partir de la paire stéréotypée *louange/action de grâce*.

pourra rien faire contre moi. Les deux questions posées en 8a et 12b
sont purement rhétoriques et ne laissent donc aucun doute sur la
réponse à leur donner: pas de délivrance pour les ennemis, pas
d'efficacité de l'homme contre moi.[18] Ainsi 2a et 10bc sont tournés
vers le sauveur, 8 et 12b vers les gens hostiles, ce que le psalmiste
sait de l'un et des autres le faisant accéder à une confiance de plus
en plus grande.

Nous souvenant qu'autour de 12a dans la deuxième partie 10bc
+ 11 et 12b + 13 sont situés en parallèle, mais aussi que 10bc et 13
se correspondent, nous pouvons encore découvrir quelques rapports structurellement ordonnés entre nos deux parties. Indiquons-
les d'abord schématiquement comme suit, ce dont nous nous expliquerons aussitôt après:

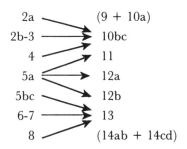

Commençons par 2b-3/10bc et 6-7/13. De 2b-3 à 10bc nous
voyons s'opposer: « *car* (*ky*) l'homme (*'nwš*)... *contre moi* (*ly*) »
(2b.3b) et: « *que* (*ky*) Dieu (*'lhym*)[19] est *pour moi* (*ly*) », ce qui n'appelle pas de commentaire. S'y ajoutent les emplois de JOUR de
2c.3a à 10b, les premiers pour marquer la constance de l'hostilité,
le dernier pour indiquer le moment de la redécouverte de l'alliance
divine. Le rapport de 6-7 à 13 nous est indiqué par l'emploi de la
préposition *'l* avec le même suffixe 1ère pers. (donc *'ly*) et par la
préposition *'l* suive en 6b de *mal* et en 13b du suffixe 2ème pers. (*lk*).
Considérés dans leurs contextes, ces indices nous manifestent ici et
là des oppositions, tout comme – rappelons-le – c'est d'oppositions
qu'il s'agissait entre 2b-3 et 10bc. Le psalmiste prend *sur lui* (*'ly* en
6b et 13a) ici les pensées malveillantes de ses ennemis, là d'accomplir voeux et actions de grâce en l'honneur de Dieu. Les ennemis
orientent leurs pensées vers le mal (*lr'*), le fidèle fait ses promesses à

---

[18] Nous avons déjà fait ces remarques à propos de 5c (= 12b) et 8a comme
encadrant 6-7.
[19] Sur *'lhym* et *'nwš* voir ci-dessus notre n. 8.

Dieu (*lk*). Ces oppositions sont significatives. On pourrait y ajouter celles entre EUX (*hmh*) et DIEU, puisqu'à Dieu dans le poème correspond un pronom indépendant ('*th*, en 9a ; tout comme d'ailleurs au fidèle '*ny* en 4a). Nous avons étudié ci-dessus les rapports de 8 à 13 (dans l'ensemble 8-13) et de 2a à 10bc (au terme du paragraphe précédent). Nous connaissons aussi le rapport de 4 à 10bc, ici entre deux passages homogènes. De 5bc à 13 le rapport s'appuie sur les récurrences de DIEU et *l* dans *contre moi* et *envers toi*. Nous passons ici, pourrions-nous dire, de la confiance à l'action de grâce et du souci de soi-même (*ly*) à celui de ce Dieu (*lk*) digne d'être loué. De 5a à 11 et 12b nous avons d'abord l'identité de 5a avec 11a (dont 11b n'est d'ailleurs qu'un doublet), puis entre 5a et 12b les termes opposés *Dieu/homme*,[20] la parole de Dieu appelant la louange, mais l'action de l'homme étant déclarée inefficace. De 5a à 12a on comparera les deux débuts identiques pour apprécier ce même fondement donné à la louange et à la confiance. Nous voyons donc finalement qu'alors que dans la seconde partie, aux extrêmes du texte ici considéré, 10bc et 13 sont en rapport respectivement avec les trois premières et avec les trois dernières unités de 2-8, inversement 5a, au centre de 2-8, est en rapport avec les trois unités centrales de 9-14. On peut donc dire qu'entre les diverses unités les rapports sont multiples et cependant organisés.

Ainsi donc l'architecture de ce poème s'avère complexe et riche de rapports commandant l'interprétation de chacune de ses unités. Du point de vue structurel qui est le nôtre il n'est guère possible d'isoler les vv. 5 et 11-12 de leur contexte immédiat pour déterminer à partir de là la composition d'ensemble de tout le poème.

*   *   *

En guise de conclusion nous nous proposons d'étudier, d'un point de vue structurel, l'articulation entre les deux psaumes consécutifs 56 et 57, ce dernier faisant l'objet du chapitre suivant. On comparera tout d'abord l'*incipit* presque identique, soit un appel à la pitié divine aussitôt motivé (*ḥnny 'lhym... ky*: 56,2 et 57,2). Puis, après la première unité de chaque psaume (56,2a et 57,2-4[21]), nous en lisons trois dont les deux extrêmes concernent l'oppression subie (56, 2b-3 et 6-7 ; 57, 5 et 7) et celle du centre la louange ou l'exaltation de Dieu (56, 4-5 ; 57,6). De 56, 2b-3 à 57,5 on relèvera

---

[20] '*l* (synonyme de '*lhym*)/'*dm* constituent une paire stéréotypée selon Avishur p. 754 (à l'index).
[21] Pour la détermination des unités dans le Ps 57 le lecteur en trouvera la justification au chapitre suivant.

les deux termes de la paire stéréotypée *'nwš / bn 'dm*,[22] le premier
étant l'agresseur (56,2b), les seconds les victimes (57,5b). De 56,
6-7 à 57,7 nous retrouvons *npšy*, soit cette gorge du fidèle ici et là
(56,7c ; 57,7b) mise à rude épreuve. On peut aussi rapprocher *'qby*
(56,7b) et *p'my* (57,7a), le fidèle persécuté étant soit suivi, soit
précédé, mais dans une même intention. En 56, 4-5 et 57,6 nous
lisons DIEU : ici *loué* et pris comme destinataire de la confiance
(56, 5ab), là invité à s'élever sur les cieux, à átendre sa *gloire* sur
toute la terre. Les verbes *louer* et *glorifier* forment une paire stéréotypée.[23] De plus, si *mrwm* est bien à lire en 56,4 et à entendre
comme un titre divin (voir nos notes sur la traduction), on le
rapprochera du verbe initial de 57,6: *rwmh*, de même racine. Le
Très-Haut est invité à s'élever. Dans chacun des deux psaumes, ces
unités au centre de 56, 2-7 et 57, 5-7 sont reprises, en partie mot
pour mot, dans la suite du psaume, soit 56, 4-5 en 10b-13 et 57,6 en
11-12, les remarques que nous avons faites ci-dessus pouvant donc
être reprises à propos de 56, 10b-13 et 57, 11-12. Ajoutons seulement entre ces deux unités la récurrence de *ky*, pour introduire ici à
la certitude de la faveur divine (56,10c), là à la proclamation de la
grandeur de l'amour et de la vérité de Dieu (57,11). De plus en 56,
10b-13 nous lisons *action de grâce* (13b) qui se lit encore en 57, 8-10
(10a) ; et en 57, 11-12 le verbe *rwm* est antonyme de *yrd* (descendre,
dégringoler) de 56,8. Le fidèle, de façon cohérente, souhaite la
chute de ses ennemis et au contraire l'élévation de son Dieu. Ainsi
56, 10b-13 appelle 57, 8-10 qui fait immédiatement suite à 57, 5-7 ;
et 57, 11-12 fait écho à 56,8 qui fait suite pour sa part à 56, 2b-7. De
plus de 56,8 à 57, 8-10 nous voyons passer la récurrence de *peuples*,
peuples ici voués à la chute, là témoins de la louange du Seigneur.
Récapitulons l'ensemble de ces rapports dans un schéma:

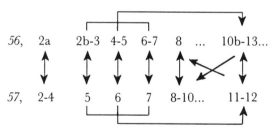

Curieusement on peut encore voir se répondre en ordre inversé
d'un psaume à l'autre *ky* en 56, 2b.3b et *'dm* en 12b, puis en 57,5b

---

[22] Avishur p. 641.
[23] Avishur p. 258. Nous avons en 57,6b le substantif *kbwd*.

bny 'dm et en 11a *ky*, les rapports étant ici d'opposition: épreuve du fidèle en 56, 2b-3, mais grandeur et exaltation de Dieu en 57, 11-12 ; l'homme hostile en 56, 10b-13 (hostile et impuissant), mais les fils d'homme persécutés en 57,5 (persécutés, mais pas pour toujours selon 7c). Dans l'un et l'autre psaume, l'appel initial à la pitié (56,2a ; 57, 2-4) entend bien aboutir au terme à la louange (56, 4-5.10b-13 ; 57, 6.11-12 et 8-10), une fois dépassée l'épreuve présente (56, 2b-3.6-7 ; 57, 5.7). La louange de la parole de Dieu (56, 4-5.10b-13) aura pour témoins les peuples eux-mêmes (selon 57, 8-10). L'exaltation de Dieu en sa gloire (57, 6.11-12) suppose la chute des peuples (selon 56,8).

Il est de fait que 56, 9 et 10a n'ont pas de terme repris en 57. Tel n'est pas le cas de 14 puisqu'on y lit comme en 57, 2-4: *ky* et *npšy* (14a ; 57,2b), *'lhym* (14c ; 57, 2a.3a.4c), et *nṣl* (14a) qui forme avec *yš'* (57,4a) une paire stéréotypée.[24] Sachant que *'wr* (56, 14d) et *ṣlmwt* (*ṣl* en 57,2c ; *mwt* en 56,14a) forment une paire stéréotypée,[25] nous serions tenté de rapprocher la *lumière* de la vie au terme de 56 et cette *ombre* de 57,2c qui, au lieu d'être celle de la *mort* (évoquée en 56,14a), est celle, bénéfique, des ailes de Dieu.[26] On peut donc avancer que nos deux psaumes se trouvent ainsi articulés l'un à l'autre, grâce à cette charnière de 56,14 + 57, 2-4.

La séquence de nos deux psaumes dans *le Psautier* est donc tout le contraire du hasard. Chacun possède sa note propre, plus proche du salut apporté pour 56, de la gloire qui revient à Dieu en 57, et cependant avec une incontestable parenté qui s'inscrit jusque dans la structure littéraire de ces deux prières.

---

[24] Avishur p. 283.
[25] Avishur p. 283.
[26] En plus de celles des prépositions, nous n'avons pas pris en compte ci-dessus les récurrences de *šp* (56, 2-3 ; 57,4), *qr'* (56,10 ; 57,3a), et *lpny* (56,14c ; 57,7c), lesquelles ne manquent pas d'intérêt, mais ne nous semblent pas jouer entre elles en fonction de leur situation dans la structure des textes tels que nous les voyons, de ce point de vue, se répondre.

CHAPITRE V

LES PSAUMES 57, 60 ET 108
ÉTUDES STRUCTURELLES

Stimulé en cela par plusieurs travaux récents, que nous citerons en leur temps, nous avons ici l'intention de considérer à nouveau simultanément les Pss 57, 60 et 108, dont on sait que le troisième est constitué par l'assemblage d'une partie de chacun des deux premiers. Nous les considérerons ici d'un point de vue structurel, c'est-à-dire chacun comme une composition d'ensemble, selon la structure indiquée par le texte en différents indices par lui fournis et qu'il nous reviendra de découvrir. Quoi qu'il en soit d'une première apparence composite – surtout pour le Ps 108 – , nous nous re- fusons à considérer le texte final comme un conglomérat plus ou moins adroit. Ce texte, comme ensemble, contient une pensée qu'il nous importe au plus haut point de découvrir. Et selon nous, il n'est pas de meilleur chemin, pour y parvenir, que de chercher et découvrir ce qu'il en est de sa structure littéraire. Nous nous y appliquerons donc en considérant successivement la structure lit- téraire de chacun dc nos trois psaumes, quitte à revenir en conclu- sion sur la composition du troisième, perçue plus particulièrement à partir de ses emprunts aux deux premiers.

1. *La structure littéraire du Psaume 57*

La récente étude de Paul R. Raabe[1] nous oblige à revenir ici sur notre proposition de 1977.[2] Raabe voit chacun des deux refrains (6 et 12) précédé par une stance composée de trois strophes, soit pour la première 2, 3-4 et 5, et pour la seconde 7, 8-9 et 10-11. Pour notre part, avant les refrains également, nous voyions se répondre en ordre inverse 2-4 + 5 et 7 + 8-11. Quant à la détermination des unités, l'accord est chose faite pour 5, 6, 7 et 12, mais il faudra revenir sur 2-4 et 8-11, et même sur 12. Nous considérerons au fur et à mesure les problèmes de traduction.

---

[1] Paul R. Raabe, *Psalm Structures – A Study of Psalms with Refrains, JSOT* Sup. 104, Sheffield 1990, pp. 112-130. On y trouvera recensés (pp. 126-7) de nombreuses autres propositions.

[2] Pierre Auffret, « Note sur la structure littéraire du psaume LVII », *Semitica* XXVII (1977) 59-73.

Nous tenons encore présentement 2-4 pour une unité. Faut-il traduire les verbes de 4a et c par des jussifs (qu'il envoie !)[3] ou comme de simples indicatifs (il envoie) ? Le point n'est pas facile à trancher, pour peu – on va le voir – qu'on considère la structure littéraire de 2-4. Pour 4b nous acceptons la proposition de Raabe, qui a au moins l'avantage de laisser percevoir le rapport de contenu entre 4b et 2d. Nous souscrivons aussi à sa traduction de 3b. Cela dit, s'il fallait distinguer à l'intérieur de 2-4, ce n'est pas avec Raabe entre 2 et 3-4 que nous le ferions, mais entre 2-3 et 4. En effet la structure littéraire nous paraît être la suivante:

2a. Aie pitié de moi, ô DIEU,[4]
    aie pitié de moi,
        2b. car en toi S'ABRITE mon âme
        2c. ET à l'ombre de tes ailes JE M'ABRITE
            2d. jusqu'a ce que soit passé le malheur.
        3a. Je crie vers DIEU le Très-Haut,
3b. vers El qui exerce la vengeance en ma faveur.

4a. (Qu')il ENVOIE des cieux
    ET me sauve
        4b. même si mes poursuivants se moquent.
4c. (Qu')il ENVOIE, DIEU, 4d. sa grâce
    ET sa vérité.

Raabe (p. 128) voit se répondre 2a et 3 comme la prière en acte ou rapportée. Mais il est plus pertinent de considérer les sujets des verbes, soit *Dieu* en 2a et *El* en 3b, le premier agissant en prenant pitié, le second en exerçant la vengeance. Et quant à 3a, son sujet (1ère pers. = l'orant) est le même que celui de 2b (mon âme = je) et 2c. Dès lors on voit se correspondre concentriquement autour de 2d d'abord 2a (deux fois le même verbe) et 3b (un verbe), puis 2bc (deux fois le même verbe) et 3a (un verbe). L'appel à la pitié s'adresse à celui qui exerce la vengeance (pitié de *moi*, vengeance en *ma* faveur). Le cri est adressé à ce Dieu (3a) dont le fidèle sait qu'il peut s'abriter en lui (2bc). On le voit, entre 2a + 2bc et 3a + 3b, il existe aussi un rapport ordonné en parallèle: *appel* à la pitié + recherche d'un *abri* // *cri* vers Dieu + attente de la *vengeance*. D'un point de vue structurel ces deux premiers versets constituent déjà une unité. Quant à 4, sa structure est simple puisqu' autour de l'évocation centrale de la moquerie des poursuivants (4b) nous lisons en 4a deux actions reliées par ET (envoyer ET sauver), en 4cd

---

[3] Comme le soutient Raabe p. 115.
[4] Nous faisons ressortir en lettres CAPITALES les récurrences utiles à la présentation de structure en cours.

l'envoi de deux bienfaits reliés aussi par ET (grâce ET vérité). De plus *sauver*, deuxième terme du couple de 4a, et *grâce*, premier du couple de 4cd, constituent une paire de mots stéréotypée.[5] On voit enfin que 4 reprend les extrêmes et le centre de 2-3, actions de Dieu et mention du danger, sans revenir sur 2bc et 3a. Or si 2a est un impératif et 3b un simple indicatif, quelle traduction choisir pour les verbes de 4a et c ? Le deux nous paraissent aussi défendables. De 2a à 4cd on notera, faisant inclusion pour l'ensemble, les deux mentions de DIEU. Ajoutons que d'ici à là sont répartis les deux termes d'une paire de mots stéréotypée: *pitié* (*ḥn*) et *grâce* (*ḥsd*).[6] De 2-3 à 4 le fidèle pour ainsi dire s'efface pour laisser face à face DIEU et le danger, sans plus mentionner ses propres initiatives (comme en 2bc et 3a).

En adoptant l'interprétation de Raabe pour 5 on peut y découvrir la structure que voici:

5a.	(A) Mon âme (est) au milieu de	(B)	lions.
5b.	(A') Je me tiens couché (au milieu de)	(B'')	ceux qui sont enflamm
5c.		(B')	les fils d'Adam.
5d.	(b) Leurs dents (sont)	(b')	des lances et des flèches.
5e.	(b) Leur langue (est)	(b')	une épée acérée

L'image de ce qui flambe convient à la fois aux terribles lions et aux ennemis redoutables.[7] Dents et langue se rapportent aux lions ; lances, flèches et épée aux fils d'Adam. Les parallèles bb' // bb' reprennent la séquence BB' aux termes de 5a et bc. Les fils d'Adam, avec leurs redoutables armes, sont pareils à des lions, dont on connaît la voracité des dents et la langue: tel est présentement le contexte où il faut situer le fidèle. En somme ce verset explicite le contenu de chacun des deux centres 2d et 4b de 2-3 et 4: tel est le malheur du fidèle, tels sont ses poursuivants.

Sans renoncer à notre compréhension de 6 et 12 selon une symétrie concentrique, où autour du vocatif « ô DIEU » se répondent « AU-DESSUS des cieux » et « AU-DESSUS de la terre », puis « élève-toi » et « ta gloire », nous acceptons sans réticence celle de Raabe faisant jouer le verbe initial pour les deux stiques, puis mettant en parallèle: AU-DESSUS des cieux + Dieu // AU-DESSUS de toute la terre + ta gloire. Nous laissons possibles ces deux interprétations en traduisant: « Elève-toi au-dessus des cieux, ô Dieu, au-dessus de toute la terre, ta gloire ! ».

---

[5] D'après Avishur p. 281.
[6] Avishur p. 758 (à l'index).
[7] Avec en particulier leur épée, épée qui, elle aussi, pourrait être dite « flamboyante » comme celle dont il est question en Gn 3,24 en des termes très proches.

La structure d'ensemble du v. 7 est bien présentée par Raabe (p. 123), 7a appelant 7c (les pièges), mais 7d créant la surprise en rompant en quelque sorte le parallèle, puisque celui qui pâtit n'est plus, comme en 7b, le fidèle, mais celui-là même qui lui tendait un piège.

Pour pouvoir envisager la structure littéraire des versets suivants, il nous faut d'abord revenir sur la traduction de 9. Raabe (pp. 118-120) préfère s'en tenir à la traduction habituelle, plutôt que de considérer- comme nous le faisons dans notre article de *Semitica*- les deux impératifs « éveille-toi » comme encadrant « mon être », puis « harpe et cithare » comme accusatifs de moyen précédant le verbe « j'éveillerai (l'aurore) ». Il objecte à cette proposition que ailleurs l'impératif « éveille-toi » est toujours adressé à un autre qu'à soi-même, et que c'est souvent Dieu qui est ainsi interpellé, le vocatif « ma gloire » (*kbwdy*) étant adressé à Dieu. L'objet de « j'éveillerai » serait donc ce même Dieu. Mais, dans sa propre proposition, Raabe (à la suite de Gevirtz) tient qu'il faut comprendre *kbwdy* comme « moi-même ». Il retient aussi – comme nous le faisions dans *Semitica* – l'aurore comme objet de « j'éveillerai ». Son objection la plus sérieuse concerne la présence de l'article avant *nbl* et l'absence de la préposition *b* avant *nbl wknwr* contrairement à l'usage biblique. Mais l'objection n'est pas absolue.[8] Nous sommes bien d'accord avec lui qu'une interpellation à Dieu en 9a ne convient guère dans le contexte et que l'aurore est ici purement et simplement objet du verbe. Aussi maintenons-nous notre proposition antérieure (qui n'est pas celle à laquelle Raabe s'en prend pp. 118-119). Elle s'inscrit à merveille, on va le voir, dans la structure littéraire de ces versets.

Dans notre précédente proposition (p. 69) nous avions découvert une structure commune à 8-10 (concentrique autour de 9a: 8a.8b / 9a / 9b.10) à laquelle nous nous efforcions de rattacher 11. Revenons ici sur l'ensemble 8-10. Nous traiterons plus loin de 11. Raabe distingue 8-9 et 10-11. Or il semble difficile, d'un point de vue structurel, de ne pas tenir ensemble 8-10. Tentons d'en présenter comme suit l'ensemble:

---

[8] La référence au Ps 108 n'a rien qui doive impressionner outre mesure, car d'une part il faudrait peut-être reconsidérer l'interprétation habituelle de ce psaume (comme nous le ferons dans notre § 3.), et d'autre part l'auteur du Ps 108 a fort bien pu se méprendre sur l'interprétation du Ps 57.

(A) 8a. Mon coeur est prêt,   ô Dieu   8b. Mon coeur est prêt.

(b') 8c. Je vais chanter   ET je vais PSALMODIER.

(a') 9a. ÉVEILLE-TOI,   ô moi-même,   ÉVEILLE-TOI.

(b) 9b. Avec la harpe   ET la cithare

(a') 9c.   je vais EVEILLER
                                    l'aurore.

(B') 10a. Je vais te louer   10b. Je vais te PSALMODIER
                              Adonaï.

            parmi les peuples,   parmi les peuplades.

En 8ab, 9a et 9c (A.a'.a') le fidèle témoigne de sa disposition: coeur prêt, lui-même éveillé, éveillé jusqu'à vouloir précéder l'aurore. En 8c, 9b, 10 (b'.b.B') il révèle à quoi visent de telles dispositions: chanter, psalmodier, louer, à l'aide d'instruments. En 9a et 9c, nous lisons le même verbe ÉVEILLER (d'où l'exposant des sigles a'), en 8c et 10 le même verbe PSALMODIER (d'où l'exposant de b' et B'). De 8a à 9a (A.a') il est bien clair que « mon coeur » est repris par « moi-même ».[9] Par ailleurs il est bien clair que harpe et cithare (9b) accompagnent chant et psalmodie (8c). De b' (8c) à b (9b) on note que les deuxièmes termes sont amenés par la même conjonction ET. Les éléments les plus développés (A et B', majuscules) sont aux extrêmes et comportent tous deux en leur centre une interpellation à Dieu ou Adonaï. On peut lire l'ensemble:

$$(8-9a) \quad A \quad b' \quad a$$
$$(9b-10) \quad b \quad a' \quad B$$

Ici les dispositions (A.a) encadrent la finalité (b'), là c'est l'inverse. En b' nous lisons ET JE VAIS PSALMODIER, ET qui se retrouve en b, JE VAIS PSALMODIER en B' ! A prendre la série A.a.a' on voit que son premier élément comporte Dieu au centre et qu'un *crescendo* commande le passage de 9a à 9c (s'éveiller si bien qu'on soit à même d'éveiller l'aurore même). A considérer b'.b.B', on voit que la musique est pour ainsi dire sans thème ou objet en b' et b, tandis qu'il s'agit explicitement en B' de TE louer et de TE psalmodier. Au chanteur (b') se joignent d'abord les instruments (b), puis l'auditoire le plus vaste qu'on puisse imaginer (B'). Ici c'est au terme de la série que nous lisons au centre une interpellation à Adonaï. Il est vrai qu'en 9 la harpe et la cithare servent dans l'immédiat à éveiller

---

[9] Sur *lb* // *kbd* voir notre article de *Semitica* p. 65 et Avishur p. 761 (à l'index).

l'aurore ; nul doute pourtant qu'elles ne participent à la louange finale en 10.

A la suite de Wahl, Van der Lugt, Briggs, Jacquet, Raabe (pp. 126 et 124) considère 10-11 comme une strophe. Cela s'entend aisément puisque 11 développe en somme les thèmes de la louange indiqués par les seuls pronoms suffixes des verbes en 10: je *te* louerai.... *te* psalmodierai..., toi dont la grâce est grande jusqu'aux cieux et la vérité jusqu'aux nues. Dans notre étude précédente nous nous efforcions nous-même de rattacher 11 à 8-10. Mais, sans renoncer à ce rapport évident de 11 à 10, il convient aussi de relever celui de 11 à 12. Si l'on retient la lecture de Raabe pour 12, on peut dire que ces deux versets présentent exactement le même agencement du type abc // b'c'. Mais plus encore: les termes désignés par ces sigles se correspondent. En effet *grand* et *s'élever* (a) vont jusqu'à constituer une paire de mots stéréotypée ;[10] JUSQU'aux CIEUX, JUSQU'aux nues, AU-DESSUS des CIEUX, AU-DESSUS de toute la terre, désignent toujours des parties de l'espace, un *crescendo* marquant le passage de JUSQU'aux CIEUX à AU-DESSUS des CIEUX, CIEUX et nues étant en parallèle en 11, CIEUX et terre étant complémentaires (expression bipolaire) en 12. On va aussi plus directement, plus radicalement, au thème de la louange quand on passe de *ta grâce* et *ta vérité*, aux termes de 11a et b, à *Dieu* et ta *gloire*, aux termes de 12a et b. Avec *grande* au début de 11 et *gloire* au terme, nous avons encore, faisant en quelque sorte inclusion, les deux termes d'une paire de mots stéréotypée.[11] Il nous semble donc légitime de tenir 11-12 pour une unité.[12] Pourtant le rapport à 10 ne doit pas être ignoré. On peut même tenir, nous semble-t-il, que 10 fonctionne comme une sorte de charnière, appartenant tant à 8-10 qu'à 10-12. De 10 à 12 en effet nous pouvons considérer au centre deux vocatifs: *Adonaï* et *ô Dieu* (selon notre lecture). En 10a et 12b nous avons les deux termes d'une paire stéréotypée: *les peuples* et *la terre*.[13] Enfin, alors qu'aucun acteur de la louange n'est mentionné en 11, mais seulement ses thèmes, nous trouvons comme acteurs de la louange le fidèle en 10 et Dieu lui-même (invité par le fidèle) en 12. Même si le rapport est plus étroit de 11 à 12 que de 11 à 10 (encore que le CAR initial de 11 pèse ici son poids), on ne peut

---

[10] Avishur pp. 131-2 et 191.
[11] Avishur pp. 514 et 652.
[12] Parmi les auteurs cités par Raabe p. 126, tel est l'avis d'E. Beaucamp. Que le refrain se trouve ainsi compris dans une unité ne doit pas surprendre. Raabe lui-même fait une proposition de ce type pour 59, 7-9 et 15-17, « including refrain » (p. 152).
[13] Avishur p. 278.

rester indifférent à la cohérence formelle et de contenu entre les trois versets 10-12.

Venons-en maintenant à *la structure d'ensemble du poème*. Il convient tout d'abord de noter les nombreux rapports de vocabulaire de 2-4 à 11-12, et par conséquent la puissante inclusion de l'ensemble. On lit en effet d'ici à là:

2. DIEU	11. CAR
CAR	JUSQU'À (*bis*)
JUSQU'À	CIEUX
3. DIEU	TA GRÂCE
Très-Haut (*'lywn*)	TA VÉRITÉ
en (*'l*)	12. au-dessus de (*'l: bis*)
4. CIEUX	CIEUX
DIEU	DIEU
SA GRÂCE	
SA VÉRITÉ	

Ainsi DIEU se lit ici trois fois, là une, des mots de racine *'lh* (Très-Haut, prépositions) deux fois ici et là, CIEUX, une fois ici, deux fois là, le couple SA/TA GRÂCE et SA/TA VÉRITÉ ici et là, CAR de même, JUSQU'À une fois, ici, pour le temps, deux, là, pour l'espace. De 2a à 12 (selon notre lecture) nous retrouvons ó DIEU en position centrale. De 4 à 11 nous retrouvons le couple GRÂCE-VÉRITÉ en rapport avec les CIEUX. Ainsi, en leurs débuts et fins, 2-4 et 11-12 présentent une inversion assez nette, renforçant l'effet d'inclusion. La prière est passée d'un appel pressant adressé à Dieu pour obtenir des cieux sa grâce et sa vérité, à une reconnaissance de cette grâce et de cette vérité, grandes jusqu'aux cieux, et à une invitation adressée à Dieu pour qu'il s'élève et glorifie au-dessus des cieux et de la terre.

Considérons à présent la structure littéraire de l'ensemble des six unités de notre poème, soit 2-4, 5, 6, 7, 8-10, 11-12. A première vue, et comme le tiennent de nombreux auteurs, la situation des refrains détermine deux parties, soit 2-6 et 7-12. Dans la première les demandes de 2a et 6 encadrent le tout selon Raabe (pp. 128-9). A 2a il n'est pas exclu, nous l'avons vu, qu'il faille ajouter dans la première unité 2-4, 4a et 4cd comme demandes. De la première unité à la dernière en 7-12, on notera l'opposition entre les ennemis qui tombent dans la fosse (7cd) et DIEU qui lui s'élève au-dessus des cieux (12), la chute des premiers n'étant évidemment pas sans lien avec l'élévation du second. Sur l'interprétation différenciée des refrains en fonction de leurs contextes respectifs on pourra relire ce que nous écrivions (pp. 67-68), comme les remarques de Raabe à ce sujet (pp. 120, 128-9): si 6 s'entend, à la suite de 5 (et de 2-5) comme un appel (à vaincre les ennemis), 11-12 pour leur part, à la suite de 10 (et de 7-10), « fonctionne comme une doxologie » (Raabe p. 120).

Cela dit, on ne peut esquiver le problème posé par l'étroite parenté de contenu entre 5 et 7, comme – dirons-nous par ailleurs – entre 6 et 11-12. Si 5 n'exprime que la menace alors que 7 mentionne la chute des ennemis, si 6 est appel alors que 11-12 est comme une doxologie, il n'en reste pas moins que tant 5 et 7 que 6 et 11-12 sont entre eux fortement apparentés. Or, dans son relevé des diverses propositions sur la structure du psaume, Raabe (p. 126) mentionne que quelques commentateurs divisent le psaume après 5, la raison en étant qu'ils considèrent le verset 6 comme faisant partie de la section hymnique (6-12). D'autres, par contre, divisent le poème après 7 en considérant 2-7 comme plainte (et 8-12 comme hymne). Les uns et les autres de ces commentateurs ont sans aucun doute perçu et voulu mettre en relief tantôt la parenté de 6 avec 12 (oubliant celle de 7 avec 5), tantôt celle de 7 à 5 (oubliant celle de 6 à 12). Ces faits et ces propositions ont attiré notre attention sur la proposition de M.Z. Segal[14] qui voit une partie en 2-5 + 7 et l'autre en 6 + 8-12. Or cela peut s'entendre *sans rien changer à l'ordre du texte*. On dira que 2-5 (I) de la première partie trouve un prolongement (et un terme avec la chute des ennemis) en 7 (1), tandis que 6 (2) amorce, de par les termes dans lesquels il formule son appel, l'ensemble 8-12 (II). Nous ne nions pas, par là, que 6 appartienne à 2-6 et 7 à 7-12, mais nous découvrons que l'agencement d'ensemble pourrait bien être:

$$2\text{-}5 \ (\mathrm{I}) + 6 \ (2) \ /\!/ \ 7 \ (1) + 8\text{-}12 \ (\mathrm{II}),$$

soit un certain parallèle d'un point de vue thématique (I + 2 // 1 + II) et un chiasme si l'on prend en considération les proportions (I > 2 / 1 < II).

Cette proposition peut être scrutée et confirmée plus avant. Constatons tout d'abord que certains termes ne se trouvent qu'en I + 1 et d'autres en 2 + II, soit MON ÂME en I (2b et 5a) et 1 (7b), et GLOIRE ou *moi-même* (même mot, ou au moins même racine en hébreu) en 2 (6b) et II (9a et 12b). Ajoutons-y de 5 à 7 AU MILIEU DE, et l'identité de 6 à 12. De plus, à considérer 7 et 6, puis 8-10 et 5, et enfin 11-12 et 2-4, nous allons découvrir des oppositions qui ne sont plus pour nous surprendre si notre proposition est pertinente. Ainsi, entre 6 et 7, nous voyons s'opposer (et ainsi s'appeler) l'élévation de Dieu au-dessus des cieux (6a) et la chute des ennemis

---

[14] « The Refrain in Biblical Poetry » (Hébreu), *Tarbiz* 6 (1935) 125-144 et 433-451, p. 132, cité par Raabe p. 126. Précisément Segal propose: 2-5 + 7 // 6, 8-11, 12.

dans la fosse (7cd). De 5 à 8-10 les oppositions sont nombreuses et des plus parlantes. Les termes d'une première paire de mots stéréotypée sont répartis d'ici à là, soit MON AME et MON COEUR:[15] la première est au milieu de lions menaçants, le second tout appliqué à chanter. Une autre paire comporte langue et coeur:[16] la première appartient ici aux lions féroces, le second au fidèle appliqué à la louange. Et surtout c'est aux fils d'Adam hostiles que le fidèle a à faire en 5, mais c'est Dieu qu'il entend célébrer en 8-10. Ajoutons que les objets mentionnés s'opposent à l'évidence de par leur destination: lances, flèches, épées en 5, harpe et cithare en 8-10.[17] Entre 2-4 et 11-12, enfin, nous voyons la grâce et la vérité venir des (*mn*) cieux en 4 pour sauver le fidèle tandis qu'elles manifestent leur grandeur jusqu'aux (*'d*) cieux en 11. En 3 le fidèle en détresse crie vers le Très-Haut (*'lywn*), très haut en effet au-dessus de lui ; mais en 12 Dieu, lui, s'élève au-dessus des cieux comme de la terre. On appréciera aussi le contraste entre les deux demandes extrêmes de cette prière, comportant en leur centre une interpellation à DIEU: supplication en 2a, quasi-doxologie en 12. Ainsi, à comparer entre elles les six unités de ce poème à partir des oppositions qui s'y découvrent, on peut voir que 6 s'oppose à 7 comme 8-10 à 5 et 11-12 à 2-4, ce qui pourrait s'exprimer schématiquement comme suit:

---

[15] Selon Avishur p. 761 (à l'index). Une autre paire du même type pourrait être *lb-kbd* (voir ci-dessus n. 9)

[16] Selon Avishur p. 279.

[17] Dans son fronton « Valenciennes défendant la patrie » à l'hôtel de ville de Valenciennes le sculpteur Jean-Baptiste Carpeaux oppose de façon très comparable d'une part *épée* (à la gueule d'un canon braqué sur l'ennemi) *et fusils* (appuyés à un canon) s'affrontant du côté (gauche) de la guerre, et d'autre part *charrue et faucille* harmonieusement disposées: manche + soc (l'arrondi vers le haut) et lame (arrondi vers le bas) + manche, du côté (droit) de la paix et de la prospérité. Alors que l'épée est tenue de façon guerrière par le bras droit de la figure, le manche de la charrue est sensiblement parallèle à sa jambe gauche et le soc s'y articule comme le pied à la jambe. Les jeux de lumières et d'ombres soulignent ces correspondances et oppositions. Nous ne retenons ici que ce qui sert notre comparaison avec le Ps 57 où nous voyons le fidèle attendre de Dieu la défense face aux *lance, flèches, épée* de l'ennemi (mais Dieu dans le psaume n'a pas d'armes), pour pouvoir ensuite jouir d'une telle paix qu'il pourra y faire entendre ses *chants* avec *harpe* et *cithare*. Il attend donc de Dieu d'une part la vengeance (3b: côté gauche de la ronde bosse de Carpeaux) et d'autre part la protection (2c: côté droit). La double fonction de la cité (personnifiée) dans l'oeuvre de Carpeaux évoque la double fonction attribuée à Dieu dans le psaume. Le lecteur trouverait une reproduction facilement accessible de l'oeuvre sculptée dans Laure de Margerie, *Carpeaux – Le fièvre créatrice*, coll. DECOUVERTES 68, Paris 1980, pp. 76-77. J'ai rédigé cette note avec l'aide de mon frère Charles Auffret, sculpteur.

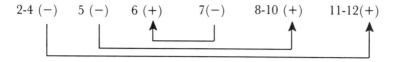

Ajoutons que si les rapports de 5 à 7 comme de 6 à 11-12 sont les plus manifestes, il en existe cependant de non négligeables de 2-4 à 7 comme de 6 à 8-10. De 2-4 à 7, en effet, nous lisons d'abord la récurrence de MON ÂME dans des contextes opposés, en rapport ici avec Dieu (2b), là avec les ennemis (7b). On peut voir encore une discrète opposition entre le Très-*Haut* vers lequel le fidèle crie selon 3a et la *fosse* où selon 7d sont *tombés* les ennemis. Ce sont encore des oppositions qu'indiquent les emplois de la préposition *l*: cri du fidèle *vers* Dieu, *vers* El selon 3, embûche des ennemis *sous* les pas ou *devant* le fidèle selon 7a.c. Moins manifestes, mais parlants cependant, sont les emplois de la préposition *b*: le fidèle s'abritant *en* Dieu, à l'ombre de ses ailes en 2bc, les ennemis tombant *au* milieu de la fosse en 7d. De 6 à 8-10 rappelons l'emploi de *kbwd* pour entendre l'accord entre TA GLOIRE célébrée en 6b et *moi-même* qui s'y apprête en 9a. D'ailleurs la première doit se manifester « au-dessus de toute *la terre* » (6b), tandis qu'en 10a le fidèle s'engage à louer Dieu parmi *les peuples* ; or nous connaissons le couple stéréo-typé *terre-peuples* (ci-dessus n. 13). En 6 comme en 8ab nous lisons au centre le vocatif « ô DIEU », ce dernier étant interpellé en 6, le fidèle protestant de sa disposition en 8. Nous avons ci-dessus étudié les enchaînements de 5 à 2-4 comme de 11-12 à 8-10. Nous voyons donc que 2-4, 5 et 7 d'une part, ET 6, 8-10, 11-12 de l'autre constituent à leur manière deux ensembles homogènes.

Ainsi tout en maintenant que 2-6 et 7-12 constituent bien les deux parties de ce poème, on voit cependant que la première est comme poursuivie au départ de la seconde tout comme la seconde est comme amorcée au terme de la première.[18] Ainsi le texte

---

[18] Une telle structure (de type A.b.a.B) rappelle celles que nous avons décelées dans les Pss 51 (*La Sagesse a bâti sa maison*, *OBO* 49, Fribourg (S.) et Göttingen 1982, pp. 260-1), 139 (ibid., pp. 360-3), 61 (« Essai sur la structure littéraire du Psaume 61 », *JANES* 14 (1982) 1-10, p. 8), ou encore, pour citer un texte en prose 2 S 13, 5-14 et 15-20 (*La Sagesse...*, pp. 105-6.124.133). Il est encore un autre texte où, nous semble-t-il, une telle structure n'a pas encore été repérée (bien que Paul Beauchamp, *Création et Séparation*, *BSR*, Paris 1969, semble à deux doigts de le faire dans ses tableaux des pp. 58 et 66), soit Gn 1 où 1-10 appellent 14-19 comme 11-13 appellent 20-31. En 1-10 + 14-19 les deux paroles extrêmes (3-5 et 14-19) se rapportent à la lumière et au rythme des temps tandis que les deux paroles centrales se rapportent aux aménagements de l'espace (6-8 et 9-10), le tout se présentant donc comme ordonné en chiasme. En 11-13 + 20-31 il est question de

articule-t-il supplication et louange, laissant entendre, en sa composition même, à quel point l'une est indissociable de l'autre.[19]

2. *La structure littéraire du Psaume 60*

Dans un article ayant pour ambition de cerner le genre littéraire du Ps 60 Graham S. Ogden[20] n'en commence pas moins par constater (p. 83) que « ce psaume ne se conforme pas étroitement à la structure de la lamentation classique », fait qui mérite peut-être plus d'attention qu'on ne lui en a prêté jusqu'ici. Et notre auteur d'en venir alors à la structure propre de notre psaume (pp. 83-84) où il distingue trois parties, 3-7, 8-11 et 12-14, la première et la troisième utilisant la 1ère pers. pl. pour désigner l'orant, et Dieu y étant interpellé. A première vue, c'est Dieu qui parle en 8-11, et ici le pronom désignant l'orant est celui de la 1ère pers. sg. L'emploi du pluriel pour parler de soi quand on s'adresse à Dieu n'est évidemment pas indifférent. De plus, le mot DIEU se lit dans le premier stique de chaque partie (3a, 8a, 12a), et les parties extrêmes s'ouvrent en employant le même terme REJETER (*znḥtnw*) pour exprimer l'abandon de Dieu. La demande de réponse au terme de 3-7 (*'nynw*) trouve satisfaction immédiate comme l'indique l'amorce de 8-11 (*'lhym dbr*).[21] De façon assez comparable la question finale de 8-11 trouve sa réponse dans l'amorce de 12-14 (Qui ?... sinon toi, Dieu...). Ainsi notre psaume possède-t-il son enchaînement propre,

---

la végétation dans la première parole (11-13) et dans la dernière (28-30). Et juste après celle-ci (en faisant abstraction de 14-19) et juste avant celle-là nous lisons une parole de création (avec *br'*) suivie d'une bénédiction, soit en 20-21 + 22-23 et en 26-27 + 28, ce qui est produit par la terre en 24-25 (comme aux extrêmes en 11-13 et 28-30) se trouvant donc en 11-13 + 20-31 au centre d'une symétrie concentrique. On voit donc que les deux ensembles 1-10.14-19 et 11-13.20-31 sont imbriqués l'un dans l'autre tout comme dans les autres exemples cités ci-dessus.

[19] Cette imbrication est peut-être indiquée d'une certaine manière par les proportions réciproques de chaque unité. En répartissant les stiques (cola) comme le fait Raabe nous en avons en effet pour

$$2\text{-}4 : 10 \qquad 6 : 2 \qquad 8\text{-}10 : 8$$
$$5 : 5 \qquad 7 : 4 \qquad 11\text{-}12 : 4$$

En 2-5 nous voyons le nombre de stiques diminuer de moitié de 2-4 à 5 (10: 2 = 5), et, de même, en 8-12 de 8-10 à 11-12 (8: 2 = 4). En 6-7, c'est l'inverse de 6 à 7 (2 × 2 = 4). L'inversion est même stricte de 6-7 (2 × 2 = 4) à 8-12 (8: 2 = 4), le v.7 étant de cette manière comme « assimilé » à la série 6 + 8-12.

[20] Graham S. Ogden, « Psalm 60: Its Rhetoric, Form, and Function », *JSOT* 31 (1985) 83-94. Article donné en référence par Tournay (voir ci-dessous n. 23) dans sa n. 25, mais sans en tenir autrement compte.

[21] Ce qui reste vrai même si avec Ogden (p. 87) on opte pour lire en 8-10 non pas la réponse présente de Dieu, mais le rappel d'une parole par lui prononcée. Ce rappel la rend présente, mais en quelque sorte par les soins de l'orant, ce qui laisse à la situation tout son tragique et aux appels toute leur urgence.

différent de celui de la lamentation classique.[22] La proposition nous semble pertinente. Notre intention ici est seulement de l'étayer de façon plus serrée en considérant successivement la structure interne de chacune des trois parties, puis celle de l'ensemble.

A s'en tenir simplement aux contenus, 3-7 semblent structurés de la façon suivante:

Constats (accompli)		*Appels* (impératifs)	
3abα	(trois)	3bβ	(un)[23]
4a	(deux)		
		4bα	(un)
4bβ	(un)		
5-6	(trois)	7	(un)

En distinguant, en 3, préformantes ou afformantes des verbes, indicatives de la 2ème pers., c'est-à-dire *'lhym* interpellé au début du verset, la racine des verbes, et l'indication de la 1ère pers. pl. (suffixe *-nw*), nous pouvons proposer la disposition suivante:

aα	*'lhym*	*znḥ-*	*-t-*	*-nw*
aβ		*prs-*	*-t-*	*-nw*
bα		*'np-*	*-t*	
bβ	*t-*	*'šwbb*		*lnw*

On voit les première et dernière lignes commencer et s'achever de façon comparable. Mais alors que *'lhym* reçoit pour tout correspondant une simple préformante en bβ, à peu-près à l'inverse le suffixe *-nw* attenant au verbe en aα en est détaché en bβ grâce à la préposition *l*. En a, après *'lhym* le parallélisme est clair entre *znḥtnw* et *prstnw*. En b, avant *lnw*, nous avons par contre, grâce aux formes verbales employées, comme un chiasme de *'np + t* à *t + šwbb*, chiasme d'autant plus heureux que de bα à bβ l'auteur veut susciter un retournement (*šwb*) de Dieu. Ainsi le parallèle de a et le chiasme de b sont-ils pour le premier précédé et pour le second suivi de la mention indépendante des deux partenaires ici en présence: *'lhym* et *lnw*. De *'lhym* à *tšwbb*, au départ des deux lignes extrêmes, nous avons pour lettres initiales les lettres extrêmes de

---

[22] Dont Ogden redonne le schéma p. 89.
[23] Pour être exact *tšwbb* est un *yqtl*, et non un impératif, mais il semble bien en avoir la fonction: voir R. Tournay, « Psaumes 57, 60 et 108: Analyse et interprétation », *RB* 96 (1989) 5-26, pp. 14-15. Les vues présentées dans cet article étaient déjà esquissées dans R. Tournay, *Voir et entendre Dieu avec les Psaumes*, Cahiers de la Revue Biblique 24, Paris 1988, pp. 138-142.

l'alphabet, et dans les deux dernières lignes sont comme réparties en finales les deux syllabes finales des deux premières: *tānû* / *tānû* / *tā* / *nû*. On voit donc que l'appel final de 3bβ est étroitement articulé aux trois constats qui le précèdent en 3abα.

Le v.4 présente trois unités de plus en plus courtes, la première comportant deux verbes et leurs compléments respectifs, la seconde un verbe et son complément, la troisième un verbe simplement précédé de *ky*. La dissymétrie entre les deux extrêmes se trouve encore appuyée par le changement de sujet: la terre est l'objet de l'action de Dieu ici, là ce dernier a disparu et la terre est comme seule, à crouler.[24]

L'unité des vv. 5-6 apparaîtra d'autant mieux si l'on considère leur matériau consonnantique. Présentons-le ci-dessous en une mise en page que nous commenterons aussitôt après:

5a		*h*	*r'y(th)*	*('m)*	*k*	*qšh*
5b		*h*				*šqyt(n yyn tr'lh)*
6a	*(ntth) l*		*yr'y*		*k ns*	
6b	*l*	*h (t)*			*nwss (mpny)*	*qšṭ*

De 5a à 6a nous repérons le jeu de mots fréquent entre *r'h* et *yr'*, ainsi que les emplois du suffixe -*k* pour désigner les mêmes. De 5b à 6b nous trouvons la même préformante *h* pour les deux verbes, aussi une préformante *h* (du *hiphil*) et un jeu de mots, cette fois entre *qšh* et *(h)šq(tn)*. De 6a à 6b nous retrouvons la préposition *l* et entre *qšh* et *(h)šq(tn)*. De 6a à 6b nous retrouvons le préposition *l* et un jeu de mots entre *ns* et *(ht)nss*. Il en résulte que de 5a à 5b et 6b nous retrouvons *h* préformante et le triple jeu de mots entre *qšh*, *(h)šqt(n)* en *qšt*.[25] Tandis que 5-6 s'achèvent sur une proposition subordonnée (introduite par *l* + infinitif), en 7, inversement, nous lisons d'abord une propositions subordonnée (introduite par *lm'n* + verbe à mode personnel).

Précisons maintenant la structure d'ensemble de 3-7, assez simple, les deux enchaînements de 3 et 5-7 (mettons X + Y ici et là) encadrant l'enveloppement de 4bα par 4a et 4bβ. Mais alors que 4bβ est plus bref que 4a, c'est l'inverse de 3 à 5-7, si bien que l'ensemble pourrait se schématiser ainsi:

---

[24] On trouve le même procédé d'Ex 15,4a (les chars de Pharaon et son armée, il les a jetés à la mer // tu as fait trembler la mer) à 5b (ils sont descendus dans le gouffre comme une pierre // elle croule), – avec en plus une transition en 4b-5a où nous voyons pour ainsi dire travailler seule l'alliée de YHWH: la mer (les abîmes)-.

[25] Tous les jeux de mots ci-dessus signalés ont été relevés par Tournay p. 16. Dans cet article (p. 13) Tournay distingue trois parties: 3-7, 8-10 et 11-14.

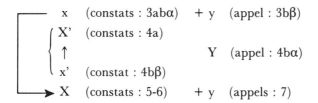

Le texte donne bénéficiaire du premier appel *nous*, du second *elle*, c'est-à-dire la terre, des troisièmes (en 7b) à nouveau *nous*. Quant aux constats, ils concernent en 3a *nous* (*bis*), en 4a et 4bβ la terre (suffixe en 4bβ), en 5-6 de nouveau *nous* (5b), mais dont l'identité nous est ici précisée avant et après par « ceux qui *te* craignent » en 6a et « *tes* bien-aimés » en 7a. On voit de ces deux points de vue comment 3 et 5-7 encadrent 4. De 3bβ à 7 nous avons, répartis ici et là, les deux termes d'une paire de mots stéréotypée *'nh* et *šwb*.[26]

L'ensemble 8-11 nous semble présenter une structure assez nette, même si les indices en sont assez subtils. De par les contenus déjà, on peut aisément distinguer 8-9, où les six noms propres évoquent lieux et tribus en faveur auprès de Dieu (Sichem, vallée de Sukkot, Galaad, Manassé, Ephraïm, Juda), et 10-11, où les trois noms propres mentionnent au contraire ses ennemis (Moab, Edom – en 10b et 11b –, la Philistie). Un chiasme agence le tout. Commençons par en considérer les éléments centraux, soit 9bc et 10ab: ici comme là les deux noms propres sont en tête, et les deux suffixes 1ère pers. (se rapportant à Dieu) au terme. Ajoutons que de 9b à 10b nous passons de la mention de la tête à celle des sandales, soit de la tête aux pieds, deux parties extrêmes du corps.[27] En allant vers les extrêmes de notre chiasme, nous voyons se répondre 9a et 10c: ici comme là, en effet, les suffixes 1ère pers. (toujours rapportés à Dieu) se lisent en tête après une préposition (deux fois *l* en 9a, *'l* en 10c) et les noms propres (Galaad, Manassé et Philistie) immédiatement après (suivi d'un impératif en 10c). On voit que l'agencement de 9a et 10c est donc sensiblement inverse de celui de 9bc et 10ab. On pourra donc dire que tant 9a + 9bc que 10ab + 10c sont construits en chiasme. De 10ab à c ledit chiasme est en quelque sorte indiqué par la reprise du dernier mot de 10b dans le premier de 10c, soit *n'ly* et *'ly*, avec la même racine et le même suffixe.[28] Mais revenons au

---

[26] Avishur pp. 396 et 664 (où il cite Ps 119, 42: *w' 'nh ḥrpy dbr* – et son parallèle en Prov 27,11 avec *'šybh* –, *dbr* que nous lisons précisément ici en 8a, aussitôt après 7).

[27] entre lesquelles la mention du bâton de commandement – qui se tient à la main – n'est pas sans faire une heureuse transition (9c).

[28] L'opposition entre la domination exercée par Dieu en 8b et le vain espoir de

chiasme d'ensemble sur 8b-11. Les termes extrêmes 8bc et 11 situent l'indication des premières personnes (toujours à rapporter à Dieu) à l'opposé d'ici à là, soit aux extrêmes en 8bc, dans les formes verbales (deux au départ, une au terme) à la 1ère pers,[29] mais au « milieu » tant en 11a qu'en 11b (suffixe du verbe faisant suite au pronom interrogatif initial).[30] On pourrait dire que 8bc et 11 opposent leurs constructions de manière analogue à 9a et 9bc ou 10ab et c. Un autre indice semble justifier la correspondance de 8bc et 11, soit le jeu de mots probable entre les deux derniers mots 'mdd et 'd-'dm. A titre de remarque complémentaire on notera enfin comme un parallélisme de 8bc + 9a à 10c + 11. En effet en 8b et 10c nous lisons les deux seuls verbes de ce passage exprimant quelque chose de plus que la prise de possession: j'exulte, crie victoire. En 9a et 11, comme le note R. Tournay (p. 21), « la répétition du pronom interrogatif mî rappelle celle de lî ». Ajoutons que si l'exultation de 8 et l'énoncé de 9 se rapportent à des faits, le cri demandé en 10 et les questions posées en 11 visent des situations non encore atteintes. Dans le deuxième volet (10-11) de notre ensemble notons enfin l'effet d'inclusion rendu par la récurrence de 'dwm de 10b à 11b. Peut-être le lecteur aimera-t-il trouver ici un tableau récapitulatif sur cette structure littéraire de 8-11:

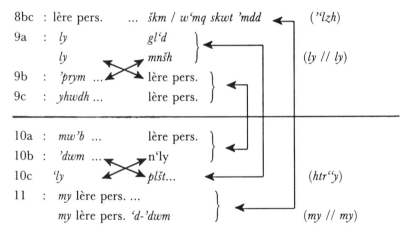

Les deux questions de 11 semblent d'abord recevoir leur réponse au début de 12a dans une question toute rhétorique: « N'est-ce pas toi, Dieu ? » Il est vrai que dès le mot suivant un doute surgit et que

victoire de 10c est de plus joliment marquée par les deux emplois de la préposition 'l: sur Edom je triomphe, sur moi la Philistie ne peut nourrir que de vains espoirs.

[29] 8bc est donc construit selon un chiasme limpide.

[30] 11 présente un parallèle net.

12aα est bien à lire avec le verset qu'il amorce. Mais on ne peut nier qu'il fasse aussi suite à 8-11. De 8-10 à 11-12aα nous voyons s'inverser DIEU (8aα) + EDOM (10b) en EDOM (11b) + DIEU (12aα). Celui qui est vainqueur d'Edom, en Edom lui pourra me conduire. Ainsi 12aα est comme une charnière entre 8-11 et 12-14.

Mais venons-en maintenant à ce dernier ensemble 12-14. Nous considérons successivement 12-13, 13-14, puis l'ensemble des trois versets. En 12-13 s'opposent du premier au dernier stique Dieu et l'homme ainsi que le rejet et le salut. Dans les stiques centraux on saisit encore une opposition entre le fait pour Dieu de ne plus sortir avec (b) nos armées et l'appel qui lui est fait de venir nous sauver de (mn) l'oppresseur: ici s'opposent les deux prépositions et aux armées d'Israël son oppresseur. A deux perspectives négatives en 12 (Dieu rejette, Dieu ne sort plus) s'opposent donc en 13 deux perspectives positives (Dieu secourt, reconnaissance de l'inexistence du salut par l'homme). En 13-14 les quatre stiques ont finalement un sens positif: aux extrêmes il s'agit de Dieu victorieux des oppresseurs (le terme est récurrent), et aux centres nous retrouvons l'opposition homme-Dieu, mais pour nier l'efficacité du premier et affirmer celle du second, ce qui est complémentaire. On devine déjà la situation structurelle centrale de 13 puisqu'à partir de chiasmes aux termes inversés il se rapporte tant à 12 qu'à 14, ce qu'on pourrait schématiser ainsi (en pointillé les oppositions):

12a DIEU (rejet)   12b plus avec (b) nos armées
13a secours... de (mn) l'OPPRESSEUR 13b néant le salut de l'homme
14a DIEU (prouesses)   14b piétinera nos OPPRESSEURS

Mais pour bien percevoir la structure littéraire de l'ensemble il convient de regarder de plus près le rapport de 12 à 14 et, entre eux deux, la position structurelle de 13. En 12 comme en 14 deux choses sont dites à propos de Dieu, défavorables en 12 (rejeter, ne plus sortir), favorables en 14 (prouesses, piétiner les oppresseurs). En 13a et b nous lisons les deux synonymes *secours* et *salut*,[31] le secours étant celui attendu de Dieu, le salut ce qu'il ne faut pas espérer de l'homme. Ainsi l'homme en 13b est décevant tout comme Dieu en 12, mais si l'appel de 13a est entendu, la libération est certaine, ainsi que l'affirme 14. La structure d'ensemble est donc: A (12).b (13a).a (13b).B (14), soit une symétrie croisée, les quatre termes étant disposés à la fois en parallèle (A + b // a + B) et en chiasme

---

[31] Paire de mots stéréotypée selon Avishur p. 764. Tournay (p. 23) remarque que « la forme hapax *'ezrāt* fait à dessein une allitération avec *t'šû'at* ».

(quant aux proportions). On peut d'ailleurs voir confirmé le chiasme d'ensemble par la disposition des récurrences ou correspondances suivantes:

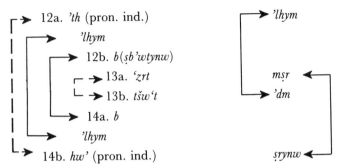

Les pronoms indépendants en 12a et 14b désignent le même Dieu. Nous avons rappelé plus haut la synonymie entre *ʿzrt* et *tšwʿt*. De 12a à 13b nous retrouvons Dieu et l'homme, l'un et l'autre inefficaces pour le salut, de 13a à 14b l'oppresseur, ici et là par contre dominé par Dieu.[32]

Qu'en est-il de *la structure littéraire de l'ensemble du psaume* ? Comme l'a remarqué Ogden, le mot *'lhym* se lit en tête de chaque partie et le verbe *znḥ* dans le premier stique de la première et de la dernière. Ajoutons que dans chaque seconde unité nous lisons la préposition *l* avec suffixe, tant et si bien qu'en tête des trois parties nous lisons:

I	3ab	*'lhym znḥtnw*	+ 3b	*lnw*
II	8	*'lhym*	+ 9	*ly... ly...*
III	12	*'lhym znḥtnw*	+ 13a	*lnw*

Mais, pour considérer l'ensemble des trois parties, revenons à la distinction qui commande les structures de 3-7 et 12-14, soit entre les constats (d'un rejet par Dieu) et les appels (à un secours qu'on attend de Dieu). La partie centrale – qui comprend le v.11 – n'est sans doute pas principalement un oracle (8-10), ce dernier n'étant à entendre que comme une citation d'une parole divine pour appuyer la question, l'appel au secours du v.11. Telle est la proposition de Ogden (p. 87) et nous y souscrivons d'autant plus volontiers que l'analyse structurelle nous a montré à quel point 8-11 constituent un ensemble. Par conséquent nous entendons l'ensemble 8-11 comme un appel au secours au même titre que ceux que nous rencontrons en 3-7 et 12-14. Dès lors une première détermination de la structure d'ensemble peut être ici proposée:

---

[32] De 12 à 14 on peut peut-être encore percevoir un jeu de consonnes assez subtil, mais significatif cependant, entre

I	Constat → Appel	Constat →	Appel	← Constat	Constat →	Appel
	(3abα) (3bβ)	(4a)	(4bα)	(4bβ)	(5-6)	(7)

II   APPEL
                     (8-9 + 10-11)

III	Constat →	Appel		Constat →	Appel
	(12)	(13a)		(13b)	(14)

Les enchaînements constat-appel se lisent tant dans les volets extrêmes de I que dans les deux volets de III. On lit un appel au centre de I, et II tout entier est un appel.

Ogden a montré comment I et II s'enchaînaient, soit un appel à répondre et la réponse, ainsi que II et III, soit une question et sa réponse (p. 84). L'enchaînement de I à II nous semble encore renforcé par le rapport entre 7bα et 9b: nous repérons ici et là deux parties du corps, la droite et la tête, attribuées à Dieu, et de plus deux termes constituant une paire de mots stéréotypée, soit *yš'* et *(m)'wz*.[33] Ainsi le peuple attendant de la droite divine le salut (7b) ne peut mieux faire que de rappeler à Dieu ce temps où lui trouvait pour sa tête la protection en Ephraïm, autrement dit ce temps où il associait les tribus à ses conquêtes. Nous sommes ici et là pour ainsi dire aux deux extrêmes.

De I à III, outre les rapports de 3 à 12-13a présentés ci-dessus (*'lhym znḥtnw* + *lnw*), notons des unités extrêmes de l'une aux unités centrales de l'autre l'inversion des correspondances marquées par l'opposition – et en fait la ressemblance dans leur inefficacité – entre *'lhym* de 3abα et *'dm* de 13b (deux constats), et par la synonymie de *yš'* en 7 et *'zr* en 13a (deux appels). L'homme étant bien incapable de sauver, il est tragique que Dieu renonce à intervenir. Mais il suffit qu'il apporte secours et salut pour que la fin des ennemis soit certaine.

Mais c'est de II à III que les rapports structurels sont les plus

(12a) ... *z n Ḥ t* / *Nw*   (12b) ... *b Ṣ b 'w ty* / *Nw*

(14a) ... *N ' śh* *Ḥ y l*   (14b) ...   *Ṣ ry* / *Nw*

Les termes relevés en 12a et 14a opposent le rejet de nous par Dieu à ce que nous ferons comme prouesses avec lui, et en 12b et 14b nos armées abandonnées par Dieu à nos oppresseurs piétinés par le même. Ḥ est la dernière lettre de *znḥ* et la première de *ḥyl* ; ici le *N* indiquant la 1ère pers. pl. suit (suffixe), là il précède (préformante). Ṣ est la première lettre tant de *ṣb'wt* que de *ṣrym*, et ici et là le *N* suit (comme suffixe). Les correspondances de 12 à 14 sont donc aussi indiquées par ces dispositions ordonnées des consonnes de 12a à 14a comme de 12b à 14b.

[33] Avishur p. 764 (à l'index) citant Pss 37,39 (avec *m'wz*); 118,14 ; 21,2 ; 86,16. On pourrait ajouter Ps 27,1a.b (*yš'* // *m'wz*).

étroits et les plus significatifs. Le lecteur se souviendra que tant 8-11 que 12-14 sont structurés selon des chiasmes dont les quatre termes sont 8.9.10.11 et 12.13a.13b.14. Dressons tout d'abord un tableau des récurrences et correspondances:

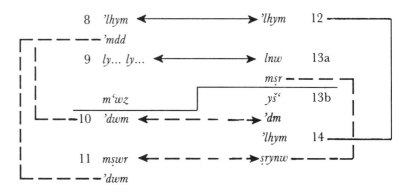

De 8-9 à 12-13 nous lisons en parallèle *'lhym* (8 et 12), puis *l* avec suffixe (9 et 13a), de 10-11 à 13b-14 en parallèle également *'dwm* (10) + *mṣwr* (11) // *'dm* (13b) + *ṣrynw* (14), les indices étant ici d'ordre phonétique.[34] Dieu appelle à lui Galaad et Manassé (8-9), il est appelé pour nous (12-13a), les deux appels se répondant de manière significative en ce que ici et là il s'agit, dirons-nous, de se prêter main forte, les rôles étant comme intervertis de 8-9 à 12-13a. Le Dieu qui domine sur *Edom* sera capable de conduire dans une *ville forte* (10-11), mais ce n'est pas sur *l'homme* que nous devons compter, mais sur lui, pour être libérés de nos *oppresseurs*. En 8-11 *'dwm* (10) fait écho à *'mdd* (8),[35] et en 13b-14 *ṣrynw* (14) à *mṣr* (13a).[36] *'mdd* et *'dwm* se lisent dans les premières en 8-9 et 10-11, *mṣr* et *ṣrynw* dans les secondes en 12-13a et 13b-14. On voit la disposition symétrique en 8-14. En 8-11 nous voyons *'mdd* et *'dwm* se faire écho de la première moitié (8) à la dernière (11), tout comme *'lhym* en 12-14 de la première (12) à la dernière (14). Relevons enfin la correspondance, signalée plus haut à propos du rapport entre 7 et 9, entre *m'wz* en 9 et *yš'* en 13b, soit au terme de 8-9 et au début de 13b-14, permettant de découvrir de 8-9 à 13b-14 une sorte d'inversion de *'lhym* (8) + *m'wz* (9) à *tšw't* (13b) + *'lhym* (14),[37] l'ensemble

---

[34] Tournay (pp. 21 et 23) relève le jeu de mots entre *'edôm* et *'ādām*.

[35] Nous l'avons relevé plus haut à propos de *'dwm* de 11 (dans notre étude de l'ensemble 8-11).

[36] Si bien que nous retrouvons ici la paronomase signalée par Tournay (p. 21) entre *māṣôr* (11) *et miṣṣār* (13).

[37] D'ailleurs en 8 *'lhym dbr* et en 14 *b'lhym n'śh* se répondent, car *dbr* et *'śh*

8-14 étant par là puissamment inclus. On peut dire que ces sept versets sont entre eux étroitement articulés et que 8-11 fournit un point d'appui structurellement articulé aux constats et appels de 12-14.

Pour conclure sur la structure d'ensemble de notre psaume nous proposons au lecteur d'y considérer le procédé acrostiche. Il se pourrait en effet que le mot *'lhym* y soit comme inscrit. Relevons à cette fin les lettres initiales dans le tableau ci-dessous une première fois en une seule colonne, puis une deuxième fois selon une disposition que nous expliquerons aussitôt après:

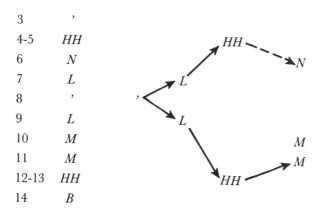

3	$'$
4-5	*HH*
6	*N*
7	*L*
8	$'$
9	*L*
10	*M*
11	*M*
12-13	*HH*
14	*B*

En suivant les flèches à partir du $'$ de 8 le lecteur retrouve le mot *'lhym*. *H* est répété ici et là. *M* est répété dans la partie inférieure du tableau, et il n'a pour correspondant dans la partie supérieure que la lettre *N*. Le premier stique de chacune des quatre parties (soit 3a, 8a, 12a, 14a) comporte le mot *'lhym*. C'est même le tout premier mot en 3 et 8. Au début de 12, *T* mis à part, on joue avec les trois premières consonnes de *'lhym*, et cela de la façon ordonnée que voici:

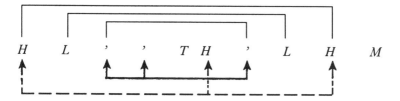

H   L $'$ $'$ T   H $'$ L   H   M

Les consonnes initiales du dernier mot inversent en somme celles du premier (*H.L.'/'.L.H*). Quant au mot central *'th* il commence par ' situé aux centres de l'inversion qu'on vient de signaler et il se termine par *H* situé aux extrêmes de ladite inversion.[38] Au début de 14 *'lhym* est précédé de *b* et suivi de *n*. Autrement dit *'lhym* est comme « prolongé » par les lettres qui, dans l'alphabet, font suite à ses lettres extrêmes, soit *B* avant ' en tête, et *N* après *M* au terme. Or dans notre tableau d'ensemble ci-dessus nous lisons aux extrêmes dans la première colonne ' et *B*, donc dans un ordre inverse de celui des deux premières consonnes de 14, et dans la dernière colonne *N* et *M*, donc dans un ordre inverse de celui des deux dernières consonnes de *'lhym* + *n* en 14a. Ces emplois formellement ordonnés des consonnes composant *'lhym* et de quelques autres qui lui sont proches dans notre texte confirment à leur manière l'importance à accorder aux occurences de ce mot dans ce psaume.

3. *La structure littéraire du Psaume 108*

Le Ps 108 est, on le sait, composé à partir du Ps 57, 8-12 pour ses versets 2-6 et du Ps 60, 7-14 pour ses versets 7-14. Etudions donc d'abord la structure littéraire de Ps 108, 2-6. Pour ce faire proposons la traduction – la plus proche possible de celle de *la Bible de Jérusalem*[39] – et la mise en page que voici:

---

[38] La suite du même verset n'est d'ailleurs pas sans présenter encore un certain agencement des consonnes. On y lit en effet:

```
Z   (nḥ)   TN
┗ — — — — —   WL'
                              T   (ṣ)   '
┏ — — — — —   'L   (ḥm)
B   (ṣb')   TN
```

On voit les consonnes finales identiques *T.N* des mots extrêmes, puis l'inversion entre les deux finales de *(w)L'* et les deux initiales de *'L(ḥm)*. Le mot central commence par *T*, avant-dernière consonne des mots extrêmes, et s'achève par 'qui se lit au terme de *wl'* et au début de *'lhm*. Relevons encore que dans l'alphabet on a se succédant *W* et *Z* qui se lisent ici (en ordre inverse) au début des deux premiers mots, et encore ' et *B* qu'on retrouve ici (dans le même ordre) au début des deux derniers mots (*b* et ' se lisant encore au milieu de ce dernier mot, après *ṣ* qu'on avait déjà au centre de *tṣ'*, ce mot central comportant donc d'abord, en ordre inversé, les consonnes extrêmes de *ṣb't*, puis la consonne initiale de *'lhm*, manière subtile de suggérer que rien ne convient mieux que la « sortie » au Dieu des armées d'Israël).

[39] Nous nous efforçons seulement de rendre plus nettement les récurrences, restituant celle de ET (*w*), signalant par leur transcription entre parenthèses celles des prépositions *b* et *'l* (traduit identiquement en 6a et 6b), et de garder le plus

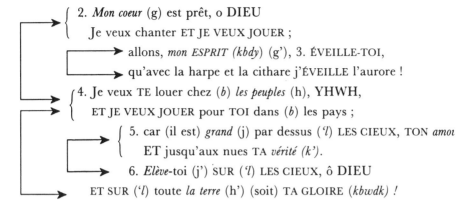

2. *Mon coeur* (g) est prêt, o DIEU
   Je veux chanter ET JE VEUX JOUER ;

allons, *mon ESPRIT (kbdy)* (g'), 3. ÉVEILLE-TOI,
qu'avec la harpe et la cithare j'ÉVEILLE l'aurore !

4. Je veux TE louer chez (*b*) *les peuples* (h), YHWH,
   ET JE VEUX JOUER pour TOI dans (*b*) les pays ;

5. car (il est) *grand* (j) par dessus ('*l*) LES CIEUX, TON *amou*
   ET jusqu'aux nues TA *vérité* (k').

6. *Elève*-toi (j') SUR ('*l*) LES CIEUX, ô DIEU
   ET SUR ('*l*) toute *la terre* (h') (soit) TA GLOIRE (*kbwdk*) !

Les récurrences sont écrites en CAPITALES. Nous avons mis en *italiques* les termes constituant des paires de mots stéréotypées, accompagnant chaque paire de la même lettre (gg', hh', etc...).[40] En 2-4 le chiasme indiqué repose sur les récurrences de ET JE VEUX JOUER, que précède une interpellation ici à DIEU, là à YHWH, aux extrêmes, et du verbe ÉVEILLER aux centres. De 2 à 4 on découvre et l'objet, et les destinataires de la louange. Aux centres nous voyons l'orant mettre à contribution successivement son propre esprit (il faut en somme faire avec son *esprit* ce qu'il a dit être fait avec son *coeur* en 2a), puis la harpe et la cithare. De 4 à 6b on retrouve en leur extension *les peuples*, c'est-à-dire toute *la terre*, associés à la louange ; de 5 à 6a Dieu est prié de sanctionner par son *élévation* SUR LES CIEUX la *grandeur* qui est d'abord reconnue par-dessus ('*l*) LES CIEUX à son *amour* et à sa *vérité*. 4b et 6b commencent par le même ET, puis les contenus sont inversés, JOUER appelant GLOIRE et « les pays » appelant *la terre*. En 2-4 les deux premiers éléments du chiasme étaient liés par la répartition en l'un et l'autre des deux termes de la paire stéréotypée *coeur/esprit* (*lb/ kbd*), en 4-6 les deux derniers le sont par le récurrence de la préposition SUR ('*l*). Entre ces mêmes éléments (les deux premiers ici, les deux derniers là nous découvrons selon un ordre parallèle

---

possible l'ordre des termes en hébreu. De plus pour 2bβ-3 nous gardons la traduction proposée dans l'article cité à la note 2 ci-dessus, aux pp. 63–66 (nous faisons donc partie de ces auteurs auxquels Tournay fait référence en sa p. 25 sans les nommer: « *on* a proposé... »). De *kbdy* (MON ESPRIT) en 2 à *kbwdk* (TA GLOIRE) il y a une racine commune impossible à rendre en français (traduire « ma gloire » en 2 n'est pas satisfaisant). Pour *kbdy* nous adoptons volontiers la traduction proposée par Tournay (p. 25). Pour la distinction des mots en CAPITALES ou *italiques* voir ci-après.
[40] On trouvera ces paires stéréotypées dans Avishur pp. 760 (à l'index, pour *lb/kbd*), 278 (*'rṣ/'mym*), 131-2 et 191 (*gdl/rwm*), 758 (à l'index, pour *ḥsd/'mt*).

l'interpellation ô DIEU (2a et 6a), puis les deux mots de même racine (*kbd*) mon ESPRIT et ta GLOIRE, l'ensemble étant ainsi joliment inclus. Le verset 4 appartient en somme aux deux volets. Il se trouve au centre de ces cinq versets, appelant plus spécialement par son premier stique (*les peuples*) 6b (*la terre*), et par son second stique 2 (ET JE VEUX JOUER, précédé de l'interpellation à YHWH ou à DIEU. Nous aurons à nous en souvenir en considérant la structure d'ensemble du Ps 108.

Avant de considérer la structure d'ensemble, il convient de relever dans le Ps 108 quelques modifications par rapport au Ps 60, 7-14, modifications qui peuvent avoir un certain impact – et peut-être justement une certaine raison d'être – au plan structurel. En 10b le verbe final est à la 1ère pers., et en conséquence *'ly* qui précède s'entend seulement d'une forme de la préposition *'l* (sans le suffixe 1ère pers.): la Philistie n'est point interpellée ici comme dans le Ps 60. En 12a *'lhym* n'est pas précédé (comme dans le Ps 60) du pron. ind. *'th*. Enfin en 7b nous retiendrons volontiers *w'nny* (suff. sg.) puisque – on va le voir – la seconde partie du psaume nous semble partir du verset 8 et que la 1ère pers. en 7 s'accorde à son emploi en 2-6 (2-4). De notre analyse du Ps 60 nous retiendrons en effet la correspondance limpide entre la finale de 7, soit donc ici: *w'nny*, et 8a: *'lhym dbr bqdšw*. Nous restons alors à saisir les rapports entre 2-6, 7abα, 8b-11 et 12-14, unités dont nous connaissons déjà la structure interne.

Commençons par comparer 2-6 et 8b-11. Nous y rencontrons les correspondances et récurrences suivantes:

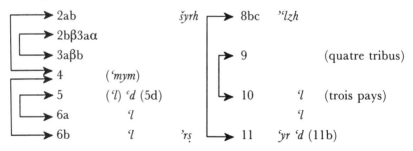

Les deux premières unités comportent des termes apparentés, à la même forme verbale: *šyrh* et *''lzh*,[41] et les deux dernières chacun des deux termes de la paire stéréotypée *'rṣ*/*'yr*.[42] De plus, de même

---

[41] Tous deux forment avec *śmḥ* une paire de mots stéréotypée selon Avishur pp. 204 (pour *šyr*) et 72 et 147-8 (pour *'lz*).

[42] Avishur p. 278.

qu'en 2-6 'šyrh w'zmrh de la première unité du premier ensemble reçoit un écho dans la première du second, soit 'wdk... w'zmrh en 4, de même en 8-11 ''lzh de la première unité de 8-9 reçoit un écho dans la première unité de 10-11, soit 'trw'' en 10. Dans les deux derniers versets ici et là nous découvrons l'ordre des prépositions 'd (5b) + 'l + 'l de 5-6 inversé en 'l + 'l + 'd (11b) de 10-11. Enfin si dans l'unité centrale de 2-6 on évoque en 4 les peuples en général (et de même encore en 6b avec le mot 'rṣ), on désigne des tribus ou peuples précis dans les deux versets centraux de 8-11, soit quatre en 9 et trois en 10 (et, de même, de nouveau 'dwm en 11). A partir de ces remarques nous pouvons risquer quelques comparaisons de nature à faire saisir les rapports proposés par ce psaume entre 2-6 et 8b-11. Chant et musique sont en 2 et 4 le fait du fidèle, mais la domination sur les cieux le fait de Dieu en 6b ; inversement exulta-tion et cri de victoire sont en 8bc et 10 le fait de Dieu, mais le chemin jusqu'à Edom en 11b celui du fidèle. En 6b la supériorité de Dieu s'étend à toute la terre ; en 11 le fidèle cherche à atteindre une ville. Par contre la supériorité évoquée tant en 5-6a ('d, 'l) qu'en 10 ('l, 'ly) est le fait de Dieu. Ainsi, pourrait-on dire, l'exultation du fidèle trouve à la fois son écho (dans la séquence du texte) et son fondement (dans l'ordre des choses) dans celle de Dieu. Et la domination de Dieu sur cieux et terre comme sur les ennemis d'Israël permet à ce dernier d'espérer que Dieu lui fasse atteindre la ville forte, jusqu'en Edom. Celui dont la louange est souhaitée sur tous les peuples et tous les pays (4) a déjà montré comment, s'asso-ciant les siens (9), il peut s'assurer la victoire sur ses ennemis (10).[43]

De 7abα à 12-14 la correspondance s'établit facilement à partir de la récurrence de yš' avec des synonymes ici et là. Mais alors qu'en 7abα les deux propositions évoquent la situation favorable à Israël, en 12-14 nous avons vu que celle-ci recevait son contrepoint négatif (en 12 et 13b). Le résultat escompté est évoqué en 7a avant la demande de 7bα, et inversement la demande de 13a précède l'assurance de l'exaucement en 14.

De 7abα à 8b-11 nous avons relevé la correspondance de 7bα à 9aβ. De 2-6 à 12-14 on notera les mentions de DIEU aux extrêmes ici et là (2a et 6a, 12 et 14a), et peut-être de 6 à 12 la répartition des deux termes de l'expression (et paire) stéréotypée: l'armée des cieux,[44] nous étant peut-être ainsi suggéré que celui dont l'armée

---

[43] Signalons encore une correspondance – mais qui n'a pas son symétrique – entre rwm de 6a et 'mq de 8c, soit les deux termes d'une paire de mots stéréotypée (Avishur pp. 466-7): *élevé au dessus des cieux, il est aussi chez lui dans la vallée* de Sukkot.
[44] Avishur p. 265.

est aux cieux nous prive d'une force invincible lorsqu'il ne sort plus avec nos armées. En 6 comme en 12 DIEU est présent dans un contexte de domination totale soit sur le cosmos, soit sur les oppresseurs de son peuple. Cependant ces rapports de 7abα à 8b-11 comme de 2-6 à 12-14 sont, reconnaissons-le, moins étroits que ceux présentés précédemment. Nous présenterons comme suit la structure littéraire de l'ensemble du Ps 108:

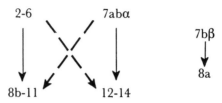

Parallèles entre eux 2-6 + 7abα et 8b-11 + 12-14 s'achèvent pour les premiers sur la demande de 7bβ dont la réponse précède en 8a les seconds. Les rapports en chiasme de 2-7bα à 8b-14 permettraient de lire l'ensemble selon un chiasme à six termes (avec pour éléments centraux 7bβ et 8a), mais cette structure est certainement secondaire par rapport à celle que nous avons retenue dans le schéma ci-dessus. Il apparaît en tout cas qu'au prix de quelques changements minimes à ses sources l'auteur du Ps 108 mérite bien d'être tenu pour tel. Il nous offre en effet un authentique psaume, structuré non seulement en chacune de ses parties, mais aussi en son ensemble. Comme plus d'une fois dans les psaumes, la louange y précède de façon significative demandes et certitudes de l'exaucement.

En guise de conclusion nous voudrions revenir, d'un point de vue structurel, sur le rapport du Ps 108 aux Pss 57 et 60. Il est légitime en effet de considérer le rapport du Ps 108 à l'ensemble des deux autres, les morceaux qu'il leur emprunte gardant aussi de leur premier contexte certaines significations. Nous n'examinerons ici ni le rapport de 108, 2-6 à 57, 2-7 puisque cela reviendrait pratiquement à étudier à nouveau le Ps 57 (108, 2-6 = 57, 8-12), ni le rapport de 108, 7-14 à 60, 3-6 puisque cela reviendrait pratiquement à étudier à nouveau le Ps 60 (108, 7-14 = 60, 7-14). Nous restent donc à étudier les possibles rapports de 108, 2-6 à 60, 3-6, puis de 108, 7-14 à 57, 2-7. De 60, 3-6 à 108, 2-6 (= 57, 8-12) nous voyons passer quatre récurrences, revenant d'ici à là dans le même ordre, mais en des contextes à chaque fois opposés, celui de la détresse ici, là celui de la louange. Une simple synopse confirmera ce que nous venons d'avancer:

Ps 60, 3-6	*Ps 108 108, 2-6*
3a. O DIEU, tu nous as rejetés	2a. ô DIEU je veux chanter
4a. Tu as fait trembler LA TERRE	4a. te louer chez les PEUPLES
4b. CAR elle croule	5a. CAR grand... ton amour
5a. Tu en fis voir de dures à ton PEUPLE	6 . sur toute LA TERRE ta gloire

Ici et là TERRE et PEUPLE(S), dont nous avons vu plus haut (voir n. 13) qu'ils constituent une paire stéréotypée, sont pratiquement synonymes. Leur inversion d'ici à là ne nous interdit donc pas de parler d'un parallèle. En 108, 2-6 on devrait ajouter à celle de 2a la mention de DIEU en 6a et celle de YHWH en 4a. De 57, 2-7 à 108, 7-14 (= 60, 7-14) nous voyons passer trois récurrences. Celle de DIEU ici là d'une part se lit aux extrêmes de la première partie du Ps 57 (en 2a et 6a) comme de la dernière du Ps 108 (en 8a et 14a), mais aussi comme incluant une première unité 2-4 (en 2a et 4a) en 57, 2-6 (ou 2-7), comme une dernière unité 12-14 (en 12a et 14a) en 108, 7-14 (ou 8-14). Ici et là nous rencontrons, en opposition, ADAM, soit en 57,5c (dans l'unité centrale en 2-6), soit en 108, 13b (au centre de la dernière unité 12-14). Enfin l'auteur du Ps 108, ayant retenu Ps 60, 7 (bien qu'appartenant à ce qui précède), peut ainsi inclure 108, 7-14 par deux emplois de la racine *yš'* (SAUVE en 7b et SALUT en 13b) ; et nous lisions déjà ce même verbe au terme de la première unité (2-4) du Ps 57 (en 4a). Ici les contextes sont plus homogènes, et on ne peut parler d'opposition entre 57, 2-7 et 108, 7-14. Il s'agit ici et là d'un appel dans l'épreuve au Dieu dont le fidèle connait la puissance de salut. Il s'avère donc qu'en se référant à une large part soit du Ps 60, soit du Ps 57, le Ps 108 semble bien faire référence également à la part non citée de ces deux psaumes, ce qui n'a rien d'étonnant pour qui aura saisi leur unité, par exemple du point de vue structurel qui fut le nôtre dans cette étude.

CHAPITRE VI

« OUI, IL EST UN DIEU QUI JUGE SUR TERRE »
ÉTUDE STRUCTURELLE DU PSAUME 58

Le texte du Ps 58, 8-10 présente de telles difficultés qu'à ce jour elles ne semblent pas encore résolues.[1] Nous pouvons pourtant tenter l'analyse structurelle de ce psaume, laquelle, nous le verrons, peut apporter sa contribution à l' interprétation. Nous nous contenterons, sauf pour 8-10 précisément, de recourir à la traduction de *la Bible de Jérusalem* qui, à une exception près, rend toutes les récurrences présentes dans le texte. L'exception est en 12a où *'dm* est traduit par *on*. Nous le rendrons pour notre part par *homme* comme en 2b. Rappelons dès l'abord quatre propositions sur la structure littéraire de ce texte. La première est de N.W. Lund.[2] Il voit ordonnés concentriquement autour de 7 successivement 5-6 et 8-9a, 4 et 9b, 3 et 11, et enfin 2 et 12, 7 étant lui-même composé selon un chiasme à six termes (0 Dieu + brise + leurs dents en leur bouche / les crocs des lionceaux + rase + YHWH). Il considère le v.10 comme une glose. R.L. Alden[3] voit l'ensemble commandé par un chiasme à huit termes: 2.3.4-6.7a/7b.8-10.11.12, les deux termes centraux étant eux-mêmes commandés par ce chiasme déjà repéré par Lund. Quant à A. di Marco,[4] sa proposition est la même que celle de Lund, à cela près qu'à 5-6 il fait correspondre 8 et à 4 tout le v.9. Ces trois auteurs sont d'accord sur la position centrale de 7 et les correspondances entre 2 et 12, puis 3 et 11. Mais celles qui commandent 4-6 et 8-10 font difficulté. Une dernière proposition, de J. Trublet et J.N. Aletti,[5] voit l'ensemble ordonné selon un chiasme où 2-3 appelleraient 11-12 comme 4-6 pour leur part 7-10.

---

[1] Voir par exemple et récemment les propositions et appréciations de L. Sabourin, *Le livre des Psaumes traduit et interprété*, Recherches Nouvelle Série 18, Montréal et Paris 1988, pp. 270–273 (avec indications bibliographiques).

[2] *Chiasmus in the New Testament. A Study in Formgeschichte*, Chapell Hill 1942, pp. 95–97.

[3] « A Study in the Mechanics of Semitic Poetry in Psalms 51-100 », *JETS* 19 (1976) 191-200, p. 192 (où il cite Lund).

[4] *Il chiasmo nella Bibbia*, Turin 1980, p. 47 (citant lui aussi Lund).

[5] P. 77, où ces auteurs donnent aux quatre unités les titres suivants: l'agir des méchants (a), l'être des méchants (b), ce qu'ils seront (b'), inversion de a (a'), en indiquant de 2-3 à 11-12 les récurrences de JUSTICE, JUGER et SUR LA TERRE, et en 4-10 celle de COMME. En moins d'une demi-page ces auteurs n'ont évidemment pas l'intention de pousser plus avant leur argumentation.

Nous essaierons pour notre part d'ajuster peut-être un peu plus ces correspondances où se rejoignent plusieurs auteurs, puis de risquer une proposition sur celles qui font plus difficulté. Nous rencontrerons au fil de notre étude certains arguments de nos auteurs.

Examinons tout d'abord 2-3 et 11-12. Le lecteur verra bientôt pourquoi nous les considérons ensemble. Si l'on tient compte de l'opposition (à prendre le texte à la lettre) et donc de la correspondance entre *dieux* et *fils des hommes* en 2, le chiasme commandant ce verset est facile à percevoir. L'agencement du v.3 autour de *sur la terre* au centre est moins régulier (ABC... BAC), mais les correspondances terme à terme sont étroites. *Coeur* et *mains* constituent une paire stéréotypée.[6] Par ailleurs on notera les assonances entre les deux verbes *TPʿLWN* et *TPL(s)WN*, ainsi qu'entre eux et respectivement chacun des deux termes *ʿwlt* et *ḥms* qui se répondent d'un stique à l'autre: *ʿWLT/T(p)ʿLW(n)*, *(ḥ)MS* et *(tp)LS(w)N*. Les deux versets 11 et 12 ont l'un et l'autre un élément commun à leurs deux stiques: « Le juste se réjouit car » en 11a, « et l'homme dira » en 12a. Au centre de 11 l'ordre verbe + objet (*ḥzh nqm*) est aussitôt inversé (*pʿmyw yrḥṣ*), et d'une extrémité à l'autre du verset s'opposent le juste et l'impie. Les deux points du discours introduit par 12aα commencent l'un et l'autre par *ʾk*. Ici les deux partenaires ne sont plus opposés et aux extrêmes, mais au centre et accordés, soit *Dieu* et *juste*. Nous souscrivons volontiers aux correspondances relevées par nos auteurs entre 2 et 12, puis 3 et 11. De 2 à 12, comme Lund le dit explicitement ou le laisse clairement entendre, nous retrouvons *justice/juste*, *juger* et un mot signifiant *Dieu*.[7] Ajoutons encore une récurrence, soit celle de *ʾdm* (homme), et une correspondance, soit celle des verbes signifiant *dire* (*dbr* en 2a, *ʾmr* en 12a). On ne peut rêver plus d'indices sur deux stiques seulement.[8] Si l'on retient l'opposition entre *dieu(x)* et *homme(s)*, on verra 2a et 12a ordonner en parallèle: *dieux* + JUSTICE // HOMME + JUSTE, mais 2b et 12b ordonner en chiasme: JUGIEZ + HOMMES // *Dieu* + JUGE. De 2a à 12a on verra aussi la correspondance en chiasme des éléments suivants: *ʾmn* au départ de 2a et *ṣdq* au terme de 12a ne sont pas loin de *ʾmt* et *ṣdq* qui constituent une paire stéréotypée[9], et de même *dbr* après *ṣdq* en 2a et *ʾmr* avant *ʾdm* en 12a.[10] A la question

---

[6] Selon Avishur p. 761 (à l'index).

[7] Apparemment Lund (p. 96) lit *ʾlhym* en 2a (et non *ʾlym*), mais ne s'en explique pas.

[8] Et encore: *ṣdq* (12a) et *yšr* (2b) constituent une paire stéréotypée selon Avishur p. 765 (à l'index).

[9] Selon Avishur p. 754 (à l'index).

[10] Avishur donne *dbr/ʾmrh* comme paire stéréotypée (p. 242). Les deux verbes sont synonymes. Voir aussi Girard pp. 124, 152, 262,...

posée *aux dieux* interpellés en 2 pour savoir s'ils disent *la justice* ou *jugent* selon le droit les fils des *hommes*, on opposera la certitude de *l'homme* qui dit en 12 qu'il y a un fruit pour *le juste*, un *Dieu* qui *juge* sur terre. De 3 à 11 Lund fait valoir avec raison la correspondance entre mains et pieds, donc deux parties du corps. Aux mains (et coeur) appliqués à l'arbitraire s'opposent les pieds du juste, qu'à bon droit il lave dans le sang de l'impie. Mais, à bien considérer 2-3 et 11-12, on verra encore que leurs premiers stiques comportent *justice* et *juste* et leurs derniers *sur terre*, ce qui suggère qu'ils sont « inclus » de la même façon et à lire selon un certain parallèle. On voit bien que la question de 2 était pertinente quand on voit en 11 la vengeance tirée de ces (mauvais) juges. A l'arbitraire qu'ils faisaient régner sur terre s'opposera désormais, sur terre également, un Dieu favorable au juste. C'est donc, nous semble-t-il, 2-3 et 11-12 que le texte nous amène à mettre en rapport, les correspondances jouant et en ordre inversé (comme le tiennent les trois premiers auteurs cités), et en ordre parallèle.

Considérons maintenant 4-6 et 8-10. Commençons ici par considérer 4-6. Lund et di Marco y distinguent 4 et 5-6, Alden tient l'ensemble pour une unité. En 4 et 6 nous lisons deux couples, soit *zrw-t'w* avec pour sujets *rš'ym*, et *mlḥšym-ḥbr ḥbrym*, de ce dernier étant précisé qu'il est *mḥkm*, ce mot laissant soupçonner l'opposition à faire valoir entre cet expert, ce sage et les méchants, comme entre les enchanteurs et charmeurs et ceux qui en 4 sont dits dévoyés (dès le sein) et égarés (dès le ventre). En 4bβ-6aα nous rencontrons deux registres complémentaires usant et de métaphores et de langage direct. En effet *dire* (4bβ) et *entendre* (6aα) s'appellent l'un l'autre : il y a ce que *disent* les impies (l'erreur) et ce qu'ils refusent d'*entendre* (la voix des enchanteurs...). Mais tant leur parole que leur écoute sont aussi exprimées sous mode d'images, images se référant au serpent. Le stéréotype du venin comme un venin de serpent pour exprimer des paroles méchantes et nocives est bien connu (Ps 140,4). L'autre image de l'aspic qui se bouche l'oreille est plus déroutante. En connaît l'explication pittoresque de St Augustin à son sujet. Mais son sens est suffisamment clair. Cela étant dit, nous pouvons découvrir que l'ensemble de 4-6 ordonne comme suit les diverses correspondances que nous venons d'y déceler:

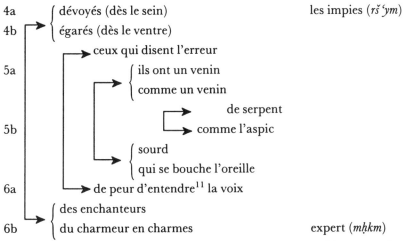

Le chiasme est pour ainsi dire parfait, la symétrie régulière entre les deux volets de la parole (4-5a) et de l'écoute (5b-6). Le serpent venimeux et l'aspic sourd constituent les symboles adéquats pour faire saisir le venin de ceux qui disent l'erreur, ces dévoyés et égarés que sont les impies, ou la surdité de ceux qui se bouchent l'oreille (tout comme l'aspic) pour ne pas entendre la voix des enchanteurs et charmeurs, experts (mḥkm) ici à l'opposé des dévoyés et égarés, ce qui laisse suffisamment entendre qu'ils représentent justes et hommes droits. Dans le premier volet la métaphore ne prend que les trois derniers termes (un venin comme un venin de serpent). Dans le second elle envahit tout le volet, même s'il faut bien reconnaître son côté laborieux, et par là tout proche du langage direct, lorsqu'il est dit de l'aspic qu'il est sourd en se bouchant l'oreille, tant et si bien qu'en simplifiant quelque peu on pourrait dire que dans chaque volet le langage direct domine au départ (en 4 et 5b), la métaphore au terme (5a et 6), selon donc une ordonnance parallèle approximative. Mais il reste que 4-6 à n'en pas douter, structurés comme nous venons de le voir, constituent une unité qu'il ne serait pas possible de subdiviser, sauf à la limite en 4-5a et 5b-6, mais certainement pas en 4 et 5-6 comme le font Lund et di Marco.

Qu'en est-il de 8-10 ? Ici nous ne pourrons qu'avancer des hypothèses, vu les difficultés déjà mentionnées en ce qui concerne le texte. Considérer 10 comme une glose est sans doute aventureux. Etant donné sur l'ensemble les proportions régulières entre 2-3 et 11-12 comme entre 7a et 7b, il est probable qu'à 4-6 doivent

---

[11] šmʿ/ʾzn constituent une paire stéréotypée selon Avishur p. 768 (à l'index).

répondre également trois versets, et donc pas seulement 8-9. Si l'on retenait pour ces versets l'interprétation de Sabourin[12], on pourrait peut-être découvrir un certain chiasme sur l'ensemble puisqu'en 8a et 10b il s'agirait de comparaisons avec l'eau, en 8b et 10a avec l'herbe (mais ce n'est pas très clair en 10a), en 9a et b avec des humains durement affectés dans leur existence. Donnons ici une traduction inspirée de la sienne et de celle de *la Bible de Jérusalem*, disposée selon la structure en question, et où nous nous efforçons en outre de rendre les récurrences:

8a Qu'ils disparaissent *comme les eaux* qui *s'en vont,*

8b qu'ils se flétrissent *comme* l'herbe qu'on piétine !

9a Qu'il *s'en aille comme* celui que la consomption ravage,

9b (comme) l'avorton de la femme qu'ils ne voient pas le soleil !

10a Avant qu'ils ne perçoivent les épines, il les frappera avec une ronce;

10b *comme l'eau* coulante, *comme l'eau* déchaînée, il va l'emporter au loin.

La correspondance de 10b à 8a serait alors assez claire, celle de 9a à 9b assez manifeste, celle de 10a à 8b un peu obscure. L'ensemble serait inclus par les comparaisons avec l'eau. Le premier volet serait bien délimité par les deux emplois du verbe *hlk* (s'en aller) en 8a et 9a. Notons ici, pour pouvoir y faire référence plus loin, l'emploi du verbe *byn* traduit « ils perçoivent » en 10a. En 9b l'avorton a quelque chose de commun avec ceux dont il est question en 10a: eux ne « perçoivent » (*ybynw*) pas les épines, lui ne « voit » pas le soleil.

Notre analyse du v.7 diffère légèrement de celle de nos trois premiers auteurs du fait que nous attribuerons à *en leur bouche* une fonction de pivot, faisant valoir l'expression également pour le second stique (où alors le français requérerait plutôt la traduction par: en leur gueule), soit:

---

[12] Citons ici sa traduction:
« 8 Qu'ils disparaissent comme l'eau qui s'écoule,
       qu'ils se flétrissent comme l'herbe qu'on piétine !
   9 Qu'il passe comme celui que la consomption ravage ;
       comme l'avorton, qu'ils ne voient jamais le soleil !
  10 Avant qu'ils ne perçoivent les épines
       il les frappera avec une ronce ;
       comme l'eau coulante, l'eau déchaînée,
       il va l'emporter au loin. »

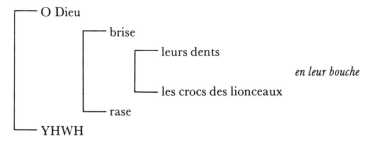

Nous parlerions donc plutôt d'une symétrie concentrique que d'un chiasme.

Les rapports de 4-6 à 8-10 sont loin d'être aussi nets que ceux de 2-3 à 11-12. On notera bien sûr les comparaisons ici et là, la plupart introduites par *comme*. Il existe aussi un rapport particulier entre *entendre* (6a) et *voir* (9b).[13] L'aspic *refuse* d'entendre (il se bouche l'oreille), l'avorton est bien *incapable* de voir le soleil. Nous avons là la note propre de chacune de ces deux unités. Il s'agit de perversion en 4-6, de sanctions en 8-10. On la retrouve encore en comparant les deux références à la naissance en 4 et 9b, ici pour dénoncer le caractère dévoyé des impies dès les premiers jours de leur existence, là pour exprimer la violence du châtiment qui les attend. On le voit, ce stique 9b, dans le verset central de 8-10, se réfère donc à 6a et 4, aux versets extrêmes de 4-6, et pour exprimer ce même rapport entre les méfaits et leur sanction.

Ce rapport apparaîtra encore plus nettement si à présent nous situons le v.7 dans l'ensemble du poème. Aux extrêmes du verset nous lisons *Dieu* et YHWH tout comme nous lisons *dieux* et *Dieu* dans les unités extrêmes du poème (2-3 et 11-12).[14] Les deux verbes de 7, qui se lisent en se rapprochant du centre, expriment le châtiment qui attend ceux qui, en 7b, seront désignés comme des lionceaux: *briser* et *raser* (dents et crocs) préparent donc en quelque sorte 8-10 dont il n'est pas douteux, quelles qu'en soient les difficultés d'interprétation, qu'ils exposent le châtiment réservé aux impies. Quant aux *dents* et aux *crocs* qui viennent ensuite, toujours en nous rapprochant du centre du verset, et également à *la bouche* au centre, ils sont ce qui permet aux impies de mordre, c'est-à-dire

---

[13] Nous aurions même là une paire stéréotypée si était employé le verbe *r'h* (voir Avishur, p. 766, à l'index). L'argument vaut pourtant dans une certaine mesure puisque *r'h* et *ḥzh* (ici employé) constituent eux-mêmes une paire stéréotypée (*ibid.*).

[14] Nous précisons ici une remarque de Lund pp. 95/96 : « The law of distribution of similar ideas at the extremes and at the centre is seen in the term Elohim » qu'il lit en 2, 7 et 12 (voir ci-dessus notre no. 7).

d'être nuisibles aux fidèles. Ils rappellent donc 4-6. D'ailleurs le venin se trouve lui aussi dans la gueule du serpent[15], lequel – on le sait – est plus d'une fois associé au lion pour représenter les dangers les plus redoutables pour l'homme (Ps 91,13; Is 65,25). Ainsi nous pouvons, nous semble-t-il, présenter schématiquement la structure du Ps 58 de la façon suivante:

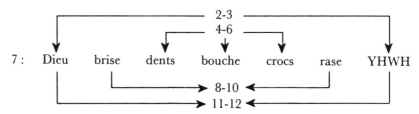

En 2 nous avons seulement une question, mais non une dénonciation proprement dite. Celle-ci commence en 3 et va recevoir comme un long développement en 4-6. Inversement 11 conclut pour ainsi dire 8-10 en exprimant la joie du juste à voir l'impie châtié, mais de ce dernier il n'est plus question explicitement en 12 qui retient seulement le volet positif de la justice divine s'exerçant en faveur du juste. Ainsi, à les prendre au mot, seuls les versets extrêmes sont situés dans la perspective heureuse de la justice rendue, même si 2 est en fait une question et 12 la conclusion d'un châtiment infligé à l'impie. Cela dit, il faut repérer les rapports de 2-3 et 11-12 au reste du psaume. La mention des *dieux* ou de *Dieu* dans les trois versets extrêmes et central a déjà été relevée. Sur ces *dieux*, qui ont été dénoncés comme injustes (en 4-6) le fidèle appelle le châtiment (ce qui sera développé en 8-10) et constate enfin qu'ainsi *Dieu* se révèle, lui, comme un vrai juge. De 2-3 à 4-6 nous retrouvons le verbe *dire* (2a.4b), et, symétriquement selon la position des unités dans la structure d'ensemble, le verbe *voir* de 8-10 à 11-12 (9b.11a). A la question posée par 2a, 4b donne une réponse sans ambiguïté: est-il vrai que vous *disiez* la justice ? Dès le sein les impies... dès le ventre... *disent* l'erreur. Et quand, tel l'avorton de la femme, ils ne *verront* même plus le soleil, le juste sera là pour *voir* ainsi le châtiment de l'impie. Les deux thèmes de la gestation et de l'avortement se répondent pour suggérer que ceux qui se sont montrés impies dès le départ de leur existence seront en conséquence châtiés radicale-

---

[15] En Ps 140,4 ledit venin est sous les lèvres de l'aspic. Le Ps 140 présente de nombreuses parentés de thème et de vocabulaire avec le Ps 58 (*'dm* en 2, *hms* en 2.5.12, *lb* en 3, *yd* et *p'my* en 5, *'mr*, *'zn*, *qwl* en 7, *rš'* en 9, *b'rṣ* en 12, *mšpt*, *ṣdqym* et *yšrym* en 13).

ment. De 2 à 4 la vérité au sujet de la justice, c'est que les impies disent l'erreur. De 9 à 11 l'aveugle... est vu. Mais, encore symétriquement, notons aussi de 4-6 à 11-12 la récurrence de *impies* (4a.11b) et la correspondance entre deux verbes synonymes pour *dire*, et de 2-3 à 8-9 la correspondance entre les deux termes d'une paire stéréotypée: *fils* (2b) et *femme* (9b).[16] La portée des premières est facile à saisir et a déjà été exprimée ci-dessus: les impies dénoncés comme *disant* l'erreur, et dont le châtiment ne peut que réjouir le juste (l'opposition entre *juste* et *impies* jouant ainsi non seulement à l'intérieur de 11, mais aussi de 4 à 11) et permettre à l'homme de *dire* ce qu'il en est du jugement divin. De 2b à 9b le rapport est plus ténu et hypothétique. On peut pourtant découvrir une certaine opposition et cohérence entre le manque de considération, de la part des impies, pour *les fils des hommes*, fils bien venus au monde et pouvant comme tels entrer en jugement, et le destin qui, en châtiment d'une telle conduite, les attend: n'être plus que comme *l'avorton de la femme*. Bien évidemment ce sont les expressions entières qu'il faut rapprocher, mais c'est la paire stéréotypée *fils-femme* qui nous le suggère. Ici *hommes* de 2b est pris en effet dans son sens global (hommes et femmes) et non pas comme contredistingué de *femme*. Notons encore, dans l'ordre des suggestions, la paire stéréotypée *ṣdq/ḥkm*.[17] Ce à quoi les impies résistent selon l'image de 6 (*ḥkm*), ce n'est rien d'autre que la justice dont parle 2a (*ṣdq*). En leur rapport les deux mots incluent dont d'une certaine façon le premier volet 2-6. Mais le rapport joue aussi de 4-6 à 11-12: les impies ne pourront pas résister indéfiniment à l'expert (*ḥkm*) dont parle 6, et en 11 nous les voyons soumis au juste (*ṣdq*). Ce rapport accompagne ceux que nous avons relevés ci-dessus de 4-6 à 11-12 (à partir de la récurrence de *impies*, de la correspondance entre les verbes *dire* et de l'opposition entre *impies* et *juste*).[18]

Il nous semble donc, avec J. Trublet et J.N. Aletti, préférable de tenir 2-3 et 11-12 pour les unités extrêmes de notre poème, mais en souscrivant sans réserve aux rapports relevés par les trois autres auteurs entre 2 et 12 comme entre 3 et 11. Entre 4-6 et 8-10 le plus juste nous semble être de faire jouer, avec Alden, un rapport

---

[16] Avishur pp. 354 et 439.
[17] Avishur pp. 556-557.
[18] D'autres paires stéréotypées jouent peut-être encore un certain rôle dans notre poème, soit *lb-ḥkm* (Avishur p. 281) pour 3a.6b, *ḥkm-byn* (Avishur p. 758, à l'index) pour 6b.10a, *šmʿ-byn* (Avishur p. 768, à l'index) pour 6a.10a. Ces derniers sont difficiles à exploiter étant donné l'incertitude du texte en 10. Du moins jouent-elles en faveur de la lecture *ybynw* en 10a. La première suggère une opposition entre *le coeur* malfaisant des impies en 3 et ces *experts* de 6b dont on a vu le rapport avec la justice.

d'unité à unité. En 4-6 nous avons découvert une structure telle qu'il est impossible de distinguer 4 de 5-6 (avec Lund et di Marco). En 8-10 il est bien difficile de distinguer une structure littéraire. Cependant la proportion égale à celle de 4-6, le fait que toutes les autres unités du poème soient soigneusement composées, donnent à penser que nous avons ici le pendant de 4-6 et qu'il est peu probable qu'on puisse y distinguer comme unités 8-9a, 9b et 11 (avec Lund) ou 8, 9 et 11 (avec di Marco), en tenant de plus 10 pour une glose. Il n'est pas légitime non plus d'y joindre le v.7 (avec Trublet – Aletti) dont la position centrale est incontestable. Dans le v.7 faire valoir au centre *bpymw* nous semble intéressant, car alors ce verset est construit selon une symétrie concentrique à sept termes, c'est-à-dire de façon très comparable à l'ensemble du poème qui, selon nous, respecte une symétrie concentrique à cinq termes.[19] Le v.7 fait basculer la prière d'une invective et d'une dénonciation se rapportant aux méfaits des impies à l'appel sur eux du châtiment ainsi mérité et à l'annonce de la joie que le juste trouvera ainsi dans sa conviction, alors partagée, de la justice divine.

---

[19] Mais qui pourraient être sept si l'on s'en tenait à la distinction des premiers auteurs cités entre 2 et 3 comme entre 11 et 12.

CHAPITRE VII

« MAIS MOI, JE CHANTERAI TA FORCE »
ÉTUDE STRUCTURELLE DU PSAUME 59

Dans son livre sur les Psaumes à refrain[1] Paul R. Raabe distingue dans le Ps 59 deux sections 2-11a et 11b-18 (pp. 147-148) à l'intérieur desquelles deux stances (2-6 et 8-9,, 11b-14 et 16-17) sont chacune suivies des refrains A (pour 2-6 et 11b-14, donc en 7 et 15) ou B (pour 8-9 et 16-17, donc en 10-11a et 18: voir pp. 146–147), chaque stance comprenant trois strophes (2-3.4-5.6), deux (11b-12.13-14), ou même une seule (8-9 et 16-17: voir pp. 144–146). Cette proposition s'appuie sur une étude exhaustive de la versification (pp. 139-144). Elle n'en exclut pourtant pas une autre (p. 152), où, après 2-3 comme introduction, Raabe voit se répondre en ordre inversé 4-5a et 13-14, puis 5b-6 et 11b-12, à quoi font suite selon une correspondance, cette fois parallèle, 7-9 + 10-11a // 15-17 + 18. On voit que dans cette dernière proposition les répartitions n'usent plus des mêmes critères: 2-3 était une strophe, mais la césure ne se faisait pas entre 5a et b pour les strophes 4-5 et 6 ; 7-9 soudent le refrain A (7) et la strophe (ou stance II) 8-9 ; 10-11a représente le refrain B ; 11b-12 et 13-14 étaient des strophes ; 15-17 soudent le refrain A (15) et la strophe (ou stance IV) 16-17 ; 18 représente le refrain B. Et nous verrons que, dans le commentaire qu'il fait de cette proposition, Raabe suggère encore d'autres distinctions (9 et 15-16). C'est qu'entre-temps les critères de l'auteur ont changé, plus attentifs au contenu et au type de chaque unité. Nous irons pour notre part nettement dans ce sens, exploitant au mieux les indices de structure à nous fournis par le texte. Raabe cite non moins de dix auteurs.[2] Nous nous y référerons également. Comme la dernière proposition de Raabe le laisse deviner, la présence des refrains n'implique pas nécessairement qu'ils soient isolés et pris à eux seuls comme unités. Ici comme dans d'autres

---

[1] Paul R. Raabe, *Psalm Structures. A Study of Psalms with Refrains, JSOT Sup.* 104, Sheffield 1990, pp. 131-153 sur le Ps 59.

[2] Soit, dans l'ordre chronologique des propositions, C.A. Briggs (1906), A. Weiser (1962), L. Jacquet (1975), E. Beaucamp (1976), R.L. Alden (1976), T.P. Wahl (1977), H. Kraus (1978), P. van der Lugt (1980), J. Trublet et J.N. Aletti (1983), E. Gerstenberger (1988).

textes[3] peut leur être adjoint un développement qui soit avec eux homogène. Après avoir proposé une traduction en grande partie empruntée à Raabe (pp. 132-139), nous déterminerons en un premier temps type, structure, et du même coup limites de chaque unité (1.). Nous pourrons alors en une seconde étape considérer la structure littéraire de l'ensemble (2.). En conclusion nous tenterons un dernier coup d'oeil sur le chemin parcouru en comparant, toujours d'un point de vue structurel, la première unité et la dernière.

Notre traduction n'a pas de prétention littéraire. Elle se veut littérale pour permettre un repérage aisé des indices structurels dans l'étude qui va suivre. Nous y suivons le plus souvent Raabe (pp. 132-139). En 4a nous préférons rendre *npš* par *gorge* pour laisser percevoir le rapport avec *bouche* (8a.13a). En 7 et 15 nous optons, avec entre autres la *Bible de Jérusalem*, pour la distinction en trois stiques. Nous adoptons la proposition de Raabe pour 8ab, sans cependant donner à *b* le sens de *mn*. Dès lors les épées ne sont plus à comprendre comme le symbole de méchantes paroles, mais simplement comme une métaphore désignant les dents (terribles) des chiens. Mais si l'on voulait retenir le tout de la proposition de Raabe, la proposition structurelle qui va suivre n'en serait pas affectée. Si en 12b nous retenons ERRER, c'est pour obtenir la récurrence du même verbe en 16a. Mais nous souscrivons à l'ambiguïté de 12b telle que Raabe la met en valeur: « Fais-les trembler par ta *puissance* » serait d'autant plus pertinent que cette demande vise les *forts* de 4b et que *ḥyl* et *ʿwz* constituent une paire stéréotypée.[4] Mais *ḥyl* peut signifier aussi armée, traduction qui serait plus homogène avec celle du verbe par ERRER. Nous garderons cependant *puissance* parce que son rapport à FORCE est plus manifeste. En 14a nous nous efforçons de ne pas suppléer à l'absence de suffixe (objet du verbe) en hébreu. Peut-être aurions-nous dû en faire autant en 5a, mais c'est difficilement supportable en français. Raabe commente fort bien le double sens de 14: *Dieu* maître depuis Jacob jusqu'aux confins de la terre, et: ils sauront jusqu'aux confins de la terre que *Dieu* est maître en Jacob. Il n'y a pas à choisir. En 16a nous retenons aussi *hmh* comme pronom indépendant, d'autant plus que nous lui découvrirons plus loin une fonction structurelle

---

[3] Dans le Ps 46 les refrains 8 et 12 sont, dans la structure d'ensemble, en correspondance avec 2 et 6, comme nous avons tenté de le montrer dans « La ville de Dieu: étude structurelle du psaume 46 », *ScEs* 41 (1989) 323-341, pp. 337-339 (on comparera avec Raabe pp. 51-67). Dans le Ps 57 le premier refrain s'entend indépendamment; au second il faut associer le verset qui le précède (comme ici, nous allons le voir, pour 10-11a et 17 + 18): voir ci-dessus chapitre V § 1.

[4] D'après Avishur p. 280.

dans l'articulation entre 15-16 et 17-18. Notre traduction de 18 cherche à préserver la double lecture possible, sur quoi nous reviendrons en son temps. Les mots mis en lettres CAPITALES sont les récurrences de mots ou de racines. Les autres correspondances (synonymies, oppositions,...) seront présentées au fil de notre étude.

2a DÉLIVRE-MOI DE (*mn*) mes ennemis, MON DIEU
2b DE (*mn*) ceux qui se dressent contre moi TIRE-MOI-EN-HAUT (*śgb*) !
3a DELIVRE-MOI DE (*mn*) ceux qui font le MAL,
3b ET DES (*mn*) hommes de sang sauve-moi !

4a CAR (*ky*) VOICI qu'ils sont aux aguets APRÈS (*l*) ma gorge,
4b que complotent contre moi des gens FORTS:
4c PAS de péché de ma part ET PAS de FAUTE de ma part, YHWH,
5a Aucun tort (de mon côté): ils accourent ET se tiennent prêts.

5b Eveille-toi POUR (*l*) me rencontrer ET REGARDE.
6a ET TOI, YHWH DIEU des Armées,
6b le DIEU d'Israël,
6c réveille-toi POUR (*l*) visiter TOUS LES PAÏENS.
6d NE va PAS faire grâce à TOUS ces traîtres MAL(faisants).

7a ILS REVIENNENT AU (*l*) SOIR
7b ILS GROGNENT COMME DES CHIENS
7c ET ILS RÔDENT PAR LA VILLE.
8a VOICI qu'ils ont l'écume À (*b*) LEUR BOUCHE,
8b des épées À (*b*) LEURS LÈVRES:
8c « CAR (*ky*) qui entend ? «

9a MAIS TOI, YHWH, tu te ris D'(*l*)eux,
9b tu te moques DE (*l*) TOUS LES PAÏENS:

10a Ô MA FORCE, VERS TOI je veux me tourner,
10b OUI (*ky*), DIEU, MA CITADELLE (*mśgb*),
11a MON DIEU (plein) D'AMOUR.

11b Qu'il aille au devant de moi, DIEU,
11c ET qu'il me fasse jeter un REGARD sur (*b*) mes adversaires !
12a NE les massacre PAS, de peur que mon peuple d'oublie.
12b Fais-les ERRER PAR (*b*) ta puissance ET fais-les dégringoler,
12c ô Seigneur notre bouclier.
13a (Pour) la FAUTE de LEUR BOUCHE, (pour) la parole de LEURS LÈVRES,
13b qu'ils soient pris À (*b*) leur orgueil.

13c ET POUR (*mn*) la malediction, ET POUR (*mn*) le mensonge
  qu'ils profèrent,
14a DÉTRUIS PAR (*b*) ta colère, DÉTRUIS ; ET qu'ils ne soient plus !
14b ET ils sauront que DIEU
14c est maître en (*b*) Jacob,
14d jusqu'(*l*)aux confins de la terre.

15a ET ILS REVIENNENT AU (*l*) SOIR;
15b ILS GROGNENT COMME DES CHIENS
15c ET ILS RÔDENT PAR LA VILLE.
16a EUX ERRENT APRÈS (*l*) la pitance.
16b Tant qu'ils NE sont PAS rassasiés, ils persistent dans la nuit.

17a MAIS MOI, je chanterai ta FORCE
17b ET j'acclamerai au matin ton AMOUR,
17c CAR (*ky*) tu as été une CITADELLE (*mśgb*) POUR MOI (*ly*)
17d ET un refuge au jour de la détresse POUR MOI (*ly*)
18a Ô MA FORCE, VERS TOI je veux jouer,
18b OUI (*ky*), DIEU, MA CITADELLE (*mśgb*),
18c MON DIEU (plein) D'AMOUR.

1. *Structure et typologie des unités*

La structure interne de 2 et 3, amorcés par le même verbe, est des
plus simples, concentrique à cinq termes en 2 (MON DIEU au
centre), selon un chiasme à quatre termes en 3 du fait que le centre
de 2 n'y a point de correspondant. Les termes, en leurs positions
structurelles respectives, se correspondent d'un verset à l'autre.[5]
On notera cependant qu'en 3 non seulement MON DIEU n'est pas
repris, mais que « ceux qui font le mal » et « les hommes de sang »
ne sont plus rapportés à l'orant (comme « *mes* ennemis » et « ceux
qui se dressent contre *moi* »), leur aspect odieux, ainsi détaché de la
seule référence au fidèle, se trouvant alors comme élargi, absolu-
tisé. 2-3 sont considérés comme une unité par Raabe (p. 140) et tous
les auteurs qu'il cite (pp. 149 et 23) sauf van der Lugt.
  En 4-5a nous allons retrouver le même type de déplacement. Ici
un chiasme aux termes disproportionnés couvre l'ensemble. En 4
en effet deux stiques dénoncent l'hostilité des gens forts contre le
fidèle, et dans le troisième, par deux fois, le fidèle proteste de son
innocence à lui (de ma part). Suit au terme une interpellation à
YHWH. Puis en 5a nous lisons en ordre inverse et très rapidement

---

[5] *ṇsl* et *yš'* constituant une paire stéréotypée (Avishur pp. 88 et 225), le chiasme
de 3 n'en est que plus net, et l'inclusion de l'ensemble par ces deux verbes comme
premier mot et dernier.

dits d'abord une nouvelle protestation d'innocence, sans que soit précisé ici à qui elle se rapporte, puis deux simples verbes pour dire l'activité des gens forts, sans dire non plus quelle en est la victime. Cette structure peut donc se présenter comme suit:

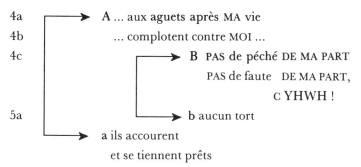

On dirait qu'en 5a le fidèle se retire pour laisser YHWH face aux seules entreprises des méchants contre l'innocence. Ainsi de même que de 2 à 3 les ennemis sont d'abord présentés dans leur rapport à l'orant (1ère pers. en 2), puis indépendamment (3), de même de 4ab à 5aβγ. Mais en 4-5a, parallèlement, l'absence de péché ou de faute est d'abord présentée spécifiquement pour ce qui concerne l'orant (4c), puis indépendamment (5aα). 4-5a sont considérés comme une unité par six des dix auteurs cités par Raabe, et par lui-même à la p. 152.

En 5b-6 il nous semble avoir affaire à un chiasme auquel se superpose une symétrie parallèle, soit à ce que nous appelons une symétrie croisée, dont les quatre termes sont 5b, 6a, 6b et 6cd. Les deux interpellations centrales (6a et b) sont comprises entre des appels à Dieu en 5b et 6cd. Ces appels commencent identiquement par deux synonymes[6] suivis de POUR + infinitif. Mais en 5b l'impératif final fait suite à l'impératif initial (Eveille-toi... et regarde), tandis que 6d de par son contenu est parallèle à la proposition finale de 6c, les destinataires de la « visite » et de la « non-grâce » étant ici et là accompagnés de l'adjectif TOUS. On peut donc dire que l'agencement xyx' de 5b le cède à celui de XYY' en 6cd (les majuscules marquant les proportions respectives). En attribuant les sigles Z et z respectivement à 6a et b (majuscule et minuscule ici encore en fonction des proportions), nous pouvons schématiser le chiasme sur l'ensemble comme suit:

---

[6] Lesquels constituent aussi une paire stéréotypée (ʾwr et qwṣ) selon Avishur p. 681.

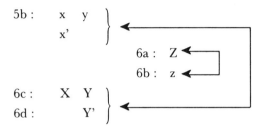

Quant à l'aspect parallèle il se perçoit à partir de l'appartenance du psalmiste à Israël, d'où le rapport en 5b et 6b entre le moi qui parle et le Dieu d'Israël, et à partir du pouvoir de YHWH Dieu des Armées sur toutes les nations, d'où le rapport en 6a et 6cd entre lui et TOUS les païens, « TOUS ces traîtres malfaisants ». Ce parallèle se trouve exprimé, dans le tableau ci-dessus, par l'alternance entre ce qui est en minuscules et en majuscules, la concision suffisant pour ce qui concerne le rapport entre l'orant et le Dieu d'Israël, l'étendue de l'action attendue du Dieu des Armées contre les païens appelant plus de déploiement et d'insistance. 5b-6 sont considérés comme une unité par six des auteurs cités par Raabe, et par lui-même à la p. 152.

Les vv. 7-8 semblent constituer une unité structurée selon un parallèle où alternent d'une part les mouvements des ennemis (7a et c) et d'autre part ce qu'ils font entendre (7b et 8). Les mouvements sont situés dans le temps (le soir en 7a) et l'espace (la ville en 7c).[7] En 7b et 8 les ennemis nous sont présentés comme des chiens, ce qui est d'abord ainsi simplement énoncé en 7b, mais qui donne lieu à une description plus détaillée en 8. Il est possible de rapporter plus précisément 8ab, avec la description imagée de l'écume et des dents dans la gueule et entre les lèvres, à « comme des chiens », tandis que la question provocante de 8c (Qui donc veut venir nous entendre ?) se rapporte précisément au fait que « ils grognent ». De 7b à 8b nous avons comme deux images surajoutées l'une à l'autre: les ennemis sont comme des chiens dont les crocs sont comme des épées. Bien entendu grognement, écume, épées donnent une idée peu favorable du discours que les ennemis font entendre. 7-8 sont considérés comme une unité par cinq des dix auteurs cités par Raabe (pp. 149 et 23)

L'orant sait bien qui relèvera, et avec quelle aisance, le défi lancé par les ennemis en 7-8, ce dont témoigne le v.9. Par ses premiers et ses derniers mots MAIS (*w*) TOI, YHWH... DE (1) TOUS LES PAÏENS ce verset se trouve apparenté avec 6a + 6cd (en 5b-6): ET

---

[7] Raabe (p. 141) relève au plan sonore le couple *yšwbw l'rb* et *wyswbbw 'yr*.

(*w*) TOI, YHWH... POUR (l)... TOUS LES PAÏENS. Il s'agit en effet ici et là de l'action (visiter) ou de la réaction (se moquer) attendue de YHWH vis-à-vis des païens. La différence est que nous avons en 5b-6 des impératifs et en 9 des affirmations. A remonter dans le texte on découvrira encore la parenté de 5b-6 avec 2-3 puisqu'il s'agit ici et là, pour le fidèle, d'obtenir la libération des ennemis, et plus précisément de ceux qui font le MAL (3a), soit ces traîtres MAL(faisants) (6d). De 2-3 à 9 on pourra opposer les emplois des prépositions *mn* (quatre fois en 2-3) et *l* (deux fois en 9): il s'agit de mettre la distance entre eux et le fidèle, mais qu'au contraire le rire de YHWH les atteigne. Quant à 4-5a et 7-8 on aura déjà perçu leur thème propre: montrer les ennemis en leurs menaçantes entreprises, soit directement contre l'auteur de ce psaume, soit plus généralement à travers la ville. On lit ici et là VOICI et *ky* (CAR et OUI), au début du premier volet en 4-5a (4a en 4), au terme du second en 7-8 (8a.c en 7c-8). Aux unités 2-3, 5b-6 et 9 nous donnerons le sigle A, et à 4-5a et 7-8 le sigle B.[8]

Avec 10-11a nous découvrons un nouveau thème, exclamation à l'adresse de Dieu, dont la mention des ennemis est absente. La résolution du fidèle est ici au centre d'une symétrie concentrique puisque nous lisons:

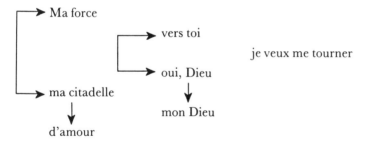

Les deux derniers termes sont doublés, et plus strictement en hébreu où le possessif (suffixe) se rapporte à chaque fois au deuxième terme (littéralement: Dieu de mon amour). Se distinguant en

---

[8] Aucun des auteurs cités par Raabe ne considère comme une unité le seul v.9, le rattachant à 8 (Jacquet, et Raabe lui-même dans sa quatrième strophe), l'intégrant à 7-10 (Weiser) ou à 7-9 (Raabe en C, p. 152), le plus souvent le rattachant à ce qui suit: 9-10 (Gerstenberger), 9-11a (Wahl), 9-11 (Beaucamp, Kraus, van der Lugt). Pourtant, à propos de 8-9, Raabe écrit (p. 150): « Stanza II (vv. 8-9) begins with more complaints against the enemies (v.8). *But* instead of following this complaint with an assertion of innocence, *the psalmist in v.9 expresses confidence in Yahweh,* 'But you, Yahweh, laugh at them... *Verse 9 echoes v.6* ». Nous soulignons.

cela des dix auteurs qu'il cite, c'est pourtant avec raison que Raabe (pp. 151 et 141) considère 10-11a comme une unité.

Avec 11b-14 nous abordons l'unité la plus longue de notre psaume. Elle est aussi soigneusement structurée. Les trois premiers et les trois derniers stiques se répondent selon les récurrences et correspondances que nous présenterons d' abord dans un tableau:

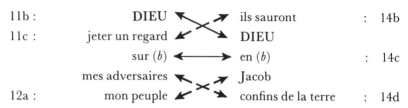

11b :   **DIEU**   ils sauront   : 14b

11c :   jeter un regard   **DIEU**

                    sur (*b*)   en (*b*)   : 14c

          mes adversaires   Jacob

12a :   mon peuple   confins de la terre   : 14d

Les verbes *r'h* (ici traduit pas « jeter un regard ») et *savoir* constituent une paire stéréotypée.[9] Les prépositions *sur* et *en* traduisent la même préposition *b* en hébreu, et dans des contextes apparentés: il s'agit du regard de triomphe sur les adversaires et de la maîtrise de Dieu en Jacob et jusqu'aux confins de la terre. On sait depuis 6 et 9 que les adversaires du fidèle sont finalement « tous les païens ». Or *les païens* forment avec *la terre* une paire stéréotypée.[10] Il est donc légitime de mettre ici en correspondance « mes adversaires » et « la terre ». Enfin la correspondance entre *mon peuple* et *Jacob* n'appelle pas de commentaire. Le lecteur peut voir ci-dessus qu'autour de la proposition *b*, d'ici à là, DIEU et *regarder/savoir* se croisent, puis de même *adversaires/terre* et *mon peuple/Jacob*. Certes 11b-12a comportent quatre propositions et 14bcd la moitié. De plus en 12a *ne pas oublier* au sujet du peuple est pratiquement équivalent à *jeter un regard* au sujet du psalmiste. Néammoins, en leur concision, les trois derniers stiques répondent exactement aux trois premiers. Au regard accordé par Dieu au psalmiste et à son peuple sur leurs adversaires répond le constat, que devront faire ces derniers, de la maîtrise de Dieu en Jacob même, jusqu'aux confins de la terre.[11] Le premier constat appelle le second, mais ils sont l'un et l'autre au bénéfice du peuple choisi et aux dépens des adversaires dispersés sur la terre. Pour ce qui est de 12b-14a il sera plus simple, ici encore, de proposer un tableau qu'il suffira ensuite de commenter:

---

[9] Selon Avishur p. 759 (à l'index).

[10] Selon Avishur p. 278.

[11] Raabe (p. 151) avait perçu la correspondance entre *non-oublier* de 12a et *savoir* de 14b, ce qui bien sûr est pertinent. Mais le premier rapprochement à faire valoir nous semble être entre *regarder* et *savoir* à cause de la paire stéréotypée *yd'/r'h* (selon Avishur p. 759: à l'index).

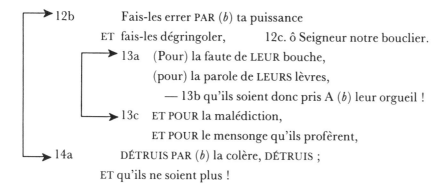

12b   Fais-les errer PAR (*b*) ta puissance
      ET   fais-les dégringoler,   12c. ô Seigneur notre bouclier.
           13a   (Pour) la faute de LEUR bouche,
                  (pour) la parole de LEURS lèvres,
                  — 13b qu'ils soient donc pris A (*b*) leur orgueil !
           13c   ET POUR la malédiction,
                  ET POUR le mensonge qu'ils profèrent,
14a   DÉTRUIS PAR (*b*) la colère, DÉTRUIS ;
           ET qu'ils ne soient plus !

On relève la préposition *b* en 12b et 14a et dans le stique central pour exprimer ce par quoi les ennemis sont combattus, soit la puissance ou la colère de Dieu (aux extrêmes), soit leur propre orgueil (au centre). Quant aux effets produits on notera le *crescendo* tant en 12b (de l'errance à la dégringolade) qu'en 14a (du stade de la destruction à celui de l'inexistence). Dégringoler, c'est d'ailleurs descendre au shéol, là où justement on n'existe plus. Ces derniers termes sont ici et là précédés de la conjonction ET. En 13a et 13c sont dénoncés les méfaits qui valent aux méchants un tel traitement, tous méfaits de la langue.[12] Seule l'interpellation au « Seigneur notre bouclier » en 12c n'a pas de symétrique, une manière comme une autre de la faire ressortir. Cette interpellation s'articule évidemment aux deux mentions de Dieu en 11b et 14b, dans les volets extrêmes. Son « absence » en 14a est d'ailleurs comme compensée par la répétition de l'impératif DÉTRUIS. A première vue, de par son contenu, cet ensemble 11b-14 est surtout apparenté à 2-3, 5b-6 et 9 où, comme ici, on voyait Dieu appelé à l'aide pour libérer son fidèle des malfaisants. Mais il est vrai qu'ici le thème s'est enrichi, en particulier dans les volets extrêmes. Nous aurons à y revenir.[13]

Avec 15-16 nous rencontrons une unité dont le premier verset est identique à 7 en 7-8. Par contre 16 est bien différent de 8. La structure de 15 est identique à celle de 7. C'est à dire qu'autour de 15b, 15a et 15c présentent un mouvement des malfaisants en en précisant ici le moment (le soir) et là le lieu (la ville). Or en 16 les

---

[12] Cette correspondance n'a pas échappé à Raabe (p. 151) qui cependant, faute de prendre en compte 12b avec 13-14a, s'arrête au parallélisme de 13a + 13b // 13c + 14a.
[13] Pour Raabe 11b-14 constituent sa troisième stance (pp. 150-151), mais aucun des auteurs qu'il cite n'y voit une unité (on trouve 11-14 en Weiser et Gerstenberger).

deux verbes extrêmes indiquent pour l'un le mouvement (ils errent), pour l'autre le moment (ils persistent-dans-la-nuit), avec au
centre la motivation. *Errer*, c'est à peu près la même chose que
rôder, et le lieu de ce mouvement est le même: la ville. *Persister-dans-
la-nuit*, c'est durer au delà du soir. On peut dire que ces deux verbes
extrêmes en 16 prennent en somme le relais des deux substantifs
soir et *ville* en 15 en inversant l'ordre des correspondances. Au
centre de 16 nous lisons les deux termes d'une paire stéréotypée[14]
'*kl* (pitance) et *śb'* (rassasier), si bien que la structure de cet
ensemble 15-16 peut schématiquement se présenter comme suit:

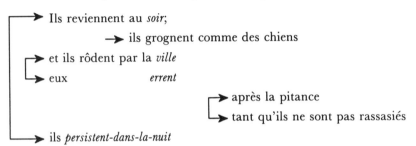

Ces deux versets constituent une unité selon sept des dix auteurs
cités par Raabe, mais non pour lui.[15]
    La structure de 17-18 est plus complexe que ne l'avance Raabe
(p. 146). Pour lui le passage de la deuxième à la première personne
de *ta* FORCE à MA FORCE et de *ton* AMOUR à MON AMOUR (selon
l'hébreu pris littéralement) marque une pause entre 17 et 18. En 17
nous avons affaire aux objets des verbes, mais en 18 à des vocatifs:
« En d'autres termes v.17 est une promesse de louange adressée à
Dieu tandis que v.18 est l'hymne lui-même ». La question se pose
de savoir si le dernier terme du psaume est bien un vocatif. Raabe
lui-même traduit (p. 133) 18: « For you, God, are my fortress, my
loving God ». Dans notre traduction, en rendant *ky* par OUI, nous
nous sommes efforcés de laisser au texte son ambiguïté. Quant au
passage de la 2ème à la 1ère pers. nous le voyons jouer à l'intérieur
de chacun des deux versets, de *ta* FORCE et *ton* AMOUR à
CITADELLE POUR MOI (= *ma* citadelle) et refuge au jour de la
détresse POUR MOI (= refuge en ma détresse, *mon* refuge en la
détresse) en 17, et de VERS TOI (complément de *je veux jouer*, comme

---

¹⁴ Selon Avishur p. 754 (à l'index).
¹⁵ Même s'il écrit (p. 152): « Verses 15-16 liken the enemies to insatiable dogs
that seek to devour », par où il montre que l'unité de ces versets ne lui a pas
complétement échappé.

ta FORCE et ton AMOUR de *je chanterai* et *j'acclamerai*) à MA
CITADELLE et MON AMOUR en 18. En fait il y a engagement à la
louange tant en 17ab qu'en 18a. Le fait est d'autant plus sensible
que sont répartis de 17a à 18a les deux termes de la paire stéréotypée *chanter-jouer*.[16] Et si l'on s'en tient à l'interprétation (très
légitime) de 18bc comme traduit par Raabe, nous avons ensuite les
motifs de louange introduits par CAR (*ky*) en 17cd et 18bc. Le
nouveau en 18, c'est précisément que 18bc peut s'entendre au
vocatif, ce qui justifierait pour une part la proposition de Raabe.
Mais la structure de ces deux versets requiert plus d'attention. Si
nous désignons par Q les « qualités » divines (FORCE, AMOUR,
CITADELLE, refuge), par P la seule indication des « personnes »,
par M celle d'une donnée d'ordre « musical », en gardant *ky* de
l'hébreu pour préserver son ambivalence en 18b (soit CAR introduisant un pur et simple motif comme en 17cd, soit OUI y ajoutant
une adresse au vocatif), et en mettant les chiffres 1 et 2 pour
l'indication des 1ère pers. et 2ème pers. (grammaticales), nous
pouvons écrire:

17a   Mais moi (P1)
                        je chanterai (M1)   ta FORCE (Q2)
17b   ET j'acclamerai
                        au matin (M1)   ton AMOUR(Q2)
17c *ky*
         tu as été (P2)
                                       une CITADELLE
                                       POUR MOI (Q1)
17d   ET un refuge
                                       au jour de la détresse
                                       POUR MOI (Q1)

18a   O MA FORCE (Q1)
         vers toi (P2)   je veux jouer (M1)
18b *ky*
         DIEU (P2)
                                     MA CITADELLE (Q1)
18c   DIEU de (P2)
                                     MON AMOUR (Q1)

Qu'on entende DIEU en 18 d'un vocatif ou comme sujet d'une
proposition nominale, c'est toujours à Dieu qu'on s'adresse, donc à
la 2ème pers. (d'où P2). En 17, autour de *ky* nous découvrons P1 +
Q2 (*bis*) d'une part et P2 + Q1 (*bis*) de l'autre, soit à la fois un
parallèle (P + Q // P + Q) et un chiasme (1 + 2 / 2 + 1). En 17ab
M1 fait la charnière entre P1 et Q2, le chant du fidèle entre

---

[16] Selon Avishur p. 767 (à l'index).

lui-même et la FORCE et l'AMOUR divins. En 17cd nous lisons CITADELLE et *refuge*, qui constituent même une paire stéréotypée.[17] De M1 + Q2 aux mêmes en 17a et b, et de Q1 au même en 17cd, on notera dans les deuxièmes membres au départ la conjonction ET, puis une précision de temps: *au matin* en 17b, *au jour de la détresse* en 17d, les couples se lisant ainsi d'autant mieux en parallèle. En 18 nous lisons autour de *ky* l'inversion de Q1 + P2 (avec M1) en P2 + Q1 (*bis*): MA FORCE, toi DIEU, MA CITADELLE, DIEU, MON AMOUR. Ici M1 est pratiquement au centre, articulé à *vers toi*, son complément qui le précède, et à *ky* qui introduit cette subordonnée qui dépend de lui. L'articulation entre les deux versets se fait à l'aide d'un chiasme suffisamment net en 17cd et 18a: P2 + Q1 (*bis*)/ Q1 + P2. L'interpellation à MA FORCE reprend en un terme apparenté CITADELLE POUR MOI, *refuge...* POUR MOI au terme de 17, et avec *vers toi* nous avons une simple indication de personne comme dans *tu as été*. Mais il est surtout intéressant de comparer les deux introductions (engagements à la louange) et les deux motifs. De 17ab à 18a nous voyons se répondre P1 (+ M1: *bis*) et Q2 avec Q1 et P2 (+ M1), soit une séquence parallèle des personnes affectant P et Q (1.2//1.2), mais une inversion P.Q / Q.P. L'engagement proprement dit à la louange s'articule en 17 à la mention de celui-là même qui le prend (*w'ny*), mais en 18 à la mention de celui envers qui il est pris (*'lyk*). Ainsi s'inverse le point de vue en sens contraire de celui qui en 17 considérait les qualités de Dieu comme appartenant à ce dernier (*ta* FORCE, *ton* AMOUR), puis en 18 comme appartenant en quelque sorte à celui qui parle (MA FORCE). Dans les motifs de la louange nous constatons le parallélisme, après le *ky* d'introduction, entre P2 + Q1 (*bis*) et deux fois P2 + Q1: tu as été, toi, DIEU, une CITADELLE POUR MOI, un refuge... POUR MOI, MA CITADELLE, MON AMOUR. L'interpellation explicite et répétée à DIEU vient évidemment au mieux au terme du morceau. Des promesses aux motifs nous trouvons en parallèle FORCE (17a.18a) et CITADELLE (17c.18b), tandis que AMOUR se lit ici dans la promesse (17b) et là dans le motif (18c) incluant d'une certaine manière l'ensemble.

L'articulation de 17–18 à 15–16 est particulièrement soignée. Elle ne se contente pas en effet d'un *w* adversatif suivi d'un pronom indépendant au début de 17 (*w'ny*), comme on en avait entre 7–8 et 9 (*w'th* au début de 9). Mais, comme le fait remarquer Raabe (p. 151), ce pronom *'ny* de 17a s'oppose au *hmh* de 16a, de même – toujours d'après ce même auteur – que *le matin* de 17b s'oppose à *la*

---

[17] Comme l'a remarqué Raabe (p. 142), et selon Avishur p. 130.

nuit de 16b. Raabe ajoute une opposition entre *yallînû* et « je chanterai » (*ibid.*) par un jeu d'homophonie. Mais il suffit d'opposer
je chanterai (et son parallèle *j'acclamerai*) à *ils grognent.* Aux mentions
de temps signalées par Raabe ajoutons celle du *soir* en 15a et du *jour*
en 17d. Puisqu'enfin dans les contextes où ils sont ici employés *ville*
signifie insécurité et *citadelle* sécurité, on n'hésitera pas non plus à
les opposer. Nous pouvons alors, en respectant strictement l'ordre
des termes dans le texte, disposer comme suit ces correspondances:

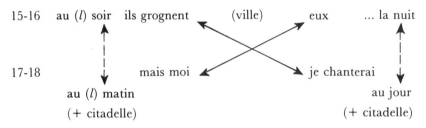

Le lecteur peut constater que selon un chiasme s'opposent terme à
terme leur *grognement*/ à *eux* et mais pour *moi*/ mon *chant.* Les quatre
indications de temps ne sont pas aussi homogènes entre elles dans
leurs correspondances.[18] Le matin fait suite à la nuit et ici s'y
oppose, les deux temps étant de sens opposés. Mais si le soir fait
bien suite au jour, il n'y a pas ici entre eux opposition, mais plutôt
même tonalité menaçante. De plus jour ici se réfère plus au calen-
drier qu'au déroulement d'une journée. Il reste que du soir à la nuit
comme du matin au jour la séquence va comme de soi. Entre *ils
grognent* et *eux* de 15-16 nous avons la mention de *la ville*, ici comme
lieu d'insécurité. Après celles du *matin* et du *jour* en 17–18 nous
trouvons deux présentations de Dieu comme *citadelle* c'est-à-dire
comme lieu de grande sécurité. La présence d'une telle citadelle
enlève d'ailleurs au *jour de la détresse* une bonne part de sa connotation négative. Ainsi temps et lieux s'opposent pour s'accorder ici à
eux qui *grognent*, là à *moi* qui veux *chanter et acclamer.*

2. *La structure littéraire de l'ensemble du poème*

A considérer les quatre premières unités, nous les voyons agencées
en parallèle A (2-3: MON DIEU ... MAL) + B (4-5a: CAR VOICI...) //
A (5b-6: DIEU ... DIEU ... MAL/faisants) + B (7-8: VOICI... CAR...),
les demandes de délivrance (A) alternant avec les présentations de

---

[18] *Soir* et *matin* constituent une paire stéréotypée selon Avishur pp. 92 et 140, et
de même *jour* et *nuit* (p. 759, à l'index), ce qui vaut ici puisque le verbe *lwn*
(persister-dans-la-nuit) est de racine apparentée à celle du substantif *lylh* (nuit).

la détresse, soit celles des ennemis menaçants (B).[19] Et même si 9 (A) est requis – nous le verrons plus loin – par l'ensemble 9-18, rien ne nous empêche de lire un premier ensemble concentrique en 2-9 où autour de 5b-6 (A), se répondent successivement les deux unités B de 4-5a et 7-8, puis les deux unités A de 2-3 et 9.[20] Nous avons déjà relevé les indices de correspondance entre 2-3 et 5b-6 et entre 5b-6 et 9 (ET/MAIS TOI... TOUS LES PAÏENS). Mais il convient ici de se souvenir de la structure de 5b-6 comportant en somme deux volets imbriqués, l'un en 5b et 6b adressé au DIEU d'Israël en faveur de l'orant, l'autre en 6a et cd à YHWH DIEU des Armées pour obtenir de lui la soumission de TOUS LES PAÏENS. Or 2-3 (première unité A) était adressé à MON DIEU, soit ce même Dieu de l'Alliance appelé Dieu d'Israël en 6b, et en faveur de l'orant, tandis que 9 sera adressé à YHWH, celui-là qui est dit Dieu des Armées en 6a, et pour vanter sa maîtrise sur TOUS LES PAÏENS. Récapitulons selon deux colonnes:

2-3   : . . . MON DIEU
      . . . moi (*passim*)

5b	: ... me		
		6a	: ET TOI, YHWH DIEU des Armées
6b	: DIEU d'Israël		
		6cd	: ... visiter TOUS LES PAÏENS

| | | 9 | : MAIS TOI, YHWH |
| | | | ... te moques de   TOUS LES PAÏENS |

Le lecteur se souviendra qu'en 2-3 comme en 4-5a il est question des ennemis successivement en rapport avec l'orant (1ère pers. en 2 et 4), puis indépendamment (en 3 et 5a). A partir de 6 et jusqu'à 9 c'est cette seule perspective qui prévaut, le conflit entre YHWH et les malfaisants y recevant par là une portée plus générale, et en quelque sorte plus radicale, que celle impliquée par les seules circonstances, la seule épreuve où se trouve pris notre psalmiste.

---

[19] Dans la présentation de sa première stance Raabe (p. 150) repère avec raison un schéma A (2-3). (4-5a). A' (5b-6). Nous croyons cependant – et la suite le démontrera – qu'un premier ensemble nous mène jusqu'à 8. Dans le deuxième volet 5-8 de 2-8 notons comme une inclusion au terme des premier et dernier stiques de par la correspondance entre les deux termes d'une paire stéréotypée: *regarder (r'h)* et *entendre (šm')*, selon Avishur p. 766 (à l'index). Le fidèle appelle le regard de DIEU, les malfaisants, eux, pour ainsi dire narguent son oreille. On ne voit guère d'inclusion comparable pour 2-5a (sinon peut-être les assonances entre *hšylny* et *yrwṣwn* ou entre *mtqwmmy* et *ykwnnw* ?).
[20] Nous reprenons ici, en la précisant beaucoup, la proposition de J. Trublet et J.N. Aletti (cités par Raabe uniquement pour leur détermination des unités: voir ci-dessus notre n. 2), pp. 35-36, limitant la dernière unité à 9 (et non 9-11).

Au centre de cet ensemble nous lisons les deux stiques 6a et b faisant appel à YHWH Dieu des Armées (contre les païens) et au DIEU d'Israël (en faveur du fidèle), chacun ayant son écho, nous l'avons vu, aux versets extrêmes 2 et 9. Du premier terme (4ab) du chiasme commandant 4-5a (4ab + 4c / 5aα + 5aβγ) au dernier (8) du parallèle commandant 7-8 (7a + 7b // 7c + 8) nous trouvons répartis les deux composants de la paire stéréotypée *bouche-gorge*[21]: la gorge du fidèle est sous la menace de la gueule et des crocs (tels des épées) de ces chiens que sont les malfaisants.

En 9-18 nous lisons la longue unité A de 11b-14, structurée comme l'on sait, deux unités C de longueur inégales (10-11a et 17-18, trois et sept stiques), et, les précédant, une unité A (9) et une unité B (15-16). Ainsi autour de A de 11b-14 nous lisons A (9) et B (15-16) chacun suivi d'une unité C (10-11a et 17-18).[22] On notera que chacune des unités extrêmes commence par *w* + un pronom indépendant: MAIS TOI en 9, MAIS MOI en 17-18. On trouve aussi un pronom indépendant en A (avant C) comme en B (avant C) autour de la grande unité A centrale, soit TOI en 9 et EUX en 16. Dans les contextes il est toujours question de quelque chose qui s'entend: le rire de YHWH en 9 et le chant de son fidèle en 17, aux extrêmes, le rire de YHWH en 9 (A) auquel s'oppose le sinistre grognement des chiens en 15-16 (B). Entre l'unité centrale 11b-14 et celles qui l'encadrent immédiatement on notera les articulations grâce à deux paires stéréotypées, soit *se tourner* et *ne pas oublier* de 10-11a à 11b-12a (première unité en 11b-14), et *la terre* et *la ville* de 14 (dernière unité en 11b-14) à 15-16a.[23] Ni l'orant, ni le peuple tout entier ne doivent détourner leur attention de ce que Dieu (qu'on lit en 10b et 11b) est et fait pour eux. Si Dieu est maître jusqu'aux confins de la terre, ce qui se passe dans la ville ne lui échappera pas.

La justification pleine et entière de la précédente proposition va apparaître maintenant où nous allons tenter de découvrir la struc-

---

[21] Selon Avishur pp. 512 et 522. La menace ressort encore du fait que *gorge* en 4a constitue avec *sang* en 3b une paire stéréotypée (Avishur, p. 757, a l'index) qui ici – soit dit en passant – assure l'articulation entre 2-3 et 4-5a.

[22] Ici nous divergeons nettement de Trublet – Aletti (même référence qu'à la n. 20 ci-dessus) qui se contentent de voir un chiasme (parallèle à celui de 2-11) où autour de 13b-14 se correspondraient successivement 13a et 15-16, puis 12 et 17-18. C'est là méconnaître l'ensemble 11b-14. De 8 à 16 on pourrait être tenté de voir une symétrie concentrique B.A / C / A.B, autour donc de 10-11a. Mais si 7-8 et 15-16 se répondent manifestement, il n'en va pas de même de 9 à 11b-14 dont la disparité est encore accusée par leur disproportion (deux et douze stiques), même si leur thème (A) reste bien apparenté.

[23] La première paire se trouve chez Avishur p. 656 (où il s'agit précisément de *zkr/šmr*, mais *l' škḥ = zkr*) et la seconde p. 278.

ture littéraire de l'ensemble du poème. Le plus simple sera de donner dès l'abord une vue d'ensemble dans un schéma que nous n'aurons plus ensuite qu'à présenter et justifier point par point :

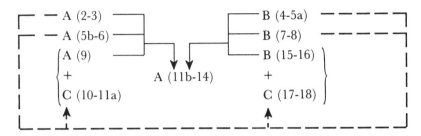

Nous distinguons donc deux parties, 2-8 et 9-18. La première est commandée par l'alternance AB.AB. Nous retrouvons encore AB dans la seconde partie, mais ici d'une part ils encadrent une longue unité A (11b-14), d'autre part ils sont chacun suivis d'une unité C. Nous n'avons pas à reprendre ici les correspondances entre unités A et B de la première partie ou entre unités C de la seconde. Etudions les rapports entre les deux parties. Réservant pour la fin la considération de 11b-14, étudions d'abord les rapports entre unités A et B. De 2-3 et 5b-6 à 9 nous avons déjà dit ce qu'il en était en étudiant la structure de l'ensemble 2-9. Entre 4-5a et 15-16 nous ne voyons pas de récurrence, mais la parenté thématique entre eux et leurs rapports, tant pour l'un que pour l'autre, à 7-8, suffisent à justifier le rapprochement. De 7-8 à 15-16 il y a évidemment l'identité de 7 et 15, chaque unité en mettant ensuite un trait particulier en relief, soit 7b développé pour ainsi dire en 8, mais 15a et c en 16. Il se trouve ensuite que tant les unités A que ces unités B sont en rapport avec les unités C de 10-11a et 17-18. De 2-3 à 10-11a et 17-18 nous retrouvons la racine *śgb* dans *tire-moi-en-haut* de 2b et *citadelle* (10b.17c.18b). Il s'agit en effet ici et là du même type de protection. On lit aussi dans ces trois unités les trois occurrences dans notre psaume de MON DIEU (2a.11a.18c). Ajoutons la paire stéréotypée *salut-amour*[24], dont le premier terme se lit en 3b et le second en 11a et 17b.18c, le salut apporté étant bien la preuve manifeste de l'amour attendu. De 2-3 à 17-18 (unités extrêmes de notre poème) notons enfin les deux racines constituant une paire de mots dans *ennemis* (2a) et *détresse* (17d)[25]: ce qui était une prière en 2 devient une tranquille assurance en 17. De 5b-6 à 10-11a et 17-18

---

[24] Avishur p. 281 (*ḥsd/yšʿ*).
[25] Avishur p. 735 à l'index (*ʾyb/ṣrr*).

nous trouvons répartis les deux termes de la paire stéréotypée *grâce-amour*[26]: pas de grâce pour les malfaisants (6d), mais la reconnaissance du Dieu plein d'amour chez le fidèle (11a.17b.18c). On notera ici aussi les appellations de Dieu, mais plus diverses (6a.b.10b.11a.18b.c), et de 6a à 17a *w* + pronom indépendant (hébreu): ET TOI, YHWH Dieu des Armées... ET MOI je chanterai ta force, ce qui se répond encore assez bien. De 4-5a à 10-11a et 17-18 nous retrouvons FORTS (4b) dans FORCE (10a.17a.18a), deux forces évidemment opposées et disproportionnées.[27] On lit aussi *ky* (CAR, OUI) dans ces trois unités, introduisant aussi des oppositions: les entreprises des ennemis en 4ab, mais la présence de Dieu comme citadelle en 10b.17c.18b. Commun à 7-8, 10-11a et 17-18, il n'y a que *ky*, introduisant ici (8c) à une parole insolente des malfaisants, là à une reconnaissance par le fidèle de Dieu comme citadelle. Mais de 7-8 à 17-18 nous retrouvons (comme de 15 à 17-18) les oppositions entre *soir* et *matin*, *grognement* et *chant*, *ville* et *citadelle*.[28] Il n'existe pas d'autres indices d'un rapport entre 9 et 10-11a et 17-18 que les appellations (diverses) de Dieu. Nous ne relevons rien de particulier de 10-11a à 15-16 (sinon peut-être entre *ville*, dangereuse, et *citadelle*, lieu de sécurité). Mais rappelons la puissante articulation entre 15-16 et 17-18 étudiée ci-dessus.

Nous pouvons maintenant en venir à 11b-14. Il se trouve que cet ensemble est au confluent de toutes les autres unités qui soit lui fournissent (pour 2-11a), soit reçoivent de lui (pour 15-18) ce qui fait de lui comme le carrefour de ce poème. Nous considérerons de ce point de vue successivement les unités A, B et C. De 2-3 à 14a nous découvrons un jeu de mots plusieurs fois présent dans les *Psaumes*[29] entre *'wn* (MAL) et *'yn* (inexistence), le premier méritant la seconde. On relèvera aussi les emplois couplés de la préposition *mn* en 2 et 3 comme en 13c, le psalmiste demandant à être libéré DE (*mn*) ses ennemis, fauteurs de *mal* en 2-3, puis en 13c-14a à ce que les mêmes *ne soient plus* précisément en raison de (*mn*)[30] la malédiction et du mensonge qu'ils profèrent. A partir de 5b-6 les points de

---

[26] Avishur p. 758 à l'index (*ḥsd/ḥn*).

[27] Et si l'on tient compte de la paire stéréotypée *'wz/śgb* (Avishur p. 280) on verra aussi la CITADELLE de 10b.17c.18b s'opposer aux FORTS de 4b.

[28] Voir ci-dessus à la fin de notre § 1.

[29] Par exemple, avec une fonction structurelle dans Pss. 5, 6.10 (comme nous le montrerons dans une étude à paraître) et 10, 4.7 (voir P. Auffret, *Quatre Psaumes et un cinquième*, Paris 1992, chapitre VI, § 2.).

[30] On notera que notre psaume aime les emplois couplés des prépositions. Ainsi, pour ce qui concerne les unités A, nous lisons deux fois *mn//mn* en 2-3, puis *l//l* (selon les deux volets) en 5b-6, de nouveau *l//l*, et enfin *mn//mn* en 11b-14 (13c). On voit la disposition en chiasme. Sauf en 5b toutes ces prépositions

contact sont nombreux avec 11b-14. En 5b le fidèle demande à Dieu de le REGARDER, et en 11c de pouvoir REGARDER en vainqueur ses adversaires, le second regard s'opposant au premier. Puisque *regarder* et *connaître* forment une paire stéréotypée (voir ci-dessus notre n. 9), on peut voir que le *regard* initial de Dieu sur son fidèle (5b) avec ce qu'il entraînera aboutira finalement à la *reconnaissance* de l'empire de Dieu sur toute la terre. En 6a Dieu est interpellé comme YHWH-DIEU des Armées, la victoire lui étant demandée sur les traîtres. Or avec raison Raabe (p.137) rapproche ce titre de *hyl* en 12b, qui peut se traduire aussi *armée*, armée qui là aussi doit vaincre et réduire l'ennemi à l'errance. En 6b DIEU est interpellé comme le Dieu *d'Israël*, c'est-à-dire de celui qui est dit *mon peuple* en 12a, ou encore appelé *Jacob* en 14c (14bcd étant, on s'en souvient, symétrique de 11b-12a). Notons d'ailleurs, à la suite de Raabe (p. 153), le parallèle entre les deux expressions DIEU *d'Israël* et Dieu maître en *Jacob* (6b et 14c): à la reconnaissance du fidèle se joint celle des païens. En 6c il est donc demandé à Dieu de visiter *tous les païens*. Or *les païens* forment avec *la terre* une paire stéréotypée (voir ci-dessus notre n. 10): tous auront à connaître de la victoire de Dieu et qu'il est donc le maître jusqu'aux confins de la terre. En 6d et 12a nous avons deux impératifs sous forme négative (avec *'l*) dont le contenu n'est contradictoire qu'en apparence: Dieu ne doit pas faire grâce aux traîtres, sans toutefois aller jusqu'à les massacrer afin que le peuple se souvienne. Au terme de 5b-6 nous lisons de nouveau *'wn* dont nous avons étudié ci-dessus le jeu de mots avec *'yn* de 14a. On remarquera que les rapports de cette unité A de 5b-6, dont nous avons vu comment elle commandait le rapport entre les trois unités A de 2-3, 5b-6 et 9, s'inscrivent de façon ordonnée dans les structures de 5b-6 et 11b-14 telles que nous les avons décrites plus haut. En effet de 5b + 6b (premier volet de 5b-6) nous sommes reportés (avec REGARDE et *Israël*) aux unités extrêmes de 11b-14 (REGARD et *mon peuple* en 11c-12a, *sauront* et *Jacob* en 14bc); puis avec *Armées, tous les païens*, NE... PAS et MAL-(faisants) de 6a + 6cd (deuxième volet de 5b-6(nous sommes reportés d'une part au terme de chacune des unités extrêmes de 11b-14 (avec NE... PAS en 12a et *la terre* en 14d), et d'autre part aux

---

introduisent à la mention des païens et de leurs méfaits. Si l'on relève encore *l//l* en 17-18 (17cd), introduisant un pronom 1ère pers. désignant le fidèle, on pourra dire de façon toute formelle que symétriquement nous lisons *mn//mn* puis *l//l* dans les première et troisième comme dans les septième et neuvième unités de notre psaume, et *l//l* encore dans l'unité qui se trouve au centre (9, la cinquième). On lit encore *b//b* dans la seconde unité B (7-8), mais rien de tel ni dans la première, ni dans la troisième.

stiques (et unités) extrêmes en 12b-14a (avec *puissance* en 12b et *ne soient plus* en 14a). Enfin de 9 à 14cd nous retrouvons *tous les païens* et *la terre* dont le rapport a été étudié ci-dessus: Dieu peut rire d'eux, mais eux devront reconnaître son pouvoir.

Considérons maintenant les unités B et C dans leurs rapports à 11b-14. Du premier volet de 4-5a (première unité B) nous aurons à retenir ici les deux mots FAUTE et FORTS. Le premier est récurrent de 4c à 13a, mais pour faire jouer une opposition: aucune faute chez le fidèle, ce qu'il subit est donc injuste; par contre la faute des païens appelle sur eux la défaite. Le second forme avec *puissance* de 12b une paire stéréotypée (voir ci-dessus notre n. 4): ils ont beau, ceux-là, être les *forts*; devant la *puissance* du Seigneur ils s'inclineront. Du second volet de 7-8 (deuxième unité B) nous aurons à retenir les trois mots LEUR BOUCHE / LEURS LÈVRES et LA VILLE. Les premiers sont récurrents de 8 à 13a: il est question ici et là des mêmes et de faire valoir leur méchanceté et leur faute. Quant à LA VILLE, elle forme avec *la terre* une paire stéréotypée (voir ci-dessus notre n. 23): autrefois dangereux dans *la ville*, les païens désormais reconnaîtront le pouvoir du Seigneur jusqu'aux confins de *la terre*. Nous avons vu plus haut la place en quelque sorte centrale en 15-16 (dernière unité B) de VILLE et de ERRER. Le second se lisait déjà en 12b, le premier – on vient de le voir – correspond d'une certaine manière à *terre* en 14d. L'errance dont il est question en 12b n'est plus menaçante comme celle de 16a. C'est cette fois celle de vaincus. Les deux unités C elles-mêmes présentent quelques rapports à 11b-14. Nous avons déjà remarqué qu'elles parlaient de DIEU (*'lhym* en 10b et 18b), tout comme justement 11b et 14b (symétriques en 11b-14): ce sont là les quatre occurrences dans notre psaume. Elles l'interpellent aussi comme MA FORCE (10a.18a; ta FORCE en 17a). Or nous savons que FORCE et *puissance* (de 12b) constituent une paire stéréotypée (voir notre n. 4 ci-dessus): c'est donc bien le même qui est interpellé en 10a.18a et invité à la victoire en 12b. Nous avions aussi relevé et commenté le rapport entre *se tourner* (*šmr*) de 10a et *ne pas oublier* de 12a.

Ainsi si 11b-14 est bien une unité A, apparentée par son thème à 2-3, 5b-6 et 9, elle n'en est pas moins en rapport avec toutes les autres unités du psaume. Son importance ne réside donc pas seulement en sa position centrale en 9-18 et en ses proportions imposantes par rapport aux autres unités du poème, mais aussi en ce qu'elle fait appel à toutes pour exprimer ce qu'elle a à dire. Raabe fait remarquer (p. 153) qu'en 2-3 et 5b-6, c'est-à-dire pour nous dans les unités A de 2-8, six demandes sont faites en faveur du psalmiste et deux contre les ennemis, tandis qu'en 11b-14, c'est-à-dire pour nous dans l'unité centrale en 9-18, c'est l'inverse: deux demandes seulement pour le psalmiste, mais six contre les ennemis. L'accent s'est déplacé. Soucieux de son propre sort en 2-8, le psalmiste peut en 9-18 considérér plus à loisir celui de ses ennemis et, partant, déboucher sur une reconnaissance dans la louange de DIEU qui est sa force, sa citadelle. Rappelons ici le déplacement, déjà observé, du fidèle aux païens dans les trois unités A 2-3, 5b-6 et 9. Notons aussi la différence entre 8 et 16 qui l'un et l'autre (en B) font suite au même refrain. En 8 les ennemis sont menaçants (8ab) et pleins d'arrogance (8c). En 16 le tableau est beaucoup moins à leur avantage (si l'on peut dire). Ils apparaissent là presque pitoyables, tenaillés par la faim, condamnés à errer pour trouver leur pitance. Et par contre dans les unitès C le fidèle pour sa part prend pour ainsi dire de l'assurance. Raabe (p. 146) a bien relevé la différence des verbes en 10a et 18a, laquelle reflète un changement d'attitude chez le psalmiste. En 10-11a il se tourne vers Dieu, sa citadelle. De plus non seulement 18 diffère de 10-11a par son contenu, mais il est introduit par non moins de deux distiques en 17 dont, nous l'avons vu, il se présente en quelque sorte comme le double. S'il est vrai que le psalmiste ne demande plus beaucoup pour lui en 9-18, c'est parce qu'il se sait exaucé et sait devoir à présent s'adonner à l'action de grâce et à la louange. Ainsi tant les unités A, de 2-3 et 5b-6 à 9 et surtout 11b-14, que les unités B de 4-5a et 7-8 à 15-16, ont changé d'accent entre la première (en 2-8) et la deuxième partie (en 9-18). Les demandes dans les unités A ne concernent plus tant le fidèle à délivrer que les ennemis à exterminer. Dans les unités B les ennemis d'abord menaçants, terribles et arrogants, finissent, tout en restant redoutables, par apparaître comme de pauvres bêtes en proie à la famine. Mais à l'intérieur même de la dernière partie les unités C, qui ici sont nouvelles et font suite chacune à une unité A et à une unité B (la dernière), respectent elles-mêmes une progression, la simple attention du fidèle au Dieu qui le protège débouchant sur un chant de louange. C'est donc en 17-18 que nous tenons le sommet de cette prière, sommet qui eût été impossible sans les mutations rappelées ci-dessus entre les différentes unités A, B et C. On comprendra ici pourquoi nous avons retenu pour titre de cette étude le premier stique de 17-18.

*
* *

Pour conclure avec la propre conclusion du psaume nous étudierons les rapports structurels de la dernière à la première unité, une manière en somme de mesurer le chemin parcouru. Rappelons ici les paires stéréotypées *salut* et AMOUR (voir ci-dessus notre n. 24), et mentionnons celles de *salut*-FORCE et AMOUR-FORCE.[31] Nous pouvons alors constater entre les stiques extrêmes de nos deux unités et selon un ordre inversé la récurrence de MON DIEU de 2a à 18c et la correspondance entre *sauve* de 3b et ta FORCE de 17a. De plus, de même qu'on rencontre la racine *śgb* dès le deuxième stique de 2-3 (en 2b: tire-moi-en-haut), de même et inversement on la rencontre dans l'avant-dernier stique (en 18b: ma citadelle), c'est-à-dire juste après et juste avant les stiques contenant MON DIEU. Et de même que nous lisons cette même racine deux stiques avant *sauve* (c'est-à-dire ici encore en 2b), de même et inversement nous la lisons deux stiques après ta FORCE de 17a, soit en 17c (une CITADELLE pour moi).[32] Si l'on se souvient que 17-18 présentent nettement deux parties, soit en chacun des deux versets, on pourra aussi comparer MON DIEU... *sauve* aux extrêmes de 2-3 à MA FORCE... MON DIEU aux extrêmes de 18. Au dernier stique de 17-18 nous lisons MON DIEU et AMOUR. Or le premier se lit en 2a et le second a son correspondant (paire stéréotypée) en *sauve* de 3b, soit aux extrêmes de 2-3. De façon très comparable, étant donné les paires stéréotypées rappelées ci-dessus, on pourra dire que *sauve-moi* au dernier stique de 2-3 appelle aux extrêmes de 17-18 d'une part FORCE (17a) et d'autre part AMOUR (18c).[33] Dans les demandes

---

[31] Voir pour la première Avishur p. 764 (à l'index) et pour la seconde p. 282. Chacun des trois termes *salut*, AMOUR et FORCE constitue donc avec chacun des deux autres une paire stéréotypée.

[32] On pourrait d'ailleurs joindre ici à FORCE de 17a AMOUR de 17b, dans le stique suivant, étant donné que l'un et l'autre terme non seulement forment une paire stéréotypée avec *sauve*, mais aussi en forment une entre eux (voir note précédente).

[33] Rappelons à titre de complément que 2-3 est suivi d'une unité B comme 17-18 est pour sa part précédé d'une unité B. Or dans ces deux unités B nous lisons APRÈS (*l*, en 4a et 16a) et la négation *l'* (deux fois en 4c et une en 16b). Ceux qui ici cherchent la propre gorge (c'est-à-dire la vie) du fidèle en sont là réduits à chercher leur pitance (c'est-à-dire leur propre vie). La correspondance suggérée par la négation est plus lâche, mais peut-être pourrait-on la formuler ainsi: alors que le fidèle est indemne de tout péché, c'est-à-dire innocent, ses ennemis sont, eux, tiraillés par la faim, c'est-à-dire loin du rassasiement. A leur manière ces rapprochements prolongent les riches effets d'inclusion de l'ensemble que nous avons repérés en 2-3 et 17-18. Notons encore en 4, *ky* et FORTS que nous retrouvons en 17a.c. et 18a.b, les rapports suggérés étant bien sûr d'oppositions entre les deux situations et les deux vis-à-vis du fidèle d'ici à là. On se souvient de l'articulation serrée entre 15-16 et 17-18. Celle de 2-3 à 4 pourrait aussi (en plus de *dm-npš*: voir ci-dessus notre n. 22) s'appuyer sur la paire stéréotypée *salut-force*, le salut demandé en 3b l'étant contre les forts de 4b.

instantes de 2-3 le fidèle fait appel à son Dieu pour qu'il le tire en haut et le sauve (impératifs). Mais dans les promesses de louange (17ab et 18a) et leurs motifs (17cd et 18c), s'il s'adresse là aussi à son Dieu, c'est cette fois pour reconnaître qu'il fut et est pour lui une citadelle et que la force et l'amour divins sont devenus comme siens, c'est-à-dire que le salut a porté pour lui ses fruits.

CHAPITRE VIII

« LE ROCHER DE MA FORCE »
ÉTUDE STRUCTURELLE DU PSAUME 62

En 1976 R.L. Alden[1] proposait de distinguer trois strophes dans le Ps 62, soit 2-5, 6-9 et 10-13, chacune comportant deux membres du chiasme à six termes couvrant l'ensemble: A (2-3).B (4-5).C (6-7) / C (8-9).B (10-11).A (12-13), chiasme dont les termes centraux (C) et extrêmes (A) traitent du même thème, si bien que la strophe centrale traite d'un seul thème tandis que les strophes extrêmes traitent de deux thèmes, l'ordre en étant inversé d'ici à là. Sans citer Alden, il se trouve que J. Trublet et J.N. Aletti[2] reprennent l'essentiel de sa proposition. Ils voient en effet dans notre psaume deux parties, chacune construite selon le type ABA, extrêmes et centres se répondant d'une partie à l'autre, soit a (2-3).b (4-5).a (6-7) et a' (8-9).b' (10-11).a' (12-13). Les acteurs seraient aux extrêmes Dieu, aux centres les méchants. Sur l'ensemble, 6-7 et 8-9, insistant sur les titres divins, sont en étroit rapport. En 2-3 et 6-7 ils relèvent le refrain, en 8-9 et 12-13 le mot FORCE, dans les centres 4-5 et 10-11 les mots HOMME et MENSONGE. Puis ils concluent: « l'effet de sens repose avant tout dans le contraste entre ces propositions sur Dieu et les centres secondaires où il est question de l'agir et de l'être des méchants ». Même si elle est proposée de façon trop globale, la correspondance entre 4-5 et 10-11 nous paraît convaincante, et nous l'adopterons, quitte à en préciser les termes. Mais déjà celle de 2-3 à 6-7 fait difficulté: que vient faire l'impératif de 6a, nouveau par rapport à 2-3 ? Prendre 8-9 pour une unité, c'est ne pas tenir compte de la complexité de leurs contenus puisqu'ils sont différents en 8, 9ab et 9c, ce sur quoi nous reviendrons. D'ailleurs est-ce bien Dieu qui est acteur en 6a et 9ab ? Comme 8-9, 12-13 ne sont-ils pas plus complexes qu'il n'y paraît dans la pro-

---

[1] Robert L. Alden, « Chiastic Psalms (II): A Study in the Mechanics of Semitic Poetry in Psalms 51-100 », *JETS* 19 (1976) 191-200, p. 194. Nous transposons la numérotation de versets selon celle du *TM*. Dans sa présentation initiale Alden a omis le v. 9, mais sans doute par distraction si l'on en juge d'après le commentaire qui suit.

[2] Pp. 54-55 (en fait moins d'une page, la visée de l'ouvrage, comme celle de l'article de Alden, ne permettant aux auteurs qu'une présentation sommaire et peu argumentée des structures).

position de nos auteurs ? Et leur forme littéraire ne doit-elle pas poser la question de leur rapport aux dix premiers versets ? S'y intègrent-ils comme l'avancent Trublet – Aletti, sont-ils une conclusion indépendante, quels sont leurs rapports au reste du psaume ? Pour répondre à ces questions et donc parvenir à une proposition mieux ajustée au texte, après avoir proposé une traduction de ce dernier, nous avancerons progressivement dans son étude structurelle, en découvrant les ensembles au fur et à mesure que notre lecture nous les fera percevoir.

Notre traduction vise à faciliter l'étude structurelle, c'est-à-dire à manifester les récurrences (rendues en lettres CAPITALES) et à garder le plus possible l'ordre des termes dans l'hébreu. Pour *'k* nous avons retenu l'option de *la Bible de Jérusalem* en le traduisant par SEUL(EMENT), ce qui a l'inconvénient de le déloger du début du stique, où il se lit toujours. En 5a le lecteur ne doit pas comprendre par SEULEMENT: ils se contentent de (faire tel projet), mais: ils n'ont rien d'autre en tête que (ce projet). C'est à leur obstination, non à leur réserve, que l'auteur en a. Nous avons rendu *ky* par OUI, traduction qui nous a semblé possible pour les trois occurrences (6b.12c.13b), la nuance causale n'étant pas perdue entre 6b et 6a. Nous avons transcrit les prépositions récurrentes (*l, mn, b*) à côté de leur traduction puisqu'il était impossible que celle-ci fût toujours identique. Pour la traduction des versets 5 et 10 nous avons suivi P.E. Bonnard.[3] Les interlignes sont nôtres et indiquent au lecteur la répartition des unités que nous justifierons sous peu.

2-3 constituent la première unité. Les trois premiers stiques donnent en tête le fondement de la sécurité du fidèle: du côté de DIEU SEUL, DE lui, LUI SEUL. Y font suite les expressions de cette sécurité: REPOS, SALUT, ROCHER ET SALUT[4], auxquelles il convient d'ajouter celle qui par contre amorce le dernier stique: CITADELLE. Ce dernier stique ne comporte pas de mention de Dieu (fut-ce par un pronom), mais comme en ses lieu et place cette certitude de ne pas broncher. Si Dieu est pour lui ce qu'il en a dit (du REPOS à la CITADELLE), il en résulte pour le fidèle cette certitude de ne pas broncher gravement. Le psalmiste s'adresse à lui-même cette première unité.

---

[3] *Psaumes pour vivre*. Les Cahiers de l'Institut Catholique de Lyon 4, Lyon 1980, pp. 49–57. On y trouve en particulier de savoureux commentaires de ce que l'auteur appelle « les ressorts du texte », soit les récurrences interprétées en leurs divers contextes.

[4] Ces deux termes constituant d'ailleurs une paire stéréotypée, d'après Avishur p. 280.

2a (C'est) du côté de DIEU SEUL (que se trouve) LE REPOS, MON
   ÂME,
2b DE (*mn*) LUI (que vient) MON SALUT.
3a LUI SEUL (est) MON ROCHER ET MON SALUT,
3b MA CITADELLE: JE NE SAURAI BRONCHER beaucoup.

4a Jusques à quand allez-vous vous ruer SUR un HOMME,
4b (le) démolir, vous TOUS,
4c COMME un mur qui penche,
4d une clôture qui croule ?

5a Ils projettent SEULEMENT de (*l*) l'évincer DE (*mn*) son rang.
5b Ils se plaisent au MENSONGE.
5c De (*b*) leur bouche ils bénissent,
5d mais au (*b*) dedans ils maudissent.

6a En (*l*) DIEU SEUL REPOSE-TOI, MON ÂME!

6b OUI (*ky*) DE (*mn*) LUI (vient) mon espoir.
7a LUI SEUL (est) MON ROCHER ET MON SALUT,
7b MA CITADELLE: JE NE SAURAI BRONCHER.

8a SUR DIEU (se fonde) MON SALUT ET ma gloire:
8b LE ROCHER de MA FORCE,
8c MON REFUGE, (c'est) EN (*b*) DIEU

9a FAITES (*b*) lui CONFIANCE EN (*b*) TOUT temps, (vous, le)
   peuple;
9b épanchez devant lui VOTRE COEUR.

9c DIEU (est) LE REFUGE pour (*l*) nous.

10a UN SOUFFLE SEULEMENT, LES FILS d'Adam,
10b UN MENSONGE, LES FILS D'HOMME,
10c sur (*b*) la balance (tout prêts) À (*l*) monter, EUX,
10d sous l'effet (*mn*) d'UN SOUFFLE, (pris) ensemble.

11a NE FAITES PAS CONFIANCE À (*b*) la violence,
11b et À (*b*) la rapine NE VOUS ESSOUFFLEZ PAS.
11c La richesse fructifie-t-elle, N'(y) placez PAS VOTRE COEUR.

12a Une fois a parlé DIEU,
12b deux fois, que j'ai entendues:

12c OUI (*ky*), LA FORCE (est) À (*l*) DIEU
13a ET À (*l*) toi, Seigneur, l'amour.

13b OUI (*ky*), TOI, tu paies
13c À (*l*) L'HOMME COMME (le méritent) ses oeuvres.

Au v.4 il adresse ses reproches à des gens violents en des termes
qu'on peut voir organisés comme suit, d'abord en 4ab:

Jusques à quand
               allez-vous vous ruer
                                 sur un homme
               allez-vous démolir
vous tous

En hébreu le second verbe n'a pas d'objet propre. Il emprunte celui
du précédent. Les deux indications extrêmes, sur la durée de l'é-
preuve infligée et sur le nombre de ceux qui s'y emploient, se
correspondent en ce qu'elles marquent l'intensité de cette épreuve,
intensité d'autant plus injustifiée que l'épreuve est infligée à « un
homme », dont la fragilité est ainsi déjà suggérée. Mais c'est précisément sur cette fragilité que vont insister les deux derniers stiques.
Se ruer sur un homme et le démolir ainsi, c'est tout autant détruire
un mur qui déjà penchait, une clôture qui déjà croulait. L'assaut et
la démolition sont peu glorieux, qui s'en prennent à ce qui déjà
penche et croule.

Avec 5 nous passons de l'interpellation aux méchants au récit les
concernant. Mais si c'est la violence qui leur été reprochée en 4, ici
c'est leur mensonge qui est dénoncé. En est d'abord explicitée
l'intention: évincer cet homme de son rang, donc le faire tomber, ce
qui est dans la suite de 4; puis nous est explicité le moyen: le
mensonge, et enfin viennent ses modalités: bénédiction à la bouche,
malédiction[5] au dedans.

En 6a nous lisons la première invitation dans notre poème. Elle
est adressée par le psalmiste à lui-même. Avec ces quatre premières
unités: 2-3, 4, 5 et 6a, il semble que nous ayons déjà un premier
ensemble structuré. En effet il s'agit aux extrêmes du REPOS qu'en
DIEU SEUL trouve le fidèle, l'affirmant à MON ÂME en 2-3, l'y
invitant en 6a. Aux centres 4 et 5 nous lisons ce qui se rapporte aux
méchants, interpellés en 4, décrits en 5. Du seul point de vue des
contenus nous avons donc en 2-6a un chiasme. Mais si l'on considère que 2-3 et 5 sont la simple expression de ce qui est, tandis que
4 et 6a sont un reproche et une invitation, interpellations qui
attendent une réponse ou une réaction, on pourra voir une certaine
alternance parallèle entre énoncé (2-3) + question (4) et énoncé (5)
+ invitation (6a). Respectant donc à la fois un chiasme et un
parallèle, cet ensemble présente une symétrie qu'on pourrait peut-
être symboliser ainsi: A.B?. B.A!. Alors que les transitions sont

---

[5] Bénédiction et malédiction constituent une paire stéréotypée selon Avishur,
pp. 258 et 260.

manifestes entre les trois premières unités, BRONCHER de 3b préparant 4, *qui penche* et *qui s'écroule* de 4cd annonçant *évincer de son rang*
en 5, de 5d à 6a nous avons un contraste parlant. Sur cette toile de
font angoissante le fidèle est invité à se reposer en Dieu.

Avec 6b-7 et avec 8, deux unités de même type, nous revenons
aux certitudes du fidèle déjà exprimées en 2-3. Nous découvrons
alors en 4-7 une nouvelle symétrie d'ensemble, soit ici un parallèle
dont le premier panneau (reproche + énoncé) concerne les
méchants et le second (invitation + énoncé) le fidèle, soit, selon nos
sigles: B?.B.A!.A. 6b-7 est presque indentique à 2b-3 et structuré
de la même façon. Mais 8 est composé différemment. Aux deux extrêmes nous lisons DIEU précédé d'un suffixe, puis, ainsi incluses,
trois expressions en une sorte de dégradé: d'abord deux termes
couplés par ET, puis une expression génitivale (état construit), puis
un seul terme. Et c'est ici qu'il convient de relever que le mot
FORCE constitue une paire stéréotypée tant avec SALUT, qu'avec
gloire, ROCHER, et REFUGE[6], soit tous les autres termes employés ici
(et dont SALUT et ROCHER que nous avons déjà rencontrés en 2-3
et 6b-7) pour exprimer ce qu'est Dieu pour son fidèle. Le mot est ici
compris dans l'expression centrale LE ROCHER de MA FORCE. Si
l'on se souvient du parallélisme des unités en 4-7, on pourra avancer que ledit parallélisme est comme encadré par deux unités A
(2-3 et 8) qui ont entre elles d'étroits rapports, récurrences de
DIEU, SALUT, ROCHER, paires que constituent ces deux derniers
termes avec FORCE, et encore un rapport suggéré par la paire
stéréotypée *rb* (en *beaucoup* de 3b) / *kbd* (en *gloire* de 8a).[7] Pour
discrète qu'elle soit, l'opposition est parlante, le fidèle, grâce à
Dieu, n'aura pas à broncher *beaucoup*, mais tout au contraire il
trouvera auprès de Dieu, sa *gloire*, son poids, sa stabilité.

Avec 9ab nous retrouvons une invitation, mais adressée cette fois
non plus au seul fidèle (comme 6a), mais au peuple entier. Autour
de l'interpellation centrale à ce dernier, on pourrait peut-être y voir
se répondre deux expressions de l'absolu que le psalmiste veut
trouver en cette confiance à laquelle il invite: elle doit être de tout
instant, elle doit provenir du coeur même. Et la raison qui a été
donnée d'un point de vue personnel en 8c est aussitôt reprise d'un
point de vue collectif en 9c, si bien qu'on voit ici s'organiser une
symétrie concentrique partielle marquant l'encadrement de 9ab
(A!) par 8 (A) et 9c (A):

---

[6] Voir Avishur pp. 764 (à l'index) pour force/salut et force/refuge, 107 pour
force/gloire, 180 pour force/rocher.
[7] Voir Avishur p. 766 (à l'index).

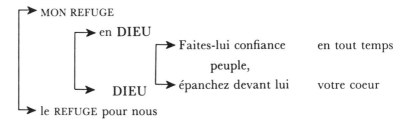

Cet encadrement de 9ab par 8 et 9c sera encore plus parlant quand on se rappellera que (SE) REFUG(I)E(R) et FAIRE CONFIANCE ainsi que FORCE et CONFIANCE (sécurité) constituent des paires de mots stéréotypées.[8] Si maintenant l'on se souvient qu'en 6-7 nous avons, concernant le seul fidèle, un enchaînement invitation (6a) + motif-énoncé (6b-7), soit A! + A, nous découvrons autour de 8 ces deux mêmes enchaînements A! + A, l'un concernant le fidèle (6-7), l'autre le peuple (8-9), soit: A! + A (6-7) / A (8) / A! + A (9). Le premier enchaînement (en 6-7) s'accompagne de la récurrence de SEUL en 6a et au centre de 6b-7, suivant ici DIEU, là le pronom indépendant LUI qui s'y rapporte (DIEU SEUL et LUI SEUL se correspondent dans la même unité en 2-3).

Avec 10 nous avons encore un énoncé, mais non plus au sujet de DIEU (comme 2-3, 6b-7, 8 et 9c), mais au sujet de l'homme, qui ici est donné comme son opposé. Le deuxième et l'avant-dernier mots (en hébreu), c'est SOUFFLE (*hbl*), l'inclusion étant ainsi à l'opposé de celle de 8 par DIEU. Le parallélisme 10a // b est patent. En 10cd nous avons peut-être une construction selon le schéma x y x'y', où x' et y' sont chacun la suite de x et de y. En effet il faut lire et comprendre: sur la balance tout prêts à monter (x) sous l'effet d'un souffle (x'), eux (y) pris ensemble (y'). Mais l'agencement choisi par l'auteur lui permet de reporter en fin de stiques les désignations des fils d'hommes, tout comme dans les deux premiers stiques, et de les faire précéder de ce qui les concerne, avec un certain suspens d'un stique à l'autre: pour les faire monter sur la balance, eux, croyez-vous qu'il va falloir un poids énorme sur l'autre plateau ? Mais non, un simple souffle y suffira, et cela si vous les prenez même tous ensemble.

Un tel constat légitime pleinement l'invitation qui suit en 11. Les deux premiers stiques respectent un chiasme limpide. Le troisième répondrait plutôt, en chiasme, au premier, l'expression finale

---

[8] Avishur p. 755 (à l'index) pour la première, 763 (à l'index) pour la seconde. En outre la paire force/refuge, signalée à la n. 6 ci-dessus, joue ici dans le rapport de 9c à 8.

n'ayant pas (pas plus que le verbe initial en 11a) la connotation négative du verbe du stique central. Manifestement en ses premier et dernier termes (FAITES CONFIANCE... COEUR) cette invitation fait écho à celle de 9ab. Le verbe central (ESSOUFFLEZ) est de même racine que le mot SOUFFLE qui inclut 10, récurrence qui manifeste encore le rapport de 11 à 10. Nous découvrons ainsi en 9-11 deux volets, l'un concernant le rapport à Dieu, l'autre aux hommes, construits entre eux en chiasme, puisqu'on lit aux extrêmes les invitations de 9ab et 11, aux centres les motivations à propos de DIEU pour la première (9c), des FILS D'Adam et FILS D'HOMME pour la seconde (10). Selon nos sigles nous avons donc: A!.A / B.B!.

Ce dernier enchaînement, B.B!, est inverse à celui que nous avons découvert en 4 (B?) + 5 (B). Ici et là B commence (en hébreu) par SEULEMENT ('k) et comporte le mot MENSONGE. De façon formelle on trouve en parallèle d'ici à là selon les unités: HOMME en 4a et 10b (parallèle à Adam), puis la préposition b en des propositions correspondantes en 5cd et 11ab. Et dès lors, étant donné ce que nous avons établi plus haut, nous découvrons en 4-11 la structure littéraire suivante:

```
B?  (4)
      B  (5)
          A! (6a)        +   A (6b − 7)
                                          A (8)
          A! (9ab)       +   A (9c)
      B (10)
B! (11)
```

Nous avons étudié les ensembles 4-7 et 9-11, et constaté qu'ils ont leur structure propre. Mais ici nous les voyons à leur tour s'inscrire dans un ensemble concentrique autour du v. 8. On lit donc MENSONGE en 5 comme en 10 (unités B), l'aggravation étant sensible d'ici à là, puisque le mensonge déjà objet de leur complaisance est devenu au terme cela même qui les définit. Les deux invitations de 6a et 9ab se terminent par deux termes constituant une paire stéréotypée, (MON) ÂME et (VOTRE) COEUR.[9] De plus l'un et l'autre constituent une paire stéréotypée avec la racine de (ma) gloire[10] que nous lisons en 8 (au terme du premier stique comme les deux autres termes de 6a et 9b), comme si ÂME et COEUR des fidèles étaient invités à cette gloire qui précisément leur convient. De 4 et 11, aux extrêmes, à 8, au centre, on pourra repérer deux

---

[9] Avishur p. 761 (à l'index).
[10] Avishur pp. 65-66 et 85-86 pour *npš/kbd* et 761 (à l'index) pour *lb/kbd*.

oppositions, d'abord celle entre HOMME (4a) et DIEU (8a.c), opposition qui fait illusion pour les ennemis qui ignorent le lien existant entre ces deux-là, puis celle entre cette FORCE qu'est Dieu selon 8b et *la richesse* qui pourrait advenir selon 11c. En effet FORCE et *richesse* constituent une paire stéréotypée.[11] Mais la richesse évoquée en 11 est celle qui viendrait non seulement de la bonne fortune, mais même sans doute de la violence et de la rapine. C'est dire comme elle est opposée à cette FORCE dont il est question en 8. Et ici l'opposition n'est pas trompeuse. Même si, autour de 8, 4-7 et 9-11 se répondent de façon particulièrement ordonnée, on n'omettra pas pour autant de comparer aussi l'ensemble 2-6a (AB?BA!) et 9-11 (A!ABB!) qui composés des mêmes types d'unités, les ordonnent en chiasme chacun à leur façon. Ainsi, autour de 8, 2-7 fait se chevaucher (sur trois termes) un chiasme (AB?BA!) et un parallèle (B?BA!A), et 9-11 présente encore un autre chiasme (A!ABB!), les principes d'ordonnance variant à chaque fois d'une structure à l'autre, les deux dernières se répondant comme nous l'avons dit.

Le distique 12ab est une introduction appuyée aux deux autres qui le suivent. Le fait est comme confirmé par l'espèce d'inclusion que constitue l'opposition entre DIEU (en 12a) et L'HOMME (en 13c). Après OUI, 12c et 13a respectent entre eux un chiasme facile à découvrir. Il est encore plus patent lorsqu'on sait que FORCE et *amour* constituent une paire stéréotypée.[12] Il est remarquable cependant que d'ici à là nous passons de la 3ème à la 2ème pers. en ce qui concerne Dieu. Or en 12-13 les trois premiers stiques sont à la 3ème pers., DIEU se lisant au terme des premier et troisième, et les trois derniers au discours direct, ce qui donne, superposée à la première, une répartition de nos deux versets en 3 + 3 stiques. En 12ab et 13bc il semblerait qu'ici et là il s'agisse successivement de ce que fait Dieu (il parle, il paie), puis l'homme (j'ai entendu, ses oeuvres). La correspondance entre DIEU et un pronom indépendant (ici *'th*, TOI) s'est déjà rencontrée deux fois dans notre psaume (DIEU... LUI en 2a.3a et 6a.7a). Mais, à y bien regarder, ce parallélisme cache en fait une inversion, car celui à qui appartient l'initiative, c'est, aux extrêmes, soit Dieu avec sa parole, soit l'homme avec ses oeuvres, puis, en se rapprochant du centre du passage, nous lirons les effets, soit la parole entendue, soit les oeuvres payées à leur valeur. Ainsi découvrons-nous en 12-13 le chiasme à dix termes que voici:

---

[11] Avishur p. 280.
[12] Avishur p. 282.

```
12a   ... a parlé
                DIEU
12b                       ... j'ai entendues
12c                                      ... LA FORCE
                                              À DIEU
13a                                           A toi, Seigneur
                              l'amour
13b                   ... TOI, tu paies
13c              l'HOMME
        ... ses oeuvres
```

Les stiques extrêmes et centraux se correspondent entre eux en chiasme. Suivant les indications de ce chiasme on verra dans son premier volet (12) un certain parallèle entre *parlé* + DIEU // *entendues* + DIEU, et dans le second (13), en en remontant les termes, entre *oeuvres* + HOMME // *paies* + Seigneur. On dira ici que la parole prononcée par DIEU a été entendue au sujet de DIEU, et là que les oeuvres de l'HOMME trouvent leur paye auprès du Seigneur. Ainsi la première apparence d'une répartition de 12-13 en trois distiques le cède, à l'analyse, à une structure en chiasme à dix éléments intégrant 12ab qui apparaît alors comme beaucoup plus qu'une pure et simple introduction.

Mais qu'en est-il alors du rapport de 12-13 à l'ensemble du poème ? Considérons d'abord le fait le plus patent, soit le rapport de 12c13a, ici centraux, à l'unité centrale en 2-13, soit 8, et, partant, à toutes les autres unités A (2-3, 6b-7, 9ab) dont nous avons vu le lien qu'elles entretenaient avec 8. Les paires stéréotypées énumérées à partir de FORCE en 8b devraient l'être tout autant à partir de FORCE en 12c, dont le rapport à chacune des unités A se trouve par là fondé.[13] Dans les unités A nous trouvons, comme ici, DIEU comme celui de qui tout vient. Il est nommé en toutes, ou au moins (en 6b-7) désigné par un pronom indépendant (LUI en 7a). En 12ab nous lisons l'articulation entre une action de DIEU (il a parlé) et une réaction de l'homme (j'ai entendu). C'est un enchaînement très comparable à celui que nous avons présenté entre unités A (ce qu'est Dieu pour moi/nous). Nous rencontrons trois

---

[13] Et on peut encore y ajouter celle de *amour* (13a) avec SALUT (2b.3a.7a.8a): voir Avishur p. 281. Notons ici que la paire FORCE-*richesse* (voir notre n.11) suggère de 11 à 12c13a une opposition entre cette *richesse* en laquelle il ne faut pas placer son coeur et cette FORCE qui appartient à Dieu. Et comme, en plus, nous lisons en 10 et 13bc, inversés d'ici à là, LES FILS D'HOMME + le pronom indépendant EUX, puis le pronom indépendant TOI + L'HOMME, nous voyons apparaître une certaine organisation structurelle, en chiasme, en 10-11: HOMME – EUX – *richesse* – *parlé* / *entendues* – FORCE – TOI – HOMME. Ainsi nous serait suggéré de rapprocher 10 et 13bc: quelle rétribution pour ceux qui pèsent si peu sur la balance ?

fois ces enchaînements AA', deux avant 8, une après, soit de 2-3
(Dieu REPOS) à 6a (en Dieu REPOSE-TOI !) aux extrêmes de
l'ensemble 2-6a (AB?BA!), puis, en ordre inversé, de 6a à 6b-7
(soit dans les deux derniers termes de l'ensemble parallèle 4-7:
B?BA!A), et enfin en 9ab et 9c. Enfin, en 13bc, il est question de la
rétribution de l'homme en fonction de ses oeuvres. De soi l'expression est ambivalente, la rétribution pouvant sanctionner tant la
justice que l'injustice. Mais, dans notre psaume, d'une part,
d'oeuvre, d'action effective il n'est question qu'en 4-5 (se ruer sur,
démolir, évincer) et 10-11 (violence, rapine), et, d'autre part, le
mot HOMME ne se lit que dans ces mêmes versets, en 4a où il s'agit
de la victime, mais aussi en 10ab où FILS D'HOMME double FILS
D'Adam pour désigner cette fois ceux qui ne font vraiment pas le
poids. Il nous semble donc qu'en 13bc il nous est au moins fortement suggéré que c'est à la sanction de méchants que pense priori-
tairement notre auteur. Ainsi si 12c13a, le centre de 12-13, nous
reporte à 8, au centre de 2-11, mais aussi aux unités A qui entourent ce centre (deux, symétriques, en 6b-7 et 9c, mais encore celle
de 2-3 dans le premier volet), 12ab nous réfère, autour de 8, aux
trois enchaînements AA! (deux aux extrêmes de 2-7 et un en 9), et
enfin 13bc aux unités B (BB?B) de 4-5 et 10-11, toujours autour de
8 (symétriquement disposées). Ainsi 12-13 apparaissent-ils comme
une conclusion aux dix premiers versets. Nous pouvons à présent
tenter de schématiser comme suit la structure littéraire de l'ensemble de ce poème:

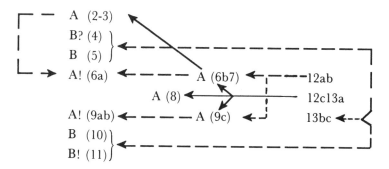

Sur ce schéma le lecteur peut retrouver aisément la symétrie de 4-7
et 9-11 autour de 8, mais aussi le premier ensemble 2-6a. En 12-13,
le centre 12c13a fait clairement référence aux unités A de 2-11,
disposées pour trois d'entre elles au centre et autour du centre, et
pour l'une comme première unité du poème. Quant à 12ab, ils font
référence, de façon moins manifeste, aux enchaînements AA! au-

tour du centre 8 et aux extrêmes du premier ensemble 2-6a. Pour 13bc, nous y voyons une référence préférentielle aux agissements des méchants et à leur présentation en 4-5 et 10-11, disposés symétriquement autour de 8. Les rapports de 12ab et 13bc à 2-11 ne sont pas serrés, les deux thèmes de la parole divine et de la rétribution étant ici nouveaux. Et si le rapport de 12c13a à 2-11 est beaucoup plus manifeste, il n'en reste pas moins que ces deux stiques marquent un élargissement en supprimant le pronom suffixe: non plus MA FORCE, mais LA FORCE, effet auquel contribue la forme du proverbe numérique.

La structure littéraire de notre psaume manifeste donc plus que « le contraste entre ces propositions sur Dieu et les centres secondaires où il est question de l'agir et de l'être des méchants », comme le tiennent Trublet – Aletti. Elle nous invite à tenir compte aussi d'autres acteurs, soit le psalmiste lui-même et ceux au milieu desquels il se situe, invités en 6a et 9ab, en des positions symétriques (par rapport à 8), à se reposer en Dieu et à lui faire confiance, puis en 11 à ne pas faire confiance à ce qui lui est contraire. Ajoutons que ce n'est pas assez de parler de ces « propositions sur Dieu » et de ces passages où « il est question de l'agir et de l'être des méchants ». Car le premier est interpellé dans le deuxième volet de 12-13 (après le premier qui contient des *propositions* à son sujet), et les seconds en 4 (avant 5 *où il est question d'*eux), par conséquent au discours direct. A partir de ces distinctions, que nous impose le texte, nous lui avons découvert une structure littéraire plus complexe, moins systématique que celle que lui voyaient Trublet–Aletti, mais aussi plus riche en signification. Dieu y apparaît en sa FORCE (célébrée dans les deux centres 8 et 12c13a) comme celui qui, assurant le salut des siens, mérite leur confiance, ainsi qu'ils y sont invités, tandis qu'aux oeuvres et à l'inconsistance des méchants, qui leur sont reprochées et auxquelles les fidèles sont invités à ne pas faire confiance, le Seigneur saura revaloir ce qu'elles méritent, lui qui paie à l'homme ce que valent ses oeuvres. De sa FORCE bénéficieront les fidèles, de sa rétribution pâtiront les méchants. Sur ces deux points le psaume a parlé. Espérons l'avoir entendu.

CHAPITRE IX

« DIEU A TIRÉ UNE FLÈCHE »
ÉTUDE STRUCTURELLE DU PSAUME 64

En 1976 R.L. Alden[1] proposait de voir le Ps 64 structuré selon un chiasme à huit termes fondé sur des récurrences ou synonymies, sauf pour les deux termes centraux, soit 2-3 appelant 10-11 (*peur* et *craindre*[2]), 4 appelant 9 (LEUR LANGUE), 5 appelant 8 (TIRER, SOUDAIN), 6 et 7 se lisant comme centres. Mais dans cette proposition bien des récurrences sont laissées pour compte. En 1983 J. Trublet et J.N. Aletti[3] proposaient de voir un chiasme plus simple, à quatre termes, soit 2-3 appelant 10-11 (où ils relèvent aussi *peur* et *craindre*, mais ajoutent OUVRIERS et OEUVRES), et 4-7 appelant 8-9 (où ils relèvent aussi LEUR LANGUE et TIRER, mais peuvent ajouter FLÈCHE et VOIR). Selon eux la symétrie apparaît aussi au niveau du genre littéraire, l'appel de 2-3 appelant la louange de 10-11, 4-7 donnant la raison de l'appel et 8-9 la raison pour la louange. On peut discuter de la détermination des différentes parties: le v. 7 en son entier est-il à considérer comme raison de l'appel ? Où commence exactement la dernière unité sur la louange ? De plus le texte présente encore d'autres récurrences ou correspondances négligées par nos auteurs, comme nous le montrerons bientôt. Pour notre part nous nous efforcerons de partir d'indices proprement structurels pour déterminer la structure littéraire de 2-7a (1.), puis de 7b-11 (2.), et enfin celle de l'ensemble du poème (3.). Notre traduction n'a pour ambition que de faciliter cette étude structurelle. Pour 7 et 9a nous nous en tenons aux propositions de la *Bible de Jérusalem*.[4] Nous mettons les récurrences en lettres CAPITALES et transcrivons entre parenthèses la préposition *b*, impossible à traduire de manière uniforme. Les autres transcriptions entre parenthèses seront expliquées en leur temps. Les interlignes sont nôtres et fonction bien sûr de la proposition qui va suivre.

---

[1] « Chiastic Psalms (II): A Study in the Mechanics of Semitic Poetry in Psalms 51-100 », *JETS* 19 (1976) 191-200, p. 194.
[2] Nous donnons les références aux versets et à la traduction à partir de notre propre traduction que le lecteur trouvera ci-dessous.
[3] Pp. 51 et 78, où ils ne citent pas Alden.
[4] Pour la traduction et la répartition du v. 7 on verra aussi Mannati, *Les Psaumes 2*, pp. 242-243 (n. 1).

2a Ecoute, ô DIEU, la voix de (*b*) ma plainte,

2b DE la peur de l'ennemi garde ma vie.

3a CACHE-moi DE la bande des MÉCHANTS,
3b DE la meute des OUVRIERS d'iniquité,
4a qui aiguisent telle une épée LEUR LANGUE,

4b ajustent leur FLÈCHE, PAROLE amère,
5a POUR TIRER EN (*b*) CACHETTE sur l'innocent.

5b Ils TIRENT SOUDAIN et ne CRAIGNENT rien.
6a Ils s'encouragent par quelque PAROLE MÉCHANTE.
6b Ils calculent POUR tendre des pièges.

6c Ils disent: « Qui les VERRA
7a et SCRUTERA nos secrets ? »

7b Il les SCRUTE, celui qui SCRUTE
7c le fond de l'humain et le COEUR profond.

8a DIEU a TIRÉ une FLÈCHE,
8b SOUDAINES ont été leurs blessures.
9a Il les fit choir (*kšl*) à cause de LEUR LANGUE.

9b TOUS ceux qui les (*b*) VOIENT hochent la tête.
10a TOUT homme alors CRAINDRA.

10b Il publiera l'OEUVRE de DIEU,
10c et son action, il la comprendra (*śkl*)

11a La juste aura sa joie EN (*b*) YHWH
11b et son refuge EN (*b*) lui.
11c Ils s'en loueront, TOUS les COEURS droits.

1. *Structure littéraire de 2-7a*

7a n'est probablement qu'un développement de la question finale de 6c. En 2a et 6c nous avons les deux termes d'une paire stéréotypée: *écouter* et VOIR.[5] Le lecteur connaît la réponse à la question de 6c: Qui ? Mais DIEU évidemment, c'est-à-dire celui-là même qui est interpellé en 2a. Enfin nous voyons s'exprimer ici le psalmiste dans « la voix de (sa) plainte » et là les méchants dans ce qu'« ils disent ». Ainsi 6c fait-il écho à 2a en inversant exactement l'ordre des termes se correspondant, soit:

---

[5] D'après Y. Avishur pp. 87, 263 et 286.

```
2a    Ecoute,
                 ô Dieu,
                          la voix de ma plainte
                          . . . . . . . . . .
      6c                  Ils disent:
                     « Qui
            les verra ?
```

Ainsi se trouve incluse notre première partie: je me plains auprès de
Dieu pour qu'il écoute, mais eux, ils disent à mots à peine couverts
leur pensée: pas de risque que quiconque, même pas Dieu, les voie !
   En 2b-5 nous pouvons repérer un chiasme à six termes. Aux
extrêmes, en effet, se répondent les synonymes (avoir) *peur* (2b) et
CRAINDRE (5b), lesquels constituent même une paire stéréotypée.[6]
Puis de 3a à 5a se répondent CACHE et CACHETTE, de même
racine, 3b se lisant en parallèle à 3a et avec lui. Enfin en 4a et 4b,
dont le parallélisme est assez manifeste, nous lisons les deux termes
d'une autre paire stéréotypée, soit LANGUE et FLÈCHE.[7] En 2b-3,
on notera les désignations de plus en plus amples des persécuteurs:
DE... l'ennemi (2b), DE la bande des méchants (3a), DE la meute
des ouvriers d'iniquité (3b). De 2b-3 à 5 les rapports sont d'opposition: peur du fidèle, absence de crainte chez les méchants, recherche d'une cache pour le fidèle menacé, cachette efficace pour les
attaques dangereuses des méchants. En 4a et b l'opposition a
disparu. Tout le champ est pris par l'ennemi.
   En 4-6b également nous repérons un chiasme à six termes.
Partons ici des centres. Nous lisons TIRER en 5a et b, puis PAROLE
amère et PAROLE *méchante* en 4b et 6a, *amer* et *méchant* constituant une
paire stéréotypée,[8] et enfin les préparations de l'épée (qu'ils aiguisent) en 4a et des pièges (qu'ils vont tendre) en 6b. On notera ici la
seule et unique mention de l'innocent au terme de 5a, soit pourrait-
on dire exactement au centre de 4-6b, cette mention d'ordre général
allant beaucoup plus loin que les simples emplois de la 1ère pers.
(celle du psalmiste) en 2-3. Mais, en dehors d'elle, il n'est question
en 4-6b que des entreprises des méchants. Les deux stiques centraux évoquent le passage à l'action (TIRER), les quatre extrêmes
les préparations (aiguiser, ajuster, s'encourager, calculer) qui manifestent à quel point sont odieuses ces attaques longuement
réfléchies et mises au point.
   Mais qu'en est-il de l'ensemble 2b-6b (entre 2a et 6c7a) ? Ici
nous ferons appel à d'autres récurrences, non encore exploitées. De

---

[6] Selon Avishur pp. 446, 685 et 702.
[7] Selon Avishur p. 195.
[8] Selon Avishur p. 196.

3a à 6a nous retrouvons MÉCHANT, ici pour qualifier ceux dont il
faut se CACHER, là pour qualifier leur PAROLE. Or précisément
PAROLE se lit en 4b et CACHETTE en 5a. On voit le parallèle:
CACHE + PAROLE // CACHETTE + PAROLE, les termes extrêmes
étant suivis de MÉCHANTS et MÉCHANTE. Si maintenant nous
considérons 3 comme entouré de 2b et 4a, et 6a comme entouré de
5b et 6a, nous découvrons le parallèle suivant:

(2b)	peur	//	ne CRAIGNENT rien	(5b)
(3)	MÉCHANTS	//	MÉCHANTE	(6a)
(4a)	... épée	//	... pièges	(6b)

Nous avons plus haute étudié le rapport entre les unités ici mises en
parallèle. Ainsi donc, au centre de 2b-6b, 4b appelle 6a entre 5b et
6b, et 5a se réfère à 3 entre 2b et 4a, 2b-4a et 5b-6b étant entre eux
parallèles. En 2b-4a nous lisons l'appel pressant du fidèle aux
prises avec les méchants, et en 5b-6b nous le comprenons d'autant
mieux qu'ici nous sont présentées dans le détail les attaques des
méchants. Et c'est d'ailleurs de celles-ci qu'il s'agit déjà aux centres
4b et 5a.[9] De la PAROLE amère il est encore question en 6a ; quant à
la CACHETTE-embuscade, elle fait contraste avec la CACHETTE-
refuge après laquelle soupire la victime en 3. On saisit au mieux
l'appel initial de 2a quand on en arrive à ce sommet que représente
en somme 6c7a.

2. *Structure littéraire de 7b-11*

Aux récurrences, synonymes, paires stéréotypées, nous aurons ici
à ajouter comme indice de structure un jeu de mots, soit entre choir
(*kšl*) de 9a et comprendre (*škl*) de 10c.[10] Selon une ordonnance en
chiasme repérons d'abord COEUR en 7bc et 11, DIEU + *choir* ou

---

[9] Que ces centres soient en rapport plus étroit à 5b-6b, c'est encore ce que
montre la séquence PAROLE... POUR... qu'on retrouve de 4b + 5a à 6a + 6b, entre
lesquels on lit d'ailleurs TIRER (5a) / TIRER + ne pas CRAINDRE (5b) / s'encourager (6a), 5b étant ainsi en rapport tant avec ce qui le précède (TIRER) qu'avec ce
qui le suit (ne pas craindre = s'encourager). On pourrait tenir 4b-6b pour un
ensemble structuré. Si par ailleurs on se souvient du jeu de mots, classique jusqu'à
constituer une paire stéréotypée (selon Avishur p. 702), entre CRAINDRE (*yr'*) et
VOIR (*r'h*), on pourrait lire en 4b-6b un parallèle PAROLE + POUR + CRAIGNENT //
PAROLE + POUR + VERRA. Ce qu'ils trament et projettent ne suscite chez eux pas
le moindre trouble.

[10] Dans un article sur « La poétique des Psaumes », *LV* 40 (1991/2) 55-73, J.
Trublet tient (p. 64) que « il faut absolument maintenir le même critère pour
établir une division. Si l'on choisit le lexique, il faut déterminer toute la structure
sur le lexique, et ainsi des autres critères ». Mais si l'auteur varie et cumule ses
procédés, n'est-il pas également de bonne méthode de repérer ces variations et
cumuls et d'en tenir compte pour reconnaître l'architecture du texte telle qu'ils
l'établissent ?

comprendre (jeu de mots) en 8-9a et 10bc, TOUT en 9b et 10a. L'affirmation générale de 7bc, dans le contexte où elle se trouve, concerne en priorité les méchants: en tant qu'humains, Dieu leur scrute le COEUR. Mais en 11 il s'agit explicitement des COEURS *droits* adonnés à la louange, du *juste* qui trouve en YHWH joie et refuge. Ce verset 11 possède d'ailleurs sa structure propre puisqu'on y lit:

> Le juste
>
> aura sa joie
> > EN (*b*) YHWH
>
> et son refuge
> > EN (*b*) lui.
>
> Ils s'en loueront,
> tous les coeurs droits.

On voit comment la relation entre juste et coeurs droits d'une part, et YHWH, lui, d'autre part, s'établit: joie, refuge, louange. Juste et coeurs droits trouvent en YHWH motifs de joie et de louange, YHWH qui pour eux s'est montré un refuge. De 7bc à 11 nous sommes passés de ce que fait Dieu à ce que font les coeurs droits. De façon très comparable, de 8-9a à 10bc nous passons de l'offensive menée par Dieu contre les méchants à ce qu'en percevront les témoins: DIEU a tiré une flèche... il publiera l'oeuvre de DIEU; Dieu a fait *choir* les méchants... son action, il la *comprendra*. 10bc présentent un chiasme limpide.[11] Quant à 8-9a, on peut voir que 9a, inversant les données, récapitule en quelque sorte 8a et b: *il les fit choir* est en effet la suite logique de 8b qui nous met sous les yeux les blessures soudainement infligées, et la raison donnée: *à cause de* LEUR LANGUE, est la justification déjà du premier acte posé selon 8a: *Dieu a tiré* une FLÈCHE. On se souvient en effet de la paire stéréotypée FLÈCHE-LANGUE (voir ci-dessus notre n. 7): à ce que les méchants ont fait avec LEUR LANGUE Dieu réplique donc comme logiquement avec une FLÈCHE. Si 7bc appelle 11 tandis que 8-9a appelle 10bc, remarquons pourtant que les proportions vont en ordre parallèle puisqu'ici et là nous avons des unités de deux, puis trois stiques. Les deux volets 7b-9a et 10b-11 s'achèvent d'ailleurs avec chacun des deux termes de la paire stéréotypée[12] LANGUE (celle des méchants en 9a) et COEUR (ceux des hommes droits en 11c).

Considérons maintenant 9b-10a qui se lisent entre ces deux volets. Notons tout d'abord que les deux verbes nous font retrouver encore une fois le jeu de mots *r'h/yr'* (voir ci-dessus notre n. 9). En 9b sont concernés dans le complément du verbe (*bm*) probablement

---

[11] Dont les deux termes centraux constituent une paire stéréotypée selon Avishur p. 765 à l'index (*p'l* / *'sh*...).

[12] Selon Avishur p. 279.

les mêmes qu'en 9a dans la même position. On retrouvera le sujet
du verbe de 10a en 10b. Mais, en étendant notre enquête, nous
découvrirons les rapports de 9b10a aux unités extrêmes 7bc et 11.
On lit en 7b SCRUTER (deux fois) et en 7c *l'humain*, puis en 9b VOIR
et en 10a *homme*. La synonymie entre SCRUTER et VOIR s'établit,
dans notre texte même, à partir de 6c7a. Celle entre *humain* et *homme*
est encore confirmée par le fait qu'ils constituent une paire
stéréotypée.[13] L'humain est scruté en 7, mais à son tour c'est
l'homme qui voit en 9b. Ainsi Dieu n'est pas seul à scruter l'humain ; en une sorte de retour, il y a aussi tout homme qui voit
l'action de Dieu. De 9b10a à 11 nous ne retrouvons que l'adjectif
TOUT et la préposition *b*, mais en des contextes qui rendent ces
récurrences significatives. En 9b10a TOUT qualifie en effet les
témoins de l'action divine, et en 11 ceux qui en sont – mieux
encore – les bénéficiaires. Si les premiers réagissent par la crainte,
les seconds vont jusqu'à la joie et la louange. En 9b le regard des
témoins porte sur (*b*) les victimes de l'offensive divine ; en 11ab joie
et refuge se trouvent en (*b*) YHWH. Le constat opéré en 9b ne
provoque que stupéfaction, hochement de tête; Dieu découvert
comme refuge en 11 suscite joie et louange. On voit la correspondance, mais aussi l'étonnante progression, de 9b 10a à 11. Ainsi, entre
les deux volets, parallèles, de 7b-9a et 10b-11, 9b10a s'articulent
aux unités extrêmes 7bc et 11, assurant entre elles comme un
rapport complémentaire par rapport à celui qu'indiquait déjà la
récurrence du mot COEUR. Le regard de Dieu appelle celui d'autres
témoins qui réagissent dans une ligne qu'accentueront les bénéficiaires de l'action divine. La justesse de l'action divine de 8-9a est
comme garantie par ce regard affirmé en 7bc. La louange de 11 est
précédée par la compréhension et la publication de l'action divine.

3. *La structure littéraire de l'ensemble*

Pour percevoir la structure littéraire du poème nous pouvons en
disposer les deux parties l'une face à l'autre comme suit:

2a	7bc
2b-4	8-9a
4b-5a	9b-10a
5b-6b	10bc
6c-7a	11

De 6c-7a à 7bc nous avons déjà relevé la récurrence de SCRUTER.
En 5b-6b et 8-9a nous lisons SOUDAIN(ES) et TIRER. Face aux
ennemis tirant par surprise et sûrs de n'être point scrutés (5b-7a),
au terme de la première partie, nous rencontrons, au début de la

---

[13] Selon Avishur p. 753 (à l'index: *'dm / 'yš*; et voir aussi *'yš / bn 'dm* p. 641).

deuxième partie, celui qui non seulement scrute bel et bien, mais encore tire à son tour et provoque de soudaines blessures (7b-9a). Aux extrêmes du texte, nous lisons DIEU en 2a et YHWH en 11, ici appelé à l'aide, là procurant joie et refuge. Dans les unités contigües nous lisons OUVRIERS (d'iniquité) en 2b-4a et OEUVRE (de Dieu) en 10bc, les premiers dans un contexte de grand danger pour le fidèle, la seconde dans celui d'une reconnaissance et publication de ladite oeuvre. Ainsi de même que 5b-6b et 6c-7a appellent en ordre inverse 7bc et 8-9a, de même 2a et 2b-4a appellent 10bc et 11.

Si à présent nous considérons ici et là les trois unités centrales, nous constatons le passage d'un agencement ABA à un agencement BAB. En effet c'est en 2b-4a et 5b-6b que nous lisons *peur* et CRAINDRE, mais en 9b-10a que nous retrouvons CRAINDRE. Par contre en 4b-5a nous lisons d'une part FLÈCHE et TIRER que nous retrouvons en 8-9a, et d'autre part PAROLE (*dbr*) dont nous savons le rapport à *action* (*'śh*) de 10bc. Ici tant *la parole* amère que *le tir de flèche* sont le fait des méchants, mais là c'est Dieu qui *tire une flèche* et c'est son *action* qui est célébrée. Les peur et crainte en 2b-6b se lisaient dans un contexte de conflit extrême ; en 9b10a il s'agit de cette crainte révérentielle et en quelque sorte paisible que suscitent les exploits divins.

Nous avons ci-dessus comparé successivement 2-4a et 5b-7a à 7b-9a et 10b-11, puis 2b-6b à 8-10. Ici et là nous avons donc pris en compte les quatre unités 2b-4a, 5b-6b, 8-9a, et 10bc. Or ces quatre unités peuvent se lire en parallèle. Nous lisons en effet en 2b-4a et en 8-9a LEUR LANGUE, toujours celle des méchants, mais ici triomphante, et là cause de ruine. En 5b-6b et 10bc nous retrouvons PAROLE et *action*, la première revenant aux méchants en leur offensive, la seconde à Dieu comme vainqueur des méchants.

Ajoutons encore deux remarques. Prolongeant en quelque sorte le rapport de 9b-10a à 2b-4a et 5b-6b (*peur* / CRAINDRE), relevons celui de cette même unité 9b-10a cette fois aux extrêmes de la première partie. Dans ces derniers en effet nous avons relevé la correspondance entre *écouter* et VOIR ; or nous retrouvons VOIR en 9b-10a. Certes Dieu peut *écouter* (2a) et *voir* (6c7a) si l'on en juge à ce que *voient* (9b-10a) les témoins de son triomphe. Enfin relevons un certain parallèle entre les trois premières et les trois dernières unités. En effet de 2a à 9b-10a nous retrouvons la correspondance entre *écouter* et VOIR, de 2b-4a à 10bc OUVRIERS/OEUVRE, et de 4b-5a à 11, répartis ici et là, les composants des paires stéréotypées *innocent-juste* et *innocent-droit*.[14] En 2-5a Dieu est invité à *écouter* face à

---

[14] Selon Avishur pp. 765 (à l'index) pour la première, 648-649 pour la seconde.

la meute des *ouvriers* d'iniquité qui menacent *l'innocent* ; en 9b-11 des témoins *voient* et publient *l'oeuvre* de Dieu qui réjouit les hommes *justes* et *droits*.

Ainsi, de plusieurs manières, les deux parties de notre psaume s'articulent-elles l'une à l'autre, faisant jouer de façons variées les oppositions marquant d'ici à là le retournement de situation. L'appel à Dieu a donc obtenu pleine satisfaction. Nous sommes passés de la plainte à la louange, des oeuvres des méchants à celle de Dieu, de leur insolence à leur confusion.

* * *

En guise de conclusion à cette étude structurelle du Ps 64 nous proposons au lecteur de considérer, d'un point de vue structurel, les enchaînements entre les trois psaumes 63, 64 et 65.[15] Il est remarquable tout d'abord qu'en son terme le Ps 64 est apparenté à celui qui le précède et, en son début, à celui qui le suit. On lit, en effet, en 63, 12: « le roi *se réjouira en* Dieu, qui jure par lui en tirera *louange* », et en 64,11: « le juste *se réjouira en* YHWH. Ils s'en *loueront*, tous les coeurs droits ». Et si, au départ du Ps 64, Dieu est appelé à *écouter* (en 2a), au départ du Ps 65 (en 2-3) il est de fait constaté: « ô Dieu... tu *écoutes* la prière ». Mais de 63 à 64, puis de 64 à 65, nous rencontrons aussi des termes récurrents dont l'ordre s'inverse d'un psaume à l'autre. En 63,3 le fidèle est appliqué à *voir* la gloire et la puissance de Dieu, tandis qu'en 63,11 il attend que soient passés au tranchant de *l'épée* ses ennemis. Et si ce dernier voeu ne paraît guère exaucé en 64,4, où l'on voit les méchants aiguiser leur langue comme *une épée*, en 64,9 par contre ils sont nombreux ceux qui *voient* la victoire de Dieu sur ces méchants. Venant après *voir*, on lit en 63,6 « *louange* en ma *bouche* », et en 64,11 « ils s'en *loueront*, tous les *coeurs* droits », rapprochement d'autant plus pertinent que *bouche* et *coeur* constituent une paire stéréotypée.[16] De même, venant après *épée*, nous lisons en 63,12 la mention des *diseurs* (*dbr*) de mensonge, à quoi fait écho en 64,4b et 6a cette *parole* (*dbr*) dite amère et méchante. Et les correspondances sont pour la première de même sens, comme pour *voir* (en ses contextes), et pour la seconde d'opposition, comme pour *épée* (en ses contextes). Les diseurs de mensonge auront le bec cloué, ce qui n'est plus le cas pour ceux qui se lancent en des paroles méchantes. Mais au vu de la gloire ou des

---

[15] Voir notre étude «‹ Ma bouche s'adonnera à la louange › Etude structurelle du psaume 63 », *EgT* 20 (1989) 359–383, et sur le Ps 65 le chapitre suivant du présent volume.

[16] Selon Avishur p. 765 (à l'index).

victoires de Dieu, les fidèles ne peuvent que s'adonner à la louange. On retrouve une opposition de 64,3 et 6 où sont mentionnés gens et parole de caractère *méchant* (*r'*), et 65,5 où l'on voit les fidèles se rassasier de tout ce qui est *bon* (*ṭwb*) dans la maison de Dieu et – plus largement encore – commencée l'année des *bontés* du Seigneur en 65,12. Menacés ici par les méchants, les fidèles jouissent là au contraire de tout ce que Dieu leur dispense de bon. Et de 64,10a à 65,3b nous retrouvons la même perspective universelle puisqu'ici *tout* homme se met à craindre au vu des hauts faits divins et que là – mieux encore – *toute* chair s'en vient auprès de Dieu.[17] Sans reprendre la comparaison entre débuts et fins, récapitulons nos remarques dans le tableau suivant où nous disposons les indices (entre parenthèses les versets, indiqués en traits discontinus les rapports d'opposition):

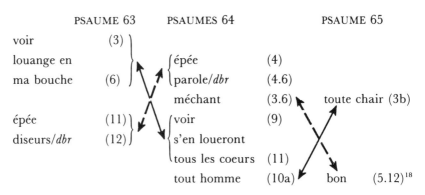

	PSAUME 63	PSAUMES 64		PSAUME 65
voir	(3)			
louange en		épée	(4)	
ma bouche	(6)	parole/*dbr*	(4.6)	
		méchant	(3.6)	toute chair (3b)
épée	(11)	voir	(9)	
diseurs/*dbr*	(12)	s'en loueront		
		tous les coeurs	(11)	
		tout homme	(10a)	bon (5.12)[18]

La première partie du Ps 64, présentant, pour justifier un appel, la situation angoissante du fidèle, est en quelque sorte contrecarrée dès le Ps 63 et encore dans le Ps 65: l'épée en a rencontré une autre plus puissante, les paroles ne pourront durer, le méchant devra laisser place aux bontés du Seigneur. Mais pour ce qui est de la contemplation de Dieu en ses oeuvres et de la louange qui en sourd, ainsi que de leur impact sur tout homme et toute chair, nos trois psaumes s'enchaînent et s'accordent, le Ps 64 faisant écho au premier et annonçant le troisième.

---

[17] On retrouve encore une opposition des contextes où s'inscrit *ma vie* en 63,5 (contexte de bonheur) et 64,2b (vie menacée). Mais la première mention vient après *voir* en 63,3 et la seconde avant *épée* en 64,4.

[18] On retrouve encore une opposition des contextes où s'inscrit *yr'* en 64,5 (aucune crainte chez les méchants) et 65,9 (crainte chez les habitants des bouts du monde). Mais la première mention vient avant *méchante* de 64,6 et la seconde après *toute chair* de 65,3.

CHAPITRE X

« TU AS VISITÉ LA TERRE »
ÉTUDE STRUCTURELLE DU PSAUME 65

Assez récemment deux auteurs se sont appliqué à saisir d'un peu près la structure littéraire du Ps 65, soit L. Alonso Schökel (1981)[1] et G. Ravasi (1983).[2] Tous deux y distinguent trois parties, 2-5, 6-9 et 10-14, au début desquelles se lit DIEU (2b.6b.10c),[3] relevant avec soin les récurrences de termes et leurs significations tant à l'intérieur de chaque partie que d'une partie à l'autre,[4] tous points dont nous leur sommes redevables. Pour la première partie nous adopterons leur proposition en trois volets, nous contentant d'étudier chacun pour lui-même et de préciser en conséquence leur répartition et leurs rapports. Dans la seconde partie nous ne nous contenterons pas de voir en 7-8 une reprise de 6cd (terre et mer), mais un volet autonome entre 6 et 9 dont par ailleurs les rapports n'ont pas échappé à nos auteurs. Mais c'est pour la troisième partie que nous divergerons plus encore. Nous distinguons en effet en 10-14 deux parties certes étroitement apparentées, et pourtant bien distinctes, possédant chacune leur structure propre. Le point est d'importance pour saisir la structure d'ensemble du poème. Après avoir donné notre traduction, nous considérerons successivement, toujours d'un point de vue structurel, 2-5 (1.), 6-9 et son rapport à 2-5 (2.), 10-11, 12-14 et leur rapport mutuel (3.), et enfin l'ensemble du poème (4.).

Notre traduction entend seulement faciliter la lecture de l'étude structurelle qui va suivre. Les interlignes indiquent la répartition des différentes parties et éventuellement des différents volets à l'intérieur de telle ou telle partie. Les termes récurrents sont portés en lettres CAPITALES. Ne pouvant traduire toujours par les mêmes termes les prépositions récurrentes *b* et *mn*, nous les avons transcrites entre parenthèses dans la traduction.

---

[1] *Treinta Salmos – Poesia y Oracion*, Madrid 1981, pp. 249-264.
[2] *II* pp. 306-308 sur « La struttura del salmo ».
[3] Nous donnons les références selon la traduction et la répartition des stiques ci-dessous.
[4] Sauf l'adjectif TOUT de 3b à 6c. On trouvait déjà le relevé des récurrences chez P.E. Bonnard, *Psaumes pour vivre*, Cahiers de l'Institut Catholique de Lyon, Lyon 1981, pp. 59-75 (pp. 61-62: « Les ressorts du textes », commentés), réédition d'un article de 1979.

2a (C'es À TOI (que) revient la louange,
2b (toi) DIEU, dans (*b*) Sion;
2c (c'est) À TOI (que) doit être acquitté le voeu,
3a (toi) qui entends la prière.

3b Jusqu'à toi TOUTE chair viendra.
4a Les histoires de perversions,
4b qui sont plus PUISSANTES que (*mn*) nous,
4c nos péchés, toi, tu les couvres.

5a Heureux qui tu élis, qui tu laisses approcher,
5b il demeure en tes parvis.
5c Rassasions-nous des (*b*) BONNES (choses) de ta maison,
5d des (choses) saintes de ton temple.

6a (Ce sont choses) STUPÉFIANTES de (*b*) justice (que) tu
     nous réponds,
6b DIEU de notre salut,
6c sécurité de TOUS les CONFINS de LA TERRE,
6d et de la MER au loin.

7a (toi) qui TIENS les montagnes par (*b*) ta force,
7b qui te ceins de (*b*) PUISSANCE,
8a qui domptes LE VACARME des MERS,
8b LE VACARME de leurs flots,
8c et la rumeur des peuples.

9a Ils sont STUPÉFIÉS, les habitants des CONFINS, de (*mn*)
     tes signes.
9b Les issues du matin et du soir, tu les fais jubiler.

10a Tu as visité LA TERRE et tu l'as fait regorger.
10b D'ABONDANCE tu l'enrichis.
10c Le canal de DIEU est rempli d'eau.
10d Tu leur TIENS le blé.

10e Oui, c'est ainsi que tu la TIENS (prête):
11a en abreuvant ses sillons, en aplanissant ses crevasses.
11b De pluies-ABONDANTES tu (la) détrempes ;
11c sa germination, tu (la) bénis.

12a Tu as couronné l'année de ta BONTÉ
12b et sur tes ornières RUISSELLE l'engrais.

13a Elles RUISSELLENT, les prairies du désert,
13b et d'allégresse les collines se sont enveloppées.
14a Et se revêtent, les pacages, du troupeau,
14b et les vallées se drapent de froment.
14c Ils éclatent en cris de joie. Même ils chantent !

1. *Structure littéraire de 2-5*

Une première partie couvre 2-5. L'évocation, aux deux extrêmes, de Sion (2b) et du temple (5b.c.d) en constitue en somme une inclusion.[5] En 2-3a les stiques 2a et 2c sont exactement parallèles, tandis qu'en 2b et 3a nous avons sans doute les deux membres séparés d'une seule et même proposition: Dieu qui dans Sion entend la prière,[6] cette prière accompagnée d'un voeu qui doit être acquitté, cette même prière dont l'exaucement doit susciter la louange.

En 3b-4 nous avons sans doute une petite symétrie concentrique, ce que fera voir la disposition suivante:

3b Jusqu'à toi toute chair viendra.
4a   Les histoires de perversions,
4b   qui sont plus puissantes que nous,
4c   nos péchés,[7]
    toi, tu les couvres.

Les trois éléments centraux parlent des perversions, et péchés, dont au centre il est dit qu'elles sont plus puissantes que nous, ce à quoi doivent justement remédier les deux démarches exprimées aux extrêmes, entre elles complémentaires: le recours de toute chair à Dieu et le pardon accordé par ce dernier. Notons ici l'agencement selon une symétrie croisée puisqu'au parallèle entre *toi* (Dieu) + *toute chair* et *toi* + *les* (c'est à dire nos péchés) se superpose l'inversion de: complément (jusqu'à toi) + sujet et verbe (toute chair viendra) en: sujet et verbe (toi, couvres) + complément (eux: suffixe du verbe en hébreu). Ainsi les deux démarches sont-elles bien marquées comme se répondant.[8]

---

[5] Ravasi p. 306.

[6] Le procédé n'est pas rare. On le rencontre par exemple dans Ps 51,6 ; Hab 2,2 ; Jr 9,2 ; Ct 1,5 ; Ps 85,9: voir notre n. 6 du chapitre XV ci-dessous sur le Ps 85. Ici la répartition n'est faite que pour 2b + 3a, non pour 2a et 2c qui chacun sont autonomes.

[7] *Perservion* et *péché* constituent une paire stéréotypée selon Avishur p. 288. Nous signalerons plusieurs paires stéréotypées dans notre psaume, confirmant par là plusieurs des rapprochements proposés par Alonso Schökel et Ravasi.

[8] Du terme central au terme final de notre symétrie joue la parenté phonétique signalée par Alonso Schökel (p. 258, et voir Ravasi p. 313) entre *gbr* (puissantes) et *kpr* (couvrir), la puissance en question étant ainsi neutralisée.

Au v. 5 la béatitude amorcée en 5a voit son contenu développé dans les trois derniers stiques. Par deux fois en 5a le texte dit à qui s'adresse ladite béatitude, et la seconde expression prépare le développement qui suit, soit *approcher* préparant *demeurer*, lequel à son tour prépare *se rassasier*. La série commence d'ailleurs avec *venir*[9] de 3b. On voit la progression dans l'intimité: venir, pouvoir approcher, et même demeurer pour enfin pouvoir partager le repas. Les trois stiques 5bcd sont ainsi agencés:

il demeure		en tes parvis
rassasions-nous	des bonnes ( )	de ta maison
	des ( ) saintes	de ton temple

Les trois derniers termes constituent deux à deux des paires stéréotypées, soit *parvis-maison* et *maison-temple*.[10] Le stique central a simultanément un terme correspondant avec le précédent (demeure/rassasions) et un avec le suivant (bonnes choses/choses saintes).

On voit sur l'ensemble comment 2-3a et 5, sur ce qui se passe à Sion et au temple, encadrent 3b-4 sur la venue à Dieu et le pardon des péchés. De 2-3a à 5 notons l'inversion régulière de trois stiques concernant l'action de l'homme (2) et un concernant celle de Dieu (3a), en un stique concernant celle de Dieu (5a) suivi de trois où l'homme est de nouveau sujet de l'action (5bcd). De plus de 2 à 5bcd nous avons en 2c et 5c les deux termes de la paire stéréotypée *paix-bon* (té).[11] En effet le verbe traduit ici par *acquitter* est de même racine que *shalôm* (paix). C'est pourquoi M. Mannati propose de traduire ainsi 2c: « avec toi nos voeux doivent se mettre en paix ».[12] La paix gagnée par le fidèle grâce à l'acquittement (mise en paix) de son voeu lui vaudra en retour de pouvoir jouir des bonnes choses de Dieu en son temple. Si maintenant nous considérons, toujours à partir de la même distinction (action de l'homme / action de Dieu), 3b-4 dans leur rapport à 2-3a et 5, nous pouvons faire les constatations suivantes. Respectant la syntaxe de 4 telle que nous l'avons comprise dans notre traduction (et on verra mieux ici pourquoi), nous lisons ici un stique concernant l'action de l'homme (3b) et trois l'action de Dieu (4: le pardon). Par rapport à 2-3a, on voit que la séquence action de l'homme (2 et 3b) + action de Dieu (3a et 4) est la même ici et là, mais que les proportions,

---

[9] *Venir* et *demeurer* constituent une paire stéréotypée selon Avishur p. 81.

[10] Selon Avishur p. 755 (à l'index). *Maison*, le terme central, est aussi celui qui est commun aux deux paires en question.

[11] Voir Avishur p. 759 (à l'index).

[12] Mannati, *Les Psaumes 2*, pp. 248-249 (citée par Bonnard dans sa n. (18) p. 63).

elles, s'inversent: 3 + 1, puis 1 + 3 stiques. On parlera donc de symétrie croisée. Des extrêmes de 2 à 3b on notera les suffixes 2ème pers. après une préposition au départ de 2a, 2c (à toi) et 3b (jusqu'à toi). En 2 les stiques extrêmes, entre eux parallèles, encadrent le stique central; on lui comparera la symétrie concentrique de 5bcd. Ici le centre c'est DIEU à Sion, là c'est la PUISSANCE qui nous est supérieure (des perversions). On voit l'opposition. De 3b-4 à 5 nous avons ici parallélisme des proportions: 1 + 3 stiques ici et là, mais inversion des contenus: l'homme (3b) + Dieu (4), mais Dieu (5a) + l'homme (5 bcd), comme sujets des actions. C'est encore une symétrie croisée, mais dont les données sont inversées par rapport à la précédente. Récapitulons:

Croisée	=	*Parallélisme*	+	*Chiasme*
2-3a + 3b-4		Contenus (h.D.h.D)		Proportions (3.1.1.3)
3b-4 + 5		Proportions (1.3.1.3)		Contenus (h.D.D.h)
2-3a à 5				{ Contenus (h.D.D.h)
				Proportions (3.1.1.3)

(h = homme ; D = Dieu ; chiffres entre parenthèses = nombre de stiques ; nous avons rappelé au terme du tableau le rapport de 2-3a à 5). De 3b au premier stique de 5bcd, rappelons la présence des deux termes de la paire stéréotypée *venir-demeurer*. On notera aussi les enchaînements entre, d'une part, le pardon (4) et la proximité (5a) accordés à l'homme, et, d'autre part, les démarches de ce dernier: d'abord venir (3b), puis demeurer et jouir de tous les biens (5bcd). Mais il faut aussi remarquer le passage de *toute chair* à celui-là (au singulier) qui demeure dans les parvis, ou tout au plus à *nous* qui nous rassasions au temple (5cd), lesquels ne représentent plus toute chair. La réduction s'opérait déjà du début au terme de 3b-4 (toute chair... nous... nos péchés), comme si l'orant prenait sur lui (*nos* péchés) les perversions du plus grand nombre (elles ne sont attribuées à personne en 4a). La 1ère pers. du pluriel en 4bc semble représenter à la fois *toute chair*, l'auteur parlant en leur nom, et ceux-là qui, pour l'heure élus, vont pouvoir demeurer dans les parvis de Dieu. Les perversions de l'homme, Dieu à nous les a déjà pardonnées, et peut-être même à toute chair (dont nous sommes d'une certaine façon les représentants). Mais pour ce qui est de l'accès au sanctuaire, il est présentement conditionné par une élection. Cependant il est sans doute, accordé aux élus, comme un prélude et une annonce de ce qui adviendra aussi à toute chair. De 4 à 5bcd s'opposent nettement *perversions/péchés* et (choses) *saintes*, ou encore s'accordent pardon des perversions et péchés avec accès aux choses saintes. De 3b à 5a se conjuguent pour ainsi dire les deux mouvements de toute chair qui vient et de l'élu auquel Dieu permet d'approcher. En fonction de ces deux derniers points nous dirons donc que de 3b-4 à 5 le parallélisme des proportions s'accompagne aussi d'une discrète correspondance entre certains contenus. Ainsi donc les trois unités 2-3a, 3b-4 et 5, de cette première partie sont chacune en rapport structuré avec les deux autres, 3b-4 au centre restant, pour sa part, particulière de par son évocation des péchés.[13]

2. *Structure littéraire de 6-9 et leur rapport à 2-5*

Une deuxième partie va de 6 à 9, avec l'inclusion manifeste par STUPÉFIANTES/STUPÉFIÉES de 6ab à 9. Elle comporte trois volets, composés chacun d'une manière particulière, mais liés entre eux structurellement comme on va le voir. Pour analyser 6, force nous est de rappeler l'existence du suffixe en hébreu et de le traduire lourdement par « à/de nous » pour faire percevoir la composition suivante:

```
        (  ) stupéfiantes
            de justice    (  ) tu      réponds   à nous
                       Dieu du   salut     de nous
                                 sécurité  de tous les confins
                                              de la terre
                                           et de la mer
                                           au loin
```

Justice et *salut* constituent une paire stéréotypée.[14] A *nous* sont donc accordées justice et salut, puis la sécurité à terre et mer. « Confins

---

[13] Nous pourrions presque totalement souscrire à la laconique proposition de J. Trublet et J.N. Aletti p. 78: « v.2-5, bâtis concentriquement (thématique),
    a   22a accès à Dieu en Sion
    b   24   pardon des fautes
    a'   5   les bienfaits au temple »
Mais 3b nous paraît se rattacher à 4, et, dès lors, le titre de 2-3a ne serait pas celui donné ici à 2-3, ni celui de 3b-4 celui donné ici à 4. Le titre donné à 5 ne tient pas compte du premier stique. Par ailleurs les arguments sont beaucoup mieux que thématiques. Enfin nous sommes d'accord, à ces conditions, sur le bâti ·concentrique de l'ensemble (et sur le v.4 en son entier à distinguer de 3b). En somme, nos auteurs reprennent la proposition de Ravasi (inspirée de celle de Alonso Schökel), en déterminant nettement les trois volets.

[14] Selon Avishur p. 760 (à l'index). Et de plus, souvent dans *le Psautier répondre* est comme synonyme de *sauver*. Voir par exemple Ps 20, 2a.5b et 7.10 dans la structure telle que nous la découvre Girard, pp. 179-183 ; ou encore Ps 22, 2-3.20-22 dans la structure telle que nous la présentons dans «‹ Ils loueront YHWH, ceux qui le cherchent › Étude structurelle du psaume 22 », *NRT* 109 (1987) 672-690, p. 687.

+ terre » et « mer + au loin » constituent un chiasme. L'accent mis ainsi sur l'étendue des destinataires de la sécurité fait pendant à celui qui par l'adjectif initial (stupéfiantes) était mis pour *nous* sur le caractère étonnant du don (de la justice). « Stupéfiantes de justice » à propos du don a pour ainsi dire comme parallèle « tous les confins de la terre » à propos des destinataires, *justice* étant le don, *terre* le destinataire, *stupéfiantes* et *tous les confins* précisant et caractérisant l'un, puis l'autre. *Mutalis mutandis* on parlera de correspondance selon un chiasme entre les premiers et derniers termes de ce verset (stupéfiantes + justice / mer + au loin). En 6ab les destinataires sont sobrement indiqués (deux pronoms suffixes), mais l'auteur des bienfaits est sujet du verbe en 6a, nommé en 6b. Il disparaît par contre en 6cd où toute l'insistance porte alors sur les destinataires. Les divers dons sont très développés en 6ab, énoncés d'un seul mot en 6cd, la progression étant du même type que pour l'auteur de ces dons. Nous avons été *comblés* par *Dieu* (6ab), qui donne aussi à toutes les *extrémités* de l'univers (6cd).

En 7-8, unité centrale de cette deuxième partie, il semble que nous ayons une symétrie concentrique. Présentons-la d'abord comme ceci:

```
7a   – (toi) qui tiens les montagnes
                 – par (b) ta force,
7b                          – qui te ceins
             – de (b) puissance,
8a   – qui domptes le VACARME des mers,
8b            le VACARME de leurs flots,
8c            et la rumeur des peuples.
```

Comme on le voit, cette symétrie manifeste aussitôt une dissymétrie puisqu'à 7a correspondent non moins que les trois stiques du v.8. Les quatre premiers termes de notre symétrie sont d'ailleurs à prendre sur seulement deux stiques. Les deux premiers constituent une proposition, les deux suivants une autre. Les trois verbes se lisent aux extrêmes (qui tiens, qui domptes) et au centre (qui te ceins). Les verbes aux extrêmes sont suivis des objets maîtrisés, celui du centre est encadré par les moyens de cette maîtrise: *force* et *puissance*, qui constituent une paire stéréotypée.[15] Quant aux objets maîtrisés, la disproportion est flagrante entre d'une part la simple mention des montagnes et de l'autre les trois objets: mers, flots, peuples, chacun construit sur un terme qui en indique le caractère imposant (vacarme et rumeur). La raison de cette disproportion peut se trouver, au moins en partie, dans le rapport de 7-8 à 6. En 6

---

[15] Selon Avishur p. 760 (à l'index).

nous avions comme trois destinataires des dons divins: nous, (les confins de) la terre et la mer (au loin). Ces deux derniers réapparaissent ici, dans le même ordre, en 7a et 8a. En effet *terre* et *montagnes* constituent une paire stéréotypée bien connue,[16] et *mer* passe simplement du singulier (comme terre) au pluriel (comme montagnes) de 6d à 8a (et b, si l'on veut bien prendre en compte le parallèle *flots*). Mais *nous*, c'est-à-dire le peuple élu, il semble que son pendant soit justement *les peuples* de 8c. Il convient mieux, en effet, de dire à leur sujet, plutôt qu'au sujet du peuple élu, qu'ils sont domptés par Dieu. Si l'on considère que le *nous* de 6ab représente un peuple, on dira donc que de 6 à 7-8, nous avions comme trois passages du singulier au pluriel: de *nous* aux *peuples*, de la *terre*[17] aux *montagnes*, de *la mer* aux *mers* et aux *flots*. La puissance et la force du Dieu qui maîtrise une telle multitude, comme découverte à cette occasion, n'en ressortent que mieux. Au centre de notre symétrie nous voyons ce Dieu ceint de puissance qui par sa force est là qui, comme l'expriment les termes extrêmes, maîtrise montagnes, mers et peuples.

Le v.9 est aussi construit selon une symétrie concentrique, que voici:

```
9a   – Ils sont stupéfiés,
              – les habitants des confins
                    – de tes signes.
9b                  – Les issues du matin et du soir,
        – tu les fais jubiler.
```

Aux extrêmes les deux réactions, puis ceux qui en sont les sujets, et au centre le motif de ces réactions (tes signes). On pourrait, au vu de la 2ème pers. présente au terme de chaque stique, se demander s'il ne faudrait pas voir là une correspondance. Mais d'une part il s'agit ici de la cause, là de l'effet, et d'autre part l'action divine est aussi au moins suggérée par le seul emploi du verbe initial (*yr'*) qui indique de façon classique la réaction humaine à la présence ou à l'action divine. « Les issues du matin et du soir » sont à situer à l'orient, en pleine terre, et en occident, du côté de la mer. Et quant aux « habitants des confins », ils rappellent évidemment les peuples. Ainsi nous retrouvons ici, dans un ordre inversé par rapport à 7-8, notre trilogie: habitants, matin + soir, après: montagnes, mers + peuples. En la reprenant sur 6, 7-8 et 9, nous pouvons écrire:

---

[16] Voir Avishur p. 278.
[17] Il est vrai qu'en 6c il s'agit exactement de tous les confins (de la terre), et qu'à ce titre le pluriel y est déjà présent. Cependant ces confins restent une précision apportée à propos de la terre, laquelle est en pendant avec la mer en 6d.

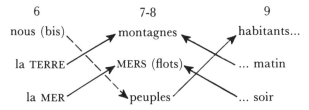

On voit la symétrie sur l'ensemble, les parallèles TERRE // MER, *montagnes* // MERS, ... *matin* // ... soir étant précédés aux extrêmes par *nous* et *les habitants des confins*, mais suivis en 7-8 par *les peuples*. L'encadrement de 7-8 par 6 et 9 est d'ailleurs à compléter par les récurrences de STUPÉFIANTES/STUPÉFIÉS et CONFINS qui ici encadrent les deux pronoms (suffixes) *nous* et là *habitants*.

Nous avons donc bien en 6-9 un ensemble structuré.[18] Cette puissance divine étonnante, manifestée selon 7-8 jusqu'aux limites du monde créé et habité, provoque, selon 6 et 9, les réactions à leur mesure (STUPÉFIÉS par les choses STUPÉFIANTES) dans ce même monde créé et habité où le peuple élu, destinataire privilégié (justice, salut), mais non unique (sécurité), des dons divins, est comme pris dans cet ensemble du monde pour en partager la réaction et la jubilation.

Et tandis que le lecteur a encore en mémoire la composition de 2-5 et 6-9, proposons ici un regard sur l'articulation entre ces deux parties. C'est dans les deux centres que nous trouvons ici PUISSANTES (au centre de la symétrie concentrique de 3b-4) et là *force* et *puissance* (paire stéréotypée, juste autour du centre de la symétrie concentrique de 7-8), par où se manifeste une opposition flagrante, puisqu'il s'agit ici de la puissance de nos péchés, et là de celle de Dieu, mais aussi convergence puisque la première puissance mentionnée est dominée par Dieu, que donc ce dernier domine, par sa

---

[18] Mais non pas exactement comme le voient Trublet-Aletti :

« a = 6ab   les merveilles
  b = 6cd   les lointains de la terre
  c = 7   il affermit les montagnes
  c' = 8   il apaise le fracas des mers
  b' = 9a   au bout du monde
  a' = 9   les signes ».

Nous retrouvons bien ici l'encadrement de 7-8 par 6 et 9. Mais à en juger par les titres donnés à c et c', 7aβb serait secondaire alors qu'il est en fait au centre de 7-8. Distinguer 6ab et cd est pertinent, mais pourquoi omettre le destinataire (nous) en 6ab, et le bienfait divin (sécurité) en 6cd, même si l'accent porte bien sur ce que nos auteurs ont retenu ? Quant à voir 9 comme inversé par rapport à 6 (ab.b'a'), c'est méconnaître que la structure en est différente et que *tes signes* sont ici au centre d'une petite symétrie concentrique.

puissance, et la puissance de nos péchés, et l'univers créé. Ni le vacarme des mers et la rumeur des peuples, ni nos péchés ne sont, pourrait-on dire, hors de sa portée. Si maintenant nous considérons les unités extrêmes ici et là, soit 2-3a, 5, 6 et 9, c'est d'abord un certain parallèle qui apparaîtra. En effet en 2-3a et 6 nous lisons les deux termes de la paire stéréotypée *louange-justice*,[19] et en 5 et 9 ceux de la paire stéréotypée *demeurer-habiter*.[20] De plus les lieux évoqués vont à chaque fois dans le même sens d'un élargissement, soit de Sion (2b) aux confins de la terre et à la mer (6cd), ou du temple (parvis, maison, en 5bcd) aux issues du matin et du soir (9). DIEU est nommé au début du deuxième stique en 2-3a et en 6. L'étonnante justice divine entraîne comme de soi la louange, et si celle-ci est célébrée à Sion, elle n'ignore pourtant pas que ses thèmes et motifs concernent jusqu'aux confins de la terre et la mer. Le bonheur de qui peut se rassasier des bonnes choses de Dieu en son temple même, où il lui est donné de demeurer, reçoit comme un écho dans la jubilation des habitants du monde entier, et de ce monde même, à la vue des signes divins. Notons qu'étant données les parentés repérées entre 2-3a et 5 comme entre 6 et 9, on peut aussi faire jouer, cette fois dans un ordre inversé, 5 et 6, et 2-3a et 9. On pourrait alors voir comme une inclusion de l'ensemble grâce aux deux mentions de la louange (en Sion), au terme du premier stique, et de la jubilation (des issues du matin et du soir), au terme du dernier. De 5a (premier stique de 5) à 6d (dernier stique de 6) on voit s'opposer *approcher* et *loin*:[21] celui-là peut approcher de Dieu, qui est élu par lui, et pourtant Dieu est aussi sécurité pour la mer même, au loin. Il faut enfin préciser que la visée universelle est loin d'être absente en 2-5. Nous la trouvons là en effet au premier stique de l'unité centrale: « jusqu'à toi TOUTE chair viendra ». L'adjectif et le verbe doivent ici retenir notre attention. Nous retrouvons en effet ledit adjectif en 6c où il sert aussi à exprimer la visée universelle, ce stique faisant partie de la première unité de 5-9. Le verbe, c'est le verbe *bw'*, « venir », « entrer », lequel a pour antonyme *yṣ'*, « sortir », racine également du mot traduit *issues* en 9b, ce stique faisant partie de la dernière unité de 9. On pourrait dire, avec les

---

[19] Voir Avishur pp. 109 et 226. Alonso Schökel (p. 263) et à sa suite Ravasi (p. 306, mais, déjà avant eux, Mannati en 1967, *op. cit.* p. 253) font remarquer aussi la correspondance entre *entendre* (3a) et *répondre* (6a). La séquence chronologique est la suivante: Dieu entend la prière (3a) ; il y répond avec justice (6a) ; cela suscite la louange (2a). Aussi de 3a à 2a nous sommes aux deux extrêmes de cette séquence dont les termes intermédiaires se lisent en 6a.
[20] Voir Avishur pp. 71 et 314.
[21] Opposition relevée par Alonso Schökel p. 263.

termes de notre psaume, que c'est des *issues* du matin et du soir que
toute chair *viendra* jusqu'à Dieu. Ce stique 3b prépare donc admi-
rablement à la visée universelle envahissante dans la deuxième
partie.

3. *Structure littéraire de 10-11, 12-14, et leur rapport*

Considérons maintenant la troisième partie, soit 10-11. Nous y
voyons le chiasme à dix termes que voici et que suivront aussitôt
quelques commentaires:

```
10a     Tu as visité
                – la terre
                        – et tu l'as fait regorger.
10b                         D'ABONDANCE tu l'enrichis.
10c                             – Le canal de Dieu est rempli d'eau.
10d                                 – Tu leur TIENS le blé.
10e                                     – Oui... tu la TIENS (prête):
11a                             – en abreuvant ses sillons,
                                    en aplanissant ses crevasses.
11b                         – de pluies-ABONDANTES tu la détrempes ;
11c                 – sa germination,
        tu (la) bénis.
```

Les récurrences de ABONDANCE/ABONDANTES et TU TIENS fondent suffisamment la correspondance entre les éléments du chiasme
qui les contiennent. Pour les autres la correspondance thématique
est assez manifeste: c'est avec cette eau venue du canal de Dieu
qu'il abreuve les sillons et aplanit les crevasses de la terre. La visite
de la terre annoncée en 10aα a son terme dans la bénédiction[22] de sa
germination en 11c. Ici il y a comme un chiasme à l'intérieur de ces
deux affirmations extrêmes. De 10aβb à 11b nous allons de deux
propositions à une seule, mais inversement de 10c à 11a. Les autres
éléments du chiasme sont tous de proportions égales. Notons
qu'aux extrêmes (10aα.11c) et aux centres (10de) il s'agit de la
terre considérée comme avant ou après son imprégnation par l'eau,
tandis qu'entre eux 10c et 11a nous entretiennent de l'eau et des
bienfaits qu'elle apporte, le rapport n'étant pas aussi clairement
déterminé de 10aβ à 11b. Aux extrêmes du premier volet, nous
lisons « tu as visité... le blé », et parallèlement aux extrêmes du
second: « tu tiens... sa germination »: 10aα et 10c sont des propositions globales d'introduction, et 10d et 11c marquent l'aboutissement du bienfait de l'eau: le blé et la germination de la terre. A
partir de ces premières remarques, on pourrait d'ailleurs déceler un

---

[22] C'est là l'un des deux termes possibles de la *visite* (l'autre étant le châtiment).
Voir entre autres Mannati, pp. 254-255.

certain agencement parallèle de l'ensemble où l'on verrait successivement les trois généralités de 10ab appeller celle de 10e, puis la
mention de l'eau en 10c appeler les trois bienfaits opérés par elle en
11ab, et enfin le blé obtenu selon 10d appeler la germination
comme fruit de la bénédiction en 11c. Ici ABONDANCE et ABON-
DANTES s'inscrivent dans le troisième terme de 10ab et dans le
troisième de 11ab, TU TIENS dans le dernier élément de 10a-d
(donc d) et le premier de 10e-11 (donc 10e).

Ce sont évidemment les mentions de la terre et des eaux qui
assurent l'articulation de 10-11 à 6-9. Nous avons vu comment, de
manières différentes, elles structurent chaque partie. Cependant
chacune les considère de son point de vue propre. En 6-9 terre et
mer sont considérées en connexion avec les peuples. En 10-11, où, si
le texte dit encore *terre*, il emploie désormais *eaux*, ils sont considérés
plus directement comme éléments du cosmos, la terre étant le lieu
de la germination, l'eau ce qui la permet. Mais puisque c'est aux
humains qu'est destiné le blé, l'aboutissement nous réfère encore à
ceux-là qui sont évoqués en 6-9. Nous avons lu, symétriquement
disposés dans le volet central 7-8 de 6-9, (*toi*) *qui* TIENS et (*toi*) *qui*
domptes, avec pour objets *les montagnes* et *les mers*. Or le verbe TENIR
se retrouve dans les éléments centraux du chiasme de 10-11, avec
pour objets *le blé* et *la terre* (désignée ici par un pronom-suffixe).
Nous savons que TERRE et *montagnes* constituent une paire stéréotypée (voir ci-dessus notre n. 16). Nous rapprocherons donc d'autant
plus en particulier 7aα et 10c, soit *les montagnes tenues* en place par la
force divine et la *terre tenue* prête pour donner son fruit. Nous reste
encore à relever les mentions de DIEU en 6b et 10c, ici interpellé
comme DIEU de notre salut, là simple déterminant pour le canal
des eaux tenues là-haut en réserve. Ainsi ce même Dieu détient
pour nous le salut et pour la terre les eaux fertilisantes. L'écho d'un
thème à l'autre n'est pas à négliger. Ils se lisent ici et là dans le
premier volet de chaque partie.

La dernière partie, 12-14, présente une structure assez complexe,
et cependant bien repérable. Les références au vêtement y jouent
un rôle important: la couronne (12a), s'envelopper (13b), se revêtir
(14a), se draper (14b). Ainsi les deux premières, aux extrêmes de
12-13, encadrent deux stiques où nous lisons RUISSELER. Ainsi
nous apparaît un premier chiasme, dont les deux premiers stiques
comportent les composants de la paire stéréotypée *bon*(té)-*gras*
(engrais)[23] et les deux derniers les termes se correspondant de
prairies du désert et *collines*. Dieu a mis le comble, *couronné* sa bonté,

---

[23] Voir Avishur pp. 318 et 355-356.

tant et tant que les collines se sont comme enveloppées d'allégresse. Sur les ornières creusées par son char RUISSELLE l'engrais si fertile qu'à leur tour les prairies du désert, en ayant bénéficié, RUISSELLENT. Les deux stiques de 12 présentent les bienfaits divins, ceux de 13 leurs effets. Aux extrêmes les images du vêtement, aux centres les emplois de RUISSELER, expriment les uns et les autres. Mais 13b, fonctionnant dans cette partie comme une charnière, doit être repris dans le second chiasme qui s'y présente. Ici les images du vêtement fonctionnent pour marquer les centres. On y lit:

| 14a | | se revêtent, | les pacages, | du troupeau |
| 14b | les vallées | se drapent | | de froment |

Les correspondances se lisent selon les colonnes. L'ordre de *se revêtent* + *les pacages* est inversé pour les termes correspondants *les vallées* + *se drapent*, et au terme de chaque stique nous avons deux fruits représentatifs de la fertilité: *le troupeau* (monde animal), *le froment* (végétation). Au début de 13b et en tout 14c nous avons diverses expressions de la jubilation: allégresse, cris de joie, chants. En 13b nous avons encore: « les collines se sont enveloppées », tout comme en 14b « les vallées se drapent », et tout comme encore – mais ici les termes correspondants sont inversés – « se revêtent les pacages ». On a vu aussi plus haut que *collines* prenait déjà le relais des *prairies du désert*, tant et si bien que comme sujets des deux verbes de 14c il faut prendre toute la série: les prairies du désert, les collines, les pacages, les vallées, par où l'on perçoit l'unité de ces trois derniers versets. Rendus fertiles par les bienfaits divins (12), tous ces lieux de la terre (en 13-14b) éclatent en cris de joie et chantent, comme déjà le laissait pressentir dans le stique central 13b où ces collines sont dites s'envelopper d'allégresse. Tant de jubilation provient d'ailleurs sans aucun doute des fêtes du couronnement (12a). Dans le Ps 5 où de sa faveur YHWH *couronne* le juste (13), on voit ceux qu'il abrite *éclater en cris de joie* (12b). Dans le Ps 21 où le roi reçoit sur sa tête une *couronne* d'or fin (4b), nous le voyons comblé d'*allégresse* (2b) tandis que les siens se mettent à *chanter* (14b). On voit donc les rapports existant entre *couronnement* au premier stique, *allégresse* au stique central, *cris de joie* et *chants* dans le dernier. Tout suggère que les vêtements évoqués en 13b et 14ab ont quelque chose de royal. Voilà la terre splendidement couronnée et vêtue, ce qui suscite de sa part cette intense jubilation.[24]

---

[24] Trublet-Aletti voient en 10–14 une seule et même partie où, notent-ils seulement, « le procédé est l'accumulation des verbes ».

Qu'en est-il du rapport de 10-11 à 12-14 ? A la charnière repérons d'abord *tu bénis / tu as couronné*. Dans les Pss 5 et 21, cités plus
haut, nous trouvons ces deux termes en parallèle (5,13 et 21,4). A
l'avant-dernier terme du chiasme de 12-13 et au même de celui de
13b-14 nous lisons *désert* et *froment*. Or le premier forme avec TERRE
de 10a une paire stéréotypée,[25] et quant au second sa synonymie
avec *blé* de 10d est patente. Nous l'avons vu, en 10-11 *blé* a pour
pendant *germination*, et en 12-14 *les prairies du désert* sont en tête d'une
liste de quatre lieux (dont le dernier est d'ailleurs en rapport avec le
froment), lieux de la terre. Ainsi c'est cette terre visitée par Dieu et
comblée par lui (10ab, 11bc) qui se pare des richesses produites par
la fertilité et exulte dans son bonheur. Le froment est l'une de ces
richesses qui la couvrent, et de lui, en particulier, il est dit qu'il est
le produit des oeuvres divines d'irrigation de la terre. Il apparaît
que ces deux parties 10-11 et 12-14 sont entre elles fortement
apparentées, même si, reconnaissons-le, les indices d'un tel rapport
ne sont pas, d'un point de vue structurel, nettement mis en valeur.

4. *La structure littéraire de l'ensemble du poème*

Tentons à présent de saisir la structure littéraire de l'ensemble du
poème. Nous avons déjà étudié les rapports entre première (I) et
deuxième (II) parties comme entre troisième (III) et quatrième
(IV). Mais, de plus, nous avons aussi repéré comment II et III
sont articulées entre elles. Or il se trouve que I et IV présentent des
débuts et fins qui se répondent selon un ordre inverse. Nous lisons
en effet BON tant en 5 (BONNES choses) qu'en 12 (BONTÉ), avec
d'ailleurs un parallèle ici et là en fonction du contexte (choses
saintes, engrais). Et en 2a et 14c nous trouvons les deux termes
d'une paire stéréotypée *louer-chanter*,[26] louange du Dieu de Sion,
chant de la terre comblée par son créateur. Par leurs extrêmes ces
deux parties se font donc écho, l'une centrée sur Sion, le Dieu qui
pardonne et rassasie les siens en son temple, l'autre centrée sur la
terre entière comblée des bienfaits de la fertilité. Ici et là se manifeste la bonté divine qui suscite louange et chants.

Mais il est encore deux parties qui présentent entre elles de
riches rapports, soit II et IV. Au centre de II, nous avons vu Dieu
se ceindre (de puissance): c'est là dans notre poème l'amorce du
thème du vêtement dont nous avons vu comment il fondait les
extrêmes du chiasme en 12-13 (couronner / s'envelopper) et les

---

[25] Selon Avishur p. 278.
[26] Avishur pp. 178 et 661. Ravasi (p. 306) relève cette correspondance, sans y
repérer la paire stéréotypée (et par erreur il traduit *tehillah* par « preghiera »).

centres de celui de 13b-14 (se revêtir / se draper). Ainsi la terre, comme son Dieu, est-elle magnifiquement vêtue. Au terme de II nous lisons que Dieu fait *jubiler* les issues *du matin et du soir*. Or *jubiler* (jubilation) constitue une paire stéréotypée avec *allégresse* que nous lisons au début de 13b-14 où, nous le savons, il a ses symétriques en 14c, dernier stique du poème. Non seulement les extrémités du monde jubilent, c'est-à-dire le monde en son entier, mais encore les prairies du désert, les collines, les pacages et les vallées, c'est-à-dire le monde en sa diversité de paysages et en chacun de ses lieux. *Le désert*, dont nous savons qu'il constitue avec TERRE une paire stéréotypée (voir ci-dessus notre n. 25), n'est ici que pour déterminer *prairies*. La série qui s'ouvre ici, avec *prairies du désert*, c'est celle que nous venons de rappeler. Mais en II LA TERRE vient comme complément de ses CONFINS (en 6c), c'est-à-dire qu'elle est prise en sa totalité, mise d'ailleurs en série avec LA MER, LES MERS, les flots et les issues du matin et du soir, soit toujours le cosmos considéré en la globalité de ses grandes parties. Cette comparaison donne bien la note propre de chacune de ces deux parties. Mais revenons sur l'expression de 9b, *les issues du matin et du soir*, au terme de II, et celle de 12a, au début de IV, *l'année de la bonté*. Ce sont les deux seules indications de temps dans notre poème. La première, de soi géographique d'ailleurs (il s'agit de l'orient et de l'occident), se réfère au rythme quotidien du matin et du soir, mais considéré en sa répétition sempiternelle. La seconde, elle, considère toute une année, mais une année particulière, précise, celle de la bonté de Dieu. Ainsi le rythme le plus court, du matin et du soir, sert à évoquer la plus longue durée (sans fin), et le rythme le plus long, celui d'une année, sert à mentionner la durée la plus brève et la plus déterminée, celle de cette année-là (et pas une autre). Ces indications de temps s'accordent parfaitement à celles des lieux. Tout va par grandes masses en II où est exaltée la puissance divine, mais IV entre dans les précisions, le pittoresque, les détails, pour donner les preuves visibles et repérables de la bonté divine.

Récapitulons tous les rapports étudiés jusqu'ici en proposant le schéma suivant de la structure littéraire de notre poème:

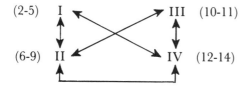

On parlera de chiasme puisque II appelle III comme I appelle IV.
Mais, s'il est vrai que I-II et III-IV constituent des ensembles
ayant leurs thèmes et caractéristiques propres, on ne pourra pas
parler entre eux de symétrie paralléle. Les rapports sont forts et
pleins de sens de II à IV, mais on ne peut en dire autant de I à III.
Nos deux volets sont donc en rapport selon une ordonnance en
chiasme des quatre parties, et aussi par leurs deux parties finales
(II et IV).

Cette bonté divine présente au temple comme en cette année
d'exceptionnelle fertilité doit susciter louanges et chansons. La
fertilité de la terre est en accord avec la surabondance dont jouissent ceux qui demeurent dans le temple (I.IV). Terre et mer,
maîtrisés par Dieu et témoins de ses bienfaits, en jubilent ; la terre,
comblée d'eau, est apprêtée pour les récoltes. Terre et eaux ne sont
pas que de purs témoins: par eux se prépare la récolte (II.III). Le
vêtement de la terre rivalisera avec celui de Dieu. L'année de la
bonté divine va la remplir d'allégresse, alors que déjà les issues du
matin et du soir jubilaient en témoins des signes divins (II.IV).
Ainsi l'allégresse est-elle universelle, à Sion et au loin, pour les
bienfaits de la justice étonnante et de la généreuse fertilité de la
terre.

CHAPITRE XI

« COMME ON ÉPURE L'ARGENT »
ÉTUDE STRUCTURELLE DU PSAUME 66

Etablir la structure littéraire du Ps 66 n'est pas chose facile. A preuve l'hésitation de deux auteurs qui s'y risquèrent récemment. Pour tenir compte des faits par eux observés, J. Trublet et J.N. Aletti[1] juxtaposent deux propositions, donnant la préférence à la seconde, mais tenant tout de même à nous faire part de la première. Ainsi, selon une organisation qu'ils reconnaissent n'être « pas assez fine », on pourrait voir autour d'un centre 10-12 se répondre selon un ordre concentrique et successivement, 8-9 (invitatoire) et 13-15 (louange au temple), 5-7 (« venez... voyez les oeuvres de Dieu ») et 16-19 (« venez... ce qu'il a fait »), 1-4 (invitatoire inaugural) et 20 (bénédiction). Comme nous nous en expliquerons, 10-12, 13-15 et 16-19 constituent bien autant d'unités homogènes. L'écho de 5 en 16 a été bien vu par nos auteurs. Mais de louange il n'est pas explicitement question en 13-15 alors que tel est le cas en 2 et 8. Par ailleurs de bénédiction il est déjà question en 8, et pas seulement en 20. Enfin 1-4, 5-7, 8-9 et 20 sont plus complexes que ne le laisse entendre cette proposition. Tournons-nous donc vers la seconde, préférée de nos auteurs. Ici ils distinguent deux parties ayant en commun une unité charnière (8-9). Chacune est construite concentriquement. Ainsi la première ordonne autour de 4 (« toute la terre chante » (2 f.) « ton NOM ») successivement 3 (« redoutable ; tes oeuvres ; ta force ») et 5-7 (« redoutable ; hauts faits ; puissance »), puis 2 (« sa louange ») et 8-9 (« sa louange »). Et la seconde pour sa part ordonne autour de 15 (louange: offrande holocaustes) successivement 13-14 (« ma bouche ») et 16-17 (« ma bouche »), 10-12 (épreuve) et 18-19 (Dieu éprouve), et enfin 8-9 (« bénissez ») et 20 (« béni »). Une distraction a laissé tomber 1b (mais la première proposition intégrait 1a qui ne fait pas à proprement parler partie du poème !). Ici sont pris en compte un plus grand nombre d'indices. On trouve en particulier situées de façon intéressante les récurrences de SA LOUANGE et BÉNIR, ce dont nous tiendrons le plus grand compte. En 2-4 (1b-4), même si la répartition n'est pas

---

[1] Pp. 48-89. Le lecteur trouvera ci-dessous une traduction (présentée en fonction de nos propres conclusions).

assez rigoureuse, la distinction pour l'essentiel est faite entre les trois unités qu'ils contiennent. Et les rapports sont bien posés entre 2, 4 et 8-9, puisque « les inclusions et les centres de chaque partie vont dans le même sens ». Les indices d'un rapport de 3 à 5-7 sont bien relevés, mais 5-7 est pris à tort pour une unité, ce sur quoi nous reviendrons. Dans la deuxième partie c'est par contre les séparations de 13-14 et 15, puis 16-17 et 18-19 qu'il faut contester. Sur ces points, c'est la première proposition qui voyait juste. Il faut aussi regretter dans cette seconde proposition la disparition de la correspondance entre 5 et 16. Et du coup toute la proposition est ici à revoir. Stimulé par ces recherches, recueillant leur apport et contestant leurs inexactitudes, nous tenterons à notre tour l'étude structurelle de ce psaume. Après avoir proposé une traduction, dans une première partie nous nous efforcerons de déterminer les diverses unités et éventuellement leur structure interne ; dans une seconde partie nous tenterons de découvrir progressivement la structure littéraire de l'ensemble de ce poème, moins simple, mais, aussi plus riche que ne nous l'ont laissé voir les deux auteurs cités. En conclusion, nous examinerons, toujours d'un point de vue structurel, l'articulation des deux psaumes 65 et 66, consécutifs dans le livre des Psaumes.

Notre traduction s'inspire de celle de *la Bible de Jérusalem*, la modifiant pourtant de manière à faire valoir les faits dont l'enjeu est structurel (récurrences, ordre des termes). Les interlignes sont nôtres et distinguent les unités telles que nous les voyons et nous en expliquerons dans notre étude. Les récurrences sont en lettres CAPITALES. Quand il n'a pas été possible de rendre un même mot ou une même racine par un même terme français, nous l'avons transcrit entre parenthèses à côté de sa traduction. Pour le v.3 nous nous en tenons à la traduction la plus courante, plus proche de l'hébreu. En 12c, il nous a semblé important de faire valoir le verbe *sortir*, antonyme d'*entrer* (12b.11a.13a), nous en tenant à l'interprétation la plus simple pour la fin du stique (mais sans qu'une autre des interprétations proposées implique un changement de nos conclusions au plan structurel).

1. *Détermination et structure interne des unités*

La première unité 1b-3aα est très simplement construite, quatre impératifs introduisant des objets dont les contenus sont apparentés aux extrêmes et aux centres:

1b	Acclamez (*l*)	DIEU, TOUTE LA TERRE,
2a	Chantez (à)	LA GLOIRE de SON NOM,
2b	Rendez(-lui)	sa louange de GLOIRE
3a	Dites à (*l*)	DIEU

1b	Acclamez DIEU, TOUTE LA TERRE,
2a	CHANTEZ à LA GLOIRE de SON NOM,
2b	RENDEZ-lui (*sym*) SA LOUANGE de GLOIRE.
3aα	Dites à DIEU.

(a')

3aβ	Comme est À CRAINDRE ce que TU FAIS!
3bα	À (voir) abonder ta force,

(b)

3bβ	(ils) s'inclinent ENVERS TOI (*lk*), tes ennemis,
4a	TOUTE LA TERRE se prosterne *devant toi* (*lk*),
4b	ELLE CHANTE *pour toi* (*lk*), ELLE CHANTE TON NOM.

(a)

5a	VENEZ et VOYEZ les gestes de DIEU,
5b	exploits (tant) À CRAINDRE pour les fils des hommes.
6a	Il changea la mer en terre ferme.
6b	DANS (b) le fleuve ils passèrent à PIED.

(b')

6c	Là nous eûmes en lui notre joie.

(a)

7a	Souverain de puissance éternelle,
7b	ses yeux observent les nations,
7c	les rebelles, qu'ils ne se RELÈVENT (*rwm*)

(b)

8a	Peuples, BÉNISSEZ notre DIEU,
8b	et donnez à ÉCOUTER LA VOIX de SA LOUANGE,

(a')

9a	Lui qui REND (*sym*) NOTRE ÂME à la vie
9b	et ne laisse PAS trébucher nos PIEDS.

(b)

10a	Oui, tu nous as éprouvés, ô DIEU,
10b	tu nous as ÉPURÉS comme on ÉPURE l'argent.
11a	Tu nous as fait ENTRER DANS (b) un piège,
11b	tu nous as *mis* (*sym*) une étreinte *sur* (b) les reins.
12a	Tu fis chevaucher un mortel à notre tête.
12b	Nous sommes ENTRÉS DANS (b) le feu et DANS (b) les eaux,

(B)

12c	et tu nous as fait sortir vers l'abondance.

13a	J'ENTRE dans ta maison avec des HOLOCAUSTES (*'wlwt*).
13b	J'acquitte ENVERS toi (*lk*) mes voeux,
14a	ceux qui m'ouvrirent les lèvres,
14b	qu'a prononcés MA BOUCHE en ma détresse:
15a	HOLOCAUSTES (*'wlwt*) (bien) gras que je ferai MONTER VERS TOI (*lk*)
15b	avec la fumée des béliers,
15c	je (les) FERAI de taureaux avec des boucs.

(A) (*'lh*)

16a	VENEZ, ÉCOUTEZ, et je (vous) raconterai,
16b	(vous) TOUS qui CRAIGNEZ DIEU,
16c	ce qu'il a FAIT pour MON ÂME.

17a Vers lui MA BOUCHE a crié,
17b (avec) l'ÉLÉVATION (*rwm*) (déjà) sous ma langue.   (B')
18a Si j'avais VU de la malice en mon coeur,
18b le Seigneur N'eût PAS ÉCOUTÉ.
19a Pourtant DIEU à ÉCOUTÉ,
19b il a prêté attention à LA VOIX de MA PRIÉRE.

20a BÉNI soit DIEU   (a')

20b qui N'a PAS écarté MA PRIÈRE,
20c ni son amour loin de moi.   (b)

En hébreu *'lhym* est introduit par *l* en 1b comme en 3aα. Le premier stique a ceci de particulier qu'il interpelle TOUTE LA TERRE, soit le sujet des impératifs, et le dernier stique, qu'il quitte le registre de la louange pour prendre celui d'une simple adresse, introduisant ainsi aux deux unités suivantes. Cette invitation initiale et celles qui, dans la suite de notre psaume, s'avèreront du même type recevront le sigle a'.

L'unité suivante peut sembler quelque peu artificielle puisque du point de vue de la syntaxe elle est rattachée pour partie à ce qui précède (début du discours à tenir à Dieu), et pour partie à ce qui suit (proposition subordonnée par rapport à 3bβ). Néammoins le thème de 3aβ et 3bα leur est bien commun, et distinct de ce qui les entoure. Il s'agit de l'aspect redoutable des oeuvres divines et de l'abondance de la force qui s'y manifeste. Ici il est donc dit quelque chose de Dieu et de ses oeuvres. Cette unité et celles qui s'avèreront par la suite du même type recevront le sigle b.

L'unité suivante comporte quatre affirmations, deux plus longues, avec sujet indépendant, et deux plus brèves. Les sujets pour l'un suit et pour l'autre précède dans les deux premières affirmations:

	s'inclinent	*envers toi* (*lk*)	tes ennemis,
toute la terre	se prosterne	*devant toi* (*lk*)	
	ELLE CHANTE	*pour toi* (*lk*)	
	ELLE CHANTE	ton nom.	

Les compléments des trois premiers verbes sont identiques en hébreu (*lk*), et, de même, les deux derniers verbes. N'étant point une invitation (comme 1b-3aα), mais seulement un énoncé à propos de l'hommage rendu à Dieu, cette unité et celles qui lui ressembleront recevront le sigle a.

En 5-6b nous entrons dans le détail des actions divines dont parlait déjà 3aβbα, mais ici après une invitation à les considérer, qui fait que nous donnerons à cette unité et à celle (16-19) du même type par la suite le sigle b' (ou B' pour 16-19, étant donné sa longueur). En hébreu 5a et b sont presque exactement parallèles. On lit au terme, ici et là, *les gestes* + de DIEU // *exploits* + *pour les fils des hommes.* Gestes et exploits désignent les mêmes hauts faits divins. Quant à DIEU et aux *fils des hommes*, ils s'opposent et se répondent aussi comme destinateur et destinataire des actions entreprises. Au début des stiques nous lisons ici *Venez et voyez, lkw wr'w,* cette dernière forme tirée du verbe *r'h*, et là À CRAINDRE, *nwrh*, forme tirée du verbe *yr'*, deux racines, *r'h* et *yr'*, entre lesquelles le jeu de mots est si classique qu'elles constituent même une paire stéréo- typée.[2] C'est un peu comme si l'auteur voulait faire entendre qu'à regarder de telles oeuvres (voyez) on ne peut qu'être saisi de crainte. Entre 6a et 6b l'ordre est un peu différent. Les premiers termes se répondent en chiasme: *il changea / la mer, dans le fleuve / ils passèrent. Mer* et *fleuve* constituent eux aussi une paire stéréotypée.[3] Les deux actions, de Dieu et des hommes, se répondent. Puis au terme des stiques se répondent *terre ferme*[4] et *à pied*, puisque c'est la première qui permet le second. Nos deux stiques se répondent selon une ordonnance a.b.c./b'.a'.c'. De 5 à 6ab nous sommes passés des généralités à des événements précis. Notons cependant que le DIEU nommé au premier stique de 5 est sujet de celui de 6, et les hommes au second stique de 5 sujets de celui de 6.

Le stique 6c revient sur le thème déjà abordé par le biais de la louange et du chant, de la joie trouvée en Dieu. Puisqu'il n'y a pas ici d'invitation, mais un simple récit, nous lui donnons comme à 3bβ4 le sigle a. Avec 7 nous retrouvons le thème de la puissance et de l'activité divines, comme en 3aβbα, recevant donc le même sigle b. Le v.8 invitant comme 1b-3aα à la louange de Dieu, reçoit donc aussi le sigle a'. Le stique 8b est en somme un développement de BÉNISSEZ en 8a (initial en hébreu). Et puisque 9 comme 7 revient sur les actions divines, il recevra le même sigle b.[5]

L'unité 10-12 nous parait structurée selon un parallèle riche de significations. En 10 d'abord nous voyons le vocatif DIEU encadré par une (tu nous as éprouvés), puis deux mentions de l'épreuve (tu nous as épurés comme on épure), le tout étant suivi du résultat espéré, ici exprimé sous mode d'image: comme... l'argent. Or ce

---

[2] Selon Avishur p. 702.
[3] Avishur p. 760 (à l'index).
[4] De plus *mer* et *terre ferme* constituent eux-mêmes une paire stéréotypée: Avishur pp. 486 et 495.
[5] Au v. 9 nous avons une paire stéréotypée constituée par les deux verbes *śym* et *ntn* (laisse) selon Avishur pp. 640–641 et 654, et même dans le seul premier stique avec ÂME et *vie* (*ibid.* p. 66).

schéma se retrouve sous mode plus ample en 11-12. Ici l'épreuve est exprimée par des propositions d'un stique entier, comprenant beaucoup plus que le seul verbe avec son suffixe, soit d'abord deux fois de suite en 11a et b, puis une fois en 12b. Ici et là, nous lisons le verbe ENTRER suivi d'un ou de deux emplois de la préposition DANS (*b*) introduisant à la mention d'un danger (un piège, le feu, les eaux). En 11 on notera encore un emploi de la même préposition (qu'il a bien fallu traduire *sur* dans la seconde proposition, mais avec un complément de nature différente (non plus l'épreuve, mais la partie du corps éprouvée: les reins). Et entre 11 et 12b est introduit ce *mortel* qui bien évidemment fait contraste avec le DIEU de 10. Si DIEU garantit en quelque sorte une épreuve sans bavure, la direction d'un simple *mortel* promet elle aussi, pour des raisons en quelque sorte inverses, des complications. L'un fera peser sur l'épreuve toute la perfection de son savoir-faire, l'autre au contraire – mais avec des effets convergents – toute son inexpérience. Et pour bien nous signifier que Dieu a délégué effectivement la conduite du peuple à ce *mortel*, le texte, qui le donnait comme sujet des verbes en 11b et 12a, n'en souffle plus mot en 12c: ici c'est *nous* tout simplement qui sommes sujets. Tant que Dieu dirige l'épreuve, il reste comme un espoir d'une issue, mais quelle inquiétude s'il se retire et confie à un mortel son déroulement ! Et cependant en 12c nous apprenons l'heureuse issue de l'épreuve: *la sortie* vers *l'abondance*, après *l'entrée* dans *piège*, *feu* et *eaux*,[6] les oppositions s'entendant terme à terme. A (*l*) notre tête il y avait un mortel, et pourtant Dieu nous fait sortir vers (*l*) l'abondance. Si peu prometteur de succès que fut un tel guide, c'est lui par qui Dieu nous a amenés à l'abondance. Récapitulons notre parallèle dans un schéma:

10a. Tu...	éprouvés	11a. Tu... ENTRER DANS un piège
		11b. Tu... une étreinte
ô DIEU,		12a. Tu... un mortel...
10b. tu...	épurés	12b. Nous... ENTRÉS DANS le feu
comme on	épure	et DANS les eaux
l'argent		12c. Et tu... sortir vers l'abondance

L'image de 10b nous avait déjà comme avertis de l'issue. L'épreuve aurait un terme heureux, même si l'aggravation qui en est montrée de 11 à 12ab semblait le compromettre. On notera l'éloquente inversion du schéma classique de l'exode, qui veut que *la sortie* soit

---

[6] *Feu* et *eaux constituent* une paire stéréotypée selon Avishur pp. 483-4 et 495.

celle de l'épreuve (sortie d'Egypte), et *l'entrée* celle dans le bonheur (dans la terre). Ainsi la sortie est-elle un moment qui passera, et l'entrée vise à un bonheur durable. L'inversion ici pratiquée suggère que l'épreuve risque de durer, mais c'est une surprise des plus heureuses que de voir la sortie déboucher non sur le désert, mais sur l'abondance. Décidément ce Dieu qui, non content de mettre la main à l'épreuve avec toute la rigueur dont il est capable, prend en plus le risque d'en confier le déroulement à un simple mortel, il est aussi capable d'offrir au terme à son peuple un bonheur à la proportion de telles épreuves. Considérant les oeuvres de Dieu, 10-12 (comme 3aβbα, 7 et 9) recevront le sigle B, ici avec une majuscule pour signifier la longueur particulière de cette unité.

Il n'est guère possible, avec Trublet – Aletti dans leur deuxième proposition, de distinguer comme deux unités 13-14 et 15. Le parallélisme entre 14a et b est presque parfait, si ce n'est que le second contient la mention supplémentaire de la détresse. De 13 à 15 on repérera d'abord deux indices qui à leur façon montrent déjà qu'ils encadrent, en se correspondant, le v.14, soit HOLOCAUSTES et (EN)VERS TOI (*lk*). Si le parallélisme de 13a et b est limpide, il n'en va pas de même en 15. Notons pourtant comment son premier stique répond à ceux de 14:

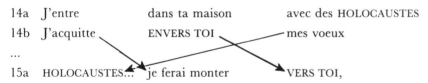

14a   J'entre   dans ta maison   avec des HOLOCAUSTES

14b   J'acquitte   ENVERS TOI   mes voeux

...

15a   HOLOCAUSTES... je ferai monter   VERS TOI,

selon un schéma a.b.c. // a'.b'.c' ... c.a''.b'. Le début et la fin de 15 se répondent en inversant les termes se correspondant:

     – HOLOCAUSTES (bien) gras
              – je ferai monter
              . . . .
              – je (les) ferai
     – de taureaux avec des boucs.

On voit enfin le déroulement logique des actions ici comme interrompues par la référence centrale de 14 au passé:[7] entrée au temple avec des holocaustes pour acquitter ses voeux, et en conséquence faire monter ces holocaustes en sacrifice, les plus beaux qui soient. Cette unité, sous mode d'énoncé et non d'invitation, concernant l'hommage à Dieu, recevra le sigle A, comme précédemment 3bβ-

---

[7] On trouve exactement le même procédé en Ex 15, 8 + 10, « interrompus » par la parole rappelée au v.9.

4 et 6c, mais ici avec une majuscule pour signifier sa longueur particulière.

Dans leur seconde proposition Trublet – Aletti se risquent à répartir 16-17 et 18-19 dans deux unités distinctes. Mais à considérer la structure littéraire de 16-19, une telle distinction ne tient pas. Il s'agit, nous allons le voir, d'une unité possédant sa propre architecture qu'il ne nous est pas loisible de défaire. Trois fois il est question d'ÉCOUTER ; une fois cela est demandé par le fidèle aux siens (nous l'indiquerons par (y)), une fois il est dit que le Seigneur n'aurait pas ÉCOUTÉ ($\overline{Y}$), une fois enfin qu'il a bel et bien ÉCOUTÉ (Y en 19abα).[8] C'est là précisément ce qu'il a fait pour son fidèle, mais puisque nous ne le savons pas encore en 16c, nous indiquerons ici l'emploi de ce verbe faire par y ?. Trois fois il est dit que le fidèle parle, une fois au présent en 16a, à ceux qui sont là (donc (x)), deux fois au passé, en 17 sur tout un verset (X), en 19 dans l'expression finale (x, soit l'objet du verbe). Enfin deux attitudes sont opposées, soit celle de ceux qui craignent Dieu, interpellés en 16b (nous leur donnons le sigle z), et celle, heureusement hypothétique, qui aurait révélé de la malice au coeur du psalmiste (donc $\overline{z}$, en 18a). En 18a ce dernier parle de *mon coeur*. Or on sait que ce terme constitue une paire stéréotypée avec *mon âme*.[9] C'est bien du même en effet qu'il est question en 16c, mais là *mon âme* n'est connotée ni comme juste, ni comme injuste. La question est en suspens. Nous lui donnerons donc le sigle z ?. Nous voilà à même de présenter schématiquement comme suit (à l'aide de nos sigles) nos quatre versets :

---

[8] Affirmation appuyée, presque doublée. Les deux verbes employés en 19a et b constituent une paire stéréotypée selon Avishur pp. 285-6 et 648.

[9] Avishur p. 761 (à l'index). Sans se soucier autrement de leur contexte, on voit donc en 16-18 ordonnées en ordre inversé les correspondances suivantes :

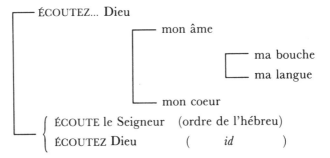

16ab	(y)	(ÉCOUTEZ)	(x)	(je raconterai)		(z)	(craignez)
16c	y ?	(il a fait)				z ?	(pour mon âme)
17-18	X	(crié)		$\bar{z}$ (en mon coeur)		$\bar{Y}$	(pas ÉCOUTÉ)
19	Y	(a ÉCOUTÉ)				x	(ma prière)

Les première et troisième lignes comportent trois éléments, les deuxième et quatrième deux. Les deux premières lignes commencent et s'achèvent de manière semblable. Mais en 16ab il s'agit de ceux qu'on connaît comme craignant Dieu, et ils sont invités à écouter le fidèle, tandis qu'en 16c on ne sait même pas si à ce dernier couvient bien ce qualificatif (z ?), ni si ce que Dieu a fait pour lui, c'est de l'avoir écouté (y ?). Les deux dernières lignes inversent pour ainsi dire commencements et fins: X... $\bar{Y}$ et Yx. Ici il s'agit d'opposition, puisque de la prière (X et x) il est dit d'abord qu'elle aurait pu ne pas être écoutée ($\bar{Y}$), puis qu'en fait elle l'a été (Y). Ainsi les deux lignes centrales de notre tableau (soit 16c et 17-18 qui y correspondent) soit laissent ouvertes toutes les hypothèses possibles (16c: ce qu'il a fait..., sans encore l'expliciter), soit même considèrent le cas d'un refus. D'ici à là on voit se répondre autour du X de 17: y ? + z ? et $\bar{z}$ + $\bar{Y}$. Par contre, dans les lignes extrêmes deux écoutes effectives se répondent, la première à venir, celle des auditeurs qui sont là, la seconde du passé, donc encore plus assurée, celle de Dieu lui-même dans l'histoire de son fidèle. A (y) + (x) au début de notre morceau répondent donc (en parallèle) Y + x au terme, les premiers étant comme une annonce dans le texte, mais un écho dans l'histoire, des seconds. Ecouter le récit du fidèle, c'est faire écho à l'écoute même de Dieu l'exauçant. On voit donc la progression tant de 16c à 17-18 (des diverses possibilités à l'hypothèse de la négation) que de 16ab à 19 (de la simple écoute demandée aux fidèles présents à celle de Dieu déjà connue par l'histoire). Nous avons là comme un chiasme à quatre termes dont les deux derniers vont plus avant que les deux premiers, soit, en indiquant par des parenthèses vides les éléments pour le moment omis:

Et sans rien omettre du texte nous pouvons encore en découvrir la disposition suivante:

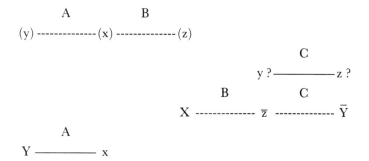

Les rapports A et B sont attenants l'un à l'autre en 16ab (ayant (x) en commun), et de même B et C en 17-18 (ayant z̄ en commun) ; mais les rapports C en 16c et A en 19 sont indépendants. On décrira donc l'ensemble comme ceci: AB + C et BC + A. Nous retrouvons le chiasme décrit ci-dessus et ici représenté par A... + C / ... C + A. Mais ici les premier et troisième éléments s'y voient adjoints (z) au terme de 16ab (comme on a z ? au terme de 16c) et X au début de 17-18 (comme on a x au terme de 19), d'où les rapports B qui suivent A en 16ab et précèdent C en 17-18:

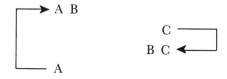

De AB à C nous passons de deux à un seul stique, de BC à A de quatre à deux. Le premier volet est donc de moitié moins long que le second. Deux choses y sont attendues, d'une part l'attention au récit de la part de ceux qui craignent Dieu (AB), mais d'autre part et surtout le contenu de ce que Dieu a fait pour son fidèle (rapport C, indépendant). Dans le second volet est d'abord rappelée la prière faite par le fidèle qui savait bien que, la malice au coeur, il n'eût pas été écouté (BC), mais ensuite et surtout (rapport A, indépendant) il annonce enfin que Dieu a écouté sa prière. Il est vraiment impossible de trancher dans ce tissu serré. Et s'il fallait y introduire une distinction, ce ne serait pas entre 16-17 et 18-19 (comme le font Trublet – Aletti), mais entre 16 et 17-19, les deux volets, si disproportionnés qu'en soient les dimensions, ayant chacun leur caractère propre par rapport à l'autre. Comme nous l'avions déjà annoncé à propos de 5-6b et pour les raisons alors précisées, 16-19 recevront le sigle B'.

2. *Structures partielles et structure d'ensemble*

Nous nous efforcerons ici de découvrir dans le texte, au fur et à mesure de son déroulement, les différentes structures que peu à peu il nous manifeste, jusqu'à parvenir au terme à la structure d'ensemble du poème. En 1-4 nous découvrons sans peine l'encadrement de b par a' et a. Nous lisons en effet dans ces deux dernières unités: TOUTE LA TERRE, CHANTER, SON/TON NOM. Toute la terre est invitée à chanter Dieu (a) et, en voyant sa force à l'oeuvre (b), à adresser à Dieu sa reconnaissance de l'hommage de toute la terre (b'). En avançant jusqu'à 6b nous découvrons, en 1b-6b donc, a'.b.a.b', petit ensemble parallèle pour ce qui est de la disposition des contenus, mais en chiasme pour ce qui est des simples énoncés aux centres (b.a) et des invitations aux extrêmes (a'... b'). Nous connaissons les rapports de a' à a. De b à b' notons la récurrence de À CRAINDRE, et aussi la correspondance entre « ce que tu FAIS » (racine *ʿśh*) et « les gestes » (racine *pʿl*), les deux racines, de sens voisin, constituant une paire stéréotypée.[10] Si l'on ajoute maintenant 6c, on obtient en 1b-6 un petit ensemble concentrique autour de 3bβ4, soit: a'.b.a.b'.a. Ici a' appelle a comme, inversement, b appelle b'. De a' à a nous rencontrons CHANTER (*zmr*) et se réjouir (*śmḥ*), qui tous deux entrent en composition avec un troisième terme pour constituer avec lui des paires stéréotypées,[11] ce qui confirme à sa manière leur parenté thématique. On notera que les deux volets a'b et b'a concernent pour l'un TOUTE LA TERRE (nommée en a') et pour l'autre *nous* (dont il est question en a qui exprime la joie éprouvée à partir des événements contés en 5-6b). Ainsi ce que DIEU fait et qui est tant à craindre (b), ce sont ces exploits en faveur des siens (b'); et la louange de toute la terre (a') n'est que le prolongement de la joie que trouvèrent les témoins dans les exploits réalisés pour eux (a). Le texte s'arrêterait-il ici que nous aurions déjà un ensemble structuré et, comme tel, significatif.

Mais le texte poursuit. Considérons ici d'abord b et a' en 7 et 8 pour découvrir sur 1b-8 une symétrie concentrique très régulière autour de l'invitation b' de 5-6b. On lit en effet:

---

[10] Avishur p. 765 (à l'index). Elles remplissent une fonction structurelle déterminante dans le Ps 95, comme on peut le voir dans notre « Essai sur la structure littéraire du Psaume 95 », *BN* 22 (1983) 47-69, pp. 47.65-69.
[11] Soit *šyr/zmr* et *šyr/śmḥ* selon Avishur p. 767 (à l'index).

         a' (1b-3aα)
              b (3aβbα)
                            a (3bβ4)
                                          b' (5-6b)
                            a (6c)
              b (7)
         a' (8)

De 1b-3aα à 8 nous retrouvons DIEU et LOUANGE. Ajoutons ici que
NOM (2a) et LOUANGE (8b) constituent une paire stéréotypée.[12] De
3aβbα à 7 nous avons encore les deux termes d'une paire stéréotypée, soit *force* (3bα) et *puissance* (7a).[13] De 3bβ4 à 6c nous retrouvons
CHANT et *joie*, dont nous avons dit plus haut le rapport. A la
lecture, nous découvrons d'abord avec 7 l'ensemble 3aβ-7, puis
avec 8 l'ensemble 1b-8. Il était plus simple de présenter directement ce dernier. L'invitation à contempler les exploits divins (b')
fait ainsi écho à celles qui, aux extrêmes (a' et a') invitent à la
louange. Cette louange n'est en effet que l'actualisation de l'hommage rendu par toute la terre (a en 3bβ4) et de la joie éprouvée par
les élus (a en 6c), et il ne saurait y avoir de contemplation sans
reconnaissance de la force et de la puissance divines manifestées sur
la terre (b et b). De la fin de a (3bβ4) au début de a (6c), donc
immédiatement autour du centre 5-6b, notons le jeu de mots entre
šmk (ton nom) et *šm* (là).[14] Nous voyons bien 7 et 8 constituer avec
5-6 un petit ensemble b'.a.b.a.', mais un tel ensemble ne relevant
que de la typologie des unités et n'étant pas autrement soutenu par
des indices de structure, nous préférons ne pas y insister. Tout au
plus pourrait-on rapprocher, avec leur objet indentique DIEU, les
invitations de 5a et 8a.
   Avec 9 nous revenons aux actions, ici bienfaisantes, de Dieu (b).
Les PIEDS préservés de la chute évoquent manifestement ce passage
du fleuve à PIED en 5-6b, unité b'. Or avant chacune de ces unités
nous voyons soit TOUTE LA TERRE venir rendre hommage à Dieu
(3bβ4 = a), soit *les peuples* invités à la bénir (8 = a'). Or TERRE et

---

[12] Selon Avishur p. 767 (à l'index). Deux autres paires jouent encore ici, mais
de façon moins homogène (entre verbes et substantifs), soit *acclamer* et VOIX
(Avishur p. 184, pour les deux substantifs), LOUANGE et BÉNIR (Avishur p. 756 à
l'index, pour les deux verbes: LOUANGE se lit en 2b *et* 8b).
[13] Voir Avishur pp. 234 et 280 (ʿwz/gbr), auxquels nous pouvons ajouter *mʿśh*
(3aβ) et *gbwrh* (7a), paire stéréotypée selon Avishur p. 109.
[14] Notre poème aime les jeux de mots, à preuve *šmw/śymw* en 2, *wrʾw/nwrh* en 5,
ʾylh ʾl en 5b, *ʾlwt/ʿlh* en 15a...

peuples désignent les mêmes et constituent une paire stéréotypée.[15] Nous voyons alors le parallèle a + b' (3bβ-6b) // a' + b (8-9), indiqué par les correspondances suivantes: TOUTE LA TERRE + PIED // *les peuples* + PIEDS. Au parallèle en question se superpose un certain chiasme disposant aux extrêmes les énoncés (a et b) et aux centres les invitations (b' et a'). Le parallèle nous fait aussi passer ici et là de LA TERRE ou *les peuples* (4a.8a) à ce qui nous concerne, soit que les exploits rapportés en 6ab soient ceux accomplis en notre faveur (le passage du fleuve, dont d'ailleurs en 6c c'est nous qui nous réjouissons), soit que le destinataire de l'action divine soit explicitement désigné (*notre* âme, *nos* pieds en 9). Considérons, à l'aide de cette même distinction, 6c + 7 (a + b) entre nos deux enchaînements ab' et a'b. En 6c c'est *nous* qui nous réjouissons, en 7 ce sont *les nations* qui sont observées par le puissant souverain. Or ces nations désignent les mêmes que la terre ou que les peuples, avec chacun desquels d'ailleurs elles constituent une paire stéréotypée.[16] Dressons donc un tableau récapitulatif:

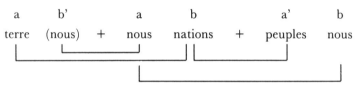

On voit ici l'agencement en chiasme tant en ab'ab qu'en aba'b. On pourra aussi voir le parallèle quant aux contenus et chiasme quant aux proportions, c'est-à-dire la symétrie croisée entre a (terre) + b'a (nous + nous) et ba' (nations + peuples) et b (nous). Cependant le parallèle entre ab' et a'b aux extrêmes doit nous permettre d'apprécier une différence d'accent. En b', où l'exploit conté est bien celui nous concernant, ce n'en est pas moins celui de DIEU et à l'adresse des *fils des hommes*. C'est dire que la note universelle de a (TOUTE LA TERRE) s'y prolonge. En a' par contre c'est *notre* DIEU que les peuples ont à bénir et louer. C'est dire que la note particulière de 9 est déjà introduite (*notre* Dieu agit pour *notre* âme et *nos* pieds). Ainsi l'ensemble ab' accentue la note universelle (qu'on retrouvera en b de 7), et au terme l'ensemble a'b la note particulière (déjà explicite en a de 6c).[17]

---

[15] Avishur p. 278.

[16] Voir Avishur pp. 278 pour *terre-nation* et 650 pour *nation-peuple*, sans compter encore la paire *terre-peuples* (*Ibid.* p. 278).

[17] Nous pourrions donc ici proposer une symétrie croisée inverse de la précédente, soit ab' (toute la terre / Dieu... les fils des hommes) + a (*notre* joie) et b (les nations) + a'b (*notre* Dieu / *notre* âme... *nos* pieds).

Dans ces neuf versets ou huit unités nous avons perçu deux ensembles un peu importants, mais structurés de façon différente, soit 1b-8 (symétrie concentrique par unités de même type autour de 5-6b) et 3bβ-9 (plusieurs jeux de symétries à partir des unités et des couples d'unités). L'ensemble 1b-9 en sa totalité ne paraît pas posséder de structure propre. Notons cependant l'espèce d'inclusion constituée par la récurrence de RENDRE (*sym*) de 2b à 9a: RENDEZ gloire... à celui qui nous REND la vie.

Avec 10-12 (B), 13-15 (A) et 16-19 (B') nous avons, se succédant, les trois unités longues de notre psaume. Elles ne semblent pas posséder de structure en commandant l'ensemble. Il faut cependant relever les puissants enchaînements de B à A et de A à B'. De B à A il se fait à l'aide du verbe ENTRER. Nous en avons vu la fonction structurelle en 10-12 où il sert à exprimer l'entrée dans l'épreuve, entrée suivie d'une sortie (12c). Or aussitôt après, en 13a le fidèle ENTRE... mais cette fois dans la maison de Dieu. La *continuité* entre la *sortie* de 12c et l'*entrée* de 13a tout comme le *contraste* entre l'*entrée* de 11a, 12b et l'*entrée* de 13a sont pleins d'effets et de sens. Ajoutons que la mention unique de *la détresse* en 14 (au centre de A) est à comprendre à la lumière des épreuves explicitées en B. De A à B' notons d'abord les premiers mots: J'ENTRE (*bw'*)... VENEZ (*hlk*)... verbes qui constituent un couple classique:[18] entré lui-même dans le temple, le fidèle y invite les craignant Dieu. Par ailleurs on connaît les paires stéréotypées BOUCHE-*lèvres* (14), BOUCHE-*langue* (17), et *lèvres-langue* (14a.17b),[19] auxquelles on ajoutera celle des verbes ici traduits *prononcer* (*dbr*), en 14b précisément, et *appeler* (*qr'*)[20] en 17a. Il est donc bien clair que la prière évoquée en 17 (et 19b) est pour le moins en lien étroit avec les voeux prononcés dans l'épreuve selon 14. Cette prière appelle donc d'une part l'accomplissement par le fidèle de ses promesses (14), et de l'autre l'exaucement divin (17.19), le second engageant de façon pressante le premier. D'ailleurs le dernier verset se trouve lié à 16-19 (B') par une nouvelle mention de MA PRIERE, écoutée en 19,

---

[18] Sur leur synonymie structure par exemple TWAT II,418 et pour un exemple de leur fonctionnement structurel M. Girard, « Analyse structurelle su Psaume 95 », *ScEs* 33 (1981) 179-189, pp. 184 et 187, et à sa suite P. Auffret, « Essai sur la structure littéraire du psaume 95 », *BN* 22 (1983) 47-69, pp. 65-68.

[19] Voir Avishur pour les premier et deuxième p. 765 (à l'index), pour le troisième p. 768 (à l'index). Mentionnons même les paires stéréotypées *lèvres* (14a) – *coeur* (18a) (Avishur p. 761, à l'index), *bouche* (14b) – *âme* (16c) (Avishur pp. 512 et 522), couples dont on voit la disposition symétrique d'ici à là, et encore *bouche* (14b) – *coeur* (18a) (Avishur p. 765 à l'index). Bouche, lèvres et langue ont comme gagné (par la prière) le salut pour âme et coeur.

[20] Avishur pp. 120 et 309.

non écartée en 20b, 20a étant ainsi encadré. Si le rapport de 20a (a') à 13-15 (A) n'était autre que purement thématique, on pourrait se risquer à parler d'un petit ensemble A.B'.a'.b. Mais revenons plutôt à 10-19. De A à B' il faut aussi relever la récurrence et la complémentarité des deux emplois du verbe FAIRE en 15c et 16c: en retour de ce qu'il a FAIT pour mon âme, je lui FERAI un holocauste généreux. Enfin de B à B' il existe quand même, allant dans le sens d'un encadrement de A, deux indices: la récurrence de DIEU de 10a à 16b (mais dans des contextes peu homogènes) et surtout les termes de la paire stéréotypée *éprouver* (10b) et *voir*[21] (18a), le discernement opéré par le fidèle étant dans la ligne de l'épreuve imposée par Dieu.

Mais la séquence des unités en 10-20 prendra tout son sens dans une comparaison avec 1b-9. Commençons ici par repérer deux séquences identiques en 3-6b (bab') et 10-19 (BAB') comme en 8-9 (a'b) et 20 (a'b). La première comparaison s'appuie sur les indices suivants. En b' et B' nous avons d'abord ces introductions: VENEZ et VOYEZ..., VENEZ, ÉCOUTEZ..., d'autant plus comparables si l'on se souvient que *voir* et *écouter* constituent une paire stéréotypée.[22] Le verbe VOIR est d'ailleurs récurrent de 5a à 18a, chacun ayant comme un discernement à opérer, soit des gestes de Dieu, soit en son propre coeur. De 5b à 16b nous retrouvons CRAINDRE, crainte qui n'a pas exactement la même extension ni tout à fait la même nature ici et là, mais crainte qui a quand même le même objet: DIEU, que nous lisons en 5a et 16b. Puisque VOIR et ÉCOUTER constituent une paire stéréotypée, on rapprochera aussi 5a et 19a: VOYEZ... DIEU, DIEU a ÉCOUTÉ. De 3bβ4 à 13-15 (a et A) on notera la répétition ici et là de *lk* pour indiquer le destinataire de l'hommage en a et des voeux ou des holocaustes en A. Nous n'en avons pas d'autre emploi dans notre psaume. Notons ensuite deux paires stéréotypées, et d'abord *ennemis* (3bβ) et *détresse* (14b),[23] la prière jaillissant en pleine détresse, mais cette dernière étant finalement si bien conjurée, la prière du coup si bien exaucée, que les ennemis eux-mêmes viennent s'incliner devant Dieu. Autre paire, moins familière, celle de TERRE (4a) et *maison*[24] (13a). Certes cette terre qui se prosterne devant Dieu désigne moins le lieu que les personnes. Cependant le premier sens n'est pas totalement absent. La terre appartenant à Dieu, il est normal qu'il y possède sa

---

[21] Avishur p. 121.
[22] Avishur pp. 87, 263 et 286.
[23] Avishur p. 753 (*'yb/ṣrr* à l'index).
[24] Avishur p. 66.

maison. Là où ils sont, tous ceux de la terre se prosternent devant Dieu. Le fidèle pour sa part vient en la maison de Dieu lui offrir des holocaustes. Les deux hommages se répondent. De 3aβbα (b) à 10-12 (B), le rapport n'est à première vue que thématique, et de fait. Mais il se trouve que sur les ensembles bab' et BAB' joue un chiasme. Nous avons déjà examiné le rapport de a à A. Celui de b (3aβbα) à B' (16-19) est indiqué par les deux récurrences de CRAINDRE et FAIRE (3aβ.16bc). Sur toute la terre, ce que FAIT Dieu est à redouter, à CRAINDRE, et, dans un sens un peu différent, mais convergent, on comprend qu'à ceux qui CRAIGNENT Dieu le fidèle veuille raconter ce qu'il a FAIT: leur CRAINTE ne fera que s'en confirmer. De b' (5-6b) à B (10-12) nous retrouvons l'évocation du danger vaincu, de la mer ou du fleuve en 6ab, des eaux en 12bc. En 6a la mer est opposée à la terre ferme, en 12b les eaux au feu. Nous voyons aussi se correspondre comme les deux termes d'une paire stéréotypée[25] *les fils des hommes* de 5b et *le mortel* de 12a: ceux-ci ont à mesurer la distance infinie entre eux et ce DIEU redoutable en exploits ; celui-là, de façon justement paradoxale et déroutante, prend le relais de DIEU lui-même dans la conduite des siens au travers de l'épreuve. Deux autres paires stéréotypées jouent peut-être encore un rôle, des deux premiers mots de 5-6b aux stiques extrêmes de 10-12, soit *venir* (*hlk*) et *sortir* (*yṣ'*),[26] et *voir* et *éprouver* (déjà rencontrée). Les sujets sont les hommes (2ème pers. pl.) en 5a, mais Dieu (2ème pers. sg.) en 10a et 12c. On pourrait, en partant de ce dernier, commenter ainsi (en remontant le texte): puisque Dieu nous a *éprouvés* comme l'on sait et finalement fait *sortir* vers l'abondance, il est plus que sensé que vous, les hommes, vous faisiez la démarche de *venir* pour *voir* ces exploits qu'il a accomplis. Dès lors les rapports de 3aβ-6b à 10-19 peuvent se schématiser comme suit:

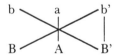

De 8-9 à 20 repérons d'abord la même invitation à BÉNIR DIEU en a' de 8 et de 20a. Quant aux unités b, toutes deux se rapportent aux unités b' du tableau ci-dessus (soit 5-6b et 16-19). On lit en effet – nous l'avons déjà relevé et commenté – PIED au terme de 5-6b comme de 9, et MA PRIÈRE du terme de 16-19 à 20bc. De plus

---

[25] Avishur p. 641.
[26] Avishur p. 309.

en 9 comme en 20bc nous lisons deux négations pour exprimer deux malheurs qu'il n'a pas voulu infliger aux siens: laisser trébucher leurs pieds, écarter leur prière.[27]

Nous pouvons de 1b-9 à 10-20 récapituler les correspondances jusqu'ici découvertes dans le schéma suivant:

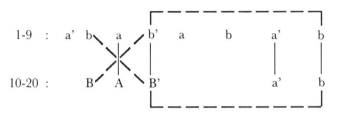

Ajoutons maintenant quelques remarques, et d'abord sur les trois enchaînements a'b de 1b-3bα, 8-9 et 20. Nous lisons en 8 (a') BÉNIR et LOUANGE, soit les deux termes d'une paire stéréotypée,[28] le second se lisant déjà en 1b-3aα (première unitè a'), le premier se retrouvant en 20a (dernière unité a'). On voit l'agencement dans nos trois unités a': SA LOUANGE / BÉNISSEZ + SA LOUANGE / BENI, DIEU se lisant dans le premier (ou unique) stique de chacune. Dans les unités b qui leur font suite on trouve les deux paires stéréotypées *force* et *vie*[29] de 3bα à 9a, *force* et *amour*[30] de 3bα à 20c, mais aussi, de 9b à 20c la négation de même sens déjà commentée plus haut. Chacune est donc en rapport avec les deux autres. Ajoutons que de b (9) à B (10-12) nous retrouvons le verbe *śym*, les actions semblant contraires qui consistent à *rendre* l'âme à la vie (9a) et à *mettre* une étreinte sur les reins (11b). Ainsi les quatre unités b aux extrêmes du tableau ci-dessus se répondent en chiasme: 3aβbα (après a') appelant 20bc (après a'), et 9 (après a') appelant 10-12. Nous avons vu par ailleurs que b'et B' rappelaient en chiasme b (initial) et B, et en parallèle b (9) et b (20bc). L'unité a de 6c répond, nous l'avons vu, à l'unité a de 3bβ4, et l'unité b de 7 est du même type que celle de 9 avec laquelle elle encadre d'une certaine manière a' de 8. Nous avons vu le rapport de b (3aβbα) à B'. Symétriquement, selon un axe vertical (b'-B'), on peut aussi repérer un rapport entre B' et d'une part b de 7 (répondant au premier b dans l'ensemble concentrique 1b-8), d'autre part 9 avec

---

[27] Il y a encore la même négation (*l'*, la troisième des trois du psaume ; c'est *'l* qu'on lit en 7c) en 18b, mais pour une affirmation (il est vrai hypothétique) de sens contraire: le Seigneur Neût PAS écouté.
[28] Avishur p. 756 (à l'index).
[29] Avishur p. 280.
[30] Avishur p. 282.

lequel, nous venons de le dire, il encadre 8. En effet de 7c à 17b nous retrouvons la racine *rwm* pour manifester une belle opposition: les rebelles ne se *relèveront* pas, mais *l'élévation* de ma louange vers Dieu est déjà amorcée dans mon appel de détresse. Et de 9a à 16c nous lisons NOTRE ÂME et MON ÂME, ici et là bénéficiaire de l'action divine. Nous pouvons donc maintenant reprendre et compléter comme suit le tableau ci-dessus:

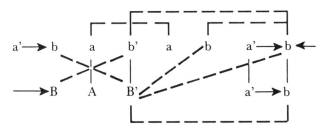

Le lecteur peut voir aux extrêmes du poème l'inversion de a'-b/a-b' en A-B'/a'-b. Mais comment comprendre la structure de l'ensemble au point où nous voilà rendus ? Il nous semble que tout paraîtra plus clair et satisfaisant au plan structurel si nous disposons comme suit les unités avec quelques indications complémentaires qui trouveront par la suite leurs justifications:

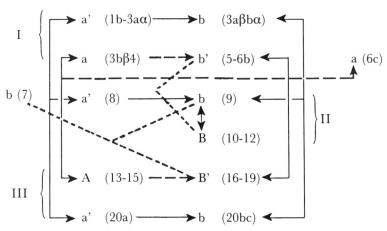

Sans les commenter à nouveau, mais pour faciliter les repérages au lecteur, nous indiquerons ici les principaux indices des rapports entre unités. Nous avons disposé sur deux colonnes les unités a/a' et b/b', deux colonnes supplémentaires, ne comportant qu'une unité, ayant été nécessaires pour 6c (a) et 7 (b). Les accolades déterminent trois parties, 1b-6, 7-12 et 13-20. De la première à la dernière le lecteur retrouve l'inversion des enchaînements a'-b (LOUANGE-*force*) et a-b' (ENVERS TOI – VENEZ... CRAINDRE) en A-B' (ENVERS TOI – VENEZ... CRAIGNEZ) et a'-b (BÉNI-*amour*). Dans la partie centrale il se rappellera la récurrence de *śym* de b (9: RENDEZ) à B (10-12: tu as *mis*). N'étaient que ces unités, la symétrie serait des plus simples (un large chiasme à six termes). Mais les choses se compliquent – et les rapports de sens s'intensifient – si l'on considère d'abord dans la partie centrale un nouvel enchaînement a'-b en lien étroit avec ceux des extrêmes (BÉNISSEZ – LOUANGE en a' de 8 comme respectivement en 20a et 1b-3aα ; *vie* et négation en b appelant respectivement *force* en 3aββα et la même négation en 20bc). Il faut ensuite prendre en compte ces « importuns » de a en 6c et b en 7. Nous avons sur notre tableau indiqué le rapport de A à a de 3bβ4, mais le moment est venu de relever aussi celui de A à a de 6c. Nous avons en effet d'ici à là les deux termes d'une paire stéréotypée, *se réjouir* (*śmḥ*) et *acquitter* (*šlm*).[31] On saisit l'accord entre trouver sa joie en Dieu et s'acquitter des voeux que l'on a engagés envers lui. Ainsi le rapport a-b' (3b-6b) à A-B' (13-19) devient-il légèrement plus complexe pour devenir celui de a-b'-a (3b-6) à A-B' (13-19). Par ailleurs nous avons ci-dessus relevé les rapports de b' (5-6b: VENEZ, VOYEZ, fils d'homme, mer) à B (10-12: sortir, éprouver, mortel, eaux) comme de b (9: NOTRE ÂME) à B' (16-19: MON ÂME). Sur notre tableau au chiasme b'... b.B... B' se trouve donc superposé un parallèle. Mais nous avons aussi relevé un rapport de 7 (b: RELEVER) à 16-19 (B': élévation), si bien que le rapport ci-dessus n'est pas seulement de 9 à 16-19, mais de 7 et 9 (unités b) à 16-19 (B'), le parallèle étant de ce fait légèrement plus complexe. La première « moitié » du psaume (1b-9) comporte donc comme deux unités « complémentaires » en 6c (a) et 7 (b), mais à la seconde il en « manque » une avant 10-12 (B, soit une unité a').

Si maintenant nous considérons (selon les colonnes) l'agencement d'une part des unités a/a' et de l'autre des unités b/b', nous pouvons constater ce qui suit. De la première à la dernière partie l'agencement concentrique est parfait pour les unités a puisque dans les parties extrêmes a' + a.a appellant en ordre inverse A + a', tandis que l'unité a' centrale appelle celles des extrêmes. Pour les unités b, c'est de chiasme que nous parlerons. En effet dans les parties extrêmes b + b' appellent en ordre exactement inverse B' + b, tandis qu'au centre se succèdent et répondent b.b et B (ou au moins le second b et B). Ici il faut encore rappeler un autre jeu de

---

[31] Avishur p. 537 (*šlwm*/*śmḥḥ*).

rapports entre les quatre termes centraux du chiasme, puisqu'entre eux existe le parallèle que l'on sait de b' + b.b // B + B', ce qui en fait donc une symétrie croisée (chiasme et parallèle superposés). Notons aussi que pour ce qui est du sujet de l'action (c'est à dire Dieu), il est à la 2ème pers. en b initial et B, mais à la troisième en b' + b.b (7.9) comme en B' + b (20bc). Les destinataires, eux, ne sont pas indiqués dans le b initial, mais à la 3ème pers. en b' et b (7). A partir de quoi nous les trouvons à la 1ère pers., soit du pluriel (b en 9 et B'), soit du singulier (B' et b final). Le passage – qui se fait dans la partie centrale – de la perspective universelle à celle qui envisage les élus, ou même le seul psalmiste, est éloquent. Si l'action divine n'a pas de limite, elle a cependant un ou des destinataire(s) privilégié(s).

* * *

Le vocabulaire commun aux deux psaumes 65 et 66 compte non moins de vingt termes. Pour ne pas compliquer cette comparaison par la divergence (inévitable) des traductions, nous donnerons, au moins pour certains termes, le seule transcription de l'hébreu. Nous lisons donc LOUANGE en 65,2 et 66,2b.8b ; DIEU: *passim* ici et là ; acquitter un ou des voeu(x) en 65,2c et 66,13b ; *šm'* + *tplh* (entendre/écouter la prière) en 65,3a et 66,19 ; *šm'* encore en 66, 16a.18b, et *tplh* encore en 66, 20b ; TOUT en 65, 3b.6c et 66, 1b.4a.16b ; *dbr* en 65,4a et 66,14b ; PUISSANCE en 65, 4b.7b et 66,7a ; *force* en 65,7a et 66,3bα ; TA MAISON en 65,5c et 66,13a ; mots de racine *yr'* (stupéfier, craindre) en 65, 6a.9a et 66, 3aβ.5b.16b ; TERRE en 65, 6c.10a et 66, 1b.4a ; MER en 65, 6d.8a et 66,6a ; *ys'* en 65,9b et 66,12c ; *eaux* en 65,10c et 66,12b ; *rb* (abonder) en 65, 10b.11b et 66,3bα ; OUI (*ky*) en 65,10e et 66,10a ; BÉNIR en 65,11c et 66, 8a.10a ; *rw'* en 65,14c et 66,1b. On remarquera pour commencer la reprise du même verbe de la fin de 65 (Ils éclatent en cris de joie) au début de 66 (Acclamez),[32] et les deux termes de la paire stéréotypée déjà relevée (voir ci-dessus notre n.12) LOUER-BÉNIR du début de 65 (LOUANGE en 2a) au terme de 66 (BÉNI en 20a). Ainsi le Ps 65 est compris entre deux annonces de la louange et des cris de joie qui reçoivent en ordre inverse leur écho dans les invitations du début et la fin du Ps 66.

On comparera ensuite la première partie de 65 (2-5) et la dernière de 66 (13-20). Ici et là il est en effet question d'acquitter ses voeux (65,2c ; 66,13b) envers celui qui a entendu la prière (65,3a ; 66,19,

---

[32] Le premier est suivi immédiatement de *šyr* (au terme de 65,14c), le second de peu par *zmr* (2a, aussitôt après 1b, encore repris, deux fois, en 4b). Or on connaît la paire stéréotypée fréquente que constituent *šyr-zmr* (Avishur p. 767), à l'index).

et encore 20b et 18b), ce qui débouche ici sur la louange (65,2a), là
sur la bénédiction (20a), dont nous venons de rappeler la parenté.
Pour ce faire, le fidèle entre ou demeure dans LA MAISON de Dieu
(65,5 ; 66,13a). A cette démarche sont associés ici TOUTE chair
(65,3b), là TOUS ceux qui craignent Dieu (66,16b). Des premiers il
est dit qu'ils viendront, avec le verbe *bw'* ; et les seconds sont invités
à le faire, avec le verbe *hlk*, deux verbes dont nous avons rappelé
ci-dessus la parenté (voir notre n.18). Cela dit, chacun de ces
ensembles garde sa note particulière, que la comparaison ne fait
que mieux ressortir, soit la note plus universelle et la référence aux
péchés en 65, 2-5,[33] la tonalité plus liturgique[34] et particulière et la
référence à la prière faite lors de la détresse passée en 66, 13-20.

Nous voyons encore se répondre de façon assez manifeste la
deuxième partie du Ps 65 (6-9) et la première du Ps 66 (1b-7). En
effet nous lisons ici et là que Dieu accomplit des choses stupéfiantes,
redoutables, à craindre (racine *yr'* en 65, 6a.9a et 66, 3a.5b, toujours avec une fonction structurelle) aux yeux de TOUTE LA TERRE
qui l'en acclame et lui rend hommage (65,6c ; 66, 1b-4a). Il manifeste là sa *puissance* (65,7b ; 66,7a) et sa *force* (65,7a ; 66,3b) non
seulement sur la terre, mais aussi sur les MERS (65, 8a.6d ; 66, 6a).
Voilà qui fait jubiler (*rnn*) les issues du matin et du soir (65,9b) et
qui suscite la joie (*śmḥh*) du peuple (66,6c), réactions si apparentées
que les mots qui les expriment forment une paire stéréotypée.[35] On
le voit, ces deux parties se font largement écho l'une à l'autre.[36]

Complémentairement aux rapports déjà posés ci-dessus de la
première partie de 65 à la troisième de 66, et de la deuxième de 65 à
la première de 66, relevons encore que LA PUISSANCE (65,7b) se lisait
déjà en 65,4b, dans la première partie, et que la racine *yr'* (66, 3a.5b)
se lit encore dans la troisième partie, en 66,16b. Des troisième
et quatrième parties de 65 à la deuxième de 66 les indices sont rares
et assez peu significatifs: OUI en 65,10e et 66,10a pour annoncer ici
et là de grandes actions divines, *les eaux* en 65,10c et 66,12b, mais en
des contextes à peu près opposés, et enfin la répartition des termes

---

[33] Il est bien question de *malice* en 66,18, mais pour protester justement qu'il n'y
en avait point au coeur du fidèle.
[34] Accompagnant ces différences la racine *dbr* s'insère ici dans le rappel des
perversions (65,4a) et là dans celui des voeux prononcés dans la détresse.
[35] Avishur p. 766 (à l'index).
[36] Peut-être serait-il encore possible, puisque les deux mots forment une paire
stéréotypée (selon Avishur p. 765 à l'index), de rapprocher *le vacarme* des mers et
de leurs flots maîtrisé par Dieu selon 65,8ab et *la voix* de la louange à faire entendre
selon 66,8b, au premier bruit étant mis un terme tandis qu'au second il est
demandé un départ (il est encore question de voix en 65,19b, mais dans un
contexte à notre avis trop différent de celui de 65,7-8).

de la paire stéréotypée[37] *šyr* (dernier mot du Ps 65) et *hll* (LOUANGE en 66,8b), ce qui serait peut-être le rapprochement le plus parlant. Il existe bien une certaine convergence entre la façon dont Dieu comble la terre de ses bienfaits (par l'eau) et celle dont il conduit son peuple dans l'épreuve et l'en fait sortir (au travers des eaux),[38] bienfaits suscitant l'un et l'autre chants et louanges. Mais il faut avouer que ce rapprochement est moins serré que les précédents. Schématiquement nous pensons donc pouvoir présenter comme suit les rapports entre nos deux psaumes (en indiquant les parties par des chiffres romains):

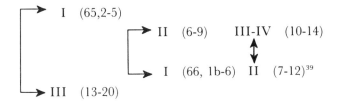

Les parties extrêmes se répondent, et entre elles les enchaînements II + III-IV et I + II, où cependant le rapport est plus net de II à I. Les deux visions et les deux louanges se complètent à merveille, celles qui contemplent ici le maître de l'univers (qu'il comble de ses bienfaits) attirant toute chair vers son lieu d'élection, et là le Dieu sauveur de son peuple aux yeux des nations, Dieu auquel son fidèle ne veut pas manquer d'adresser l'hommage qui lui est dû. Et nos deux psaumes, pour ces motifs divers et convergents, de respirer bonheur et louange auprès de celui dont ils perçoivent, chacun de leur point de vue, les bienfaits.

---

[37] Avishur pp. 178 et 661.

[38] Ce que manifeste aussi la présence de la même racine *rwh* en 65,11a (*abreuvant ses sillons*) et en 66,12c (*sortir vers l'abondance*).

[39] Entre les derniers stiques des deuxièmes parties notons la récurrence de la racine *yṣ'* (*issues* en 65,9b, *sortir* en 66,12c), et entre III-IV en 65 et I en 66 celle de la racine *rbb* (*abondance* de richesses, pluies-*abondantes* pour la terre en 65, 10b et 11b ; *abondance* de la force divine en 66,3b). Mais, vu les contextes, cela ne nous semble pas receler de signification particulière. On retrouve le verbe BÉNIR de 65,11c à 66,20a, mais ici comme le fait de Dieu, et là comme celui de l'homme, et, comme symétriquement, la LOUANGE de 65,2a à 66,8b, ici et là le fait de l'homme. La « symétrie » est imparfaite du fait de la différence entre les deux emplois de BÉNIR.

CHAPITRE XII

LUI ET EUX:
ÉTUDE STRUCTURELLE DU PSAUME 78

Ayant l'ambition d'établir au plus juste la structure littéraire du grand psaume 78 nous nous trouvons face à quatre propositions d'ensemble dans la littérature exégétique récente. Celle de A.F. Campbell[1] s'appuie sur des distinctions thématiques dont certaines sont manifestes dans notre poème (rébellion et salut, rejet et élection, événements particuliers et retour sur des constantes...), mais l'emploi trop unilatéral de ces distinctions aboutit à un plan d'ensemble qui ne laisse pas assez percevoir les rapports entre les différentes parties et leurs significations. 1-8 se trouvent isolés comme introduction. Quant à 65-72 ils répondent, à eux seuls, à 9-64, la même disproportion se retrouvant équivalemment dans ce dernier ensemble où selon Campbell 59-64 répondrait à 9-58. La chose n'est pas de soi impossible. Il nous faudra néammoins y regarder de plus près. Dans son commentaire G. Ravasi[2] s'efforce d'utiliser des critères proprements structurels pour établir sa proposition, prêtant grande attention aux récurrences et ènterprétant de façon heureuse nombre d'entre elles. Néanmoins il voit l'ensemble trop exclusivement agencé à partir de l'Exode, distinguant après 3-12 d'abord le chant du désert (12-43), puis celui de l'Exode et de la Terre (44-72). Se situant aussi d'un point de vue immédiatement structurel, J. Trublet et J.N. Aletti,[3] dans une proposition malheureusement trop rapide et peu argumentée (surtout pour ce qui regarde la structure d'ensemble) nous proposent de lire entre 1-8 et 68-72, autour d'un centre 32-39, 9-20 + 21-31 en parallèle à 40-58 + 59-67. Enfin, se situant proprement au plan de la technique poétique, M.C.A. Korpel et J.C. de Moor[4] proposent

---

[1] « Psalm 78: A Contribution to the Theology of Tenth Century Israel », *CBQ* 41 (1978) 51-79, pp. 52-79, pp. 52 à 62: « Unity of Structure of Psalm 78 » (avec un tableau récapitulatif aux pp. 59-60).
[2] II, pp. 621-624 (avec plusieurs tableaux, dont un d'ensemble p. 624).
[3] Pp. 82-83.
[4] « Fundamentals of Ugaritic and Hebrew Poetry », *UF* 18 (1986) 173-212, aux pp. 208-212. W.T. Koopmans, « Psalm 78, Canto D – A Response », *UF* 20 (1988) 121-123 revient sur la proposition de ces auteurs pour 78, 40-55. La lecture de ces divers auteurs nous a aidé pour le repérage de plusieurs récurrences et correspondances.

de distinguer cinq chants, soit en 1-16, 17-31, 32-39, 40-55 et 56-72, estimant qu'après 1-7 le poème se développe en cinq vagues où après les rappels du péché du peuple (en 8-11, 17-22, 32-35, 40-51, 56-64) apparaissent les prodiges divins (12-16, 23-31, 52-55) ou encore le pardon (36-39), ou enfin l'élection de David et de Sion faisant suite au salut (65-72). L'idée est séduisante. A y regarder de plus près nous verrons cependant que les choses sont beaucoup plus complexes. Mais ces auteurs, pour telle ou telle partie du poème, proposent encore des rapprochements de vocabulaires et des structures partielles selon une méthode très proche de l'analyse structurelle (pp. 209–211), même si les indices proprement structurels (et en premier lieu les récurrences) sont trop peu mis à profit. Nous ne pouvons songer ici à une critique point par point de ces diverses propositions. Mieux vaut évidemment repartir à notre tour du texte. Néanmoins, à l'occasion de chacune des étapes de l'étude qui va suivre, nous aurons l'occasion de mettre en valeur tel ou tel apport de ces auteurs, quitte à marquer aussi nos divergences quand cela nous semblera permettre une fructueuse discussion. Pour notre part nous étudierons successivement, toujours du point de vue de l'analyse structurelle, 1-20 (1.), 21-33 et leur rapport à 1-20 (2.), 34-64 (3.), puis leur rapport à 1-20 et 21-33 (4.), 65-72 (5.), puis leur rapport à 34-64, 20-33 et 1-20 (6.), ce qui nous amènera à considérer la structure d'ensemble (7.) En conclusion nous considérerons d'un point de vue structurel le rapport des deux psaumes 77 et 78 consécutifs dans le livre du *Psautier*. Nous utilisons la traduction de *la Bible de Jérusalem*, 1988,[12] quitte à la modifier quand cela nous paraîtra nécessaire.

1. *Structures littéraires en 1-20*

Le premier verset présente une structure simple où les termes extrêmes du premier stique sont développés dans le second qui ne reprend pas le terme central, soit:

Ecoute (*'zn*),   ô mon peuple,ma loi,
tends l'oreille (*'zn*)(   )aux paroles de ma bouche

Alors que chacun des stiques commence ici par un impératif, chacun de ceux du v.2 commence par un verbe également, mais à la 1ère pers. sg., puis le terme *paraboles* est précisé dans l'expression *les mystères du passé*, tandis que le seul verbe *j'évoque* de 2b était préparé par l'expression composée *j'ouvre la bouche* aux extrêmes de 2a (en respectant l'ordre des termes dans l'hébreu), ce qui peut se présenter comme suit:

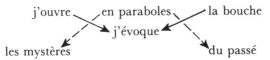

Les deux impératifs initiaux ont donc comme un double objet, d'une part *ma loi*, avec *les paroles de ma bouche* qui lui sont parallèles, et d'autre part ces *paraboles* et *mystères du passé* énoncés par celui qui parle. On aura noté la récurrence du mot *bouche* au terme des deux stiques centraux et le rapport chronologique entre ceux qui sont là (celui qui parle et *mon peuple*) et le passé. Ces deux versets nous présentent donc la transmission par quelqu'un à quelqu'un de deux objets qu'on appellera pour faire court la loi (1a) et les enseignements de l'histoire passée (2b).

En 3-7 nous retrouvons cette distinction entre le fait de la transmission et son objet, soit en 3-4b et 5b-6 pour la première et en 4c-5b et 7 pour le second. En 3 nous lisons aux extrêmes, d'une part, le fait de la réception (nous l'avons entendu et connu),[5] d'autre part, le fait de la transmission (nous l'ont raconté) de la tradition, tandis qu'entre les deux nous en sont présentés les acteurs (nos pères). En 4, si nous respectons l'ordre des termes de l'hébreu nous lisons le chiasme suivant:

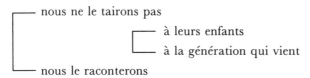

Les destinataires précédents (nous) deviennent ici ceux qui transmettent, mais ici il n'est plus question de la réception de la tradition, le processus étant simplement amorcé. De 1-2 à 3-4b on notera entre débuts et fins les correspondances entre *Écoute* et *nous avons entendu*,[6] puis, par opposition, entre *le passé* (*qdm*) et *qui vient* (*'ḥrwn*),[7] tandis qu'aux seconds stiques on voit encore se répondre comme les deux termes d'une paire stéréotypée *paroles* (*'mr*) et *raconter* (*spr*).[8] En 1-2 on va de ceux qui écoutent à celui qui parle, et

    [5] Verbes constituant une paire de mots stéréotypée selon Avishur p. 768 (à l'index).
    [6] Paire stéréotypée selon Avishur pp. 425-426.
    [7] Paire stéréotypée selon Avishur p. 675 (*qdm*/*ḥwr*). Ici l'opposition s'inscrit dans le temps, et non dans l'espace comme dans les exemples cités par Avishur, auxquels on pourrait peut-être ajouter Ps 129, 5-6 (voir notre, « YHWH est juste: Étude structurelle du Ps 129 », *SEL* 7 (1990) 87-96, p. 89).
    [8] Avishur p. 635.

de même en 3 ; et en 4 le mouvement est amorcé en sens inverse, mais seulement amorcé, puisqu'il n'est pas question ici de l'accueil de la tradition transmise. Cependant la différence la plus importante de 1-2 à 3-4 tient en ce que ces derniers versets n'explicitent nullement le contenu de la tradition transmise, s'en tenant au seul fait de cette transmission.

En 4c-5b par contre nous n'avons plus affaire qu'au contenu de la tradition. Après l'expression initiale au sens plutôt global (*les titres* – à la louange – *de* YHWH), on peut distinguer deux contenus, soit d'une part cette *puissance* qu'on verra plus loin (en 26) agir en plein désert et ces *merveilles qu'il fit*, et d'autre part ce *témoignage* établi en Jacob et cette *loi* mise en Israël, dont la parenté est patente. Et nous retrouvons ainsi, en ordre inversé, les deux objets de la transmission distingués en 1-2, le terme de *loi* étant même repris de 1a à 5b. De 4d à 5a et 5b on notera les inversions entre objets et verbes (en respectant l'ordre de l'hébreu):

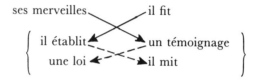

à quoi on pourrait ajouter, dans un rapport plus lâche, la mention des partenaires, soit YHWH avant *ses merveilles* et Jacob et Israël après *témoignage* et *loi*.

Avec 5c-6 nous revenons au seul fait de la transmission. Comme 3-4 ils commencent par le relatif '*šr*. De même que, quant au contenu, nous venons de découvrir en 4c-5b que le premier mot en est en quelque sorte YHWH (4c), de même ici nous découvrons que c'est lui qui est à l'origine de la transmission: *il avait commandé*. Il en est donc comme le premier chaînon, auteur de la première parole qui déclenche le processus. De même que lui avait commandé à nos pères, de même ceux-ci, par obéissance cette fois, ont à faire connaître à leurs enfants, le parallélisme étant aussi sensible de 5c à 5d entre les locuteurs (YHWH qui commande, nos pères qui font connaître) et les destinataires (nos pères, leurs enfants). En 6 le texte considère en un premier temps l'aboutissement de l'action requise en 5d, en un deuxième temps l'amorce de l'étape suivante de la transmission, mais ici encore, comme en 4, l'amorce seulement puisque ne nous est pas dit l'aboutissement de cette nouvelle étape. Si l'on respecte l'ordre des termes de l'hébreu, on peut découvrir en 6 une symétrie croisée puisque, selon le parallèle, les verbes, tout comme en 5, précèdent la mention des destinataires,

tandis que, selon une disposition en chiasme, un verbe précède ici
deux destinataires (6ab), tandis que là deux verbes précèdent une
seule mention des destinataires (6c). Nous pouvons, pour faire
ressortir ces correspondances, écrire comme suit 5c-6:

5c	Il avait commandé	à nos pères
5d	de le faire connaître	à leurs enfants
6a	que le connaisse	la génération qui vient
6b		les enfants qui viendront à naître[9]
6c	Qu'ils se lèvent	
	qu'ils racontent	à leurs enfants

A comparer les deux unités 3-4b et 5-6c, nous constatons d'abord,
ici et là, l'emploi de cinq verbes et les récurrences de *connaître* et
raconter, le tout étant organisé comme suit:

3a	entendu	+	connu	(*accueil*)
3b			raconté	(*transmission*)
4ab	tairons pas	+	raconterons	(*transmission*)

5cd	commandé	+	connaître	(*transmission*)
6ab			connaisse	(accueil)
6c	se lèvent	+	racontent	(*transmission*)

Bien que se lisant selon une séquence identique, *connaître* ne se lit
qu'une fois en 3-4b, mais deux en 5c-6, et inversement *raconter* deux
fois en 3-4b, mais une seule en 5c-6. En 3 et 6 nous avons la même
succession: accueil + transmission (de la tradition), mais alors que
le premier a droit à deux verbes en 3, c'est à la seconde que revient
cet avantage en 6. En 4ab comme en 5cd il s'agit de la *transmission*
(avec deux verbes) de la tradition, mais ici avec le verbe *raconter* et
là avec le verbe *connaître*, alors qu'en 3 comme en 6 *connaître* servait à
exprimer l'accueil et *raconter* la transmission. Si maintenant nous
considérons en 3b-4b et 5c-6b les partenaires en présence, nous
pourrons découvrir, accompagnant ici les deux emplois de *raconter*
et là ceux de *connaître*, les deux successions très comparables de

---

[9] Nous nous en tenons à la traduction de *la Bible de Jérusalem* mettant en
parallèle 'ḥrwn et *yld* tout comme le Ps 22, 31-32 (avec *spr* en 31). La syntaxe
(relative sans relatif) est la même qu'en 8c.

3b	*nos pères*	(raconté)	*à (l)* nous
4a	*enfants*	(raconterons)	
4b	*la génération qui vient*		

5cd	*nos pères*	(connaître)	*à (l)* leurs enfants
6a		(connaisse)	
	la génération qui vient		
6b	*enfants*		

Ici l'utilisation des verbes va en sens inverse, de *l'accueil* à la transmission pour *raconter*, de *la transmission* à l'accueil pour *connaître*, les premières occurrences étant liées à un autre verbe (entendre et commander). Ainsi, de façon complexe mais serrée, on voit que 3-4b et 5c-6 se répondent nettement.

Avec 7 nous arrivons à la dernière unité de ce premier ensemble. Après l'invitation initiale de 7a nous voyons se répondre en chiasme:

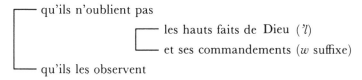

Comme en 1-2 et 4c-5b nous retrouvons ici les deux pôles de l'agir divin et de la loi. Que *hauts faits* réponde à *merveilles* de 4d, cela nous sera confirmé, dans notre psaume même, par le v.11 où ils se trouvent en parallèle. L'ordre est ici le même qu'en 4c-5b (*merveilles + loi*), inverse à celui de 1-2 (*loi + passé*). De même qu'en 4c-5b on lit YHWH dans la première expression, de même ici Dieu (*'lhym*) dans le premier stique. Par ailleurs le même verbe *mettre* (*śym*) se lit au dernier stique de 4c-5b et au premier de 7.

En ce qui concerne l'ensemble de ces cinq unités nous avons déjà montré que les deux thèmes présents en 1-2 (la transmission et son objet) étaient ensuite répartis pour l'un en 3-4b et 5c-6, pour l'autre en 4c-5b et 7. Ajoutons ici que l'opposition du *passé* (*qdm*) à la génération *qui vient* (*'ḥrwn*) ne joue pas seulement de 2 à 4, mais aussi de 2 à 6, et que de 1 à 3-4 et aussi à 6 nous trouvons répartis les deux termes d'une paire stéréotypée: *paroles* (*'mr*) et *raconter* (*spr*).[10] Il s'agit d'ici à là de la même transmission. De 1-2 à 4c-5b et 7 nous avons repéré la récurrence de *loi* de 1 à 5 et la synonymie

---

[10] Avishur p. 635.

entre *loi* en 1 et *commandements* en 7c. Ajoutons que de même que de 1-2 à 3-4b nous lisions les deux synonymes *écouter* et *entendre*, de même de 1-2 à 4c-5b la mention de *mon peuple* appelle la double nomination *Jacob* et *Israël* en 5. Nous pouvons donc légitimement proposer le schéma suivant:[11]

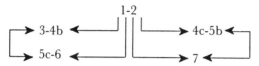

Remarquons qu'en 3-7 le second volet est comme inclus par *commander* qu'on lit en 5c et *commandements* en 7c, mais aussi l'ensemble par les deux termes d'une paire stéréotypée, soit *entendre* en 3a et *observer* en 7c.[12] De plus, un chiasme discret se superpose au parallèle entre nos quatre unités. En effet, nous lisons, dans un contexte assez homogène, la même négation de 4a (avant-dernier stique de 3-4b) à 7b (avant-dernier stique en 7). Mieux encore, de 5a (en 4c-5b) à 6c (en 5c-6) nous retrouvons le même verbe *qwm*: ici YHWH *établit* un témoignage, là, comme en écho, ceux de l'avenir *se lèvent* pour « raconter » à leurs enfants. On lit aussi le même relatif *'šr* en 4d et 5c à propos d'une initiative de YHWH, soit ces merveilles *qu'*il fit et ce *qu'*il avait commandé à nos pères. Par ces indices 3-7 nous sont manifestés comme un ensemble ordonné et dépendant de l'introduction 1-2.

Les versets 8-11 traitent de la rébellion des Pères. Il semble que 9 s'y trouve encadré par deux unités d'égale longueur, soit 8 et 10-11 (ici et là quatre stiques). On lit en effet en 8d comme en 10a la négation suivie de Dieu (*'l* en 8d, *'lhym* en 10a). Le jeu de mots est patent de *n'mnh* (est fidèle) de 8d à *m'nw* (refusaient) de 10a, et dans les stiques précédents (8c et 10a) nous lisons ici et là la même négation. Cette génération au coeur peu sûr et à l'esprit infidèle est celle-là même qui ne gardait point l'alliance et refusait de marcher dans la loi. Le couple[13] *coeur non sûr* et *esprit non fidèle* prend en quelque sorte le relais de celui de *révolte* et *bravade* de 8b. Répartis un peu différemment en 10-11, on trouve le couple de *alliance non*

---

[11] En retenant le parallèle de 3-4b + 4c-5b // 5c-6 + 7 nous rejoignons en partie la proposition de J. Trublet et J.N. Aletti. Mais en faisant correspondre entre eux 1-2, 4c-5b et 7, ces auteurs passent sous silence les rapports entre 1-2, d'une part, et 3-4b et 5c-6, de l'autre. De plus ils rattachent 8 à ce qui précède, ce qui peut se soutenir étant donnée la négation présente en 8a. C'est aussi l'option de Campbell. Cependant le v.8, nous allons le voir, entre dans la composition d'ensemble de 8-11. Korpel et de Moor le rattachent à 9-11.

[12] Avishur p. 768 (à l'index).

[13] *Coeur* et *esprit* forment une paire stéréotypée selon Avishur p. 761 (à l'index).

gardée et *loi refusée* relayé par celui de *hauts faits oubliés* et *merveilles* (également oubliées), relevé qui nous permet de saisir l'accent mis en 10-11 sur les dons divins (alliance-loi, hauts faits-merveilles) refusés. Tous ces couples sont constitués grâce à la conjonction *et* (8b, 8d, 10b, 11b, les deux derniers étant eux-mêmes reliés entre eux par la même conjonction). En 8d on peut percevoir un discret agencement en chiasme à partir des récurrences de la négation dans les stiques extrêmes et de *génération* dans les stiques centraux.

Qu'en est-il du rapport de 8-11 à 3-7 ? Alors qu'en 3-4b et 5c-6 la transmission de génération est envisagée sereinement, elle est en 8 sérieusement compromise par l'infidélité des transmetteurs. Dans ces trois unités nous lisons, à deux stiques de distance, *nos Pères* en 3b et 5c comme *leurs Pères* en 8a, puis *génération, qui vient* en 4b et 6a, des Pères en 8c (et aussi 8b). Les négations de 4a d'une part et de 8a.c.d de l'autre vont en sens inverse: la transmission se fera aux enfants selon 4a, elle était en péril du fait des Pères selon 8. Par ailleurs, si en 4c-5b et 7 l'objet de la transmission ne semble pas recevoir d'ombre, il n'en va plus de même en 10-11 où on le voit négligé, oublié, refusé. *Les merveilles qu'il* (YHWH) fit, *la loi* qu'il mit selon 4d et 5b rencontrent en 11b et 10b l'oubli et le refus des Pères. Espérer en *Dieu, ne pas oublier* ses *hauts faits, observer* ses commandements, selon les perspectives ouvertes par 7a.b.c, telles n'étaient pas les attitudes des Pères qui *ne gardaient*[14] *pas* l'alliance de *Dieu* (10a) et avaient *oublié* ses *hauts faits* (11a). Les négations de 7b et 10a sont ici encore de sens inverse (ne pas oublier / ne pas garder). Notons encore que dans les deux unités centrales de 3-7 nous lisons respectivement deux noms propres (Jacob, Israël) et trois récurrences ed *enfants* (*bnym*), tandis que nous lisons dans le premier stique de 9: les *enfants* (*fils, bnym*) d'Ephraïm (nom propre). Nous pouvons alors proposer une première vue schématique de l'ensemble 3-7 + 8-11:

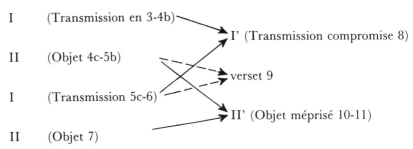

I   (Transmission en 3-4b)

II   (Objet 4c-5b)   I' (Transmission compromise 8)

                                                              verset 9

I   (Transmission 5c-6)

                                                              II' (Objet méprisé 10-11)

II   (Objet 7)

Mais il existe encore d'autres jeux de correspondance qui passent d'un type d'unités (I.I') à l'autre (II.II'). On lit en effet au début de 3-4b et de 5c-6 ici *'šr* (relatif) + *connaître* et *nos Pères* (3a et b), là *'šr* (relatif) + *nos Pères* et *connaître* (5c et 5d6a). Or ces termes se retrouvent aux extrêmes de 8-11, soit leurs Pères en 8a et *'šr* (relatif) + *voir* en 11b, *voir* étant synonyme de *connaître* et constituant avec lui une paire de mots stéréotypée.[15] par ailleurs, au début de 4c-5b et 7 nous lisons YHWH (4c) et *'lhym*, puis *'l* (en 7a puis b). Nous avons vu que YHWH et *'lhym* tenaient çà et là des positions structurelles équivalentes. Or nous retrouvons autour du centre 9 de 8-11 d'une part *'l* en 8d et de l'autre *'lhym* en 10a. Ainsi les amorces des unités I de 3-7 préparent les extrêmes de 8-11, et celles des unités II l'encadrement immédiat du centre en 8-11, ce qui peut se figurer schématiquement comme suit:

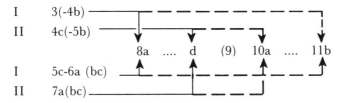

Ce qui a été *connu* grâce à *nos Pères* n'a pas été *vu* à l'exemple de « *leurs Pères* » par les fils d'Ephraïm. YHWH Dieu en sa puissance n'a pas rencontré la fidélité de « *leurs Pères* », et les fils d'Ephraïm ne gardaient pas l'alliance de Dieu. Notons pour finir l'inclusion formée par l'opposition de 3a à 11b. Ici il s'agit de ce que (*'šr*) nous avons entendu et *connu*, là de l'oubli des merveilles que (*'šr*) Dieu avait fait *voir*. L'opposition est donc structurellement marquée de 3-7, où la transmission et son objet sont découverts sous un jour optimiste, à 8-11, qui met au jour les périls pour l'un et l'autre. Nous donnerons par la suite le sigle A à 1-7 et Ā à 8-11, et de même aux unités de même contenu.

Dans les vv. 12-16[16], après le stique d'introduction de 12a, on découvre la structure que fera voir la mise en page suivante, où nous donnons une traduction littérale pour faire ressortir les indices de correspondances:

---

[15] Avishur p. 759.

[16] A part Ravasi tous les auteurs cités dans notre introduction voient en 12-16 une unité. Ravasi et Korpel – de Moor distinguent d'abord 12-14, Ravasi reconnaissant en outre à 12 une fonction de transition; mais curieusement Ravasi considère ensuite comme unité 15-22 qui contiennent pourtant des éléments fort divers.

```
12b-13a  : En (b) terre
             d'Egypte ...   il fendit              la mer          et les transpo
     13b  :          et il dressa          les eaux
                          comme une digue
────────────────── verset 14 ──────────────────────────────
     15   :               il fendit               les rochers
             au (b) désert                                        et il les abre
                          comme ...abîme
     16   :          et il fit sortir    des ruisseaux  du roc
                     et  descendre    comme torrents
                          les eaux
```

Le v.14, qui – après le verbe initial – présente un chiasme, se trouve encadré par 12b-13 et 15-16. Deux types d'actions de Dieu nous sont ici présentées, celles par lesquelles il agit sur des éléments du cosmos (deuxième colonne de notre tableau) et celles qui sont directement en faveur de ses élus (dernière colonne). Trois expressions introduites par *comme* (*k*), se lisent au terme de 12b-13 comme de 15, puis au milieu de la dernière proposition. En 15b-16 les quatre termes *abîme* (introduit par *comme*), *ruisseaux* (au milieu de la proposition de 16a), *torrents* (introduit par *comme*, au milieu de la dernière proposition), et *eaux* se répondent de par leur contenu.[17] De même qu'il y a opposition entre *la mer* qu'*il fendit* et *la digue*, élément solide que constituent pour ainsi dire les eaux, de même et en sens inverse il y a opposition entre *les rochers* ou *le roc*, éléments solides, qu'*il fendit*, et *l'abîme*, *les ruisseaux*, *les eaux* en *torrents*, dont Dieu désaltère les siens. De 12b-13a à 15 nous voyons les termes centraux passer en tête, puis les termes extrêmes leur faire suite (A.B.C.D devient B.C'.A'.D'). Dans la deuxième colonne, alors qu'en 12b-13 *il fendit* n'est suivi que d'une seule action de Dieu (*et il dressa*), en 15-16 deux autres lui font suite (*et il fit sortir*, *et il fit descendre*). Le même *et* – de l'inaccompli inverti en hébreu – introduit d'ailleurs également les deux actions de Dieu en faveur des siens (*et il les transporta*, *et il les abreuva*). *Les eaux* se lisent comme avant-dernier terme en 12-13, comme dernier en 15-16. Ainsi la conduite du peuple par la nuée et la lueur de feu (14) est encadrée par deux petits tableaux qui se répondent, soit le passage

---

[17] *Abîme* (*thmwt*) et *torrents* (*nhrwt*), introduits l'un et l'autre par *comme*, forment en outre une paire stéréotypée selon Avishur pp. 78 et 386-387.

de la mer et l'eau jaillie dans le désert. Telles sont les merveilles que Dieu réalisa devant les Pères. A cette première unité traitant dans notre psaume des actions divines extraordinaires en faveur du peuple, et à celles qui par la suite présenteront le même contenu, nous donnerons le sigle B.

Avec 17-18[18] nous revenons au thème de la rébellion (Ā) déjà rencontré en 8-11. Le parallèle entre 17aβ et bα est simple: ils péchaient / contre lui // bravaient le Très-Haut. Celui de 17b à 18a est plus surprenant:

| ils bravaient | le Très-Haut | dans (b) le lieu sec |
| ils tentèrent | Dieu | dans (b) leur coeur, |

puisqu'il fait se correspondre comme lieux de la tentation le lieu sec du désert et le coeur de ceux qui y pèchent. Enfin de 18a à 18b on voit se correspondre comme les deux termes d'une paire stéréotypée *coeur* et *gorge* (*npš*),[19] mais il ne s'agit pas ici d'un parallèle. Il nous est plutôt suggéré un écart et un rapport affligeant entre le gosier (*npš*) en attente de nourriture et le coeur (*lb*) qui pour y satisfaire se laisse aller à tenter Dieu: gosier affamé n'a pas de coeur, pourrait-on dire ici pour parodier un proverbe (ventre affamé n'a pas d'oreille). L'ordre normal des choses serait qu'au contraire le coeur commande au gosier. Au terme des stiques extrêmes on notera l'emploi de la même préposition *l*, pour signifier ici l'hostilité à Dieu et là l'attention à leur gosier, ce qui est en quelque sorte complémentaire. Ainsi au terme des quatre stiques nous avons l'ordonnance en chiasme des prépositions:

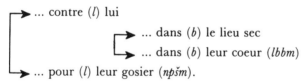

... contre (*l*) lui
... dans (*b*) le lieu sec
... dans (*b*) leur coeur (*lbbm*)
... pour (*l*) leur gosier (*npšm*).

Par rapport à 8-11 nous voyons 17-18 emprunter à 8 (premier volet de 8-11) les termes suivants:

8b	*bravade*	17b	*braver*
		18a	*Dieu* ('*l*)
8c	*coeur*		*coeur*
8d	(// *esprit*)	18b	(// *gosier*)
	Dieu ('*l*)		

---

[18] Distingués aussi par Trublet-Aletti et Korpel-de Moor, qui les uns et les autres les rattachent ensuite à 19-20 (ou 19 et 20). Nous verrons pourtant que traitant du même thème que 17-18, 19 doit en être distingué et que 20 contient en fait deux thèmes différents. Campbell considère 17-20 comme une unité.
[19] Avishur p. 761 (à l'index).

Ainsi nous les voyons ici et là *braver Dieu* dans leur coeur perverti, coeur peu sûr accordé, ici, à un esprit peu fidèle, coeur, là, tentateur, s'asservissant aux requêtes du gosier. On voit donc bien que 12-16 se trouvent encadrés par deux unités (8-11 et 17-18) sur les péchés du peuple. Notons en outre qu'au début de 12-16, 12a reprend les termes qui, pour l'un, achève 8a et, pour l'autre, amorce 11b, soit les stiques extrêmes de 8-11, c'est-à-dire: *leurs Pères* et *merveilles*. De 12-16 à 17-18 l'attache se fait, à partir de 15-16, par trois paires stéréotypées ordonnées comme suit:

	17b:	le Très-Haut (*'lywn*) (3')
15a: désert (*mdbr*) (1)		lieu sec (*ṣyh*) (1')
15b: abreuva (*šqh*) (2)		manger (*'kl*) (2')[20]
16b: descendre (*yrd*) (3)		

Alors qu'au désert il les avait abreuvés en faisant descendre les eaux en torrents, eux n'ont rien trouvé de mieux que de braver le Très-Haut dans le lieu sec en réclamant à manger. Les Pères, témoins de ces merveilles, les ont cependant oubliées. Nous pouvons donc avancer que 8-18 sont bâtis selon un schéma concentrique simple, soit d'après les sigles convenus ci-dessus: ĀBĀ. Nous n'aurons garde cependant d'oublier les rapports étroits entre 1-7 et 8-11 et considérerons ces dix-huit premiers versets selon de schéma AĀ.B.Ā.

En 19-20 nous avons affaire à un court ensemble qui n'en comporte pas moins de trois unités distinctes. L'unité centrale (20ab) revient sur les prodiges de Dieu en faveur de son peuple, et les deux unités extrêmes (19 et 20cd) constituent à proprement parler le contenu de la révolte contre Dieu. Cette dernière est tout d'abord énoncée, à la façon d'un titre, en 19a, soit eux qui parlèrent... contre Dieu. Puis, après l'introduction au discours (ils dirent), nous retrouvons ces deux partenaires en ordre inversé, mais le premier au terme par la seule mention de « à son peuple » (*l'mw*). Proposons une mise en page de l'ensemble qui nous en laisse entrevoir la structure:

[20] Nous faisons jouer ici trois paires stéréotypées: voir Avishur pour (1)/(1') p. 244, pour (2)/(2') pp. 498 et 522, pour (3)/(3') pp. 510 et 522.

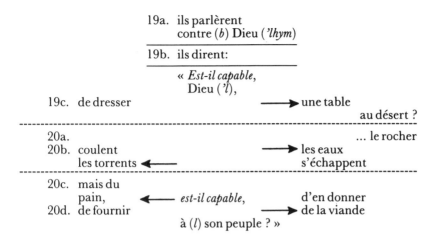

19a. ils parlèrent
      contre (*b*) Dieu (*'lhym*)

19b. ils dirent:

      « *Est-il capable,*
      Dieu (*'l*),
19c. de dresser   ⟶ une table
                                       au désert ?

20a.   ... le rocher
20b. coulent   ⟶ les eaux
      les torrents ⟵   s'échappent

20c. mais du
      pain,   ⟵ *est-il capable,*   d'en donner
20d. de fournir   ⟶ de la viande
                   à (*l*) son peuple ? »

De 19bc à 20cd on voit qu'a disparu la désignation de l'auteur de
l'action (Dieu), mais qu'apparaît celle de son destinataire (son
peuple). On pourrait donc retenir dans une séquence inversée:
Dieu / dresser une table, puis: fournir de la viande / à son peuple.
Mais la question porte sur le terme récurrent: *est-il capable*, l'objet
en étant, ici et là, énoncé par la suite, soit encore une fois: dresser
une table (19c) ou fournir de la viande (20d). Ici la séquence est
parallèle. Mais en 19c est ajoutée une précision: au désert, et en
20cd l'expression *fournir de la viande* est doublée par celle qui la
précède *du pain... en donner*, dont les termes – on le voit – sont en
ordre inverse (*pain* appelant *viande* et *donner* appelant *fournir*). Or ces
deux notes propres de 19bc par rapport à 20cd et de 20cd par
rapport à 19bc se retrouvent précisément dans l'unité centrale
20ab. En effet on y lit d'abord « il frappe le rocher »; or le rocher,
c'est précisément ce qui de soi ne peut pas donner d'eau, tout
comme le désert ne se prête pas à ce qu'on y dresse une table. Ainsi
celui qui du *rocher* a pu faire jaillir l'eau, va-t-il pouvoir *dans le désert*
dresser une table ? Telle est la question. Ensuite en 20b nous lisons,
ordonnées en chiasme comme celles de 20cd, deux expressions de
même sens à propos des eaux: coulent (a) les eaux (b) / les torrents
(b') s'échappent (a'). Le chiasme, avec les verbes aux extrêmes,
respecte une ordonnance exactement inverse à celle de 20cd: pain
(b) donner (a) / fournir (a') la viande (b'), avec les verbes aux
centres. Ainsi la question est de savoir si celui qui a fait jaillir les
eaux du rocher saura aussi fournir pain[21] et viande à son peuple. En

---

[21] D'après Avishur p. 263 *pain* constitue avec *eaux* (employé dans le chiasme
précédent: b également) une paire stéréotypée.

utilisant les sigles tels que déterminés ci-dessus, nous dirons donc que 19-20 sont structurés selon le schéma Ā (19). B (20ab). Ā (20cd), soit le même que celui qui commande le plus long ensemble 8-18.

Si ces deux ensembles 8-18 et 19-20 présentent la même structure, il paraîtra pertinent de les mettre en parallèle. Les thèmes s'y prêtent, mais aussi quelques indices qu'il nous importe ici de relever. De 8-11 à 19 nous relevons les deux désignations de Dieu comme 'l (8d et 19b) et 'lhym (10a et 19a), toujours dans un contexte de rébellion. La référence de 20ab à 12-16 est manifeste et s'appuie entre autres sur la récurrence des termes *rocher* (20a et 15a) et *eaux* (20b et 16b – et déjà 13b –). De 17-18 à 20cd il n'y a point de récurrence, mais il est trop clair que *donner* du *pain* et *fournir* de la *viande*, c'est satisfaire ceux qui *demandent* à *manger*. De plus, une certaine ordonnance en chiasme semble se superposer à la précédente. Il n'y a pas à revenir sur le rapport entre 12-16 et 20ab. De 17-18 à 19 nous retrouvons Dieu (*'l*) et les deux termes de la paire stéréotypée *lieu sec* et *désert* (voir ci-dessus n. 20) pour désigner ici comme là le lieu de la mise à l'épreuve de Dieu. Il est bien clair en outre qu'avec 19-20 nous est donné le contenu de cette demande dont il est question en 18b. Enfin de 8-11 à 20cd nous retrouvons en hébreu le *hiphil* du verbe *kwn* de 8c à 20d, ce qu'on pourrait tenter de rendre en traduisant: « génération dont le coeur ne *tient* pas » et « de la viande, (est-il capable) d'en *tenir* à son peuple ? ». Ce qui est ainsi suggéré, c'est que ceux qui demandent à Dieu de leur *tenir* quelque chose à manger sont eux-mêmes incapables de *tenir* leur coeur dans la droiture avec lui. Notons encore que *l'alliance* dont il est question en 10a est comme rappelée en 20d par l'expression *son peuple*, soit celui de l'alliance précisément. On peut donc soutenir que de 8-18 à 19-20 nous avons affaire à la fois à un parallèle (plus manifeste) et à un chiasme (plus discret), soit à ce que nous appelons une symétrie croisée (formule xyz'//x'yz).

Si nous considérons l'ensemble 1-20 en y répartissant les sigles convenus nous pouvons retenir A.ĀBĀ.ĀBĀ, le dernier ensemble concentrique étant beaucoup plus bref que le précédent. Nous avons vu plus haut les rapports étroits de la première unité (1-7) à celle (Ā) qui la suit immédiatement (8-11). Il en est d'autres avec la dernière unité (Ā) de 20cd. On lit en effet *mon peuple* au premier stique de 1-7 et *son peuple* au dernier de 20cd, l'ensemble 1-20 se trouvant donc ainsi inclus. De plus les deux verbes *mettre* (*śym*) et *donner* (*ntn*), qui constituent une paire stéréotypée,[22] se lisent avec

---

22 Avishur pp. 640-641 et 654.

Dieu pour sujet, le premier en 5b avec pour objet la loi, exaltant ici la magnanimité divine,[23] le second en 20c, suspectant au contraire la capacité de Dieu à nourrir les siens. Nous pouvons encore repérer une opposition assez semblable à partir de la récurrence de la racine 'mr de 1b (*paroles* de ma bouche) à 19b (*ils dirent*, en parallèle à dbr pour *ils parlèrent* en 19a,[24]) puisqu'il s'agit ici d'inviter à la docilité à la loi et aux enseignements du passé, mais là des paroles de révolte et de bravade. A l'autre extrême de 1-7 on lit encore 'lhym (7a) et 'l (7b) pour parler de Dieu, tout comme en 19a et b. Le lecteur n'aura aucune peine à saisir l'opposition des attitudes évoquées ici et là: s'appuyer sur Dieu, se rebeller contre lui. La désignation de Dieu comme 'l se lit encore en 17-18 (17b), l'opposition avec 7 étant la même que celle dite ci-dessus. De 17-18 à 1-7, et plus précisément de 18b à 2a on repérera encore un jeu d'allitérations assez subtil. Chacun de ces stiques a ses consonnes soigneusement réparties, ce que suffiront à faire voir les deux tableaux suivants (où les flèches indiquent la séquence des lettres dans l'alphabet):

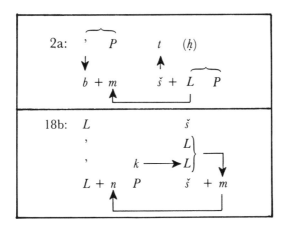

En 2b la première et les deux dernières lettres, en 18b les lettres initiales et finales des deuxième et troisième lignes et la lettre centrale de la dernière forment 'LP (ce que fait repérer dans nos tableaux l'emploi des majuscules: voir encore L au départ les lignes extrêmes en 18b) dont on sait la fonction dans les poèmes acrostiches.[25] Par ailleurs L et m s'ajoutent en 2b à b et š, m et n en

---

[23] A laquelle fait écho en 7a l'espoir que les siens *mettent* en Dieu.
[24] Paire stéréotypée selon Avishur p. 242 (substantifs).
[25] Voir notre note complémentaire pp. 27-31 dans « ‹Allez, fils, entendez-

18b à *L* et *š*. Mais la série est plus longue en 18b où dans les deux
dernières lignes on lit quatre lettres successives dans l'alphabet: *k*
(au centre de l'avant-dernière ligne), *L* (au terme de l'une, au
commencement de l'autre), *m* et *n*. Il ne semble donc pas injustifié
d'opposer ce qui sort de *la bouche* du psalmiste en 2b et la demande
des rebelles pour leur *gorge* en 18b, et cela d'autant plus que *bouche*
et *gorge* forment une paire stéréotypée.[26]. Ainsi à 1-7 ne s'opposent
pas seulement 8-11, mais aussi à l'autre extrême 20cd, et même 19
et 17-18, soit toutes les unités Ā de 8-18. Il faut enfin mentionner,
en référence ici (3b.5c) et là (12a) avec les Pères, la mention des
merveilles que *fit* Dieu tant en 4d qu'en 12a, soit au premier stique de
l'ensemble B de 12-16 (12a en étant – nous l'avons vu – comme le
titre) qui se présente donc comme une explicitation de 4d, ce
dernier stique se lisant dans la troisième des cinq unités composant
1-7, soit d'une certaine manière dans l'unité centrale. Il apparaît
donc bien que 1-20 constituent un premier ensemble dans notre
poème, l'introduction de 1-7 préparant à la lecture des deux séquences ĀBĀ de 8-18 et 19-20, elles-mêmes articulées entre elles
selon une symétrie croisée.

2. *Structures littéraires en 21-33 et leur rapport à 1-20*

Avec 21 nous dècouvrons un nouveau thème[27] dans notre psaume,
soit celui de la colère divine auquel nous attribuerons le sigle C̄ (C,
par opposition, sera attribué au pardon). Le parallélisme entre 21b
et c se saisit à première lecture. Et puisqu'aux extrêmes de 21a et bc
nous avons les deux partenaires du drame ici rapporté, et que
l'emportement appelle évidemment, comme lui correspondant, *le feu*
et *la colère*,[28] on peut voir 21bc répondre en chiasme à 21a, comme
ceci:

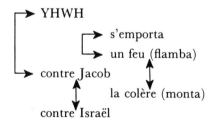

---

moi ! › Etude structurelle du psaume 34 et son rapport au psaume 33 », *EgT* 19
(1988) 5-31, où on trouvera les références utiles.
[26] Avishur pp. 512 et 522.
[27] A part Ravasi tous les auteurs cités considèrent 21 comme le début d'une
petite unité 21-22, et pour certains aussi comme l'amorce d'un ensemble plus
important (21-31 pour Campbell et Trublet-Aletti).
[28] On lit le parallèle entre *feu* et *colère* en Ps 21,10.

Colère et *emportement* constituent d'ailleurs une paire stéréotypée.[29] Le v.22 revient sur le thème de la rébellion (Ā). Le parallélisme qui en commande la structure est limpide.

En 23-29 nous sont à nouveau racontés des prodiges de Dieu en faveur des siens. L'ensemble[30] est composé de deux tableaux, en 23-25 à propos de la manne et en 26-28 au sujet des cailles (non désignées comme telles ici), puis d'une conclusion en 29. Chaque tableau est introduit par une intervention de Dieu sur les *cieux* (23b) ou dans les *cieux* (26a). Puis dès le stique suivant il est dit, ici et là, que Dieu *fit pleuvoir sur eux* (*'lyhm*) soit la manne (24a), soit la viande (27a). Entre ces quatre versets 23 + 24 et 26 + 27 on notera qu'alors que chacun des deux premiers comporte et la mention des *cieux* (le froment des *cieux* en 24b) et la préposition *'l* (sur; *mm/'l* = d'en haut en 23a), 26 ne comporte que la récurrence de *cieux* et 27 celle de *sur* (*'l*). De 24a + b à 25a + b on repérera le parallélisme de *nourrir* + *donner* et *nourrir* + *envoyer*, *donner* et *envoyer* constituant une paire stéréotypée[31] et ayant ici des compléments d'objet très comparables. De 27 à 28 on voit qu'après avoir considéré l'abondance (comme poussière, comme sable) en 27, on constate en 28 qu'il y en a partout (au milieu du camp, autour de la demeure). En son premier stique la conclusion de 29 reprend l'enchaînement de 25 entre *se nourrir* (*'kl*) et *être rassasié*: l'objectif a été atteint. On pourrait dire que la conclusion de l'ensemble en 29 reprend (et fait aboutir) celle du premier volet en 25.

En 30-31a nous retrouvons le thème (et le mot même dans les derniers stiques ici et là, où il est dit également qu'elle monta) de la colère de Dieu, rencontré en 21. Les deux premiers stiques (en 30) articulent le surgissement de cette colère au récit précédent. On lit en ordre inverse de 29 à 30: ils *mangèrent*... ce qu'ils *désiraient* / leur *désir*... leur *manger*. Puis il est dit en 31a que la colère de Dieu *monta* (*'lh*) contre eux: la racine de ce verbe étant la même que celle de la préposition *sur* (*'l*) en 24 et 27, on ne peut se retenir de voir dans l'opposition des directions, entre ce que Dieu fait pleuvoir *sur* et sa colère qui *monte* contre, comme un symbole indiquant le renversement des attitudes divines: combler les siens, puis les menacer de sa colère. Et ici cette colère passe à l'action. En 31bc (dont le parallélisme des stiques est limpide) nous voyons surgir un nouveau thème dans notre poème, soit celui des châtiments consécutifs à la colère,

---

[29] Avishur p. 754 (à l'index).

[30] A part Ravasi (qui y rattache 30-32) tous les auteurs cités voient en 23-29 un ensemble, Trublet – Aletti y distinguant assez heureusement 23-25 et 26-29, mais Korpel – de Moor 23-25, 26-27 et 28-29.

[31] Avishur p. 763 (à l'index).

auquel nous donnerons donc le sigle $\overline{\text{C}}$' (la cessation des châtiments devant recevoir celui de C'). En 32 l'auteur revient sur le thème de la rébellion, l'exprimant en 32b en des termes très proches de ceux de 22a (négation + manque de foi / *'mn*), soit $\overline{\text{A}}$. Et 33 conclut l'ensemble sur une évocation lapidaire des châtiments divins ($\overline{\text{C}}$').[32]

Nous pouvons alors, à partir de notre seule typologie des unités, découvrir la structure d'ensemble de 21-31 dans le tableau suivant:

$$
\begin{cases} \overline{\text{C}}\ (21) \\ \overline{\text{A}}\ (22) \end{cases}
$$

$$
\text{B}\ (23\text{-}29)
$$

$$
\begin{cases} \overline{\text{C}}\ (30\text{-}31a)\ +\ \overline{\text{C}}\text{'}\ (31bc) \\ \overline{\text{A}}\ (32)\quad\ \ +\ \overline{\text{C}}\text{'}\ (33) \end{cases}
$$

De $\overline{\text{C}}$ à $\overline{\text{C}}$ nous avons repéré la récurrence de « la colère... monta », et de $\overline{\text{A}}$ à $\overline{\text{A}}$ celle de la négation précédant être (sans) *foi* ou (ne pas) avoir *foi*. De B à $\overline{\text{C}}$ tant en 21 qu'en 30-31a nous retrouvons les jeux de correspondance à partir des prépositions *'l* et des verbes *'lh*. Les deux unités de 21-22 comportent respectivement *Israël* (21c) et *'lhym* (22a), et inversement les deux premières de 30-33 *'lhym* (31a) et *Israël* (31c). On lit aussi *encore* en $\overline{\text{C}}$ (30b) et $\overline{\text{A}}$ (32a), c'est-à-dire dans les deux unités du second volet suivie chacune d'une unité C'. Ainsi les prodiges divins (B) sont ici encadrés par deux récits d'une colère divine motivée par le péché du peuple ($\overline{\text{C}}$ + $\overline{\text{A}}$), et dans le second volet tant cette colère que ce péché entraînent de terribles châtiments ($\overline{\text{C}}$').[33] Du coup ce dernier volet l'emporte sur le premier (21-22) non seulement par ses proportions (neuf stiques contre cinq), mais encore par le récit répété des châtiments. La dissymétrie est flagrante et significative.

Ayant découvert la structure propre à chacun des deux ensembles 1-20 et 21-33, nous pouvons maintenant considérer ce qu'il en est des rapports structurels entre eux. Certains indices nous amè-

---

[32] J.S. Kselman, « Semantic-sonant chiasmus in biblical poetry », *Bib* 58 (1977) 219-223, a montré p. 222 le chiasme commandant 33 (*bhbl* + *ymyhm* / *wšnwtm* + *bbhlh*), dernier verset de l'ensemble 20-33. Ravasi distingue avec raison 32 et 33, mais situant l'un au terme de 23-32 et l'autre au départ de 33-41. Les autres auteurs cités situent tous 32-33 au départ d'un ensemble 32-39. Cependant la structure d'ensemble de 21-33 nous paraît requérir le rattachement de ces deux versets à cet ensemble.

[33] Les contextes en sont trop différents pour qu'on les retienne comme indices structurels, mais notons quand même de B au premier $\overline{\text{C}}$' le répartition des deux termes de la paire stéréotypée *npl* (tomber: 28a) et *kr'* (abattre: 31c). Voir Avishur pp. 447 et 270 sur cette paire. Dieu, pourrait-on dire, sait faire tomber tout aussi bien les cailles – un bienfait – que les cadets – pour châtier Israël –.

nent tout d'abord à comparer les deux unités initiales A en 1-7 et C̄
en 21, soit les termes récurrents YHWH, *entendre, Jacob/Israël*. Pour
ce qui est du premier et des derniers, notons que nous les lisons
dans la troisième des cinq unités de 1-7, soit d'une certaine manière
au centre (en 4c et 5a.b précisément). Les contextes sont évidemment
opposés. Ici le psalmiste vante la loi donnée par YHWH à Jacob/
Israël, là le rapport entre eux est commandé par la colère de
YHWH déclenchée par le péché. Les emplois du verbe *entendre*
(auquel, pour 3, on joindra ses synonymes en 1) indiquent aussi des
oppositions puisqu'en 3 les fidèles peuvent affirmer qu'ils ont entendu ce qui leur à été transmis, étant ainsi assurée une relation
heureuse entre YHWH et eux, tandis qu'en 21 ce que YHWH a été
forcé d'entendre, ce n'est rien moins que les discours rebelles de
19-20. Notons ici que le rapport entre YHWH et Israël, si heureux
en 3, paraît aboutir même à une impasse en 31bc (C̄' faisant suite
au C̄ de 30-31a, symétrique de 21 dans l'ensemble 21-33) puisqu'on
y voit Dieu aller jusqu'à massacrer les cadets d'*Israël*. Notons
encore ici l'opposition des contextes pour *merveilles* de 4c (dans
l'unité au milieu de 1-7) à 32, soit cette unité Ā qui fait suite
immédiatement à 31bc et amorce le dernier couple d'unités (Ā +
C̄') de 21-33.

La seconde remarque qu'il convient de faire concerne les unités
Ā (et A) encadrant des unités B en 8-18 et 19-20, et de même en
21-33, mais conjointement avec les unités C̄ qui les précèdent. De
8-11 à 22 nous retrouvons la négation portant sur la *foi* (8d) et *'lhym*
(10a). De 17-18 à 32 passent les récurrences de *pécher* et *encore* (*'wd*),
dans les premiers stiques, l'aspect de réitération donnant à ce péché
toute sa gravité. Mais on lit aussi en 8-11 comme en 32 que le péché
s'exerce à l'endroit des *merveilles* de Dieu, oubliées en 11, ne rencon-
trant qu'incrédulité en 32. De 19 à 20cd nous ne trouvons que *'lhym*
de 19a, qui se lit encore en 22, dans des contextes homogènes.
Ajoutons que *encore* de 17a et *'lhym* de 10a et 19a se lisent à nouveau
en 30-31a, la dernière unité C̄ de 21-33; mais ici nous passons du
péché renouvelé du peuple à l'égard de Dieu à la colère légitime de
ce dernier, qui surprend le peuple alors que la nourriture objet de
son désir est encore en sa bouche. Nous avons vu plus haut le
rapport entre la première unité A (1-7) de 1-20 et la première unité
C̄ (21) de 21-33. Avec Ā (8-11) 1-7 précède le développement B de
12-16. Dans l'unité Ā (17-18) qui y fait suite nous lisons « manger
pour leur gorge ». Or c'est dans la dernière unité C̄ (30-31a) de
20-33 que nous lisons: « leur manger encore en la bouche ». Quand
on sait de plus que *gorge* (*npš*) et *bouche* (*ph*) constituent une paire
stéréotypée (voir ci-dessus n. 26), on retiendra sans hésiter ce rap-

prochement proposé par Korpel et de Moor (p. 210). Ainsi autour
de B en 12-16 et B en 23-29 nous voyons A (1-7) appeler C̄ (21)
dans les unités qui précèdent, et Ā (17-18) appeler C̄ (30-31a),
parallélement donc, dans les unités qui suivent.

Enfin il nous faut considérer les unités B. De 12-16, au centre de
8-18, à 23-29, au centre de 21-33, bien que le thème des prodiges
divins soit ici et là amplement illustré, nous ne voyons passer
qu'une seule récurrence, et peu significative d'un rapport, soit celle
du mot *mer(s)*, ici fendue pour le passage du peuple (13), là servant
seulement à qualifier le sable (27b), et dans une comparaison. Plus
intéressante est la répartition ici et là des deux termes de même
sens:[34] *abreuver* en 15b et *rassasier* en 25b et 29a. Il s'agit en effet ici et
là pour le Seigneur de pourvoir aux besoins de son peuple, que ce
soit la soif ou la faim. De 20ab à 23-29 aucune récurrence n'est à
relever. De B en 12-16 aux deux unités C̄ de 21-33 (soit en 21 et
30-31a), on peut relever l'opposition discrète entre la descente (*yrd*)
des eaux bienfaisantes en 16b et la montée (*'lh*) menaçante de la
colère en 21c et 31a. Ajoutons-y encore l'opposition entre *le feu* utile
pour guider le peuple au désert selon 14 et *le feu*, au contraire très
dangereux, de la colère divine selon 21b. Telles sont les remarques
que nous pouvons faire en partant du centre 12-16 en 1-20 à
l'ensemble 21-33.[35] Mais si, considérant 23-29 au centre de 21-33,
nous en cherchons les points d'articulation à 1-20, ici la récolte est
fructueuse. Curieusement, elle se fait pour sa quasi-totalité dans les
deux unités extrêmes de 1-20, soit A en 1-7 et Ā en 20cd. Commençons par cette dernière où le point est manisfeste. Trois termes en
vont revenir en 23-29: *pain* (25a), *donner* (24b) et *viande* (27a).
L'articulation thématique est des plus simples: en 23-29 Dieu
relève le défi qui lui a été lancé en 20cd.[36] Ajoutons ici qu'en Ā de

---

[34] Dont chacun constitue une paire stéréotypée avec le même verbe *'kl* selon
Avishur p. 754 (à l'index).

[35] De 14 à 33 on pourrait encore relever la récurrence de *jour(s)*, mais en des
sens et contextes très disparates ne suggérant qu'une opposition très ténue.

[36] Puisque *donner* et *mettre* constituent une paire stéréotypée (selon Avishur
pp. 640-641 et 654) on pourra comparer leurs deux emplois respectivement en 5b
et 7a (*mettre*) et 20c et 24b (*donner*). Ici l'initiative appartient à YHWH: il *mit* une
loi en Israël, et ce dernier y répondra de façon positive: qu'ils *mettent* en Dieu leur
espoir. Là c'est l'inverse: l'idée première appartient au peuple: « Du pain, est-il
capable (Dieu) d'en *donner* ? » Et bien que la réponse de Dieu soit positive: il leur
donna le froment des cieux, on retrouvera au terme la suite de cette perversité avec
laquelle le peuple avait posé la question. Les deux occurrences de *mettre* et la
première de *donner* se lisent dans les unités extrêmes de 1-20 (en 1-7 et 20cd), la
dernière de *donner* dans l'unité centrale de 21-33 (en 23-29). On aura noté que le
don en question se rapporte à *la nourriture* (17-18 et 23-29) tandis que c'est *la loi* que
Dieu *mit* en Israël selon 5b.

17-18, parallèle à 20cd dans les deux ensembles $\overline{A}\overline{B}\overline{A}$ de 8-18 et
19-20, nous était déjà annoncé le discours qui se termine en 20cd.
Or en 18b le thème est annoncé par le mot *manger* ('*kl*) que nous
retrouvons par trois fois en 23-29 (24a.25a.29a). De 1-7 à 29 par
ailleurs nous voyons passer non moins de trois récurrences:[37] *ouvrir*
(2a.23b), *puissance* (4c.26b[38]), *commander/commandements* (5c.7c.23a).
C'est bien sûr avec *puissance* que nous est offert le rapport le plus
manifeste puisqu'en 4 nous la voyons en compagnie des merveilles
et qu'en 23-29 nous sont détaillées quelques-unes de ces dernières,
dont l'une en particulier nous est dite accomplie *par sa puissance*.
Pour être moins évidente, la récurrence de *commander* n'en est pas
moins significative. Avec la même autorité, DIEU s'adresse ici à
Israël pour que soit assurée la tradition de ses hauts faits, et là aux
nuées d'en haut, un des éléments du cosmos, pour qu'elles contribuent à l'accomplissement de ses prodiges. Ainsi une même autorité s'exerce à l'endroit du cosmos et du peuple élu. Il ne faudrait
pas presser la récurrence du verbe *ouvrir*. Pourtant, même si d'ici à
là les sujets en sont différents, considérons bien à quoi aboutit ici et
là ladite ouverture: manifester au peuple les mystères du passé en 2,
lui dispenser la nourriture de la manne en 24. N'avons-nous pas là
comme deux grandes nécessités pour que soit assurée son existence
de peuple élu ? On voit donc que 23-29 s'appuie sur 1-7, première
unité (A) de 1-20, pour en reprendre et transposer certains thèmes,
et sur 19 et 20bc, aux extrêmes du dernier bref ensemble de 1-20,
pour en un premier temps répondre avec une grande générosité à la
requête pourtant insolente du peuple élu.

3. *Structures littéraires en 34-64*

La première unité de ce troisième grand ensemble témoigne de
temps de docilité de la part du peuple, recevant donc selon nos
conventions le sigle A. Elle est assez joliment structurée comme le
fera voir la disposition suivante:

34   ... il les massacrait   ($\overline{x}$),   ils le cherchaient   (y)
      ils revenaient, s'empressaient près de lui (Y).[39]
35   Ils se souvenaient   (y):   Dieu leur rocher   (x),
      Dieu le Très-Haut, leur rédempteur   (X) !

---

[37] Et même quatre avec *qdm* de 2b (le passé) à 26a (vent d'est), mais en des sens
et dans des contextes trop disparates pour qu'on puisse y voir l'indice de quelque
rapport.
[38] En hébreu le mot employé en 4c a une racine géminée ('*zz*) et celui de 26b
une racine à deuxième radicale *waw* ('*wz*), mais la valeur sémantique est la même
et la parenté des racines évidente.
[39] Si l'on voulait retenir le seul '*l* du TM (et non '*lyw*), la structure présentée ici
n'en serait pas affectée.

Les sigles y/Y reviennent à l'attitude – ici toujours positive – du peuple, les sigles x à celle de Dieu, tantôt négative ($\overline{x}$), tantôt positive (x/X). On voit d'une part l'inversion d'un verset à l'autre de la séquence $\overline{x}$ + y/Y à la séquence y + x/X, mais aussi le parallèle des constructions puisque les premiers stiques comportent deux termes de notre distinction ($\overline{x}$ et y, y et x) et les seconds un seul, plus développé (Y et X). Seul $\overline{x}$ au départ est de nature négative. Tout le reste des deux versets témoigne d'une attitude accueillante du peuple (yYy) vis-à-vis de son Dieu rédempteur (xX).

Puis aussitôt 36-37 reviennent sur le thème du péché ($\overline{A}$). Alors que 36 est bâti selon un chiasme limpide,[40] 37 reprend d'assez près le schéma de construction de 34 et 35, puisque 37b ne fait guère que développer le « n'était pas sûr avec lui » de 37a. La même négation *l'* en hébreu se lit ici et là. Ajoutons qu'en quelque sorte 37a est parallèle à 36b: de leur langue + ils lui mentaient // leur coeur + n'était pas sûr envers lui. Le dernier stique ne désigne plus aucune partie du corps (bouche, langue, coeur),[41] mais est consacré tout entier à dénoncer la perfidie du peuple non seulement envers lui (pron. pers. 3ème pers. présent en 36a.b et 37a), mais envers lui qui avait fait *alliance* avec eux, comme il est dit au terme du morceau.

Par rapport aux différents types d'unités que nous avons jusqu'ici distingués, 38-39 constituent un petit ensemble à la fois nouveau et complexe. Considérons d'abord 38c-39 où la chose est plus manifeste. En 38cd il est clair qu'il s'agit de la cessation de la colère; nous leur attribuerons donc le sigle C, contraire à celui ($\overline{C}$) qui désignait la colère. Ce thème est nouveau dans le poème. En 39 nous voyons Dieu épargner ceux dont il se souvient de la fragilité, c'est-à-dire ne pas accomplir le châtiment, lequel – on le sait depuis 33 – aboutit logiquement à l'extermination des coupables. Autrement dit 39 nous rapporte le non-châtiment, et c'est pourquoi nous lui attribuons le sigle C' (opposé à celui du châtiment $\overline{C}$'). Ce thème lui aussi est nouveau dans le poème. Les couples *colère-courroux* et *chair-souffle* structurent les affirmations de chacun des thèmes. Mais, en termes plus couverts, c'est déjà la séquence que nous avons en 38ab. Il y est d'abord question de la tendresse qui pardonne, ce qui évidemment s'oppose à la colère, puis du refus de

---

[40] *Bouche* et *langue* constituent une paire stéréotypée: Avishur p. 765 (à l'index).

[41] L'opposition entre *langue* et *coeur* tout comme entre *bouche* et *coeur* ressort des deux paires stéréotypées qu'ils constituent selon Avishur respectivement pp. 279 et 765 (à l'index).

dévaster, ce qui est renoncer au châtiment. Ainsi en 38ab sur deux stiques nous avons cette même séquence C + C' que nous avons sur quatre en 38c-39. Pour pouvoir considérer plus avant l'articulation entre ces unités, donnons ici une traduction la plus proche possible de l'hébreu:

38a	*Lui*, compatissant,	C
38b	il effaçait les torts / *et ne* dévastait *plus*	/ C'
38c	Et maintes fois *il revenait* de sa colère	C
38d	*et ne* réveillait *plus* tout son courroux.	
39a	Il se souvenait qu'(ils sont) chair, *eux*,	C'
39b	souffle qui s'en va *et ne revient plus*.	

A considérer nos deux séquences C + C' on voit s'inscrire dans chacun des termes de la première respectivement un pronom in-dépendant (hébreu) *Lui*, puis la négation *et ne... plus* suivie (en hébreu) d'un verbe au *hiphil* (3ème pers. sg.), et dans les termes de la seconde, inversement, d'abord la négation *et ne... plus* suivie d'un verbe au *hiphil* (3ème pers. sg.), puis un pronom indépendant *eux*. De plus l'ensemble de la deuxième séquence est inclus entre deux emplois du verbe *revenir*. Si maintenant nous considérons tous ces mêmes indices de façon indépendante de leurs contextes, nous pouvons repérer le jeu structurel suivant:

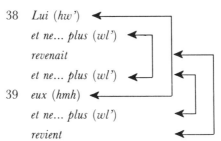

Autrement dit deux symétries concentriques, la première ayant pour centre la première occurrence du verbe *revenir* et la seconde le dernier pronom indépendant, s'emboîtant l'une dans l'autre, ayant en commun les trois termes centraux du relevé ci dessus. Tout formel qu'il soit, ce jeu de composition nous oblige à considérer 38-39 comme un ensemble, quoi qu'il en soit des unités qui les composent.

L'ensemble des versets 34-39 est comme inclus par le parallé-lisme formel et de contenu entre 34-35 et 38c-39. On y lit en effet:

34-35:	*ils revenaient...*	38c-39:	*il revenait...*
	ils se souvenaient:		*il se souvenait*:
	⎰Dieu leur rocher		⎰que chair () eux
	⎱et Dieu le Très-Haut		⎱souffle qui s'en va
	leur rédempteur		et qui ne revient pas

Le retour des pécheurs se traduisant par leur souvenir de Dieu appelle à l'autre extrême celui de Dieu se souvenant de la fragilité humaine des siens.

L'unité thématique de 40-42 est limpide. On y revient au thème de la rébellion ($\bar{A}$).[42] Il nous semble pouvoir y discerner comme une progression structurellement ordonnée. Chaque verset présente d'abord un élément valable pour ses deux stiques, les deux premiers (appelons-les x) apparentés: « que de fois », « ils revenaient », le troisième (sans nul souvenir) différent. Après ces éléments nous lisons en 40 une ordonnance parallèle de: bravèrent + dans le désert // offensèrent + parmi les solitudes, en 41 un chiasme (à partir de l'hébreu) entre tenter + Dieu / le Saint d'Israël + l'affliger, tandis qu'en 42 le dernier stique développe en quelque sorte le contenu du dernier mot de 42a. Cinq termes ou expressions (auxquels nous donnons le sigle y) expriment le péché: braver, offenser, tenter, affliger, ne pas se souvenir; quatre autres désignent soit Dieu(z): Dieu, le Saint d'Israël, soit ses actions (z'): sa main, et tout 42b. Nous pouvons alors, à l'aide de nos sigles, schématiser comme suit la structure de ces trois versets:

```
40   x   y
         y
41   x   y   z
         z   y
42       y   z'
             z'
```

On voit sur l'ensemble la progression: 40 comporte xy (sans z), 41 x, y et z, 42 y et z' (sans x). Cela signifie que l'accent est en 40 sur la fréquence des rébellions, en 42 sur la grandeur des exploits que le peuple a cependant oubliés, tandis que 41 au centre articule les trois termes, là précisément où est désigné nommément l'offensé lui-même, le Dieu Saint d'Israël. Notons enfin un certain effet d'inclusion dans le fait des indications de lieu en 40 (désert, soli-

---

[42] Si le rattachement de 43 à ce qui précède peut paraître cohérent (avec Campbell, Ravasi, Korpel – de Moor), il est bien difficile de poser une césure entre 41 et 42 (avec Ravasi et Korpel – de Moor). Mais ici, nous le verrons plus loin, ce sont Trublet – Aletti qui nous semblent les plus pertinents. Avec 51, 43 inclut l'ensemble 43-51, sa fonction de transition (reconnue par Ravasi) n'étant par là nullement mise en cause.

tudes) et de l'indication de temps en 42(b): le jour où...
L'opposition entre ce grand et unique jour et la multiplicité des
rébellions accuse encore le côté têtu et répété de ces dernières.

Avec 43-55 nous abordons le plus long développement sur les
hauts faits de Dieu en faveur de son peuple (B). Déjà par le seul
contenu on y distingue l'étape égyptienne (43-51) et, ensemble, les
deux étapes du désert et de Canaan (52-55), dont on verra plus loin
comment elles sont articulées entre elles. En 43-51 l'inclusion est
manifeste par les deux mentions de l'*Egypte* doublée d'une expression parallèle (champs de Tanis, tentes de Cham), de 43 à 51. Le
premier verset s'exprime sous mode général et introduit l'ensemble.
Le dernier touche au sommet des plaies infligées à l'Egypte en
rapportant la dernière, celle de la mort des premiers-nés. Entre ces
deux versets extrêmes nous pouvons distinguer deux groupes de
huit stiques. Nous y découvrons, ordonnées de façon symétrique,
les correspondances et récurrences suivantes:

44a (44b):	sang (*dm*)			
45a (45b):		*yšlḥ* = il envoya		
46a (46b):			*wytn* = et il livra	
47a (47b):				la grêle
x				
48a (48b):				la grêle
49a (49b):			*yšlḥ* = il lâcha	
49c (50a):		*mšlḥt*: un envoi		
50b (50c):	âme (*npš*)			

Ces correspondances se lisent toutes, on le voit, dans le premier
stique des quatre couples de stiques ici et là. Au terme de 44-47 la
grêle porte atteinte à la vigne,[43] au début de 48-50 elle atteint le
bétail. Les verbes *ntn* et *šlḥ* que nous lisons en 46 et 49a constituent
une paire stéréotypée:[44] les circonstances sont précises en 46a, très
estompées en 49a. C'est la même racine *šlḥ* que nous retrouvons de
45a (il envoya) à 49c (un envoi), entre lesquels la différence est la
même que précédemment. De 44a à 50b nous avons encore une fois
les deux termes d'une paire stéréotypée.[45] Ici la référence à Gn 2,7
peut nous aider à saisir le sens de 50bc et sa correspondance à 44.
L'homme est créé « âme vivante » (*lnpš ḥyh*) en Gn. Ici « l'âme »
s'en va à la mort, « la vie » est livrée à la peste. Ce qui faisait de

---

[43] Notons ici que *vigne* forme avec *champ* (ici en 43b) une paire stéréotypée, selon
Avishur p. 43. Et dans les vv. 44-47 on rencontre comme victimes des fléaux
plusieurs fois la végétation (46-47). En 48-51 on pourrait de même rapprocher
les versets extrêmes avec les parallèles désignant comme victimes bêtes (48) et
gens (51).
[44] Avishur p. 763 (à l'index).
[45] Avishur p. 757 (à l'index).

l'homme un vivant est condamné. Quelque chose d'analogue se passe en 44. Les fleuves tournent en sang. Or le sang est habituellement pris comme le lieu et le symbole de la vie. Ici il neutralise les effets bienfaisants de l'eau transformée en lui. Le sang devient ainsi, contrairement à son symbolisme habituel, cause de mort. Sa destinée, pourrait-on dire, est inversée comme celle de l'âme (*npš*) en 50bc.

Pour ce qui concerne chacun des volets 44-47 et 48-50 on notera encore ce qui suit. En 44-47 nous avons un verbe initial et unique pour chaque distique, toujours au *yqtl*, alternativement avec (44a.46a) ou sans (45a.47a) *waw* initial. Tous les seconds stiques commencent par *waw*. De 44b à 45a ne manquons pas de noter les deux termes de la paire stéréotypée boire-dévorer (manger).[46] L'humour est présent: eux ne pouvaient boire, mais les taons pouvaient satisfaire leur appétit ! Dans le volet 48-50 nous trouvons symétriquement ordonnées les récurrences suivantes:

48a	*il remit* / à la grêle (*lbrd*)
b	
49a	*sa colère*
b	
c	
50a	*sa colère*
b	
c	à la peste (*ldbr*) / *il remit*

A quoi nous pourrions encore ajouter la correspondance entre *l* en 48b (*aux* éclairs) et *l'... mn* en 50b (*pas... de* la mort). Aux extrêmes 48 et 50bc il est question des vivants, bêtes et gens. Au centre les deux mentions de la colère encadrent une présentation lyrique et générale de la colère divine avec son escorte de fléaux.[47]

Le second ensemble de prodiges comporte d'une part les épisodes du désert et de la mer (52-53), d'autre part ceux de l'entrée dans le pays (54-55). Ces derniers sont clairement agencés selon un schéma concentrique simple puisqu'autour du stique 55a se rapportant à l'expulsion des païens les deux distiques 54 et 55bc se correspondent clairement par leur contenu, 54 mentionnant encore la marche pour arriver dans le pays (il les amena), 55bc faisant

---

[46] Avishur p. 754 (à l'index).

[47] Notre proposition de structure pour 43-51, fondée sur les indices de structure fournis par le texte, nous paraît plus pertinente que celles fondées sur un groupement des plaies par séries de trois auxquelles s'ajoute celle des premiers-nés (voir Koopmans p. 121 et les auteurs par lui cités). Il faut d'ailleurs reconnaître que l'énumération est curieusement retardée par 49-50a, d'un ton très général. Sur ce dernier passage et sa fonction pour l'interprétation de notre psaume on lira la note éclairante de A.C.C. Lee, « The Context and Function of the Plagues Tradition in Psalm 78 », *JSOT* 48 (1990) 83-89.

porter l'accent sur l'installation proprement dite.[48] Mais comme
des gens hostiles à Israël il est également question au dernier stique
de 52-53, nous découvrons sur l'ensemble la structure concentrique
suivante:

52-53a:	il les mena... dans le désert
53b:	– leurs ennemis, la mer les recouvrit
54 :	il les amena vers... la montagne
55a:	– il chassa devant eux les païens
55bc:	il installa sous leurs tentes...

Chronologiquement les trois étapes de 52-53a (au désert), 54 (arrivée à la montagne) et 55bc (installation) se font suite. L'ordre
chronologique est inversé de 52-53a (désert) à 53b (mer), mais
respecté de 55a (païens chassés) à 55bc (Israël installé), ce qui met
encore en valeur la position centrale de 54 où le pays est précisément qualifié de *saint* territoire, c'est-à-dire présenté dans son
rapport avec Dieu.[49] De 52 à 54 une certaine opposition existe entre
il poussa (*ns'*) et il amena (*bw'*), de par le jeu de leur parenté
commune avec le verbe sortir (*ys'*).[50] On notera aussi comme la mer
(53b) est dans notre texte prise entre le désert (52-53a) et la
montagne (54) qui l'un et l'autre appartiennent à la terre (comme
contredistinguée de la mer). Du premier au dernier stique de
l'ensemble enfin nous trouvons répartis les deux termes de l'expression: *son peuple Israël*, servant ainsi d'inclusion.

Entre les deux ensembles B 43-51 et 52-55 on comparera tout
d'abord débuts et fins. Le premier s'achève sur la mort des
premiers-nés aux *tentes* de Cham, à quoi s'oppose au terme du
second l'installation des tribus d'Israël sous leurs *tentes*. Au début
ici et là nous lisons une précision de lieu, en 43a et b (Egypte,
champs de Tanis) et au terme de 52: dans le désert. W.T.
Koopmans[51] relève aussi un jeu de mots de Tanis (*s'n*) à brebis

---

[48] Les verbes *bw'* (54a) et *škn* (55c) constituent une paire stéréotypée (Avishur
p. 81). Ce n'est pas le cas de *ns'* (52a) et *bw'* (54a). Cependant *ns'* constitue une
paire stéréotypée avec *ys'* (Avishur p. 184), antonyme de *bw'*. Sur ces trois verbes
ns', *bw'*, *škn*, un seul évoque la sortie (et ce n'est pas *ys'*). Aucun ne signifie à
proprement parler sortir (notre psaume n'emploie *ys'* qu'en 16a, et ce n'est pas au
sujet de la sortie d'Egypte). Le premier situe le mouvement dans le désert, les deux
autres sont en rapport étroit avec l'entrée.

[49] Nous avons montré un système de composition très semblable dans le *Benedictus*, « Note sur la structure littéraire de Lc I.68-79 », *NTS* 24 (1977/78) 248-258
(et 418), p. 258.

[50] Il est très remarquable que le verbe *sortir* ne soit employé dans notre psaume
qu'à propos des ruisseaux (16a), et cependant il constitue une paire stéréotypée
tant avec *ns'* (Avishur p. 186, ici par synonymie) qu'avec *bw'* (Avishur pp. 217 et
315, ici par antonymie), lesquels se retrouvent donc en position d'antonymes.

[51] P. 123 où l'auteur s'efforce d'établir un chiasme entre 40-43, 44-48, 49-51 et

(*ṣ'n*). Notons encore de 44 à 53b la mention des eaux ici changées en sang pour priver l'Egypte de boisson, là recouvrant les ennemis (ces mêmes égyptiens). Enfin, bien que les contextes ne soient pas parfaitement homogènes, on rapprochera les deux termes d'une paire stéréotypée répartis de 49b (détresse: *ṣrh*) à 53b (ennemis: *'yb*):[52] la détresse est ici infligée à l'Egypte, mais là Israël est libéré de ses ennemis. Il convient aussi de rappeler la séquence des événements couverts par 43-55, les plaies en 43-51, le désert (avec un rappel de la mer) en 52-53, l'entrée dans le pays en 54-55.

L'ensemble 40-55 (Ā + B + B) semble inclus par les correspondances existant de la première (40-42) à la troisième unité. On y relève en effet la même séquence des récurrences: désert (40a) + le Saint + Israël (41b), et: désert (52b) + saint (54a) + Israël (55c). Le *désert* est ici le lieu de la tentation du *Saint d'Israël*, là le chemin par où Dieu mène jusqu'à son *saint* territoire les tribus d'*Israël*. Bien qu'elles ne s'inscrivent pas dans les séquences ci-dessus, notons encore les correspondances significatives entre main (42a) et *droite* (54b), paire stéréotypée,[53] et entre adversaire (*ṣr*: 42b) et ennemi (*'yb*: 53b), autre paire stéréotypée.[54] Ici la main sauve de l'adversaire, là l'ennemi une fois recouvert par la mer, la droite conquiert la montagne, terme du chemin.

Avec 56-58 nous retrouvons une nouvelle unité Ā sur la rébellion du peuple. Les deux versets 56-57 commencent l'un et l'autre par deux verbes couplés (par la conjonction *w*). Les vv. 56 et 58 sont construits (en hébreu) selon un chiasme, le verset central selon un parallélisme formel (avec deux emplois de *comme*). Sept verbes expriment directement la rébellion (en 56b nous lisons la négation + garder). La mention des hauts lieux est cohérente avec le point où nous ont amenés 54-55, à la montagne sainte. En 59-64 nous voyons alterner deux brèves mentions de la colère divine en 59a (Dieu entendit et *s'emporta*) et 62b (contre son héritage il *s'emporta*) et deux développements sur les châtiments divins en 59b-62a et 63-64. Dans le premier, après les évocations parallèles du rejet d'Israël (59b) et de l'abandon de Silo (60a), le deuxième étant développé en 60b (où *škn* fait écho à *mškn* de 60a), le châtiment gagne en violence en 61-62a qui sont structurés comme ceci, en disposant les mots dans l'ordre de l'hébreu:

52-55. Nous retenons ici plusieurs de ses précieuses observations, mais non sa proposition qui laisse de côté la nette différence entre 40-42 et 43-51 + 52-55.
[52] Avishur p. 753 (à l'index).
[53] Avishur p. 759 (à l'index).
[54] Avishur p. 753 (à l'index).

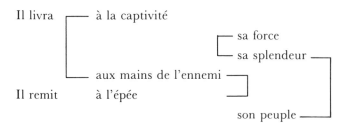

L'ensemble 59b-62a est inclus par la répartition dans les stiques extrêmes des deux termes de l'expression *Israël* (59b) *son peuple* (62a). Mais 63-64 sont structurés de façon encore plus serrée. On y voit alterner hommes et femmes: cadets + vierges // prêtres + veuves, et après leur mention deux malheurs pour les premiers (*feu* et *épée*,[55] disposés d'ici à là en ordre inverse par rapport au verbe), une absence (négation) de chant pour les secondes. De même que le verbe *s'emporter* se lisait dans les deux unités $\bar{C}$ (59a et 62b), de même de 59b-62a à 63-64 (les deux unités $\bar{C}$') nous retrouvons *l'épée* (62a.64a). De $\bar{A}$ (56-58) à $\bar{C}\bar{C}'\bar{C}\bar{C}'$ (59-64) on notera en tête ici et là la mention de Dieu (*'lhym*): provoqué en 56, il réagit par sa colère en 59. On notera aussi qu'Israël, comparé à un *arc* infidèle en 57 (A), tombera sous *l'épée* selon 62 et 64 ($\bar{C}$'): devenu une arme défectueuse, il tombera sous le coup d'une arme très efficace. Ce rapprochement est d'autant plus pertinent que *arc* et *épée* constituent une paire stéréotypée.[56] Le premier étant situé dans la première unité ($\bar{A}$ = 56-58) et la seconde dans la dernière ($\bar{C}$' = 63-64), nous avons là une certaine inclusion de l'ensemble 56-64. Beaucoup plus discrète que celle que nous avons repérée pour 34-39, elle lui répond cependant, les contextes étant d'opposition: les fidèles se souviennent de Dieu selon 34-35, et lui à son tour d'eux selon 39; mais en 56-58 ils le trahissent, et Dieu alors les abandonne au feu et à l'épée selon 63-64.

Nous pouvons maintenant tenter de saisir la structure littéraire de l'ensemble 34-64. Usant des sigles convenus nous pouvons déjà constater que chacun des trois volets commence par une unité $\bar{A}$ (précédée d'une unité A dans le premier), puis que les deux volets extrêmes la font suivre d'une séquence répétée CC'CC' en 38-39, mais $\bar{C}\bar{C}'\bar{C}\bar{C}'$ en 59-64, dont les contenus sont donc opposés. Du premier au dernier volet on peut donc dire que $\bar{A}$ (56-58) s'oppose à A (34-35) comme $\bar{C}\bar{C}'\bar{C}\bar{C}'$ à CC'CC'. Dans le volet central l'unité

---

[55] Qui constituent d'ailleurs une paire stéréotypée selon Avishur p. 754 (à l'index).

[56] Avishur p. 258.

Ā initiale est suivie de deux unités B (43-51 et 52-55), ce qui donne schématiquement pour l'ensemble:

```
34-39: A  +  Ā      CC' + CC'
40-55:      Ā                   B + B
56-64:      Ā       C̄C̄' + C̄C̄'
```

Les volets extrêmes se répondent donc, surtout par mode d'opposition, et encadrent ainsi le volet central. De nombreux indices confirment et fondent cette proposition. Entre les premières unités nous lisons de A à Ā (40-42): *revenir* (34b.41a), *se souvenir* (35a.42a), *Dieu* (*'l*: 35b.41a), et, répartis ici et là, les deux termes de la paire stéréotypée: *rédempteur* (*g'l*: 35b) et *sauve(u)r* (42b).[57] Toutes ces récurrences servent à manifester des oppositions, ce qui est indiqué par le contenu pour *revenir* et *Dieu*, par la négation (*l'*) pour *se souvenir* et *rédempteur/sauveur*: ils se souviennent ici de leur rédempteur, là ils ne se souviennent pas de leur sauveur. Ajoutons deux correspondances, plus discrètes mais cette fois de même sens, de Ā (36-37) à Ā (40-42): *coeur* (37a) et *main* (42a) constituent une paire stéréotypée,[58] et la négation se lit en 37 et 42a: ils ont le coeur peu sûr, manquent de foi en son alliance, et la mémoire leur fait défaut. De Ā (40-42) à Ā (56-58) nous retrouvons (en ordre inverse) les deux verbes *braver* (40a.56a) et *tenter* (41a.56a) pour exprimer la rébellion. Ajoutons ici encore la récurrence de la négation (*l'*) de 42a à 56b, les oublis de la mémoire et l'indocilité vis-à-vis des témoignages allant de pair. Enfin de A à Ā (56-58) nous retrouvons *Dieu* (*'lhym*) et *le Très-Haut* (35 et 56), ici l'objet du souvenir attentif, là visé par la rébellion de son peuple. Mentionnons aussi les négation de même sens de 36-37 (37) à 56-58 (56b).

Considérons à présent les unités CC' ou C̄C̄' des volets extrêmes dans leurs rapports aux deux unités B du volet central. De C' (38bβ) et C' (39) à B (43-51) et B (52-55) nous relevons en parallèle les indices suivants: le même verbe *šḥt* (au *hiphil*) de 38bβ à 45b pour signifier ici les effets directs qu'aurait eu la colère de Dieu, là des effets du même ordre, mais par l'intermédiaire des grenouilles. Par contre les négations de 38bβ et 50b sont de sens inverse. De 39b à 54a nous trouvons répartis les deux termes souvent couplés: *s'en aller* (*hlk*) et *venir* (*bw'*, au *hiphil*),[59] le contraste étant parlant entre ce souffle de l'homme qui s'en va pour ne plus revenir et au contraire

---

[57] Avishur p. 635.
[58] Avishur p. 761 (à l'index).
[59] Citons seulement Pss 126, 6 ; 95, 1.6 ; Jenni – Westermann, *THAT* I,266 donnent *bw'* (kommen) et *hlk* (gehen) comme opposés. Leur correspondance remplit une fonction structurelle dans les deux textes cités et dans d'autres.

l'entrée (*il les amena*) du peuple dans la terre où l'attend le bonheur. Notons encore de C' (39) à B (43-51) les deux termes de la paire stéréotypée *souffle* (*rwḥ*: 39b) et *âme* (*npš*: 50b),[60] Dieu sanctionnant et précipitant pour ainsi dire en 50b ce qui est la destinée de l'homme comme le rappelle 39b. De B (43-51) et B (52-55) à C̄' (59b-62a) et C̄' (63-64) nous relevons, ici encore selon un ordre parallèle de ces unités, les indices suivants. De 43-51 à 59b-62a nous retrouvons *livrer* (46a.61a), *ṣrh* (détresse: 49) et *ṣr* (ennemi: 61b), *tente* (51b.60b), par où il ressort qu'en sa colère Dieu inflige à son propre peuple un châtiment fort apparenté à celui de l'Egypte: ayant vidé *les tentes* de cette dernière de leurs premiers-nés, il vide pour ainsi dire celle de Silo de sa propre présence; infligeant la *détresse* à l'Egypte, il n'hésite pas plus à livrer « sa splendeur » aux mains de *l'ennemi*, *livrant* ainsi « sa force » à la captivité tout comme il avait *livré* les récoltes de l'Egypte au criquet. De B (52-55) à C̄' (63-64) nous ne relevons que la récurrence de *npl*: Dieu fait *tomber* le cordeau pour marquer l'héritage en 55b; il charge l'épée de faire *tomber* les prêtres en 64a. Le rapport est d'opposition. On pourrait aussi remarquer que l'eau et le feu oeuvrent comme exécuteurs des châtiments divins soit en 53b (contre l'Egypte), soit en 63a (contre les cadets d'Israël). Mais entre ces deux unités B du volet central et les deux unités C̄' du dernier nous lisons encore des récurrences réparties selon un chiasme entre ces quatre unités. De 43-51 (B) à 63-64 (C̄') nous retrouvons *'kl*: de même que Dieu a envoyé les taons *dévorer* en Egypte selon 45a, de même le feu doit *dévorer* les cadets d'Israël selon 63a. Une fois encore nous voyons Israël mériter par son péché le même sort que l'Egypte. De 52-55 (B) à 59b-62a (C̄') les rapports sont encore plus étroits puisqu'il est question ici et là de *son peuple* (52a.62a), *Israël* (55c.59b), des *tentes* d'Israël (55c) ou de Silo (60a), où d'ailleurs il est question de *demeurer* (*škn*) selon 55c et 60a et b,[61] et qu'enfin nous y rencontrons, répartis ici et là, les deux termes de deux paires stéréotypées, soit *la droite* (54b) et *la main* (61b), les ennemis (*'yb*: 53b) et l'ennemi (*ṣr*: 61b). Les deux unités sont incluses de la même façon, mais en inversant l'ordre des termes, par *son peuple* (52a.62a) et *Israël* (55c.59b), peuple ici guidé dans le désert et installé sur sa terre, là rejeté et livré à l'épée. Dans les *tentes demeurent* ici les tribus d'Israël (55c), tandis que là Dieu lui-même quitte sa *demeure* de Silo, la *tente* où il *demeurait* parmi les hommes (60). A *la droite* de Dieu favorable à son peuple (54b) s'opposent évidemment *les mains* de l'ennemi

---

[60] Avishur pp. 41 et 413.
[61] Avishur p. 753 (à l'index).

auquel est livré la splendeur présente dans ce même peuple (61b).
On dirait que l'ennemi, ici noyé (53b), a comme repris du service
en 61b comme exécuteur des châtiments divins. Nous devons enfin
considérer les rapports entre les unités C et C̄ des volets extrêmes
aux unités B du volet central. En 49-50, dans la première unité B,
nous rencontrons *colère* et *emportement* divins s'exerçant à l'encontre
de l'Egypte; or les mêmes s'en prennent à Israël, soit la première en
C de 38cd – mais ici le danger est conjuré – , et le second en C̄ de
62b et aussi de 59a où l'emportement cette fois ira jusqu'au châtiment, Israël une fois de plus ayant donc mérité le même sort que
l'Egypte.[62] De B (52-55) à C̄ (62b) il faut enfin relever la récurrence
de *son héritage: héritage* ici alloué généreusement au peuple (55),
peuple devenu lui-même *l'héritage* de Dieu selon 62b, mais un
héritage qui ne mérite plus que sa colère.

Il nous reste enfin à signaler quelques rapports jouant des premières unités (A/Ā) de chaque volet aux autres. De C' (39), au
terme de 34-39, à Ā (40-42), en tête de 40-55, nous trouvons pour
assurer la charnière entre les deux volets *revenir* et *se souvenir*. Dieu
s'en *souvient*: le souffle de l'homme ne peut *revenir* (de la mort), mais
le pécheur, lui, sait très bien *revenir* tenter Dieu, ne se *souvenant* plus
du salut qui lui a éte accordé, souvenir bienveillant de Dieu envers
l'homme fragile, oubli pécheur de l'homme à l'endroit du Dieu
puissant sauveur. De même de B (52-55), au terme de 40-55, à Ā
(56-58), en tête de 56-64, nous trouvons pour assurer la charnière
entre ces deux volets deux emplois de *comme*. Sous la conduite de
son berger le peuple est *comme* des brebis, *comme* un troupeau (52) en
sécurité; et, malgré cela, le voilà devenu en 57b *comme* un arc
infidèle, trahissant ainsi tout *comme* ses Pères (57). Des unités A
extrêmes (34-35 et 56-58) à la première unité B (43-51) au centre
nous retrouvons d'une part *massacrer* (34a et 47a), et d'autre part
(re)tourner (*hpk*: 44a et 57b). Dieu, quand c'est hélas nécessaire,
n'hésite pas à *massacrer* tant dans son peuple (34a) qu'en Egypte
(47a). Il fait *tourner* en sang l'eau des fleuves d'Egypte, mais un sort
comparable attend Israël s'il se *retourne* comme un arc infidèle.
Enfin certains rapports sont suggérés entre d'une part l'unité Ā
initiale du volet central, et d'autre part la dernière unité C' du
premier volet et la première unité C̄' du dernier. De 39 (C') à 40-42
(Ā) nous avons déjà relevé et commenté les récurrences de *se*

---

[62] De 38cd à 43-51 on pourrait peut-être encore relever la récurrence de
l'adjectif *tout* (38d.51a) et de la négation (38d.50b): ici Dieu ne mène pas au bout
son courroux, mais là il n'hésite pas à chatier jusqu'à la mort, la mort de tout
premier-né.

souvenir et *revenir*. De 40-42 à 59b-62a ($\overline{C}$') nous retrouvons *Israël*, *main*, et *ṣr* (adversaire, ennemi), le méfait d'Israël ici dénoncé (nul souvenir de la main de Dieu qui les sauva de l'adversaire) entraînant là un juste châtiment: Israël livré aux mains de ses ennemis. Les mains de Dieu et des ennemis s'opposent à l'évidence, mais aussi la main bienfaisante du premier à l'épée destructrice de 62a (celle qu'on retrouve en 64a), étant donné la paire stéréotypée *main-épée*.[63]

Sans redonner ici les indices sur lesquels se fondent les rapports étudiés ci-dessus, tentons un simple schéma récapitulatif:

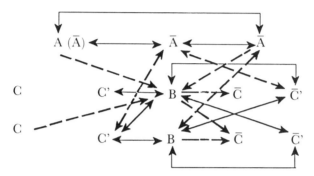

Le lecteur aura compris que les trois premières colonnes reprennent 34-39, la colonne centrale 40-55, les trois dernières 56-64. Les rapports sont parfaitement symétriques entre les unités A comme entre les quatre unités B et $\overline{C}$' (parallèle et chiasme). Ils sont ordonnés parallèlement des unités C' aux unités B (mais non en chiasme, le rapport n'étant marqué que du second C' au premier B) et des unités B aux unités $\overline{C}$ (mais non en chiasme, le rapport n'étant marqué que du premier B au second $\overline{C}$). On voit aussi les symétries du $\overline{A}$ central à la seconde unité C' et à la première unité $\overline{C}$', puis de A extrêmes a la première unité B. Nous avons aussi voulu marquer les charnières (de C' à $\overline{A}$) puis de B à $\overline{A}$) entre premier et deuxième, puis entre deuxième et troisième volets. Le rapport du second C au premier B n'a point de symétrique, ni non plus celui du premier B au second $\overline{C}$. Il reste que la composition est serrée, et partant riche de bien des jeux de sens que nous avons essayé de relever ci-dessus point par point.

---

[63] Avishur pp. 363-364 et 440.

4. *Rapports structurels entre 34-64, 1-20 et 21-33*

La troisième partie, dont nous venons d'étudier la structure interne, présente des rapports ordonnés avec chacune des deux premières. Commençons par considérer de ce point de vue 34-64 et 1-20. Pour faciliter au lecteur le repérage de ce qui va suivre, nous disposons comme suit nos deux parties, disposition qui sera point par point justifiée par la suite:

A (1-7)			A (34-35)	
Ā (8-11)			Ā (36-37)	
		CC'		CC' (38-39)
B (12-16) ⟶ Ā (17-18)		Ā (40-42) ⟶ B (43-51)		
Ā (19) --- ➤ B (20ab)		B (52-55) ⟶ Ā (56-58)		
A (20cd)		C̄C̄'		C̄C̄' (59-64)

Considérons d'abord AĀ en 1-11 et 34-37. Dans les derniers versets de 1-7 et 34-35 (unités A) nous lisons les deux mots Dieu (*'lhym* et *'l*) et *ne pas oublier* ou *se souvenir*, ce qui revient au même. Ainsi le peuple d'aujourd'hui est invité à ne pas oublier les hauts faits de Dieu en sa faveur (7), c'est-à-dire à imiter les Pères en ces bons moments où ils se souvenaient de Dieu comme leur rocher (35). De 8-11 à 36-37 (unités Ā) nous retrouvons de 8cd à 37 le même reproche sur le *coeur* peu *sûr* et manquant de *foi*, ainsi que la mention de *l'alliance* ignorée, de 10 à 37. Ainsi peut-on prétendre qu'un certain parallèle ordonne entre elles ces quatre unités. Mais nous constatons encore ceci: le *souvenir* de *Dieu* (*'l* et *'lhym*) en 35 fait écho et contraste avec la méconnaissance de *Dieu* (*'l* et *'lhym*) selon 8d et 10a et *l'oubli* de ses hauts faits selon 11. Ainsi A (34-35) reprend-il aussi Ā (8-11). Par ailleurs en 36-37 il est fait état d'une *bouche* flatteuse et d'une langue menteuse (36), lesquelles font contraste avec les paroles de la *bouche* de celui qui parle selon 1. Il est encore question en 37a d'un *coeur* peu *sûr*, lequel fait contraste avec *l'oreille* attentive de 1 puisque *coeur* et *oreille* forment une paire stéréotypée,[64] les deux termes en étant donc répartis en 1 et 37. Ainsi 36-37 (Ā) reprend-il également A (1-7). On peut dire que le rapport entre ces quatre unités est commandé à la fois par un parallèle (où jouent des correspondances de même sens) et par un chiasme (où jouent des oppositions), soit par ce que nous appelons une symétrie croisée. Avant d'en venir aux ensembles 12-20b et

---

[64] Avishur p. 278.

40-58, considérons encore quelques rapports ordonnés entre les diverses unités A de nos deux parties, laissant seulement ici 20cd qui n'a aucun terme commun avec les autres et sur laquelle nous reviendrons plus loin. De la première (1-7) en 1-20 à la dernière (56-58) en 34-64 nous relevons trois récurrences ou correspondances: *Dieu* (*'lhym*: 7a.56a), *Pères* (3b.5c.57a), et les deux termes d'une paire stéréotypée (voir ci-dessus n.14): *observer* (7c) et *garder* (56b). Les rapports sont d'opposition. En 1-7 la fidélité des *Pères* à transmettre les leçons du passé invite le peuple à *observer* les commandements de *Dieu*, mais en 56-58 on voit le peuple refusant de *garder* les témoignages de *Dieu*, imitant ainsi *les Pères* dans leurs pires moments. Symétriquement de Ā en 19 (précédant B de 20ab comme inversement Ā de 56-58 fait suite à B de 52-55) à A en 34-35 (première unité A en 34-64) nous voyons passer les deux désignations de Dieu comme *'l* et *'lhym*, ici encore pour marquer des oppositions: hostilité à Dieu en 19, souvenir docile de qui il est en 35. Ainsi de 1-7 et 19 à 34-35 et 56-58 il existe des rapports ordonnés en chiasme. On peut encore percevoir certains rapports en chiasme entre les premières unités ici et là et 17-18 avec son pendant 40-42. De 1-7 à 40-42 nous retrouvons *Dieu* = *'l* (7a.41a), *Israël* (5b.41b), *oublier* (7b) et *se souvenir* (42a). Les rapports sont d'opposition, puisqu'il s'agit, ici, de ne pas *oublier Dieu* ni la loi qu'il a mise en *Israël*, tandis que, là, nous voyons le peuple tenter *Dieu*, le Saint d'*Israël*, et ne plus *se souvenir* du salut dont il avait bénéficié. De 17-18 à 34-35 nous retrouvons *Dieu* (*'l*) avec son titre de *Très-Haut*, ici provoqué, là objet d'un souvenir plein de reconnaissance. Ces quatre unités sont donc ordonnées en chiasme. On observera la même chose de 8-11 et 36-37 à 19 et 56-58. En effet de 8-11 à 56-58 passent non moins de six récurrences: *'lhym* (10a.56a), *garder* (10a.56b), *comme* (k) *leurs Pères* (8a.57a), *arc* (9a.57b), *retourner* (9b.57b). Les rapports sont de même sens. Mieux eut valu n'être pas comme *les Pères* (tireurs d'*arc*) qui se *retournaient* au jour du combat et qui ne *gardaient* pas l'alliance de *Dieu*, et voilà pourtant que le peuple se mit à tenter *Dieu*, ne *gardant* point ses témoignages, trahissant tout comme ses *Pères*, se *retournant* comme un *arc* infidèle. Pour percevoir le rapport de 19 à 36-37 on se rappellera l'expression de 1b: *les paroles de ma bouche* (*'mry-py*). En effet les deux termes en sont répartis en 19; *ils parlèrent* (*'mrw*) et 36: *bouche*. Il s'agit ici et là de discours rebelles à l'endroit de Dieu. On trouve enfin encore une ordonnance en chiasme des rapports entre 8-11, 17-18 (après B de 12-16), 36-37, et 40-42 (avant B de 43-51). De 8-11 à 40-42 nous retrouvons *bravade* (8b)/*braver* (40a), *'l* (8d.41a), *oublier* (11a)/*se souvenir* (42a), *jour* (9b.42b), et la répartition en 8c et 42a des deux

termes de la paire stéréotypée *coeur/main*.[65] Les rapports sont de
même sens, même *bravade* face à *Dieu*, même *oubli* de ses exploits,
même mésintelligence au *jour* même du combat ou, par après, de ce
jour même, *coeur* infidèle incapable de se souvenir des bienfaits de la
main divine. De 17-18 à 36-37 la récurrence du mot coeur fait ici et
là découvrir la gravité du péché. Par ailleurs nous avons étudié
ci-dessus le rapport de 8-11 à 36-37. Ajoutons ici la présentation de
celui de 17-18 à 40-42. On lit en effet ici comme là *braver* et *tenter*,
ainsi que *'l* d'ailleurs comme objet de *tenter*, et encore les deux
termes de la paire stéréotypée *coeur/main* (18a.42a).[65] Le rapport est
manifeste. Mais alors puisque 8-11 appellent 36-37 comme 17-18
appellent 40-42, on voit que le rapport entre ces quatre unités est
commandé à la fois par un chiasme (comme nous l'avons vu
ci-dessus), et par un parallèle (comme nous venons de le constater),
soit par une symétrie croisée, tout comme entre les quatre premières unités (en 1-11 et 34-37). Si à présent nous considérons les
deux dernières unités ici et là, nous en découvrons l'ordonnance
commandée par un chiasme. En effet 17-18 appellent 56-58 comme
le montrent les récurrences d'ici à là de *braver* et *tenter* (17b.18a.56a)
et *Très-Haut* (17b.56a), d'ailleurs objet ici et là du verbe *braver*.
L'indication est nette. De 19 à 40-42 nous lisons *'l* et *désert*,
l'épreuve proposée à Dieu ayant ici et là le même cadre.

Mais réapitulons dans un schéma les rapports que nous avons
jusqu'ici découverts:

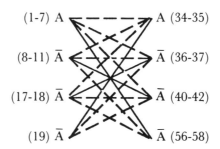

Le lecteur peut ainsi constater que ces huit unités sont entre elles
ordonnées en chiasme (rapports marqués ci-dessus par un trait
plein). On découvre encore un chiasme et un parallèle, soit une
symétrie croisée à six termes entre les ensembles des trois premières
unités (1-11 + 17-18 et 34-37 + 40-42), et un chiasme à six termes
entre les ensembles des trois dernières unités (8-11 + 17-19 et 36-37
+ 40-42 + 56-58). Les quatre premières, les quatre centrales, et les

---

[65] Avishur p. 761 (à l'index) pour *lb/yd* et aussi *lb/kp*.

quatre dernières sont toutes ordonnées entre elles selon un chiasme.
Enfin un chiasme commande les rapports entre les premières et
troisièmes comme entre les deuxièmes et dernières. L'en-tête est
marqué par un rapport plus étroit, soit une symétrie croisée entre
les quatre premières unités (1-11 et 34-37).

Venons-en maintenant aux ensembles 12-20b (BĀĀB) et 40-58
(ĀBBĀ).[66] De prime abord on voit qu'ils sont chacun ordonnés
selon un chiasme dont les termes sont inversés de l'un à l'autre.
Nous avons déjà étudié les rapports entre les unités B ici et là. De Ā
(17-18) à Ā (19) relevons la récurrence de *'l* et la correspondance
entre les deux termes d'une paire stéréotypée:[67] *le lieu sec* (17a) et *le
désert* (19c). La parole prononcée en 19 ne fait qu'exprimer ce que
ces rebelles ont au coeur selon 17-18. Le rapport de 40-42 (Ā) à
56-58 (Ā) a, lui aussi, été étudié plus haut. Considérons d'abord
BĀ en 12-18 et ĀB en 40-51. Certains indices accompagnent et
fondent l'inversion de B + Ā en Ā + B. L'introduction de 12-16 et
celle de 43-51 nous situent *en Egypte, aux champs de Tanis* (en Egypte se
lisant encore en 51). Il est question ici et là de *ruisseaux*, ici bienfaisants puisqu'ils permettent à Dieu d'*abreuver* son peuple, là devenus inutiles puisque changés en sang, privant donc cette fois les
égyptiens de *boire*. Et puisque ces deux termes *abreuver* (*šqh*) et *boire*
(*šth*) forment chacun pour leur part une paire stéréotypée avec
dévorer (*'kl*) (voir ci-dessus n. 34) que nous lisons en 45, nous pouvons
écrire: alors qu'en 15 c'est le peuple élu qui *s'abreuve* aux eaux du
rocher, en 45 ce sont les taons qui *dévorent* ce qu'ils trouvent
en Egypte, et encore: alors que le peuple élu au désert trouve
largement de quoi *s'abreuver* selon 15, l'Egypte pour sa part n'a plus
rien à *boire* selon 44. Nous avons plus haut fondé le rapport de 17-18
à 40-42. Voilà donc largement confirmé une ordonnance en
chiasme entre BĀ et ĀB de 12-18 à 40-51.[68] Mais relevons aussi de

---

[66] Le chiasme que présente l'ensemble 40-58 a été bien perçu par Trublet –
Aletti. Pour eux 40-58 constituent même une des cinq parties du poème (répondant à 9-20).
[67] Avishur p. 244.
[68] Notons encore que de la dernière unité de 12-16 (15-16) à la première unité
de 34-64 (34-35) nous retrouvons la mention d'un *rocher*, ici celui du désert, fendu
pour laisser couler les eaux bienfaisantes dans le désert, là le rocher qu'est Dieu
lui-même. Et symétriquement de la première unité de 1-20 (1-7) à l'introduction
de 43-51 nous retrouvons le verbe mettre (*śym*) avec le même sujet Dieu en 5b et
43: ici c'est en Israël que Dieu *met* une loi, là en Egypte qu'il *met* ses signes. Pour ce
qui concerne le *rocher* nous allons du désert à Dieu lui-même, et pour *mettre*, en
quelque sorte à l'inverse, de ce que Dieu *met* en Israël avec qui il est allié à ce que
Dieu *met* en Egypte, chez ses ennemis. Il est *leur* rocher (35a), c'est-à-dire le rocher
d'Israël. Il inflige ses prodiges destructeurs à l'Egypte, l'empêchant tout comme le
désert de nuire à son peuple.

12-16 à 40-42 la même mention du *désert* (15 et 40), là comme lieu
du bienfait divin, là (triste pendant) comme lieu de la mise à
l'épreuve de Dieu, puis de 17-18 à 43-51 le même verbe *manger* (*'kl*:
18b.45a) et le même mot âme (*npš*: 18b.50b), pour exprimer ici le
contenu de la tentation, là les fléaux infligés à l'Egypte: taons
dévoreurs, mort pour *l'âme* des égyptiens, comme si ces fléaux, méri-
tés par Israël, advenaient finalement à l'Egypte. Ainsi un certain
parallélisme commande l'ordonnance des ensembles 12-18 et 40-
51. Bien que ce dernier soit nettement moins marqué que le
chiasme, il nous semble qu'on pourrait quand même ici parler de
symétrie croisée (*chiasme* et parallèle).

Nous nous en sommes tenus jusqu'ici à la première partie des
chiasmes commandant 12-20b et 40-58. Mais considérons à présent
leur ensemble. Nous avons plus haut repéré que les quatre unités Ā
ici incluses étaient ordonnées entre elles selon un chiasme. Or les
unités B qui les précèdent se trouvent elles-mêmes ordonnées en
chiasme. Ainsi de 12-16 à 52-55 nous lisons: *il les guida* (14a.53a), *la
mer* (13a.53b), *dans le désert* (15a.52b), et les deux termes d'une paire
stéréotypée:[69] *terre* (12b) et *montagne* (54b). Les deux passages rapportent comment Dieu *guidait* son peuple *dans le désert*, entre *la terre*
d'Egypte et *la montagne* par lui conquise, fendant ici *la mer* pour y
laisser passer les siens, là s'en servant pour recouvrir ses ennemis.
Nous pouvons donc avancer que B + Ā en 12-18 sont nettement
parallèles à B + Ā en 52-58. Par ailleurs de 20ab à 43-51 nous
retrouvons deux emplois du verbe *frapper*, avec Dieu pour sujet. Ici
c'est le rocher qui est frappé pour qu'en jaillisse l'eau pour le
peuple assoiffé, là ce sont les premiers-nés d'Egypte de sorte que
soit réduit à merci le pharaon oppresseur. Nous pouvons donc
soutenir que les deux ensembles Ā + B de 19-20b et 40-51 sont
entre eux en parallèle. Apparaît alors la structure d'ensemble commandant les rapports de 12-20b à 40-58:

```
   ┌──► B (12-16) + Ā (17-18)
   │        ┌──►  Ā (19)      + B (20ab)
   │        │    . . . . . . . . . . . . . . .
   │        └──►  Ā (40-42) + B (43-51)
   └──► B (52-55) + Ā (56-58)
```

Les parallélismes commandant les rapports de 12-18 à 52-58
comme de 19-20b à 40-51 déterminent un agencement de l'ensem-

---

[69] Avishur p. 278.

ble selon un large chiasme. Par deux fois les prodiges de Dieu en
faveur de son peuple ne suscitent chez ce dernier que rébellion
(12-18 et 52-58), et pourtant par deux fois et inversement pour ainsi
dire une telle rébellion du peuple est suivie magnanimement d'autres
prodiges de Dieu en faveur de son peuple (19-20b et 40-51).

Il nous reste à prendre en compte 20cd ($\overline{A}$) en 1-20 et les deux
ensembles CC'CC' (38-39) et $\overline{CC}$'$\overline{CC}$' (59-64) en 34-64. En $\overline{CC}$' de
59-62, dans le dernier volet de 34-64, nous rencontrons non moins
de cinq termes récurrents par rapport à 1-7, première unité de 1-20,
soit: *Dieu* (*'lhym*: 7a.59a), *entendre* (3a.59a), *Israël* (5a.59b), *puissance/
force* (4c.61a), et *mon/son peuple* (1a.62a). Un certain effet d'inclusion
de l'ensemble est ici perceptible. *Israël*, ici attentif, est alors fa-
vorisé, n'ayant qu'à se louer de la *puissance* de *Dieu*, qui joue en sa
faveur. Mais là, *Dieu*, ayant eu vent de sa rébellion, rejette *Israël* et
livre à la captivité celui qui pourtant était comme sa *force*. Peut-être
pourra-t-on supposer une certaine disposition inversée de la première unité B (12-16) de 1-20 à la dernière de 34-64 (63-64), et de la
dernière unité (20cd) de 1-20 à la deuxième unité B (43-51) de
34-64. On lit en effet *feu* en 14b comme en 63a, un feu qui ici
indique le chemin, mais là un feu qui dévore les cadets d'Israël.[70] Et
de 20c à 46a nous retrouvons le même verbe *ntn*: certes capable de
donner du pain à son peuple, Dieu est tout aussi capable de *livrer* au
criquet les récoltes de l'Egypte.[71] Nous avons vu plus haut com-
ment le rapport de 12-18 (B + $\overline{A}$) à 40-51 ($\overline{A}$ + B) était commandé
par une symétrie croisée. Nous venons de repérer que de façon
symétrique 12-16 (B) appelait en 59-64 le dernier élément $\overline{C}$'
comme 43-51 (B) était, lui, comme annoncé par l'élément $\overline{A}$ que
constitue 20cd. Or certains rapports, ordonnés de la même façon
symétrique, semblent exister de 17-18 ($\overline{A}$, faisant suite à B de
12-16) à 59-64 comme de 40-42 ($\overline{A}$, précédant B de 43-51) par
rapport à 20cd. En effet de 17-18 à 59b-61a ($\overline{C}$'), et précisément de
18a à 61b nous trouvons répartis les deux termes d'une paire
stéréotypée,[72] *coeur* et *main*: le peuple tente Dieu en son *coeur* selon
18, il finira donc par être livré aux *mains* de l'ennemi selon 61b. Par
ailleurs de 20cd à 40-42 nous trouvons les deux composantes de
Israël son peuple: celui qui est provoqué par *son peuple* selon 20cd n'est

---

[70] Et étant donné la paire stéréotypée *feu/eaux* (Avishur pp. 483-484 et 495), on
opposera aussi ce *feu* dévastateur de 63a aux *eaux* bienfaisantes de 16 (et même 13,
où leur côté hostile est maté) dans l'unité B de 12-16.

[71] Peut-être pourrait-on ajouter, du fait que les deux mots constituent une paire
stéréotypée (Avishur p. 767, à l'index) une certaine opposition entre *la viande* (*š'r*)
réclamée par Israël (20d) et *le sang* (*dm*) « obtenu » par l'Egypte (44a) ?

[72] Voir ci-dessus n. 64.

autre que le Saint d'*Israël* selon 41.[73] Et ici l'enquête peut se poursuivre, car de 17-18 et 40-42 (unités $\bar{A}$) il existe des rapports non seulement à 20cd ($\bar{A}$) et 59-64 ($\bar{C}\bar{C}'\bar{C}\bar{C}'$), qui font suite aux ensembles 12-20b ($B\bar{A}\bar{A}B$) et 40-58 ($\bar{A}BB\bar{A}$) dont nous connaissons la correspondance, mais aussi à 8-11 ($\bar{A}$) et 38-39 (CC'CC'), qui précèdent ces mêmes ensembles. Nous avons plus haut étudié les rapports de 8-11 à 40-42 (unités $\bar{A}$). Du terme de 17-18 à celui de 38-39 nous trouvons répartis les termes de deux paires stéréo-typées, soit *coeur* (18a) et *chair* (39a), puis *gorge* (*npš*: 18b) et *souffle* (*rwḥ*: 39):[74] ce *coeur* pécheur est doublé d'une *chair* fragile et cette *gorge* affamée, et ne pouvant le supporter, d'un *souffle* qui s'en va pour ne plus revenir. Ainsi ces premières unités A de 12-20b et 40-58, dont nous avons vu la correspondance mutuelle, sont en rapport tant avec les unités qui précèdent ces deux ensembles qu'avec celles qui les suivent. De plus, ces dernières unités entre-tiennent entre elles certains rapports. De 8-11 à 39 (C' au terme de 38-39), nous trouvons répartis les deux termes de la paire stéréo-typée *coeur-chair* (rencontrée ci-dessus), le premier servant à ex-primer la faiblesse du peuple en sa foi (*coeur* peu sûr: 8c), le second la fragilité radicale de l'homme (*chair* vouée à disparaître: 39), fragilités qui, pourrait-on dire, risqueraient de s'additionner de façon irrémédiable si Dieu n'avait soin d'y pallier. De 20cd à 59b-62a (premier élément $\bar{C}'$ en 59-64) nous voyons passer *ntn* (*donner, livrer*) et son peuple: la question de savoir si Dieu pourrait *donner* à manger à son peuple a été si mal posée qu'au terme la réponse sera ce même peuple « *donné* », *livré* à la captivité et à l'épée Peut-être le lecteur aimera-t-il trouver ici un schéma récapitulatif de ces rapports existant entre 8-11 + 12-20b + 20cd d'une part et 38-39 + 40-58 + 59-64 de l'autre:

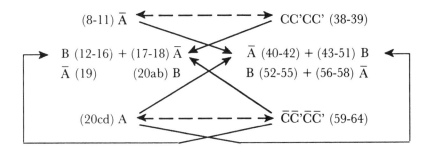

---

[73] Ces deux termes, nous l'avons vu, servent à inclure tant l'unité B 52-55 que l'unité $\bar{C}'$ 59b-62a.

[74] Avishur pp. 184, 216, 278 pour la première et 41,113 pour la seconde.

Nous savions déjà que les deux unités $\overline{A}$ de 8-11 et 20cd encadraient 12-20b et les deux séries CC'CC' et 38-39 et $\overline{CC}$'$\overline{CC}$' et
59-64 pour leur part 40-58. Nous découvrons ici leurs rapports
mutuels, parallèlement ordonnés, et leurs rapports, symétriquement ordonnés, à l'autre ensemble que celui qu'elles encadrent.
Certes les choses ne sont pas ici aussi accusées et manifestes que
lorsqu'il s'agissait, comme plus haut, de rapports entre unités le
plus souvent du même type ($\overline{A}$ ou B). Cependant on ne peut
ignorer que le texte trouve ici encore le moyen d'être savamment
tissé par un jeu de rapports qui, si subtils soient-ils, ne manquent
pas de significations.

Pour conclure sur ces rapports entre 1-20 et 34-64 relevons les
rapports entre 1-7 (A initial en 1-20) et 59-64 ($\overline{CC}$'$\overline{CC}$' au terme de
34-64). Nous lisons cinq termes communs ordonnés comme suit
(dans le texte hébreu):

(3a)	Nous l'avons entendu ————	Il entendit	(59a)
(4c)	les titres (*thlwt*)	Dieu (*'lhym*)	(59a)
(4c)	sa puissance (*'zwzw*)	Israël	(59b)
(5b)	Israël	sa force (*'wzw*)	(61a)
(7a)	Dieu (*'lhym*)	. . . chant de noces (*hwllw*)	(63b)

Après le verbe *entendre*, ici et là, les autres termes se correspondent
selon une séquence inverse en 59-64 par rapport à 1-7. L'opposition
des contextes aide à saisir les contrastes entre ce qu'entendent
d'une part les fidèles, de l'autre Dieu, entre les titres (de gloire) de
YHWH et l'absence de chant de noces pour les vierges d'Israël,
entre la puissance reconnue de YHWH et sa force, c'est-à-dire
Israël lui-même, livrée à la captivité, entre enfin les deux « situations » de Dieu, ici objet de l'espoir de son peuple, là obligé
d'entendre sa rébellion.[75] Ces correspondances obligent en quelque
sorte à lire à partir de leurs oppositions 1-7 et 59-64, lesquels
pourraient bien constituer une inclusion de l'ensemble 1-64 si nous
pouvons plus loin le reconnaître comme tel.

Il est donc manifeste que les deux parties 1-20 et 34-64 ont entre
elles d'étroits rapports. Qu'en est-il des rapports entre 21-33 (deux-

---

[75] Bien que le mot *arc* de 9a appartienne à l'unité $\overline{A}$ qui fait suite à 1-7
(eux-mêmes unité A), on pourrait encore, au terme de notre relevé ci-dessus,
ajouter ici donc *arc* en 9a et là *épée* en 64a, les deux mots constituant, on le sait
(Avishur p. 258), une paire stéréotypée: les fiers tireurs d'*arc*... finissant par
tomber sous l'*épée*. Il s'agit ici encore d'opposition.

ième partie) et 34-64 (troisième partie) ? Pour permettre au lecteur de bien situer les divers rapports qui vont être relevés ci-dessous, nous présentons schématiquement chacune de ces parties en fonction des structures que nous y avons discernées. Rappelons qu'en 21-33 le centre est B (23-29) autour duquel s'ordonnent en parallèle $\bar{C}$ + $\bar{A}$ (21 + 22 et 30-31a + 32), unités suivies dans le dernier volet d'une unité $\bar{C}$' (31bc et 33). En 34-64 chaque volet commence par une unité $\bar{A}$ (et même A + $\bar{A}$ pour le premier), après laquelle nous lisons successivement CC'CC' (38-39), B (43-51) + B (52-55) et $\bar{C}\bar{C}'\bar{C}\bar{C}'$ (59-64):

$\bar{C}$ (21)	⟶	$\bar{A}$ (22)	
	B (23-29)		
$\bar{C}$ (30-31a)	⟶	$\bar{A}$ (32)	
$\bar{C}$' (31bc)		$\bar{C}$' (33)	

A (34-35)	⟵	C (38ab)	C' (38b)
$\bar{A}$ (36-37)		C (38cd)	C' (39)
$\bar{A}$ (40-42)	B (43-51)		
	B (52-55)		
$\bar{A}$ (56-58)	⟵	$\bar{C}$ (59a)	$\bar{C}$' (59b-62a)
		$\bar{C}$ (62b)	$\bar{C}$' (63-64)

Au premier coup d'oeil nous pouvons déjà repérer autour des centres B l'inversion des séquences C + A (21-22 et 30-31a.32) de 21-33 en A + C (34-39 et 56-64) en 34-64, ce que veulent indiquer les flèches dans le tableau ci-dessus. A considérer les premières unités en 34-37 et 38-39 on verra qu'elles sont de nature positive: A + C, à la différence de celles de 21-22 et 56-64. Mais nous pouvons regarder de plus près la structure de l'ensemble. Commençons par examiner les trois unités B. Trois termes sont communs à 23-29 et 43-51, soit 'kl (*nourrir/manger/dévorer* en 24a.25a.29a et 45a), *ntn* (*donner/livrer* en 24b et 46a) et *šlḥ* (*envoyer/lâcher* en 25b et 45a.49a.49c), le contraste étant, grâce à eux, suffisamment suggéré entre le froment *donné* et les vivres *envoyés* au peuple élu dans le désert et ce que Dieu *donne* ou *envoie* à l'Egypte: taons, criquets, feu de sa colère, anges de malheurs. Cinq termes sont communs à 23-29 et 52-55, soit *ns'* (*il fit lever/il poussa* en 26a et 52a), *comme* (*bis* en 27 et 52), *npl* (*tomber/marquer* en 28a et 55b), *škn* (*demeure/installer* en 28b et 55c) et *bw'* (*il servit/il amena* en 29b et 54a). Il s'agit cette fois ici et là d'une action favorable de Dieu pour son peuple. S'il *fait lever* le vent d'est, c'est pour pouvoir faire pleuvoir les oiseaux *comme* poussière et *comme* sable des mers sur les siens, en faire *tomber* autour de sa demeure et leur *servir* ainsi ce qu'ils désiraient. Avec la même attitude bienveillante *il poussa* son peuple *comme* des brebis, *comme* un troupeau dans le désert et *l'amena* ainsi jusqu'à la montagne, lui *marquant* là son héritage et *installant* Israël sous ses tentes. Il est bien remarquable que les récurrences relevées ci-dessus en 23-29 se trouvent, pour celles qui appellent 43-51, en 22-25 et, pour celles qui appellent 52-55, en 26-29, comme si la succession de 43-51 et 52-55 était en quelque sorte préparée en 23-29.

Venons-en maintenant à ce qui ici et là encadre les unités B, soit des unités A/Ā et C/C' ou C̄/C̄', ordonnées comme nous l'avons rappelé plus haut. Rappelons qu'autour de 23-29 le parallélisme C̄ + Ā // C̄ + Ā s'appuie sur celui des récurrences *colère* (24c.31a) et *négation* + *foi* (22a.32b), récurrences qui se retrouvent en ordre inverse précisément en Ā (36-37: 37b) et C (38cd: 38c), avant 43-55. Ici la *colère* divine a pour motif le manque de *foi* des siens envers lui ; mais là ordre et contenu se trouvent inversés, puisqu'il est dit que, malgré leur manque de *foi*, Dieu se garde de déchaîner sa *colère*. Rappelons ensuite que le parallélisme et l'opposition entre A (34-35) + C (38cd) et Ā (56-58) + C̄ (59a et 62b) s'appuie entre autres sur les récurrences ou correspondances de *'lhym* (35a et 56a), *colère* (38c) et *s'emporter* (59a.62b). Or les mêmes indices se lisaient déjà en ordre inverse précisément en C̄ (21: *s'emporta, colère*) et Ā (22: *'lhym*), soit avant l'unité B de 23-29. Ainsi les indices établissant le parallélisme des unités C̄ + Ā autour de 23-29 se retrouvent en ordre inverse avant 43-55, tandis que ceux qui établissent le parallélisme des unités A/Ā + C/C̄ autour de 43-55 se lisaient déjà en ordre inverse avant 23-29. Ces dernières correspondances sont d'ailleurs appuyées de C̄ + Ā (21-22), avant la première unité B, à Ā + C̄C̄'C̄C̄' (56-64), après la dernière unité B. Nous lisons, en effet, en 21 (C̄) et 59-64 (C̄C̄'C̄C̄'), c'est-à-dire aux extrêmes de la partie du psaume ici considérée et en constituant une inclusion, outre le verbe *s'emporter* (21a, 59a, 62b): *entendit* (avec YHWH ou Dieu comme sujet en 21a et 59a), *feu* (21b et 63a), *Israël* (21c et 59b). Ici et là, ce que Dieu *entend* le mène à *s'emporter* contre *Israël*, au point de faire flamber contre lui un *feu*. Rendus à ce point, et avant de compléter notre enquête, il nous paraît utile de récapituler nos premiers résultats dans le schéma que voici (en répétant ici ou là telle récurrence à l'intérieur d'une unité pour la clarté du tableau: signe =):

$\overline{C}$ (21)   : colère ⟶ $\overline{A}$ (22)   : sans foi

s'emporta — — →   Dieu

$\left\{\begin{array}{l}\text{entendit}\\\text{feu}\\\text{Israël}\end{array}\right.$

$\boxed{\text{B (23-29)}}$

C (30-31a) : colère ⟶ A (32)   : pas foi

A (34-35)   : Dieu ← — — C (38cd)   : colère (=)

$\overline{A}$ (36-37)   : sans foi ←————   colère (=)

$\boxed{\begin{array}{l}\text{B (43-51)}\\\text{B (52-55)}\end{array}}$

$\overline{A}$ (56-58)   : Dieu ← — — — $\overline{C}\overline{C}'\overline{C}\overline{C}'$ (59-64) : s'emporta (*bis*)

$\left\{\begin{array}{l}\text{entendit}\\\text{Israël}\\\text{feu}\end{array}\right.$

Chaque parallélisme entourant les unités B est rappelé, en ordre inverse, dans le premier terme de l'autre parallélisme. L'inclusion de l'ensemble est nette. A ces premières données nous devons encore ajouter deux séries de remarques, qui, pour être un peu moins manifestes, ne manquent pourtant pas de significations. Immédiatement autour de B (23-29), nous lisons en 22 ($\overline{A}$) *salut* et en 30-31 ($\overline{C}\overline{C}'$) *colère*, *Dieu* (*'lhym*), *cadets*, *Israël*. Or ces termes, ou d'autres qui leur sont synonymes, se retrouvent aux extrêmes de 34-64, soit *rédempteur*[76] en 34-35 (A: 35b), et en 59-64 ($\overline{C}\overline{C}'\overline{C}\overline{C}'$): *s'emporta*, synonyme de colère (59a.62b), *Dieu* (*'lhym*: 59a), *cadets* (63a), *Israël* (59b). Cette fois nous ne sommes pas immédiatement autour de l'ensemble B + B (43-55), mais dans les unités qui en sont les plus éloignées. Le *salut* n'est pas cru en 22, mais le *rédempteur* est reconnu en 35. En 30-31 la *colère* de *Dieu* va jusqu'à abattre les *cadets* d'*Israël* ; et de même en 59-64 *Dieu s'emporte* jusqu'à rejeter *Israël* et faire dévorer ses *cadets* par le feu. Une disposition analogue autour de 23-29 et 43-55 (unités B) se découvre à partir de cette unité $\overline{A}$ de 40-42 qui précède les secondes. On y lit en effet (en

---

[76] *Sauver* et *racheter* constituent une paire stéréotypée selon Avishur p. 635.

41b et 42b) *Israël* et *sauver*, tout comme dans les unités qui encadrent immédiatement 23-29 (*salut* en 22, *Israël* en 30-31: 31c), mais également comme dans les unités extrêmes de 34-64 (*rédempteur*, synonyme de sauveur, en 34-35, et *Israël* en 59-64: 59b). Tantôt méconnu jusque dans *le salut* par lui accordé (42.22), tantôt reconnu comme *le rédempteur* (35), le Saint d'*Israël* (41b) tantôt laisse monter sa colère contre ce dernier (21), tantôt lui accorde généreusement ses bienfaits (55).

Notons encore, à titre complémentaire, dans les unités qui font immédiatement suite à 23-29 et 43-55 (unités B), en 30-31a *'kl* (manger) que nous lisons aussi soit en 23-29 (trois fois), soit en 43-51 (45a), et en 56-58 deux emplois de *comme* ainsi qu'on en avait en 23-29 (27) et 52-55 (52). N'ayant pas perçu le sens de *la nourriture* à eux accordée dans le désert, les fils d'Israël ne se sont guère mieux comportés que les taons *dévoreurs* en Egypte. A la générosité qu'expriment les comparaisons de 27 et à la bienveillance que manifestent les images de 52 de la part de Dieu s'oppose la triste comparaison de 57 inspirée par le comportement d'Israël. Relevons ensuite, au terme de 21-22 (avant 23-29) comme au terme de 56-64 (après 43-55), les racines *bṭḥ* et *ʿwz*. On lit en effet confiance (*bṭḥ*) en 22b comme *sûrement* (même racine) en 53, non sans un certain écho d'ici à là: la confiance obtient en retour la sécurité. On lit aussi *sa puissance* en 26b comme *sa force* en 61a, avec un certain effet de contraste: puissance agissant ici en faveur du peuple, force de Dieu livrée à la captivité. Notons encore qu'en 43-51 (B) nous voyons à l'oeuvre *colère* et *emportement* de Dieu (49-50), *colère* et *emportement* toujours mentionnés dans les unités $\overline{\text{C}}$ (21, 30-31a, 59a, 62b) et même dans l'une des deux unités C (38cd, mais non en 38ab). De plus en 52-55 (B) il est fait mention d'*Israël* comme en 21 ($\overline{\text{C}}$), 30-31 (ici en $\overline{\text{C}}$': 31bc), 59-64 (ici en $\overline{\text{C}}$': 59b-62a), mais non en 33 (C'), ni en 38-39 (symétrique à 59-64). Puisque dans les unités $\overline{\text{C}}\overline{\text{C}}$' il s'agit toujours de la colère de Dieu contre *Israël*, on comprendra qu'elle est comme un écho à celle qui s'exerce contre l'Egypte, mais tout à l'opposé de l'heureux cheminement dans le désert jusqu'à l'arrivée à la montagne (52-55). Enfin en 59b-62a, sensiblement au terme de l'ensemble, et là seulement, relevons la racine *škn* en *demeurer* (60a et b), et *ntn* en *livrer* (61a), deux racines que nous lisions l'une et l'autre dans les unités B aux centres des deux parties 21-33 et 34-64. Ces dernières récurrences et correspondances méritaient d'être relevées.[77] Gardons-nous cependant, étant donné leur

---

[77] Mais nous y avons renoncé pour le mot *jour* de 33 à 42 étant donné les

caractère allusif ou leur situation partielle dans la structure littéraire de l'ensemble, de leur accorder plus d'importance qu'elles
n'en méritent.

5. *Structures littéraires en 65-72*[78]

En 65-66 nous voyons le Seigneur réduire à merci ses ennemis
tout comme en 43-51. Nous avons donc ici une unité B. Notons en
65 que le Seigneur (*'dny*) est encadré par deux comparaisons
introduites par *comme*. En 67-68 nous lisons deux unités C de sens
opposé puisque 67 (C̄) expose la défaveur et 68 (C) la faveur des
uns ou des autres, le tout étant structuré comme suit (en suivant
l'ordre des termes dans l'hébreu):

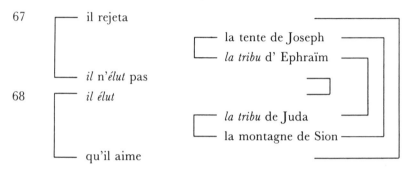

67

— il rejeta

— la tente de Joseph

— *la tribu* d' Ephraïm

— *il n'élut* pas

68 *il élut*

— *la tribu* de Juda

— la montagne de Sion

— qu'il aime

Chacun des deux versets est construit en chiasme, mais également,
à partir des oppositions, l'ensemble des deux versets (chiasme à
huit termes). La chose est évidente de 67b à 68a du fait des
récurrences de *tribu* et *il élut*. Elle est assez claire de 67a à 68b
puisque *tente* en *montagne* sont des lieux, par où elles se distinguent
de *tribu*, groupe de personnes. L'opposition entre *rejeter* et *aimer* est
patente. En 69 nous avons de nouveau une unité B puisqu'il s'agit
de la suite donnée à l'installation dans le pays (52-55), soit la
construction du sanctuaire. Sachant que *bâtir* et *fonder* forment une
paire stéréotypée[79] on découvrira sans peine ici une symétrie concentrique:

---

signification et contextes trop disparates, et de même pour *m'd* (bien, tout à fait)
en 29a et 59b.

[78] Alors que tous les auteurs cités reconnaissent en 65-72 un ensemble,
Trublet – Aletti rattachent 65-67 à 59-64 et voient en 68-72 une conclusion. Le
rapport qu'en 59-67 ils posent entre 59-60 et 67 peut se soutenir, ainsi que celui
entre 63 et 64, mais de 61-62 à 65-66 joue non plus une simple correspondance,
mais une opposition: c'est contre ses ennemis, et non plus contre son peuple
(61-62), que Dieu s'apprête à agir. Par ailleurs 65-72, nous allons le voir, constituent, d'un point de vue structurel, un ensemble unifié.

[79] Avishur p. 532.

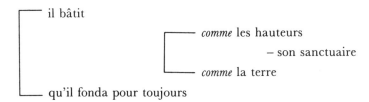

Au centre du verset nous avons donc le santuaire. Notons sans plus attendre qu'il est immédiatement encadré par deux comparaisons introduites par *comme*, tout comme *le Seigneur* en 65. En 70-72 nous distinguons deux unités, 70-71a sur l'élection de David (unité C), 71b-72 sur sa mission (unité B: nous y revenons ci-dessous). Ces deux unités sont bâties de façon fort semblables, ce que fera voir la petite synopse que voici:

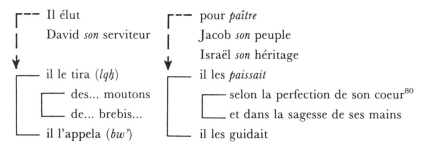

Les trois verbes ici et là sont sinon identiques (*paître* en 71b et 72a), du moins synonymes ou de même sens. Ainsi un chiasme comman- de tant 70b-71a que 72, les verbes extrêmes prenant le relais du verbe initial soit de 70a, soit de 71b. Entre les verbes initiaux et ces chiasmes nous lisons soit la mention de David *son* serviteur, soit celles de Jacob *son* peuple et Israël *son* héritage, le possessif (suffixe en hébreu) marquant à chaque fois le rapport à Dieu de ceux qui sont nommés. On pourrait dire qu'ici et là la structure respecte un schéma a (verbe initial) B (noms propres) A (chiasme final). Au centre du deuxième chiasme nous rencontrons la paire de mots stéréotypée *coeur-mains* (*kp*: voir ci-dessus n. 65). En hébreu les deux verbes initiaux sont construits avec la préposition *b* (qu'on lit donc avant les trois noms propres). Articulant les deux passages, et en particulier les verbes, on notera l'opposition entre la préposition *mn*

---

[80] Il nous semble préférable de tenir au *TM* pour 72a et de lire *k* et non *b*, le sens étant clair ; *selon* la perfection de son coeur, l'expression parallèle étant pour sa part introduite par la préposition *b*: *dans* la sagesse de ses mains (littéralement). Nous verrons plus loin l'enjeu structurel possible de cette option.

(des... de... en 70b-71a) et la préposition *l* (pour en 71a), les deux parallèles *moutons // brebis-mères* et *Jacob son peuple // Israël son héritage* se répondant donc comme point de départ et point d'arrivée de l'élection à la mission de David.

Mais considérons à présent l'ensemble 65-72. Des jeux d'opposition de nature un peu différente permettent en un premier temps de considérer 65-69 selon un chiasme B.C̄.C.B. L'opposition de C̄ à C a été étudiée ci-dessus. Celle de B à B n'est pas du même type, car les actions envisagées sont entre elles cohérentes: victoire sur les ennemis, puis constructions. Néanmoins, si complémentaires soient-elles, leur style s'oppose puisqu'il s'agit ici de détruire, là de bâtir. Nous avons plus haut comparé 65 et 69 en leur structure qui met en relief ici *le Seigneur* guerrier et vainqueur, là *son sanctuaire*. Après 65-66 et après 69, que nous venons de comparer, nous lisons le verbe *élire* construit avec la même préposition *b* en 67 et en 70-71a, la négation de 67 établissant l'opposition entre ces deux dernières unités. Avançant dans notre lecture nous pourrions donc dire qu'autour de 68, sur l'élection (ici encore: *élire*) de Juda et de Sion, se lisent en parallèle et sous mode d'opposition: 65-66 (B) + 67 (C̄) et 69 (B) + 70-71a (C). Mais, bien entendu, il faut aussi prendre en compte la dernière unité B de 71b-72. Sa correspondance thématique avec les deux autres unités B ne fait pas difficulté: l'ennemi réduit à merci (65-66), la construction du sanctuaire est possible (69), mais il faut aussi quelqu'un pour guider le peuple (71b-72). Nous lisons entre ces trois unités d'une part C̄ + C en 67-68 dont nous avons vu la cohérence structurelle, d'autre part C en 70-71a. Or entre ces deux passages nous avons déjà relevé les emplois du verbe *élire* (67b.68a et 70a) avec la préposition *b* (67b, parallèle à la construction de 67a, et 70a), mais il est une autre correspondance qui nous semble fort probable. Il est parlé au terme de 67-68 de la montagne de Sion *qu'il aime* et *David* est cité dès le départ de 70-71a. Or le verbe *aimer* (*'hb*) et la racine du nom de *David* (le bien-aimé) constituent une paire stéréotypée.[81] La correspondance est parlante: Dieu aime et la montagne où il veut bâtir son sanctuaire, et David dont il fait son serviteur.[82] Il nous semble

---

[81] Avishur p. 756 (à l'index).

[82] Peut-être pourrait-on ajouter la correspondance entre certaines prépositions en ordre parallèle de B + C̄ en 65-68 à C + B en 70-72. On lit en effet *mn* + *le vin* en 65b pour indiquer par quoi le guerrier a été terrassé, et *b* + *sagesse* en 72b pour indiquer avec quoi David va guider le peuple ; mais on lit deux emplois parallèles de *b* en 67 pour désigner ceux qui sont rejetés par DIEU, puis deux emplois parallèles de *mn* en 70b-71a pour indiquer d'où David a été tiré, élu, ce qui schématiquement peut se représenter ainsi:

donc que la structure d'ensemble de 65-72 est concentrique autour du v.69, soit: B.C̄C / B / C.B. Le verset central étant lui-même construit selon une symétrie concentrique nous découvrons la position éminente dans l'ensemble, de *son sanctuaire*, avec non loin de là, symétriquement disposés, la montagne de Sion qu'il aime et *David son serviteur.*

6. *Rapports structurels de 65-72 à 34-64, 21-33 et 1-20*

Ayant saisi comme tel l'ensemble 65-72, quatrième et dernière partie de notre psaume, nous pouvons maintenant en considérer le rapport à chacune des parties précédentes. Pour exposer celui de 34-64 à 65-72, que le lecteur nous permette cette fois de commencer par un schéma qui lui fera voir l'ensemble des conclusions auxquelles nous parviendrons par la suite, les démontrant et interprétant ainsi point par point, chacun pouvant de cette manière être commodément situé dans l'ensemble:

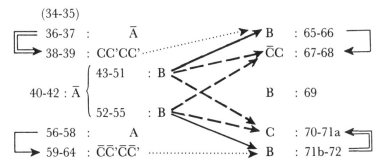

Aucune récurrence ne passe de 34-35 à la dernière partie. Notons seulement que 34-35 porte sur une reconnaissance appuyée du *Dieu Très-Haut* et que la dernière partie commence par la description

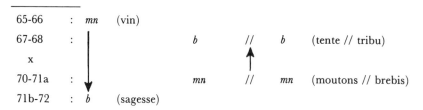

Curieusement on lit *'ḥ(w)r* en 66a (après *mn*) et 71a (après le deuxième *mn*). En 65-66 et 69 on lit deux fois *k(mw)* et une fois *l* ; en 71b-72 une fois *l* et une fois *k*. Cette dernière remarque est purement et simplement formelle. Mais le rapport entre le dos des ennemis affligés par Dieu et le fait que David est retiré de derrière les brebis est presque amusant dans l'opposition qu'il suggère entre les ennemis et les moutons.

imagée du réveil du *Seigneur*, présenté ici comme un puissant guerrier. Considérons tout d'abord les rapports entre unités B. De 43-51
à 65-66 nous relevons les récurrences de *il livra* (46a.66b), *il frappa*
(51a.66a), et la même racine (*ṣr*) dans *détresse* de 49b et *ennemis* de
66a. Ici et là le Seigneur s'en prend aux *ennemis* de son peuple, les
livrant au criquet ou plus globalement à la honte, les *frappant* en
leurs premiers-nés ou plus directement, déchaînant contre eux cette
détresse même qu'ils représentent pour Israël. Symétriquement de
52-55 à 71b-72 nous relevons: *son peuple* (52a.71b), *guider* (53a.72b),
héritage (55b.71c), *Israël* (55c.71c), sans oublier la correspondance
entre *la droite* de 54b et *les mains* de 72b. Ici en somme nous voyons
David prendre dans le pays le relais de la sollicitude de Dieu pour
son peuple dans le désert. Tout comme Dieu en effet *il guide* le peuple
d'*Israël* devenu lui-même *l'héritage* de Dieu après en avoir reçu un
héritage. De *sa droite* le Seigneur avait conquis la montagne pour que
son peuple l'y serve ; de *ses mains* David guide avec sagesse ce même
peuple. Mais 52-55 marquant le terme (dans l'histoire comme dans
le texte) de l'ensemble des deux unités B de 43-55, ils prennent une plus grande importance que 43-51, lesquels ne sont en
quelque sorte qu'un prélude, la mise au pas de l'Egypte étant certes
nécessaire, mais finalement moins importante que le chemin dans
le désert et surtout l'entrée dans le pays. Dans notre psaume cela se
voit aux rapports qu'entretiennent 52-55, et non 43-51,[83] aux *trois*
unités B de 65-72. Nous venons de le voir avec 71b-72. Entre 52-55
et 65-66 nous pouvons découvrir trois points de rapprochement,
soit deux comparaisons (introduites par *comme*) dans les premiers
distiques ici et là, puis les deux synonymes[84] pour *ennemi* (*'yb* en 53b
et *ṣr* en 66a), et enfin l'opposition entre le *devant* (la face, *mpny* en
55a) et le *dos* (*'ḥwr* en 66a). Après que la mer eut recouvert *les
ennemis* de son peuple, le Seigneur les conduit *comme* un troupeau
dans le désert, chassant *devant* lui les païens quand il arrive en
Canaan. L'ayant un temps abandonné à nouveau à ses ennemis, il
se réveille *tel* un vaillant assoupi par le vin, pour frapper ces *ennemis*
au *dos*. Guerrier, s'associant au besoin la mer, au départ de l'Egypte
comme en Canaan, le Seigneur frappe au dos ses ennemis ; mais il
sait aussi conduire, tel un berger son troupeau, son peuple au
désert. Enfin de 52-55 à 69 nous ne relevons qu'une seule récur-

---

[83] De 43-51 à 69 on pourrait faire valoir les deux termes de la paire stéréotypée
champs-terre (Avishur p. 754, à l'index) de 43b à 69b, mais la terre n'est là en 69 que
comme terme de comparaison, et par ailleurs elle ne désigne pas un pays comme
l'expression champs de Tanis. Le rapprochement apparaît donc trop ténu.
[84] Synonymes qui constituent également une paire stéréotypée selon Avishur
p. 681.

rence, mais de première importance: *saint* en 54a, dans l'unité
centrale de 52-55 et *sanctuaire* en 69. Bien évidemment si le territoire
est saint, c'est parce qu'y est bâti le sanctuaire. Rappelons que 69
est l'unité centrale de la dernière partie. Nous touchons là au coeur
de l'intention divine: faire accéder ce peuple à la sainteté de son
Dieu. Il est donc clair que 52-55, pourtant plus bref que 43-51,
revêt dans ce texte une importance beaucoup plus grande, ce qui
est manifeste lorsque, comme nous venons de le faire, on considère
le rapport des unités B de 65-72 à celles de 34-64. Alors apparaît le
poids plus grand à donner aux quatre versets 52-55.

Mais ces mêmes unités B de 34-64 se trouvent en rapport avec les
unités C de 65-72 (soit en 67-68 et 70-71a). Considérons leurs
rapports successivement selon un ordre parallèle (43-51 avec 67-68,
52-55 avec 70-71a), puis en ordre inversé (43-51 avec 70-71a, 52-55
avec 67-68). De 43-51 (B) à 67-68 ($\overline{C}C$) nous retrouvons le mot *tente*
dans des contextes de même type, mais avec des partenaires pour
ainsi dire opposés: ici Dieu frappe tout premier-né aux *tentes* de
Cham (51), là il rejette la *tente* de Joseph, le châtiment s'appliquant
donc ici à l'Egypte, là à une partie d'Israël. Ajoutons comme indice
de rapprochement plus ténu, mais néanmoins valable ici en fonction des contextes, la même négation (*l'*) en 50b et 67b: la mort
n'est pas épargnée à l'Egypte, l'élection *n'est pas* destinée à la tribu
d'Ephraïm. On notera qu'en 67-68 c'est à $\overline{C}$ (67) que nous avons ici
fait appel. De 52-55 à 70-71a nous voyons passer troupeau (*ṣ'n*:
brebis, moutons, 52a.70b), et l'opposition entre *devant* (55a) et
derrière (71a). Sachant combien le Seigneur est un bon berger pour
son peuple (52), chassant *devant* lui les païens (55a), nous ne
sommes pas étonnés de le voir tirer son serviteur David de *derrière*
un troupeau de moutons. Considérons maintenant les correspondances des unités B de 34-64 aux unités C de 65-72 selon un ordre
inverse. De 43-51 à 70-71a nous relevons deux indices assez
maigres, soit le rapport entre les troupeaux de gros bétail en 48 et
de petit bétail en 70b-71a, et la correspondance entre les deux mots
anges (49c) et *serviteur* (70a) qui constituent une paire stéréotypée.[85]
En Egypte le gros bétail est abattu et ce sont des *anges* de malheur
que Dieu envoie ; pour son peuple il se choisit en David un *serviteur*,
le prenant symboliquement comme berger de petit bétail, capable
donc de conduire un Israël lui aussi fragile et demandant bien des
soins de son berger. De 52-55 à 67-68 nous retrouvons: *montagne*
(54b.68b), *tentes* (55c.67a) et *tribu* (55c.67b.68a). La montagne,
c'est la même, mais les tribus partiellement: toutes installées sous

[85] Avishur pp. 634-635.

leurs tentes en 55, l'une n'est pas élue en 67 (et la tente de Joseph rejetée), l'autre l'est en 68. De 52-55 à 67-68 s'opère donc une discrimination entre les tribus d'Israël, Juda cependant prenant sans faiblir le relais du choix manifesté en 52-55. On le voit, ici encore, le rapport est plus marqué de 52-55 à 67-68 que de 43-51 à 70-71a. Le chemin et le terme importent plus que la mise à mal des ennemis au départ.

Il faut encore considérer en 34-64 (36-64) les unités C et $\overline{A}$ dans leur rapport à la dernière partie. Nous constaterons tout d'abord que, parallèlement 38-39 (CC'CC') appellent 65-66 (B) comme 59-64 ($\overline{CC}'\overline{CC}'$) appellent 71b-72 (B). En effet de 38-39 à 65-66 nous avons les deux synonymes[86] *réveiller* et *s'éveiller*, l'opposition étant parlante de ce courroux que le Seigneur ne veut point *réveiller* contre son peuple à cet *éveil* du Seigneur guerrier contre ses ennemis, opposition et cohérence. De 59-64 à 71b-72 les indices sont plus nombreux, soit les récurrences de: *Israël* (59b.71c), *son peuple* (62a.71b), *son héritage* (62b.71c), ces deux derniers en parallèle ici et là, et la correspondance entre *main* (*yd*) de 61b et *mains* (*kpym*) de 72b).[87] En un premier temps Dieu a rejeté *Israël*, livré *son peuple*, *son héritage*, aux *mains* de l'ennemi, à l'épée (59-64) ; puis il s'est ravisé et a trouvé quelqu'un pour paître *son peuple*, *Israël son héritage*, d'une *main* très sage.

Si nous considérons enfin les unités $\overline{A}$ de 34-64 nous constatons tout d'abord un rapport en ordre inverse de la première à la dernière unité B de la dernière partie, puis de la dernière à la première unité B de cette même dernière partie. En effet en 36-37 ($\overline{A}$) et en 71b-72 (B) nous lisons *coeur*, le rapport étant d'opposition entre le coeur des rebelles et celui du parfait serviteur David. Et de 56-58 ($\overline{A}$) à 65-66 (B) nous retrouvons des comparaisons: celle, ici, d'un Israël aussi prompt à se retourner (à l'exemple de ses Pères) qu'un arc infidèle (57), celle, là, de Dieu s'éveillant comme un guerrier prêt à foncer vers la victoire. Les deux images sont militaires et leur sens s'oppose puisqu'Israël est comme impropre au combat, c'est-à-dire incapable de fidélité envers Dieu, tandis que ce dernier est un vaillant fort capable de vaincre ses ennemis, c'est-à-dire les ennemis de son peuple. Il nous faut enfin considérer les unités C d'une partie à l'autre. Ici encore les rapports se présentent en ordre inversé, 38-39 appelant 70-71a et 59-64 appelant 67-68. En 39 et 71a en effet nous lisons, dans des contextes apparentés, les

---

[86] Constituant également une paire stéréotypée selon Avishur p. 681.

[87] Qui constituent de plus une paire stéréotypée selon Avishur p. 759 (à l'index).

verbes *aller* (*hlk*) et *venir* (*bw'*).[88] Ce même Dieu qui sait très bien que les siens ne sont qu'un souffle qui *s'en va* pour ne plus revenir, non seulement retient sa colère contre eux (38-39), mais prend soin encore de *faire venir* pour veiller sur eux un serviteur fidèle (70-71a). De 59-64 à 67-68 nous voyons passer le verbe *rejeter* et le mot *tente* pour exprimer ici et là le rejet par Dieu soit d'Israël et de la tente où lui Dieu demeurait chez les hommes (59-60), soit de la tente de Joseph (67). A l'aide des correspondances ci-dessus relevées nous pouvons constater que l'enchaînement de Ā + CC'CC' de 36-39 appelle selon la suite inverse celui de C + B en 70-72, tandis que celui de Ā + C̄C̄'C̄C̄' de 56-64 appelle celui de B + C̄C en 65-68, puisque, nous l'avons vu, en ces quatre extrémités de nos deux parties (abstraction faite de 34-35) les unités Ā appellent les unités B, et les unités C les unités C selon un ordre toujours inversé d'une partie à l'autre. Nous avons tenté de marquer ces derniers rapports sur notre tableau de départ en doublant le trait liant Ā et C ou C et B en 36-39 et 70-72.

Ainsi les liens sont-ils nombreux et soigneusement répartis entre 34-64 et 65-72. S'ils s'appuient surtout sur les unités B, ils n'ignorent pour autant aucune des autres, sauf l'unité A (34-35) initiale, et unique en son type, de 34-64. Il se trouve de plus qu'en un chiasme assez impressionant plusieurs de ces correspondances relevées ci-dessus sont ordonnées de 36-58 à 59-72, ce que fera voir sans délai le relevé suivant:

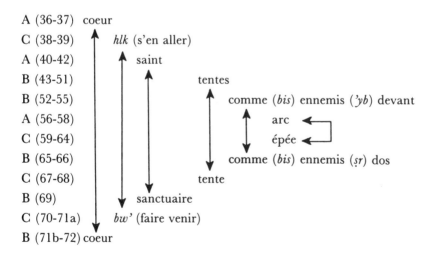

---

[88] Voir ci-dessus n. 59.

Nous pourrions ajouter que de même que *comme* (*bis*) se lit non seulement en 52-55, mais aussi dans la première unité centrale (ici 56-58), de même et inversement on lit déjà dans la deuxième unité centrale (59-64) *ennemi* (*ṣr*) qu'on retrouve dans l'unité 65-66 qui lui fait suite. De même aussi que *saint* (40-42) se lit à nouveau en 52-55, de même et symétriquement le double *comme* de 65-66 se trouve encore en 69, symétrique de 40-42[89] ci-dessus. On voit ici l'ensemble 56-64 (Ā + C̄) gagner une certaine position centrale dans l'ensemble de nos deux parties. A part les quatre unités centrales en 52-66, dont deux aux centres sont défavorables à Israël, puis deux en 52-55 et 65-66 favorables à Israël, les autres rapports ici indiqués jouent tous sur des oppositions, situations défavorables à Israël pour les trois premiers en 36-42, mais favorables à Israël pour les trois derniers (69-72), et inversement de 43-51 (fléaux pour l'Egypte) et 67-68 (rejet de la tente de Joseph). Le lecteur est donc invité à faire jouer sans cesse convergences et oppositions s'il veut rentrer dans ce jeu de rapports qui commande la lecture de l'histoire d'Israël dans ce psaume.

Mais poursuivons notre lecture en considérant maintenant le rapport de la dernière partie (65-72) à la deuxième (21-33). Dans la deuxième nous distinguons le centre 23-29 (B) encadré par 21-22 (C̄ + Ā) et 30-33 (C̄.C̄' + Ā.C̄'). Notons que dans la deuxième partie nous lisons *'lhym* dans les volets extrêmes (22a et 31a) en des contextes de tensions entre Dieu et les siens, mais seulement *le Seigneur* dans la première unité (65-66) de la dernière partie (en 65a), en un contexte cette fois favorable aux siens. Par ailleurs, le nom d'*Israël* se lit aussi dans les volets extrêmes de la deuxième partie, en 21c et 31c, mais dans la dernière unité 71b-72 de la dernière partie, les oppositions des contextes jouant comme pour les désignations de Dieu. En 21bc et 71bc *Israël* se lit de plus en parallèle à *Jacob*. On notera aussi, puisque les deux mots constituent une paire stéréotypée,[90] l'opposition entre *la bouche* gavée des pécheurs en 30b, dans le dernier volet de 21-33, et *le coeur* parfait de David en 72a, dans la dernière unité de 65-72.

Mais il faut poursuivre la comparaison en prenant en considération le volet central 23-29 de la deuxième partie. On peut ordonner les indices de correspondances selon le tableau suivant que nous commenterons aussitôt:

---

[89] De 38-39 à 52-55 nous avons ici *réveiller* et là *devant* ; de façon comparable, mais cette fois parallèle, nous lisons de 65-66 à 70-71a *s'éveiller* et *derrière*.

[90] Avishur p. 765 (à l'index).

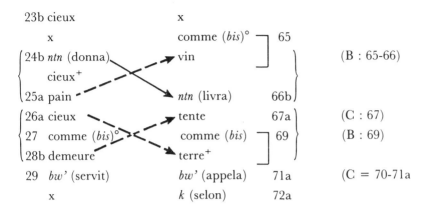

Des paires stéréotypées ici repérées, *demeure-tente* a été présentée ci-dessus, *cieux-terre* ne demande pas de commentaire, *pain-vin* étant elle-même bien connue.[91] On voit les dispositions en chiasme de *ntn* + *pain* en 24-25 à *vin* + *ntn* en 65-66, comme de *cieux* + *demeure* en 26-28 à *tente* + *terre* en 67-69. Mais de plus, en 65-72 les termes extrêmes, *vin* et *terre*, sont chacun précédés d'une double comparaison, étant même ici et là le second terme de comparaison. Or en 24-28 entre *ntn* et *pain* nous lisons *cieux*⁺ qui appelle *terre*⁺ au terme de 65-69, et entre *cieux* et *demeure* nous lisons *comme (bis)*° qui appelle la même chose en tête de 65-69. Il se trouve de plus que le verbe *bw'* se lit en 29b (il leur servit / fit *venir* pour eux) et 71a (il l'appela / le fit *venir*), Dieu donnant à son peuple et de quoi se nourrir dans le désert, et un berger avisé. De 26-28 à 67-69 l'inversion des termes est parfaite et constitue un chiasme à six termes (cieux – comme – demeure / tente – comme – terre). En 23 nous lisons déjà cieux comme entre *ntn* et *pain* qui suivent. De façon un peu semblable, mais selon une symétrie imparfaite, nous lisons *k* en 69 (*comme*) entre *tente* et *terre* et, de nouveau, dans le dernier verset 72 (*selon* la perfection de son coeur).[92] En faveur de son peuple Dieu est capable tout autant de lui *donner* depuis les *cieux* le *pain* des Forts, ou tel un guerrier terrassé par le *vin* de s'éveiller pour *livrer* à la honte ses ennemis. Depuis les *cieux* il a pu combler son peuple de volaille en aussi grand nombre que les grains de poussière et de sable, tout autour de sa *demeure* ; et s'il a su rejeter la *tente* de Joseph, il n'en a pas moins bâti pour Juda son sanctuaire *comme* les hauteurs

---

[91] Voir Avishur p. 767 (à l'index) pour *cieux-terre*, 761 (à l'index) pour *pain-vin*.
[92] On pourrait encore relever les deux termes de la paire stéréotypée *qdm/'ḥwr* (Avishur p. 675) de 26a (vent d'est = de devant) et 71a (derrière), mais on ne voit pas ici que les contextes et les positions structurelles invitent à faire jouer cette opposition.

et la *terre* mêmes. Ce n'était pas assez pour lui de leur fournir le pain, il leur a aussi procuré un guide plein de sagesse. Les bienfaits évoqués dans la dernière partie viennent ainsi prendre le relais de ceux de la troisième et comme en assurer le couronnement.

Qu'en est-il du rapport entre les deux parties extrêmes de notre psaume, 1-20 et 65-72 ? Comme dans la comparaison précédente tous les rapports entre ces deux parties ne sont pas exactement ordonnés selon leurs structures littéraires. Ils respectent cependant un certain ordre que veut dès l'abord suggérer le tableau suivant que nous commenterons aussitôt:

	1-20			*65-72*	
(A)	mon peuple (1a) ⎫			⎛ vin° (65b)	(B)
	Jacob (5a) ⎬ W		Z ⎨ frappa (66a)	
	Israël (5b) ⎭			⎝ livra/*ntn* (66b)	
(Ā)	coeur (8c)			Joseph/*ysp* (67a)	(C̄)
	Ephraïm (9a) ⎫			⎛ Ephraïm (67b)	
(B)	terre⁺ (12b) ⎬ X		X ⎨ montagne⁺ (68b)	(C)
	comme (13b) ⎭			⎝ *k* + terre* (69b)	
(B)	guida (14a) ⎫				
	k + abîmes* (15b) ⎬ Y				
(Ā)	de plus belle/*ysp* (17a)				
	coeur (18a) ⎭				
(B)	frappe (20a) ⎫			⎛ Jacob (71b)	(B)
(Ā)	pain° (20c) ⎬ Z		W ⎨ Israël (71c)	
	donner/*ntn* (20c) ⎭			⎝ son peuple (71b)	
				⎛ *k* + perfection (72a)	(B)
				Y ⎨ coeur (72a)	
				⎝ guidait (72b)	

A l'aide des sigles WXYZ le lecteur peut voir l'ordonnance en chiasme de W.X.Z / Z.X.W, le Z final en 1-20 étant précédé de Y, le W final en 65-72 étant suivi de Y. Mais quelques-uns des indices proposés demandent une explication. On connaît la paire stéréotypée *terre-montagnes*.[93] Ici il s'agit d'une part de la terre d'Egypte, point de départ de l'Exode, et d'autre part de la montagne de Sion,

---

[93] Avishur p. 278.

son point d'arrivée. De 13b à 69b on peut rapprocher les deux
comparaisons: de même qu'ici les eaux sont dressées *comme* une
simple digue, c'est-à-dire parfaitement maîtrisées, de même le
sanctuaire est, lui, bâti tout *comme* la terre, c'est-à-dire solidement
fondé. Les eaux sont comme ramenées à l'échelle d'un élément de
construction familier, une digue. Inversement le sanctuaire, une
bâtisse connue, ne se compare pas moins qu'à la terre elle-même (et
aux hauteurs). Une autre paire stéréotypée est moins connue, soit
abîme-terre.[94] Et les deux termes sont ici précédés du même *k* de
comparaison pour donner une idée de l'abondance des eaux en 15,
de la solidité du sanctuaire en 69. De 17a à 67a nous voyons revenir
la même racine *ysp* ici dans le verbe qui signifie qu'ils *continuent* à
pécher, là dans le nom de *Joseph*.[95] La paire stéréotypée *pain-vin* a été
signalée ci-dessus à la n. 91. De X en 1-20 à Y en 65-72 nous voyons
passer le mot *coeur*. Inversement de Y en 1-20 à X en 65-72 nous
voyons se répondre *k* + *abîmes* ou *terre* et les deux emplois de la
racine *ysp*. Du fait des contextes auxquels appartiennent les divers
indices relevés dans notre tableau les rapports sont tantôt de même
sens, tantôt de sens contraire. De cette dernière catégorie relèvent
coeur de 8c et 18a à 72a, et – dans la mesure où 20 s'inscrit dans une
contestation – tout ce que nous avons groupé sous le sigle Z d'ici à
là. Le psaume commence et finit par une perspective optimiste à
propos du peuple Jacob-Israël (W). David, *à la mesure de* la perfection son *coeur*, *guidera* le peuple tout comme Dieu le *guidait* dans le
désert, le désaltérant généreusement, *à la mesure du* grand abîme,
même si leur *coeur* ne fit ensuite que le trahir (Y). Quoi qu'en aient
alors pensé ces rebelles, celui qui avait *frappé* le rocher pouvait aussi
donner du *pain* en plein désert, et, tel un guerrier terrassé par le *vin*,
s'éveiller puissamment, *frapper* ses ennemis et les *livrer* à la honte
(Z). *Ephraïm* infidèle sera donc rejeté. Mais de la *terre* d'Egypte
Dieu conduira les siens jusqu'à la *montagne* de Sion, capable tout
autant de dresser les eaux *comme* une digue pour livrer passage à son
peuple que de bâtir son sanctuaire *comme* la terre même, fondée
pour toujours (X). Les Pères au *coeur* infidèle (X) laisseront place à
David au *coeur* parfait (Y). Et si le nom de *Joseph* peut évoquer
l'entêtement des Pères dans le péché, c'est pourtant le même maître
des *abîmes*, comme il l'a montré dans le désert (Y), qui se montrera

---

[94] Elle est mentionnée par Avishur p. 754 (à l'index) et a été spécialement
étudiée par David T. Tsumura, « A ‹Hyponymus› Word-Pair: *'rṣ* and *thm(t)* in
Hebrew and Ugaritic », *Bib* 69 (1988) 258-269.
[95] Nous avons cru percevoir la même récurrence dans Ps 77, 8b.16b. Voir « La
droite du Très-Haut: Etude structurelle du Psaume 77 », *SJOT* 6 (1992) 92-122,
p. 112.

sur la montagne le maître de la *terre* (X). Tels sont, nous semble-t-il, les rapports de 1-20 à 65-72 et leurs significations.

7. *La structure littéraire de l'ensemble du poème*

Ayant donc à présent étudié le rapport de chacune des quatre parties 1-20 (I) ; 21-33 (II), 34-64 (III), 65-72 (IV), à chacune des trois autres, nous pensons pouvoir parvenir à quelques conclusions assez fondées sur la structure d'ensemble du poème. Nous pouvons représenter comme suit tous les rapports établis plus haut entre les quatre parties:

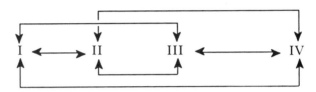

On dira que sur l'ensemble la symétrie est croisée, c'est à dire fondée à la fois sur un chiasme (I appelant IV et II appelant III), et sur un parallèle (I appelant III et II appelant IV). Les rapports existant entre I et II puis III et IV montrent en outre que les parties se groupent deux à deux, comme deux volets d'un diptyque.

A considérer les unités présentes dans chaque partie on relève:

$$
\begin{array}{llll}
\text{en I} & : & A\overline{A}, & B \\
\text{en II} & : & \overline{A}, & B, & \overline{C} \\
\text{en III} & : & A\overline{A}, & B, & C\overline{C} \\
\text{en IV} & : & & B, & C\overline{C}
\end{array}
$$

Ainsi I n'aborde pas encore le thème de la colère ou du pardon divins avec son corrélat du châtiment ou de la sentence non exécutée, et par contre au terme IV n'aborde plus le thème du péché ou de la fidélité. Les trois thèmes sont présents en II et III. Ainsi peut-on voir comment le regard du psalmiste passe des fidèles (A et Ā en I, II, III) à Dieu (C̄ et C en II, III, IV). Il est remarquable que A (écoute fidèle du peuple) ne se lit qu'en I et III, unités initiales dans la symétrie parallèle, et que C (pardon et attitude inverse du châtiment) ne se rencontre qu'en III et IV, second volet du diptyque. Les unités B étant présentes dans les quatre parties méritent d'être ici considérées en leur ensemble, en ne rappelant à cette fin que quelques-uns des faits déjà établis lors de l'étude des rapports entre les divers parties. En I et III nous nous trouvons *en Egypte, aux champs de Tanis* (12.43, et 51), puis nous voyons Dieu *guider* les siens *dans le désert* (14-15 et 52-53a). Nous sommes là dans les parties initiales des deux volets (parallèles) du diptyque. Dans le premier volet, en I et II, nous lisons – toujours dans les unités B – la série des bienfaits de Dieu au désert: *eaux* (15-16 et 20), puis *manne* et *viande* (23-29). Dans le deuxième volet, en III et IV, 52-55 et 69 (mais aussi 65-66 qui le prépare et 71b-72 qui lui fait suite) enchaînent entrée, installation dans le pays (*saint* territoire au centre de 52-55), et là construction du *sanctuaire* (au centre de 65-72). On voit donc que si dans chacun des deux volets il est question des prodiges accomplis en Egypte et de la conduite dans le désert (en I et III), le premier volet de notre diptyque évoque à loisir les bienfaits divins dans le désert (en I et II), tandis que le second nous fait contempler la série de ses faveurs lors de l'entrée et de l'installation dans le pays (en III et IV). Répondant à l'agence-ment en chiasme de l'ensemble, nous voyons que si dans les deux parties centrales (II et III) sont confrontés péché du peuple avec colère et châtiments divins (Ā et C̄ en II et III), puis également fidélité du peuple et pardon divin (A et C en III), la première partie ne connaît encore rien des réactions divines (face à l'infidéli-té et au péché), mais la dernière pour sa part ne nous entretient plus que de ces réactions (rejet ou élection), sans n'avoir plus à nous dire quelles attitudes du peuple les ont provoquées. Ainsi, en étant puissamment structuré, notre psaume,[96] pour cette raison même, manifeste un mouvement, un déplacement du regard, du peuple à Dieu, préoccupé d'abord de la fidélité de celui-ci, puis tout appliqué à contempler les bienfaits de celui-là. C'est pourquoi nous avons finalement retenu comme titre de ce travail les deux pronoms indépendants de 38-39 (dont nous avons vu dans ces versets la fonction structurelle): *Lui* (38a) et *eux* (39a). Nous sommes d'ail-leurs là au début de la troisième partie, sensiblement au milieu du poème.

* * *

Au terme de cette étude nous proposons au lecteur une lecture comparée, à partir de leurs structures littéraires respectives, des deux psaumes 77 et 78, consécutifs dans *le Psautier*. Nous avons étudié ailleurs[97] la structure littéraire du premier et utilisons ici les conclusions de notre étude. En 77, 2-13 nous voyons 7-10 encadrés par deux morceaux qui se correspondent: 2-6 et 11-13. Ces der-

---

[96] On notera encore qu'à peu de choses près III (31 versets) fait 1f.1/2 I (20 versets) en longueur, tandis que II (13 versets) fait 1f.1/2 IV (8 versets). Il y a aussi équilibre des masses.

[97] Voir la référence ci-dessus à la n. 95.

niers, traitant du *souvenir* (4a.6b.12a, sans compter des verbes de sens apparenté comme *méditer, songer, réfléchir*) des *merveilles* (12b) et *hauts faits* (13b) des *jours d'autrefois* (6a.12b), quand *Dieu* (2a.2b.4a) *le Très-Haut* (11b) agissait en faveur des siens, sont évidemment apparentés, par ces mêmes termes, aux unités A du Ps 78 (1-7 et 34-35 où le lecteur aura tôt fait de trouver les récurrences). Il s'agit ici et là d'un souvenir fidèle, mais dans le Ps 77 il est marqué par une situation et un sentiment d'angoisse (3-5 et 11).[98] Ce n'est pas un membre du peuple cherchant à tourner *l'oreille* de ses frères vers les *paroles* (*'mr*) de sa bouche (78,1), c'est-à-dire finalement vers ce qu'il a à leur transmettre de la part de Dieu. C'est en quelque sorte l'inverse: en 77,2 il s'agit pour l'orant d'attirer à lui *l'oreille* de Dieu. En un premier temps il ne peut même pas *parler* (*dbr*: 5b), et quand il parvient à *dire* (*'mr*: 11a) quelque chose, c'est un sombre constat (11). Il nous fait part ainsi d'un étonnement douloureux qui, sans se confondre avec le ton de rébellion des unités Ā du Ps 78, traite pourtant des mêmes sujets, le *coeur* inquiet (77,7a) risquant de devenir un *coeur* peu sûr (78, 8c.18a.37a), à l'opposé de celui de David (72a), un tel discours (77, 5b.11a) pouvant dégénérer en rébellion (78,19), les *merveilles* et *hauts faits* (77, 12b.13b) pouvant à la longue être purement et simplement oubliés (78, 11.32). Au centre de 77, 2-13, introduite par le v.7, la série des questions de 8-10 est elle aussi à deux doigts de celles, celles-là rebelles, de 78, 19bc et 20cd. La question posée d'un oubli et d'un manque de pitié de Dieu est même finalement plus radicale. Le Ps 78 ne dit nulle part que la colère de Dieu aurait pu lui fermer les entrailles. Si la colère éclate (21.59.62), Dieu sait aussi, d'après ce psaume, en revenir (38).

En 77, 11-16, ne retenant de 11 que l'évocation de la droite du Très-Haut, nous pouvons dire que 11 (au début), 14 (au centre) et 16 (au terme) glorifient Dieu en ses exploits comme les unités B du Ps 78, tandis qu'entre eux 12 et 15 reprennent ce même thème, mais pour en montrer la communication, comme les unités A du Ps 78. *La droite*[99] du *Très-Haut* (77,11b) conquiert la montagne de Sion

---

[98] La détresse en 77,3 (*ṣrty*) est le même mot qu'en 78,49b où elle afflige alors l'Egypte, et un mot de même racine que ennemi (*ṣr*) en 61b où là c'est (comme en 77,3 en somme) le peuple qui est livré par Dieu à l'ennemi, et en 66a où de nouveau l'ennemi d'Israël est frappé. On rapprochera aussi cet esprit ou *souffle* (*rwḥ*) défaillant et interrogateur du Ps 77, 4b.7b avec ce *souffle* humain dont Dieu sait bien selon 78,39 qu'il s'en va pour ne plus revenir. Vivant un *jour* de détresse (77,3), réfléchissant *la nuit* (77,7), notre fidèle ne paraît pas jouir de la conduite dont *jour* et *nuit* le peuple bénéficiait au désert de la part de son Dieu (78,14).

[99] A laquelle en 78, 11-16 fait pendant, comme son symétrique, *le bras* du même en 16.

selon 78,54. Il a *racheté* son peuple, les fils de Jacob (77,16), lui *le
Très-Haut, le rédempteur* (78,35b), guidant *son peuple* dans le désert
(78,52a), assurant à ce même *peuple, Jacob,* un guide en la personne
de David (78,71bc). *Saint* en son chemin (77,14), il amène son
peuple sur un *saint* territoire (78,54) où il bâtit son *sanctuaire*
(78,69). Les *merveilles* et *hauts faits* se lisent en 77, 12-13, et nous en
avons traité ci-dessus. Ajoutons ici qu'on retrouve les *merveilles* en
15. Y est jointe ici la mention de la *force* (*'zk*) de Dieu, celle qui est
racontée en 78,4c.[100] C'est par le verbe *se souvenir* que 12-13 évoque
la transmission des merveilles ; mais 15 utilise le verbe *connaître*,
celui-là même que nous lisons en 78, 3a.5d.6a, dans la première
unité A de ce psaume. Le v.14, central en Ps 77, 11-16, affirme en
quelque sorte que nul n'est *comme* Dieu. Dans ses unités B, moins
radicalement et de manière plus imagée, le Ps 78 utilise toute une
série de comparaisons pour faire ressortir la grandeur des oeuvres
divines et de leur auteur (en 13b.15b.27.52.65.69).

Enfin en 77, 16-21, en un chiasme à six termes (soit chacun des
dix versets) est célébrée l'oeuvre prodigieuse de Dieu lors de l'Exode, oeuvre où se manifeste sa grandeur. On trouve ici, en un
contexte plus stylisé, plus concis et plus grandiose, les thèmes et le
vocabulaire de certaines unités B du Ps 78, ainsi *les eaux* (77,
17a.b.18a ; 78, 13b.16b.20b), *les abîmes* (77,17c ; 78,15b), *la mer*
(77,20a ; 78, 13a.27b.53b), *les nuages* (*šḥqym*: 77,18b ; 78,23a), *la terre*
(77,19a ; 78, 69b.12b). Et l'on comparera surtout la finale des deux
psaumes, où *le peuple, comme un troupeau* (voir Ps 78,52a), *est guidé par
la main*[101] soit de Moïse et d'Aaron, soit de David. Le Ps 77 insiste
sur la manifestation de Dieu en cette histoire, Dieu *vu* par les eaux
(Ps 77,17), mais dont les traces mêmes ne sont pas *connues*. Dans le
Ps 78 ces mêmes verbes seront employés avec pour sujet les membres du peuple (11b), et sous forme non négative (3a.5d.6a). C'est
la grandeur de Dieu qui ressort dans le Ps 77, son aspect généreux,
bienfaisant et inlassable dans le Ps 78.

Apparentés de par leurs thèmes, nos deux psaumes ne les traitent
jamais de la même façon. Ce qui, devant une situation de détresse,
suscite ici une interrogation angoissée, devient là un acte de rébellion opposé du tout au tout à d'autres moments de parfaite docilité.
Le retour sur les prodiges de l'Exode fait découvrir Dieu ici en sa
grandeur, là en son inlassable bonté pour les siens, bonté qui finit
par l'emporter sur la colère et les châtiments provoqués par le

---

[100] Et aussi mise en oeuvre en 78,26 (dans une unité B). Sur le jeu des racines
voir ci-dessus n. 38.
[101] Les mots utilisés pour *main* étant synonymes. Voir ci-dessus n. 87.

peuple rebelle. Dans le premier de ces psaumes les questions sont
pour ainsi dire contenues, la contemplation de Dieu très élevée ;
dans le second les questions sont sans retenue, mais aussi opposées
à des moments d'entière docilité, la contemplation restant plus
attachée à l'agir bienfaisant de Dieu. On voit ainsi les aspects
complémentaires de ces deux psaumes, l'un permettant de tempé-
rer ce que pourrait induire un lecture trop unilatérale de l'autre.
Entre l'obéissance et la désobéissance il y a place pour un
questionnement douloureux, mais encore fidèle ; mais ce dernier, à
ne pas s'engager vers une issue, pourrait devenir une impasse.
Certes c'est la grandeur de Dieu qui se manifeste dans l'Exode, et
néanmoins cette manifestation est là pour profiter aux siens,
lesquels ne doivent pas oublier pourtant que la générosité de Dieu
ne peut finalement avoir pour terme que sa propre gloire.[102]

---

[102] Après avoir analysé de près ce qu'il appelle « a sophisticated exercise of
memory » (p.201) de la part de l'auteur du Ps 78, E.L. Greenstein conclut: « I
read the psalm as a process of remembering. Reading for the rhetoric, the psalm is
not static – it moves. The psalmist does not ruminate on the past ; he adresses the
present and, like a prophet, seeks to transform the future. » (« Mixing Memory
and Design: Reading Psalm 78 », *Prooftexts* 10 (1990) 197-218, p. 209).

CHAPITRE XIII

« POUR LA GLOIRE DE TON NOM »:
ÉTUDE STRUCTURELLE DU PSAUME 79

Deux propositions de 1983 proposent de distinguer dans le Ps 79, selon une assez large symétrie concentrique de type ABA', soit 1-4, 5-9 et 10-13 (G. Ravasi),[1] soit 1-4, 5-10a et 10b-13 (J. Trublet et J.N. Aletti).[2] Cependant le changement de sujet entre 3 et 4 ne devrait-il pas amener à les distinguer ? Et par contre puisque 5 concerne les mêmes que ceux dont il est question en 4, n'est-ce pas à ce dernier qu'il conviendrait de le rattacher, plutôt qu'à 6ss, où de nouveau c'est d'autres qu'il est question ? Et en 6-9, n'y a-t-il pas plusieurs thèmes, et partant plusieurs unités ? On voit bien pourquoi Trublet-Aletti détachent 10a pour le rapporter à un ensemble 5-10a commençant et finissant par des ou une question(s). Mais, nous le verrons, tant 10 que l'ensemble 10-13 présentent une structure telle qu'il est bien difficile d'en détacher ce premier stique. Nous procéderons pour notre part en deux temps: après avoir déterminé les unités et leurs structures propres (1.), nous en viendrons à la structure de l'ensemble (2.). En conclusion nous considérerons d'un point de vue structurel la séquence des Pss. 79 et 80 dans le Psautier.

Notre traduction est celle de la *Bible de Jérusalem*, mais nous préférons le *TM* à celui de la LXX pour le v.9.[3] Nous écrivons en CAPITALES les récurrences, ainsi que les mentions de YHWH (5a) et SEIGNEUR (12b), qui s'ajoutent à celles de DIEU. Nous transcrivons entre parenthèses et à leur suite la racine des mots qu'il n'a pas été possible de rendre par un même mot français. Les interlignes sont nôtres et donneront déjà au lecteur une première idée de nos conclusions.

1. *Détermination et structure des unités*

Les trois premiers versets dénoncent les méfaits des païens d'abord contre les lieux en 1, puis contre les personnes en 2-3, chaque série comportant en son dernier stique la mention de JÉRU-

---

[1] II, pp. 659-661.
[2] P. 83.
[3] De plus nous restituons CAR (*ky*) au début de 8c.

1a DIEU, ils sont VENUS, LES PAÏENS, dans ton héritage,
1b Ils ont souillé ton temple sacré,
1c ils ont fait de JÉRUSALEM un tas de ruines,
2a ils ont livré le cadavre de TES SERVITEURS
2b en *pâture* (*'kl*) à (*l*) l'oiseau des cieux,
2c la chair de tes fidèles aux (*l*) bêtes de la terre.
3a Ils ont VERSÉ LE SANG COMME de l'eau
3b alENTOUR de JÉRUSALEM, et pas de fossoyeur.

4a Nous voici L'INSULTE de (*l*) NOS VOISINS,
4b fable ET risée de (*l*) notre ENTOURage.
5a Jusques à quand (*mh*), YHWH, ta colère ? Jusqu'à (*l*) la fin ?
5b Ta jalousie brûlera-t-elle COMME un feu ?

6a DéVERSE ta fureur sur LES PAÏENS,
6b eux QUI NE te CONNAISSENT PAS,
6c et sur les royaumes, ceux-là
6d QUI N'invoquent PAS TON NOM.
7a CAR ils ont *dévoré* (*'kl*) Jacob
7b et dévasté sa demeure.

8a Ne retiens pas contre (*l*) nous les fautes des ancêtres,
8b hâte-toi, préviens-nous par ta tendresse,
8c CAR nous sommes à bout de force.

9a Aide-nous DIEU de notre salut,
9b par égard pour la gloire de TON NOM.
9c Délivre-nous et efface nos péchés
9d à cause de TON NOM.

10a Pourquoi (*lmh*) LES PAÏENS diraient-ils: « Où est leur DIEU ? » ?
10b Que sous nos yeux LES PAÏENS CONNAISSENT la vengeance
10c du SANG de TES SERVITEURS qui fut VERSÉ !

11b Que VIENNE devant toi la plainte du captif,
11b par ton bras puissant, épargne les clients de la mort !

12a Fais retomber sept fois sur NOS VOISINS, à pleine mesure,
12b leur INSULTE, L'INSULTE QU'ils t'ont faite, SEIGNEUR.

13a Et nous, ton peuple ET le troupeau de ton bercail,
13b nous te (*l*) rendrons grâce à (*l*) jamais
13c et d'(*l*)âge en âge publierons ta louange.

SALEM (lc.3b). En 1 les deux premiers stiques sont parallèles, les
deux derniers en chiasme, soit schématiquement:

la	les païens	(x)	ton héritage	(y)
1b	ont souillé	(x)	ton temple sacré	(y)
1c	de Jérusalem	(y)	un tas de ruines	(x)

Mais en 2-3 les trois affirmations sont parallèles, soit:

2ab	le cadavre	tes serviteurs	à l'oiseau de cieux
2c	la chair	tes fidèles	aux bêtes de la terre
3	le sang	Jérusalem	et pas de fossoyeur

2ab et 3 commencent par un verbe dénonçant le méfait (ils ont
livré, ils ont versé) et comportent chacun une précision supplémentaire, soit *en pâture* et *comme de l'eau*, précisions dont on voit
qu'elles se répondent, cette *pâture* (solide) et cette *eau* (liquide) étant
on ne peut plus sinistres. L'affirmation finale sur l'absence de
fossoyeur prend évidemment le relais des mentions de l'oiseau des
cieux et des bêtes de la terre, qui eux font en quelque sorte office de
fossoyeur. Et de même qu'il est affligeant de voir ainsi abandonné le
cadavre et la chair des serviteurs et fidèles de Dieu, de même il ne
convient pas de voir répandre le sang autour de Jérusalem. L'articulation entre 1 et 2-3 se fait de trois façons. De 1c à 2a on voit
s'inverser les termes correspondants de: Jérusalem (y) + ruines (x)
/ cadavre (x') + tes serviteurs (y'). Les deux verbes initiaux de ces
mêmes stiques (*śym* et *ntn*) constituent une paire stéréotypée.[4] Enfin
on lit la même particule (*'t*) de l'accusatif en 1b, 1c et 2a.

Avec le v.4 le sujet (grammatical) change, non plus *ils* (les
païens), mais *nous* (tes serviteurs, tes fidèles). Le parallélisme entre
4a et 4b est limpide. Le sujet change à nouveau en 5, non plus *nous*,
mais la 2ème pers. sg. désignant YHWH, ici interpellé. La colère
dont il est question est celle qui vise les fidèles, soit *nous* du v.4, et
c'est pourquoi le psalmiste aspire à sa fin, et non cette fureur
destinée aux païens, que le psalmiste va appeler sur ces derniers de
tous ses voeux. Il s'agit donc en 5 d'appeler à la cessation de la
colère cause des souffrances évoquées en 4, à la suite des méfaits
dénoncés en 1-3. Si d'ailleurs on compare 1-3 (méfaits des païens)
et 4-5 (souffrances des fidèles), on peut y repérer en 2bc et 4 les
emplois parallèles du *l* traduit ici *à/eux*, et là *de*, les fidèles étant de
façon comparable livrés à l'oiseau des cieux et aux bêtes de la terre
comme le peuple à ses voisins et à son entourage. On relèvera aussi
les deux comparaisons finales: *comme* de l'eau (le sang versé), *comme*
un feu (la jalousie), *feu* et *eau* constituant d'ailleurs une paire

---

[4] Selon Avishur pp. 640-641 et 654.

stéréotypée[5], et les deux images évoquant ici et là une catastrophe. Si nous voyons encore comme se correspondant les vocatifs DIEU (1a) et YHWH (5a) et les deux mots de même racine al/ENTOUR (3b) et ENTOUR/age (4b), nous pouvons disposer comme suit ces indices, dans l'ordre du texte:

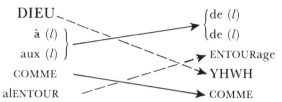

Les vocatifs DIEU et YHWH incluent pour ainsi dire l'ensemble. Les comparaisons marquent le terme de chaque unité. Les emplois parallèles du *l* se lisent dans la seconde moitié en 1-3, dans la première en 4-5. Le jeu de racines entre alENTOUR et ENTOURage fonctionne comme charnière entre les deux unités.

Avec le v.6 commence une série d'impératifs qui ne s'achèvera qu'à l'avant-dernier verset de notre poème. La demande initiale reçoit deux motifs, lesquels comportent eux-mêmes comme deux expressions ou deux étapes. En 6 nous lisons en effet en parallèle: sur les païens... QUI NE te connaissent PAS // sur les royaumes... QUI N'invoquent PAS ton nom, le premier fait expliquant le second. Le v.7 est introduit par CAR, et tandis que 7a fait référence au second volet (2-3) de 1-3 (avec la même racine *'kl* en *pâture* de 2b et *dévorer* de 7a), 7b, lui, fait référence au premier volet (1) de 1-3. On voit de 1-3 à 7 l'inversion: *temple-Jérusalem* + *serviteurs-fidèles / Jacob* + *demeure*.[6] En 8 les appels de 8ab sont motivés en 8c introduit par CAR. Les deux premiers stiques de 8 présentent une mini-structure remarquable. Les racines de ancêtres (*r'š*) et de prévenir (*qdm*) constituent une paire stéréotypée.[7] Par ailleurs, ne pas retenir (mot à mot: ne pas se souvenir) des fautes, c'est laisser prévaloir la tendresse. Nous découvrons alors la symétrie concentrique suivante:

> – Ne retiens pas contre nous les fautes
>> – des ancêtres,
>>> – hâte-toi,
>> – préviens-nous
> – par ta tendresse.

---

[5] Avishur pp. 483-484 et 495.
[6] Dans notre psaume on ne trouve la particule *'t* de l'accusatif qu'en 1b.c.2a et 7a.b.
[7] Avishur p. 264.

Les fautes des ancêtres nous ont comme devancés, du fait qu'ils étaient nos ancêtres. Mais ne les retiens pas. Hâte-toi, et que maintenant nous devance plutôt ta tendresse. Si en 6-7 il s'agissait des PAÏENS comme en 1-3 (1a.6a), en 8 il s'agit de *nous* (1ère pers. pl.) comme en 4-5. Nous pouvons donc découvrir comme disposés en parallèle 1-3 + 4-5 // 6-7 + 8. Ce qui est nouveau en 6-8, ce sont les demandes de 6a et 8ab. Mais elles sont en quelque sorte préparées et amenées par les questions du v.5, lesquelles sont déjà une interpellation à YHWH, laquelle va plus loin que le simple appel à son attention en 1. Alors que 1-3 comportaient huit stiques et 4-5 quatre, soit la moitié, 6-7 en comportent six et 8 trois, soit ici encore la moitié. Enfin nous pouvons remarquer que sont répartis dans les deux unités extrêmes les deux termes d'une paire stéréotypée ḥsd (tes *fidèles* en 2c) et rḥm (ta *tendresse* en 8b),[8] l'attachement existant entre Dieu et les siens ne pouvant supporter ce qui est rapporté en 1-3 et devant susciter la réaction attendue en 8.

Pour le v.9 nous avons donc retenu le texte hébreu. On pourrait dire qu'à lui seul le stique 9a présente une structure aba' puisque *aide* et *salut* constituent une paire stéréotypée.[9] Mais l'ensemble du verset est clairement construit selon un parallélisme des stiques, les demandes de 9a et c étant suivies d'un motif concernant ici et là TON NOM. Dans la mesure où « DIEU de notre salut » est comme un titre divin, se rapportant donc au NOM, on pourrait considérer que le parallèle se double d'un chiasme, ce que fera voir la disposition suivante :

- Aide-nous
  - Dieu de notre salut
  - par égard pour la gloire de ton nom
- Délivre-nous
- et efface nos péchés
  - à cause de ton nom

Au premier impératif en répondent deux ; au titre et à la mention du nom divin répond seulement le bref motif de 9d. Si l'on compare 9a et 9bcd on pourra encore dire que les termes extrêmes de 9bcd (TON NOM) reprennent le terme central de 9a (DIEU), tandis que ses termes centraux (délivre..., efface...) en reprennent les termes extrêmes (aide... salut[10]). Le plus perceptible reste cependant le simple parallèle 9a + 9b // 9c + 9d.

---

[8] Avishur p. 758 (à l'index).
[9] Voir Avishur pp. 71-72; et quant à la synonymie voir les réserves de E. Beaucamp, « Le psautier et la quête du salut », *LV* 202/1991, pp. 93-105, aux pp. 95-96.
[10] Le verbe délivrer (*nṣl*) forme d'ailleurs une paire stéréotypée tant avec sauver/salut qu'avec aider, selon Avishur pp. 225 et 236.

Il semble que le v.10 soit lui aussi construit selon un parallèle dont les indices se répartissent comme suit:

(... LES PAÏENS diraient)... leur DIEU

                         (... LES PAÏENS connaissent) la vengeance

                                                      du sang

                    de TES SERVITEURS   qui fut versé

Les deux premiers termes, plus développés (AB) comportent chacun une introduction très semblable (entre parenthèses ci-dessus), les deux derniers (ab) sont dépourvus d'introduction et plus concis que les premiers. Avec « leur DIEU » et TES SERVITEURS nous avons les deux partenaires de l'Alliance présentés comme tels. Avec « le sang » et « qui fut versé » nous avons la raison de la vengeance attendue. Le parallélisme du. v.11 n'appelle pas de commentaire. Au v.12 on peut voir un certain chiasme puisqu'aux centres s'opposent les deux INSULTE et aux extrêmes NOS voisins et SEIGNEUR. La deuxième INSULTE est celle infligée au Seigneur par les voisins, la première aussi, mais ici en tant qu'elle leur retombe dessus. Les voisins sont donc les auteurs de l'insulte faite au Seigneur, mais ce dernier est l'auteur de la retombée qui leur en advient. On a donc un certain parallélisme superposé au chiasme, soit:

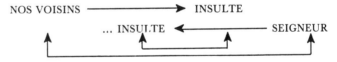

Après la présentation redoublée des sujets en 13a, 13b et c sont clairement construits en chiasme. Si maintenant nous considérons l'ensemble des quatre versets 10-13, nous voyons la disposition parallèle des thèmes, 10 appelant 12 et 11 appelant 13. En 10 et 12 nous lisons respectivement DIEU et SEIGNEUR. En 10 et 11 sont répartis pour chacun des deux thèmes les expressions équivalentes « sous nos yeux » (la vengeance, 10b) et « devant toi » (« en face de toi » la plainte, 11a). En 12 et 13 nous trouvons introduits par le même *l* les destinataires de la vengeance (*sur* nos voisins) et celui de l'action de grâce (te = *à* toi). De 10 à 13 plusieurs rapports contribuent à inclure l'ensemble. Les deux verbes *dire* (10a) et *publier* (13c) constituent une paire stéréotypée[11], et de même les deux verbes *connaître* (10b) et *publier* (13c).[12] La publication de la

---

[11] Avishur p. 635.

[12] Avishur pp. 390-391. Nous avons vu que de manière semblable nous avions dans les unités extrêmes de 1-8 la répartition des deux termes d'une paire stéréotypée (voir ci-dessus notre n. 8). Ici jouent deux paires.

louange par les fidèles s'oppose clairement à la parole sceptique des païens (10a), et elle est la transmission d'une connaissance aussi vivifiante qu'est mortelle pour les païens la connaissance de la vengeance divine. Et c'est aussi en 10 et 13 que nous lisons les mentions des partenaires humains de l'Alliance, soit TES SER-VITEURS (10a), *ton peuple, troupeau de ton bercail* (13a), ceux-là même d'ailleurs qui ici (10b) et là (13a.b.c) s'expriment à la 1ère pers. pl. Notons enfin que les deux distiques de 11 et 12 sont encadrés par les deux tristiques de 10 et 13. Le thème de la vengeance s'estompe ainsi quelque peu de 10 à 12, mais celui de la libération en 11 le cède à une ample expression à propos de la louange en 13.

2. *La structure d'ensemble du poème*

Nous avons déjà repéré deux ensembles partiels, chacun agencé en parallèle: 1-3 + 4-5 // 6-7 + 8 et 10 + 11 // 12 + 13. Or entre ces deux ensembles (qui donc entourent le v.9) il existe plusieurs rapports soigneusement organisés. Repérons d'abord ceux de 1-3 + 4-5 à 10 + 11. Nous relevons un vocabulaire commun à 1-3 et 10, puis un jeu de mots entre 4-5 et 11, qui font de ces enchaînements des enchaînements parallèles. Nous lisons en effet en 1-3 et 10: LES PAÏENS, DIEU, SANG, TES SERVITEURS. VERSER, et au terme de 4-5 le mot *qn't(k)*, ta jalousie, avec lequel fait jeu de mots en 11a *'nqt*, la plainte. En 10 comme en 11 il s'agit de faire pièce à la situation affligeante présentée en 1-3 comme en 4-5. Que Dieu se montre face à ces païens destructeurs, en vengeant le sang versé de ses serviteurs ! Que cesse le feu ravageur de la jalousie divine, et qu'il laisse place auprès de Dieu à la plainte du captif ! De plus, il existe aussi entre ces quatre unités des rapports ordonnés en chiasme, soit de 1-3 à 11 et de 4-5 à 10. De 4-5 à 10 nous retrouvons les seules questions de notre texte. En 5 la première est introduite par *('d-)mh*, la seconde par *l*, et en 10a par *lmh* (*l* + *mh*), pourquoi. On lit aussi YHWH en 5a et DIEU en 10a. Ni la colère sans fin (5), ni l'absence d'intervention (10a) ne conviennent au Seigneur. De 1-3 à 11 nous retrouvons le verbe VENIR: *venue* des païens dans l'héritage (1a), à laquelle fait suite et s'oppose assez clairement la *venue* de la plainte jusqu'auprès de Dieu (11a).

Mais 1-3 + 4-5 présentent aussi des rapports, ici en ordre in-versé, avec 12 et 13. De 4-5 à 12 les récurrences de NOS VOISINS et INSULTE indiquent assez qu'en 12 il s'agit d'obtenir la revanche de ce qui a été subi selon 4. De 1-3 à 13 on notera les désignations des alliés de Dieu, soit TES SERVITEURS (2a) et TES *fidèles* (2c, et déjà TON *héritage* en 1a et TON *temple* en 1b), puis TON *peuple* et *le troupeau de* TON *bercail* en 13a, ici pour exprimer les afflictions subies, là pour rendre grâce de la libération reçue. Nous sommes aux deux points extrêmes du parcours.

Sur l'ensemble des quatre unités de 1-8 et des quatre unités de 10-13 on notera encore que les deux unités centrales 4-5 et 6-7, ici, appellent, là, en ordre inverse les deux unités extrêmes 10 et 13. En effet de 6-7 à 10 nous retrouvons: LES PAÏENS, CONNAÎTRE, (dé)VERSER. Que les païens passent donc de leur *méconnaissance* de Dieu (6ab) à la *connaissance* de sa vengeance (10b), et – en ordre inverse – que Dieu *déverse* sa fureur (6a) sur ceux qui ont *versé* le sang de ses serviteurs (10c). On le voit, le même type de rapport fonctionne ici dans les deux sens. De 4-5 à 13 nous retrouvons les expressions de la durée dans notre psaume, *jusqu'à la fin* (5a) et *d'âge en âge* (13c, parallèle à *à jamais* de 13b), constituant une paire stéréotypée.[13] L'opposition est limpide et pleine d'effet entre cette colère qui ne doit pas durer sans fin et cette louange qui au contraire se perpétuera d'âge en âge.[14] L'opposition s'entend aussi à partir des deux couples de termes constitués par la conjonction ET, les seuls de tout notre psaume, puisqu'il s'agit des mêmes (*nous* en 4 et 13) ici « fable ET risée » pour leur entourage, là « le peuple ET le troupeau du bercail » du Seigneur.

Entre ces deux ensembles 1-8 et 10-13 nous lisons donc le v.9. Comme 1-8 et comme 10-13 il comporte en son premier stique le mot DIEU, qui se trouve donc au départ de chacun des trois volets de notre poème, et là seulement. Par la double mention de TON NOM il se trouve rattaché à 6, le NOM étant ici ignoré des païens (6d), là comme le fondement de l'oeuvre divine de salut (9c.d). Par le thème du péché (9c) il nous reporte à 8ab où est demandé l'acquittement de la faute des ancêtres. Mais par le mot *gloire* il prépare déjà la *louange* de 13c, puisque *gloire* (*glorifier*) et *louange* (*louer*) constituent une paire stéréotypée.[15] Ainsi Dieu est-il le premier à devoir se préoccuper de *sa gloire*, mais les fidèles s'y appliqueront à leur tour en publiant *sa louange*. Et si nous nous plaçons à

---

[13] Avishur pp. 195, 225 et 554.
[14] De 6-7 + 8 à 12 + 13 les indices sont trop ténus pour fonder des rapports significatifs, soit les seuls relatifs (*'šr*) de notre psaume en 6b.d et 12b, à chaque fois cependant pour introduire à la perfidie des païens, et *l* + pronom suffixe, à la 1ère pers.pl. en 8 (les fautes des ancêtres *contre* nous), à la 2ème pers. sg. en 13b (nous *te* rendrons grâce): si tu n'es pas *contre nous*, *à toi* nous rendrons grâce. Mais c'est bien peu par rapport aux autres indices sur lesquels nous avons pu fonder les rapports précédents. Thématiquement 8 et 11 sont très proches, 8ab partant de 8c comme 11aα et 11bα respectivement de 11aβ et 11bβ (à bout de force, captif, clients de la mort), si bien que 10 + 11 n'est pas sans rappeler 6-7 + 8 (nous avons plus haut montré le rapport entre 6-7 et 10).
[15] Avishur p. 258, qui cite entre autres Pss. 66,2 et 22,24.

un plan purement thématique, il est bien clair que 9 nous prépare
non seulement à 13, comme nous venons de le voir, mais aussi à 11
qui comme lui est une demande de salut, tandis que l'annoncent
non seulement 8, comme nous venons de le voir, mais encore, dans
une certaine mesure, la fin de 4-5, puisque le v.5 est un premier
pas – nous l'avons vu – tant vers la demande de vengeance contre
les ennemis (6-7, 10, 12) que vers la demande – qui ici nous
intéresse – de salut pour les fidèles.[16] Ces rapports de 9 aux deux
volets extrêmes pourraient se récapituler dans le schéma suivant:

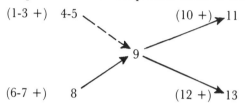

Une telle disposition laisse percevoir le souci principal du fidèle:
non pas la revanche sur ses ennemis, même si celle-ci s'avère
nécessaire, mais surtout le salut des fidèles, puisque c'est là, en
passant de la colère contre les siens à la délivrance pour eux opérée,
que se manifestera la gloire du NOM divin à laquelle les fidèles
pourront contribuer pour leur part par une louange sans fin. Il est
bien remarquable qu'avant le v.9 la prière appuie toutes ses requêtes (6a, 8ab, et déjà d'une certaine manière 5) sur la présentation de l'intolérable détresse des fidèles (1-3, 4, 7, 8c), tandis
qu'après le v.9 la raison des appels (tant 10bc et 12 que 11) devient
la préoccupation de la réputation (10a) et de l'honneur (12) divins,
soit ce qui débouche sur la louange (13). Parti de la situation de
détresse où se trouve son peuple, l'orant s'est pour ainsi dire hissé
jusqu'à la préoccupation de la gloire divine, rejoignant ainsi ce qui
en Dieu fonde le plus radicalement l'oeuvre de salut.

* * *

Une comparaison, même sommaire, entre les deux psaumes 79 et
80 laisse à penser qu'ils ne sont pas juxtaposés par hasard dans le
Psautier. On a déjà souvent remarqué la mention du *troupeau* de la
fin de 79 (13a) au début de 80 (2b). Nos deux psaumes comportent
chacun deux questions ou séries de questions, introduites d'abord
par *jusqu'à quand* (79,5: '*d-mh* et 80,5: '*d-mty*), puis par *pourquoi* (79,10
et 80,13). Les premières sont suivies de peu par *lnw*, *contre nous* les
fautes retenues en 79,8, *contre nous* les moqueries de nos ennemis en

---

[16] Si, avec *BJ*, nous avions retenu la LXX pour le v.9, nous y lirions YHWH
comme en 5.

80,7b. Et après les secondes nous lisons la mention du *bras* divin libérateur en 79,11 et de la *droite* divine plantant la vigne en 80,16.[17] Entre les questions, et même – nous le savons à présent – au centre du Ps 79, nous lisons en son v.9 les mentions du *salut* et du *nom*[18], mentions que nous retrouvons pour la première avant la première question en 80,3c et pour la seconde après la deuxième question en 80,19b. Inversement en quelque sorte nous lisons en 79,4 et 12, soit avant la première question et après la dernière, une mention de *nos voisins*, pour en dénoncer ici et là les forfaits, voisins que nous retrouvons en 80,7b, après la première question, et donc (bien) avant la seconde, ici aussi pour en dénoncer les forfaits. Dans les premières questions nous lisons en 79,5 *comme un feu*, comparaison qui se rapporte à la jalousie divine, et en 80,5 *ton peuple*, à la prière duquel YHWH semble insensible. Or *ton peuple* se lit déjà quelques versets après la seconde question en 79,13 où on le voit tout disposé à s'adonner à la louange, et *feu* + *comme* également quelques versets après la seconde question en 80,17 où le contexte est, ici aussi, celui de l'épreuve. Ainsi perçoit-on que ces deux prières, apparentées jusque dans une certaine organisation du vocabulaire, traitent sensiblement des mêmes questions suscitées par l'épreuve permise par Dieu et infligée particulièrement par les voisins au peuple élu, questions qui ici et là se transforment peu à peu en appels adressés à celui qui seul peut assurer le salut où le sort de son propre nom est engagé. Ce n'est pas à dire que le Ps 80 ne possède sa note propre. Il reviendra au chapitre suivant de nous la faire découvrir.

---

[17] De plus *le bras* divin doit libérer de *la mort* selon 79,11b, et après l'avènement de *la main* divine sur l'élu (80,18), Dieu n'aura plus qu'à nous faire *vivre* selon 80,19.

[18] La mention du NOM en 79,6 n'est que le contrepoint négatif préparant précisément le v.9. Le verbe *sauver* se lit aussi en 80, 4.8.20, soit dans le refrain dont on verra dans le chapitre suivant comment il contribue à la structure de ce psaume.

CHAPITRE XIV

« POURQUOI AS-TU ROMPU CLÔTURES ? »
ÉTUDE STRUCTURELLE DU PSAUME 80

Pour introduire à l'étude structurelle du Ps 80 nous présenterons ici et critiquerons la présentation que fait M. Mannati[1] de sa composition. Elle déplace le v.17 pour le situer entre 14 et 15a et obtient alors ce que nous pouvons présenter ici sous mode schématique:

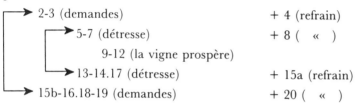

Il n'est nullement légitime de rapprocher 17 de 13-14 pour la raison qu'ils traitent du même thème ; mais qu'avec 5-7 ils traitent du même thème, voilà qui est incontestable et dont nous devrons tenir compte. Que les demandes soient concentrées dans les strophes 2-3 et 15b-16.18-19 (*ibid.*), voilà qui est encore très juste. Il faut pourtant ajouter, avec Mannati elle-même dans son commentaire de 2-3 (p. 84): « La demande de cette strophe est bien celle que ne cessera de répéter le psaume dans le refrain ». Et en effet ce refrain est toujours une demande. Pourquoi dès lors ne pas le rattacher aux autres demandes de 2-3 et 18-19 auxquelles il fait suite, ou à celles de 15b-16 qu'il précède, seul le refrain de 8 paraissant nettement distinct de son contexte ? Pourquoi vouloir à tout prix isoler les refrains ? Ces questions une fois posées, le lecteur pourra bientôt constater que Mannati nous a mis à même de découvrir la structure littéraire de ce poème. Recueillant ses propositions en ce qu'elles ont de pertinent, nous pourrons tenter d'abord de repérer les unités et leur structure (1.) pour ensuite étudier les structures littéraires jouant sur l'ensemble du poème (2.).

Notre traduction s'inspire de celle de *la Bible de Jérusalem* et de P.E. Bonnard.[2] Sans prétention littéraire, elle vise à faciliter l'étude

---

[1] Mannati, *Les Psaumes 3*, p. 84.
[2] *Psaumes pour vivre*, Les Cahiers de l'Institut Catholique de Lyon 4, Lyon 1981, pp. 77-78, suivies, aux pp. 78-92, d'un commentaire auquel nous ferons aussi référence.

structurelle du psaume, mettant en valeur les récurrences et s'efforçant de garder le plus possible l'ordre des mots dans l'hébreu. En 9-12, pour garder à l'allégorie son homogénéité, nous traduisons tous les verbes au présent, comme le fait la *BJ* en 9-10, mais comme Bonnard nous en a donné l'idée en traduisant, lui, tous les verbes par des passés. Nous préférons entendre les verbes de 10b et 12 à la troisième personne: la vigne, si vivante, pousse comme d'elle-même. En 15c16 notre option est discutable. Nous adoptons la solution de Bonnard. Les deux *w* initiaux en 16a et b voudraient-ils marquer pour le premier la reprise (par un synonyme) de *cette vigne-là*, et pour le second annoncer un second complément (avec préposition) à l'impératif *visite* ? Faut-il traduire 16: « oui, la hampe qu'a plantée ta droite, et (d'une visite) au fils... » ? Mais de toute façon nous pensons que 16b n'est pas à considérer purement et simplement comme un doublet de 18b, et en conséquence à omettre. L'analyse structurelle confirmera notre option. Nous mettons en lettres CAPITALES les termes récurrents et, faute de pouvoir toujours les rendre par les mêmes termes en français, nous transcrivons entre parenthèses après leurs diverses traductions les prépositions *b*, *l*, *mn*, *'l*. Les interlignes sont nôtres et indiquent au lecteur la détermination des unités. La conjonction ET (*w*) n'ayant pas toujours une fonction structurelle, et n'étant d'ailleurs pas toujours rendue dans la traduction (nous l'omettons en 3a – la première –, 4b et 8b, 16a et b), nous n'en manifestons qu'occasionnellement la récurrence, à charge pour nous de nous en expliquer alors dans l'étude qui va suivre.

2a PASTEUR d'Israël, ouvre ton oreille,
2b (toi) qui conduis, COMME un troupeau, Joseph,
2c (toi) qui sièges (sur) les chérubins, resplendis
3a EN (*l*) FACE D'Ephraïm, de BENJAMIN, et de Manassé,
3b réveille ta vaillance
3c et viens POUR (*l*) porter le SALUT (jusqu') à nous (*lnw*)!
4a DIEU, RETOURNE-NOUS,
4b FAIS LUIRE TA FACE ET NOUS SERONS SAUVÉS.

5a YHWH DIEU DES ARMÉES,
5b JUSQUES À quand deviendras-tu fumée À (*b*) la prière de ton
   peuple?
6a Tu les as nourris d'un pain de LARMES
6b et tu les as abreuvés de (*b*) LARMES à plein seau.
7a Tu fais de nous un objet de litige POUR (*l*) nos voisins
7b et nos ennemis se moquent de nous (*lnw*).

8a DIEU DES ARMÉES, RETOURNE-NOUS,
8b FAIS LUIRE TA FACE ET NOUS SERONS SAUVÉS.

9a Une VIGNE! D'(*mn*) Egypte tu l'arraches,
9b tu chasses des nations, et tu la PLANTES.
10a Tu as fait place nette (*pnyt*) EN FACE D'elle (*lpnyh*)
10b et elle ENRACINE ses RACINES
10c et remplit la terre.
11a Elles sont couvertes, les montagnes, de son ombre,
11b et de ses pampres les cèdres de Dieu ('*l*).
12a Elle étend ses sarments JUSQU'À la mer
12b et du côté ('*l*) du fleuve ses rejetons.

13a Pourquoi (*lmh*) as-tu rompu ses clôtures,
13b ET la grappille tout passant du chemin,
14a la ravage le sanglier des (*mn*) bois,
14b ET la bête des champs en fait sa PÂTURE ?

15a DIEU DES ARMÉES, RETOURNE-TOI enfin,
15b regarde depuis (*mn*) les cieux et vois,
15c et visite cette VIGNE-là,
16a hampe qu'a PLANTÉE TA DROITE,
16b (d'une visite) au ('*l*) FILS QUE TU AS CONFIRMÉ POUR TOI
    (*lk*).

17a Ils l'ont brûlée par (*b*) le feu COMME une ordure:
17b qu'au (*mn*) reproche de TA FACE ils périssent !

18a Qu'advienne ta main SUR ('*l*) l'homme de TA DROITE,
18b SUR ('*l*) LES FILS D'Adam QUE TU AS CONFIRMÉ POUR
    TOI (*lk*).
19a ET plus jamais nous n'irons loin de toi (*mmk*).
19b Fais-nous vivre, ET À (*b*) ton nom nous (en) appellerons.
20a YHWH DIEU DES ARMÉES, RETOURNE-NOUS,
20b FAIS LUIRE TA FACE ET NOUS SERONS SAUVÉS.

1. *Structure littéraire de chaque unité*

Les vv, 2-3 nous semblent ordonnés selon une symétrie croisée, c'est-à-dire respectant simultanément un chiasme et un parallèle (de type Ab'B'a). On lit d'abord en 2ab une petite symétrie concentrique, soit:

Pasteur   + d'Israël,

                                            ouvre ton oreille,

toi qui conduis, comme un troupeau, + Joseph.

L'invitation à l'écoute est entourée par deux expressions parallèles désignant le pasteur du peuple élu. Nous indiquerons cette structure par ab.a!.ab, le point d'exclamation rappelant l'impératif (central). Apparaît en 2c un nouveau registre, soit celui de la splendeur et de la puissance divines. Ce titre initial (avant le verbe) en 2c, nous lui donnons le sigle a' (a désignant simplement le pasteur). Suivent deux impératifs, en 2c et 3b, encadrant les trois noms propres de 3a, noms propres prenant évidemment le relais de ceux de 2, et recevant donc comme eux le sigle b. Mais les deux impératifs, visant à faire apparaître la splendeur et la vaillance divines recevront le sigle a'! (a! appelait seulement l'écoute du pasteur en 2a). Ainsi en 2c-3b nous lisons encore une symétrie concentrique, mais d'un type différent de celle de 2ab, soit: a'b.b.ba'. Notons ici que le nom qui est au centre est celui de BENJAMIN. Enfin en 3c le texte revient au premier registre dans un appel cette fois au salut (a !) suivi, à l'aide d'un simple pronom, de la mention des destinataires, soit *nous* (b). On voit maintenant la structure de l'ensemble:

2ab	a.b	a!	a.b
2c		a'	
2cβ-3b	a'!b	b	b.a'!
3c		a!b	

Si la seconde symétrie concentrique (3ème ligne de notre tableau) est préparée par le titre qui la précède (a', 2ème ligne), par contre la première (1ère ligne) prépare l'appel final (4ème ligne). Le registre du simple salut (pourrait-on dire) est aux extrêmes, celui de la puissance divine aux centres, selon un chiasme. Mais alternativement le texte présente symétries concentriques et unités simples, selon un parallèle. L'appel central à l'écoute en 2ab est repris dans l'appel final au salut (3c), appel bien préparé par les deux désignations du pasteur en 2a et 2b. La désignation de celui qui siège sur les chérubins (2c) prépare, elle, les deux appels de la fin de 2c et 3b. On voit l'inversion et le parallèle: a et a (en 2ab) préparent a! (au terme), et, entre eux, a' (en 2c) prépare a'! et a'! (en 2c et 3b). Mais le *nous* final est, lui, préparé par les cinq noms propres de 2ab et 3a: Israël et Joseph (2ab), Ephraïm, Benjamin, Manassé (en 2cβ-3b), en somme c'est nous !

Les vv. 4, 8 et 20 sont presque identiques, à cette différence près que de l'un à l'autre le titre divin s'étoffe à chaque fois: DIEU, DIEU DES ARMÉES, YHWH DIEU DES ARMÉES.[3] Les trois verbes

---

[3] De plus en 20 le second stique ne comporte pas le *w* initial, ce dont nous n'avons pas tenu compte dans notre traduction (en mettant par exemple ET au début de 4b et 8b).

se rapportant à l'action divine, les deux premiers étant des impératifs adressés à DIEU, le troisième au passif, laissant entendre par là-même ladite action. Au premier et au dernier sont reliés *nous*, soit comme objet (suffixe) du premier, soit comme sujet (préfixe) du dernier. Les deuxième et troisième sont aussi liés du fait de la paire stéréotypée *lumière-salut*.[4] Dire *Dieu* ! (au vocatif) et en appeler à *ta face* (= de Dieu), c'est parler au même du même. Dès lors nous pouvons disposer ci-dessous sur deux colonnes les termes se correspondant:

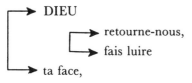

    DIEU

            retourne-nous,
            fais luire

    ta face,

            et nous serons sauvés.

Le chiasme constitué par les quatre premiers termes est manifeste. L'annonce finale du résultat reprend les deux verbes centraux, le premier de par la mention de *nous*, le second de par la parenté *luire-sauver*. Au chiasme est superposé une discrète symétrie parallèle de par la présence après le premier verbe et le second substantif d'un suffixe (*-nw*, *-k*), suffixe absent des autres termes. Et à ne considérer que les verbes on peut découvrir entre eux la symétrie concentrique suivante autour de faire luire: retourne – nous / fais luire / et nous – serons sauvés.

Bien que présentant chacun une structure propre, que nous venons d'étudier, il est manifeste que 2-3 et 4 traitent du même thème. Il faut donc considérer quelle articulation structurelle pourrait exister entre eux et se demander, à partir de là, s'ils ne constitueraient pas une unité dans notre psaume, comme le tiennent par exemple J. Trublet et J.N. Aletti.[5] Si nous appliquons à 4 les sigles tels que déterminés pour 2-3, nous pouvons écrire:

---

[4] D'après Avishur p. 105.

[5] P. 83, dans une proposition par ailleurs très sommaire (de moins de dix lignes). Ces auteurs écrivent 1-4, mais c'est bien entendu 2-4 qu'il faut lire. Puis ils distinguent 5-8 (mais 8 est différent de 5-7), 9-15 (où, nous le verrons, il faut distinguer 9-12 et 13-14, puis rattacher 15 à 16), et enfin 16-20 (où il faut distinguer 17 et 18-20). Ils voient cette répartition comme « autorisée par la syntaxe », mais on devine (faute de pouvoir faire mieux) que c'est la parenté entre 4, 8, 15 et 20 qui les a déterminés à en faire la butée de chacun de leurs volets. Entre eux ils voient ce qu'ils appellent « une structuration concentrique », mais mieux vaudrait parler de chiasme. Cependant le titre donné par ces auteurs aux deux parties centrales (5-8 et 9-15) du chiasme d'ensemble, soit « question », attire l'attention sur le fait (important) que ce poème contient deux questions. Nous y reviendrons, avec quelques précisions complémentaires.

Dieu (a')

retourne-nous (a!b)   fais luire ta face (a'!)   et nous serons sauvés (ba!)

Dieu est celui qui siège sur les chérubins (2c). Faire luire sa face revient à resplendir (2c) ou réveiller sa vaillance (3b). Retourner les siens, les sauver, cela commence par l'écoute (2a) ; et donner le salut aux siens (3c), c'est faire justement qu'ils soient sauvés (c'est toujours un futur qui est envisagé.) Ainsi l'écoute et le salut demandés aux extrêmes de 2-3 se retrouvent équivalemment envisagés aux extrêmes de 4aβb. A lui seul le v.4 reprend tous les éléments de 2c-3, ce que feront voir, juxtaposés, les schémas récapitulatifs pour l'un et l'autre que voici:

```
2c-3:          a'                 4:         a'
         a'.b   b   b.a'!               a!b   a'!   b.a!
               a!b
```

Il n'est donc pas injustifié de considérer 2-4 comme une unité, même si elle comprend 2-3 et 4 bien distincts l'un de l'autre.

   Les vv. 5-7 (entre 4 et 8) constituent l'unité suivante. Le parallélisme du v.6 est d'autant plus net que *nourrir* et *abreuver* constituent une paire stéréotypée.[6] En 5 et 7 nous avons ici et là un chiasme. Aux extrêmes en 5 nous trouvons les deux partenaires en présence: YHWH, *DIEU des Armées* et *ton peuple*, mais au centre l'opposition entre *devenir fumée* et *la prière*, situation choquante puisque la prière devrait provoquer en YHWH tout autre chose que sa colère, soit cette écoute et ce salut qui lui sont demandés en 2-3. Ainsi YHWH se trouve en opposition à son peuple. Ce chiasme de 5 pourrait s'écrire $\overline{X}.\overline{Y}.Y'.X'$. Celui du v.7 ne repose pas sur des oppositions, mais sur les correspondances entre *nos voisins* et *nos ennemis* aux centres, et aux extrêmes *tu fais de nous un objet de litige* et *ils se moquent de nous*.[7] On aura remarqué l'aggravation de *voisins* à *ennemis*, et aussi entre les termes extrêmes, la moquerie étant comme un supplément d'avanie par rapport aux litiges. Ainsi, dans l'ensemble 5-7, les larmes abondantes évoquées dans le verset central sont motivées par les deux conflits évoqués aux versets extrêmes, soit en 5 celui entre YHWH et son peuple (la colère de l'un répondant à la

---

[6] D'après Avishur pp. 498 et 522.
[7] A cette disposition concentrique du verset est comme superposée un certain parallélisme que l'hébreu laissera voir plus aisément:

```
tśym.nw    mdwn    l.škny.nw
w'yby.nw   yl'gw   l.nw
```

Au centre de chaque stique la difficulté: *mdwn* (subst.), *yl'gw* (verbe). Au début et au terme tous les mots accompagnés du suffixe-*nw*, mais les derniers précédés du *l*.

prière de l'autre), et en 7 celui entre le peuple et ses voisins et même ennemis qui disputent et même se moquent à son sujet.

Avec 9-12 nous abordons à la grande image de ce psaume, la vigne, dont il sera question jusqu'en 17. L'unité de thème, la prospérité de la vigne, ne fait pas difficulté. En 13 commence autre chose: la destruction de la vigne. Mais de plus le morceau nous semble délimité par une belle inclusion se rapportant aux quatre points cardinaux. En effet *l'Egypte*, mentionnée au premier stique, se trouve au sud. Puis, dans le trois derniers stiques, nous avons successivement en 11b *les cèdres de Dieu*,[8] c'est-à-dire les cèdres du Liban, au nord, puis en 12a *la mer*, à l'ouest, et en 12b *le fleuve*, à l'est.[9] Rapportée du sud, la vigne s'en va pousser jusqu'au nord, et même à l'ouest et à l'est, pour dire le contenu en un langage pour le coup fort peu poétique. Par là nous sont déjà indiqués les deux volets de l'histoire de la vigne, le premier concernant la transplantation, ses péripéties, et les premiers effets de la plantation (9-10b), le second son étonnante prospérité (10b-12), le stique 10b, appartenant simultanément aux deux volets, servant de charnière. Considérons-les successivement. On pourrait peut-être tout d'abord percevoir un certain chiasme dans le seul v.9, avec aux centres les deux verbes, puis *Egypte* et *nations* qui se répondent, et enfin l'opération ultime et positive aux extrêmes: *une vigne... tu la plantes*. Ces deux derniers termes seront d'ailleurs repris en parallèle en 15c16a, comme nous le verrons. Mais pour joindre 10ab à 9 retenons seulement la correspondance globale entre les deux épreuves infligées l'une à l'Egypte à laquelle Dieu prend cette vigne, l'autre aux nations qu'il chasse, et écrivons en mettant les correspondances en colonnes:

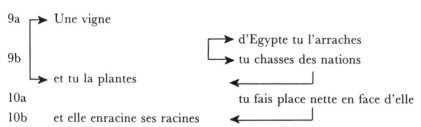

9a   Une vigne

9b   d'Egypte tu l'arraches
                     tu chasses des nations

       et tu la plantes

10a   tu fais place nette en face d'elle

10b   et elle enracine ses racines

En 9b-10 le parallèle est sensible dans la succession répétée d'un événement à connotation négative (chasser, faire place nette) et

---

[8] Cèdres qui couvrent d'ailleurs certaines des montagnes mentionnées au stique précédent.

[9] Des cèdres de Dieu ('l) au fleuve introduit pas la préposition 'l, il y a peut-être précisément jeu de mots.

d'un autre à connotation positive (planter, prendre racine). Les deux aspects reçoivent chacun une conclusion bien frappée par la reprise de la même racine dans les verbes et compléments de 10a et b (*pnyt lpnyh*: tu ef/*faces* en *face* d'elle... ; elle en*racine* ses *racines*). Si maintenant nous reprenons 10b et considérons l'ensemble 10b-12 nous pouvons, sur trois colonnes, voir se correspondre:

10b	elle enracine	ses racines	
10c	et remplit		la terre
11a	sont couvertes		les montagnes
		de son ombre	
11b		et de ses pampres	
			les cédres de Dieu
12a	Elle étend	ses sarments	
			jusqu'à la mer
12b			et du côté du fleuve
		ses rejetons.	

Dans la première colonne nous lisons les verbes, qui manifestent la vitalité de la vigne, dans la seconde ces éléments par lesquels la vigne manifeste cette vitalité, dans la troisième enfin les lieux atteints ou visés par lesdits éléments. Attribuons à chaque colonne respectivement les sigles x, y et z. Commençons par considérer ici 11 et 12. Ils sont bâtis de la même façon, au verbe faisant suite un chiasme, mais les termes du chiasme sont inversés en 12 par rapport à 11, x + zyyz étant suivi de x + yzzy. A présent constatons que 10b (x + y) commence comme 12 (x + y), et 10c (x + z) comme 11 (x + z). Par en bas la vigne enracine ses racines (10b), par en haut elle étend ses sarments (12a, développé en 12b). Elle remplit si bien la terre (10c) que sont couvertes les montagnes de son ombre (11a, auquel fait écho 11b). On peut donc avancer qu'en ordre inverse 10b (xy) annonce en quelque sorte 12 (xyzzy) et 10c (xz) 11 (xzyyz). Mais si l'on considère la troisième colonne (z) un autre fait est très remarquable. Situés l'un et l'autre comme éléments centraux d'un chiasme, les deux couples *terre*//*montagnes* (entre *ses racines* et *son ombre*) et *mer*//*fleuve* (entre *ses sarments* et *ses rejetons*) constituent l'un et l'autre des paires de mots stéréotypées[10] et sont entre eux complémentaires comme éléments solides et liquides. Ajoutons qu'entre eux, dans la même troisième colonne, sont mentionnés *les cèdres de Dieu*,[11] Dieu se trouvant ainsi subtile-

---

[10] Selon Avishur p. 278 ('*rs/hrym*) et 760, à l'index (*ym/nhr*).

[11] On a vu plus haut comment en 11 ils rentrent dans la composition d'un chiasme. Ajoutons qu'avec 12a ils aboutissent au parallèle: de ses pampres + les cèdres de Dieu // ses sarments + jusqu'à la mer (les cèdres étant à situer au nord, la mer à l'ouest, comme nous l'avons déjà dit).

ment nommé au beau milieu du solide et du liquide. Ce volet 10b-12, sur la prospérité de la vigne, est donc bien structuré. D'un volet à l'autre notons d'abord que nous passons de références politiques (l'Egypte, les nations) à des références cosmiques (terre et mer, pour faire court). La dernière référence ici, *les nations*, et la première là, *la terre*, forment d'ailleurs une paire de mots stéréotypée,[12] la terre pouvant s'entendre tout autant de l'ensemble des nations que comme élément du cosmos. Les références politiques facilitent l'expression des conflits historiques vécus par Israël lors de son départ d'Egypte et de son arrivée parmi les nations de Canaan. Les références cosmiques sont très homogènes à la prospérité stable et comme définitive attribuée ici à la vigne. Cet ensemble 9-12 est à lui seul un poème soigneusement composé.

Les vv. 13-14 sont composés de quatre propositions dont la première commande les trois autres. Quant à ces dernières, deux sont d'abord parfaitement parallèles entre elles (ET la grappille + tout passant du chemin // la ravage + le sanglier des bois), tandis que la troisième (introduite par ET comme la première), comme pour clore la série, se présente en chiasme par rapport aux deux autres (et bête des champs + en fait sa pâture). Le thème des malheurs subis, ici par la vigne, apparente cette unité à 5-7 où il s'agit des larmes versées par le peuple éprouvé.

Après la question de 13-14 suivent les appels de 15-16. Le v.15 est structuré selon une symétrie concentrique que fera voir la disposition suivante:

$$
\left\{
\begin{array}{l}
\text{Dieu des Armées,} \\
\qquad\qquad\qquad \text{retourne-toi enfin,} \\
\qquad\qquad\qquad \text{regarde} \\
\text{depuis les cieux} \\
\qquad\qquad\qquad \text{et vois,} \\
\qquad\qquad\qquad \text{et visite} \\
\text{cette vigne-là.}
\end{array}
\right.
$$

Aux extrêmes nous avons les deux partenaires, Dieu et la vigne, le premier suivi et le second précédé par deux impératifs dont les deux plus proches du centre sont voisins de sens et constituent une paire stéréotypée.[13] Au centre la mention des cieux à partir d'où doit se rétablir la relation entre les deux partenaires. Le v.16 peut s'entendre, avec Bonnard[14] comme deux nouveaux compléments au dernier impératif (visite), visite donc de la *knh*, sans doute un synony-

---

[12] Selon Avishur p. 278.
[13] Selon Avishur p. 766 (à l'index).
[14] Dans sa traduction p. 78, commentée pp. 80 et 87.

me de vigne, plantée par la droite divine, et visite au fils confirmé par Dieu. Le v.17 ordonne en chiasme ses éléments extrêmes, soit le sort de la vigne (brûler) et des ennemis (périr) et les moyens qui y font parvenir, le feu pour la première, le reproche de la face divine pour les seconds. Le premier stique en sa note finale, *comme une ordure*, met en évidence le mépris extrême des ennemis, ce qui introduit au mieux au second où ce mépris reçoit ce qu'il mérite.

Avec 18-20 nous arrivons à la dernière unité de notre poème. Les vv. 18 et 19 respectent une symétrie concentrique. En effet nous lisons en 18:

Qu'advienne ta main (*yd*.K)
                                             SUR l'homme
de ta droite (*ymyn*.K)
                                             SUR le fils d'Adam
que tu as confirmé pour toi (*l*.K)

Les synonymies *main/droite* et *homme/fils d'Adam* sont encore renforcées par le fait que nous avons là deux paires stéréotypées.[15] Les trois termes extrêmes et centraux s'achèvent tous en hébreu sur le même suffixe -K tandis qu'entre eux les termes intermédiaires commencent l'un et l'autre par SUR (*'l*). Quant à sa structure 19 se lit ainsi:

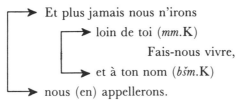

Et plus jamais nous n'irons
        loin de toi (*mm*.K)
            Fais-nous vivre,
        et à ton nom (*bšm*.K)
    nous (en) appellerons.

L'appel central est encadré par deux perspectives d'avenir qui dépendent de son exaucement et concernent le rapport des fidèles à Dieu. La structure de 20 a déjà été étudiée avec celle du v.4. Qu'en est-il de l'ensemble des trois versets ? Par trois fois il est fait appel à l'intervention divine, assez longuement d'abord (18), brièvement ensuite (fais-nous vivre), et de nouveau plus longuement (20abα), puis à chaque fois la promesse ou l'annonce de l'effet attendu exprimé de plus en plus brièvement de 19a à 19bβ et enfin 20bβ:

Appel: 18   19bα   20abα
Effet: 19a   19bβ   20bβ,

---

[15] Selon Avishur respectivement pp. 759 (à l'index) et 641 (voir aussi *'dm*/*yš* comme indiqué à l'index p. 753).

ce qu'on pourrait, en simplifiant un peu, symboliser par Ab.ab.Ab.
Du début de 18 au terme de 20abα on notera les deux parties du
corps rapportées à YHWH: *ta main* et *ta face*, et la complémentarité
(dans l'opposition) entre ici *l'homme* ou *fils d'Adam*, bénéficiaire de
l'action, et là YHWH *Dieu* des Armées, auteur de l'action. De 18 à
19a on verra se répondre *lk* (pour toi) et *l'... mmk* (plus... loin de
toi), et, en parallèle sur l'ensemble, rappelons de 20abα à bβ la
correspondance entre *luire* et *sauver*. Chacun des trois « effets » est
introduit pas la même conjonction ET. Le stique 19b est au centre,
et il semble que dès 20a le fidèle mette à exécution sans plus
attendre sa promesse d'en appeler au nom divin.

2. *Structures littéraires sur l'ensemble du poème*

Nous voilà dont en présence de huit unités: 2-4 (2-3 + 4), 5-7, 8,
9-12, 13-14, 15-16, 17, 18-20 (18-19 + 20). Notons tout d'abord,
parce qu'il est facile de les découvrir, les deux ensembles 2-8 et
15-20 qui l'un et l'autre respectent une structure simple de type
ABA'. Que 2-4 et 8 encadrent 5-7, il est facile de s'en apercevoir à
partir de l'identité presque totale entre 4 et 8, SAUVER (8b.4b) se
lisant déjà dans SALUT (3c) et FACE (*ibid.*) déjà en 3a. Cette
dernière récurrence suggère d'ailleurs comme un FACE (3a) à FACE
(4b-8b) entre Ephraïm, Benjamin, Manassé et Dieu. Ajoutons
encore les désignations de DIEU (toutes comportant au moins ce
mot) amorçant 4, 5-7 et 8, 2-3 commençant eux-mêmes par le titre
de Pasteur d'Israël donné à Dieu. De 2-3 à 5-7 relevons encore la
correspondance entre *Israël* (2a) et *ton peuple* (5b), la même finale
lnw pour 3c et 7b, avec les oppositions qui ainsi apparaissent entre
Israël conduit par son pasteur et le peuple dont la prière est si mal
reçue, entre le salut attendu « pour nous » et les moqueries que les
ennemis nous destinent, « à nous ».[16] L'encadrement de 17 par
15-16 et 18-20 est encore plus manifeste puisqu'aux versets extrêmes on lit DIEU DES ARMÉES, RETOURNE, et aux versets les plus
proches de 17 d'abord TA DROITE au terme de 16a et 18a, puis les
deux stiques presque totalement identiques de 16b et 18b.[17] De plus
du dernier stique de 17 à celui de 18-20 on notera la récurrence de

---

[16] Etant donné que les deux mots constituent une paire stéréotypée (*yšb/škn*
selon Avishur pp. 71 et 374) on pourrait être tenté d'opposer encore celui qui *siège*
sur les chérubins (favorable à Israël) et ces *voisins* qui affligent le peuple par leurs
litiges à son sujet.
[17] Ce qui dissuade de traiter 16b comme un doublet de 18b de l'omettre au titre
de glose. On aura aussi noté l'emploi de la préposition *'l* non seulement en 16b et
18b, mais aussi en 18a.

TA FACE dans des contextes exactement opposés puisqu'ici elle doit faire périr, mais là sauver.

Comparons maintenant ces deux ensembles 2-8 et 15-20. Au centre de l'un et de l'autre nous sommes mis au fait des épreuves subies par le peuple (ou la vigne). Mais une différence significative apparaît. En 7 en effet il n'est plus question de la colère de YHWH contre son peuple (5), mais de celle par laquelle il lui est demandé de faire périr ses ennemis (7b). Il y a comme une inversion de 5 (colère) + 7 (épreuves infligées par les ennemis) à 17a (épreuves infligées par les ennemis) + 17b (colère) ; seulement la colère changé de destinataires. Dans les quatre unités extrêmes nous lisons le verbe RETOURNER (en 4a.8a.15a.20a), 15a étant très remarquable, qui attend le retournement de Dieu lui-même. Il est toujours précédé d'un vocatif adressé à Dieu, ces vocatifs allant en progressant de DIEU (4a) à DIEU DES ARMÉES (8a), puis de DIEU DES ARMÉES (15a) à YHWH DIEU DES ARMÉES (20a). Ce dernier titre se lit aussi au début de l'unité centrale de 2-8 (soit en 5a), laquelle de cette manière est comme rappelée par les unités extrêmes de 15-20 dont le contenu lui est opposé. De façon inverse et symétrique on relèvera que TA FACE, qui se lit au terme des unités extrêmes de 2-8, se retrouve, mais dans un contexte ici encore opposé, dans l'unité centrale de 15-20. Ajoutons que SAUVER et FAIRE LUIRE TA FACE se lisent dans les unités extrêmes de 2-8, mais dans la dernière de 15-20 (on se souviendra de l'identité presque entière de 4, 8 et 20), mais que, inversement d'une certaine façon, les composants du nom de BENJAMIN, soit FILS et DROITE, dont on a vu la position structurelle dans la première unité de 2-8, se retrouvent dans les deux unités extrêmes de 15-20 (soit en 16 et 18, comme nous l'avons noté ci-dessus). Nous avons plus haut relevé les oppositions, dont on voit maintenant qu'elles sont symétriquement disposées, à partir de *lnw* (dans la première unité et l'unité centrale de 2-8) et de TA FACE (dans l'unité centrale et la dernière de 15-20). Relevons encore des deux premières unités de 2-8 aux deux dernières de 15-20, dans des contextes opposés, les récurrences de COMME (2b: COMME un troupeau ; 17a: COMME une ordure) et du titre YHWH DIEU DES ARMÉES (en 5a et 20a). Les deux ensembles commencent par un vocatif en 2a et 15a et s'achèvent sur un verset fort semblable (8 et 20).

Restent à considérer 9-12 et 13-14 et à les situer dans l'ensemble du poème, ensemble que du même coup nous découvrirons. On aura bien sûr noté l'opposition des contenus de 9-12 et 13-14. Les indices de leur articulation à l'ensemble nous sont donnés aux extrêmes, soit exactement en 9 et 14b. En 9 en effet nous lisons

VIGNE et PLANTER qui se retrouvent dans la première unité de
15-20 (soit en 15c et 16a), et en 14b PÂTURE, mot de même racine
que PASTEUR, premier mot de la première unité de 2-8. Il s'agit
évidemment d'opposition de 2 à 14, le pasteur d'Israël le con-
duisant tel un troupeau, tandis que ce sont les bêtes sauvages qui
font du peuple leur pâture. Mais de 9 (9-12) à 15c-16a (15-16) il
s'agit de reprendre le travail si bien commencé, de restaurer la
vigne plantée avec tant de succès. En complément du rapport de 9-12
à 15-16 notons encore d'ici à là la répartition des deux termes *la terre*
(10c), remplie par la vigne, et *les cieux*, (15b), d'où le Dieu des
Armées doit décider d'intervenir pour sa vigne. Il semble donc
qu'on puisse schématiser comme suit la structure littéraire de
l'ensemble du poème:

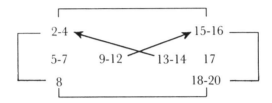

Les quatre unités 2-4, 8, 15-16 et 18-20 appellent Dieu à retourner
son peuple, à se retourner lui-même (15), sûr alors qu'il pourra
obtenir des siens une conversion durable (19). En 5-7 et 13-14 nous
lisons les deux questions posées à Dieu dans notre psaume,[18] sur un
ton de pressant reproche. De 9-12 à 17 nous avons le début et le
dernier moment (où nous nous trouvons) de l'histoire de la vigne,
d'abord étonnamment prospère et à présent la proie du feu.[19] De
5-7 à 9-12 relevons les deux emplois de JUSQU'À, le premier, sous
l'angle du temps, servant à contester la durée de la colère divine, le
second, sous l'angle de l'espace, servant à rappeler avec admiration
l'étendue de la vigne. Il s'agit d'opposition. Et de même de 13-14 à
17 on opposera pour les ennemis les deux moments où ils ravagent
la vigne, puis doivent à leur tour périr. De 5-7 à 17, à partir des
deux emplois de *b*, on pourrait rapprocher le peuple abreuvé *par* des

---

[18] Comme l'ont sans doute remarqué Trublet – Aletti, et à partir de quoi ils
déterminent les deux unités centrales de leur proposition. Voir ci-dessus notre n.5.
[19] Trublet – Aletti avancent qu'« au niveau des images, la composition est
bipartite: 1-8 et 9-20 », sans autre explication. C'est ici encore 2-8 qu'il faut lire.
Quelle est, quelles sont l'image ou les images en 2-8 (pasteur, pain-boisson) et où
exactement les lit-on ? Quant à l'image de la vigne elle s'arrête en 17. Sur la
complexité et la richesse des images dans notre psaume on lira Nicholas J. Tromp,
« La métaphore engloutie: le langage métaphorique du psaume 80 », *Sémiotique et
Bible* n° 47/Sept.1987, pp. 30-43.

larmes (6b) et la vigne brûlée *par* le feu (17a), l'opposition entre les deux éléments *larmes/eau* et *feu* servant le rapprochement. Nous avons plus haut relevé l'opposition de 17b à 20b entre 17 et 18-20. Mais puisque 20b = 8b = 4b, nous voyons cette opposition jouer également de 2-4 et 8 à 17. Symétriquement, de 5-7 à 15-16 et 18-20, il existe aussi quelques rapports. 5-7 et 15-16 ont des débuts et fins très comparables: YHWH DIEU DES ARMÉES . . . de nous (*lnw*), DIEU DES ARMÉES . . . pour toi (*lk*), mais ce qui est ainsi inclus s'oppose clairement par son contenu. On dira donc que jouent des rapports d'opposition de 2-4 à 17 comme de 5-7 à 15-16. De 5-7 à 18-20, à partir des deux emplois de la préposition *b*, on verra s'opposer l'hostilité de Dieu À (*b*) la prière de son peuple (5b) et par contre l'engagement de ce dernier d'en appeler À (*b*) son nom. De plus ici, mais dans un ordre inversé, nous retrouvons YHWH DIEU DES ARMÉES de 5a (premier stique de l'unité) à 20a (avant-dernier stique), les deux seuls emplois dans notre psaume de cette expression ainsi étendue, et la correspondance entre *lnw* de 7b (dernier stique) à *lk* de 18b (deuxième stique), les contenus à rapprocher étant évidemment opposés (colère, larmes, moqueries ; vie, appel au Nom, salut). On dira donc que jouent des rapports d'opposition de 5-7 à 18-20 comme de 8 à 17. Si nous revenons enfin à 9-12 et 13-14, nous pourrons encore constater leurs rapports à la première unité de 2-8 pour 9-12, à celle de 15-20 pour 13-14. De 2-4 à 9-12 en effet on lit ici *Israël* (2a), là *les nations* (9b), EN FACE DE avec des compléments comparables en 3a et 10a. Le pasteur d'Israël a chassé devant lui les nations. Devant se manifester face à son peuple, il fait place nette face à ce dernier. De 13-14 à 15-16 nous pouvons, guidés par la préposition *mn*, voir s'opposer le lieu (les bois) d'où vient le ravageur (14a) et celui (les cieux) d'où Dieu doit regarder pour se décider à engager sa visite. On voit aussi à partir de là s'opposer les actions énoncées en 13-14 et 15-16.[20] En reprenant certaines des correspondances ci-dessus présentées, on pourra

---

[20] *'wr* et *ṣlmwt* constituant une paire stéréotypée (Avishur p. 283), on pourrait supposer quelque connexion entre 11a et, en 18-20, 19b et 20b: cette *ombre* de la vigne n'est pas signe de *mort*, mais de *vie*, et il n'y a pas d'opposition entre elle et la *lumière* de la face de YHWH, tout au contraire. Ce rapport entre 9-12 et 18-20 serait symétrique à celui de 9-12 à 15-16. Mais le rapport de 13-14 à 2-4 n'a pas, lui, son symétrique dans un rapport de 13-14 à 8. Nous avons ci-dessus tenu compte de presque toutes les récurrences des prépositions, n'ayant trouvé aucune fonction structurelle cependant à *l* en 3c (le premier), ni à *mn* en 9a (encore que, puisqu'il s'agit d'un lieu, on pourrait peut-être le rapprocher des cieux de 15b, introduits aussi par *mn*, et où il s'agit encore de l'agir divin: pour ainsi dire l'Egypte et les cieux sont encore plus à l'opposé que le ciel et la terre. C'est *de(puis)* l'Egypte que Dieu arrache la vigne à planter, c'est *depuis* les cieux qu'il se décidera à visiter la vigne qu'il a plantée).

encore dire qu'autour de 9-12 + 13-14, les volets 2-8 et 15-20 se répondent selon une ordonnance inverse de leurs unités. Nous avons vu en effet de 2-4 à 18-20 la correspondance entre leurs derniers versets, de 5-7 à 17 celle de 6 à 17a, et de 8 à 15-16 celle de 8a à 15a, soit entre leurs premiers stiques. Autour de 9-14, 2-8 et 15-20 sont entre eux en ordre à la fois parallèle et inverse.

*
* *

Finalement, au vu de la structure littéraire de notre psaume, le mot central est ce *pourquoi* situé à la charnière des deux unités de la partie centrale (9-12 et 13-14). Pourquoi, après une telle prospérité, un tel abandon ? Le pasteur d'Israël, interpellé au début de la première partie, aurait-il abandonné sa vigne pour en faire la pâture des bêtes sauvages, comme si le souci de ces dernières l'emportait sur celui de son troupeau ? Cette vigne si magnifiquement plantée et à présent dévastée, ne se décidera-t-il pas à lui faire retrouver sa splendeur ? Au *pourquoi* central dans le poème font écho d'une part la question centrale de la première partie (5-7), mais d'autre part, dans la dernière, non plus une question, mais un appel pressant à l'extermination des ennemis (17), appel complémentaire de tout ce qui, en débuts et fins de la première et de la dernière partie (2-4.8 et 15-16.18-20), concerne le retournement en faveur d'Israël. Si la question centrale du poème, comme préparée par la question centrale de la première partie, s'est transformée au centre de la dernière en un appel à l'extermination des ennemis, c'est, implicitement, que le fidèle a cru qu'à ses deux premières questions Dieu ne pouvait répondre autrement qu'en reconnaissant pour ainsi dire le caractère illogique, incohérent, de toutes ces épreuves imposées à son peuple, à sa vigne, n'ayant plus alors qu'à passer à l'action, c'est-à-dire en répondant non seulement aux appels de 2-4, 8, 15-16 et 18-20, mais encore à celui de 17: ces ennemis (ce qui signifie profondément toutes les épreuves qu'ils représentent pour Israël) n'auraient jamais dû exister. Qu'ils disparaissent donc, et avec eux le scandale qu'exprime le *pourquoi* central du poème![21]

---

[21] Une lecture chrétienne de ce psaume ne devra donc pas esquiver le *Pourquoi* adressé à son Père par le Christ en croix citant le Ps 22. Mais au voeu de Ps 80,17 elle devra aussi substituer le pardon demandé par Jésus selon Lc 24,34, nouveau chemin pour que disparaisse le scandale.

CHAPITRE XV

« JUSTICE ET PAIX SE SONT EMBRASSÉES » ÉTUDE STRUCTURELLE DU PSAUME 85

Dans un article récent R. Meynet[1] propose une analyse rhétorique du Ps 85 dans lequel il distingue trois parties, soit 2-8, 9 et 10-14. Bien que nous ayons tenté huit ans plus tôt d'analyser la structure littéraire de ce même poème,[2] Meynet n'a pas pris en considération notre travail. Nous tenterons ici d'y revenir pour en améliorer les résultats à l'aide de l'article de Meynet, que nous devrons à cette fin, lui aussi, améliorer quelque peu. Après avoir mentionné plusieurs propositions antérieures quant à la répartition des différentes parties dans notre psaume (OBO 287) nous nous en tenions finalement à deux volets 2-8 et 9-14, le premier ordonnant 2-4 et 6-8 autour de 5, ce que propose Meynet, le second 9-10 et 12-14 autour de 11, ce qui diffère sensiblement de la proposition de Meynet (pour qui 10-11 et 13-14 encadrent 12). Nous reprendrons ici l'analyse pour conclure avec Meynet à un premier ensemble 2-8, mais dont la structure interne nous semble différente de celle qu'il propose, puis à un second ensemble 9-14, comme dans notre étude de 1982, mais dont la structure sera ici mieux perçue. Logiquement il nous faudra alors en un troisième temps reprendre l'étude de la structure littéraire d'ensemble du poème.

Nous adoptons la traduction de Meynet avec les modifications suivantes: restitution de YHWH en 2a.8a.9a.13a, traduction plus littérale de l'expression finale de 6b (qui nous oblige à mettre *âges* au pluriel) pour faire ressortir sa correspondance à l'expression initiale de 6a, ajout entre parenthèses de « (ceux de) » en 7b pour rendre la lecture supportable en français.[3] En 9a nous maintenons la tournure interrogative comme la plupart des traductions. Sur le sens donné à *dbr* (ordonner) nous revenons ci-dessous. En 9bcd nous différons des traductions antérieures, y compris celle de Meynet. Construit avec *'l dbr* (au piel) signifie en effet « ordonner ».[4] Par

---

[1] « L'enfant de l'amour (Ps 85) » *NRT* 112 (1990) 843-858.
[2] Dans le chapitre XI, soit pp. 285-300 de *La Sagesse a bâti sa maison*, OBO 49, Fribourg (S.) et Göttingen 1982. Ci-après: OBO et la page.
[3] En 7a Meynet hésite entre la traduction ici retenue (p. 854) et celle, plus littérale: « Tu retourneras nous feras vivre » (*sic* p. 845).
[4] Soit *befehlen* dans KB[3], p. 202, citant Gn 12,4 ; Ex 1,17 ; 2R 1,9b ; Dt 1,14.

ailleurs le *w* initial de 9d et ce stique lui-même déroutent habituellement traducteurs et commentateurs.[5] Or tout s'éclaire, nous semble-t-il, si l'on reconnaît ici un agencement du type AXBY[6] qui donc demande de lire selon leurs enchaînements d'une part: « il ordonne... à son peuple et à ses amis », et d'autre part: « la paix !... et qu'ils ne retournent à la folie ! ». On voit alors pleinement justifiée la conjonction ET au début de 9d. Ainsi la paix n'est pas une simple parole prononcée en faveur de son peuple et de ses amis ; elle est une exigence posée par Dieu à ceux-là, exigence qui se double logiquement de celle de ne point retourner à la folie. Le peuple et les amis sont ici considérés moins comme les simples destinataires de la paix que comme ses acteurs. On voit à présent pourquoi dès 9a nous avons traduit *dbr* par ordonner. Cette traduction sera décisive quand il nous faudra déterminer la structure de 9. Pour la traduction (par J.S. Kselman) de 10b on consultera la n.6 ci-dessus. En 12b nous préférons garder l'interprétation habituelle de *w* comme simple conjonction de coordination. Avec le v.14 nous risquons encore une interprétation nouvelle. Nous entendons le même sujet pour les deux verbes. On comprend alors en 14a que celui-là marchera en ayant devant lui la justice. Pour 14b R. Tournay[7] nous met sur la voie en comprenant: « la justice marchera devant lui (...), et fera de ses pas (à elle...) le chemin ». Mais Meynet objecte avec raison que l'ordre des termes est ici différent de la locution habituelle repérée par Tournay. Mais si l'on comprend que l'objet du verbe est ici sous-entendu[8] et que *drk p'myw* est

---

[5] Dont Meynet qui dans sa n. 15 relève que ce stique « est problématique: déjà la LXX traduisait: ‹ pour ceux qui tournent vers lui (leur) coeur › ».

[6] Ce schéma est en somme celui qui commande la lecture de Ps 51,6 comme l'entend J.S. Kselman, « A note on Ps5:6 », *CBQ* 39 (1977) 251-3, ou encore celle de Hab 2,2a comme l'entend D.T. Tsumura, « Hab 2,2 in the Light of Akkadian Legal Practice » *ZAW* 94 (1982) 294-5 (voir aussi l'article cité ci-après, pp. 477-8 – ou encore en *UF* 18 (1986) 358), celle encore de Jr 9,2 comme l'entend D.T. Tsumura, « Literary insertion (AXB pattern) in biblical hebrew », *VT* XXXIII (1983) 468-482, pp. 473-5 ; on trouve encore ce schéma en Ct 1,5 tel que le lit R. Lowth cité par Meynet, *L'analyse rhétorique* (Paris 1989), pp. 31-2. Ces auteurs ne formulent pas le schéma comme AXBY, mais leur compréhension des textes cités en vérifie la pertinence. La solution que nous proposons ici nous paraît plus simple et plus pertinente que celle de J.S. Kselman, « A Note on Psalm 85, 9-10 » *CBQ* 46 (1984) 23–27. Par contre, et pour les raisons qu'il avance, nous adoptons sans réticence sa traduction, dans cette même note, pour le v.10: « Surely, near is his salvation to those who fear him ; near is his glory to him who dwells in our land » (nous évitons la répétition, absente de l'hébreu, de « near is » dans notre traduction), 10b étant à lire selon le schéma AXB et *'k qrwb* de 10a valant pour les deux stiques.

[7] Cité par Meynet, n. 19 pp. 851-2.

[8] Pour des cas analogues voir, parmi les nombreux exemples d'ellipses qu'ils

PSAUME 85

2 Tu désires, YHWH, ta TERRE,
   TU RETOURNES le sort de Jacob.

3 Tu emportes la faute de TON PEUPLE,
   tu couvres TOUT leur péché.
4 Tu achèves TOUTE ta fureur,
   TU TE DÉTOURNES DE (*mn*) de TA COLÈRE.

5a RETOURNE-nous, Dieu de notre SALUT,

5b ET retire ton irritation avec nous.

6 POUR (*l*) toujours seras-tu en COLÈRE contre (*b*) nous,
   prolongeras-tu TA COLÈRE POUR (*l*) les âges ET les âges ?

7 Voici que toi, TU RETOURNERAS nous faire vivre
   ET (ceux de) TON PEUPLE se réjouiront en (*b*) toi !

8 Fais-nous voir, YHWH, ton AMOUR
   ET ton SALUT TU DONNERAS à (*l*) nous.

_____

9 J'écoute: qu'ORDONNE le Dieu YHWH ?
   Eh bien IL ORDONNE: LA PAIX !
   à son PEUPLE ET à ses AMIS,
   ET qu'ILS ne RETOURNENT à (*l*) la folie !

10 Oui, proche de (*l*) ses craignants le SALUT ;
    la gloire, DE (*l*) qui habite sur (*b*) NOTRE TERRE.

11a AMOUR ET FIDÉLITÉ se sont recontrés,

11b JUSTICE ET PAIX se sont embrassées.

12a FIDÉLITÉ DE (*mn*) la TERRE germera

12b ET JUSTICE DES (*mn*) cieux s'est penchée.

13 Aussi YHWH DONNERA le bon.
    ET NOTRE TERRE DONNERA son fruit.

14 LA JUSTICE devant (*l*) lui, il marchera
    ET (la) prendra comme (*l*) chemin de ses pas.

_____

alignent dans *The Grammar of the Psalter* (M. Dahood, *Psalms III*, New York 1970, pp. 361-456), les cas de « double-duty substantives » cités par M. Dahood et T. Penar p. 435.

à entendre d'une chaîne construite (comme dans la plupart des traductions), on retrouve alors l'ordre des termes tel que dans la locution en question, et l'on peut comprendre: il la (objet sous-entendu dans le texte hébreu) prendra comme chemin de ses pas. La justice est donc devant lui pour lui ouvrir la route et il marche dans le chemin que, devant lui, elle ouvre.[9] La mise en page de la traduction est fonction des résultats de notre étude dont le lecteur aura peut-être ainsi une première idée. Nous mettons en lettres CAPITALES les récurrences, sauf celles qui se lisent à l'intérieur d'un même stique (*âges* en 6b, *à* – *'l* – en 9c). Pour les prépositions *b*, *l*, *mn*, nous en portons, faute de mieux, la transcription à côté de leurs traductions forcément diverses, ne portant ces dernières en capitales que là où par bonheur elles peuvent être identiques (POUR = *l*, DE = *mn*).

1. *Structure littéraire de 2-8*

Nous avions ainsi présenté la structure de cette première partie (OBO 289): « 5a rappelle 2 (un verset) et appelle 7 + 8 (deux versets) ; 5b rappelle 3 + 4 (deux versets) et appelle 6 (un verset) ». Nous nous en tenons toujours à cette proposition, quitte à en compléter et mieux fonder ici les raisons dans une confrontation avec celle de Meynet qui pour sa part (p. 847) voit autour de 5 s'appeler respectivement 4 et 6, 3 et 7, et 2 et 8. Que 3 et 4 constituent une unité, cela se perçoit aisément si, en plus du fait que les deux stiques centraux comportent l'adjectif TOUT, on constate qu'aux expressions finales plus développées (chaînes construites en hébreu) des stiques extrêmes correspondent un seul mot avec pronom (suffixe en hébreu) dans les stiques centraux, ce qu'on peut faire voir comme ceci:

3.	Tu emportes		la faute de ton peuple
	tu couvres	TOUT	leur péché
4.	Tu achèves	TOUTE	ta fureur
	tu te détournes		de l'ardeur de ta colère[10]

---

[9] Etant donné l'existence de la locution *hlk ldrk* (aller au chemin, prendre le chemin de, comme en Gn 19,2 ; 32,2 ; Nb 24,25 ; Jos 2,16 ;...), nous nous sommes demandé si ici encore nous n'aurions pas le même schéma littéraire qu'en 9bcd, *ṣdq lpnyw* étant à lire avec *wyśm* et *yhlk* avec *ldrk p'myw*. Mais l'ordre des termes (très précisément BXAY) fait alors difficulté, et le *w* initial de 14b resterait difficile à expliquer:

| la justice devant lui, | il marchera |
| et il (la) mettra | au chemin de ses pas. |

Pourquoi l'auteur aurait-il ici inversé l'ordre (chrono)logique: disposer la justice devant lui, puis marcher sur ses traces ?

[10] En hébreu *leur* (péché) est suffixe, donc au terme, comme *ton peuple* auquel

Le v.6 présente à lui seul une symétrie concentrique, soit:

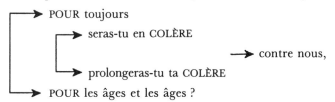

Quant à 7 et 8 ils se présentent l'un et l'autre en chiasme, mais
dont les termes se correspondant sont inversés d'ici à là, soit (en
adoptant ici une traduction très servile):

7a.		TOI	tu retourneras faire vivre	*nous* (suffixe en hébreu)
7b.	ET ( ) *ton peuple*		se réjouiront	en TOI
8a.	fais voir à *nous*	YHWH		l'amour de TOI
8b.	ET le salut de TOI			tu donneras à *nous*

En 7 nous lisons la 2ème pers. (TOI), se rapportant à YHWH, aux
extrêmes, mais en 8 aux centres ; inversement *nous* et *ton peuple* qui
lui correspond se lisent aux centres en 7, mais *nous* aux extrêmes en
8. En 7 au pronom indépendant initial (*'th*) correspond au terme un
simple suffixe (*bk*), et au suffixe du verbe (*nous*) de 7a répond au
début de 7b *ton peuple*. Les suffixes sont compléments des verbes,
TOI (*'th*) et *ton peuple* sujets. En 8 *nous* est à chaque fois complément
d'un verbe (fais voir, tu donneras), mais TOI suffixe d'un nom:
amour et *salut*, deux termes qui par ailleurs constituent une paire de
mots stéréotypée.[11] A considérer les finales des quatre stiques nous
constatons qu'aux extrêmes 7a et 8b s'achèvent sur *nous* (suffixes en
hébreu) et aux centres 7b et 8a sur TOI (suffixes). Etant donné les
chiasmes relevés ci-dessus on peut lire en parallèle 7b et 8b: TOI...
nous // TOI... *nous*, comme 7b et 8a: *ton peuple*... TOI // *nous*... TOI.
Ces premières remarques peuvent d'ailleurs être situées plus précisément dans l'ensemble et permettre d'en saisir de plus près la
structure littéraire. Risquons à cette fin une deuxième mise en page
schématique:

---

il correspond ; et de même *ta fureur* appelle très exactement *ta colère*, au terme du
stique 4b comme *ton peuple* à celui de 3a. Sur les parentés consonnantiques entre
les verbes voir *OBO* 288.
    [11] Selon Y. Avishur p. 281.

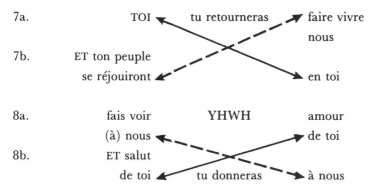

7a.	TOI	tu retourneras	faire vivre
			nous
7b.	ET ton peuple		
	se réjouiront		en toi

8a.	fais voir	YHWH	amour
	(à) nous		de toi
8b.	ET salut		
	de toi	tu donneras	à nous

De 7a à 8b le parallèle manifeste s'accompagne d'une inversion aux extrêmes puisque TOI et *nous* aux extrêmes ne sont que de simples pronoms, tandis que nous au terme de 7a et toi au début de 8b sont compléments du verbe *vivre* ou du substantif *salut*. Les deux pronoms (indépendant et suffixe) du début de 7a et de la fin de 7b appellent au terme de 8a et au début de 8b le pronom (suffixe) *toi*, mais ici complément de *amour* et *salut*. Du terme de 7a au début de 8a *nous* est complément d'un verbe au mode causatif (faire voir, faire vivre). Du début à la fin de 7 les deux pronoms (indépendant et suffixe) de la 2ème pers. se répondent en formant en quelque sorte inclusion. De façon analogue, du début de 7 à la fin de 8, incluant cette fois l'ensemble des deux versets, le pronom (indépendant) TOI et le pronom (suffixe) *nous* se répondent. De la fin de 7a au début de 7b on voit le chiasme de (faire vivre + nous » à « ton peuple + se réjouiront »). De la fin de 8a au début de 8b les deux expressions sont par contre parallèles « amour + toi » et « salut + toi ». A considérer de plus près la colonne de droite, soit les finales des quatre stiques, on peut préciser maintenant qu'elles sont ordonnées entre elles à la fois en chiasme (nous.toi/toi.nous) et en parallèle du fait que *nous* en 7a est complèment de vivre comme *toi* en 8a l'est de amour, *vie* et *amour* qui viennent de YHWH, tandis que *toi* et *nous* au terme 7b et 8b sont simplement précédés d'une préposition (*bk, lnw*). On pourrait encore relever que les deux amorces de 7b et 8a sont ordonnées en chiasme (ton peuple + se réjouiront / voir + nous), sans que le rapport formel soit autrement précis entre les amorces de 7a et 8b, – et que 7b comme 8b commencent par la conjonction ET, sans que quelque chose de comparable se manifeste de l'amorce de 7a à celle de 8a. L'interpellation à YHWH est seule à ne pas entrer dans ces symétries puisqu'elle n'a pas de répondant au centre de 7b (alors que du centre de 7a à celui de 8b se répondent *tu retourneras* et *tu donneras*). L'effet n'en est que plus percutant.

Pour ce qui est de l'ensemble 2-8 notons d'abord (OBO 290, Meynet 846) que l'apostrophe centrale à Dieu appelle aux extrêmes les deux autres à YHWH (2a.8a). Mais en 5a cette apostrophe est précédée de RETOURNE-nous et suivie par SALUT ; or on lit en 2b TU RETOURNES et en 8b SALUT. Ainsi 5a appelle-t-il 2 et 8. Par ailleurs nous voyons la séquence YHWH (2a) + TON PEUPLE (3a) + TU TE DÉTOURNES (4b) + TA COLÈRE (4b) s'inverser en celle de TA COLÈRE (6b) + TU RETOURNERAS (7a) + TON PEUPLE (7b) + YHWH (8a). En 2-4 le premier des termes ici relevé s'inscrit dans la première unité (2) et les trois autres dans la seconde (3-4). En 6-8 de même nous lisons le premier dans la première unité (6) et les trois autres dans la seconde (7-8). Récapitulons dans un schéma:

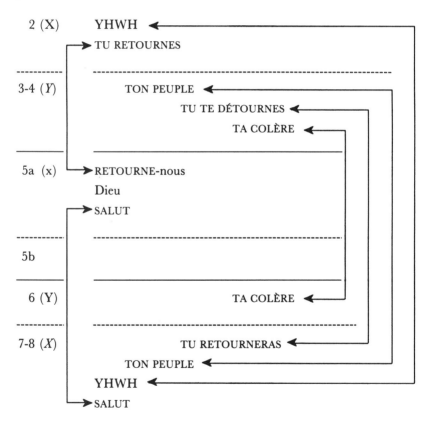

Il est significatif que des deux stiques centraux ce soit 5a, se rapportant au salut, qui s'inscrive nettement comme centre de l'ensemble, et non 5b auquel ne se rapportent (et sans récurrence de termes)[12] que 3-4 et 6. Que parmi les termes relevés ci-dessus en chiasme (quatre et quatre), trois se rapportent en 2-4 à la fin de la colère de YHWH (*Y*), mais en 6-8 trois également à l'avénement du salut (*X*), cela aussi ne manque pas de signification.[13] L'accent s'est déplacé. Péché et colère disparaissent pour laisser place au salut et à la joie. Cela s'accorde parfaitement d'ailleurs avec les proportions respectives des diverses unités: X (un verset) + *Y* (deux) en 2-4, mais Y (un) + *X* (deux) en 6-8. La séquence est la même pour les proportions (un + deux versets), mais inverse quant aux contenus. Avec 2-4, 5 est comme en parallèle: X + *Y* // x + y, mais il n'est point de récurrence de *Y* à y ; et avec 6-8 il est en chiasme: x + y / Y + *X*, mais la seule récurrence de y à Y est celle des pronoms (suffixes) *nous* au terme de 5b et 6a (irritation avec *nous*, colère contre *nous*). Déjà la colère disparaît à l'horizon et c'est au salut que le psalmiste va maintenant appliquer toute notre prière. Comme le remarque Meynet (p. 844) le pronom *nous* n'apparaît qu'à partir de 5, comme si, dirons-nous, la colère maintenait encore en 2-4 une distance qui à partir de 5 et en 6-8 va en s'amenuisant entre YHWH et nous. Pour ce qui est de l'inclusion de l'ensemble, Meynet fait remarquer (p. 847) que « ‹ ton amour › de 8a semble renvoyer au premier mot, ‹ tu désires › (que certains traduisent pas ‹ tu aimes › ». Nous serions plus affirmatif au vu des contextes souvent communs pour ces deux termes[14] et parfois de leur correspondance étroite[15] déjà dans le seul *Psautier*. De plus on peut comparer l'ensemble des stiques 2a et 8a où l'on voit s'ordonner inversement d'ici à là: tu désires + YHWH + ta terre, puis: fais nous (voir) + YHWH + ton amour. Mais, au vu des unités que constituent 3-4 et 7-8, il nous semble que la symétrie concentrique de l'ensemble est plus complexe et plus riche de significations que ne l'a perçu Meynet. S'il est vrai, comme il l'avance, que 2 et 8 comme 4 et 6 s'appellent, il ne convient pas pour autant d'ignorer

---

[12] Si ce n'est cependant celle des pronoms (suffixes), non négligeable au vu de ce qu'ils qualifient, soit TA *colère* en 4b et TON *irritation* en 5b (voir encore TA *colère* en 6b), puis *avec* NOUS en 5b et *contre* NOUS en 6a (de même sens), et – on le voit – dans les deux stiques de 3-4 et 6 les plus proches de 5b.

[13] Ce déplacement d'accent de 3-4 à 7-8 se perçoit également à partir des oppositions relevées par Meynet entre faute-péché et vie-joie (p. 847 et n. 11) comme entre fureur-colère et amour-salut (p. 845, mais à propos de 6-8).

[14] Voir Girard, p. 80 n. 4, citant Pss. 40, 9a.11c-12 ; 51, 3.20a ; 69, 14bc.17 ; 89, 2a.18b ; 106, 4a.45b auxquels on pourrait ajouter 5, 8.13 ; 145, 8.13.16.19.

[15] Quoi qu'en ait Girard (voir référence à n. précédente: « on n'arrive pas à prouver cette synonymie par les parallélismes de phrases »). Voir Pss. 69,14 ; 77, 8-9 ; 147,11.

les unités 3-4 et 6-8 pour faire se correspondre, dès lors artificielle-
ment, 3 et 7.

2. *Structure littéraire de 9-14*

Ici nous nous écarterons bien plus nettement de la proposition
de Meynet. De notre précédente étude elle-même, laquelle considérait successivement 11-14, 10-14 et 9-14 (OBO 290-293), nous
ne retiendrons que la dernière proposition, soit 9-14 comme
ensemble, seconde partie de notre psaume. D'après la traduction
que nous avons proposée et justifiée ci-dessus pour 9, nous
pouvons, après 9a, lire: a (il ordonne) + b (*la paix !*) // A (à son
peuple et à ses amis) + B (*et qu'ils ne retournent à la folie !*). Mais on
pourrait déjà lire 9abc selon le chiasme suivant:

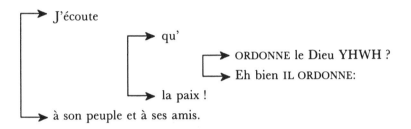

En effet celui qui écoute fait partie de son peuple et de ses amis.
C'est en leur nom qu'il écoute et pour leur transmettre ce qu'il
aura entendu. A la question: quoi ? répond exactement: la paix !.
La récurrence du verbe ORDONNER marque assez la correspondance entre les deux éléments centraux du chiasme, l'un dans la
question, l'autre dans la réponse. Comme le fait remarquer
Meynet (p. 850), tant l'auteur de l'ordre (Dieu YHWH) que ses
destinataires (son peuple, ses amis) ont droit à deux désignations,
le premier se lisant ici au terme du premier volet, les seconds au
terme du second. Et puisque écouter est la suite logique de
ordonner, on pourrait dire que nous avons ici un parallèle:

J'écoute   //   ... il ordonne
qu'   //   la paix !
... le Dieu YHWH //   à son peuple et à ses amis.

Le v.10 met en rapport les craignants avec la terre, leur lieu, tandis
qu'à la proximité du salut apporté s'ajoute en quelque sorte celle
de la gloire. De 9 à 10 on peut voir se correspondre selon une
inversion des termes les deux chiasmes suivants:

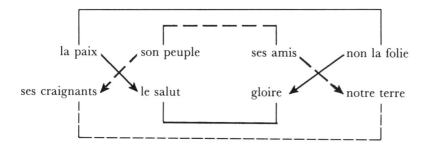

La paix et le renoncement à la folie sont demandés à son peuple et à ses amis ; à ses craignants, c'est-à-dire sur notre terre, est annoncée la proximité du salut et même la gloire. Le parallèle entre 11a et 11b est limpide, et de même ceux entre 12a et 12b, puis entre 11 et 12 (FIDÉLITÉ... JUSTICE // FIDÉLITÉ... JUSTICE). Nous sommes d'accord avec Meynet (p. 851) pour attribuer FIDÉLITÉ à la terre d'après 12a, et donc AMOUR à YHWH, ce que confirme 8a, puis JUSTICE à YHWH d'après 12b, et donc PAIX au peuple, ce que confirme 9bc. Nous avions déjà perçu (OBO 290-291) le chiasme commandant l'enchaînement de 13 à 12. Comme nous le comprenons, le v.1 peut se lire, après LA JUSTICE dont on a vu qu'elle valait pour les deux stiques, selon un chiasme que fera ressortir la disposition suivante d'une traduction très littérale:

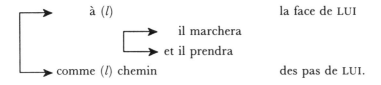

Pour ce qui est de l'ensemble 9-14 il nous paraît ordonné selon un chiasme à huit termes dont les deux termes centraux ne sont autres que JUSTICE et PAIX en 11b. De ces deux termes le premier se retrouve en 14 (LA JUSTICE), au terme, et le second en 9ab (LA PAIX) au début, comme nous l'avions déjà repéré (OBO 292-293). Ici et là ils sont à situer dans une unité, soit 9 et 13-14. En 9b LA PAIX est ce qui est ordonné, avec en contrepoint le non retour à la folie (9d) après la mention du peuple et des AMIS (9c) auxquels est adressé cet ordre. En 13-14 LA JUSTICE accompagne YHWH en sa marche et fait ainsi pendant au *bon* que donne YHWH selon 13a, 13a et 14 encadrant en quelque sorte, comme deux bienfaits de YHWH, ce que donne NOTRE TERRE selon 13b. D'ailleurs *bon*

et JUSTICE constituent une paire de mots stéréotypée.[16] Or AMIS que nous lisons en 9c, soit entre 9ab et 9d, se retrouve dans AMOUR, juste avant FIDÉLITÉ en 11a, soit avant 11b, et TERRE que nous lisons en 13b, soit entre 13a et 14, se retrouve juste après FIDÉLITÉ en 12a, soit après 11b. Nous restent à considérer 10 et 12b: nous y lisons d'abord les deux termes d'une paire de mots stéréotypée,[17] soit SALUT et JUSTICE, puis les deux termes d'une expression bipolaire: *cieux* et TERRE. Leur thème est commun: proximité du salut et de la gloire pour qui habite sur notre terre en 10 ; geste de la justice qui se penche des cieux selon 12b. Nous pouvons alors présenter schématiquement comme suit la structure de 9-14:

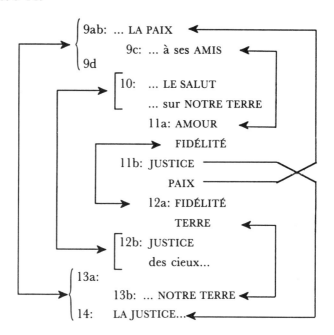

JUSTICE et PAIX qui sont aux deux extrêmes (9ab et 14) s'embrassent au centre (11a). Les « centres » 9c de 9 et 13b de 13-14 se répondent en ce que *peuple* et *terre* ici et là se contre-distinguent de YHWH (en 9a et 13a). En 9ab et 13a nous avons, répartis ici et là,

---

    [16] Selon Avishur p. 281.
    [17] Selon Avishur p. 760 (à l'index). De plus on relèvera d'ici à là que le chemin entre Dieu et l'homme est considéré en 10 en son point d'arrivée (deux fois *l*, en des emplois parallèles selon la traduction que nous avons retenue) et en 12b en son point de départ (*mn*).

les deux termes d'une paire de mots stéréotypée,[18] soit PAIX et *bon*. Enfin *folie* (9d) s'oppose à JUSTICE (14) du fait de leur référence contraire à la sagesse.[19] On voit que 9 et 13-14 présentent entre eux une certaine ordonnance parallèle: YHWH (et PAIX) + son peuple + folie // YHWH (et bon) + notre terre + justice. De 10 à 12b on aura noté la disparition des destinataires (ses craignants, notre terre) pour laisser toute la place à qui se penche (la justice) et au lieu (les cieux) d'où elle vient. C'est bien sûr la récurrence de FIDÉLITÉ qui fonde le rapport de 11a à 12a, mais – on l'a vu – ce qui le précède en 11a rappelle le centre de 9, ce qui le suit en 12a annonce le centre de 13-14. Relevons encore que FIDÉLITÉ constitue une paire de mots stéréotypée tant avec PAIX[20] qui se lit au début de notre ensemble en 9ab, qu'avec JUSTICE[21] qui se lit au terme en 14, si bien qu'immédiatement autour du centre 11b FIDÉLITÉ appelle chacun des deux extrêmes de notre ensemble. Et puisque AMOUR (AMIS) et JUSTICE constituent une paire stéréotypée,[22] on notera encore de 9c-11a à 12-13 l'inversion suivante:

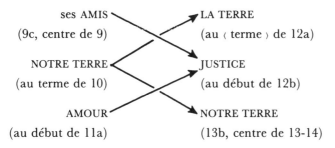

Aux AMIS est destiné l'AMOUR venu habiter sur NOTRE TERRE. La TERRE germe et donne[23] son fruit quand la JUSTICE des cieux s'est penchée.

Pour bien saisir la place centrale de 11b on peut encore comparer 9-11 (où 11b est au terme) et 11b-14 (où 11b est au début) en élargissant la comparaison que nous venons de faire. Donnons à cette fin un tableau:

---

[18] Selon Avishur p. 759 (à l'index).
[19] Selon Avishur, *juste* et *sage* forment une paire de mots stéréotypée (pp. 556-557), et de même *sage* et *fou* (p. 281). Ainsi *fou* (ou folie) s'oppose-t-il tant à *sage* (ou sagesse) qu'à *juste* (ou justice).
[20] Selon Avishur p. 754 (à l'index).
[21] Selon Avishur *ibid*.
[22] Selon Avishur pp. 237 et 282.
[23] *Germer* et *donner*, ici à propos de la terre en 12a et 13b, sont directement le fait de YHWH en Ps 147, 8-9.

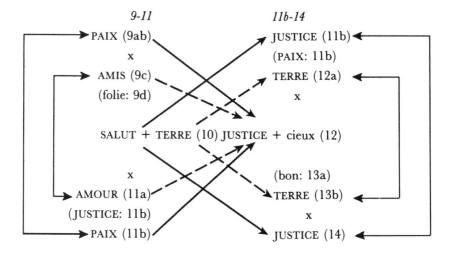

Au prix d'une mise entre parenthèses de 9d et 13a, on peut découvrir ici une position particulière de 10 au « centre » de 9-11 et de 12b au « centre » de 11b-14. Des extrêmes ici PAIX appelle là au centre JUSTICE puisque selon 11b JUSTICE et PAIX se sont embrassées. Du centre ici SALUT appelle là aux extrêmes JUSTICE, les deux termes, on l'a vu (à propos de 10 et 12b), constituant une paire de mots stéréotypée. Des extrêmes aux extrêmes nous lisons PAIX et JUSTICE. Autour du centre 10 AMIS (9c) et AMOUR (11a) appellent JUSTICE au centre (12b) de 11b-14, AMOUR et JUSTICE constituant eux aussi, on l'a vu, une paire stéréotypée. Inversement pour TERRE de 10 à 12a et 13b. De ce dispositif 10 et 12a, qui entre eux se répondent, reçoivent un relief particulier, et donc ce qu'ils affirment: le mouvement de la justice, du salut et de la gloire depuis les cieux jusqu'à notre terre.[24]

Ainsi la structure littéraire de cet ensemble met en un relief particulier 11b, mais aussi, en second lieu, 10 et 12b. L'accent ne semble pas porter sur un centre 12 comme le soutient Meynet. Par ailleurs si l'on accepte la métaphore selon laquelle il entend 10-14,

---

[24] On l'aura remarqué, contrairement à ce qu'il en est dans la première partie, la structure d'ensemble de la seconde ne reprend pas à son compte toutes les unités structurées découvertes au départ de ce paragraphe (9-10, 11, 12, 11-12, 12-13). On dira donc de ces dernières qu'elles servent ici les enchaînements, soit entre deux unités (9 + 10, 11a + b, 12a + b), soit entre trois (12a + 12b + 13a et b), soit même entre quatre (11 // 12). La première partie usait d'ailleurs d'une liberté analogue: nous y avions découvert (à la fin de notre § 1.) que les quatre récurrences ordonnées symétriquement autour du centre ne se répartissaient pas selon les unités, et cela justement de façon calculée pour exprimer la différence d'accent entre les deux volets 2-4 et 6-8.

on pourra comprendre 14 avec comme sujet des verbes soit YHWH, soit *le bon* et *le fruit* de 13, c'est-à-dire le rejeton né de l'union du Seigneur et de notre terre. Dans le premier cas YHWH marche derrière son petit appelé JUSTICE ; dans le second le petit met lui-même ses pas dans ceux de LA JUSTICE qui vient des cieux. Nous préférerions plutôt cette seconde hypothèse.

3. *Structure littéraire de l'ensemble du poème*

Dans sa présentation de l'ensemble Meynet (854-858) se contente d'épingler les principales récurrences en montrant de façon globale les changements de sens d'une partie à l'autre. Il ne se livre à quelque considération proprement structurelle que pour les centres (856). Nous devons également reprendre notre étude antérieure de l'ensemble (OBO 293-297) puisque dans les pages ci-dessus nous avons découvert de façon plus pertinente et nouvelle la structure de 9-14. Commençons par rappeler dans les unités extrêmes de chaque partie les quatre mentions de YHWH (2.8.9.13). De 2 à 9, dans les unités initiales, elle est accompagnée du verbe RETOURNER, les deux mouvements par lui indiqués étant complémentaires: YHWH *retourne* le sort de Jacob, mais il faut aussi que son peuple n'aille pas *retourner* à la folie. La séquence TU RETOURNES... Jacob, de 2b, s'inverse en 9cd: son peuple... qu'ILS ne RETOURNENT... En 7-8 et 13-14, les dernières unités de chaque partie, YHWH est sujet du verbe DONNER: don du *salut* en 8b, du *bon* en 13a, ce dernier étant accompagné de ce que DONNERA également notre terre. Ainsi nos deux parties s'amorcent et se concluent par des unités apparentées entre elles.

Mais de plus, en nous en tenant toujours pour le moment à ces unités extrêmes, nous pouvons voir qu'elles sont ordonnées entre elles selon un chiasme où 2 appelle 13-14 tandis que 7-8 appellent 9. De 2 à 13-14 nous retrouvons les deux récurrences de YHWH et TERRE. Empruntons à Meynet le commentaire du passage de *ta* TERRE en 2 à *notre* TERRE en 13b: « Comme si, écrit-il (p. 855), entre le début du psaume et la fin, elle avait été redonnée à Israël ». Objet des soins de Dieu au départ, elle donne d'elle-même son fruit au terme. De 7-8 à 9 les rapports sont nombreux. Présentons-les ensemble dans le tableau suivant:

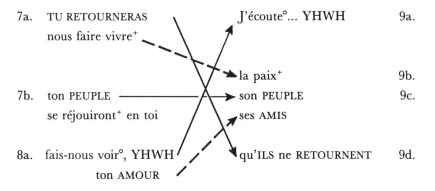

7a. TU RETOURNERAS   J'écoute°... YHWH   9a.
     nous faire vivre⁺

                                 la paix⁺   9b.
7b. ton PEUPLE   son PEUPLE   9c.
     se réjouiront⁺ en toi   ses AMIS

8a. fais-nous voir°, YHWH   qu'ILS ne RETOURNENT   9d.
     ton AMOUR

On voit de 7-8 à 9 s'inverser la séquence RETOURNER + PEUPLE +
YHWH. Avant YHWH nous lisons ici le verbe *voir* et là le verbe
écouter, lesquels constituent une paire de mots stéréotypée (nous
leur avons joint °).[25] De 7a et 8a (aux extrêmes dans notre tableau)
à 9bc (au centre) nous voyons se correspondre d'une part les deux
termes d'une autre paire stéréotypée, soit *vivre*⁺ et *paix*⁺,[26] et
d'autre part AMOUR et AMIS, de même racine. Ajoutons la correspondance de 7b à 9bc entre les deux termes d'une troisième paire
stéréotypée: *se réjouir*⁺ et *paix*⁺.[27] Nous avons donc là entre 7-8 et 9
une puissante articulation entre les deux parties de notre psaume.
Ici encore – comme de 2 à 9 – les deux *retours* sont complémentaires. Le peuple ici bénéficiaire doit à son tour être actif, ou pour
le moins vigilant. C'est YHWH qui fait *voir* en 8a, mais le psalmiste
qui pour ainsi dire de lui-même se met à *écouter* selon 9a. L'enjeu
de ces deux initiatives, de YHWH et des siens, c'est *la vie* et *la paix*,
l'amour reçu et donné, *la joie*. On aura remarqué que si YHWH est
nommé dans les quatre unités extrêmes, ses vis-à-vis sont TA
TERRE en 2 et NOTRE TERRE en 13-14, aux extrêmes, mais TON
PEUPLE en 7-8 et SON PEUPLE en 9. Or de même que TON PEUPLE de
7-8 se lisait déjà dans la deuxième unité 3-4 de 2-8, de même
NOTRE TERRE de 13-14 se lisait déjà dans la deuxième unité 10 de
9-14. On n'en sera que plus sensible au « décrochement » relevé
par Meynet de TA TERRE à NOTRE TERRE, puisque dans la disposition symétrique de TON/SON PEUPLE rien de tel ne se produit.[28]

---

[25] Selon Avishur p. 766 (à l'index).
[26] Selon Avishur p. 758 (à l'index).
[27] Selon Avishur p. 537.
[28] De moindre portée, mais tout de même bien repérable, on relèvera encore
la symétrie entre les emplois de TERRE de 2 (première unité de 2-8) à 12a et 13-14,
unités extrêmes du dernier volet de 9-14, et les emplois de AMOUR/AMIS de 7-8
(dernière unité de 2-8) à 9 et 11a, unités extrêmes du premier volet de 9-14. La
terre aimée devient féconde et l'amour appelé devient bel et bien présent.

Nous pouvons maintenant prendre en considération 3-6 (entre 2 et 7-8) et 10-12 (entre 9 et 13-14). Constatons d'abord que symétriquement il existe des rapports entre 2, *première* unité de 2-9, et les trois unités qui *font suite* au centre 11b de 9-14, tandis qu'il en existe également entre 9, *dernière* unité de 2-9, et les trois unités qui *précèdent* le centre 11b de 9-14. De 2 à 12a nous retrouvons la TERRE, ici aimée de YHWH, là donnant à la fidélité de germer en elle. De 2 à 12b nous trouvons les termes complémentaires TERRE et *cieux*, la première étant si aimée de YHWH que des cieux la justice se penche sur elle. De 2 à 13-14 nous avons déjà montré ce qu'il en était. Nous dirons de même pour le rapport de 7-8 à 9. De 7-8 à 10 nous trouvons principalement la récurrence de SALUT, mais aussi peut-être le jeu de mots si fréquent entre voir (*r'h*) et craindre (*yr'*),[29] et enfin les prépositions *b* (au terme de 7b et 10b) et *l* introduisant à la mention de personnes (8b et 10a), ces quatre correspondances respectant l'ordre suivant:

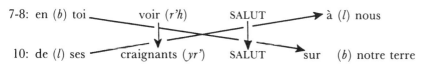

7-8: en (*b*) toi ———— voir (*r'h*)   SALUT ———→ à (*l*) nous

10: de (*l*) ses ———— craignants (*yr'*)   SALUT   sur   (*b*) notre terre

On voit l'aspect complémentaire entre le fait que le peuple trouve sa joie en (*b*) Dieu et que la gloire de ce dernier veuille venir se faire proche de qui habite sur (*b*) notre terre. Le salut *est* destiné à (*l*) nous, c'est-à-dire à (*l*) ses craignants, dont il est proche. *Voir* et *craindre* s'enchaînent d'eux-mêmes étant donné ce qu'il s'agit de découvrir. Enfin de 7-8 à 11a nous retrouvons la récurrence fort importante de AMOUR, l'AMOUR montré en 8a en venant finalement à rencontrer la fidélité. On peut donc dire que de la première à la deuxième partie 2, unité initiale, balaye en quelque sorte le second volet de 9-14, tandis que 7-8, unité finale, balaye pour sa part le premier volet de 9-14, le tout étant agencé, on le voit, selon une sorte de chiasme. La terre tant aimée de YHWH (2) deviendra féconde (11b-14) quand les dons divins de la vie, de l'amour et du salut (7-8) auront rencontré la docilité des siens accueillant et venant à la rencontre de ses dons (9-11a).

Peut-être des rapports analogues existent-ils, cette fois selon un ordre parallèle, de 9 à 2 + 3-4 comme de 13-14 à 6 + 7-8. De 9 à 2 nous avons déjà présenté la correspondance. De 9 à 2-3 nous

---

[29] Les deux termes forment même une paire de mots stéréotypée, selon Avishur p. 702.

repérons les récurrences de *ton/son* PEUPLE et celle du verbe
DÉ/RE-TOURNER. En 2-3 la faute du peuple est enlevée et YHWH
se détourne de sa colère ; là, comme en retour, le peuple doit veiller
à ne pas *retourner* à la folie du péché. De 13-14 à 7-8 nous avons
déjà dit le rapport. De 13-14 à 6 nous repérons ici et là par deux
fois l'emploi de la préposition *l*, en 6 pour indiquer la durée
éventuelle de la colère divine (POUR toujours, POUR les âges et les
âges), en 14 pour donner les orientations de la marche (de YHWH
ou du rejeton): la justice au (*l*) devant de lui, comme (*l*) chemin de
ses pas. Ainsi le v.6 veut-il arrêter la colère divine, qu'elle cesse de
durer ; et le v.14 pour sa part veut ouvrir la voie à YHWH (ou,
dans l'interprétation de Meynet, au rejeton). L'opposition n'est
pas des plus manifestes ; elle est cependant parlante.

Comme nous l'avions déjà noté (OBO 294/295) chacun des
centres des deux parties appelle ses extrêmes (5a avec RETOUR-
NER en 2 et SALUT en 8 ; 11b avec JUSTICE en 14 et PAIX en 9).
Chacun aussi donne la note propre à chaque partie. Etant donné
ce que nous avons remarqué ci-dessus du rapport si étroit de 7-8 à
9 (puis à 10 et 11a) comme de 13-14 (et déjà 12b et 12a) à 2, on peut
considérer 7-8 et 9 d'une certaine manière comme au centre de
l'ensemble du poème. Or 7-8 reprend le thème du SALUT abordé
au centre 5a, et 9 aborde le thème de la PAIX qui sera repris dans le
centre 11b. Le rapport entre 7-8 et 9 fait que ces deux thèmes sont
articulés au beau milieu de notre poème. Et puisque – nous
l'avons vu – tant 7-8 que 9 sont en rapport tant avec 2 qu'avec
13-14, unités extrêmes de notre poème, on pourra dire qu'il en va
de 7-9 à ces extrêmes comme de 5a et 11b aux unités extrêmes de
chaque partie. La structure d'ensemble du poème est assez comparable à celle de chacune de ses deux parties. C'est dire du même
coup le poids accordé par le texte à ces trois versets centraux
marquant le passage et l'articulation entre le salut et la paix.[30]

---

[30] Dans *OBO* (297-300) nous avions conclu sur l'enchaînement, saisi à partir de
leurs structures, entre les Pss 85 et 86. Reprendre ici cette étude n'apporterait
rien de nouveau, puisqu'elle se fondait sur la répartition en 85, 2-8 et 9-14 ici
retenue, sans tenir autrement compte de la structure interne de chacune de ces
deux parties. Il suffirait d'ajuster les références à 85,14 en fonction de la traduction
proposée ci-dessus.

CHAPITRE XVI

« JE SUIS AVEC LUI »
ÉTUDE STRUCTURELLE DU PSAUME 91

Après enquête dans bon nombre de commentaires et études du
Ps 91, nous avons retenu neuf propositions sur sa composition. Le
lecteur en trouvera une présentation synoptique au tableau de la
page suivante. Les critères utilisés par les auteurs sont fort divers,
relevant de la critique des formes chez Kraus, Maillot-Lelièvre,
Mannati (qui d'ailleurs divergent dans leurs analyses respectives),
de la strophique chez Beaucamp (et en partie chez Magne pour
1-10), assez directement du contenu chez Calès et Trublet –
Aletti (composition « thématique surtout » selon eux), plus proprement structurels chez Meynet surtout, mais aussi partiellement
chez Magne et Ravasi. Certains se contentent de déterminer quelques grandes parties (Calès, Kraus, Ravasi). D'autres s'effor-
cent de saisir la structure interne d'au moins une partie du
psaume, ainsi Magne pour 1-10, Mannati pour 3-13 (9 central),
Beaucamp pour 3-13 (selon ses critères), d'autres enfin vont
jusqu'à proposer une structure de l'ensemble, soit Maillot-
Lelièvre (deux panneaux parallèles entre eux autour de 9), Meynet (deux panneaux parallèles entre eux), et Trublet – Aletti
(symétrie concentrique autour de 8-9). Mais la divergence même
de ces propositions nous invite à reconsidérer la question et, en
nous appuyant sur les apports de ces auteurs, à tenter d'établir
plus solidement la structure littéraire de ce poème. Retenant
comme unité 1-2 (point sur lequel seuls divergent Maillot-
Lelièvre), nous l'incorporerons cependant à l'ensemble 1-13,
retenant avec tous les auteurs 14-16 comme ensemble final. En
1-13 nous aurons à distinguer 3 et 4, mais nous sommes d'accord
avec Maillot-Lelièvre et Beaucamp pour retenir 5-8 comme unité.
Avec Maillot-Lelièvre, Beaucamp et Meynet, 9 nous semble
autonome et 10-13 constituer un petit ensemble. Nos arguments
seront d'ordre structurel, mais les convergences et divergences
avec les auteurs partant d'autres points de vue ne manqueront pas
d'intérêt pour autant. Nous mettrons donc à profit les relevés de
récurrences de Magne,[1] Meynet (plus incomplet que son prédé-

---

[1] Presque exhaustif. Il n'omet guère que *'lyk* de 7c à 10a, les prépositions *mn, b, l*

TABLEAU SYNOPTIQUE DE NEUF PROPOSITIONS QUANT A LA COMPOSITION DU PSAUME 91

J. Calès, *Le livre des Psaumes II* Paris 1936, pp. 160-161	1-2 /	3-6	+	7-10		/		11-13 + 14-16
J. Magne, « Répétitions de mots et exégèse dans quelques psaumes et le Pater », *Bib* 39 (1958) 177-197, p. 188	1-2 (a)	3-4 (b)	5-6 (c)	7-8 (b)	9-10 (a)	/	11-13	14-16
H.J. Kraus, *Psalmen II*, BKAT XV/2, p. 635	1-2 /	3-13 /						14-16
A. Maillot et A. Lelièvre, *Les Psaumes II* Genève 1966, p. 249	1-4 (A)		5-8 (B)		9 (c)	10-13 (A)		14-16 (B)
M. Mannati, *Les Psaumes III*, Paris 1967, p. 180	1-2 /	3-8			9	10-13	/	14-16
E. Beaucamp, *Le Psautier II*, Paris 1979, p. 100	1-2 /	3-4 (a)	5-8 (b)		9 (a)	10-13 (b)/		14-16
R. Meynet, *Quelle est donc cette Parole ?* Paris 1979, tome B, planche 9	1-2 (A)	3-7 (B)		8 (C)	9 (A)	10-13 (B)		14-16 (C)
J. Trublet et J.-N. Aletti, *Approche poétique et théologique des Psaumes*, Paris 1983, pp. 86-87	1-2 (A)	3-4 (B)	5-7 (C)	8-9 (D)		10 (C)	11-13 (B)	14-16 (A)
G. Ravasi, *Il Libro dei Salmi II*, Bologne 1983, p. 906	1-2 /	3-8 /			9-13 /			14-16

cesseur), Trublet – Aletti (trop rapides) et Ravasi (insistant sur *ky* + pronom en 3a, 9a, et 14a). Après avoir proposé une traduction, nous considérerons successivement la structure littéraire des unités en 1-13 (1.), de l'ensemble 1-13 (2.), de 14-16 (3.), de l'ensemble du poème (4.), pour conclure sur l'enchaînement – considéré d'un point de vue structurel – entre les Pss 90 et 91 dans le livre du *Psautier*.

Notre traduction n'a pas d'autre ambition que de faciliter l'analyse structurelle. Nous évitons donc de rendre par un même mot français deux mots hébreux différents, et au contraire nous efforçons de rendre les mêmes mots (ou mots de même racine) par un même mot français,[2] ces derniers étant donnés en lettres CAPITALES. Puisqu'il est impossible de rendre par une même préposition française les prépositions de l'hébreu (*b*, *l*, *mn*), nous nous sommes contentés le plus souvent de signaler ces dernières entre parenthèses à côté de leurs diverses traductions. Nous n'avons mis en CAPITALES que À TOI, identique de 7c à 10a (*'lyk*), SUR (12a et 13a), et la série des traductions de *mn* en 3 et 5-6 par DE et DU. Il a fallu en user de même pour *ky* dont nous avons réduit les traductions à deux, soit OUI (3a.9a) et PUISQUE (11a.14ab). Nous nous sommes efforcés de respecter au mieux l'ordre des termes de l'hébreu. La conjonction ET a été maintenue là où elle est dans le texte, omise ailleurs. Nous avons aussi transcrit entre parenthèses les trois pronoms indépendants du poème (3a.9a.15b) et les verbes en 5a et 8a, ce qui s'expliquera le moment venu. Pour les problèmes de traduction posés par quelques versets[3] le lecteur se référera aux commentaires.

---

et la copule *w*. Mais cet auteur accepte trop facilement des corrections du *TM* (*bwr* en 3, *'mrt* en 9, ponctuation des verbes en 1a et 2a).

[2] Pratique discutée, par exemple L.K. Handy, « Sounds, Words and Meanings in Psalm 82 », *JSOT* 47 (1990) 33-50 (nn. 4 et 10), et discutable si notre ambition ne se limitait à fournir au lecteur non hébraïsant un moyen de constater les récurrences, quitte à lui offrir une « traduction » dont nous ne songeons pas à contester les insuffisances. Le problème serait différent s'il s'agissait d'un *commentaire* proprement dit.

[3] Nous nous en sommes tenus au *TM*. Mais pour la plupart les autres options possibles n'affecteraient pas notre analyse. Entendre un impératif en 2a ne ferait que renforcer les rapports de 4 à 9. S'il faut entendre la parole en *dbr* de 3b et 6a, le rapport n'en existera pas moins, au moins sous forme de jeu de mots s'il faut traduire différemment ici et là (comme par exemple Kraus). Les restitutions proposées pour 9a ne semblent vraiment pas s'imposer et elles ont l'inconvénient de faire disparaître le pronom indépendant dont la fonction structurelle nous apparaîtra plus loin. L'identification des bêtes dangereuses en 13 ne change rien à la structure. En 14b nous préférons traduire *śgb* par *défendre* (protéger) plutôt que par *exalter* (voir les contextes en Pss. 20,2 ; 59,2 ; 69,30 ; 107,41), mais nous nous souviendrons de cette nuance possible lors de notre étude de 14-16. Mentionnons ici pour 8 la traduction, que nous n'avons pas cru devoir retenir, de M. Dahood, « Abraham's Reply in Genesis 20,11 », *Bib* 61 (1980) 90-91, n. 2: « With your eyes you have behold their worthlessness / and you will see the requital of the wicked ».

PSAUME 91

1a Demeurant sous (*b*) l'abri du TRÈS-HAUT,
 b tel celui qui à (*b*) l'ombre du Puissant repose,
2a je dis à (*l*) YHWH:
 b « MON REFUGE ET mon rempart,
 c mon Dieu dont (*b*) je suis sûr ! »

3a OUI (*ky*), lui (*hw'*), il te délivre DU (*mn*) filet du chasseur,
 b DE (*mn*) LA PESTE maléfique.

4a De (*b*) ses ailes il te (*lk*) couvre,
 b ET sous son pennage tu trouves un REFUGE.
 c Armure ET bouclier, sa vérité.

5a Tu NE craindras (*tyr'*) rien DE (*mn*) la terreur de la nuit,
 b DE (*mn*) la flèche qui vole de JOUR,
6a DE (*mn*) LA PESTE qui marche en (*b*) la ténèbre,
 b DU (*mn*) fléau qui dévaste à midi.
7a Qu'il en tombe à (*mn*) ton côté mille
 b ET dix-mille à (*mn*) ta droite,
 c À TOI on NE portera PAS atteinte.
8a Que seulement de (*b*) tes yeux tu regardes,
 b ET TU VERRAS (*tr'h*) le salaire des méchants.

9a OUI (*ky*), toi (*'th*), YHWH est TON REFUGE.
 b Du TRÈS-HAUT tu as fait ta forteresse.

10a Il NE touchera PAS À TOI, le malheur,
 b ET le danger NE s'approchera PAS de (*b*) ta tente,

11a PUISQU' (*ky*)à ses anges il donne mission à ton sujet (*lk*)
 b de (*l*) te garder en (*b*) tous tes CHEMINS.
12a SUR leurs mains ils te porteront
 b de peur que ne se heurte à (*b*) la pierre ton pied.

13a SUR la vipère ET le scorpion tu CHEMINERAS.
 b Tu écraseras le lion ET le dragon.

14a PUISQU'(*ky*)il s'attache à (*b*) moi, je l'affranchis.
 b Je le défends, PUISQU'(*ky*)il connaît mon nom.
15a Il m'appelle, ET je lui réponds.

 b Moi (*'nky*), je suis avec lui dans (*b*) la détresse.

 c Je le libérerai ET je le glorifierai.
16a De longs JOURS je le rassasierai
 b ET je ferai qu'il VOIE mon salut.

1. *Structure littéraire des unités en 1-13*

Le chiasme qui ordonne 1 est limpide. Mais celui de 2 demande un peu plus d'attention, soit:

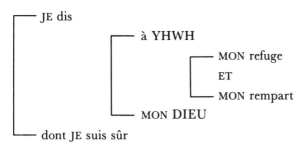

Les deux termes centraux sont couplés par la conjonction ET. La correspondance de YHWH à MON DIEU ne fait pas problème, mais MON marque explicitement le rapport avec le fidèle. Les deux verbes extrêmes ont le même sujet de la 1ère pers., soit le psalmiste. Le contenu du dernier verbe est évidemment beaucoup moins neutre que celui du premier et l'on peut comparer les deux passages de *je dis* à *dont je suis sûr* ainsi que de YHWH à MON DIEU, en ce que les secondes expressions marquent explicitement le rapport (MON, dont) du fidèle à Dieu. La structure de 3 n'appelle pas de remarque particulière. En 4 nous avons un parallèle entre les deux premiers stiques. Une sorte de chiasme couvre l'ensemble puisqu'en 4c *armure et bouclier* reprennent sous mode d'image *couvre* et *refuge* en finale de 4a et b, tandis que *sa vérité* répond ensuite aux images initiales en 4a et b: *ses ailes* et *son pennage* avec le possessif (suffixe en hébreu) les rapportant à YHWH, soit, schématiquement:

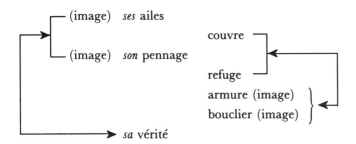

Tant 4a et b que 4c utilisent d'abord des images (ailes, pennage, armure et bouclier), puis le langage direct (couvre, refuge, vérité), donc selon un parallélisme ; mais alors que 4a et b expriment d'abord les moyens utilisés par YHWH (avec les possessifs), puis leurs effets, c'est l'inverse en 4c, donc selon un chiasme pour l'ensemble. Parallélisme et chiasme étant superposés, nous parlons en ce cas de symétrie croisée.

Avec 5-8 nous avons à faire à un petit ensemble de quatre versets dont il convient d'étudier ici la structure. La disposition en parallèle de 5-6 ne laisse pas de doute puisqu'en 6 *ténèbre* et *midi* répondent en 5 à *nuit* et *jour*, chaque stique faisant précéder ces indications du moment par l'énoncé d'un danger introduit par la même préposition (*mn*). La disposition en chiasme de 7ab est limpide. En 8b, ce qui est impossible à rendre en français, le verbe est au terme, si bien que le verset respecte une disposition ABa:

$$\begin{cases} \text{- Que seulement de tes yeux tu regardes} \\ \qquad\qquad \text{- ET le salaire des méchants} \\ \text{- tu verras.} \end{cases}$$

Par rapport à 5-6, 7ab sont comme une récapitulation. Les mille et dix-mille qui tombent, ce sont ceux qui sont atteints par l'un des quatre dangers présentés en 5-6. Cela nous est encore confirmé par le fait que les deux verbes de 6b et 7a (*dévaster* et *tomber*) constituent une paire de mots stéréotypée.[4] Par ailleurs la précision de la proximité par rapport au fidèle (à ton côté, à ta droite) prépare le lecteur à comprendre que selon 8 le fidèle n'ait qu'à ouvrir les yeux pour constater le fait. D'ailleurs de 7aβ-b à 8aβb nous constatons une structure très semblable, deux indications concernant le fidèle en encadrant d'autres concernant justement indirectement ou directement la fin des méchants, soit en mettant les deux passages en synopse:

– à ton côté	– ... tu regardes
mille	
ET	ET le salaire des méchants
dix-mille	
– à ta droite	– tu verras

En 7 nous découvrons un chiasme aux termes de longueurs inégales puisqu'à 7aβb (à ton côté mille et dix mille à ta droite) est opposé le simple A TOI au début de 7c, tandis que le verbe affecté de la négation au terme de 7c (on ne portera pas atteinte) oppose le sort réservé au fidèle à celui qui attend les mille et dix mille selon le verbe initial en 7ab (Qu'il en tombe). Si l'on observe en outre que la négation se lisait déjà en 5a et qu'il y a jeu de mots, comme

---

[4] D'après Avishur p. 309.

souvent dans les psaumes, entre tu craindras de 5a (*tyr'*) et tu
verras de 7c (*tr'h*), la structure littéraire de l'ensemble pourra se
découvrir à partir de la mise en page suivante:

<pre>
                                    5a NE (l')
     craindras (tyr')

                        mn... terreur
                    5b mn... flèche
                    6a mn... peste
                    6b mn... fléau

                                        dévaste
                                    7a tombe

 ⎧ à (mn) ton côté
 ⎪
 ⎪   mille
 ⎨
 ⎪   ET
 ⎪   7b dix mille
 ⎩ à (mn) ta droite

                    7c à toi

                                    On NE portera PAS atteinte
 8a ⎧ ... tu regardes
    ⎨
    ⎪   8b ET le salaire des méchants
    ⎩ tu verras
</pre>

En 7-8 *à toi* de 7c, s'opposant aux *mille et dix mille* de 7ab, encadrés
par *à ton côté* et *à ta droite*, comme au *salaire des méchants* de 8,
encadré par 8a et *tu verras*, est au centre de ces deux ensembles
précédés par les deux verbes contradictoires du début de 7a (Qu'il
en tombe) et de la fin de 7c (on ne portera pas atteinte), soit, sous
forme schématique:

<pre>
                             ⎧ à ton côté
                             ⎪
    Qu'il en tombe   + ⎨   mille et dix mille
                             ⎪
                             ⎩ à ta droite

                                  ┌───────┐
                                  │ A TOI │
                                  └───────┘

                             ⎧ Que... tu regardes
                             ⎪
    On NE portera PAS atteinte + ⎨   le salaire des méchants
                             ⎪
                             ⎩ tu verras
</pre>

Ce qui dans ce tableau est compris dans les deux accolades prend le relais de 5aβ-6 (quatre dangers). *Qu'il en tombe,* avant la première accolade, répond – nous l'avons dit – à *dévaste* au terme de 5-6. La négation, avant la deuxième accolade, prend le relais de celle qu'on lit tout au début de 5-6. Enfin *tu verras,* dernier mot de 7-8, répond, sous forme de jeu de mots, au verbe qui suit immédiatement la négation initiale en 5-6: *tu craindras.* Autrement dit à 5aβ-6bα (« de la terreur... du fléau ») + 6bβ (qui dévaste) répondent en ordre inverse 7aα (qu'il en tombe) et son opposé 7cβ (on ne portera pas atteinte) + 7aβb (« à ton côté... à ta droite ») avec son correspondant 8 (« Que seulement... tu verras ») et leur opposé 7cα (à toi). Mais à la négation et au verbe initiaux (tu craindras) répondent dans le même ordre, aux extrêmes de 7cβ-8, la négation du verbe final en 7c et le verbe final en 8 (tu verras), ce qu'on peut tenter de représenter comme suit:

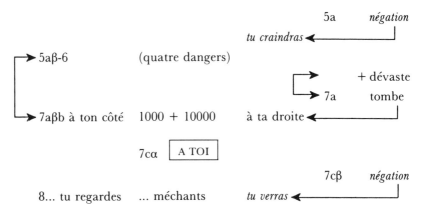

Pour complexe qu'elle soit, cette structure littéraire n'en manifeste pas moins l'unité de ces quatre versets. Le fidèle n'a rien à craindre (5aα) des pires dangers (5aβ-6). Ils peuvent être tout proches de lui (7ab), lui ne risque rien (7c) et pourra voir de près le

---

[5] A partir de l'hébreu notons encore ceci. Au début et au terme de 5a et 5b nous lisons respectivement: *L... LL* et *M... MM.* Les deux consonnes centrales du premier mot de 8 (*šlmt*) ne sont autres que *L* et *M.* Quant aux deux consonnes extrêmes du même mot, elles se suivent au terme de l'alphabet (*Š + T*) et font suite aux deux consonnes (prises en ordre inverse) du premier mot de 8 (*rq*): *Q + R.* Le stique 8b présente d'ailleurs un agencement consonnantique remarquable, puisqu'après le W initial on y lit:

$$\begin{array}{ccccc} Š & L & M & T & R \\ | & | & | & | & | \\ Š & \text{'} & M & T & R \end{array} \text{'}$$

sort finalement réservé aux méchants (8). Si terrible qu'il soit
(5aβ-6) le danger peut lui être tout proche (7ab), lui n'a rien à
craindre (5aα) ou à redouter pour lui-même (7c): il lui suffit de
constater que c'est aux méchants finalement que ces menaces
étaient destinées (8).

Le verset 9 présente un parallélisme limpide (YHWH...
REFUGE // TRÈS-HAUT... forteresse), et le v.10 un chiasme non
moins net (négations aux extrêmes, *malheur* et *danger* au centre).
Le v.11 n'a pas de structure bien nette. Mais on peut tenir que 12
est ordonné en chiasme puisqu'aux centres *ils te porteront* a pour
finalité *que ne se heurte* et qu'à *sur leurs mains* s'oppose *à la pierre ton
pied*, l'indication de la 2ème pers. se rattachant au premier verbe
central et au deuxième complément extrême. Si l'on considère
ensemble ces deux vv. 11 et 12 sur la mission des anges, on peut y
voir un certain parallèle puisqu'en 11a et 12a il est question à la
fois des anges ou de leurs mains et du fidèle (indiqué en hébreu en
fin de stique par un simple suffixe), tandis qu'en 11b et 12b il n'est
question que du bénéficiaire de cette mission, et plus précisément
de *tes chemins* et de *ton pied* (ici aussi suffixe final en hébreu après les
substantifs en question), le rapport entre *pied* et *chemin* ne requérant pas d'explication. En hébreu on lit aussi la même préposition *b* pour « te garder *en* (*b*) tous tes chemins » et « *à* (*b*) la pierre
ton pied »: Tu peux être tranquille en chemin et ton pied assuré
parmi les pierres du chemin.[6] L'ordonnance chiastique du v.13 est
évidente (verbes aux centres, couples de compléments aux extrêmes).

2. *Structure littéraire de l'ensemble 1-13*

Les unités distinguées ci-dessus se classent aisément en deux
catégories à partir de leur vocabulaire propre. En 1-2, 4 et 9 nous
lisons non seulement REFUGE, mais encore: *abri, ombre* (1), *rempart*
(2), *ailes, pennage, armure, bouclier* (4), *forteresse* (9), métaphores qui
expriment toutes la protection trouvée par le fidèle en son Dieu.
Par contre en 3, 5-8, 10, 11-12 et 13 nous découvrons les termes
exprimant les dangers encourus par le fidèle, deux en 3 (filets,
peste), quatre en 5-8 (terreur, flèche, peste, fléau), deux en 10
(malheur, danger), un en 11-12 (pierre), quatre en 13 (vipère,
scorpion, lion, dragon). Par ailleurs en 1, 4 et 9 nous voyons à la
fois le fidèle tourné vers YHWH (1-2a.c, 4b, 9b) et YHWH
assurant sa protection (2b, 4a, 9a), sans que soit précisée la raison

---

[6] En hébreu nous avons donc entre 11b et 12b un rapport du type a.b.c. /
a'.c'.b': *lšmr* (a) *.k* (b) *bkl drkyk* (c) / *pn tgf* (a') *b'bn* (c') *rglk* (b').

de cette protection. Cette dernière précision survient en 3 (filets, peste) et revient – nous l'avons vu – en 5-8 et 10-13. En 11-12, comme en 3, nous retrouvons YHWH agissant, ici par l'intermédiaire des anges. En 5-8, 10 et 13 il n'est pas question de YHWH, mais seulement du fidèle et de sa sécurité face au danger. Ces remarques, jointes aux récurrences (TRÈS-HAUT, YHWH, REFUGE, *ky*, *mn* (DE, DU), *b*, PESTE, ET, négation, A TOI, CHEMINER, SUR), nous permettent de présenter schématiquement comme suit la structure de 1-13, sur quoi nous nous expliquerons aussitôt après:

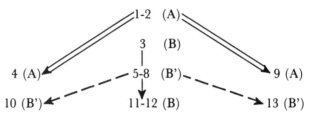

Outre que 4 et 9 sont de même type, ils comportent tous deux REFUGE qu'on lisait déjà en 1-2, première unité de ce type. De 1-2 à 9 nous retrouvons aussi YHWH et TRÈS-HAUT. En hébreu c'est la même préposition *b* qui introduit *abri* et *ombre* en 1 comme *ses ailes* en 4. Ainsi sont reliées entre elles les unités A ci-dessus. En 5-8 nous lisons au milieu de 7-8, en 7c: À TOI on NE portera PAS atteinte, puis en 10a: Il NE touchera PAS À TOI le malheur, à quoi fait écho en 10b: le danger NE s'approchera PAS de ta tente. Mais en 5-8, cette fois aux extrêmes, nous lisons aussi: « TU ne craindras rien de la terreur de la nuit » et 5b6, ainsi que « TU verras le salaire des méchants » (8b), le sujet de la 2ème pers., c'est-à-dire le fidèle, en rapport avantageux sur le danger, se retrouvant encore en 13 où on le voit marcher sur la vipère et le scorpion, écraser le lion et le dragon. Ainsi sont reliées entre elles les unités B' du tableau ci-dessus, les rapports de 10 et 13 à 5-8 étant comme complémentaires: le danger ne peut rien contre le fidèle (7c et 10), le fidèle n'a rien à redouter du danger (5a, 8b et 13). De 3 à 11-12 (unités B) nous voyons YHWH assurer directement (3) ou par l'intermédiaire de ses anges (11-12) la protection du fidèle par rapport à des dangers précis (filet, peste, pierre). Cette mention des dangers apparente 3 et 11-12 (B) à 5-8, 10 et 13 (d'où l'exposant de B'). Les unités 3 et 11-12 commencent l'une et l'autre par *ky* (OUI et PUISQUE dans la traduction).

Voilà déjà justifié notre schéma où l'on voit que 1-2 annonce les extrêmes de 4-9 tandis que 3 annonce le centre de 10-13. Ce jeu entre extrêmes et centre se retrouve d'ailleurs dans les rapports de 10 et 13 à 5-8. En effet, comme nous l'avons vu, 10 se réfère au centre 7c de 7-8 (selon la structure que nous leurs avons découverte dans le §1.),[7] comme 3 annonce le centre de 10-13, tandis que 13 se réfère aux extrêmes 5a et 8 de 5-8, comme 1-2 annonce les extrêmes de 4-9. Nous pouvons d'ailleurs considérer de plus près les deux ensembles à trois termes 4-9 (AB'A) et 10-13 (B'BB'), annoncés respectivement (en ordre parallèle donc) par 1-2 (A) et 3 (B). En 4, 5-8 et 9 relevons la 2ème pers. sing., soit le fidèle, comme sujet des verbes en 4b, 5a, 8 et 9b, trouver en YHWH son refuge ou le prendre comme forteresse étant évidemment la condition pour ne rien craindre des dangers et pouvoir assister à la défaite des méchants.[8] En 10-13 les rapports semblent encore plus étroits. Dans les stiques centraux de 11-12 nous lisons « en (b) tous tes chemins » et « SUR leurs mains », soit deux prépositions qui se lisent respectivement au second stique de 10, « de (b) ta tente » (autre lieu où est assurée la sécurité du fidèle), et au premier stique de 13, « SUR la vipère et le scorpion » le rapport étant ici d'opposition, les mains des anges étant aussi bienfaisantes que sont venimeux vipère et scorpion. En 11-12, le premier stique ne contient que l'annonce d'une mission et de son destinataire (à ton sujet) dont les trois autres précisent le contenu. Or les stiques extrêmes en 11b-12 se réfèrent eux aussi, mais dans un ordre inverse, à 10b et 13a. En effet de 11b à 13a nous retrouvons CHEMIN(ER), par où l'on comprend bien d'où vient au fidèle cette immunité contre vipère et scorpion. De 10b à 12b notons encore l'emploi de la préposition *b*, située d'ici à là de façon significative. Ce qui est dangereux, c'est en 10b que le danger se rapproche, en 11b de se heurter à la pierre ; ce qui est menacé, c'est en 10b la tente (et son contenu) et en 12b le pied (*ta* tente, *ton* pied). Or *b* précède ici la mention de la tente, là celle de la pierre:

| | danger... | *de (b)* | *ta* tente |
| ... à (*b*) | la pierre | | *ton* pied. |

---

[7] En 10, comme en 7ab qui préparent 7c, les sujets sont en fin et début de stiques, comme fin et début des stiques, reliés ici et là par la conjonction ET (mille ET dix-mille, le malheur ET le danger).

[8] De 4 à 5-8 notons encore comme une inversion entre débuts et fins. En 4ab en effet nous lisons un *b* instrumental dans le premier stique (*de* ses ailes, c'est-à-dire avec ses ailes), et au début du second stique ET . . ., tout comme en 8: « *de* tes yeux », c'est-à-dire avec tes yeux, en 8a, puis ET au début de 8b (ailes et yeux sont des parties du corps). Par ailleurs « armure et bouclier » de 4c font partie de la panoplie du guerrier que complète en 5b la mention de la flèche. En outre si les ailes (4a) volent comme la flèche (5b), elles sont ici au repos pour exprimer la protection accordée.

On pourrait encore relever de 10 à 11-12 l'alternance régulière entre simples pronoms et pronoms joints à des substantifs pour mentionner le fidèle (TOI + *ta* tente, *ton sujet* (soit un simple pronom suffixe en hébreu) + *tes* chemins, *te* + *ton* pied) et de 11-12 à 13 (moins les stiques extrêmes 11a et 13b) la succession répétée de *en* (*b*) + SUR et *à* (*b*) + SUR.

Entre ces deux ensembles 4-9 et 10-13 semblent encore suggérés quelques autres rapports que ceux relevés entre 5-8, 10 et 13 (unités B'). En effet de 4 à 11-12 nous voyons s'opposer les prépositions *sous* (4b) et *sur* (12a), la correspondance se percevant aisément à partir de la fonction indiquée puisque *sous* le pennage de YHWH comme *sur* les mains des anges le fidèle trouve sa sécurité. On trouve aussi de 4a à 11a (en fin de stique en hébreu) *lk* traduit traduit ici *te* et là *à ton sujet*, sans pouvoir y trouver autre chose que la mention du bénéficiaire de l'action de YHWH ou de la mission des anges. De 9 à 11-12 nous retrouvons au départ *ky*: OUI et PUISQUE, introduisant ici à l'affirmation de YHWH comme refuge, là à la mission donnée aux anges. De plus en 4, 9 et 11-12, YHWH et ses anges sont sujets de propositions dont le thème est la protection accordée au fidèle, les ailes de 4a et les mains de 11b, moyens de cette protection, se répondant d'autant mieux que les unes et les autres vont par paires.

Il se trouve enfin que certains rapports nous sont indiqués de 3 (B) à 5-8 (B') comme de ces derniers à 11-12 (B). De 3 à 5-8 nous retrouvons la mention de LA PESTE (3b.6a) et l'emploi répété de la préposition *mn* (DE et DU) pour indiquer les dangers écartés (en 3a.b.5a.b.6a.b).[9] De 5-8 à 11-12 nous retrouvons, mais en des emplois trop hétérogènes, la préposition *b*.[10] Plus suggestives sont les indications des parties du corps du fidèle: ses yeux assistant à la chute des méchants en 8, ses côtés (sa droite) flanqués d'ennemis à terre en 7ab, et son pied gardé de tout achoppement en 12b. Même si ces rapports de 4 et 9 à 11-12 sont moins marqués que ceux de 5-8 à 10 et 13, on ne peut nier qu'ils contribuent à serrer la trame du texte et à unir entre eux les deux ensembles 4-9 et 10-13. On notera d'ailleurs une discrète inclusion de 4-13 dans l'emploi de couples de termes (avec ET) tant en 4 qu'en 13, soit dans les unités extrêmes.

Le même procédé d'inclusion se retrouve d'ailleurs pour 1-13 puisqu'à « mon refuge ET mon rempart » de 2b font écho les couples maîtrisés de 13: « vipère ET scorpion », « lion ET dragon ».

---

[9] Et encore deux emplois, mais en un sens différent, en 7a.b: *à* ton côté, *à* ta droite.

[10] En 4a (*de* ses ailes), 11b (*en* tous tes chemins) et 12b (*à* la pierre).

L'ensemble nous paraît donc structuré selon un schéma x (1-2).y (3) // X (4-9).Y (10-13), x appelant X par ses extrêmes et y appelant Y par son centre. Il va de soi que cette disposition se découvre au terme de la lecture de ces treize versets. Mais on aurait pu procéder aussi par découvertes progressives, soit celles de l'encadrement de 3 par 1-2 et 4 (REFUGE), du parallèle entre 1-2 (REFUGE) + 3 (PESTE) et 4 (REFUGE) + 5-8 (PESTE), de la symétrie concentrique de 1-9 autour de 4 appelant 1-2 et 9 aux extrêmes (REFUGE) et entouré immédiatement par 3 et 5-8 (PESTE), des structures inverses de 1-2 (REFUGE) + 3 (PESTE) + 4 (REFUGE) et 5-8 (PESTE/À TOI) + 9 (REFUGE) + 10 (À TOI), et enfin, après la découverte de l'ensemble 10-13, celle de l'ensemble des treize versets. Nous avons choisi de prendre le parcours le plus confortable, mais celui que nous venons d'indiquer mérite aussi l'attention. S'il est plus onéreux, il peut aussi être plus fructueux.

A partir des faits relevés y aurait-il d'autres présentations possibles de l'ensemble ? Il nous semble que oui. Au lieu de considérer 1-2 (A) et 3 (B) comme une sorte d'en-tête à l'ensemble 4-13, on pourrait en effet les intégrer à un premier ensemble 1-4 (ABA), puis considérer au centre de l'ensemble 5-8 (B') et 9 (A), et enfin l'ensemble 10-13 déjà étudié ci-dessus, ce qui donnerait:

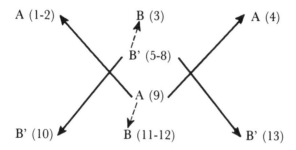

Nous n'avons pas à fonder de nouveau les rapports, tous justifiés ci-dessus. Vu ainsi l'ensemble présente une symétrie parfaite. On lit en effet une unité B au centre de 1-4 comme de 10-13, après 1-4 une unité B' (5-8) appelle les extrêmes de 10-13, et inversement avant 10-13 une unité A appelle les extrêmes de 1-4. Nous retrouvons encore, situés autrement, les rapports de 5-8 à 3 (PESTE) et de 9 à 11-12 (ky). Cette présentation n'oblitère en rien la précédente. La fonction d'introduction de 1-2 et 3 nous semble tout aussi fondée dans la première présentation que celle de centres qu'acquièrent ici 5-8 et 9. Dans la première proposition on ne voyait pas l'encadrement de 3 par 1-2 et 4, mais ici on ne voit plus celui de 5-8 par 4 et 9. Les deux propositions mettent en relief la correspondance de 3 à 11-12 et la structure d'ensemble de 10-13. Nous n'avons pas trouvé une présentation d'ensemble en mesure de récapituler toutes les structures repérées. Nous nous gardons de choisir entre ces deux propositions. Chacune a son intérêt pour l'interprétation de 1-13, car s'il est des rapports qu'on retrouve d'ici à là, il en est d'autres (pour les unités comprises entre 1 et 9) qui ne se perçoivent qu'ici ou là. L'étude de la deuxième partie du poème nous amènera-t-elle à favoriser telle ou telle option ?[11]

3. *Structure littéraire de 14-16*

Cette partie étant brève, nous n'aurons pas à considérer successivement, comme pour la première, la structure des petites unités, puis celle de l'ensemble. Le chiasme en 14 est limpide. Un autre chiasme, inverse du précédent, commande le rapport de 14b à 15a puisqu'on a ici aux extrêmes ce que fait YHWH (Je le défends... ET je lui réponds) et au centre ce que fait le fidèle (... il connaît mon nom. Il m'appelle...). Nous reviendrons plus loin sur 15b. Notons seulement ici sa parenté thématique avec les centres de 14 et les extrêmes de 14b15a puisqu'il s'agit en toutes ces unités de ce que fait YHWH (1ère pers.) pour son fidèle. Avec 15c nous reprenons sur ce même thème (je le libérerai), mais en lui coordonnant immédiatement (ET) un thème nouveau: je le glorifierai, soit – dirons-nous – ce qui fait suite au salut, thème que reprend 16a, tandis que 16b revient sur le thème du salut, 16a et 16b développant pour ainsi dire chacun des deux verbes de 15c, si bien qu'apparaît le chiasme suivant (de type abBA):

---

[11] Une troisième proposition pourrait être tentée qui lirait au centre en parallèle A + B' // A + B' (en 4-10), encadrés immédiatement par B (3) et B (11-12), avec aux extrêmes de l'ensemble de nouveau A (1-2) et B' (13), soit, avec quelques indications rapides:

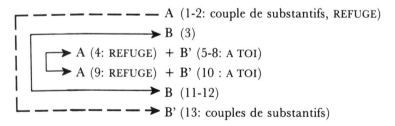

Mais 5-8, l'unité la plus ample et la plus complexe de l'ensemble, n'a pas ici la place qui lui revient (soit entre 4 et 9, soit comme annonçant 10 et 13) et les deux ensembles 1-4 et 10-13 ne sont pas mis en valeur. Ici cependant le rapport, déjà étudié, de 4 à 11-12, trouverait un symétrique dans celui de 9 à 3 où on lit en tête *ky* suivi d'un pronom indépendant (LUI et TOI).

                                       (a) Je le libérerai
       (b) ET je le glorifierai
(B) de longs jours je le rassasierai
                              (A) ET je ferai qu'il voie mon salut

Aux extrêmes de 14 les correspondances sont indiquées par la récurrence de PUISQUE (*ky*). De 14aβ (affranchir) à 16b (salut) nous voyons répartis les deux termes d'une paire stéréotypée.[12] De 15aβ à 16b nous voyons se correspondre, comme souvent dans le Psautier,[13] *répondre* et *sauver*. De 14bβ à 16b nous trouvons encore répartis les deux termes d'une paire stéréotypée: *connaître* et *voir*,[14] et de 14bβ à 15cβ les deux termes d'une autre paire stéréotypée: *nom* et *gloire/glorifier*.[15] La préposition *b* se lit en 14aα, 15b et 16b. Les emplois n'en semblent pas homogènes, encore qu'un certain rapport puisse être indiqué par les deux extrêmes. Le même pronom suffixe (*-hw*) du verbe (à la 1ère pers.) se lit en hébreu en 14aβ, bα, 15aβ, 15cα et β, 16a et 16b. Nous pensons, à partir de ces remarques, pouvoir présenter comme suit la structure littéraire de ces trois versets:

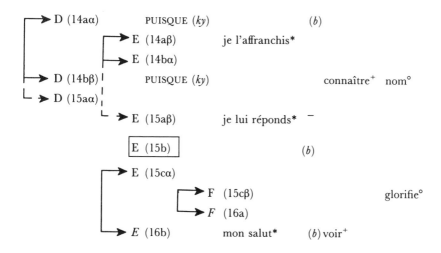

En ne retenant que les sigles on peut encore proposer le schéma suivant:

---

[12] Avishur p. 765 (à l'index).
[13] Voir par exemple Pss 3, 3.5 ; 13, 4.6 ; 17, 6-7 ; 18,42 ; 20,7 ; 22, 2-3.22 ; 27, 7.9 ; 34, 5.7 ; 38, 16.23 ; 60,7 ; 65,6 ; 69,14 ; 86, 1.2.7.16 ; 119, 145-146 ; etc...
[14] Avishur p. 759 (à l'index).
[15] Avishur pp. 179 et 249.

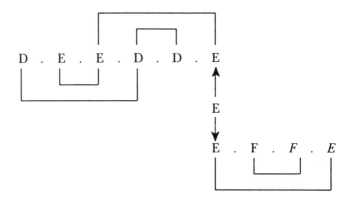

On lit *connaître* au terme du premier chiasme (14) comme *voir* au terme du dernier (15c-16), *répondre* au terme du second (14b15a), avant le centre 15b, comme *salut* au terme du dernier (15c-16), après ce même centre. Dans les deuxièmes et quatrièmes termes des chiasmes extrêmes on lit – l'ordre des correspondances étant inversé – : j'affranchis*... mon nom°, je glorifie°... mon salut*, passant ici et là d'un verbe à un substantif joints à la 1ère pers. (YHWH). La préposition *b* se lit dans les unités extrêmes (14aα et 16b) et dans l'unité centrale (15b). De 14aα à 16b on pourra voir, indiquée par elle, une certaine complémentarité: ici c'est le fidèle qui s'attache à (*b*) YHWH, et là, comme en retour, c'est YHWH qui lui accorde de voir (+ *b*) son salut. Le même rapport est posé, mais ici par le fidèle, là par YHWH. Le suffixe *-hw* se lit dans toutes les réponses de YHWH, c'est-à-dire les unités E et F, sauf dans l'unité E centrale où le pronom 3ème pers. (se rapportant au fidèle) est joint à la préposition *avec*. L'unité centrale 15b se lit en hébreu: « avec lui moi dans la détresse » (proposition centrale). C'est lui qui est dans la détresse où YHWH vient le rejoindre. Mais le mot central ici, et donc dans tout l'ensemble, c'est MOI, c'est-à-dire YHWH, celui-là qui ne se contente pas de répondre (E) aux attentes de son fidèle (D) comme l'expriment les deux chiasmes imbriqués de 14-15a, mais qui y répond en parachevant le salut (E) par la glorification de son fidèle (F) comme l'exprime le chiasme de 15c-16. Telle est la suite donnée à l'affirmation centrale de 15b dont on peut ainsi peser la vérité.[16]

---

[16] Revenons ici sur la traduction possible de *śgb* par *exalter*, signalée ci-dessus dans la présentation de notre traduction. Une certaine parenté de sens se percevrait alors entre 14b au centre de 14-15a et 15cβ (+ 16a) au centre de 15c-16. D'ailleurs, nous l'avons vu, *le nom* évoqué en 14b forme avec *la gloire* promise en 15cβ une paire stéréotypée: entre le fidèle et YHWH c'est comme un échange de bons procédés.

4. *Structure littéraire de l'ensemble du poème*

Relevons comme indices de rapports structurels de 1-13 à 14-16 d'abord deux récurrences d'inégale importance: JOUR(S) en 5b et 16a, ET + VOIR en 8b et 16b. Pour *ky*, nous ne retiendrons en fonction de contextes homogènes, que 9a (OUI) et 14aα et bβ (PUISQUE) où il est question de l'attachement du fidèle à YHWH.[17] Pour *b* nous retiendrons d'une part ces expressions marquant le refuge trouvé en YHWH selon 1a et b (2c), 4a, 14aα (*b* +), d'autre part les références aux dangers courus par le fidèle (*b* −) en 12b, 6a et 15b.[18] Pour ET nous retiendrons 2b, 4c et 15c où il couple deux mots (substantifs ou verbes) marquant la protection de YHWH[19] (− ET −). Relevons aussi les deux termes d'une paire stéréotypée[20] de 3a avec *délivrer* à 16b avec *salut* (auquel on joindra tous les termes qui lui correspondent en 14-16, relevés dans notre § 3.: affranchir, défendre, répondre, libérer). Des pronoms indépendants nous retiendrons ceux qui désignent le même YHWH, soit LUI en 3a et MOI en 15b (TOI en 9a se rapporte au fidèle). Enfin on se souviendra que *mon nom* en 14b n'est autre que celui de YHWH qu'on lisait déjà en 2a et 9a.

Comparons tout d'abord 3-8 à 15b-16. On y rencontre en effet les correspondances ordonnées comme suit:

3	LUI + délivre	=	15b	MOI *b* (*dans* la détresse)
4	Armure ET bouclier (voir 4ab)	=	15c	Je le libérerai ET je le glorifierai (voir 16)
5-8	JOUR *b* (*en* la ténèbre) ET TU VERRAS	=	16	JOURS ET je... qu'IL VOIE + mon salut

---

[17] En 3a et 11a, où on lit également *ky*, il s'agit de la délivrance ou de la protection accordée au fidèle par YHWH.

[18] Il s'agit d'autre chose en 8a, 10b, 11b et 16b.

[19] En 7ab sont couplés deux dangers (conjurés seulement en 7c), en 10 et 13 également, mais ici aussitôt donnés comme inoffensifs pour le fidèle. En 8 le contexte est différent. Il pourrait être comparé à 15a, puisqu'ici et là à une démarche du fidèle (tu regardes, il m'appelle) fait suite (introduite par ET) ce qui est le fait de YHWH (le salaire des méchants, je lui réponds). Dans tous ces passages il s'agit de propositions entières. En 4ab il s'agit aussi de deux propositions, mais de par leur contenu elles préparent l'affirmation lapidaire de 4c. A l'inverse on pourrait dire que les deux propositions de 16a et b (jointes par ET) développent les deux seuls verbes de 15c. On pourrait donc ci-dessus joindre entre parenthèses 4ab à 4c et 16 à 15c.

[20] Selon Avishur pp. 88 et 225.

On voit les successions parallèles (marquées ci-dessus par le signe =) des pronoms indépendants désignant YHWH + couples de termes + JOUR(S) + verbe VOIR. En 3 LUI est suivi de *délivrer* dont nous savons qu'il constitue une paire stéréotypée avec *sauver/salut* que nous lisons après VOIR au terme de 16. Quant à la préposition *b* introduisant à la mention de quelque épreuve nous la lisons entre les deux derniers termes (JOUR et VOIR) du parallèle en 3-8 et entre les deux premiers (MOI et couple de termes) en 15b-16. On voit que le parallèle d'abord relevé s'accompagne d'un chiasme aux extrêmes entre *délivrer/salut* et *b*. En 1-13, 3-8 sont contenus dans les quatre premières unités (1-2, 3, 4, 5-8) de cet ensemble qui en compte huit. En 14-16, 15b-16 comprend le centre 15b et le second volet 15c16. De 1-13 à 14-16 nous voyons donc que les correspondances ci-dessus relevées vont sensiblement de la première moitié de 1-13 à la seconde de 14-16.[21] Ici quelqu'un témoigne que LUI, YHWH, qui délivre, est armure et bouclier contre la flèche qui vole de jour comme contre la peste en la ténèbre, et il promet au fidèle qu'il verra le salaire des méchants. Mais en 15b-16 c'est YHWH lui-même qui pour ainsi dire cautionne ce témoignage en affirmant: MOI, dans sa détresse, je libérerai et glorifierai mon fidèle, le rassasierai de jours et ferai qu'il voie mon salut.[22] Nous sommes partis des rapports explicitement posés par les indices structurels. A partir de là on pourrait aussi considérer ce qu'implique à l'intérieur de chaque partie les rapports découverts par l'analyse structurelle (entre 3 et 11-12 (B), 4 et 1-2.9 (A), 5-8 et 10.13 (B'); 15b.15cα.16b et 14aβ.bα.15aβ (E)).

Mais revenons plutôt aux autres indices de correspondance relevés entre nos deux parties. Dans les unités extrêmes de 1-4 (ABA), soit 1-2 et 4, nous lisons *b* introduisant à des mentions de YHWH comme refuge, et de même dans la première unité (14aα) de 14 (DEED). Par contre, de 9 (dernière unité en 4-9: AB'A, ou unité centrale avec 5-8) aux unités extrêmes de 14, nous retrouvons

---

[21] Notons qu'en 2b (en 1-2) on trouve déjà un couple de termes (mon refuge ET mon rempart) comme en 4c, et qu'en 12b (en 11-12) on trouve encore, comme en 6a (en 5-8) la mention d'un danger (la pierre) introduite par *b*. Or 11-12 est presque au terme de la première partie, et quant à 1-2, discours du psalmiste lui-même, il précède ce discours d'un autre témoin dont nous allons parler ci-dessous.

[22] De 3 (deuxième unité d'introduction ou unité centrale en 1-4 = ABA) à 14-16 en son ensemble, on n'oubliera pas que *délivrer* appelle non seulement (et plus directement) *salut*, mais tous les termes qui le préparent aux centres de 14 (affranchir, défendre), aux extrêmes de 14b-15 (défendre, répondre) et de 15c16 (libérer... et salut), sans compter que *glorifier* et *rassasier de jours* aux centres de 15c16, c'est comme le couronnement du salut.

ky introduisant une expression de l'attitude confiante du fidèle envers YHWH. Notons encore, même si cela est moins marqué, que, de 1-2 (unité d'introduction avec 3 ou première unité en 1-4: ABA) aux centres de 14b15a (14bβ et 15aα), nous trouvons, en ordre inversé, les correspondances entre *je dis* et *il appelle* (le sujet désignant le même), et entre YHWH et *mon nom*. Le psalmiste, confiant en YHWH (1-2), est non seulement encouragé en cela par celui qui l'interpelle (3), mais encore reconnu en cette confiance par YHWH lui-même (14aα – et donc son symétrique 14bβ –). Puisqu'il a fait du Très-Haut sa forteresse (9), comme le reconnaît son partenaire, qu'il s'attache à lui et connaît son nom, comme le reconnaît YHWH lui-même, comment ce dernier résisterait-il à lui accorder son aide ? Il s'adresse à YHWH (2b), connaît son nom (14b), l'appelle (15aα) ; il peut donc être sûr de l'exaucement.

On le voit, nous n'avons pas choisi entre les deux propositions pour la structure de 1-13 dans notre § 3., faisant appel tantôt à l'une (par exemple pour AB'A en 4-9), tantôt à l'autre (par exemple pour ABA en 1-4), souvent sans déterminer une option. Nous garderons donc comme également judicieuses les deux propositions en question. L'une et l'autre permettent de saisir la structure d'ensemble du poème et en quelque sorte cette sanction et ce couronnement par YHWH lui-même (14-16) de ce qui en 1-13 était déjà affirmé par le psalmiste (1-2) et son partenaire (3-13).

*   *
*

En guise de conclusion nous examinerons les liens structurels entre les psaumes, consécutifs dans le Psautier, 90 et 91. Pour le premier nous nous référons aux résultats de notre étude de 1980,[23] distinguant deux parties en 1-10 et 11-17. Dans l'une et l'autre, après deux unités initiales liées entre elles (1 et 2 par *'th*, 11 et 12 par *yd'*), nous découvrons deux petits ensembles de type ABA, soit 3 + 4 + 5-6 et 13 + 14-15 + 16. Or ici et là, pour notre comparaison, nous avons à retenir la première unité initiale (1 et 11) et le centre (B) du petit ensemble ABA (soit 4 et 14-15). Nous y lisons en effet tout d'abord en 1 et 4:

---

[23] P. Auffret, « Essai sur la structure littéraire du Psaume 90 », *Bib* 61 (1980) 262-276. Le lecteur de L. Alonso-Schökel, *Treinta Salmos – Poesia y Oracion*, Madrid 1981, qui me fait l'honneur de redonner p. 312 le tableau récapitulatif de mon travail (tout comme dans la traduction italienne, Bologne 1982, p. 346), fera bien de se reporter à l'article de *Biblica* p. 274, le tableau en ayant été complètement déformé dans la reproduction qu'en donne le livre cité ci-dessus. De plus une erreur s'y est maintenue, malgré ma correction: il faut lire au dessus de [11] non pas *'k*, mais *'pk*.

1 : *m'wn* = FORTERESSE (dans notre traduction du Ps 91)
4 : MILLE, TES, YEUX, JOUR, NUIT
Or dans la première partie du Ps 91 nous lisons dans les deux unités
centrales:
5-8 : NUIT, JOUR, MILLE, TES YEUX
9 : FORTERESSE

Le thème de Dieu comme FORTERESSE est le même en 90,1 et 91,9.
Le rapport entre 90,4 et 91, 5-8 requiert un peu plus d'attention. En
90,4 c'est Dieu qui nous est présenté comme au-delà du temps, si
peu affecté par la durée que mille ans sont à ses yeux comme un
jour, comme une veille de la nuit. En 91, 5-8 c'est le fidèle – dont on
sait qu'il est protégé par YHWH – qui pour sa part est pour ainsi
dire au delà de tout danger, en pleine sécurité, si bien que tous ceux
qui peuvent advenir de nuit comme de jour, qu'il s'agisse même
d'hécatombe de mille ou dix mille à ses côtés, ne peuvent l'atteindre ; et de ses propres yeux il peut constater que c'est au contraire
au méchant qu'il en coûte. Dans la deuxième partie du Ps 90 nous
lisons, donc en 11 et 14-15 (comme ci-dessus en 1 et 4) tout
d'abord:

11 : CONNAÎTRE (*yd'*)
14-15 : RASSASIER, JOURS, VOIR (*r'h*)

Or, dans la deuxième partie du Ps 91 nous lisons CONNAÎTRE au
terme de 14 (dans le premier centre du chiasme couvrant 14b-15) et
JOURS, RASSASIER et VOIR en 16 (dans le deuxième volet du
chiasme couvrant 15c-16), donc autour du centre 15b. Ajoutons dès
maintenant que nous lisons CONNAÎTRE en 90,12 comme en 11, et
VOIR en 90,16 comme en 15. En 90, 11-12 il s'agit de la connaissance, impossible, de la force et de la colère de YHWH et, par la
suite, d'une prière pour demander à connaître ce qu'il en est en fait
du nombre de nos jours ; en 91,14 YHWH témoigne que le fidèle
connaît son nom. En 90, 14-15 il s'agit d'une prière pour être
rassasiés de jours de joie en compensation des jours de châtiment et
des années où les fidèles virent (de près) le malheur, ce qui leur fait
demander à voir à présent l'oeuvre (bienfaisante) de YHWH
(90,16) ; en 91,16 c'est YHWH qui s'engage à rassasier son fidèle
de longs jours et à lui faire voir son salut. On le voit, les prières de
90, 11-12 et 14-16, fondées sur d'amères expériences, le cèdent en
91,14 et 16 à un heureux constat et à de bienfaisantes promesses de
la part de YHWH. Décidément, par rapport au Ps 90, le Ps 91
s'avère beaucoup plus serein et prometteur. Les dures leçons du
passé et les instantes prières le cèdent à de fermes certitudes pour
aujourd'hui et à de réjouissantes promesses.
Sans être aussi manifestes, certains rapports semblent exister,

non plus parallèlement entre les premières et les secondes parties de nos deux psaumes, mais en chiasme entre les parties extrêmes. Ainsi, sans que les positions structurelles soient ici bien comparables, on pourra voir, à partir des pronoms indépendants (*'th, 'nky*) se rapportant à YHWH, comme un écho de 90,1 à 91,5b et comme un contraste entre 90,2 et 91,15b.[24] C'est aussi un contraste qui ressort d'une comparaison entre 90,9 et 91,16. Le Dieu protecteur, présent auprès de son fidèle dans l'épreuve, est aussi le Dieu d'au delà de la création. S'il se fâche, nos jours disparaissent dans un soupir ; si sa bienveillance l'emporte, de longs jours en attendent le bénéficiaire. De 90, 11-17 (deuxième partie) à 91, 1-13 (première partie) les rapports paraissent plus serrés. Nous considérons ici 13-16 en tant que ces quatre versets sont commandés par un chiasme.[25] Inscrivons donc comme suit récurrences et correspondances:

PSAUME 90:		*PSAUME 91*:	
11	: CRAINDRE	1-2	: YHWH
+		3	
12	: *coeur*	4	
13	: YHWH	5-8	: CRAINDRE
14			*yeux* VOIR
15	: VOIR MALHEUR		
16	: VOIR	9	: YHWH
17aα		10	: MALHEUR
+		11-12	: MAINS (pied)
17aβb	: MAINS	13	

Des unités extrêmes de 90, 13-16 à 91, 5-9, entre les centres donc, nous lisons en ordre inverse YHWH (90,13 et 91,9) et VOIR (90,16 et 91,8). Ce dernier verbe se lit déjà en 90,15, donc dans le deuxième volet de 90, 13-16. De 90,11 (première unité en 11 + 12) à 91,5 (début du premier centre 5-8 en 5-8 + 9) nous retrouvons CRAINDRE, et, symétriquement, de 90,13 (début du premier volet en 13-16) à 91, 1-2 (première unité en 1-4) nous retrouvons YHWH. De la deuxième (et dernière) unité de 91,17 à la deuxième

---

[24] On lit aussi *hw'* (LUI) se rapportant à YHWH en 91,3, dont le thème est cependant plus éloigné par rapport à 90,1 et 2. Il est pourtant intéressant de lire ici et là dans les deuxièmes unités (90,2 et 91,3) un pronom indépendant se rapportant à YHWH, Dieu au delà de la création ou Dieu délivrant les siens.

[25] Voir notre article p. 268.

de 91, 10-13 nous retrouvons MAINS. Enfin, de même qu'en 90,12, deuxième unité en 90, 11-12, nous lisons *coeur*, puis en 90,15, au début du deuxième volet de 90, 13-16 (centre), MALHEUR, de même, et inversement quant à leurs positions structurelles, nous lisons *yeux* en 91,8, dans la première unité de 91, 5-9 (centre), puis MALHEUR en 91,10, première unité en 91, 10-13. *Coeur* et *yeux* se correspondent comme membres d'une paire stéréotypée.[26] Tentons d'exprimer le contenu des rapports ainsi suggérés dans ce dispositif structurel remarquable. Alors que dans le Ps 90 le fidèle supplie YHWH de revenir (13) pour, après que les siens eurent vu le malheur (15), leur faire voir son oeuvre (16), dans le Ps 91 il est promis au fidèle, comme en réponse, qu'il verra la défaite des ennemis (8) et que YHWH se manifestera comme son refuge (9). La crainte de YHWH (90,11) s'apprend, se demande (90,13) selon le premier psaume, et dans le second nous ne sommes donc pas surpris de voir le fidèle s'adresser à YHWH (91,2), en suite de quoi il n'a plus à craindre aucun danger (91,5ss). De 90,17b à 91,12, la récurrence de MAINS nous guidant, c'est cependant sur le rapport entre *mains* et *pied* des fidèles que notre attention se porte, YHWH devant confirmer l'oeuvre des premières et, par l'intermédiaire des mains des anges, assurer le second en son chemin. Si en 90,12 le psalmiste demande la sagesse pour le coeur, c'est que le peuple élu a été instruit par le malheur (90,15) ; mais – une fois de plus – dans le Ps 91 nous nous trouvons au dénouement: de ses yeux le fidèle peut voir la défaite des ennemis (8), et il lui est promis que le malheur ne le touchera pas (10). Il apparaît donc que dans *le livre des Psaumes* les deux psaumes 90 et 91 ne sont pas disposés par hasard à la suite l'un de l'autre. L'analyse structurelle nous a montré que le second s'enchaîne au premier, poursuivant pour ainsi dire jusqu'à leur terme le dénouement et l'exaucement attendus.

---

[26] Avishur p. 761 (à l'index: omettre 655 et ajouter 607 et 623-5). Voir aussi W.G.E. Watson, « The Unnoticed Word Pair ‹eye(s)› // ‹heart› », *ZAW* 101 (1989) 398-408.

CHAPITRE XVII

« POUR PUBLIER QU'IL EST DROIT, YHWH »
ÉTUDE STRUCTURELLE DU PSAUME 92

Dans un article de 1982 J. Magonet[1] propose de lire le Ps 92 selon une symétrie concentrique où, autour de l'affirmation centrale de 9, se répondraient respectivement 8 et 10, 6-7 et 11-12, 2-5 et 13-16. De 2-5 à 13-16 il retrouve l'évocation du temple (par les instruments liturgiques en 4, explicitement en 14) et surtout la récurrence de PUBLIER avec ici et là des objets comparables (amour, vérité, droiture). Il est embarrassé pour justifier le rapport entre 6-7 et 11-12 autrement que par des considérations thématiques,[2] mais il ne l'est plus du tout pour avancer le rapport de 8 à 10 auquel contribue la riche récurrence de TOUS LES FAISEURS D'INIQUITÉ.[3] Il commente ensuite (p. 371) de la façon la plus heureuse le rapport, non inscrit dans la structure proposée, entre 8 et 13-14 à partir du verbe POUSSER (8a.13a.14b). Et il insiste finalement sur l'effet de contraste entre 9 et 8 et 10 qui l'entourent, notant le

---

[1] Jonathan Magonet, "Some concentric structures in Psalms", *HeyJ* XXIII (1982) 365-376, pp. 369-373. Nous pouvons encore citer trois autres propositions (dont la dernière est sensiblement contemporaine de celle de Magonet), soit celle de la *Companion Bible* (Oxford 1914) qui voit un chiasme à huit termes ordonner 2-6.7-9.10.11a / 11b.12.13-15.16, celle de R.L. Alden, "Chiastic Psalms (II): A Study in the Mechanics of Semitic Poetry in Psalms 51-100", *JETS* 19 (1976) 191-200, pp. 199-200, qui voit un chiasme à six termes ordonner 2-6 (PUBLIER, YHWH). 7-8a (TOUS LES FAISEURS D'INIQUITÉ).8b / 9.10 (TOUS LES FAISEURS D'INIQUITÉ).11-16 (PUBLIER, YHWH), celle enfin de J. Trublet de J.-N. Aletti, p. 87, qui voient s'ordonner selon une symétrie concentrique autour de 9: 2-4 (PUBLIER).5-6.7-8 (TOUS LES FAISEURS D'INIQUITÉ) / 9 / 10 (TOUS LES FAISEURS D'INIQUITÉ).11-15.16 (PUBLIER). Mais, à part les quelques récurrences relevées ci-dessus entre parenthèses (accordées à notre traduction), on ne trouve à ces propositions que des justifications thématiques sommaires. Le lecteur trouverait un relevé systématique des récurrences (ainsi que des allitérations et jeux de mots) et de maintes propositions quant à la détermination des unités pour notre psaume dans P. Van der Lugt, *Strofische Structuren in de Bijbels-Hebreeuwse Poëzie*, Dissertationes Neerlandicae, Kampen 1980, pp. 353-4. Nous citerons ci-dessous ces livres et articles en indiquant simplement l'auteur, mais le titre pour la *Companion Bible*, les références aux quelques pages concernées se trouvant ci-dessus.
[2] "It would be difficult to find objective criteria to justify it" (p. 369). Cependant de 6b à 11a il relève une opposition (*'mq/rwm*) qui – nous le verrons plus loin – constitue une paire de mots stéréotypée. Même s'il ne justifie pas le rapport de 6 + 7 à 11 + 12, ce critère-là est bel et bien objectif.
[3] Les références au texte du psaume sont données d'après la traduction proposée ci-dessous au terme de notre introduction.

rapport entre la position ÉLEVÉE de YHWH en 9 et le contraste de 6-7 à 11-12 entre *la profondeur* des pensées divines et *l'élévation* de la corne du fidèle (p. 372 et n. 7).

Cette proposition nous semble poser deux questions. La première est déjà abordée par Magonet quand il reconnaît la difficulté à justifier un rapport entre 6-7 et 11-12. Mais on peut l'étendre: la correspondance de 2-5 à 13-16 n'est pas non plus des plus limpides. Si rapport au temple il y a ici et là, il n'est pas le même. En 2-5 il s'agit de célébration. En 13-16 il s'agit de vitalité, et en des termes proches de ceux de 8, comme l'a remarqué Magonet. La seconde question est justement celle de la prise en compte des faits littéraires propres à déterminer la structure. Et ici il en est de deux sortes. Citons d'abord les récurrences négligées par Magonet: YHWH (2.5.6.9.10.14.16), *ky* (CAR en 5.10a.b et QUE en 16), FAIRE (5a.8b.10c), la négation *l'* (7a.b.16b), COMME (8a.11a. 13a.b), FRAIS (11b.15b). Mais il nous faut ensuite mentionner un fait massif, soit l'emploi par notre poème de trente-six paires de mots stéréotypées utilisant plus de quarante termes. Nous les indiquons ci-dessous en deux groupes en donnant d'abord la référence à notre psaume, puis celle au livre de Y. Avishur:[4]

1. *Paires de mots en un seul et même verset:*
   3 *bqr* / *lylh* (121)
     ḥsd / *'mt* (758: index)
   4 *nbl* / *knwr* (192-3)
   5 *rnn* / *śmḥ* (766: index)
     p'l / *m'śh ydyym* (256)
     p'l / *'śh* (765: index)
   6 *ḥšb* / *'śh* (759: index)
   7 *yd'* / *byn* (759: index)
   8 *rš'ym* / *p'ly 'wn* (305)
   12 *'yyn* / *'wzn* (570-1, 578)
      šm' / *'zn* (768: index)
   13 *tmr* / *'rz* (769: index)
   14 *byt* / *ḥṣr* (755: index)
      YHWH / *'lhym* (759: index)
      – Soit 24 mots et 14 paires stéréotypées

---

[4] Quand nous indiquons "index", c'est que les références sont plus nombreuses. L'ordre des termes est celui donné par Avishur. Nous donnons ici les termes hébreux transcrits. Dans la suite de notre étude nous indiquons les paires stéréotypées à partir de notre traduction.

2. *Paires de mots aux termes répartis en plusieurs versets:*
   2 ṭwb / 3 ḥsd (759: index)
   2 ṭwb / 5 śmḥ (281, 534)
   6 gdl / 2 ṭwb (136, 281)
   2 ṭwb / 12 rʿ (759: index)
   15 dšn / 2 ṭwb (318, 355-6)
   2 ṭwb / 16 yšr (281)
   5 yd / 2 šm (127, 675)
   3.16 ngd / 12 šmʿ (762: index)
   3 ḥsd / 13 ṣdq (237, 282)
   3 'mt / 13 ṣdq (754: index)
   16 yšr / 3 'mt (194)
   5.8.10 pʿl / 5.6 ʿśh (765: index)
   6 ḥšb / 5 ʿśh (759: index)
   6 gdl / 9.11 rwm (131-2, 191)
   9.11 rwm / 6 ʿmq (766: index)
   7 ydʿ / 6 ḥšb (337)
   12 šmʿ / 7 ydʿ (768: index)
   12 šmʿ / 7 byn (768: index)
   12 rʿ / 8 ršʿ (80)
   13 ṣdq / 8 ršʿ (765: index)
   10 'bd / 8 šmd (753: index)
   9 ʿwlm / 8 ʿd (764: index)
   10 'yb / 12 qwm (753: index)
   13 ṣdq / 16 yšr (765: index)
   – Soit 27 mots et 24 paires stéréotypées.

Si nous cumulons nos deux listes nous totalisons 41 mots et 36 paires stéréotypées.[5] Bien entendu ces paires stéréotypées ne sont pas toutes d'égale importance pour la détermination de la structure. La seconde liste est plus importante que la première. Et dans la seconde, même les paires stéréotypées joueront d'autant plus qu'on aura à faire à des contextes plus homogènes et à des unités (non seulement des versets) différentes. Certaines paires n'ont été signalées ici que par souci d'être exhaustif, sans qu'elles aient d'impact structurel.[6]

---

[5] Certains mots et certaines paires stéréotypées étant cités dans nos deux listes. Pour aider encore le lecteur à s'y retrouver nous recensons ci-dessous en ANNEXE I selon l'ordre alphabétique et en entrée selon l'un et l'autre de leurs deux termes (mettant entre parenthèses l'ordre qui n'est pas celui retenu par Avishur) ces trente-six paires de mots, mettant en CAPITALES celles qui sont réparties sur plusieurs versets, en simples italiques celles qu'on ne trouve que dans un même verset.

[6] Ainsi PUBLIER (3.16) et ENTENDRE (12), SAVOIR (7) et ENTENDRE (12),

En tenant compte des deux séries de faits ci-dessus signalées nous reprendrons donc l'étude de la structure littéraire de ce poème en partant de la proposition de Magonet pour tenter de l'ajuster de plus près au texte (1.), pour faire ensuite une nouvelle proposition qui d'ailleurs s'articulera à la première sans prétendre l'éliminer (2.). Notre traduction s'inspire largement de celle de la *Bible de Jérusalem* (*Les Psaumes*, fascicule, Paris 1964). Nous avons cherché à rendre les récurrences et à respecter le plus possible l'ordre des termes en hébreu. Il nous a paru préférable de traduire *rnn* par « crier de joie » au terme 5, de maintenir la répétition de 10a à 10b (avec les commentaires récents). Nous avons mis les récurrences en lettres CAPITALES. Dans l'impossibilité de rendre toujours par un même terme les prépositions *l*, *b*, *'l*, nous nous sommes contenté d'en donner la transcription entre parenthèses là où elles se rencontrent dans le texte hébreu, les mettant en CAPITALES là seulement où une traduction identique se rencontre dans un même verset (4, 14) ou deux versets voisins (14-15). Cependant nous n'avons pas mis en capitales « de » (1) au début de 2a, 2b, 3a, parce que d'autres emplois de *l* sont traduits différemment en 2a et b, le parallèle jouant ici (de rendre grâce // de jouer...) tout comme là (à YHWH // pour ton nom...). *Ky* est le plus souvent traduit CAR (5a et 10), mais aussi QUE (16a): nous avons mis ces deux traductions en CAPITALES.

1. *Reprise de la proposition de Magonet*

Partons donc de cette structure concentrique proposée par notre auteur. Et commençons par les trois versets centraux où 8 et 10 encadrent le centre 9.[7] Magonet relève comme expression-clé du rapport entre 8 et 10 TOUS LES FAISEURS D'INIQUITÉ, soit en 8b et 10c. Mais nous pouvons ajouter en 8c (après 8b) et 10b (avant 10c) les deux composants d'une paire de mots stéréotypée: *être abattu* et *périr*. Ajoutons que de même qu'en 8 les deux premiers stiques

---

COMPRENDRE (7) et ENTENDRE (12), et même à l'intérieur du même v.12 OREILLES et ENTENDRE.

[7] *Companion Bible*, Alden et Trublet – Aletti voient bien une unité en 10, mais qui répond pour chacun respectivement à 12 (autour de 11a et b), 7-8a (autour de 8a et 9), et 7-8 (autour de 9).

PSAUME 92

2 Il est bon de (*l*) rendre grâce à (*l*) YHWH
ET de (*l*) jouer pour (*l*) ton nom, Très-Haut (*'lywn*),
3 de (*l*) PUBLIER le (*b*) matin ton amour
ET ta vérité durant (*b*) les nuits
4 SUR (*'l*) la lyre à dix cordes ET SUR (*'l*) la cithare,
SUR (*'l*) un murmure avec (*b*) la harpe.
5 CAR (*ky*) tu m'as réjoui, YHWH, par (*b*) ce que tu FAIS,
devant (*b*) les OEUVRES de tes mains je crie de joie.
6 Qu'elles sont grandes, tes OEUVRES, YHWH !
Combien profondes tes pensées !
7 L'homme stupide NE sait PAS
ET l'insensé NE comprend rien à cela.
8 Qu'(*b*)ils POUSSENT, les impies, COMME l'herbe,
ET qu'ils fleurissent, TOUS LES FAISEURS D'INIQUITÉ,
c'est pour (*l*) être abattus à jamais.
9 ET toi, tu es ÉLEVÉ pour (*l*) toujours, YHWH.
10 CAR (*ky*) VOICI QUE TES ENNEMIS, YHWH,
CAR (*ky*) VOICI QUE TES ENNEMIS, périssent.
Ils se dispersent, TOUS LES FAISEURS D'INIQUITÉ.
11 ET tu ÉLÈVES ma corne COMME celle du buffle ;
tu répands sur moi l'(*b*)huile FRAÎCHE.
12 ET mon oeil a vu ceux (*b*) qui m'épiaient,
ceux (*b*) qui se dressaient contre (*'l*) moi.
Les méchants, mes oreilles les ont entendus.
13 Le juste COMME un palmier POUSSERA,
COMME un cèdre du (*b*) Liban il croîtra.
14 Plantés DANS (*b*) la maison de YHWH,
DANS (*b*) les parvis de notre Dieu ils POUSSERONT.
15 Ils portent encore du fruit DANS (*b*) la vieillesse.
Ils restent planchureux et FRAIS,
16 pour(*l*) PUBLIER QU'(*ky*) il est droit, YHWH mon rocher,
ET il N'y a PAS de fausseté en (*b*) lui.

(construits entre eux parallèlement) présentent l'épanouissement des impies, de même et inversement en 10 les deux derniers (construits entre eux en chiasme) présentent leur extermination. Puisque 10a n'ajoute aucun verbe à la présentation à YHWH de ses ennemis, on peut voir que si en 8 *deux* stiques (reliés par ET) présentent les ennemis (prospères) avant d'annoncer leur chute dans *le dernier*, en 10 par contre *un seul* stique (introduit par CAR VOICI) se contente de les présenter avant que les *deux* derniers

(introduits par CAR VOICI) nous mettent sous les yeux leur extermination. Ainsi la proposition de Magonet paraît-elle ici pleinement pertinente.

Venons-en maintenant à 1-7, 11-16, et aux rapports entre eux.
En 2-7 il nous semble qu'il faut distinguer deux parties de longueur
égale 2-4[8] et 5-7, et non pas 2-5 et 6-7 comme le fait Magonet. En
2-4 le verset central est bâti selon un chiasme limpide (matin – ton
amour / ta vérité – nuits).[9] De 2 à 4 le rapport thématique est clair
(célébration liturgique), mais deux remarques peuvent le confirmer. Il s'agit en 2 de *jouer*, mais c'est en 4 que nous sont indiqués
les instruments: lyre, cithare, harpe.[10] Par ailleurs, d'un point de
vue tout formel et cependant non négligeable, on notera la racine
commune à *Très-Haut* (*'lywn*) au terme de 2 et à la proposition SUR
(*'l*) trois fois employée en 4. En 5-7 le verset central comporte le
nom divin entre deux propositions parallèles (grandes + tes
oeuvres // profondes + tes pensées). *Oeuvres* et *pensées* constituent
une paire de mots stéréotypée, et il en va encore de même entre
FAIRE et OEUVRES DE (tes) MAINS en 5, OEUVRES (6a) et FAIRE
(5a), et pour *pensées* (6b) et *savoir* (7a) comme pour *savoir* et *comprendre* en 7.[11] Dès lors la structure d'ensemble de ces trois versets
peut se schématiser ainsi:

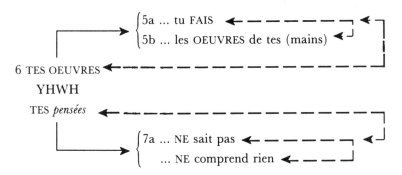

Les exclamations centrales sont comme justifiées par les deux
réactions opposées du fidèle qui devant les oeuvres divines se

---

[8] Avec Trublet – Aletti.
[9] Où nous retrouvons deux paires de mots stéréotypées (voir notre introduction).
[10] Sur le rapport entre *jouer* et *cithare* et *harpe* voir P. Auffret, "Note sur la
structure littéraire du psaume LVII", *Semitica* XXVII (1977) 59-73, pp. 65-66, où
nous citons entre autres Ps 33, 2b ; 98, 5 pour aider à saisir le rapport, assez
comparable à celui que nous étudions ici, entre Ps 57, 8b et 9b.
[11] Voir notre introduction et l'ANNEXE I, comme par la suite pour toutes les
paires stéréotypées mentionnées.

réjouit et crie de joie selon 5, et de l'insensé qui ne comprend rien aux merveilles divines selon 7. Et si nous comparons 5-7 à 2-4 nous découvrons d'abord en leurs centres des objets couplés de la louange: ton amour et ta vérité en 3, tes oeuvres et tes pensées en 7 (deux paires stéréotypées, rappelons-le). Par ailleurs de 2 à 5, autour de YHWH, nous trouvons réparties encore deux paires de mots stéréotypées, soit:

2 : bon	5 : réjoui
YHWH	YHWH
ton nom	tes mains

C'est un bonheur et une joie que de découvrir tant YHWH luimême (ton nom) que ce qu'il réalise (les oeuvres de tes mains). Cette distinction caractérise d'ailleurs 2-4 et 5-7 en leur ensemble. Il s'agit d'abord de YHWH, de son amour et de sa vérité, puis de ce qu'il fait, ces oeuvres qui laissent soupçonner ses pensées. Il reste que par rapport au moins à 5-6, mais même à 2-6, le v.7 introduit le thème nouveau de l'insensé. Magonet n'avait pas tort de le joindre à 6, mais il ne fallait pas pour autant séparer 6 de 5. Si ensemble il y a, c'est 5-7 et non 6-7. La césure serait donc à marquer entre 4 et 5 ou, pour d'autres raisons, entre 6 et 7, mais non entre 5 et 6.

Qu'en est-il en 11-16 ? Pour le moment nous nous contentons de lire 11-15, nous réservant de situer le dernier verset un peu plus loin. A première lecture on découvre la particularité de 12 qui seul en ces versets se réfère aux ennemis. Il est construit selon un schéma simple:

mon oeil a vu	ceux... épiaient
	ceux... contre moi
les méchants,[12]	mes oreilles ont entendu.

Un verset aussi soigneusement composé(AB.B'.BA) n'est pas sans nous rappeler par là-même les vv. 3 et 6 aux centres de 2-4 et 5-7. Et, de fait, 12 semble bien compris entre 11 et 13-15. En ces

---

[12] En hébreu le complément central (*bqmym 'ly*) présente d'une part les mêmes finales (*îm / ay*) que les troisième et premier compléments, d'autre part dans les consonnes initiale de *qwm* et finale de *'l* les consonnes antérieures (selon l'ordre de l'alphabet) à la consonne finale de *šwr* (premier complément) et à la consonne initiale de *mr'ym*, soit schématiquement:

b	*šwr*	*āy*
b	*qm*	*îm*
'l	*ay*
mr'	*îm*

derniers, en effet, nous voyons se répondre: de 11a à 13 une à deux comparaisons (introduites par COMME), de 11b à 15 un à deux adjectifs dont FRAIS qui est récurrent. Il s'agit ici et là du même bénéficiaire des dons divins. Sa corne est comme celle du buffle, puissante, et lui-même comme un palmier, comme un cèdre du Liban, solidement enraciné, longtemps plantureux et fécond. Sur lui YHWH répand l'huile fraîche, et lui-même en sa vieillesse présente encore la fraîcheur de la jeunesse. Pris entre 11 et 13-15, 12 s'oppose à eux particulièrement en deux points. De 11a à 12b nous retrouvons les synonymes ÉLEVER et *se dresser*:[13] sa corne élevée par YHWH, le fidèle peut considérer en vainqueur ceux qui se dressaient contre lui. Le dernier stique de 12 et le premier de 13 commencent respectivement par *les méchants* et *le juste* dont l'opposition est manifeste.[14]

Considérons pour lui-même le petit ensemble 13-15[15] auquel nous pourrons commencer ici de joindre 16. Le thème de la vitalité et de la fécondité fait l'unité de 13-15. On le trouve dans les derniers termes du parallélisme de 13 (COMME un palmier + POUSSERA // COMME un cèdre du Liban + croîtra), dans les termes extrêmes du chiasme de 14 (Plantés + DANS la maison de YHWH / DANS les parvis de notre Dieu + POUSSERONT – récurrent de 13a), et autour de « DANS la vieillesse » (ils portent du fruit... plantureux et FRAIS), expression centrale en 15.[16] Les emplois de la préposition *b* (impossible à rendre en 13b: un cèdre DANS le Liban) nous aident à percevoir les passages d'un lieu à l'air libre pour les arbres de 13 à celui du temple en 14, puis des lieux de 13 et 14 au temps de 15 (DANS la vieillesse). La préposition *b* (DANS) se lit dans chaque stique de 13b à 15a. Considérons ici le dernier verset du poème, après l'infinitif initial il présente une symétrie croisée, c'est-à-dire un parallèle (ici quant aux contenus) et un chiasme (ici quant aux proportions), soit:

droit (a)   YHWH mon rocher (B)
ET il n'y a pas de fausseté (A)   en lui (b)

---

[13] Soit *rwm* et *qwm*. Voir Girard p. 105 n. 4.
[14] Parmi les paires de mots relevées en notre introduction rappelons ici *ṣdq/rš'* et *r'/rš'*, par où l'on voit que par synonymie (le juste) ou par opposition (les méchants) nos deux termes font paire avec *les impies* de 8a. *Impies* s'oppose à *juste*, et de même *méchants* qui est synonyme *d'impies*.
[15] Considéré déjà comme tel par la *Companion Bible*.
[16] Où nous lisons une symétrie concentrique: *'wd* (a) *ynwbwn* (b) *bśybh* (c) *dšnym wr'nnym* (b') *yhyw* (a'), difficile à rendre en français autrement qu'en paraphrasant, par exemple: ils en sont encore (a) à porter du fruit (b) dans la vieillesse (c), plantureux et frais (b') qu'ils sont alors (a').

Quant à *droit* il constitue une paire stéréotypée avec *juste*. On voit la cohérence: le juste, premier mot et sujet de tout le développement de 13-15, est habilité à publier que YHWH est droit et sans fausseté. C'est à cette fin d'ailleurs qu'il a reçu en partage la prospérité. Sur 13-16 on voit donc à nouveau comme une symétrie croisée, un chiasme selon les contenus (juste + ... plantureux... / pour publier + ... droit...), un parallèle quant aux proportions, soit:

le juste (a)   + 13-15 (... plantureux) (B)
pour publier que (b)   +   16 (droit YHWH...) (A)

Si donc 16 doit se distinguer de 13-15, il y est aussi puissamment articulé.

Après avoir étudié pour eux-mêmes les trois volets 2-7, 8-10 et 11-16, nous pouvons revenir à la proposition de J. Magonet et tenter de l'ajuster d'un peu plus près au texte. Nous sommes bien d'accord sur l'encadrement de 9 par 8 et 10. Nous en avons même donné de nouveaux indices. Mais de 2-7 à 11-16 force est maintenant d'apporter quelques modifications. Magonet voit se correspondre 2-5 et 13-16, puis 6-7 et 11-12. En 6-7 et 11-12 nous voyons à chaque fois se succéder une parole à YHWH sur son action (6 et 11), puis une considération à propos de l'insensé (7) ou des méchants (12). Mais puisque 6 ne peut être disjoint de 5, nous verrons plutôt se répondre 5-6 + 7 et 11 + 12. De 5-6 à 11 nous voyons répartis les termes de deux paires de mots stéréotypées, soit GRANDES (6a) et ÉLÈVES (11a) – le rapport étant ici de synonymie –, puis PROFONDES (6b) et ÉLÈVES (11a) – le rapport étant ici d'opposition –. De plus ÉLEVER se lit encore au centre de l'ensemble, en 9, d'où il se trouve donc en rapport à la fois avec GRANDES et PROFONDES de 6 (paires de mots) et avec ÉLEVER de 11 (récurrence de la racine).[17]

Il nous reste à considérer aux extrêmes du poème 2-4 et 13-16, sans oublier pour autant le rapport existant, le quasi-parallèle entre 2-4 et 5-7. Ici les paires de mots nous seront encore d'une grande utilité. De 2-4 à 13-16 nous avons une séquence comparable, mais avec des propositions inversées. En effet ici et là nous avons une introduction à l'action de grâce et publication des bienfaits de YHWH. Mais cette introduction tient en un mot (*bon*, sans rien d'autre en hébreu) ici tandis que là elle comporte non moins de trois versets (13-15). De l'une à l'autre nous avons cependant les deux termes d'une paire stéréotypée: *bon* (2a) et *plantureux* (15b). La

---

[17] On découvre alors toute la pertinence de la dernière note de Magonet (p. 372): "This emphatic assertion of 'height' would reinforce the reading of the contrasting 'depth' and 'height' that link 6-7 and 11-12".

chose est bonne à accomplir selon 2, celui qui l'accomplit a, selon 13-15, reçu une prospérité telle qu'il pourra se montrer à la hauteur. Quant à l'action de grâce et publication, elle occupe presque entièrement les trois versets 2-4 (moins un mot), mais le seul verset 16. On retrouve d'ici à là la récurrence de PUBLIER, mais aussi les deux termes d'une paire stéréotypée, soit *vérité* (3b) et *droit* (16a). YHWH se lit aussitôt après l'annonce de l'action de grâce en 2, après l'affirmation de sa qualité de droiture en 16.[18] Par ailleurs des introductions aux développements nous pouvons aussi repérer quelques paires de mots, montrant en somme comment les conditions données à la louange conviennent au contenu de cette dernière. Cela est déjà vrai à l'intérieur de nos deux volets pour les couples *bon* (2a) / *amour* (3a)[19] et *juste* (13a) / *droit* (16a). Mais on trouve encore d'un volet à l'autre: *bon* (2a) / *droit* (16a) et *juste* (13a) / *amour* (3a) comme *juste* (13a) / *vérité* (3b). Tentons une récapitulation:

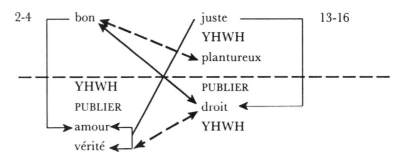

C'est une bonne chose que de rendre grâce à YHWH et publier son amour (bon/amour) et sa vérité, autrement dit sa droiture (bon/droit). Cela revient au juste qui à cette fin deviendra plantureux (bon/plantureux) en la maison de YHWH, sa qualité de juste le mettant à même de connaître et publier la droiture (juste/droit) de YHWH, tout comme d'ailleurs son amour (juste/amour) et sa vérité (juste/vérité). En somme, telle qu'elle est ici présentée, la louange bénéficie des conditions les plus favorables.

Puisque 5-7 sont en quelque sorte parallèles à 2-4, il convient également de les comparer à 13-16. On pourra alors noter que de l'introduction de 5-7 ("CAR tu m'as réjoui, YHWH") au développement en 13-16 (soit 16) nous lisons la conjonction *ky* (CAR,

---

[18] De 2b à 16b Van der Lugt repère aussi un jeu de mots entre *'lywn* (Très-Haut) et *'wlth* (fausseté), la deuxième étant incompatible avec le premier.
[19] En 2-7 on trouve aussi *bon* (2a) / *grand* (6a).

QUE) et YHWH, tandis que ce dernier se lit encore dans le développement en 5-7 (et précisément en 6a), et dans l'introduction en 13-16 (et précisément en 14a), ces indices se croisant donc entre introductions et développements. Comme on le voit, le nom de YHWH se lit ici et là dans les introductions (5a, 14a) et dans les développements (6a, 16a). Ces derniers se terminent l'un et l'autre par l'emploi de la négation, deux fois en 7, une en 16. L'homme stupide et l'insensé n'ont pas accès aux pensées divines, et ce n'est pas étonnant puisqu'en elles il n'y a point cette fausseté qui le caractérise. Ainsi le deuxième volet 5-7 de 2-7 n'est pas non plus sans rapport avec 13-16, mais cependant de façon moins manifeste. Pour la structure d'ensemble il sera donc conforme aux données du texte de privilégier le rapport de 2-4 (par rapport à 5-7) à 13-16.

Nous pouvons maintenant proposer la symétrie concentrique de l'ensemble comme suit:

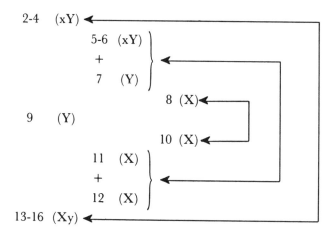

Expliquons-nous sur les sigles entre parenthèses: x ou X indiquent les introductions ou non ($\overline{\text{X}}$) à la louange, Y ou y l'accès ou non ($\overline{\text{Y}}$) à son contenu. Après l'étude qui précède le lecteur n'aura aucun mal à retrouver le rapport entre 2-4 (brève introduction x + long développement Y) et 13-16 (introduction longue X + développement bref y). De 5-7 à 11-12 nous avons remarqué une succession comparable de ce qui regarde YHWH (5-6) ou son fidèle (11), puis ce qui concerne l'insensé (7) ou les méchants (12). Mais en 11-12 cela concerne en somme les mises en condition pour la louange, soit bonne (11), soit contraire (12), tandis qu'en 5-7 de l'accès (5-6) ou non (7) au contenu de la louange. Nous trouvons donc en 5-7 (après x): Y + $\overline{\text{Y}}$, mais en 11-12: X + $\overline{\text{X}}$. Que 8 et 10 présentent la situation où toute louange devient impossible ($\overline{\text{X}}$), c'est évident.

Quant à 9, le centre, il revient sur un point central du contenu de la louange. Il se trouve d'ailleurs qu'à partir de paires stéréotypées ou de simples récurrences ou synonymes 9 est en rapport tant avec 2-4 et 5-6, les deux premières unités avant 8, qu'avec 11 et 12, les deux premières unités après 10.[20]De 2 à 9 nous trouvons les synonymes *'lh* et *rwm* dans les titres de *Très-Haut* et *Elevé* attribués à YHWH. De 6 à 9 nous avons, répartis, les termes de deux paires de mots stéréotypées, soit *grand/élevé* (synonymes) et *profond/élevé* (antonymes), là où encore il s'agit du même YHWH. De 9 à 11 nous avons la récurrence de ÉLEVER, la manière d'agir de YHWH (élever) correspondant bien à ce qu'il est (élevé). Enfin de 9 à 12 nous lisons les deux synonymes *élever* et *dresser*[21]: c'est peine perdue de se dresser contre qui a pour Dieu celui qui est élevé.

2. *Nouvelle proposition*

En étayant plus avant et en la modifiant légèrement nous avons ci-dessus retenu la proposition de Magonet quant à la structure littéraire de ce poème. Il se trouve cependant que ce travail de vérification et d'ajustement va nous permettre une autre proposition, nullement exclusive de la précédente, mais nous faisant saisir d'autres rapports à l'intérieur d'un ensemble structuré. Nous considérons ici successivement 2-11, 9-16, puis 9-11 qu'ils ont en commun et l'ensemble. En 2-11, négligeant les très brèves introductions en 2 ("bon") et 5 ("car tu m'as réjoui"), nous découvrons l'agencement suivant:

$$Y\ (2\text{-}4 + 5\text{-}6)\ \overline{Y}\ (7) \longrightarrow \overline{X}\ (8)$$

$$Y\ (9) \longrightarrow \overline{X}\ (10)\ X\ (11)$$

Disons soit qu'au parallélisme Y$\overline{X}$ // Y$\overline{X}$ s'ajoutent aux extrêmes leurs contraires (à Y: $\overline{Y}$ et à $\overline{X}$: X), soit qu'au parallélisme $\overline{Y}$X // YX s'ajoutent ici encore leurs contraires aux extrêmes (à $\overline{Y}$: Y qui le précède, à X: $\overline{X}$ qui le précède). Nous connaissons déjà les points de rapports entre 2-6 et 9: *Très-Haut, grand, profond* et ÉLEVÉ (synonymes, à l'intérieur de paires de mots pour *grand* et *profond*), comme de ceux de 8 à 10. Ajoutons ici qu'on lit une comparaison (avec COMME) tant en 8 qu'en 11. Par ailleurs aux synonymes et paires de mots signalés de 2-6 à 9 on ajoutera la récurrence de ÉLEVÉ de 9 à 10, et à l'expression FAISEURS (D'INIQUITÉ) en 10 et

---

[20] Magonet avait déjà perçu le rapport entre 9, 6-7 et 11-12: voir ci-dessus notre introduction et n. 17.
[21] Voir ci-dessus n. 13.

8 on ajoutera la récurrence de FAIRE en 2-6 (5a), ces deux jeux d'indices étant symétriques l'un à l'autre (en YYX et en $\overline{Y}\overline{X}\overline{X}$). Signalons enfin comme un chiasme se superposant à notre parallèlisme. En effet en 2-6 (avant 7) nous lisons (en 5a): CAR... YHWH... TU FAIS (soit en Y), et en 10 (avant 11): CAR... YHWH... LES FAISEURS (soit en $\overline{X}$), les contextes (Y et $\overline{X}$) étant clairement opposés. Par ailleurs en 8 ($\overline{X}$) l'expression finale (*à jamais*) forme une paire stéréotypée avec celle qu'on lit en 9 (*pour toujours*, ici en Y), les contextes cette fois encore (mais en ordre inverse: $\overline{X}$ et Y) étant clairement opposés. Il n'est donc pas injustifié de considérer comme un ensemble structuré ces vv. 2-11. La structure en est complexe, mais elle permet de saisir parallèles, correspondances, oppositions, rapports inversés, autant de chemins à parcourir par le lecteur qui accepte de prendre le texte en son architecture.

Venons-en maintenant à 9-16. A l'aide de nos précédents repérages nous pouvons y percevoir le chiasme suivant:

$$
\begin{array}{l}
\quad\ulcorner\!\!- \text{Y (9)} \\
\qquad\qquad \ulcorner\!\!\longrightarrow \overline{X}\text{ (10) X (11)} \\
\qquad\qquad \llcorner\!\!\longrightarrow \overline{X}\text{ (12) X (13-15)}^{22} \\
\quad\llcorner\!\!- \text{y (16)}^{23}
\end{array}
$$

Nous avons déjà comparé 22 et 13-15. De 10 à 12 nous pouvons faire valoir une paire stéréotypée avec *ennemis* et *ceux qui se dressent*. En 9 et 16 il s'agit du même YHWH, désigné par son nom ici et là.

Nous pouvons maintenant considérer l'ensemble du poème à partir des deux ensembles précédents. Joignons-les dans la présentation suivante:

---

[22] De 11(a) à 13-15 (13a) Van der Lugt relève l'allitération de *wtrm* (et tu élèves) à *ktmr* (comme un palmier), et encore – marquant en quelque sorte les extrêmes ici de notre deuxième volet – celle de *bšwry* (ceux qui m' épiaient: 12a) à *yšr* (droit: 16a).

[23] Les sigles employés ne doivent pas tromper. Nous avons ci-dessus négligé x (un mot et trois, en hébreu) en 2-4 et 5-7 où ils ne constituent même pas un stique, l'attention se portant très vite à l'objet de la louange. Mais ici y correspond à un verset entier (trois propositions), bien distinct syntaxiquement et par son contenu de ceux qui le précèdent. Nous retrouvons ici le verset 16 en tant qu'unité comme dans les propositions de la *Companion Bible* et de Trublet – Aletti.

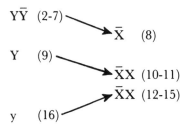

Il vaut la peine de considérer chacune des deux colonnes ainsi déterminées. Aux extrêmes de la première nous lisons:

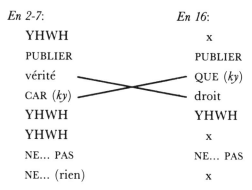

On se souvient que *vérité* et *droit* constituent une paire stéréotypée. Le nom divin se lit aussi en 9, unité centrale en cette colonne. Dans la colonne de droite aux extrêmes nous lisons:

En 8:   *En 12-15*:
POUSSENT   x
les impies   les méchants
x   le juste
COMME   COMME
x   POUSSERA
x   COMME
x   POUSSERONT
à jamais (*'dy-'d*)   encore (*'wd*)

Nous connaissons déjà (voir n.14 ci-dessus) les paires stéréotypées *impies/justes* et *impies/méchants*. De *à jamais* (abattus) à *encore* (portent du fruit) il y a non seulement le thème commun de la durée, mais en hébreu jeu de mots. Alors que de 2-7 à 16 deux mentions de YHWH (au vocatif en 5 et 6 – et sans oublier la mention de 2) et deux négations en appellent respectivement une, ici un emploi de POUSSER et un emploi de COMME en appellent deux en 12-15. Pour ce qui est du centre 10-11 nous avons plus haut rappelé les rapports de 10 à 8 et de 11 à 13-15. Ajoutons qu'en 11 comme en 8 et 13-15 nous lisons une comparaison introduite par COMME. Ainsi les deux séries (ci-dessus en colonne) Y et X sont-elles conclues de la même manière qu'elles sont introduites tandis qu'en leurs "centres" on lit un indice commun aux extrêmes (YHWH en 9, COMME en 10-11).

Mais nous voulons maintenant considérer spécialement ces "centres", soit encore ces unités qui en 9-11 sont communes tant à l'ensemble 2-11 (parallèle) qu'à l'ensemble 9-16 (chiasme). Ces trois versets 9-11 (Y$\overline{X}$X) nous semblent présenter le chiasme suivant:

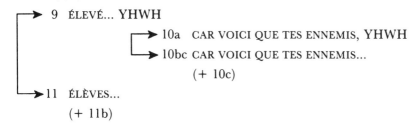

Ainsi 10b reprend 10a (qui comporte une interpellation à YHWH), puis il est doublé par 10c (10bc étant construit selon un chiasme déjà signalé). De même 11a avec la récurrence de ÉLEVER fait écho à 9 (qui comporte une interpellation à YHWH), une seconde action de YHWH doublant en 11b la précédente. On pourrait symboliser ce chiasme, au vu des proportions respectives de ses éléments par a.b. B.A. Celui qui est élevé élève son fidèle tandis que périssent ses ennemis. Nous avons ici encore comme un centre de notre poème. Notons qu'il comporte en son début ce même verset 9 qui était au centre de la structure concentrique proposée par Magonet. Cette déclaration est donc bien fondamentale. Mais elle apparaît ici avec son impact dans la vie du fidèle.

* *

En guise de conclusion nous examinerons, d'un point de vue structurel, l'enchaînement des deux psaumes 91 et 92 dans le psautier, nous référant pour le premier à notre étude antérieure.[24] Les récurrences allant d'un psaume à l'autre se lisent dans les unités initiales de chaque psaume (91, 1-2 et 92, 2-4), puis, en 91, dans les centres de 4-9 (4.*5-8*.9) et 10-13 (10.*11-12*.13) ainsi qu'en 9 (dernière unité) et 10 (première unité), et enfin dans le premier volet en 14-16 (*14*-15a.15b.15c-16), et, en 92, dans les unités encadrant im-

---

[24] « ‹ Je suis ave lui › Etude structurelle du Psaume 91 », au chapitre précédent.

médiatement 9-11, c'est-à-dire 8 et 12-15 (12 précisément), soit, en adoptant l'ordre des termes selon le Ps 91 :

91, la et	9b	: TRÈS-HAUT	= *92,*	2b		
	5	: NUIT (// jour)		3	:	(matin //) NUITS
	8a	: DE TES YEUX TU REGARDES		12a	:	IL A REGARDÉ[25], MON OEIL
	8b	: IMPIES	=	8a		
	10a	: malheur (*r‵*)		12b	:	méchants (*mr‵ym*)
	12a	: MAINS	=	5b		
	14b	: MON NOM		2b	:	TON NOM

Mais d'un psaume à l'autre ces neuf récurrences s'ordonnent de la façon que fera voir le tableau suivant (à lire selon les colonnes de gauche à droite) :

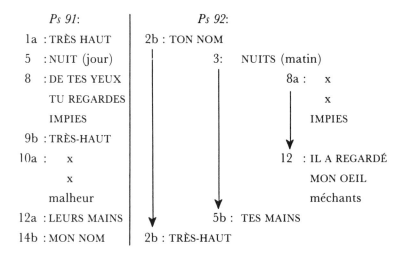

	Ps 91:		*Ps 92*:
1a	: TRÈS HAUT	2b : TON NOM	
5	: NUIT (jour)		3: NUITS (matin)
8	: DE TES YEUX		8a : x
	TU REGARDES		x
	IMPIES		IMPIES
9b	: TRÈS-HAUT		
10a	: x		12 : IL A REGARDÉ
	x		MON OEIL
	malheur		méchants
12a	: LEURS MAINS		5b : TES MAINS
14b	: MON NOM	2b : TRÈS-HAUT	

Autrement dit nous retrouvons dans le Ps 92 les termes ordonnés autour de 91, 9b, en commençant par les extrêmes (TRÈS-HAUT/ NOM, inversés), puis en s'approchant de 9b. Pour IMPIES et *malheur/méchants* (*r‵*), c'est IMPIES qui en 91, 8 est précédé par DE TES YEUX TU REGARDES, mais *méchants* qui en 92, 12 est précédé par IL A REGARDÉ, MON OEIL. En 91, 12 du fidèle YHWH proclame qu'il connaît SON NOM, ce qu'on constate en effet en 92, 2ss au vu de la joie suscitée chez le fidèle par la célébration de ce même NOM. C'est celui du TRÈS-HAUT, rempart et refuge de son fidèle. Il est bien juste que celui qui jour et NUIT assure la sécurité de son

---

[25] IL A REGARDÉ, au lieu de *il a vu* dans la traduction ci-dessus, pour faire percevoir la récurrence par rapport à 91, 8a. Nous gardons aussi ici et là l'ordre des termes en hébreu.

fidèle voit son amour et sa vérité publiés le matin et au long des NUITS. Il envoie ses anges porter sur leurs MAINS son fidèle en chemin, mais il réalise mieux encore de ses propres MAINS. Le fidèle peut s'attendre à pouvoir REGARDER de ses propres YEUX la défaite des IMPIES et des *méchants*. Le *malheur* n'approchera pas de lui, et les IMPIES seront abattus à jamais. Si l'on tient compte des unités auxquelles appartiennent ces neuf récurrences, on peut voir que pour TRÈS-HAUT et NOM nous passons d'expressions de confiance (91, 1-2.9.14bβ) à une annonce de la louange (92, 2-4), que pour NUIT et MAINS les promesses de protection de 91, 5-8 et 12a le cèdent ici encore à la louange en 92, 2-4 et 5-7, que pour YEUX, REGARDER, IMPIES et *malheur/méchants* les promesses de protection de 91, 5-8 et 10 le cèdent à des annonces de défaites pour l'ennemi en 92, 8 et 12. Nous pouvons alors, nous semble-t-il, élargir la comparaison entre nos deux psaumes. Il apparaît bien en effet que YHWH, allié de son fidèle, l'est ici plutôt comme refuge (91, 3.11-12.5-8.10.13), là comme vainqueur des ennemis (92, 8.10.12). A son fidèle YHWH accorde et le salut selon 91, 14aβ.bα, 15aβ-16, et prospérité, longévité selon 92, 11.13-15 (mais déjà 91, 16a). Face à lui le fidèle manifeste ici sa confiance (91, 1-2.4.9.14aα.bβ.15aα), et là il se lance dans la louange (92, 2-7.9.16). Ces rapports de contenus, qui nous ont été indiqués pour certains par les récurrences passant d'un psaume à l'autre, sont riches de signification. Qui niera que protection du fidèle et défaite des ennemis, délivrance et longévité, confiance et action de grâce ne soient complémentaires, et qu'ainsi la succession de nos deux psaumes dans le livre des Psaumes ne soit des plus opportunes ?

ANNEXE I: PAIRES DE MOTS STEREOTYPÉES DANS LE PSAUME 92
(Voir n.5 ci-dessus)

'BD/ŠMD	ṬWB / ḤSD	P'L / 'ŚH
('wzn / 'yyn)	ṬWB / YŠR	(p'ly 'wn / rš'ym)
('zn / šm')	ṬWB / R'	(ṢDQ / 'MT)
'YB / QWM	ṬWB / ŚMḤ	(ṢDQ / ḤSD)
('lhym / YHWH)	YD / ŠM	ṢDQ / YŠR
('mt / ḥsd)	yd' / byn	ṢDQ / RŠ'
('MT / YŠR)	YD' / ḤŠB	(QWM / 'YB)
'MT / ṢDQ	(YD' / ŠM')	(RWM / GDL)
('rz / tmr)	YHWH / 'lhym	RWM / 'MQ
(byn / yd')	YŠR / 'MT	rnn / śmh
(BYN / ŠM')	(YŠR / ṬWB)	(R' / ṬWB)
byt / ḥṣr	(YŠR / ṢDQ)	R' / RŠ'
bqr / lylh	(knwr / nbl)	rš'ym / p'ly 'wn
GDL / ṬWB	(lylh / bqr)	(RŠ' / ṢDQ)
GDL / ṚWM	(m'śh ydyym / p'l)	(RŠ' / Ṛ')
DŠN / ṬWB	nbl / knwr	(ŚMḤ / ṬWB)
(ḤSD / ṬWB)	NGD / ŠM'	(śmḥ / rnn)
ḥsd / 'mt	'yyn / 'wzn	(ŠM / YD)
ḤSD / ṢDQ	('MQ / RWM)	(ŠMD / 'BD)
(ḥṣr / byt)	('ŚH / ḤŠB)	šm' / 'zn
(ḤŠB / YD')	('ŚH / P'L)	ŠM' / BYN
ḤŠB / 'ŚH	('D / 'WLM)	ŠM' / YD'
(ṬWB / GDL)	'WLM / 'D	(ŠM' / NGD)
(ṬWB / DŠN)	p'l / m'śh ydyym	tmr / 'rz

CHAPITRE XVIII

STRUCTURES LITTERAIRES DANS LE PSAUME 119

Une longue introduction à ce travail ne sera pas nécessaire. La répartition du Ps 119 en vingt-deux strophes ainsi que son emploi de l'acrostiche alphabétique sont de l'ordre de l'évidence. Mais si les commentateurs consentent à rechercher une unité thématique à chacune des strophes ainsi constituées, tous ont renoncé à leur trouver une structure littéraire[1] sous prétexte que l'acrostiche, ici

---

[1] Relevons ici, pour leur en faire honneur, la réaction de deux moines, non exégètes de métier, mais honnêtes lecteurs, Frère François et Frère Pierre-Yves, de la communauté de Taizé, *La grâce de la Loi, lecture spirituelle du Psaume 118*, Vie Monastique N° 21, Abbaye de Bellefontaine 1988, écrivant dans leur introduction (p. 9): « Même si c'est avec une rigueur variable, chacune de ces 22 strophes est plus organisée qu'il n'y paraît au premier abord ; plus diversifiée, plus typée qu'on ne le croirait. Chercher chaque fois cette organisation, voir comment la forme, plus ou moins évidente, est au service d'une pensée: voilà, nous semble-t-il, la manière de découvrir en ce psaume une richesse spirituelle surprenante et admirable, comme nous espérons le montrer ». Mais cette ambition se ramène finalement dans leur ouvrage à vérifier une hypothèse *générale* consistant seulement à affirmer que « chaque strophe célèbre la loi... avec une tonalité et selon un axe qui lui sont propres », hypothèse en entraînant d'autres, plus aléatoires, soit l'accent de la strophe indiqué par la répétition d'un ou plusieurs termes (1), termes se lisant assez souvent dans les 1er et/ou 2ème versets et dans le 7ème (2), le 1er verset étant assez généralement en rapport étroit avec l'accent propre de la strophe (3), tandis que le 8ème exprime soit un élargissement, soit un rappel de modestie (4). Ce sont là, on le voit, autant de constantes, déjà perçues pour certaines par d'autres (par exemple (2) par *BJ* fasc. dans sa première note), et peut-être finalement secondaires par rapport à la structure littéraire *propre* de chaque strophe, « plus organisée qu'il n'y paraît au premier abord ». Et ce dont il s'agit pour nous, c'est de « chercher *chaque fois* cette organisation », sans préjuger de sa conformité à des constantes qu'on ne devrait de préférence énoncer qu'après avoir honoré cette première étape de la lecture. Quoi qu'il en soit, nous partageons sans réserve l'ambition de ces deux auteurs et espérons l'honorer un peu plus avant. Signalons encore deux études s'attachant à saisir la composition de notre psaume. J. Bazak, *Structures and Contents in the Psalms – Geometric Structural Patterns in the Seven Alphabetic Psalms* (en hébreu), Tel Aviv 1984, consacre son dernier chapitre au Ps 119, croyant percevoir dans chaque strophe la présence de deux « triangles » de trois versets, suivis des deux derniers versets, la « tête » des triangles tantôt amorçant (pour *B, G, D, W, T, N, P*), tantôt concluant (pour les autres strophes) les triangles en question. Mais la proposition, trop systématique, laisse dans l'ombre nombre de données littéraires (et en particulier de récurrences). Elle ne nous paraît pas pouvoir être retenue. Le lecteur, pour s'en convaincre, n'aura qu'à comparer pour quelques strophes les propositions de Bazak et les nôtres: aucune ne converge. Enfin, bien que visant ici à dégager la structure littéraire du Ps 119, nous ne pouvons passer sous silence la minutieuse étude de Will Soll, *Psalm 119. Matrix, Form and Setting*, CBQMS 23, Washington 1991.

comme dans les autres psaumes alphabétiques², la rendait impossible. Or – comme nous allons tenter de le montrer – non seulement chaque strophe, même si c'est avec plus ou moins d'évidence, possède sa structure propre, mais l'enchaînement d'une strophe à l'autre est souvent commandé par des aménagements structurels qui vont même parfois jusqu'à faire de deux strophes consécutives un véritable ensemble littéraire. Il reste cependant que le psaume ne semble pas présenter de structure littéraire d'ensemble³, même si les nombreuses récurrences qu'il contient peuvent laisser espérer des recherches futures quelque découverte en ce sens.

Nous empruntons la traduction de *La Bible de Jérusalem*, la modifiant aux seules fins de manifester le plus possible les récurrences de termes tout au long du psaume et de respecter plus étroitement l'ordre des mots de l'hébreu quand cela est nécessaire à l'étude de la structure. Les rares divergences d'un autre ordre seront signalées dans la *Note sur la traduction* dont nous ferons suivre le texte de chaque strophe. Nous donnons chaque strophe avant son analyse, pour des raisons de commodité. On trouvera en CAPITALES les récurrences utiles à l'analyse structurelle de la strophe elle-même, en *italiques* celles qui serviront à étudier son enchaînement avec les strophes contiguës, en *CAPITALES ITALIQUES* celles qui remplissent les deux fonctions.

Strophe I ('Aleph):

1a HEUREUX ceux qui sont parfaits en leur VOIE,
1b ceux qui MARCHENT dans la loi de *YHWH* !
2a HEUREUX ceux qui gardent ses témoignages,
2b ceux qui de *TOUT COEUR le cherchent* !

---

² Nous avons étudié la structure des psaumes alphabétiques du Psautier dans *Quatre psaumes et un cinquième – Etude structurelle des psaumes 7-10 et 35*, Paris 1992, chapitres IV, VI et VII de la première partie, sur les Pss. 9 et 10, « Essai sur la structure littéraire du psaume 25 », chapitre VII (pp. 207-227) de *La Sagesse a bâti sa maison*, *OBO* 49, Fribourg (S.) et Göttingen 1982, «‹ En raison de ton Nom, YHWH, tu pardonneras ma faute › Etude structurelle du psaume 25 ». *EgT* 22 (1991) 5-31, « Essai sur la structure littéraire du psaume 34 », chapitre III (pp. 75-91) de *Hymnes d'Egypte et d'Israël*, *OBO* 34, 1981, «‹ Allez, fils, entendez-moi › Etude structurelle du psaume 34 et son rapport au psaume 33 », *EgT* 19 (1988) 5-31, «‹ Aie confiance en lui, et lui, il agira › Etude structurelle du psaume 37 », *SJOT* 1990/2: 13-43, « Essai sur la structure littéraire des psaumes CXI et CXII », *VT* 30 (1980) 257-279, « Essai sur la structure littéraire du psaume 145 », *Fs. Cazelles*, *AOAT* 212, Neukirchen-Vluyn 1981, pp. 15 – 31. Voir aussi pour les textes alphabétiques de Qumrân « Structure littéraire et interprétation du Psaume 155 de la grotte XI de Qumrân », *RevQum* 9 (1978) 323-356, « Structure littéraire de l'Hymne à Sion de 11Q Psᵃ XXII, 1-15 », *RevQum* 10 (1980) 203-211.
³ Nous n'avons donc pas osé citer comme titre pour cette étude tel ou tel stique de ce psaume dont, structurellement parlant, nous ne percevons pas le sommet.

3a Ils *NE* commettent *PAS* non plus de méchanceté.
3b Dans ses VOIES ils MARCHENT.
4a *Toi*, tu ORDONNES tes préceptes,
4b qu'on les *OBSERVE* ENTIÈREMENT.
5a Puissent se fixer mes VOIES
5b à *OBSERVER* TES VOLONTÉ !
6a Alors je *N*'aurai *PAS* honte
6b en *regardant TOUS tes ORDRES*.
7a Je te rendrai grâce en droiture de COEUR,
7b pour avoir appris les jugements de ta justice.
8a *TES VOLONTÉS*, je veux les OBSERVER.
8b Ne me délaisse pas *ENTIÈREMENT*.[4]

La première strophe est clairement répartie en deux ensembles de quatre vers, les quatre premiers concernant les parfaits en général, les quatre derniers le psalmiste lui-même. On lit VOIE dans le premier stique ici et là (1a.5a) et ENTIÈREMENT au terme (4b.8b), et de plus l'adjectif TOUT au quatrième stique ici et là (2b.6b). Ces indices, on le voit, sont disposés en parallèle d'un ensemble à l'autre. Mais d'autres indices sont ordonnés sur l'ensemble selon l'ordonnance que nous commençons par présenter dans le relevé suivant:

---

[4] *Note sur la traduction*: « Parfaits » en 1a plutôt que « impeccables », comme dans la traduction *BJ* de Ps 19, 8, et de même en 80a. Ce qui suit HEUREUX en 1a et 2a n'y est pas juxtaposé, mais à lire en parallèle à 1b et 2b, d'où notre traduction, inspirée ici de la TOB. En 2a témoignages est au pluriel comme en hébreu, et ainsi toujours par la suite. En 3a on a cherché à rendre plus exactement *'p*. TU ORDONNES en 4a, pour indiquer l'identité de racine avec ORDRES, ainsi traduit en 6b et par la suite, plutôt que *commandements* (BJ) pour cette même raison. *Fixer* (5a) se lira encore en 73a, 90b, 133a. En 6 nous traduisons plus servilement pour manifester la récurrence de TOUT (2b). *Rendre grâce* (7a) se lira encore en 62a, *droit(ure)* en 128a et 137b. *Apprendre* en 7b (*lmd*) pour tenir compte de sa récurrence en 12b et souvent par la suite, *les jugements de ta justice* plus littéral comme le signale en note *BJ* (fasc.). A propos des synonymes GARDER (*nṣr*) de 2a et OBSERVER (*šmr*) de 8a, nous en maintiendrons toujours cette traduction par la suite, quitte à changer celle de *BJ* (par exemple en 88b). La négation de 8b (*'l*) n'est pas en CAPITALES parce qu'elle est différente, en hébreu, de celles de 3a et 6a (*l'*) ; *délaisser* se lira à nouveau en 53b et 87b. Comme *BJ* nous négligeons, faute de trouver mieux, la différence entre *m'd* (4b.96b.138b.140a.167b) et *'d-m'd* (8b.43a.51a.107a) que nous rendons l'un et l'autre par ENTIÈREMENT. Par la suite ces *Notes sur la traduction* deviendront de plus en plus brèves, car nous ne nous astreindrons pas à reprendre en chacune les remarques faites à propos d'une strophe antérieure. Le lecteur qui voudrait examiner l'ensemble de notre traduction devrait donc enchaîner la lecture desdites notes (soit les notes 3, 6, 13, etc...).

```
1a...    :         VOIE
... 2b   :         COEUR
-----------------------------------------------------------------------------
3a + b : (nég.)   + VOIES
4a + b :            ORDONNES      + OBSERVE
-----------------------------------------------------------------------------
5a + b :            VOIES         + OBSERVER
6a + b : (nég.)   + ORDRES
-----------------------------------------------------------------------------
7a...    : COEUR
... 8b   : (nég.)
```

De 3-4 à 5-6 nous retrouvons dans la même séquence VOIES + ORDONNES / ORDRES, mais alors que les deux termes extrêmes sont précédés par une négation dans le stique antérieur au leur, les deux termes centraux sont pour leur part suivis d'une occurrence d'OBSERVER dans le stique suivant le leur. Par ailleurs, en la (premier stique) nous lisons VOIES comme en 3b (deuxième stique en 3-4), et en 8b (dernier stique) nous retrouvons une négation comme en 6a (avant-dernier stique en 5-6). Enfin COEUR se lit au dernier stique de 1-2 comme au premier de 7a. On voit les dispositions, à la fois parallèle pour VOIES + ORDONNER/ORDRES en 3-6, et en chiasme pour COEUR – négation (*l'*) et OBSERVER en 2b-7a, tandis que VOIES en la prépare la récurrence du même mot en 3b et que la négation du dernier stique rappelle celle de 6a.[5] Dans le premier volet notons encore aux deuxièmes stiques de 1-2 comme de 3-4 la récurrence du verbe MARCHER, tandis que dans le deuxième volet les deuxième et avant-dernier stiques inversent entre eux OBSERVER et TES VOLONTÉS, indiquant nettement début et fin de ce volet. Nous avons donc bien à faire à une strophe littérairement

---

[5] Deux stiques après VOIE de 1a on lit GARDER (*nṣr*) en 2a et deux stiques après COEUR de 7a on lit OBSERVER (*šmr*) en 8a. Or *nṣr* et *šmr* sont synonymes et constituent une paire de mots stéréotypée selon Avishur p. 768 (à l'index). En 1a (comme en 2a) nous lisons HEUREUX et en 7a RENDRE GRÂCE que Frères François et Pierre-Yves (pp. 27-28) ont bien raison de rapprocher puisqu'on les trouve encore en un même contexte en Pss 33, 2.12 ; 89, 6.16 ; 106, 1.3.47. A titre d'indices complémentaires notons les mêmes lettres initiales ' + *t* en 4a et 8a, au départ des derniers vers de chaque volet. Mais 3a qui amorce les deux unités centrales 3-4 est aussi très remarquable dans cette strophe *'aleph*. On y lit en effet les cinq premières lettres que voici :

$$' . P . L . ' . P$$

dont les lettres extrêmes et la lettre centrale donnent *'lp*, tandis que les trois lettres centrales inversent les lettres du même *'lp*. Ce n'est sans doute pas un hasard puisque plus d'une fois notre auteur incorpore à sa strophe le nom de la lettre acrostiche (*gml* en 17a, *yd* en 73a, *smk* en 116a, *'yn* en 123a, *ph* en 131a, *r'š* en 160a – mais il néglige de le faire pour *kp* (qu'on lit en 48a et 109a), *lmd* (qu'on lit 12 fois ailleurs) et *mem* (qu'on lit en 136a), la chose étant particulièrement surprenante à propos de *lmd*).

structurée. Il s'agit bien des VOIES de l'homme en 1a et 5a, lequel a à s'appliquer de TOUT coeur à TOUS les ordres divins selon 2b et 6b. Par contre l'emploi de ENTIÈREMENT change de contexte de 4b à 8b puisqu'il s'agit ici de l'observance par l'homme (acteur) des préceptes divins, tandis que là il est demandé à YHWH (acteur à son tour) de ne pas délaisser son fidèle. On voit cependant la complémentarité entre ces deux attentes, celle de Dieu en 4b, celle du fidèle en 8b. On peut percevoir une complémentarité analogue entre le fait pour YHWH d'ORDONNER ses préceptes (4a) et celui pour le fidèle de pouvoir regarder sans honte SES ORDRES (6b). De même ce sont ceux qui marchent dans les VOIES divines (3b) qui peuvent espérer que leurs VOIES se fixent dans les volontés divines (5a). Et encore : l'absence de méchanceté (3a) entraîne l'absence de honte (6a) ; la volonté divine d'OBSERVANCE (4b) est rejointe par celle du fidèle (5b... et aussi 8a). Ceux dont la VOIE (1a) rejoint ses VOIES (3b), le cherchant de tout COEUR, ils peuvent compter éviter la honte (6a) et n'être point délaissés (8b), mais au contraire se livrer en droiture de COEUR à l'action de grâce. Heureux sont-ils !

Strophe II (Beth) :

9a Comment le jeune homme gardera-t-il pur son CHEMIN ?
9b En *observant TA PAROLE.*
10a De *TOUT* MON *COEUR* je te *cherche,*
10b *ne* m'écarte *pas* de *tes ordres.*
11a Dans MON *COEUR* j'ai conservé ton dire,
11b de sorte que je *N'*aille *PAS* pécher contre toi.
12a Béni (sois-tu), *toi, YHWH* !
12b Apprends-moi *TES VOLONTÉS.*
13a De mes lèvres j'ai énuméré
13b *TOUS* les *jugements* de *ta* bouche.
14a Dans la voie de *tes témoignages* je jubile
14b comme par-dessus *TOUTE* richesse.
15a Sur tes préceptes je veux *méditer*
15b et *regarder les* CHEMINS.
16a En *TES VOLONTÉS* je trouve *mes délices.*
16b Je N'oublie PAS TA PAROLE.[6]

---

[6] *Note sur la traduction*: En 9a *garder-pur* traduit un seul mot en hébreu. Il n'y a donc pas ici de récurrence du verbe GARDER. La traduction veut rendre mieux la fonction du sujet pour *jeune homme.* La traduction *BJ* de 9b est en français trop déroutante (« à observer ta parole »). 10a dit simplement « je te cherche », sans l'insistance que met *BJ* sur l'objet. *Ton dire* en 11a et par la suite, plutôt que *ta promesse (BJ),* pour rendre la synonymie avec *ta parole.* En 11b nous serrons de plus près l'hébreu. En 12a nous rendons le pronom indépendant hébreu comme en 4a (toi) pour en manifester la récurrence. Nous serons attentifs à toujours rendre ces

A considérer les deux premiers versets de cette strophe on peut dire qu'ils sont agencés en chiasme, 9a et 10b touchant à l'éventualité d'une impureté du chemin ou d'un écart par rapport aux ordres, 9b et 10a témoignant de l'application du fidèle à observer la PAROLE et à chercher YHWH. Au v.11 le premier stique revient sur l'application à conserver le DIRE (synonyme de la PAROLE[7]), et le second sur l'éventualité d'un péché. Or 11a comporte MON COEUR comme 10a, et 11b une négation (*l'*) comme 10b (*l'*), si bien qu'on peut voir 10 et 11 respectant entre eux un parallèle. Et finalement la structure d'ensemble de ces trois versets peut être présentée ainsi:

```
A : 9a (pur ?)
            B  :  9b (TA PAROLE)
            B  :  10a (MON COEUR) + A : 10b (ne... pas !)
            B  :  11a (MON COEUR... TON DIRE)
A : 11b (ne... pas)
```

10a a ceci de particulier par rapport à 9b et 11a qu'il ne se réfère pas à la PAROLE ou au DIRE de YHWH, mais à ce dernier directement. Or il est ici au centre, en tête de l'enchaînement B + A en 10. De même, en ce qui concerne les dérapages par rapport à la Loi, 10b a ceci de particulier qu'il présente cet écart comme le fait de YHWH (sujet de l'impératif) alors que 9a et 11b en font le fait du fidèle (jeunc homme ou 1ère pers. sujets des verbes). Or 10b est pour sa part au terme de l'enchaînement central B + A en 10.

Dans la suite 12a, 14 et 16a comportent tous trois une note de réjouissance, dans la bénédiction adressée à YHWH lui-même en 12a, dans la jubilation ou les délices qu'apportent au fidèle les témoignages ou les volontés divines selon 14 et 16a. Quant à 12b, 13 et 15, ils traitent de l'application du fidèle aux jugements, préceptes, chemins et volontés de YHWH, la chose étant de son fait en 13 et 15 (où, à la 1ère pers., il est le sujet des verbes), mais celui de YHWH en 12b (où, à la 2ème pers., il est le sujet du verbe). De

---

pronoms. En 14a nous traduisons *śyś* par jubiler (et jubilation en 111b et 162a) pour bien le distinguer de réjouir/joie (*śmḥ* en 74a), même si les deux mots sont apparentés au point de constituer une paire de mots stéréotypée (selon Avishur p. 768, à l'index). La tournure un peu lourde que nous adoptons pour 14b veut rendre *comme* qu'on retrouvera introduisant aussi une comparaison en 70a.83a.119a.162b.176a (et 87a).Il n'est pas nécessaire d'ajouter *à* pour introduire le complément en 15b (pas de préposition en hébreu). (Sur la traduction de 9 en son entier comme une question voir W.M. Soll, « The Question of Psalm 119:9 », *JBL* 106 (1987) 687-8. D'après l'auteur lui-même les implications de son hypothèse concernent principalement le genre littéraire du psaume. Nous n'avons donc pas ici à prendre parti et préférons nous en tenir, jusqu'à plus ample discussion, à la traduction habituelle de ce verset.)

[7] DIRE et PAROLE constituent même une paire de mots stéréotypée selon Avishur p. 242. Voir aussi Girard, pp. 124 n. 2, 152, 262 entre autres.

même que l'enchaînement de 12a + 12b se termine en ce dernier stique avec une mention de TES VOLONTÉS, de même celui de 15 + 16a. En 13 et 14 nous lisons l'adjectif TOUT. En donnant à 12a, 14 et 16a le sigle C nous découvrons ici une structure semblable à la précédente, soit:

```
C : 12a    (Béni)
   B   : 12b (apprends-moi)
   B   : 13  (j'ai énuméré TOUS) + C : 14 (je jubile . . . TOUTE)
   B   : 12  (je veux méditer et regarder)
C : 16a    (mes délices)[8]
```

Le v.13, en tête de l'enchaînement central B + C, est joliment inclus entre les mentions des lèvres du fidèle et de la bouche[9] de YHWH.

Entre 9-11 et 12-16a la différence s'apprécie aisément. Les premiers ont en propre les éléments A concernant les dérapages possibles par rapport à la loi, les seconds les éléments C concernant les diverses joies suscitées par la loi. Ainsi l'observation de la loi (9b.10a.11a et 12b.13.15) doit-elle d'une part préserver du péché et d'autre part susciter la joie.

Mais il faut sans plus tarder prendre en compte le dernier stique. Il comporte la même négation (*l'*) que le stique 10b au centre de 9-11. Et de plus, comme 11b il évoque un manque. En 11 il s'agissait de pécher, directement pour ainsi dire, contre YHWH. En 16b il s'agit d'oublier sa PAROLE. Dès lors à 12-16a on peut, aux extrêmes, ajouter 11b et 16b, et l'on voit ainsi, autour de 13-14, se répondre en ordre exactement inversé, 11b-12 (A + C + B) et 15-16 (B + C + A). Nous pouvons alors présenter comme suit la structure littéraire de l'ensemble de la strophe en y signalant quelques récurrences ou correspondances qui seront aussitöt après exploitées:

```
A : 9a CHEMIN
      B : 9b TA PAROLE
      B' : 10a TOUT (mon coeur) + A': 10b ne . . . pas !
      B : 11a ton dire
A' : 11b NE. . . PAS
   C' : 12a
      B' : 12b
      B : 13 (mes lèvres) TOUS   + C: 14 la voie . . . TOUTE
      B : 15 TES CHEMINS
   C : 16a
A : 16b NE . . . PAS TA PAROLE
```

---

[8] On trouvera dans Avishur les paires de mots suivantes: *śyś* (jubiler) – *śmḥ* (se réjouir) p. 768 (index), *śmḥ* – *ydh* (rendre grâce) ibid., *ydh* – *brk* (bénir) p. 759 (index), d'où il appert que le rapport posé par notre proposition entre *bénir* et *jubiler* est d'autant plus pertinent.
[9] Voir Avishur p. 765 (à l'index).

Du centre B' + A' (l'exposant sera expliqué plus loin) de 10 en 9-11 au centre B + C de 13-14 en 12-16a on relève l'emploi de l'adjectif TOUT et les deux termes coeur-lèvres d'une paire de mots stéréotypée.[10] C'est de tout son coeur que le fidèle recherche YHWH tandis que de ses lèvres il énumère tous les jugements de sa bouche, y trouvant une jubilation supérieure à celle que peut donner toute richesse. De même qu'en 9-11 CHEMIN et TA PAROLE passent de l'élément initial à celui qui précède immédiatement le couple central, de même en 11b-16, mais au terme, on lit le premier dans l'unité qui suit immédiatement le couple central (soit en 15) et le second dans l'élément final (16b). Le jeune homme gardera pur son chemin en observant la parole divine, mais c'est aussi en regardant les chemins de YHWH que le fidèle évitera d'oublier la parole. La parole pour ainsi dire suscite et requiert la fidélité. Puisque CHEMIN et VOIE sont synonymes[11] on pourra encore dire que de même que CHEMIN de l'élément initial en 9-11 appelle VOIE au terme du couple central en 11b-16, de même et symétriquement la négation ('l) au terme du couple central de 9-11 appelle la négation (l') de l'élément final de 11b-16. De 9a à 14 nous passons de la considération du chemin du jeune homme à celle de la voie des témoignages de YHWH ; de 16b à 10b – avec plus de continuité – de l'oubli de la parole (de YHWH) au péché contre YHWH lui-même. Enfin rappelons qu'en 10 YHWH est soit l'objet direct de la recherche du fidèle (10a: YHWH plutôt que sa loi), soit celui qui doit accomplir l'action demandée (10b). De même en 11b nous avons noté que le péché était directement contre YHWH et en 12a la bénédiction adressée à YHWH (qui y est nommé, après le pronom TOI), en 12b de nouveau YHWH sujet du verbe (comme en 10b). Nous avons signalé ce trait particulier en ajoutant ci-dessus exposant ' aux éléments concernés, que YHWH soit directe-ment visé par l'action du fidèle (10a, 11b, 12a), ou qu'il soit celui dont on attend l'action demandée (10b, 12b). De même que 11b est au terme de 9-11, de même et inversement 12a est au début de 12-16a. Mais, mieux encore, de même que 10a + b sont au centre du volet 9-11, de même 11b + 12a + 12b semblent au centre de l'ensemble de la strophe. On compte cinq éléments avant 11b (A.B.B.A.B) et cinq après 12b (B.C.B.C.A). Nous avons vu aussi comment 11b répondait à 9a en 9-11, tandis que 11b-12 étaient repris en ordre inverse en 15-16. Avec la bénédiction de 12a nous

---

[10] Selon Avishur p. 761 (à l'index).
[11] Et constituent même une paire de mots stéréotypée selon Avishur p. 757 (à l'index).

nous trouvons ainsi au centre de notre strophe. Le fidèle qui veut se garder du péché contre YHWH (11b) attend de ce dernier d'être initié à ses volontés (12b). S'il bénit YHWH (12a), c'est parce que l'observation de la loi lui permet d'une part d'éviter le péché et d'autre part de connaître la jubilation que donne la connaissance et la pratique des préceptes divins.

Nous pouvons maintenant considérer *l'ensemble des deux premières strophes.* Des quatre derniers versets de la première aux quatre premiers de la seconde nous constatons l'ordonnance que voici:

5a	mes *voies*	9a	son *chemin*
b	*observer*	b	*observant*
6a	x	10a	x
b	*tes ordres*	b	*tes ordres*
7a	*coeur*	11a	*coeur*

Le *coeur* a à faire ici et là avec le regard porté sur les *ordres* de YHWH ou la fidélité envers eux. C'est en *observant* la loi que le fidèle gardera pur son *chemin, observance* qui requiert la persévérance en elle de ses *voies.* Mais il existe aussi quelques termes situés en parallèle de l'ensemble d'une strophe à l'ensemble de l'autre:

1a	leur *voie*	9a	son *chemin*
...		...	
4a	*toi*	12a	*toi*
...		...	
6b	*tous*	14b	*toutes*
...		...	
8a	*tes volontés*	16a	*tes volontés*

Etant donné les contextes, la récurrence de *tout* en 6b et 14b n'est pas très significative. Il en va tout autrement de celles qui sont situées dans les versets extrêmes. Car c'est la même ambition que manifestent 1a et 9a, de perfection en leur *voie* pour ceux-là dont est vanté le bonheur, de pureté de son *chemin* pour le jeune homme. Et qui niera la complémentarité entre la décision d'observer les *volontés* divines en 8a et les délices qu'elles procurent au fidèle selon 16a ? C'est d'ailleurs un rapport analogue qu'on retrouve de 4a à 12a puisqu'à celui-là (*toi*) qui ordonne les préceptes est adressée aussi une reconnaissante bénédiction.

Il existe par ailleurs certains rapports entre 1-4 et 9-12 comme entre 5-8 et 13-16. Commençons par les premiers à l'aide du tableau suivant:

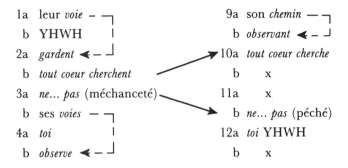

1a	leur *voie*		9a	son *chemin*
b	YHWH		b	*observant*
2a	*gardent*		10a	*tout coeur cherche*
b	*tout coeur cherchent*		b	x
3a	*ne... pas* (méchanceté)		11a	x
b	ses *voies*		b	*ne... pas* (péché)
4a	*toi*		12a	*toi* YHWH
b	*observe*		b	x

Les deux stiques centraux de 1-4 ont leur correspondant dans le troisième et l'antépénultième de 9-12. Comme il se présente en 10a et avec l'ambition qu'il manifeste en 11b, le psalmiste fait évidemment partie de ceux dont il est question en 2b, dont la conduite, telle qu'elle est là présentée, dit assez que le fidèle entend se compter parmi eux. Par ailleurs en 1-2a, 3b-4 et 9, compte tenu des synonymies entre *voie* et *chemin* comme entre *garder* et *observer* déjà relevées, on retrouve à chaque fois dans les stiques extrêmes *voie/ chemin* et *garder/observer*. Par ailleurs alors que nous lisons YHWH au centre (1b) de 1-2a et *toi* (adressé au même) au centre 4a de 3b-4, nous lisons ensemble *toi* et YHWH en 12a. Ainsi 9 répond à la fois à 1-2a et 3b-4, et de même, mais à partir d'autres récurrences, 12. Observer ou garder la loi assure la voie ou le chemin de qui s'en tient aux ordres reçus de YHWH et l'en bénit.

De 5-8 à 13-16 nous trouvons ordonnées les récurrences. ou correspondances suivantes:

5a	x		13a	x
b	x		b	*tous* (les jugements)
6a	x		14a	je jubile
b	*regardant tous tes*		b	x
7a	je te rendrai grâce		15a	x
b	x		b	*regarder tes*
8a	x		16a	je trouve mes délices
b	x		b	x

On se souvient de la correspondance en 12-16 entre "jubiler" et "trouver ses délices", et nous avons vu plus haut (voir notre n.8) la correspondance entre "jubiler" et "bénir". L'adjectif *tout* qualifie ici des termes comparables. Dès lors nous pouvons dire que, symétriquement (par rapport à un axe horizontal), 6b appelle 15b (*regarder*) comme 7a (rendre grâce) appelle 14a (jubiler), mais aussi que 6b appelle 13b (*tout*) comme 7a (rendre grâce) appelle 16a (trouver ses délices). Le regard porté sur les commandements divins suscite l'action de grâce à l'adresse de YHWH, et tout autant la jubilation et les délices du fidèle.

Pour terminer nous noterons encore quatre récurrences ou correspondances symétriquement ordonnées d'un ensemble à l'autre. On lit en 1-8 *voies* trois stiques avant la fin de 1-4 et *ne... pas* trois stiques après le commencement de 5-8, et l'on retrouve *chemin* en 9a, premier stique de 9-16, et *ne... pas* en 16b, dernier stique de 9-16. Les voies dont il est question en 3 sont celles de YHWH, mais c'est le fidèle qui espère ne pas connaître la honte selon 6a; par contre le chemin de 9a est celui de jeune homme (le fidèle), mais c'est la parole de YHWH qu'il espère ne pas oublier selon 16b. On voit l'inversion. Par ailleurs on lit en 1-8 *tout* au quatrième stique (2b) et "rendre grâce" au quatrième stique avant la fin (7a), alors qu'en 9-16 "bénir" se lit deux stiques avant le milieu (12a) et *tous* deux stiques après le milieu (13b). En 2 *tout* qualifie le *coeur* de qui cherche YHWH, en 13 les jugements de ce dernier ; quant à l'action de grâce de 7 et à la bénédiction[12] de 12, elles s'adressent au même YHWH. Ainsi sommes-nous ici encore fondés à dire que les rapports entre ces deux premières strophes sont structurellement organisés et d'autant plus parlant.

Strophe III (Ghimel):

17a Rétribue TON SERVITEUR: *je vivrai*
17b et *j'observerai ta PAROLE.*
18a Dessille mes yeux et *je regarderai*
18b les *merveilles* de ta loi.
19a Etranger (que je suis), moi sur la terre,
19b *ne* me cache *pas TES ORDRES.*
20a Elle se consume, *ma gorge*, à désirer
20b *tes jugements* en *tout* temps.
21a Tu rabroues les superbes, les maudits,
21b ceux qui sortent de *TES ORDRES.*
22a Décharge-moi de l'insulte et du mépris,
22b car je garde *TES TÉMOIGNAGES.*
23a Ils siègent AUSSI, les princes ; contre moi ils *PARLENT.*
23b TON SERVITEUR *médite tes volontés.*
24a *TES TÉMOIGNAGES* AUSSI, voilà *mes délices*,
24b les gens de mon conseil.[13]

---

[12] Elles forment une paire de mots stéréotypée comme nous l'avons signalé ci-dessus dans notre n. 8.

[13] *Note sur la traduction: Rétribue* en 17a pour éviter la fausse récurrence de *bon.* Nous restituons la conjonction *et (w)* en 17b, comme souvent par la suite. *Dessiller*

La troisième strophe semble bien, comme la première, comporter deux volets de quatre versets chacun. Chacun, on le verra, se subdivise en outre en deux couples de deux versets. Ainsi nous pouvons commencer par distinguer et comparer 17-18 et 19-20. En 18a et 20a nous trouvons mention d'une partie du corps, soit *mes yeux*, puis *ma gorge*,[14] qu'on découvre en 18b et 20b appliqués pour les uns à "ta loi" et pour l'autre à "tes jugements". Or *ta loi* en 18b fait écho à *ta parole* en 17b, et *tes jugements* en 20b font écho à TES ORDRES en 19b (deux mots au singulier ici, puis là deux mots au pluriel). Il est plus difficile de percevoir un rapport entre 17a et 19a où néammoins TON SERVITEUR et *moi* désignent de manière appuyée le psalmiste, ici pour annoncer qu'il vivra grâce à YHWH, là pour expliquer par contre qu'il est sur la terre un étranger. Récapitulons ces remarques comme suit:

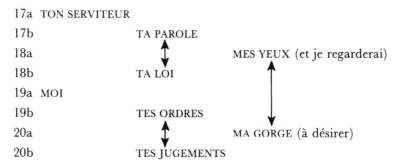

17a	TON SERVITEUR	
17b		TA PAROLE
18a			MES YEUX (et je regarderai)
18b		TA LOI
19a	MOI	
19b		TES ORDRES
20a			MA GORGE (à désirer)
20b		TES JUGEMENTS

En 21-24 nous lisons d'abord un verset sur les superbes que YHWH rabroue (21), puis un stique (22a) où le psalmiste demande à être déchargé de l'insulte et du mépris, lesquels sont bien évidemment le fait des superbes. En 21 et 22a on trouve la même préposition *mn* dans un contexte en quelque sorte inverse: ici il est dit que les superbes sortent DES ordres de YHWH, là par contre le psalmiste demande à ce que soit roulé D'au dessus de lui insulte et mépris. En 22b ensuite il proteste de sa fidélité: je garde TES TÉMOIGNAGES. Mais à nouveau 23a revient aux persécutions, cette fois des

---

en 18a avec la *TOB* ; 18b est objet direct (voir 15b). *Moi* pron. ind. en 19a. *Ma gorge* plus littéral en 20a et par la suite. En 21a tournure plus proche de l'hébreu, avec objet direct. *Siéger* en 23a pour dire d'un mot ce que l'hébreu dit d'un mot. *Aussi* en 23a et 24a rend ici et là *gm*. Nous suivons le *TM* en 24b.

[14] Sur l'emploi des différentes parties du corps comme procédé poétique et indice de structure voir A.R. Ceresko, *Job 29-31 in the Light of Northwest Semitic: A Translation and Philological Commentary*, BibOr 36, Rome 1980, pp. 17-18, et « Psalm 121. A Prayer of a Warrior ? », *Bib* 70 (1989) 496-510, p. 497 (où est cité le titre précédent).

princes: ils siègent AUSSI . . . contre moi ils PARLENT. Puis 23b et 24 en reviennent à la fidélité du psalmiste, et 24 en ces termes: TES TÉMOIGNAGES AUSSI,... mon conseil. Signalons ici que PARLER et *conseil(ler)* constituent une paire de mots stéréotypée.[15] Ainsi donc ici s'opposent les discussions des princes entre eux (ils PARLENT) et celles du fidèle avec les témoignages de YHWH (soit les gens de son conseil). On découvre alors la structure d'ensemble que voici:

21 superbes, maudits					
	. . . DE (tes ordres)				Y
22a	DE		l'insulte et du mépris		y
22b.	. . TES TÉMOIGNAGES				z
23a		AUSSI. . .	ILS PARLENT		y
23b.	. . tes volontés				z
24	TES TÉMOIGNAGES	AUSSI. . .			Z
			mon conseil		

21 + 22a + 23a (Y + y + y) concernent l'affrontement aux superbes. La dernière unité s'achève sur ILS PARLENT (après AUSSI...) Les deux premières utilisent (en sens inverse) la préposition *mn* (DE). 22b + 23b + 24 (z + z + Z) concernent la fidélité du psalmiste. La dernière unité s'achève sur *mon conseil* (après AUSSI...) dont nous avons dit la correspondance avec ILS PARLENT qui achève la série des unités sur les superbes. Ici la première (22b) et la dernière (24) unités comportent TES TÉMOIGNAGES, le relais entre les deux étant assuré en 23b par *tes volontés*. Nous avons donc ici sensiblement une symétrie croisée Yy + z + y + zZ, parallèle quant à la succession y + z, en chiasme quant aux proportions (2 + 1 ou 1 + 2 stiques aux extrêmes, un stique au centre).

Qu'en est-il de l'articulation entre nos deux volets ? Repérons d'ici à là les récurrences de TON SERVITEUR (17a.23b), PAROLE/ PARLER (17b.23a), TES ORDRES (19b.21b), les deux synonymes OBSERVER (17b) et GARDER (22b). Et ajoutons de 19a à 23a les deux termes d'une paire de mots stéréotypée ici traduits *étranger* (*gwr*) et là *siéger* (*yšb*)[16], et enfin les amorces phonétiquement apparentées de 17a et 22a (G.M.L.'.L et G.L.M.'.L), lesquels comportent d'ailleurs une préposition commune (*'l*) en hébreu. Et dès lors nous pouvons proposer le tableau suivant qui nous permettra de saisir l'articulation structurelle entre nos deux volets:

---

[15] Selon Avishur p. 106.
[16] Selon Avishur p. 756 (à l'index).

17a	*(gml 'l)* TON SERVITEUR	
17b	J'OBSERVERAI	TA PAROLE
18a		
18b		

19a	Etranger	
19b	TES ORDRES	
20a		
20b		

_____

21a		
21b	TES ORDRES	
22a	*(gl m'l)*	
22b	JE GARDE	

23a	Ils siègent	ILS PARLENT
23b	TON SERVITEUR	
24a		
24b		

De 17-18 à 23-24 nous retrouvons dans les premiers versets, mais en ordre inverse d'ici à là, TON SERVITEUR et PAROLE/PARLER, de 19-20 à 21-22 TES ORDRES dans les deuxièmes stiques (19b et 21b), cela donc selon une ordonnance en chiasme sur l'ensemble. Mais par ailleurs de 17-18 à 21-22 nous lisons ici dans le premier verset et là dans le second le jeu de mots *gml 'l / gl m'l* suivi des synonymes OBSERVER et GARDER, puis dans les premiers stiques de 19-20 et 23-24 *étranger* et *ils siègent* dont nous avons dit ci-dessus la correspondance, cet ensemble donc selon une disposition parallèle sur l'ensemble. Ainsi, on le voit, cette strophe présente elle aussi une structure littéraire élaborée. La PAROLE des princes hostiles fait un triste pendant à celle qu'observe le serviteur, et de même ceux-là qui sortent des ordres de YHWH avec celui-là qui demande qu'ils ne lui soient pas cachés. Les demandes de 17a et 22a peuvent être formulées en confiance par qui observe et garde les exigences divines, même si lui est étranger sur la terre et que contre lui y siègent des princes.

Qu'en est-il du *rapport entre les deuxième et troisième strophes* ? Notons d'abord, situés exactement aux mêmes stiques, *observant ta parole* et *j'observerai ta parole* (9b et 17b, deuxièmes stiques), puis *mes délices* (16a et 24a, avant-derniers stiques). Ajoutons qu'en 10a (après 9b) nous lisons *mon coeur* et en 18a (après 17b) *mes yeux*, les deux termes constituant une paire de mots stéréotypée récemment mise en valeur par W.G.E. Watson.[17] Ainsi *observer la parole* sera à la fois le

---

[17] « The Unnoticed Word Pair ‹ eye(s) ›//‹ heart ›», *ZAW* 101 (1989) 398-408, citant à l'appui en particulier Pss 101, 5 ; 36, 2 ; 131, 1 ; 119, 36-37,...

fruit d'une action de Dieu (demandée en 17a et 18a) et d'une recherche du fidèle (10a), et c'est ainsi que volontés (16a) et témoignages (24a) divins feront les délices du fidèle. De manière moins stricte on verra aussi se répondre au terme de chaque strophe: *méditer* (15a et 23b), et *ta parole* (16b) avec *ils parlent* (23a). *Méditer* est ici et là le fait du fidèle, mais évidemment la parole hostile des princes (23a) s'oppose à celle de Dieu que le fidèle entend ne pas oublier (16b). En chiasme entre débuts et fins on pourra voir se répondre *regarder*, trois stiques avant la fin en 15b, trois stiques après le début en 18a, ici et là le fait du fidèle, tandis que s'opposent le *dire* de Dieu en 10b, quatre stiques après le début, et la *parole* hostile des princes en 23a, quatre stiques avant la fin. Pour les autres récurrences non encore mentionnées, nous proposerons tout d'abord un tableau que nous commenterons aussitôt après:

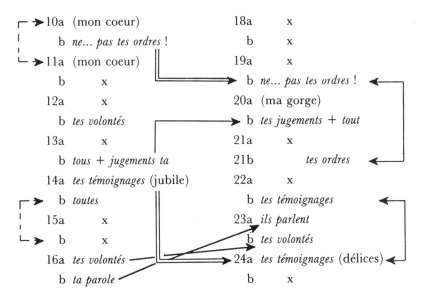

Deux systèmes comparables commandent les rapports de 10-13 à 18-21 et ceux de 14-16 à 22-24. Le lecteur constatera à première lecture la parenté entre les deux demandes de 10b et 19b, les termes équivalents *mon coeur* et *ma gorge*[18] se lisant d'ailleurs en 11a et 20a, dans les stiques suivants, ici pour exprimer la connaissance in-térieure du dire ou des jugements de Dieu par le fidèle. En 18-21 nous retrouvons *tes ordres* en 21b. Or au stique correspondant à

---

[18] Paire de mots stéréotypée selon Avishur p. 761 (à l'index).

21b en 10-13, c'est-à-dire en 13b nous lisons successivement *tous* + *jugements* et *ta* (suffixe), termes que nous retrouvons en ordre inverse en 20b, stique central en 19b-21b, dont les stiques extrêmes ne sont autres que ceux auxquels nous lisons *tes ordres*. Nous retrouvons sensiblement la même organisation en 14-16 et 22-24. En 14a nous lisons que le fidèle jubile dans la voie de *tes témoignages* et semblablement en 24a que *tes témoignages* font ses délices.[19] En 22-24 nous lisions déjà *tes témoignages* en 22b. Or au stique correspondant à 24a en 14-16, c'est-à-dire en 16a nous lisons *tes volontés* et dans le stique qui suit immédiatement *ta parole*, deux termes que nous retrouvons en ordre inverse dans les deux stiques centraux de 22b-24a, dont les stiques extrêmes ne sont autres que ceux auxquels nous lisions *tes témoignages*. On voit comment les rapports sont organisés de la même façon de 10-13 à 18-21 et de 14-16 à 22-24. Ajoutons qu'en 10-13 10b est encadré par deux stiques où se lit *mon coeur*, tandis qu'en 14-16 14a est encadré par deux stiques où se lit l'adjectif *tout*, 10b étant le premier stique relevé ci-dessus en 10-13 et 14a le premier en 14-16. Il n'a pas été tenu compte ci-dessus de la récurrences de *tes volontés* en 12b. Elle ne s'inscrit pas dans les systèmes repérés.

Strophe IV (Daleth):

25a *MA GORGE* COLLE à la poussière.
25b *Vivifie-moi* SELON *TA PAROLE.*
26a J'énumère mes VOIES, et tu me réponds.
26b Apprends-moi tes volontés.
27a Fais-moi comprendre la VOIE de *tes préceptes,*
27b et je méditerai sur tes *merveilles.*
28a *MA GORGE* s'effondre de chagrin.
28b (Re)lève-moi SELON *TA PAROLE.*
29a Détourne de moi la *VOIE* du mensonge
29b et fais-moi la grâce de *ta loi.*
30a J'ai choisi *la VOIE* de la vérité.
30b Je me conforme à tes jugements.
31a JE COLLE à *tes témoignages.*
31b *YHWH*, ne me livre pas à la honte.
32a Je cours sur la *VOIE de tes ordres,*
32b *car* tu as mis au large *mon coeur.*[20]

---

[19] Nous avons vu ces mêmes termes se répondre en 12-16 dans la deuxième strophe.
[20] *Note sur la traduction*: Nous écrivons *(re)lève* en 28b pour préparer la récurrence de ce verbe *(qwm)* en 38a (é/lève), 62a, 106a. En 29a nous suivons de plus près la syntaxe de l'hébreu. *Je colle* en 31a: un seul mot, comme en hébreu. En 31b nous cherchons à rendre la récurrence de (avoir) *honte* (6a, puis 43b.78a.80b.116b).

On distingue encore deux volets de longueur égale dans cette quatrième strophe. En 25-28 la disposition en chiasme est claire-ment indiquée par les récurrences de MA GORGE en 25a et 28a, dans les versets extrêmes, et de VOIE en 26a et 27a, dans les versets centraux. De 25 à 28 en outre on relève le parallèle MA GORGE + SELON TA PAROLE, la première éprouvée selon les premiers stiques, mais restaurée SELON TA PAROLE d'après les seconds stiques. Le parallèle se perçoit aussi de par l'alternance entre la 3ème pers. du verbe (= le psalmiste) et la seconde (impératif, adressé à YHWH). Entre 26 et 27 par contre ce dernier critère nous permet de découv-rir un chiasme puisque 26aα et 27b disent l'attitude du fidèle (lère pers.), tandis que 26b et 27a sont des impératifs adressés à YHWH. Qui plus est pour ces derniers, ce sont les deux termes d'une paire de mots stéréotypée *apprendre-comprendre*.[21] La présence d'un indica-tif en 26aβ nous fait déjà passer à la 2ème pers. (YHWH): on en comprendra la fonction structurelle quand nous étudierons l'ensemble de la strophe. En 26aα (lère pers) et 27a, soit en tête de chacun des deux volets du chiasme, nous retrouvons le mot VOIE. Récapitulons en un tableau (! = impératif):

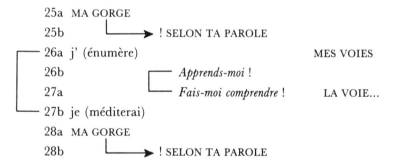

```
25a  MA GORGE

25b          └─────►  ! SELON TA PAROLE

┌── 26a  j' (énumère)                           MES VOIES

│   26b                   ┌── Apprends-moi !

│   27a                   └── Fais-moi comprendre !    LA VOIE...

└── 27b  je (méditerai)

    28a  MA GORGE

    28b          └─────►  ! SELON TA PAROLE
```

Faisant retour sur ses voies (26a) comme sur les merveilles de YHWH (27b), le fidèle attend de ce dernier non seulement qu'il lui donne l'intelligence de ses préceptes (26b et 27a), mais que, face à l'épreuve qui est la sienne (25a et 28a), il le relève et lui rende la vie selon sa parole (25b et 28b).

En 29-32 la structure est différente, mais repose sur le même type de distinctions. En 29 nous lisons deux impératifs adressés à YHWH et en 30 deux présentations du comportement du fidèle à la lère pers. De 29a à 30a s'opposent les deux VOIES dont il est question, la première étant celle du *mensonge*, la seconde celle de la

---

[21] Selon Avishur pp. 31 et 284.

vérité, deux antonymes bien connus.[22] Ensuite, en 31-32, nous retrouvons un parallèle selon les stiques puisque 31a et 32a présentent l'attitude du fidèle (1ère pers.) et 31b et 32b celle de YHWH,
attendue (31b: impératif) ou déjà effective (32b: 2ème pers. de
l'indicatif). On note ici une opposition entre *la honte* (31b) et *la mise
au large* (32b), la première prenant comme le relais du *mensonge* dont
elle est la suite logique, la seconde celui de la *vérité* au même titre.
Nous pouvons récapituler comme suit cet ensemble:

29a	! LA VOIE *du mensonge*	
29b	!	
30a		j' (ai choisi) LA VOIE *de la vérité*
30b		je (me conforme)
31a		Je . . .
31b	! (la honte)	
32a		Je... LA VOIE de (tes ordres)
32b	tu... (mis au large)	

L'opposition entre LA VOIE du mensonge en 29a et LA VOIE de tes
ordres en 32a inclut en quelque sorte l'ensemble. Il existe comme
un parallèle entre *mensonge* + *vérité* (dans les premiers stiques de 29
et 30) et « honte » + « mise au large » (dans les seconds stiques de
31 et 32). Mais on verra un chiasme en 29-31 (XYyx, les minuscules indiquant chacun des stiques de 31), mais un parallèle en
30-31 (Yxyx, Y désignant 30-31a). On relève en effet de 30a à 32a
les deux expressions de même sens: LA VOIE de la vérité et LA VOIE
de tes ordres, et la série des trois affirmations de 30a, 30b et 31a
n'est pas sans effet.

Sur l'ensemble de la strophe nous repérons les récurrences du
verbe COLLER (25a.31a) et de VOIE (26a.27a.29a.30a.32a), ainsi
que les deux termes de la paire de mots stéréotypée GORGE
(25a.28a) et COEUR (32b).[23] En reprenant les résultats obtenus
pour 25-28 et 29-32 nous découvrirons sur l'ensemble ce que fera
déjà voir le tableau suivant:

[22] Pour plus de précision voit *TWAT*, I, 342.
[23] Selon Avishur p. 761 (à l'index).

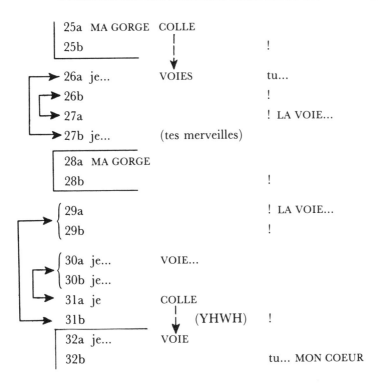

L'ensemble présente une structure concentrique dont le centre 28 appelle les extrêmes 25 et 32, entre eux étant insérés les volets se correspondant 26-27 et 29-31. En effet en 25, 28 et 32 courent les correspondances entre MA GORGE et MON COEUR dont on peut dire d'ailleurs que les mentions au premier stique (MA GORGE) et au dernier (MON COEUR) incluent d'une certaine manière l'ensemble. En 25 et 28 est évoquée la détresse du fidèle, mais au contraire en 32 sa mise au large par YHWH. Les trois passages sont bâtis entre eux parallèlement puisqu'on passe à chaque fois de ce que subit ou fait le fidèle à ce que YHWH est appelé à faire ou fait effectivement pour lui. En 26-27 et 29-31 nous avons deux petits ensembles construits en chiasme, les termes étant inversés du premier au second (impératifs au centre ici, là aux extrêmes, et inversement pour les protestations de fidélité à la 1ère pers.). Le terme VOIE se lit ici et là dans la première unité (26a et 29), mais également dans le deuxième centre (27a) du premier ensemble et dans le premier centre (30) du second. Relevons aussi quelque chose de particulier dans la dernière unité ici et là, soit la mention des merveilles en 27b et l'interpellation explicite de YHWH en 31b, ces deux stiques élargissant donc la perspective par rapport à la loi:

ce ne sont pas exclusivement ses merveilles qui sont évoquées en 27b, et c'est YHWH qui est directement appelé à agir en 31b, sans que soit fait mention d'une médiation de la loi. On le voit, pour être libéré de sa misère (25a et 28a) et trouver le bonheur (32b) le fidèle compte d'une part sur sa fidélité à la loi (26a, 30-31a, 32a) et sa considération des merveilles divines (27b), et d'autre part et surtout sur l'enseignement de YHWH (26b, 27a, 29) et sur son intervention (25b, 28b, 31b, 32b). Alors que sa gorge COLLE à la poussière (25a), il peut encore énumérer ses VOIES devant YHWH (26a), mais quand le voilà qui COLLE aux témoignages divins (31a), alors c'est sur la VOIE des ordres de YHWH qu'il se met à courir, les deux premières et les deux dernières unités à la 1ère pers. étant ainsi mises en rapport du début à la fin de notre strophe. La considération de la loi et des merveilles divines ainsi que les appels à l'enseignement et aux interventions de YHWH ont donc pour heureux effet de libérer le fidèle de sa détresse et de mettre au large son coeur.

Qu'en est-il du *rapport de la quatrième strophe à la troisième* ? Il semble qu'il ne se joue d'ici à là qu'entre les quatre premiers versets. On y lit en effet:

17a	*je vivrai*	25a	*ma gorge*
b	*ta parole*	b	*ta parole / vivifie-moi*
18a		26a	
b	*merveilles*	b	
19a		27a	
b		b	*merveilles*
20a	*ma gorge*	28a	*ma gorge*
b		b	*ta parole*

Alors que nous lisons *ta parole* en 17b comme en 25b et *ma gorge* en 20a comme en 28a, nous lisons encore *ma gorge* en 25a et *ta parole* en 28b. Les premiers versets comportent le verbe *vivre* (ou faire -). On lit *merveilles* en 18b, deux stiques après *ta parole* en 17b, et en 27b, deux stiques avant *ta parole* de 28b. De fait les deux passages se font écho, évoquant les épreuves de l'exil (19), de l'attente (20), ou du chagrin (25, 28), attendant au terme la vie et la contemplation des merveilles divines. Les autres récurrences (*ta loi, tes ordres, tes jugements, tes témoignages, tes volontés* ; mais aussi *parler* en 23a, *méditer* en 23b et 27b, *car* en 22b et 32b) ne nous paraissent pas situées de manière à suggérer une organisation structurelle de rapports entre nos deux strophes.

Strophe. V (Hé):

33a ENSEIGNE-MOI, *YHWH, LA VOIE* de *tes volontés,*
33b et je la GARDERAI jusqu'au bout.
34a Fais-moi comprendre, et je GARDERAI *TA LOI*
34b et l'observerai de tout *COEUR.*
35a Mets-moi sur *LA VOIE* au sentier *de tes ordres,*
35b *CAR* c'est là que j'ai mon plaisir.
36a (In)fléchis *mon COEUR* VERS *tes témoignages,*
36b et non point VERS le gain.
37a FAIS PASSER mes yeux, qu'ils n'aillent pas voir l'inanité.
37b En *ta parole VIVIFIE-MOI.*
38a (E)lève pour ton serviteur *ton dire*
38b afin qu'on te craigne.
39a FAIS PASSER loin de moi *l'insulte* qui m'épouvante,
39b *CAR* tes jugements sont bons.
40a Voici, j'ai désiré *tes préceptes,*
40b en ta justice *VIVIFIE-MOI.*[24]

Nous en venons maintenant à la cinquième strophe. Une première symétrie (concentrique) y apparaît en 33-35a, ce que suffira à montrer la mise en page suivante:

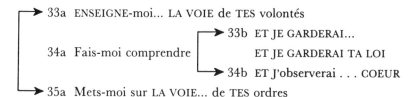

Nous connaissons la synonymie entre GARDER et *observer,* celle entre ENSEIGNER et *faire comprendre* va de soi. La récurrence de

---

[24] *Note sur la traduction*: En 33b et 112b, avec G. Ravasi, *Il libro dei Salmi III,* Bologne 1984, pp. 467 et 484, et pour tenir compte comme lui du contexte, c'est-à-dire pour nous plus précisément de la structure, nous traduisons *'qb* différemment, en 33b *jusqu'au bout* qui appelle – on va le voir – *de tout coeur* en 34b, son symétrique, en 112b *récompense* pour la raison (structurelle) qu'on dira alors. Avec, par exemple, la *TOB* notre traduction de 34 souligne l'engagement du psalmiste. En 35a nous faisons apparaître les récurrences de *voie* (9a.15b, puis 101a.104b.128b) et *sentier* (105b) ; en 35b nous rendons l'accent sur le lieu. *(In)fléchis* en 36a annonce la récurrence de *fléchir* en 51b.112a (traduit de même).157b. En 37a et 39a FAIS PASSER est plus littéral ; nous avons aussi voulu manifester l'occurrence de *voir* qu'on retrouve en 74a.96a.158a.159a. Faut-il lire en 37b *en ta parole* ou *en tes voies* (TM) ? Quelle est la leçon facilitante ? Les commentateurs sont partagés. Nous nous rangeons finalement à l'option retenue par la *BJ,* quelques indications structurelles en 37-39a et dans l'enchaînement des strophes IV et V nous paraissant aller dans ce sens (voir ces deux points traités ci-dessous).

VOIE relie clairement 35a à 33a. La formule de cette symétrie est donc: X.Y / X.Y / Y.X. Ainsi 34a, central, est en somme parallèle à 33 tandis qu'il constitue un chiasme avec 34b-35a. L'enseignement de YHWH permettra l'obéissance du fidèle. Si l'on se souvient de la racine identique pour ENSEIGNER et LOI (*yrh*), on peut encore constater, en laissant X de 34aα et Y de 34b, le dispositif suivant:

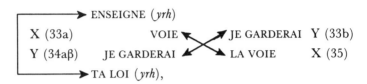

soit un chiasme marqué par les récurrences de LA VOIE et de JE GARDERAI, LA VOIE étant précédé en 33a et JE GARDERAI suivi en 34aβ par un mot de racine *yrh* (ENSEIGNER, LOI, d'où les capitales dans la présentation ci-dessus).

Nous reviendrons plus loin sur 35b-36. Considérons ici 37-39a. C'est un chiasme qui commande la structure de cet ensemble, soit:

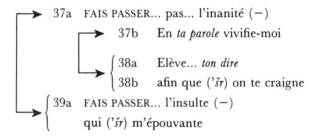

Le même impératif FAIS PASSER indique le rapport de 37a à 39a, les synonymes *parole* et *dire* celui entre 37b et 38. En 37a comme en 39aα il y a quelquechose à éviter, soit l'inanité et l'insulte. En 38 et 39a s'ajoute une proposition introduite par '*šr*. De ce fait les proportions sont là renforcées et la symétrie d'ensemble devrait se symboliser par x.y / Y.X. Pour épargner à son fidèle l'épreuve de l'inanité et de l'insulte YHWH est prié de le vivifier par sa parole.

Prenons maintenant en considération les trois stiques de 35b-36 et 39b-40. CAR ici et là les introduit. On lit au centre de 35b-36 COEUR que nous trouvions déjà en 34b (après le centre), au terme de 39b-40 VIVIFIE-MOI qu'on lisait déjà au premier centre du chiasme de 37-39a. Nous ne voyons pas de structure d'ensemble en 35b-36, même si un certain chiasme commande le rapport de 35b et 36a de contenus équivalents (là – mon plaisir / mon coeur – tes témoignages), et un certain parallèle le rapport de 36a et 36b de contenus opposés (Infléchis + VERS tes témoignagnes // non point + VERS le gain), ce qui fait quand même de 36a un centre. Mais les choses sont plus nettes en 39b-40. On connaît en effet les rapports entre *jugements* et *justice*[25] comme entre *bon* et VIE (Dt 30,15 ; Jr 21, 8.10 ; Ps 34,13 ; 133, 1.3...), et dès lors la structure XYX est ici limpide:

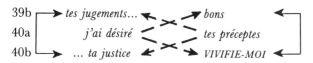

En 40a, au centre, l'ordre des termes est inversé par rapport à 39b et 40b puisque ce qui suscite le désir c'est bien évidemment ce qui est bon et vivifiant, tandis que *tes préceptes* assurent comme un relais entre *tes jugements* et *ta justice*. C'est l'excellence des jugements divins qui attire vers eux le fidèle.

Si maintenant nous comparons entre eux 35b-36 et 39b-40, nous y découvrons en parallèle, après le CAR initial, les emplois d'un verbe à la 1ère pers. et d'un autre à l'impératif:

J'AI mon plaisir   +   Infléchis !
J'AI désiré   +   Vivifie-moi !

C'est le complément d'objet de *Infléchis*: MON COEUR, qui rattache 35b-36 à 33-35a (COEUR en 34b), tandis que VIVIFIE-MOI est une pure et simple récurrence de 37b en 37-39a. Mais il existe encore entre nos deux unités deux correspondances organisées en chiasme. Avant le verbe en 35b (premier stique) comme en 40b (dernier stique) nous lisons un complément introduit par *b*, complément indiquant un même contenu. En effet le suffixe joint à *b* en 35b (traduit *là* ci-dessus) se réfère à tous les termes désignant la loi en 33-35a, et en 40b la même préposition *b* (en) introduit *ta justice*. Par ailleurs le complément de *Infléchis* en 36a est MON COEUR, tandis que le contenu du verbe en 40a est *désir*, *désir* et COEUR étant apparentés du fait que le second est le siège du premier.[26] De plus l'infléchissement demandé ici doit porter vers *tes témoignages*, tandis que ce qui est désiré, ce sont *tes préceptes*, c'est-à-dire substantielle-ment la même chose. Remarquons que cette comparaison nous a amenés à négliger le dernier stique de 35b-36 et le premier (sauf

[25] Paire de mots stéréotypée selon Avishur p. 768 (à l'index).
[26] Voir H.W. Wolff, *Anthropologie de l'Ancien Testament*, trad. fse Genève 1974, p. 47 citant Ps 21, 3 (voir aussi p. 21 sur le rapport équivalent pour *npš*).

CAR) de 39b-40. Et tentons de la récapituler schématiquement comme suit:

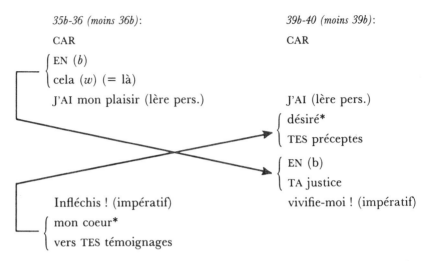

35b-36 (moins 36b):

CAR

{ EN (*b*)
{ cela (*w*) (= là)

J'AI mon plaisir (1ère pers.)

Infléchis ! (impératif)

{ mon coeur*
{ vers TES témoignages

39b-40 (moins 39b):

CAR

J'AI (1ère pers.)

{ désiré*
{ TES préceptes

{ EN (b)
{ TA justice

vivifie-moi ! (impératif)

Les quatre accolades comportent un des termes désignant la loi ou un suffixe s'y référant (35b). L'astérisque* après coeur et désiré veut rappeler leur rapport.

Des quatre unités 33-35a, 35b-36, 37-39a et 39b-40, seules les deux centrales mentionnent des réalités négatives: le gain en 36b, l'inanité en 37a et l'insulte en 39a, les unités extrêmes ne soufflant mot de ces écueils possibles pour le fidèle. Les deux unités centrales sont d'ailleurs joliment liées grâce aux deux termes d'une paire de mots stéréotypée COEUR et *yeux* (voir ci-dessus notre n. 17), le fidèle demandant à YHWH de veiller pour lui sur le premier afin qu'il n'aille pas s'attacher au gain (36), et sur les seconds qu'ils ne s'attardent pas vers l'inanité (37a). Ces deux demandes sont donc en quelques sorte centrales dans notre strophe. On n'aura pas de peine à les comparer et opposer aux demandes toutes positives dont l'une ouvre (33a) et l'autre ferme (40b) la strophe.

Qu'en est-il du *rapport de cette cinquième strophe avec la quatrième* ? Une fois remarqué que *fais-moi comprendre* passe du cinquième stique ici au troisième là tandis que symétriquement *tes jugements* passe du cinquième avant la fin au troisième avant la fin, on devra en venir plutôt à une disposition en chiasme pour l'ensemble de ces deux strophes, 25-28 appelant 37-40 et 29-32 pour leur part 33-36. Commençons par les termes extrêmes en les présentant ici côte à côte:

25a	x		37a	x	
25b	*vivifie-moi...*	*ta parole*	37b	*ta parole...*	*vivifie-moi...*
26	x		38	x	
27a	*tes préceptes*		39a	x	
27b	x		39b	x	
28a	x		40a	*tes préceptes*	
28b		*ta parole*	40b		*vivifie-moi*

La récurrence de *tes préceptes* ne semble pas indicatrice, d'un point de vue structurel. Par contre on voit bien le système d'inclusion entre les seconds stiques de 25 et 28 comme de 37 à 40. En 25b et 37b nous lisons, en ordre inversé d'ici à là: *vivifie-moi* selon *ta parole* / en *ta parole vivifie-moi*, puis est repris le dernier terme en 28b (*ta parole*) comme en 40b (*vivifie-moi*). Nous avons déjà rencontré une organisation très voisine de celle-ci de 17-20 à 25-28 dans le rapport entre les troisième et quatrième strophes (voir ci-dessus). Les appels de 25-28 et 37-40 sont proches l'un de l'autre, mais à les comparer on s'aperçoit que le premier a pour contexte la misère personnelle du fidèle (25a, 28a) tandis que le second est plutôt préventif face aux tentations ou dangers qui le menacent (37a, 39a).

De 29-32 à 33-36 l'organisation est un peu plus complexe. Présentons-la d'abord dans un tableau:

29a	*voie*	33a	*enseigne* YHWH *voie*
29b	*ta loi*	33b	
30a	*voie*	34a	*ta loi*
30b		34b	*coeur*
- - - - - - - - - - -			- - - - - - - - - - - -
31a	*tes témoignages*	35a	*voie... de tes ordres*
31b	YHWH	35b	*car*
32a	*voie de tes ordres*	36a	*tes témoignages / coeur*
32b	*coeur / car*	36b	

voie et *coeur* se lisent aux extrêmes en 29-32, puis en ordre inverse dans les deux stiques centraux de 33-36 (de même de 31-32 à 35-36 pour *tes témoignages* et *car*). Des troisième (30a) et septième (32a) stiques *voie* et *voie de tes ordres* passent avec le même écart aux premier (33a) et cinquième (35a) stiques. En 29-32 *voie* (30a) et YHWH se lisent en position symétrique par rapport au centre, et nous les retrouvons en ordre inverse dans le premier stique 33a de 33-36 (de même et inversement de 31-32 à 35-36 pour *car* et *coeur* que nous retrouvons, cette fois dans le même ordre, en position symétrique par rapport au centre de 35-36). La récurrence de *ta loi* de 29b à 34a ne nous paraît pas en position structurellement significative, mais puisque – nous l'avons vu – *enseigne* en 33a est de même racine que *loi*, on dira que si *loi* se lit dans le deuxième stique

(29a) et *coeur* dans le dernier (32b), avec le même écart *enseigne* se lit dans le premier stique (33a) et *coeur* dans l'avant-dernier (36a). Or dans ces quatre stiques c'est toujours YHWH qui agit pour donner la loi, mettre au large le coeur, enseigner ses volontés, infléchir le coeur vers ses témoignages. A comparer 29-32 et 33-36 on verra que, tout apparentés qu'ils soient, ils ont leur accent propre, soit l'accent mis ici sur l'engagement du fidèle (30-31a, 32a) tandis que les demandes faites à YHWH visent principalement les écueils à éviter (29a, 31b), tandis que là l'accent porte sur les demandes faites à YHWH pour être introduit dans la loi (33a, 34aα, 35a, 36a) de sorte à y être fidèle (33b, 34aα, 34b). Les deux passages comportent un stique introduit par CAR (32b et 35b), exprimant le bonheur de qui observe la loi.

Strophe VI (Waw):

    41a Que vienne à moi ta fidélité, *YHWH,*
    41b ton salut selon *ton dire.*
    42a Que je réponde à *l'insulte* par *LA PAROLE,*
    42b CAR je compte sur *ta PAROLE.*
    43a N'ôte pas de ma bouche LA PAROLE de vérité *entièrement,*
    43b CAR en *tes jugements* j'espère.
    44a Et *j'observerai ta loi* sans relâche,
    44b pour toujours et à jamais.
    45a Et je marcherai (bien) au large,
    45b CAR je cherche *tes préceptes.*
    46a Et *JE PARLERAI* de tes témoignages devant les rois
    46b et n'aurai pas honte.
    47a Et je trouverai mes délices en TES ORDRES
    47b QUE J'AIME.
    48a Et je dresse mes paumes vers TES ORDRES QUE J'AIME
    48b et je médite *tes volontés.*[27]

Nous pouvons dans la sixième strophe distinguer trois ensembles, 41-44, 45-48 et – chevauchant les deux précédents – 43-46, et un quatrième en 41-43a. En 41-44 contenus et indices nous amènent à découvrir la structure suivante:

---

[27] *Note sur la traduction:* En 41a et par la suite *fidélité* nous paraît mieux traduire *ḥsd,* mais le point est discutable. Le *TM* a le mot au pluriel (et donc le verbe qui précède). En 42a *répondre* est récurrent par rapport à 26a et annonce 145a et 172a. Pour 43a nous suivons le *TM.* Notre traduction de 45a veut attirer l'attention sur la récurrence de *marcher* (1b.3b). La tournure de 46b reprend celle de 6a. Nous avons voulu garder le sujet 1ère pers. en 47a et nous en tenir au *TM* pour 47b. Nous traduisons *mes paumes* en 48a (*kpy*) qu'on retrouve en 109a, et se distinguant de *mains* en 73a et 173a.

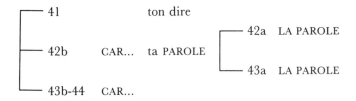

Assuré dans LA PAROLE de YHWH (42b), ce *dire*[28] qui lui garantit fidélité divine et salut (41) et qu'il s'engage pour sa part à respecter à jamais (43b-44), le fidèle pourra répondre à l'insulte par LA PAROLE, trouver en sa bouche LA PAROLE de vérité. En 45-48, autour de 46 sur le témoignage devant les rois, nous trouvons deux séquences parallèles, soit 45a + 45b // 47 + 48. Cela se perçoit à partir des contenus, soit la marche bien au large en 45a et les délices en 47, puis la recherche des préceptes en 45b et les paumes tendues et la méditation en 48 visant les ordres et les volontés de YHWH. En 45 l'articulation se fait uniquement par la conjonction CAR, en 47-48 la reprise de TES ORDRES QUE J'AIME relie puissamment le second verset au premier.[29] Si l'on considère 41-44 + 45-48 on peut saisir la disposition que voici:

```
                    41    VIENNE
                              42a   LA PAROLE
                    42b  CAR
                              43a   LA PAROLE
               43b-44   CAR
_____

   45a   MARCHERAI    +     45b  CAR
                               46    JE PARLERAI
   47              +     48
```

Comme 42 et 43a, 46 envisage les circonstances où le fidèle devra PARLER, celle-ci étant la plus solennelle et la plus déterminée: devant les rois. Comme 41, et plus exactement 42b et 43b-44, 45b et 48 présentent l'attitude docile du fidèle envers la loi, précédée ici et là de la mention du bonheur qu'il y trouvera (45a et 47). Au

---

[28] On se souvient de la synonymie entre *dire* et *parole* (voir notre n. 7).
[29] On pourrait donc présenter comme suit la structure interne à 47-48:

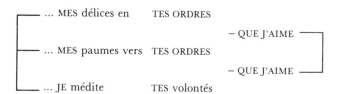

premier stique ici (41a) et là (45a) nous trouvons les deux termes synonymes *venir* (*bw'*) et *marcher* (*hlk*).[30] A la venue de la fidélité de YHWH répond la marche aisée du psalmiste, image de la liberté qu'il en reçoit.

Il se trouve en outre que, chevauchant les précédentes, une structure commande 43-46. Présentons-la d'abord schématiquement:

```
                                    43a N' . . . pas ('l) LA PAROLE
                      43b-44 CAR...
           45a
                      45b    CAR...
                                    46  JE PARLERAI n'... pas (l')
```

On le voit, 43a et 46 concernent la PAROLE du fidèle dont la mention est ici précédée et là suivie d'une négation ('l et l'), ladite parole dépendant de la bonne disposition de YHWH (43a) et permettant au fidèle d'éviter la honte (46b). En 43b-44 et 45b, tous deux introduits par CAR, le psalmiste proteste de sa fidélité à la loi. Et l'affirmation qui se trouve ici être centrale, c'est: je marcherai bien au large, ce bonheur étant donc ici encadré, orchestré par la double fidélité à la loi (43b-44 et 45b) et au témoignage (43a et 46).

Il se trouve encore qu'une structure complexe, et cependant assez nette, semble commander 41-43a. Quant aux contenus et selon les indices signalés ci-dessus (*ton dire* → LA PAROLE // TA PAROLE → LA PAROLE), 42b + 43a sont parallèles à 41 + 42a. Mais – on vient de le voir – les deux unités centrales comportent PAROLE, et quant aux deux unités extrêmes elles comportent respectivement l'un des deux termes de la paire de mots stéréotypée *fidélité* et *vérité* (*ḥsd w'mt*).[31] Dès lors nous pouvons avancer que ces quatre unités, parallèles deux à deux, sont aussi ordonnées en chiasme, cette double structure étant appelée « symétrie croisée » (AB'A'B). Le chiasme suggère que la vérité dans la bouche du psalmiste (43a) dépend de la venue vers lui de la fidélité de YHWH (41), tout comme l'efficacité de sa parole (42a) dépend de l'assurance trouvée dans la parole de YHWH (42b). Toute partielle qu'elle soit, cette structure des cinq premiers stiques méritait d'être relevée pour les liens encore plus étroits qu'elle manifeste entre ce que YHWH accorde et ce qu'il en résulte pour le témoignage du fidèle.

---

[30] Dont M. Girard, « Analyse structurelle du Psaume 95 », *ScEs* 33 (1981) 179-189, a fort bien montré la fonction structurelle dans ledit psaume (pp. 183-4 et 187).

[31] Voir Avishur p. 758 (à l'index).

Qu'en est-il du *rapport entre cette sixième strophe et la cinquième* ? Il n'est pas très serré. Notons selon une disposition en chiasme *tes volontés* en 33a et 48b, puis *l'insulte* avec au stique suivant *car* en 39 (avant-dernier vers) et 42 (deuxième vers), passant d'une strophe à l'autre de l'action de YHWH (33a et 39) à celle du fidèle (42 et 48b). Notons ici el là au premier stique une interpellation à *YHWH* (33a et 41a) dans deux demandes (et dans les sixièmes stiques *car*, mais introduisant des contenus différents). De 37-40 à 41-44 il faut encore relever (en plus de *l'insulte* relevé ci-dessus) les récurrences, disposées en ordre inverse, de *ton dire* (38a, 41b), *ta parole* (37b, 42b), et la correspondance entre deux parties du corps, soit *mes yeux* (37a) et *ma bouche* (43a). Les appels voisins au *dire* et à la *parole* de YHWH pour en appeler les bienfaits en particulier sur les yeux du fidèle, à protéger de l'inanité, et sur sa bouche, à accorder à la vérité, se font manifestement écho à quelques versets de distance. Sur l'ensemble on peut encore noter que de même que *enseigner* (rac. *yrh*) se lit au premier stique (33a) de 33-36 et *ta loi* (même racine *yrh*) à l'avant-dernier (44a) de 41-44, de même nous lisons comme parties du corps (du psalmiste) *mes yeux* dans le premier stique (37a) de 37-40 et *mes paumes* dans l'avant-dernier (48a) de 45-48. Or en 33 et 37 il s'agit de l'action de YHWH qui enseigne ou guide les yeux, mais en 44 et 48 de la docilité du psalmiste envers la loi. On saisit l'enchaînement de sens semblable à celui du premier que nous avons signalé dans ce paragraphe.

Strophe VII (Zayin):

49a SOUVIENS-TOI de *la parole* à ton serviteur
49b dont tu fis mon espoir.
50a TELLE est MA CONSOLATION dans ma misère,
50b CAR *ton dire* me vivifie.
51a Les superbes m'ont bafoué *entièrement*,
51b sur *TA LOI* je *n'*ai *pas* fléchi.
52a JE ME SOUVIENS de *tes jugements* de toujours,
52b *YHWH*, et JE ME CONSOLE.
53a La fureur me prend devant les *impies*
53b qui délaissent *TA LOI*.
54a *Tes volontés* SONT POUR MOI des cantiques
54b dans ma demeure d'étranger.
55a JE ME SOUVIENS la *nuit* de ton nom, *YHWH*,
55b et *j'observe TA LOI*.
56a TEL EST POUR MOI (l'important):
56b CAR *tes préceptes*, je (les) garde.[32]

---

[32] *Note sur la traduction*: En 49a.52a.55a nous préférons *se souvenir*, plus évocateur

La septième strophe présente un certain nombre de récurrences et correspondances organisées comme suit:

49a		SOUVIENS-TOI	*la parole* ⎤
49b	x		
50a	TELLE	MA CONSOLATION	
50b	CAR		*ton dire* ⎦
51a			*les superbes* ⎫
51b			TA LOI ⎬
52a		JE ME SOUVIENS	
52b		JE ME CONSOLE /	YHWH ⎫
53a			*les impies* ⎬
53b			TA LOI ⎭
54a		SONT POUR MOI	
54b	x		
55a		JE ME SOUVIENS	YHWH ⎫
55b			TA LOI ⎬ / *j'observe* ⎤
56a	TEL	EST POUR MOI	
56b	CAR		*je garde* ⎦

A partir de ce tableau le lecteur percevra facilement l'ordonnance concentrique autour de TA LOI de 53b de

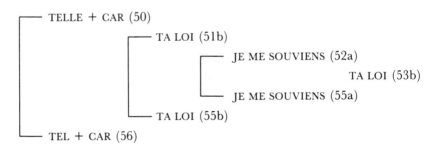

que *se rappeler*. Il est dommage de déterminer *la parole* avant 49b qui en son temps y suffit. TEL(LE) en 50a et 56a nous paraît moins neutre que *voici*. Nous restituons CAR (*ky*) en 50b et 56b. *Entièrement* en 51a manifeste une récurrence (voir à 4b). En 52a *toujours* prépare la recurrence (*'wlm*) qu'on retrouve de 44b à 89a.98b.112b.144a.152b.160b. En 54a nous manifestons le verbe ÊTRE qui se retrouvera en 54.56.76.80.83.173.

Ensuite on peut voir que dans les stiques antérieurs à ceux contenant TA LOI nous lisons successivement: *les superbes* en 51a (avant 51b), YHWH et *les impies* en 52b et 53a (avant 53b), puis YHWH en 55a (avant 55b). On voit l'agencement (x / yx / y). Autour de TA LOI + JE ME SOUVIENS de 51b et 52a, nous lisons MA CONSOLATION (après TELLE en 50a) et JE ME CONSOLE (52b), tandis qu' autour de JE ME SOUVIENS + TA LOI de 55, nous lisons SONT POUR MOI (54a) et EST POUR MOI (après TEL en 56a). Enfin autour de TELLE (est) MA CONSOLATION de 50a nous lisons les deux synonymes *la parole* (49a) et *ton dire* (après CAR, en 50b, tandis qu'autour de TEL EST POUR MOI de 56a nous lisons les deux synonymes *j'observe* (55b) et *je garde* (après CAR, en 56b). On peut voir ici particulièrement à quel point la servitude de l'acrostiche n'a point empêché notre auteur de structurer puissamment son texte. Ici donc, face à YHWH, la fureur s'empare du fidèle face aux impies qui délaissent la loi (52b-53) ; sur cette dernière lui, face aux superbes, n'a pas fléchi (51), et devant YHWH, il peut se présenter comme observant la loi (55). C'est qu'il met sa consolation dans la parole ou le dire de YHWH (49-50), ce qui se manifeste en sa vie où il observe la loi et garde les préceptes, puisque tel est à ses yeux ce qui compte (55b-56). Semblablement il affirme encore mettre sa consolation dans ces jugements de YHWH, dont il se souvient (52), et tenir même pour des cantiques les volontés de ce YHWH dont il se souvient même la nuit (54-55a). Voilà ce qui lui permet d'en appeler au souvenir de YHWH lui-même dès le premier mot de cette strophe.

Comment cette septième strophe s'articule-t-elle à la sixième ? On notera comme situés aux mêmes positions dans les deux strophes 42b-43a et 50b-51a avec: *car... ta parole // car ton dire*, puis *entièrement* au terme de 43a comme de 51a. Mais si 42b et 50b sont de contenus très proches, on ne peut en dire autant des stiques qui leur font suite. Notons encore l'inversion de *ton dire* et *la parole* des stiques centraux de 41-42 aux stiques extrêmes de 49-50, puis de *tes jugements* et *ta loi* des stiques centraux de 43-44 aux stiques centraux de 51-52,[33] tous les contextes ne se répondant pas avec une égale pertinence et ces organisations restant très partielles. Mais peut-être peut-on percevoir une organisation d'ensemble à partir des récurrences situées dans le tableau que voici:

---

[33] Dans les stiques suivant *ta loi* on lit *toujours*, soit en 44b et 52a.

41a	*YHWH*		49a	*la parole*
...			...	
44a	*j'observerai ta loi*		52a	
44b	↑		52b	*YHWH*
45a	↕		53a	
45b	*car... tes préceptes*		53b	
46a	*je parlerai*		54a	*tes volontés*
47a			55a	
47b			55b	*j'observe ta loi*
48a			56a	↑↕
48b	*tes volontés*		56b	*car... tes préceptes*

On lit en effet au milieu de 41-48 d'abord 44a + 45b qu'on retrouve au terme de 49-56, puis *je parlerai* (46a) auquel répond *la parole* au début de 49-56. En face de 44a + 45b nous lisons *YHWH* (52b) comme au début de 41-48, puis en face de *je parlerai* nous avons *tes volontés*, comme au terme de 41-48. Il faut préciser que de *je parlerai* à *la parole*, nous passons de la parole humaine à la parole divine, tandis que les contextes pour *YHWH* nous font partir de ce dernier en 41a, mais du fidèle en 52b. Cela dit, il y a bien là un certain agencement d'ensemble, mais qui n'est ni des plus réguliers, ni des plus significatifs. Ces deux strophes, au moins structurellement parlant, ne s'enchaînent pas de façon très étroite.

Strophe VIII (Ḥeth):

57a Ma part, *YHWH*, je l'ai DIT,
57b c'est d'*OBSERVER tes paroles.*
58a De TOUT *coeur* je veux attendrir ta face.
58b Prends pitié de moi selon *ton DIRE.*
59a Je fais réflexion sur mes voies
59b et je fais revenir mes pieds à tes témoignages.
60a Je me hâte et je NE tarde PAS.
60b à *OBSERVER tes ordres.*
61a Les filets des *impies* m'environnent.
61b Je N'oublie PAS *ta loi.*
62a A minuit je me lève pour te rendre grâce
62b des jugements de ta justice.
63a Allié que je suis, moi, de TOUS ceux qui te craignent
63b et qui *OBSERVENT tes préceptes.*
64a De ta fidélité, *YHWH*, la terre est pleine.
64b *Apprends-moi tes volontés.*[34]

Avec cette huitième strophe nous arrivons, nous semble-t-il, à un morceau de choix où, contrairement aux apparences que perçoit une première lecture trop rapide, se manifeste l'art consommé de notre auteur. Les récurrences et correspondances sont assez rares. Il vaut pourtant la peine de les situer comme ceci:

57a	YHWH	J'AI DIT		(ma part)
57b	OBSERVER			

58a	TOUT		
58b		TON DIRE	(Prends pitié)

59a		
59b		
60a		NE... PAS (l')

60b	OBSERVER
61a	

61b	NE... PAS (l')
62a	
62b	

63a	TOUS
63b	OBSERVENT

64a	YHWH	(ta fidélité)	(la terre)

64b

Comparons d'abord 59-61a et 61b-63. En 59 et 62 le fidèle mentionne deux démarches, l'une par laquelle il oriente ses pieds vers les témoignages de YHWH, l'autre par laquelle en pleine nuit il se lève pour lui rendre grâce des jugements de sa justice. Ici suit et là précède une proposition comportant la négation (l'): je NE tarde PAS (à observer tes ordres), je N'oublie PAS (la loi). Ainsi donc 59 + 60a annoncent en ordre inverse 61b + 62. En 60b et 63b il s'agit d'OBSERVER ordres ou préceptes divins. Mais de 61a à 63a nous retrouvons le fidèle en deux compagnies opposées: celle des impies et celle de ceux qui craignent YHWH. On voit donc ici encore que 60b + 61a annoncent en ordre inverse 63a + 63b. Mais si l'on considère l'ensemble 59-63 on dira qu'ils respectent un parallèle

---

[34] *Note sur la traduction*: En 58b et 132a il ne nous a pas été possible de manifester l'identité de racine (ḥnn) entre *prendre pitié* et *grâce* (29b). La traduction de 59b prépare à la récurrence de *mes pieds* en 101a et 105a. En 60 nous traduisons de manière à donner à la négation la même forme qu'en 61b (ne... pas). Nous faisons apparaître le pronom indépendant en 63a.

59-60a + 60b-61a // 61b-62 + 63. L'empressement du fidèle à accorder son comportement aux préceptes divins l'amène comme logiquement à résister ainsi aux impies, mais à s'accorder à ceux qui craignent YHWH.

Pour saisir les rapports de 57-58 à 64 il nous faut d'abord préciser quelques correspondances. L'expression de 57 et en particulier le mot « part » évoque irrésistiblement le statut des lévites qui n'ont point de part lors du partage de la terre, mais dont la part est YHWH lui-même (Dt 10,9 ; 12,12 ; 14,27 ; 18,2 ; 32,9), contexte qui appelle donc la mention de la terre (Nb 18,20 ; Si 45,22), mention que nous avons ici en 64a (quelle que soit l'extension qu'on puisse donner au terme). Les deux mots « part » et « terre » forment chacun une paire de mots stéréotypée avec « héritage ».[35] En 64 le fidèle retrouve en somme sur la terre ce qu'il a dit être sa part d'héritage en 57. Deux autres termes, pour ainsi dire synonymes, forment une paire de mots stéréotypée, soit *pitié* et *fidélité*.[36] On voit aussi sur notre tableau la récurrence de YHWH (57a.64a). En 57 le psalmiste proteste de sa fermeté à observer les paroles divines, en 64b il demande à YHWH de lui apprendre ses volontés. En 58 il appelle sur lui *la pitié* divine, en 64a il dit sa foi en *la fidélité* divine. On voit que quant aux contenus 57 appelle 64b et 58 pour sa part 64a, selon une inversion, mais que simultanément on passe en 57-58 comme en 64 d'une affirmation à un impératif. 57-58 se trouvent inclus entre les deux DIRES du fidèle (57a) et de YHWH (58b). YHWH et la référence à l'héritage (part, terre) accompagnent ici et là l'affirmation, fondant en quelque sorte ici et là la demande finale. La terre est pleine de cette fidélité à laquelle entend répondre mon observance de tes paroles, ma seule part dans l'héritage. Aussi est-il vital pour moi que tu m'accordes à la fois cette pitié qui accompagne ta fidélité et que tu m'apprennes tes volontés de sorte que je sache obéir à tes ordres. Ainsi seront fondées mes démarches en ce sens (59-60a et 61b-62) et affermi mon choix d'un compagnonnage avec ceux qui te craignent (63), malgré les impies qui m'entourent (60b-61a). L'ensemble est assez nettement inclus par les récurrences de YHWH, OBSERVER et TOUT qui des trois stiques initiaux s'inversent en ceux de 63-64a. On voit que si les indications en sont discrètes, la structure de cette

---

[35] Selon Avishur pp. 754 et 758 (à l'index). Citons Si 45,22 (d'après F. Vattioni. *Ecclesiastico*, Naples 1968, *ad loc.*): 'k b'rsm l' ynḥl wbtwkm l' yḥlq nḥlh. Relevons ici encore la paire stéréotypée ḥbl/nḥlh (Avishur p. 170). ḥbl étant traduit ici par « filets » en 61a: nous serait-il suggéré que les impies sont ici considérés avec leur héritage à eux ? Sur cette dernière paire on se souviendra de Ps 16, 5-6.

[36] ḥn et ḥsd selon Avishur p. 758 (à l'index). Il cite par exemple Ps 109,12.

strophe n'en est pas moins certaine, et partant très riches les jeux de rapports qui s'instaurent entre les diverses unités.

Le rapport entre les huitième et septième strophes sera lui aussi, on s'en doute déjà, assez subtilement indiqué. Notons tout d'abord dans les mêmes positions selon le parallélisme des strophes *ton dire* en 50b et 58b en des contextes apparentés (vivifier, prendre pitié), *impies* et *ta loi* en 53 et 61, sur lesquels nous allons revenir, et *observer* en 55b et 63b, là aussi en des contextes apparentés (la loi, les préceptes). Il faut aussi signaler la complémentarité entre 49a (*la parole* au serviteur...) et 57b (... qui veut observer *les paroles*). Cela dit il nous reste à considérer, organisées entre elles, les récurrences et correspondances suivantes:

51a		les superbes ⎫	59a			
51b	*n'... pas* /	*ta loi* ⎭	59b			
52a			60aα			
52b		*YHWH* ⎫	60aβb		*ne... pas*	
53a		*impies* ⎬	61a	*impies*		
53b		*ta loi* ⎭	61b	*ta loi*	(*n'... pas*)	
54a			62a		*nuit*	
54b			62b			
55a	la *nuit*	*YHWH* ⎫	63a			
55b		*ta loi* ⎭	63b			

Le lecteur se souvient de la correspondance, dans la septième strophe, entre 51, 52b-53 et 55. Ici nous relevons en plus en 51b la négation et en 55a la mention de la *nuit*. Or en 60b-62a nous lisons autour de *impies* + *ta loi* (comme en 53) d'abord la négation (qu'on retrouve encore en 61b), puis une mention de la *nuit*. Ajoutons que *YHWH* qui se lit au départ de 52b-53 se lit également dans les premiers stiques des vers extrêmes de la septième strophe (57a et 64a). Face aux superbes et aux impies (51a, 53a, 61a) le fidèle n'a pas flanché dans sa docilité à la loi (51b, 60b et 61b). Il est même capable en pleine nuit de se souvenir de YHWH pour lui rendre grâce (55a, 62a), tant il lui est reconnaissant d'être sa part sur cette terre remplie de sa fidélité (57a, 64a).

Strophe IX (Ṭeth):

65a C'est du BON que tu as *fait* à *ton serviteur*,
65b *YHWH*, selon *ta parole*.
66a *APPRENDS-MOI* le BON sens et le *savoir*,
66b *CAR* (*ky*) en *tes ordres* je trouve la *vérité*.
67a Avant de *CONNAÎTRE LA MISÈRE, MOI* je m'égarais.

67b Et maintenant j'*observe ton dire.*
68a Le BON, toi, qui fait du BON,
68b *APPRENDS-MOI TES VOLONTÉS.*
69a *Les superbes* m'engluent de *mensonge.*
69b *MOI*, de tout *COEUR* je garde *tes préceptes.*
70a Leur *COEUR* est épais comme la graisse.
70b *MOI, ta LOI fait mes délices.*
71a Il *M'(ly)*est BON *D'(ky)*avoir *CONNU LA MISÈRE*
71b de sorte que *J'APPRENNE TES VOLONTÉS.*
72a BONNE est *POUR MOI (ly)* la *LOI* de *ta* bouche
72b plus que millions d'or et d'argent.[37]

La neuvième strophe présente une structure littéraire assez complexe et pourtant nette. Donnons-en une première idée dans le
tableau que voici:

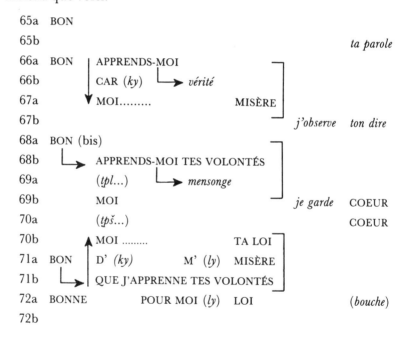

65a BON
65b   *ta parole*
66a BON   APPRENDS-MOI
66b   CAR *(ky)* ⟶ *vérité*
67a   ▼ MOI.........   MISÈRE
67b   *j'observe ton dire*
68a BON (bis)
68b ⟶ APPRENDS-MOI TES VOLONTÉS
69a   *(ṭpl...)* ⟶ *mensonge*
69b   MOI   *je garde* COEUR
70a   *(ṭpš...)*   COEUR
70b ▲ MOI ....   TA LOI
71a BON D' *(ky)*   M' *(ly)* MISÈRE
71b ⟶   QUE J'APPRENNE TES VOLONTÉS
72a BONNE   POUR MOI *(ly)* LOI   (*bouche*)
72b

---

[37] *Note sur la traduction*: Nous tentons de manifester partout où elle se rencontre
la récurrence de BON (*ṭwb*). Ce premier emploi du verbe *faire* en 65a (voir plus loin
à 121a) était cependant précédé de son synonyme (*pʿl*) traduit *commettre* en 3a. En
66b nous faisons apparaître *vérité* (rac. *'mn*) en vue de ses récurrences en
75b.86a.90a.138b.142b.151b.160a, puis en 67a le pron. indépendant. En 67a et
71a nous traduisons par *connaître-la-misère* plutôt que *être affligé* pour manifester la
récurrence de *misère* de 50a en 75b.92b.107a.153a. Nous gardons la 1ère pers. sujet
en 71b (mode pers.).

BON se lit en tête des deux premiers et des deux derniers vers, ainsi qu'en tête de 68 dont on verra bientôt la place centrale (avec 69a). En 68a on le lit même deux fois (*twb... wmṭyb*). De 66-67 à 70b-71 nous lisons en ordre inverse de stique en stique: AP- PRENDRE, *ky* = CAR, MOI (pron. indépendant), et MOI, *ky* = D', APPRENDRE. En 68–69a nous voyons d'abord, dans les deux premiers stiques (68a et b), se succéder BON + APPRENDRE TES VOLONTÉS, qu'on retrouve dans le même ordre dans les deux derniers stiques de 70b-71 (71a et b), puis, dans les deux derniers stiques 68b et 69a, APPRENDS-MOI + mensonge, qui répondent, dans le même ordre, aux deux premiers stiques de 66-67a, à APPRENDS-MOI + vérité, mensonge et vérité étant antonymes.[38] Au dernier stique de 66-67a nous lisons MOI + MISÈRE, au stique central de 68-69a APPRENDRE TES VOLONTÉS, et au premier stique de 70b-71 MOI + TA LOI. Or nous retrouvons sensiblement la même chose dans les trois stiques successifs de 71-72a:*ly* = M' + MISÈRE en 71a, APPRENDRE TES VOLONTÉS en 71b, *ly* = POUR MOI + LOI en 72a. Incluant 66-67a nous lisons *ta parole* en 65b et son synonyme *ton dire* en 67b, incluant 68-69a *j'observe* en 67b et son synonyme *je garde* en 69b, incluant enfin 70b-71 les deux composants d'une paire de mots stéréotypée,[39] soit COEUR en 70a et *bouche* en 72a, où il s'agit évidemment d'une opposition entre le coeur ces superbes et la bouche de YHWH.

Il faut enfin étudier de plus près le passage de 68-69a à 70b-71. En 69a et 70a il est question des superbes, de leurs méfaits, de leur coeur épaissi. Les mots initiaux en hébreu se réfèrent l'un et l'autre à quelquechose de gras, et de plus ils comportent deux consonnes communes, puis une troisième trouvant écho d'un stique à l'autre, de la manière suivante:

> 69a   *Ṭ.P.L*   (ˀ)*L*(*y*)   *Š*(*qr zd*)*M*
>
> 70a   *Ṭ.P.Š*   (*kh*)*Lb*   *LbM*

Le *L* final de *ṬPL* est repris au milieu du mot suivant, et on lit encore deux fois *L* (avant *b*) dans les derniers mots de 70a. Le *Š* final de *ṬPŠ* était comme annoncé dans le *Š* initial de *Šqr* en 69a. Les deux stiques s'achèvent avec la lettre *M*. Ainsi la parenté phonétique accompagne celle des contenus entre 69a et 70a. En 69b et 70b nous lisons MOI et des contenus très proches. Il est donc légitime de parler d'un parallèle 69a + 69b // 70a + 70b. De plus les

---

[38] Voir ci-dessus notre n. 22.
[39] Selon Avishur p. 765 (à l'index).

deux stiques 69b et 70b opposent le COEUR du fidèle et le COEUR des superbes, complétant ainsi l'enchaînement de ces quatre stiques. De 65 à 72, versets extrêmes, outre la récurrence de BON, nous pouvons rapprocher *la parole* et *la bouche* de YHWH, l'une et l' autre apportant du BON(heur) au fidèle. Ainsi donc celui qui est la bonté même est prié d'apprendre ses volontés à son fidèle aux prises avec le mensonge des superbes (68-69a). Il fut bon pour le fidèle d'avoir connu la misère pour que finalement il se mette à apprendre ces volontés (71), à attendre de YHWH le bon sens et la vérité (66). Par l'apprentissage des volontés divines (68b et 71b) il passe de la misère (67a et 71a) à la connaissance de la loi (70b et 72a). Tels sont les bienfaits de la parole de YHWH (65b et 67a) une fois observée (67b et 69b). Fort de sa fidélité le psalmiste peut alors se camper (69b et 70b) face aux superbes (69a et 70a). Son coeur (69b) est tout autre que le leur (70a). Telle est la vision que cette strophe nous propose de la bonté de YHWH manifestée dans la loi (72) et agissant en faveur de son serviteur (65).

Quels sont *les rapports de cette neuvième strophe à la huitième* ? Relevons-en les indices dans le tableau suivant:

57a	*YHWH*	*j'ai dit*		65a		
57b	*observer*		*tes paroles*	65b	*YHWH*	*ta parole*
58a	*coeur*			66a	*apprends-moi*	
58b			*ton dire*	66b	(vérité)	*tes ordres*
59a				67a		
59b				67b	*observer*	*ton dire*
60a				68a		
60b		*observer tes ordres*		68b	*apprends-moi tes volontés*	
61a		(impies)		69a	(superbes)	
61b		*ta loi*		69b	*je garde* (*coeur*) *tes préceptes*	
62a				70a	*coeur*	
62b				70b		*ta loi*
63a				71a		
63b	*observent*	*tes préceptes*		71b	*que j'apprenne tes volontés*	
64a	(fidélité)			72a	*loi... ta*	
64b	*apprends-moi tes volontés*			72b		

Selon le parallélisme nous retrouvons dans la même position *ta/tes parole(s)* en 57b et 65b, dans des contextes complémentaires (observée ici par le fidèle, tenue là par YHWH), puis les synonymes *impies* et *superbes* en 61a et 69a[40] dans des contextes très apparentés (menaces pour le fidèle). YHWH est interpellé ici et là dans le premier vers (mais dans le second stique en 65). Il se trouve

---

[40] Déjà rencontrés comme tels dans la strophe VIII. Voir ci-dessus à propos de cette strophe.

qu'un nombre égal de stiques sépare *tes ordres* (60b, 66b) et *tes préceptes* (63b, 69b) ici et là, les seconds étant précédés des deux synonymes *observer* (63b) et *garder* (69b) qui apparentent encore plus étroitement les deux stiques en question. Mais un autre système de correspondance paraît plus intéressant, soit celui qui repose principalement sur les récurrences de *dire* et *loi*. En 57-64 l'ensemble de ce système se prend à partir du premier verset, en 65-72 il aboutit au dernier verset. Nous les juxtaposons ci-dessous:

57a	*j'ai dit* ◄┐		67b	*ton dire*	
57b	x		(68)		
58a	x		69a	x	
58b	*ton dire* ◄┘		69b	*(garde)* ── ┐	
(59)			70a	x	
60a	x		70b	*ta loi* ◄┘	
60b	*(observer)* ─┐		71a	x	
61a	x		71b	˙x	
61b	*ta loi* ◄┘		72a	*loi... ta* ◄┘	

On lit *dire* en 57a et 67b, *ta loi* en 61b et 72a, mais ici c'est *dire* qui est repris trois stiques plus loin, tandis que là *ta loi* est repris de trois stiques plus haut. Les premières mentions de ta loi sont précédées, deux stiques avant, ici par *observer*, là par *garder*. Ainsi chaque strophe a son accent, même si cela ne les différencie pas radicalement. Nous n'avons pas pris en compte toutes les récurrences, et les organisations structurelles que nous avons repérées ne sont pas des plus évidentes, ni des plus significatives. Le lien existe. Il n'est pas des plus étroits.

Strophe X (Yod):

73a Tes mains m'ont *fait* ET fixé.
73b Fais-moi comprendre, ET *j'apprendrai tes ordres*.
74a CEUX QUI TE CRAIGNENT me voient ET se réjouissent
74b CAR en *ta parole j'espère*.
75a *JE SAIS, YHWH, QUE* (*ky*) tes *jugements* sont justes
75b ET qu'avec *vérité* tu m'as fait *connaître la misère*.
76a Que *ta fidélité* SOIT *pour moi* une *consolation*,
76b selon *ton dire* à *ton serviteur*.
77a Que vienne à moi ta tendresse, ET *je vivrai*,
77b CAR *ta loi fait mes délices*.

78a Que *les superbes* AIENT HONTE, *CAR* ils m'accablent de
  mensonge !
78b *MOI* je médite *tes préceptes*.
79a Que reviennent *vers moi* CEUX QUI TE CRAIGNENT
79b ET qui *SAVENT* tes témoignages !
80a Que mon *coeur* SOIT parfait en *tes volontés*
80b de sorte que je n'AIE pas HONTE ![41]

Cette dixième strophe ne présente pas un jeu très riche de
récurrences. Nous lisons CEUX QUI TE CRAIGNENT en 74a et 79a,
SAVOIR en 75a et 79b, AVOIR HONTE en 78a et 80b, et d'autres
récurrences à première vue moins significatives, soit ÊTRE (*hyh*) en
76a et 80a, CAR ou QUE (*ky*) en 74b, 75a, 77b, 78a, la conjonction
ET en 73a.b, 74a, 75b, 77a, 79b, POUR/VERS MOI (*l... y*) en 76a et
79a.[42] Mieux vaut ici partir des sujets des verbes, soit YHWH, le
psalmiste, et d'autres qui sont soit ceux qui craignent YHWH, soit
les superbes. On voit alors la strophe s'organiser comme le montrera d'abord le tableau suivant où nous inscrirons nos récurrences et quelques correspondances, en précisant après chaque
référence s'il s'agit d'une unité dont le sujet est YHWH (sigle Y),
moi (m, c'est-à-dire le psalmiste), ou eux (e, c'est-à-dire soit ceux
qui craignent YHWH, soit les superbes):

73a (Y) - ET -
73bα (Y) *comprendre*   73bβ (m) ET *j'apprendrai*

         74a (e) ... CRAIGNENT   74b (m) CAR (*ky*)...
                 voient ET -   *ta parole*
                                            j'espère

75aα (m) JE SAIS   75aβ (Y) QUE (ky)... *justes*
                   75b (Y) ET... *vérité*

         76a (Y) *ta fidélité* / SOIT
         76b (Y) *ton dire*

----

[41] *Note sur la traduction*: en 77aα nous employons simplement le verbe *venir* (*bw'*)
comme en 41a et 170a. Nous suivons de plus près l'hébreu en 78a, employons
revenir (*šwb*) en 79a comme en 59b, rendons la 1ère pers. sujet en 80b.
[42] Dans notre traduction ci-dessus nous n'avons pas porté en capitales cette
dernière récurrence qui ne semble pas jouer comme indice pour la structure
interne de la strophe.

77aα (Y) *ta tendresse*   77aβ (m) ET...
77b   (Y) CAR

78a	(e)	... HONTE	78b	(m)	
		CAR... *mensonge*			
79	(E)	... CRAIGNENT	80	(M)	SOIT
		ET SAVENT			... HONTE

En 73, 75 et 77 nous avons en présence YHWH et le fidèle (Y et m) dans une disposition inverse de 73 à 75 (YY.m/m.YY) comme de 75 à 77 (mY.Y/Ym.Y). En 74 et 78-80 nous ne trouvons que d'autres (e) et le fidèle (m), l'enchaînement e.m de 74 se répétant en 78-80 où il s'agit successivement des superbes (e.m en 78), puis de ceux qui craignent YHWH (E.M en 79-80, les capitales entendant indiquer le doublement des proportions ici par rapport à 74 et 78). En 76 le seul sujet de l'action est YHWH. Ces remarques nous permettent déjà de découvrir une certaine symétrie d'ensemble, où 73-74 et 77-80 encadrent (selon un schéma ABA') 75-76, soit:

```
  ┌──► 73  (Ym)     +  74 (em)
  │    75  (mY)     +              76 (Y)
  └──► 77  (Ym)     +  78-80 (EM)
```

Au centre nous voyons se côtoyer en 75b et 76a les deux termes de la paire de mots stéréotypée très connue *vérité* et *fidélité*.[43] On découvre quelques systèmes d'inclusions d'ensembles plus ou moins importants, ainsi en allant du plus petit au plus grand: AVOIR HONTE de 78a à 80b (78-80), conjonction ET constituant une paire de verbes en 73a et 74a (73-74), SOIT de 76a à 80a (76-80: deuxième volet de l'ensemble), SAVOIR de 75a à 79-80 (75-80: parties II et III de l'ensemble). De 73 à 75 relevons en tête de l'enchaînement Ym de 73b et de l'enchaînement mY de 75a *comprendre* et SAVOIR, synonymes constituant une paire de mots stéréotypée.[44] D'ailleurs de m ici à m là nous rencontrons encore deux autres termes d'une paire de mots stéréotypée: *apprendre* et SAVOIR.[44] De 73 à 77, dans les enchaînements Ym (73b, 77a), m commence ici et là par la conjonction ET introduisant la consé-

---

[43] Voir Avishur p. 758 (à l'index), les deux termes formant de plus chacun pour leur part une paire de mots stéréotypée avec *just(ic)e* (Avishur pp. 754 et 758, à l'index) que nous lisons ici en 75aβ.
[44] Selon Avishur p. 759 (à l'index).

quence de ce qui précède. De 74 (em) à 79 (EM) nous retrouvons en e et E CEUX QUI TE CRAIGNENT, puis en m et M les deux antonymes *espérer* et AVOIR HONTE,[45] ce qui fait que *espérer* (74b) = ne pas AVOIR HONTE (80b). En 75 et 76 nous lisons, au terme ici et là, respectivement *vérité* et *ton dire*, le second répondant à *ta parole* (introduite par CAR) au terme de 74, le premier annonçant son antonyme *mensonge* (introduit par CAR) au début de 78-80. De 74 à 75 nous voyons répartis les deux mots *voir* et SAVOIR, encore une paire de mots stéréotypée,[46] dans les premiers termes des enchaînements de 74 (74a) et 75a (75aα). De 76 à 77, ici et là dans les premiers termes Y, nous lisons à nouveau les composants d'une paire de mots stéréotypée, soit *fidélité* (76a) et *tendresse* (77aα).[47] On voit que, pour discrets qu'ils soient (beaucoup plus de synonymes que de récurrences proprement dites), les indices de structure sont néammoins convergents et confirment notre proposition établie à partir des contenus, et plus précisément des sujets des verbes. S'appuyant sur sa connaissance de la vérité et de la fidélité divines (75-76), le fidèle demande et les leçons et la tendresse divines pour accéder à l'intelligence (73) et à la vie (77). Il sait que l'espérance (74b) et la non-confusion (80) qui lui en viendront feront la joie de ceux qui craignent YHWH (74a) et les feront revenir à lui (79), alors que, face à sa méditation des préceptes (78b), les superbes, eux, sont voués à la confusion (78a). A y regarder d'un peu près, cette strophe présente donc, perceptible à partir de sa structure littéraire, une unité thématique incontestable.

Quels *rapports* peut-on découvrir, d'un point de vue structurel, *entre les dixième et neuvième strophes* ? Considérons d'abord ici et là les quatre premiers versets:

65a	*fait ton serviteur*	73a	*fait*
65b	*YHWH ta parole*	73b	*j'apprendrai tes ordres*
66a	*apprends-moi savoir*	74a	
66b	*car tes ordres vérité*	74b	*car ta parole*
67a	*... misère*	75a	*je sais YHWH*
67b	*ton dire*	75b	*vérité... misère*
68a		76a	
68b	*apprends-moi*	76b	*ton dire ton serviteur*

[45] Voir, dans les Pss., d'abord Ps 119, 43.46 et 114.116, puis en Pss. 31, 2.25 ; 71, 13.14:24 ; et en tenant compte de la synonymie de *qwh* à *yḥl* (paire de mots selon Avishur p. 660) Pss. 25,3 ; 69,7 ; 37, 9.19.34 ; 40, 2.15.16.
[46] Selon Avishur p. 759 (à l'index).
[47] Selon Avishur p. 758 (à l'index).

Considérons tout d'abord 65b-67b // 73b-75b. Les stiques centraux commencent par *car*. Le stique central 66b comporte *tes ordres* et *vérité* qu'on trouve répartis dans les stiques extrêmes 73b et 75b de 73b-75b. *Apprendre* et ... *misère* (*connaître la misère*) se lisent autour du stique central 66b (en 66a et 67a) et dans les stiques extrêmes 73b et 75b. *Ta parole, savoir, vérité* se lisent dans les trois premiers stiques 65b-66 et dans les trois derniers 74b-75.

Si d'ailleurs nous comparons 65b-67 à 74b-76 nous y retrouvons au départ ces deux enchaînements que nous venons de dire et au terme *ton dire* (en 67b et 76b). On y comparera aussi les répartitions de

65b	*YHWH ta parole*	74b	*ta parole*
66a	*savoir*	75a	*je sais YHWH*
66b	*vérité*	75b	*vérité ... misère*
67a	*... misère*	76a	

YHWH et *savoir* de 65b et 66a se retrouvent dans le seul stique 75a, et de même *vérité* et ... *misère* de 66b et 67a dans le seul stique 75b ; et encore et inversement YHWH et *ta parole* du seul stique 65b sont répartis dans les deux stiques 74b et 75a. Deux stiques après 65b-67 et deux stiques avant 74b-76 nous lisons *apprendre* (en 68b et 73b). De 65b-68 à 73b-76 *tes ordres* et *ton dire* passent des stiques contigüs au centre (66b et 67b) aux stiques extrêmes (73b et 76b). Les deux ensembles 65-68 et 73-76 comportent en leur premier stique le verbe *faire* (et en leur quatrième la conjonction *car*). On lit *ton serviteur* ici au premier stique (65a), là au dernier (76b). Reconnaissons cependant que la parenté de vocabulaire, et partant le contenu, est à elle seule parlante et que l'enquête structurelle que nous venons de faire ne semble pas y ajouter beaucoup. Il apparaît ici et là qu'à avoir connu la misère le fidèle, grâce à YHWH, s'est tourné vers un apprentissage, un savoir de la parole et des ordres divins en leur vérité. Il a découvert ainsi que YHWH avait non seulement fait et fixé son serviteur, mais encore qu'il avait agi avec bonté envers lui.

Dans les secondes moitiés 69-72 et 77-80, les indications structurelles sont beaucoup plus nettes. On en jugera déjà au simple relevé des récurrences:

69a	*les superbes mensonge*	77a	
69b	*moi tes préceptes coeur*	77b	*ta loi fait mes délices*
70a	(leur) *coeur*	78a	*les superbes mensonge*
70b	*moi ta loi fait mes délices*	78b	*moi tes préceptes*
71a	*m' (ly)*	79a	*vers moi (ly)*
71b	*tes volontés*	79b	
72a	*pour moi (ly) la loi de ta*	80a	(mon) *coeur tes volontés*
72b		80b	

De 69-70 à 77-78 nous voyons se répondre en chiasme 69 et 78 et 70b et 77b. Se répondent aussi en chiasme *coeur* (du fidèle, à la différence de 70a) de 69b à 80a et *loi* de 72a à 77b. Enfin *moi* (pron. indépendant) et *ly* (diversement traduit) se lisent dans les deux stiques centraux de 69-72 ainsi que *moi* deux stiques avant et *ly* deux stiques après, puis dans les deux stiques centraux de 77-80. Seule la récurrence de *tes volontés* (71a, 80a) ne s'inscrit pas dans ces systèmes de correspondance. Ici les données structurelles sont nettes, apparentes. Les deux morceaux opposent la fidélité du psalmiste aux préceptes divins et les délices qu'il trouve dans la loi aux entreprises mensongères des superbes. Son coeur à lui est tout accordé à la loi.

Il nous reste à relever quelques récurrences passant de 65-68 à 77-80 et de 69-72 à 73-76. Ainsi nous lisons *savoir* en 66a et *moi* en 67a (troisième et cinquième stiques), mais *moi* en 78b et *savoir* en 79b (cinquième et troisième stiques avant la fin). Dans les premiers stiques de 71 et 72 comme dans ceux de 75 et 76 nous lisons successivement *ky* (= *d'*, *que*) et *ly* (*pour moi*). En des positions indéterminées nous lisons aussi *car* en 66b, 77b, 78a, *apprendre* en 71b, 73b, ... *misère* en 71a et 75b, les contextes étant apparentés en 66b // 77b, 71a // 75b, 71b // 73b. Mais l'ensemble de ces indices reste faible par rapport à ceux que nous avons repérés entre les moitiés de strophes mises en parallèle. On retiendra donc surtout ce qui a été dit à propos de ce parallèle.

Strophe XI (Kaf):

81a Ma gorge S'ÉPUISE après *ton salut*.
81b *J'espère en ta parole*.
82a Mes yeux S'ÉPUISENT après *ton DIRE*,
82b en DISANT: QUAND m'auras-tu *consolé* ?
83a *Car* je suis (devenu) COMME une outre qu'on enfume.
83b *Je N'oublie PAS tes volontés*.
84a Combien (seront) les *jours* de *ton serviteur* ?
84b QUAND feras-tu le *jugement* de mes PERSÉCUTEURS ?
85a *Les superbes* creusent pour moi des fosses,
85b ce qui *N'*est *PAS* SELON *ta loi*.
86a Tous *tes ordres* sont *vérité*.
86b De mensonge ils me PERSÉCUTENT: *aide*-moi.
87a COMME peu (de chose) ils m'ont *ÉPUISÉ* sur la terre,
87b et *moi*, je *N'*avais *PAS* délaissé *tes préceptes*.
88a SELON *ta fidélité vivifie-moi*
88b et j'observerai le témoignage de ta bouche.[48]

Dans cette onzième strophe nous découvrons d'abord un chiasme limpide en 81-82 où stiques extrêmes et stiques centraux respectivement se répondent, soit *le salut* (81a) et *la consolation* (82b) attendus, et l'orientation vers *la parole* (81b) ou *le dire* (82a).[49] Joliment chacun des deux volets commence de manière très semblable: ma gorge s'épuise, mes yeux s'épuisent. Empruntant le dernier élément du chiasme précédent, nous découvrons ensuite une symétrie concentrique où, autour du centre 83b (protestation de fidélité) se répondent 83a et 84a (expressions de la détresse du fidèle), puis 82b et 84b, deux questions commençant par le même adverbe QUAND et pressant YHWH d'apporter la consolation à son fidèle et (complémentairement) le jugement à ses persécuteurs. Puis, chevauchant avec la précédente (pour 83b-84) nous découvrons une ample symétrie concentrique autour de la déclaration solennelle de 86a. Ici une mise en page sera utile:

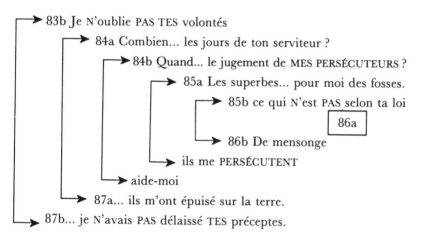

Les rapports sont principalement thématiques. Ils n'en sont pas moins clairs. De 84b à 86bγ (aide-moi) le rapport est du même type

---

[48] *Note sur la traduction*: La traduction de 81a et 82a veut annoncer la récurrence de ÉPUISER en 87a, aménagé lui aussi à cette fin, 96a (où nous avons dû avoir recours à une parenthèse), et 123a. Nous faisons apparaître *dire* en 82b, *être* et COMME en 83a (voir ci-dessus à 54a et 14b), *faire* (voir à 65a) et *jugement* en 84b, *pour moi* en 85a (voir en 76a.79a et ailleurs), la négation en 85b, le pron. indépendant en 87b.

[49] *Consolation* et *salut* se répondent souvent dans les psaumes, voir 69, 1.14b.30b.36a et 21b ; 71, 2b.3a.15b (et « aide » = *'zr* en 12b) et 21b ; 86, 16b et 17b (*'zr*) ; 94, 17a (*'zr*) et 19b. Bien entendu l'enquête pourrait s'étendre à d'autres livres. On lit « aider » (*'zr*) dans notre strophe en 86b.

qu'entre 82b (écho de 81a où on lisait: salut) et 84b (complémentarité). Les négations avec la 1ère pers. et la synonymie entre *oublier* et *délaisser* soulignent le rapport entre 83b et 87b et incluent nettement l'ensemble. On peut dire aussi que la négation inclut le premier volet de 83b à 85b. Les PERSÉCUTEURS de 84b, là jugés, reviennent dans le PERSÉCUTENT de 86bβ, là commettant leurs méfaits. Le conflit du fidèle avec ses persécuteurs se résoudra favorablement pour lui en fonction de sa fidélité aux volontés divines.

Reste le v.88. Pour saisir son rapport à ce qui précède, il nous faut ici prendre en compte 81-83 et 87-88. Constatons tout d'abord en 83 et 87 deux enchaînements parallèles indiqués par les récurrences de COMME en 83a et 87a et celles déjà relevées de 83b à 87b. Tant 83a que 87a sont des expressions de la misère du fidèle. Ainsi en 83 comme en 87 s'enchaînent une présentation de sa détresse et une protestation de sa fidélité. En 88 nous lisons successivement un appel à la fidélité divine pour être vivifié (88a), puis un engagement à observer la loi (88b). *Fidélité* forme avec *salut* une paire de mots stéréotypée,[50] tant étroit est leur rapport. Par ailleurs on sait le rapport entre *salut* et *vie*, plus d'une fois marqué dans les Psaumes.[51] Nous pouvons donc lire en parallèle: 81a + 81b // 88a + 88b. Mais par ailleurs existe aussi un rapport étroit entre *consoler* et *faire vivre*, à commencer dans les Psaumes eux-mêmes.[52] Nous pouvons alors voir un chiasme commander les rapports de 82 à 88 (82a + b / 88a + b). Finalement nous pouvons dire, puisque 81 et 82 appellent 88 tandis que 83 appelle 87, qu'un chiasme ordonne entre eux les versets extrêmes de notre strophe,[53] les demandes de salut, vie, consolation face à la détresse présente s'appuyant sur des protestations de fidélité dans le présent, le passé et l'avenir. On retrouve, agencées un peu autrement, les mêmes articulations fondamentales que dans la grande symétrie de 83b-87, mais aussi dans celle de 82b-84. Cette strophe présente une grande unité de pensée.

---

[50] Selon Avishur p. 281.

[51] Par exemple, pour reprendre deux des psaumes cités à la n. 49 ci-dessus, Pss 69, 1.14b.30b.36a et 29.33b ; 71, 2b.3a.15b et 20a.

[52] Par exemple, toujours dans les textes cités ci-dessus, en Pss. 69, 21b.29a.33b ; 71, 21b.20a ; et ici même en Ps 119, 50.52b.76a.77a.

[53] Assez joliment, mais de manière plus formelle, ledit chiasme recouvre peut-être un certain parallèle puisqu'on lit ÉPUISER en 81-82 (81a et 82a) comme en 87 (87a), tandis que 83 et 88 commencent par la même particule *k* (COMME et SELON). L'épuisement sert à exprimer tant l'attente du fidèle tourné vers Dieu que l'état où l'ont réduit les ennemis. Autant se référer à une outre enfumée pour comprendre le second, mais la première se réfère pour sa part à la fidélité divine.

Quel est le *rapport de la onzième strophe à la dixième* ? Nous comparerons successivement ici et là les quatre premiers versets, puis les quatre derniers, puis l'ensemble. Dans les quatre premiers repérons et situons les récurrences suivantes:

73a		81a		
73b		81b	*j'espère ta parole*	
74a		82a		*ton dire*
74b	*car ta parole j'espère*	82b	*consolé*	
75a	*jugements*	83a	*car*	
75b		83b		
76a	*consolation*	84a	*ton serviteur*	
76b	*ton dire ton serviteur*	84b	*jugement*	

De 74b-76 à 82b-84 le lecteur peut voir la répartition symétrique (autour de l'axe 75b.83b) de *car* et *ton serviteur* (dans le même ordre, mais se rapprochant du centre), puis de *jugement* et *consolation / consoler* (en ordre inverse, et s'éloignant du centre). Par ailleurs *j'espère* + *ta parole* et *ton dire* qui se lisent respectivement après *car* en 74b et avant *ton serviteur* en 76b se lisent en 81-84 avant 82b-84, et précisément en 81b et 82a. Précisons, en comparant ce que le texte nous suggère ainsi de comparer, la différence de tonalité. En 74-76 tout est serein: *car* introduit *l'espérance* en *la parole*. Des *jugements* exercés sur le fidèle est reconnue la vérité, de la fidélité divine est attendue *la consolation*, selon *le dire* de YHWH à *son serviteur*. Mais en 81-84 c'est dans l'épuisement que le fidèle se tourne vers *la parole* et *le dire* de YHWH, attendant *la consolation*, *car* il est comme une outre qu'on enfume, demandant à YHWH combien seront les jours de *son serviteur*, languissant après le *jugement* de ses persécuteurs.

De 77-80 à 85-88 relevons et situons les récurrences suivantes

77a	*je vivrai*	85a	*les superbes*
77b	*ta loi*	85b	*ta loi*
78a	*les superbes mensonge*	86a	*vérité*
78b	*moi... tes préceptes*	86b	
79a		87a	
79b		87b	*moi... tes préceptes*
80a		88a	*vivifie-moi*
80b		88b	

Aux extrêmes de 78 le lecteur voit donc *les superbes* (à confondre) et le rapport posé entre *moi* et *les préceptes*, ce qu'il retrouve de 85a (où l'on voit sévir les superbes) à 87b. De plus au centre de 78 est dénoncé *le mensonge* dont les superbes accablent le fidèle. Or en 86a, deux stiques après 85a, et en 86b, deux stiques avant 87b, nous lisons les deux antonymes *vérité* (des ordres divins) et *mensonge* (dont est persécuté le fidèle). Ici, à l'inverse de ce que nous avons vu plus haut, c'est en 77-80 que nous lisons les récurrences de *vivre* et *ta loi* qu'en ordre inverse nous retrouvons après les termes extrêmes *superbes* (soit en 85b) et *tes préceptes* (soit en 88a). L'opposition entre les superbes et celui qui s'attache aux préceptes se retrouve donc d'ici à là. La protestation contre le mensonge en 78aβ se double en 86 d'une proclamation de la vérité. Selon 77 la vie du fidèle tient à la loi. Nous découvrons que cette dernière est bafouée par les superbes en 85, mais que la vie du fidèle dépend de son attachement aux préceptes selon 87b-88a.

Considérant l'ensemble des deux strophes nous pouvons ajouter ce qui suit. Le thème de *la vérité*, central en 85-88 (avec le contrepoint du mensonge) se trouvait aussi au centre de 74b-76 (en 75b). YHWH agit avec vérité tant dans la vie de son fidèle (75b) que dans l'énoncé de ses ordres (86a). D'ailleurs *vérité* reçoit ici et là dans le dernier verset son « inséparable » pour ainsi dire,[54] soit *fidélité* (en 76a et 88a), laquelle apporte vie et consolation. Enfin nous remarquerons que *tes ordres* et *tes volontés* qui ici se lisent respectivement dans le deuxième stique (73b) et l'avant-dernier (80a), se retrouvent là, en ordre inverse, dans le sixième stique soit après le début (83b), soit avant la fin (86a).[55] Il semble que dans ces deux strophes vérité et mensonge départagent fidèle et superbes, le contexte étant celui d'une ferme assurance en 73-80, mais d'un pressant appel en 81-88.

Strophe XII (Lamed):

89a POUR TOUJOURS, YHWH,
89b *ta parole* immuable aux cieux ;
90a d'âge en âge ta *vérité*.
90b Tu fixas la terre: ELLE SUBSISTE.
91a Par *tes jugements* ILS SUBSISTENT à ce *jour*,
91b CAR *TOUS* (sont) *tes serviteurs*.
92a Si *ta loi* n'eut fait mes délices
92b alors JE PÉRISSAIS dans ma misère.
93a *POUR TOUJOURS: je n'oublierai pas TES PRÉCEPTES*,
93b CAR par eux *tu me vivifies*.

---

[54] Voir Avishur p. 758 (à l'index).

[55] Nous n'avons pas retenu, les contextes ne nous semblant pas se prêter à des rapprochements suffisamment significatifs, les récurrences de *ky*, (*QUE, CAR*) en 75a, 77b, 78a, *l'* (négation) en 80b, 83b, 85b, 87b, et *ly* (*POUR/VERS MOI*) en 76a, 79a, 85a.

[56] *Note sur la traduction*: POUR TOUJOURS ne 89a et 93a comme en 44b, etc . . . (voir à 52a). En 91a *tout* (*BJ*) n'est pas dans l'hébreu, mais *tes serviteurs* en 91b. Nous traduisons plus servilement en 92b. CAR (*ky*) est dans l'hébreu en 93b et 94b, le pron. ind. en 94a. Le verbe PÉRIR en 95a répond mieux au même en 92b.

94a *Moi*, (je suis) à toi. *Sauve-moi,*
94b CAR je cherche *TES PRÉCEPTES.*
95a Que les impies me guettent pour me faire PÉRIR,
95b *je comprends* tes témoignages.
96a De *TOUT achèvement* (*épuisement*) j'ai vu la limite.
96b Large est *ton ordre* entièrement.[56]

Dans cette douzième strophe les cinq premiers stiques présentent une structure que permettra de saisir la mise en page suivante:

Les termes ici traduits par *immuable* (*nsb*) et SUBSISTER ('*md*) consti-tuent une paire de mots stéréotypée.[57] Pour ce qui concerne la terre, c'est là le résultat de l'action par laquelle YHWH la fixa. L'expression *cieux et terre* est bipolaire et comme telle bien connue. Le parallélisme *pour toujours* + *ta parole* // *d'âge en âge* + *ta vérité* est limpide. Il entoure *immuable aux cieux*, se rapportant à la parole. En 91a on retrouve comme la même structure amputée de ce que nous avons marqué par des rectangles vides: *ta parole* appelle *ta vérité*, mais *tes jugements* n'ont point de symétrique ; *d'âge en âge* rappelle *pour toujours*, mais *à ce jour* n'a pas d'antécédent ; ILS SUBSISTENT, comme plus haut il est dit que la parole est immu-able, mais ici il n'y a point (et pour cause) de précision équivalente à « aux cieux ». Cela dit, la correspondance est certaine. A prendre le texte tel qu'il est, il s'agit en 89-90a de l'immuabilité de la parole (aux cieux), en 90b de la « subsistance » de la terre, puis en 91a, sous mode de récapitulation, de la « subsistance » de la terre com-me de la parole.[58] La récapitulation (91a) est aussi brève que la

---

[57] Selon Avishur p. 763 (à l'index).
[58] Il ne faut sans doute pas choisir, ni comme le fait par exemple la *BJ* qui traduit « tout subsiste à ce jour » et précise en note « *Ciel et terre* (nous soulignons) subsistent par le vouloir divin », ni comme le fait par exemple L. Sabourin qui traduit « elles subsistent jusqu'à ce jour » et précise en note « ‹ Elles › . . ., c'est-à-dire la parole et la vérité de Dieu » (*Le livre des Psaumes*, RECHERCHES Nouvelle Série 18, Montréal-Paris 1988, pp. 520 et 529).

deuxième unité concernant la terre (90b). Aujourd'hui (91a) ils
subsistent, et cette parole et cette vérité immuables pour toujours,
et cette terre dont la durée n'a pas été explicitement déterminée.
On donnera la même extension à TOUS en 91b: terre (et ciel)
comme parole et vérité sont serviteurs de YHWH. En 92-95 il nous
semble percevoir une symétrie concentrique autour de « Moi, (je
suis) à toi » (*lk 'ny*) de 94aα, soit:

```
92a ta loi... mes délices
     92b JE PÉRISSAIS
          93a TES PRÉCEPTES
               93b     tu me vivifies
                         94aα Moi, (je suis) à toi
                  94aβ     sauve-moi
          94b TES PRÉCEPTES
     95a me faire PÉRIR
95b je comprends tes témoignages
```

Les correspondances de 92a à 95b et de 93b à 94aβ ne sont que
thématiques,[59] et pourtant nettes. Les autres s'appuient sur des
récurrences.[60] Le danger est conjuré grâce à la fidélité du psalmiste, fidélité dont les protestations encadrent ici (92a et 93a, 94b
et 95b) les mentions du danger (92b, 95a). C'est cette même
fidélité qui le rend sûr du salut dont les mentions (93b, 94aβ) sont
elles aussi encadrées par les protestations d'attachement à YHWH
(94aα) et à ses PRÉCEPTES (93a et 94b).

En 96a nous retrouvons l'adjectif TOUT, et 96b s'enchaîne à 96a
en s'opposant à lui (large/limite). Si l'on veut bien considérer qu'il
s'agit ici de dimensions spatiales alors qu'il s'agissait en 89-91 de
durées, on pourra comparer la pérennité de la parole (89-91) et la
largeur de l'ordre divin (96). De même que 89-91 utilise TOUT en
son dernier stique, de même 96 en son premier. Mais alors nous
pouvons compléter ainsi la symétrie concentrique ci-dessus:

---

[59] Cependant sur celle de vivifier et sauver voir ci-dessus notre n. 51.
[60] A lui seul le volet 92-93 semble bien commandé par une symétrie croisée. Le
parallèle est marqué par l'alternance de la négation *l'* (*lwly* = *lw* + *l'* en 92a, *l'* en
93a) et de la préposition *b* en 92b (pour introduire *misère*) et 93b (pour introduire
eux), délices trouvés dans la loi (92a) appelant non-oubli des préceptes (93a), et
l'éventualité (écartée) de périr de misère (92b) appelant la vie grâce aux préceptes
(93b). Mais un certain agencement en chiasme, certes plus discret, se perçoit aussi
dans le fait que c'est en 92b et 93a que sont évoqués les deux aspects négatifs du
problème, soit *périr* (92b) et *l'oubli* des préceptes (93a), le second engendrant le
premier, alors qu'aux extrêmes nous lisons délices trouvés dans la loi (92a, opposé
à l'oubli) et vie donnée par les préceptes (93b, opposé à 92b), les premiers
suscitant la seconde.

```
89-91a    (pérennité)
          91b TOUS
                   92... 93
                          94aα  Moi, (je suis) à toi
                   94aβ... 95
          96a TOUT
    96b   (largeur)
```

Aux extrêmes du premier volet nous lisons dans les unités telles que nous les avons déterminées ci-dessus:

```
89-91    POUR TOUJOURS (89a)    + CAR (91b)
93a      POUR TOUJOURS          + CAR (93b)
```

Par les jugements de YHWH tout subsiste aujourd'hui, y compris la parole immuable, POUR TOUJOURS, CAR tout est à son service. De même et inversement pourrait-on dire, si la mémoire des préceptes promet chez le fidèle d'être POUR TOUJOURS, c'est que (CAR) par eux YHWH le vivifie. Le fidèle fait partie des serviteurs. L'action vivificatrice de Dieu rappelle l'instauration par lui de la parole et de la terre. Le parallélisme formel recouvre en quelque sorte un chiasme quant aux contenus. Notons aussi les jeux d'assonances entre les amorces de 91b et 96a et le centre 94a, soit:

```
91b       K .      (H) . K . L
94aα    L . K . '
96a     L . K . L      T . K . L
```

96a commence par les mêmes lettres que 94aα ($L . K$) et a pour premier mot (après L) le même KL que 91b (après K). On comparera aussi $L + K + $ ' (première lettre de l'alphabet) en 94a et T *(dernière lettre de l'alphabet)* $+ K + L$ en 96a. Etant donné que 94aα est au centre de l'ensemble et que 91b clot 89-91 comme 96a introduit 96, on ne pourra guère échapper à l'indication structurelle que constituent ces correspondances. Ainsi, protestant de son attachement à YHWH, le psalmiste se sent en sécurité devant ce qui menace sa vie. Sécurité n'est pas assez dire puisque dans le temps comme dans l'espace la parole divine se découvre infinie.

De la onzième à la douzième strophe nous pouvons situer comme suit les récurrences en nous appuyant sur la structure de ces strophes telle qu'étudiée ci-dessus.

6 (81-83a)	*ton salut ta parole*	6 (89-91a)	*vérité ta parole jour jugements*
5 (83b)	*je n'oublie pas*	5 (91b)	*tous tes serviteurs*
4 (84a)	*ton serviteur jours*	4 (92a)	*ta loi*
3 (84b)	*jugement*	3 (92b)	
2 (85a)		2 (93a)	*je n'oublierai pas tes préceptes*
1 (85b)	*ta loi*	1 (93b)	*tu me vivifies*

0 (86a)	tous tes ordres vérité	0 (94aα)	moi
1 (86a)		1 (94aβ)	sauve-moi
2 (")		2 (94b)	tes préceptes
3 (")	aide	3 (95a)	
4 (87a)	épuisé	4 (95b)	
5 (87b)	moi n'... pas tes préceptes	5 (96a)	tout épuisement
6 (88)	vivifie-moi	6 (96b)	ton ordre

Examinons d'abord les répartitions symétriques, soit *salut* et *vivifier* aux extrêmes ici et, en ordre inverse, immédiatement autour du centre là (de 6 et 6 à 1 et 1), *je n'oublie pas* et *tes préceptes* de 5 et 5 à 2 et 2, *ton serviteur* et *épuisé* de 4 et 4 à 5 (*tes serviteurs*) et 5 (*épuisement*), *tous* du centre 86a à 5 (91b) et 5 (96), *tes ordres* et *vérité* du centre 86a à 6 (89-91a; en 91a) et 6 (96b: *ton ordre*). *Ta parole* ici et là se lit dans le deuxième stique. Selon un certain parallèle nous pouvons encore relever *jours* de 4 (84a) à 6 (91a) comme *aide* de 3 (86b) à son synonyme *sauver*[61] en 1 (94aβ), et encore *tous* de 0 (86a) à 5 (91b) comme *moi* de 5 (87b) à 0 (94aα). Dans les premiers volets notons encore, à deux unités de distance, ici au terme *jugement* (3) et *ta loi* (1), là au début *jugements* (6) et *ta loi* (4). Enfin de 5 + 6 en 87b + 88 à 2 + 1 en 93 nous avons nég. + *tes préceptes* suivis de *vivifier*.[61bis] On peut avancer que le rapport structurel entre nos deux strophes est particulièrement étroit puisqu'il repose non sur la simple succession des vers, mais sur les unités telles que la structure littéraire de chaque strophe nous a amenés à les déterminer. Les cinq premiers stiques ici et là donnent la note propre: détresse ici, mais là puissante certitude. C'est au centre de la onzième strophe, plus dramatique, qu'on lit la sereine affirmation de 86a, mais au centre de la douzième, beaucoup plus assurée, que le fidèle proteste en 94aα de son attachement à YHWH. Reflétant la note d'ensemble particulière de chaque strophe, on appréciera surtout la différence des contextes à partir des récurrences de *serviteur(s)* en 84a et 91b, *jour(s)* en 84a et 91a, *jugement(s)* en 84b et 91a, *ta loi* en 85b et 92a, soit entre les premiers volets 81-85 et 89-93. Ces différences font du même coup apprécier les constantes, soit la certitude dans la vérité de la loi et l'appel pressant au salut (qu'on pourrait retrouver aisément à partir des récurrences non rappelées ci-dessus: *salut*, *parole*, *ne pas oublier*, *ordre*, *vérité*, *moi*, *préceptes*, *vivifier*).

---

[61] paire de mots stéréotypée selon Avishur pp. 71-72. Voir aussi la n. 19 (p. 682) de notre «‹ Ils loueront YHWH, ceux qui le cherchent › Etude structurelle du psaume 22 », *NRT* 109 (1987) 672-690 (et 840-855).

[61bis] Nous n'avons pas pris ci-dessus en considération *épuiser* en 81a et 82a et *la terre* en 87a et 90b, tant les contextes que les positions structurelles rendant difficile leur exploitation pour l'articulation entre nos deux strophes.

Strophe XIII (Mem):

97a QUE j'aime *TA LOI* !
97b TOUT le jour c'est ELLE (*hy'*) que je MÉDITE.
98a *Ton ordre* me rend PLUS sage QUE mes ennemis,
98b CAR *pour toujours* c'est LUI (*hy'*) (qui compte) POUR MOI.
99a PLUS QUE TOUS ceux qui *m'apprennent* j'ai la finesse,
99b CAR tes témoignages, c'est la MÉDITATION (qui compte) POUR MOI.
100a PLUS QUE les anciens *JE COMPRENDS,*
100b CAR je garde TES PRÉCEPTES.
101a DE TOUT CHEMIN de mal je soustrais *mes pieds,*
101b de sorte que *j'observe ta parole.*
102a DE *tes jugements je ne* me détourne *pas,*
102b CAR toi tu m'*ENSEIGNES.*
103a QU'il est doux À MON palais ton dire,
103b PLUS QUE le miel À *MA bouche.*
104a PAR *TES PRÉCEPTES JE COMPRENDS.*
104b C'est pourquoi je hais TOUT CHEMIN de mensonge.[62]

La treizième strophe présente une structure limpide en deux volets de longueur égale. Après le verset initial le parallélisme entre 98, 99 et 100 se perçoit à première lecture. Mais situons plus précisément récurrences et correspondances dans le tableau suivant:

97a				
97b	TOUT	*hy'* (ELLE)	JE MÉDITE	

98a	PLUS	QUE		*sage*
98b	CAR	*hy'* (LUI)	POUR MOI	
99a	PLUS	QUE TOUS...	apprennent	*finesse*
99b	CAR	MÉDITATION	POUR MOI	
100a	PLUS	QUE		COMPRENDS
100b	CAR			

Sage(sse), finesse, apprendre, comprendre, enseigner appartiennent au même champ sémantique.[63] Mais de plus *sagesse* et *compréhension*

---

[62] *Note sur la traduction:* Nous rendons le pron. ind. *hy'* en 97b et 98b, suivons le TM pour 98a, restituons CAR (*ky*) en 98b.99b.100b, *pour toujours* et POUR MOI en 98b, la récurrence *apprendre* (*lmd*) en 99a, POUR MOI en 99b, COMPRENDRE en 100a et 104a comme en 27a.34a.73b.95b.125a.130b.144b.169b, omettons *tous* absent de l'hébreu en 100b, lisons *mes pieds* en 101a comme en 105a (à la différence de *mes pas* en 133a), *de sorte que* en 101b comme en 11b.71b.80b, laissons apparaître la 1ère pers. sujet en 101b, restituons *c'est pourquoi* en 104b comme plus loin en 127a et 128a (et dans une expression voisine en 119b).
[63] Voir dans *THAT,* les rapports entre les trois derniers cités en I,874, puis entre les quatre premiers en II, 824-825.

constituent une paire de mots stéréotypée,[64] de même encore que *apprendre* et *comprendre*,[65] le premier étant en 99a le fait des maîtres qui enseignent, le second en 100a celui du disciple... qui donc, est-il encore ainsi suggéré, dépasse le maître. On lit au terme de 98 et 99 POUR MOI. On voit que 97b avec *hy'* et MÉDITER prépare respectivement 98b et 99b. La récurrence de l'adjectif TOUT, qualifiant ici et là des termes différents, ajoute un léger effet d'articulation du second stique de 97 au premier du verset 99, central en 98-100. L'amour (97a) et la méditation (97b, 98b, 99b, 100b) rendent le fidèle plus sage et avisé que ceux dont on pourrait s'attendre à ce qu'il leur soit inférieur: ses ennemis (98a), ses maîtres (99a), les anciens (100a). On notera une progression dans cette dernière énumération: il est assez heureux de l'emporter sur ses ennemis, mais déjà surprenant de l'emporter sur ses maîtres ; quant à l'emporter sur les anciens, cela – en un autre contexte – pourrait passer pour une prétention insupportable.

En 101-104 nous percevons à première lecture l'inclusion par 101a et 104b. Quant à 101b il semble repris en 102a qui avec 104b inclut 102b-104a comme ceci:

101a DE (*mn*)   TOUT CHEMIN (de mal)
101b

102a	DE (*mn*)		
102b		tu m'ENSEIGNES	
103a	QU' (*mh*)	À MON palais	(ton dire)
103b	PLUS QUE (*mn*)	(le miel)	À MA bouche
104a	PAR (*mn*)	je COMPRENDS	
104b		TOUT CHEMIN (de mensonge)	

Qu'ENSEIGNER et COMPRENDRE se répondent, c'est ce que leur sens laisse clairement entendre: enseigner est le fait du maître, comprendre celui du disciple. En 103 « le miel » symbolise « ton dire » et À MA *bouche* répond clairement à À MON *palais*. D'un stique à l'autre PLUS QUE (*mn*) précise QUE (= combien). Ainsi, laissant cette dernière correspondance (*mh-mn*), on peut découvrir en 102b-104a un chiasme à six termes:

---

[64] Selon Avishur p. 758 (à l'index).
[65] Selon Avishur pp. 31 et 284.

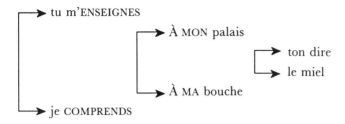

Par son contenu 102a reprend, avec une tournure négative, 101b. La correspondance de 101a à 104b est manifeste. Tant et si bien que l'ensemble est structuré comme suit:

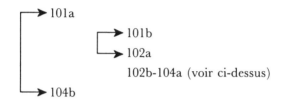

101 annonce en somme, en ordre inverse, l'encadrement de 102b-104a en 102-104. Notons en outre, en tant que parties du corps, la correspondance entre *les pieds* bien orientés en 101a et le bon goût du dire divin pour *la bouche* et *le palais* du fidèle en 103, la correspondance aussi entre les synonymes *ta parole* de 101b et *ton dire* en 103a, par où l'on voit finalement que 101 appelle également ment le centre de 102-104 et non seulement ses extrêmes.

Considérons maintenant l'ensemble des deux volets, et d'abord en y situant les récurrences et correspondances suivantes:

97a	QUE (*mh*)	*j'aime* TA LOI (*yrh*)		
97b			*hy'*	(TOUT)
98a	PLUS QUE			
98b	CAR		*hy'*	
99a	PLUS QUE			(TOUS)
99b	CAR			
100a	PLUS QUE (*mn*)	JE COMPRENDS		
100b	CAR		*je garde*	

101a	DE (*mn*)			
101b			*j'observe*	(*ta parole*)
102a	DE			
102b	CAR	TU M'ENSEIGNES (*yrh*)		
103a	QUE (*mh*)			(*ton dire*)
103b	PLUS QUE (*mn*)			
104a	PAR (*mn*)	JE COMPRENDS		
104b		*je hais*		

L'inclusion de l'ensemble par les antonymes *j'aime* et *je hais* n'appelle guère de commentaire. Du verset final de 97-100 au verset initial de 101-104 notons les deux synonymes *je garde* (100b) et *j'observe* (101b). De même que de 97b (deuxième stique) à 99a (premier stique de 99, central en 98-100) nous avons la récurrence de TOUT, de même de 101b à 103a (dans les mêmes positions) nous avons les synonymes *ta parole* et *ton dire*. Mais, même si les positions structurelles sont moins exactement les mêmes, il serait plus intéressant de rapprocher ta parole et ton dire de MÉDITER et MÉDITATION en 97b (deuxième stique) et 99b (deuxième stique de 99), puisqu'ils sont l'objet de cette méditation. Dans le premier stique du dernier verset ici et là (en 100a et 104a) nous lisons JE COMPRENDS (après un emploi – en des sens différents – de la préposition *mn*). Nous avons dit qu'en 103 PLUS QUE (103b) explicitait l'exclamatif QUE (103a). On peut bien en dire autant des PLUS QUE de 98, 99, 100 par rapport au QUE initial (97a). Les autres emplois de *mn* en 101, 102 (DE), 104 (PAR) lui donnent des sens différents. Néammoins c'est la même préposition, et ces variations contribuent à leur manière à l'unité de l'ensemble. Les emplois en début de stique de CAR en 102b et *mn* en 104a, deux stiques qui se correspondent, rappellent les trois enchaînements *mn* (PLUS QUE) + CAR en 98, 99 et 100. Notons d'ailleurs qui si nous lisons en 97-100 dans le premier stique des versets extrêmes respectivement TA LOI (rac. *yrh*) et PLUS QUE (100a), nous retrouvons dans le dernier stique des versets centraux en 101-104 TU M'ENSEIGNES (rac. *yrh*, 102b) et PLUS QUE (103b): j'aime *ta loi* qui me donne de comprendre *plus que* les anciens, et quand tu m'*enseignes*, ton dire m'est *plus* doux *que* le miel. La saveur de la loi le dispute à sa profondeur. On voit à quel point, tout en variant les procédés de composition, nos deux volets se répondent l'un à l'autre. Plus sage, grâce à la loi, que les anciens eux-mêmes, le psalmiste n' oublie pas que cette sagesse et les délices qu'il trouve dans le dire divin lui viennent de ce que c'est YHWH lui-même qui l'ENSEIGNE (102b). En 98-100 il avance sans hésiter qu'il COMPREND (100a) ou semblablement devient sage (98a), mieux et plus encore que ceux qui lui APPRENNENT (99a). Mais en 102-104, s'il dit encore qu'il COMPREND (104a), c'est cette fois pour reconnaître celui qui l'a ENSEIGNÉ (102b). Prenant en compte la synonymie entre APPRENDRE et ENSEIGNER, on ne sera que plus frappé de l'opposition entre la supériorité affirmée dans le premier volet et la reconnaisance du seul maître dans le second.

Qu'en est-il du *rapport entre les douzième et treizième strophes* ? Il semble assez lâche, ce dont on ne s'étonnera pas au vu de la différence entre les thèmes traités. Rappelons qu'en 89-96 nous avons deux volets autour de 94aα et en 97-104 deux volets de longueur égale. En considérant la succession parallèle des volets, on peut comparer les contextes pour *ta loi* et *pour toujours* de 92a et 93a à 97a et 98b, quatre stiques où il s'agit toujours soit du plaisir que le psalmiste trouve dans la loi, soit de l'engagement qu'il prend de la respecter. Autour de 94aα se répondent symétriquement deux récurrences de *tes préceptes* qu'on lit dans le deuxième volet 101-104 en 104a ; inversement en quelque sorte *je comprends* qu'on lit dans le volet qui suit 94aα se lit en des positions structurelles identiques dans les deux volets de 97-104. En comparant premier à dernier volet d'ici à là nous découvrons que *ta parole* et *tes jugements* qui sont en 89b et 91a fermement établis suscitent en 101b et 102a l'engagement du fidèle à les bien respecter. On lit encore *ton ordre*, considéré plutôt en lui-même en 96b, et dans la sagesse qu'il fait naître chez le fidèle en 98a. Mais il faut bien reconnaître que ces articulations, comparées à plus d'une de celles que nous avons étudiées ci-dessus, sont assez lâches.[66]

Strophe XIV (Nun) :

105a Une lampe pour *mes pieds*, TA PAROLE,
105b ET une lumière sur mon sentier.
106a J'ai juré ET tiendrai levé (le serment)
106b d'*observer* les JUGEMENTS de ta justice.
107a Je connais la misère entièrement.
107b YHWH, *vivifie-moi* selon TA PAROLE.
108a Agrée l'offrande de *ma bouche*, YHWH,
108b ET *apprends-moi* tes JUGEMENTS.
109a Ma gorge est sans relâche en mes paumes,
109b ET JE N'oublie PAS ta loi.
110a *Les impies* m'ont tendu un piège,
110b ET JE N'ai PAS dévié de tes préceptes.
111a *Tes témoignages* sont mon héritage POUR TOUJOURS,
111b *car* ils sont la jubilation de MON COEUR, eux.
112a J'(in)fléchis MON COEUR à faire *tes volontés*,
112b récompense POUR TOUJOURS.[67]

---

[66] Nous n'avons pas vu comment prendre en compte ici les récurrences de *pour toujours* en 89a, *jour* (91a, 97b), *car* (91b, 93b, 94b, 98b, 99b, 100b, 102b), *tout* (91b, 96a, 97b, 99a, 101a, 104b), négation *ne... pas* (83a, 102a).

[67] *Note sur la traduction*: En 106a nous rendons la récurrence de *lever* (voir à 28b), en 109a celle de *sans relâche* comme pour 44a et 117b, en 11b *jubilation* comme en 14a et 162a, le pron. ind. en 111b. Pour *récompense* en 112b voir ci-dessus à 33b: ici, comme le remarque Ravasi, et comme notre étude de la structure va le confirmer, *récompense* fait écho à *héritage* (111a).

La quatorzième strophe présente une structure assez complexe
et cependant nette. Celle de 105 est limpide:

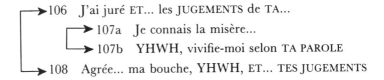

Une lampe   pour (*l*) mes pieds

                                            TA PAROLE

ET   une lumière   sur (*l*) mon sentier

Il convient ensuite de considérer 106-108 qui sont structurés
selon le chiasme suivant:

   106   J'ai juré ET... les JUGEMENTS de TA...

      107a   Je connais la misère...

      107b   YHWH, vivifie-moi selon TA PAROLE

   108   Agrée... ma bouche, YHWH, ET... TES JUGEMENTS

En 108 « l'offrande de ma bouche » nous semble à juste titre
interprétée par Jacquet[68] du serment prononcé en 106. Les deux
volets 106-107a et 107b-108 s'appellent en ce que, en retour de ses
engagements (106) et épreuves (107a), le fidèle (parlant à la 1ère
pers.) demande à YHWH (interpellé par des impératifs) de le
vivifier (107b), au lieu de le laisser dans la misère, et, en retour de
ses engagements, de l'enseigner (108). Les deux verbes à la 1ère
pers. de 106 et les deux impératifs de 108 sont liés par la conjonction ET. On lit JUGEMENTS + indication de la 2ème pers. (TA/TES)
au terme de 106 comme de 108. Les stiques 107b-108a, si l'on tient
compte de l'ordre des mots en hébreu, sont eux-mêmes structurés
selon un chiasme à six termes, soit:

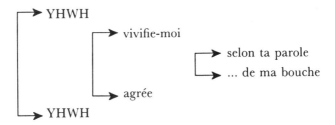

YHWH

   vivifie-moi

      selon ta parole

      ... de ma bouche

   agrée

YHWH

On voit ici que dans la demande jouent à la fois la parole de
YHWH et celle du fidèle (« l'offrande de sa bouche » se référant, on
l'a dit, au serment de 106a). Et encore en 108 nous pouvons
découvrir la symétrie concentrique que voici:

---

[68] Selon Avishur pp. 166 et 189.

Ici l'on voit comment YHWH est prié d'accueillir la parole de son fidèle et de lui dispenser la sienne. Du même coup on aura découvert le parallélisme entre YHWH + vivifie-moi + selon ta parole, et: YHWH + apprends-moi + tes jugements. Le volet 107b-108 est donc, on le voit, assez savamment structuré.

A cette étape considérons l'ensemble 105-108. L'action de YHWH est énoncée en 105, appelée en 107b-108. A ce titre ils encadrent 106-107a où le sujet est le fidèle. D'ailleurs d'ici à là nous voyons s'inverser exactement: mes pieds (105a) + ta parole (105a) + lumière (105b) en: vivifie (107b) + ta parole (107b) + ma bouche (108a). *Mes pieds* et *ma bouche* sont deux parties du corps. *Lumière* et *vie* sont les deux termes d'une paire de mots stéréotypée.[69] Le fidèle sait où poser ses pieds grâce à cette lumière qu'est pour lui la parole ; et ce n'est pas autre chose qu'il demande en priant YHWH de le vivifier selon sa parole en réponse à l'offrande de sa bouche. Les pieds cherchent la route: le lumière de la parole la leur montre. La bouche s'engage à la fidélité: la vie viendra en retour de la parole.

En 109-110, si l'on veut bien, avec Jacquet,[70] entendre 109a comme l'expression d'un pressant danger, nous avons à faire à un parallélisme limpide. En effet 109a et 110a expriment le danger, puis 109b et 110b protestent, face à lui, de la fidélité du psalmiste. Ces deux stiques sont introduits par ET (on pourrait ici traduire *mais*) et comportent une négation du verbe à la 1ère pers., les deux objets étant apparentés ; leur parallélisme est évident. Or nous retrouvons ici par deux fois, en 109 et 110, une séquence inverse de celle de 106 + 107a. Fidélité + épreuve en 106-107a le cèdent ici à épreuve + fidélité en 109 et en 110. On peut dire alors que 106-107a et 109-110 encadrent les appels de 107b-108. Mais alors que ces derniers s'agençaient en chiasme avec 106-107a, 109-110 sont par rapport à eux parallèles puisqu'à 107b s'opposent 109a et

[69] *Les Psaumes et le coeur de l'homme III*, Gembloux 1979, p. 371.
[70] Jacquet p. 372. Ravasi voit se correspondre 108a et 109a, mais nous allons montrer un parallèle plus déterminant en 109-110. Ce sont donc ici des considérations structurelles qui ont aidé au choix de la traduction.

110a tandis qu'à 108 font écho 109b et 110b. D'ailleurs de 107b à 109a on notera la répartition des deux termes d'une paire de mots stéréotypée, *vi(vr)e* et *gorge*.[71]

Si l'on se souvient du rapport entre 105 et 107b-108 et de celui de 106-107a à 109-110, on pourra dire que jusqu'ici notre strophe présente un parallèle: 105 (lumière de la parole) + 106-107a (fidélité dans l'épreuve) // 107b-108 (vie par la parole) + 109-110 (fidélité dans l'épreuve), ces dernières unités comportant un stique de plus que celles auxquelles elles correspondent. Assez joliment un léger dispositif en chiasme se superpose à ce parallèle puisque nous lisons au début de 105 *mes pieds* et au début de 109-110 *mes paumes*, tandis qu'au terme de 106 en 106-107a comme de 108 en 107b-108 nous lisons JUGEMENTS (de YHWH). Ainsi YHWH (107b-108) comme le fidèle (106-107a) se réfèrent aux jugements, et si ce dernier doit tenir sa gorge en ses paumes, il est cependant assuré que ses pieds seront guidés par la lumière de la parole.

Venons-en aux deux derniers versets. Une simple mise en page suffira à montrer leur structure littéraire. Nous respectons ici l'ordre des mots dans l'hébreu:

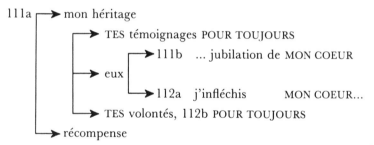

Nous sommes ici guidés par les récurrences de POUR TOUJOURS et MON COEUR et par les correspondances entre TES *témoignages* et TES *volontés* comme entre *héritage* et *récompense*. La correspondance entre *jubilation* et *infléchir... à faire* est moins manifeste, mais suffisante puisqu'à ce que le COEUR reçoit répond ce qu'il donne. Au centre nous lisons le pronom *eux* (indépendant en hébreu)[72] qui se rapporte à TES *témoignages* et, dans la structure d'ensemble, que rappelle TES *volontés*. Ce pronom est important car, se trouvant au centre

---

[71] Selon Avishur pp. 66, 272 et 295.
[72] Qu'il y ait une faute d'accord dans le *TM* (masc. au lieu du fém.) n'autorise pas à négliger (comme le fait Jacquet) ce pronom. Pour un emploi structurel très comparable (au centre d'un ensemble) voir Ps 95, 10-11a tel que nous les présentons dans « Essai sur la structure littéraire du psaume 95 », *BN* 22 (1983) 47-69, aux pp. 59-60.

de 111-112, il rappelle du centre de 105 TA PAROLE, à laquelle ici font écho TES témoignages et TES volontés également. De même que la parole est lampe et lumière pour les pieds du fidèle, de même témoignages et volontés qui sont pour lui un héritage et une récompense, donnent à son coeur jubilation et lui inspirent la docilité.

Puisque *bouche* et COEUR forment une paire de mots stéréotypée[73] on percevra aussi un rapport entre 107b-108 et 111-112: à l'offrande de la bouche répond aussi la jubilation accordée au coeur. Lumière, vie, jubilation prennent le relais l'une de l'autre de 105 (deux stiques) à 107b-108 (trois stiques) et finalement 111-112 (quatre stiques). Le lecteur a déjà perçu la structure d'ensemble:

```
┌ 105 (lumière pour mes pieds : deux stiques)
│        106-107a (fidélité dans l'épreuve : trois stiques)
┤ 107b-108 (vie eu égard à ma bouche : trois stiques)
│        109-110 (fidélité dans l'épreuve : quatre stiques)
└ 111-112 (jubilation pour mon coeur : quatre stiques)
```

C'est l'unité centrale qui comporte, et par deux fois, l'interpellation à YHWH par son nom. Le nombre de stiques en 106-107a et 109-110 prépare en quelque sorte à celui de 107b-108 et 111-112. On dirait ici que deux générosités s'entraînent l'une l'autre, celle de YHWH comblant son fidèle de lumière, joie et vie, mais aussi celle du fidèle qui, malgré les épreuves, entend répondre sans faiblir à de tels dons.

Qu'en est-il du *rapport entre la quatorzième strophe et la treizième* ? Situons ici les récurrences en fonction des structures dégagées ci-dessus:

97	*ta loi*	105	*mes pieds*
			ta parole (sentier)
98	*pour toujours*		
99	*m'apprennent*	106-107a	*observer jugements*
100			
		107b-108	*ma bouche*
			apprends-moi jugements
101	(chemin) *mes pieds*		
	j'observe ta parole		
102	*jugements*	109-110	*ta loi*
	je + nég. *enseignes*		*je* + nég. (*bis*)
103	*ma bouche*		
104	(chemin)	111-112	*pour toujours* (*bis*)

---

[73] Selon Avishur p. 765 (à l'index). Chacun de ces deux termes d'ailleurs forme à son tour une paire de mots stéréotypée avec *gorge* qu'on lit ici en 109-110 (109a): voir Avishur pp. 512 et 522 pour *bouche/gorge* et p. 761 (à l'index) pour *coeur/gorge*.

On lit en 99, au centre de 98-100 *m'apprennent*, en 103, au centre de 102-104, *ma bouche*, les deux expressions se retrouvant en ordre inverse en 107b-108, centre de la strophe 105-112. Dans les deux premières unités ici, et là dans les deux dernières, nous lisons successivement *ta loi* (en 97 et 109-110) et *pour toujours* (en 98 et 111-112), les contextes étant bien apparentés avec cependant comme une inversion, d'ici à là, entre joie et décision: la loi aimée, le fidèle s'y tiendra toujours (97-98) ; il ne l'oubliera pas, cette loi (109-110) qui pour toujours sera son héritage et sa récompense (111-112). Au passage d'une strophe à l'autre nous voyons s'opposer le *chemin* de mensonge (104) et le *sentier* par où va le fidèle (105). Par ailleurs de 101 + 102 + 103 à 105 + 106-107a + 107b-108 nous voyons se répondre en parallèle *mes pieds* et *ta parole* (ainsi que chemin/sentier) + *jugements* + *ma bouche* (voir ci-dessus). Soustrayant ses pieds au chemin du mal pour observer la parole (101), le psalmiste veut les laisser guider par la parole sur son sentier (105). Non seulement il ne se détourne pas des jugements (102), mais il jure solennellement de les observer (106-107a). Et sa bouche qui se délecte du dire divin (103) sait aussi engager sa vie à son service (107b-108). Si l'on se souvient de la racine commune (*yrh*) à *enseigner* et *loi*, on pourra reprendre et compléter ce que nous avons dit de la correspondance entre les centres: en 98-100 *m'apprennent* au centre est précédé de *pour toujours* en 98, et en 102-104 *ma bouche* au centre est aussi précédé de *enseignes* ainsi que de *je* + nég. en 102. Or sur l'ensemble 105-112 le centre où on lit, en ordre inverse, *ma bouche* et *apprends-moi*, en 107b-108, est pour sa part suivi (et non plus précédé), et ici encore en ordre inverse, d'abord de *ta loi* avec *je* + nég. en 109-110, puis de *pour toujours* en 111-112. D'une strophe à l'autre on passe ici de l'échelle d'un volet (pour les centres et ce qui les précède) à l'échelle de la strophe entière (pour le centre et ce qui le suit). Comme le lecteur pourra aisément s'en convaincre, le contexte des unités où s'inscrivent ces récurrences sont largement apparentés: pour toujours fidèle à la loi, le fidèle y trouve plus de sagesse que n'en possèdent ceux qui lui apprennent (98-99) ; il ne risque pas de s'en détourner puisque c'est YHWH qui l'enseigne, procurant à sa bouche une joie sans pareille (102-103). Qu'agréant l'offrande de sa bouche YHWH lui apprenne donc lui-même les jugements ; il ne risquera pas de s'éloigner de la loi, mais au contraire y trouvera pour toujours héritage et récompense (107b-112). En comparant encore 98-100 et 102-104 à 105-112 on peut constater que *pour toujours* + *m'apprennent* dans la première unité et l'unité centrale de 98-100 se retrouvent en ordre inverse dans l'unité centrale et la dernière en 105-112, tandis que *ma bouche*

+ *chemin* dans l'unité centrale et la dernière unité de 102-104 se retrouvent en ordre inverse dans l'unité initiale (par le synonyme *sentier*) et l'unité centrale en 105-112. Nous avons plus haut déjà exprimé le contenu des correspondances ainsi indiquées. Notons enfin que si *ta loi* et *observer* se lisent au verset initial de chacun des deux volets dans la strophe *mem* (97 et 101), ils se lisent par contre, en ordre inverse, dans les deux unités symétriques 106-107a et 109-110 de la strophe *nun*, toutes ces unités exprimant l'attachement du fidèle à la loi.[74] Ainsi nos deux strophes semblent-elles bien, d'un point de vue structurel, étroitement articulées l'une à l'autre. Sagesse, douceur, lumière, vie, joie apportées au fidèle par la loi suscitent sa fidélité, même au milieu des épreuves.

Strophe XV (Samekh):

113a *Je hais* les (gens) partagés,
113b ET *J'AIME ta loi.*
114a Mon abri ET mon bouclier, c'est toi.
114b J'espère en *ta parole.*
115a Détournez-vous DE (*mn*) moi, malfaisants,
115b ET je garderai les ordres de mon Dieu.
116a Sois mon soutien conformément à ton dire, ET *je vivrai,*
116b ET *ne* fais *pas* honte à mon attente.
117a Sois mon appui ET je serai *sauvé,*
117b ET sans relâche je serai attentif à *TES VOLONTÉS.*
118a Tu renverses *TOUS* ceux sui sortent DE (*mn*) *TES VOLONTÉS,*
118b *car* leur calcul est mensonge.
119a Comme une rouille tu ôtes *TOUS les impies* de la terre,
119b *c'est pourquoi J'AIME tes témoignages.*
120a DE (*mn*) te redouter ma chair tremble,
120b ET SOUS (*mn*) tes *jugements* je crains.[75]

La quinzième strophe comporte assez peu de récurrences internes à elle-même. Et pourtant sa structure est d'une riche complexité. Pour en faciliter la découverte au lecteur, indiquons tout de

---

[74] Ainsi ne nous reste-t-il plus, comme résidu de notre étude du rapport structurel entre nos deux strophes, que la récurrence de *jugements* en 108 et la correspondance entre les pronoms indépendants de 102 et 111. On pourrait quand même remarquer que des unités extrêmes de 102-104 à celles de 105-112 *toi... chemin* s'inversent en *sentier... eux*, mais rien d'analogue ne s'observe de 98-100 à 105-112.

[75] *Note sur la traduction:* Gens nous paraît plus neutre que *coeurs* pour 113a qui ne précise pas tant ; de même 117b ne comporte pas yeux. *Car* se lit en 118b, *c'est pourquoi* en 119b comme en 104b, *redouter* en 120a comme en 161b.

suite qu'il s'agit de quatre symétries concentriques de cinq stiques
dont les centres concernent alternativement YHWH et les impies,
la deuxième chevauchant de trois stiques sur la première, la
troisième de deux sur la deuxième, la quatrième de un sur la
troisième, le dernier vers requérant une considération particulière,
soit, en inscrivant ci-dessous les quelques récurrences et correspondances:

```
⎧ 113a   Je hais
⎪         113b      J'AIME
⎪                  114a     ... ET ...                           ⎫
⎨         114b              ta parole / j'espère (yḥl)           ⎪
⎩ 115a          DE    (mm)                                       ⎪
          ⎧ 115b ET ...                                          ⎬
          ⎪       116a      ton dire   ET  je vivrai    ⎭
          ⎨       116b      ET             attente (śbr)
          ⎪       117a          ET  je serai sauvé
          ⎩ 117b ET ...      TES VOLONTÉS                        ⎫
  118a   TOUS  DE (mn)       TES VOLONTÉS      (tu ôtes)         ⎪
  118b                                                           ⎬
  119a   TOUS                                 (tu renverses)     ⎪
          119b     J'AIME                                        ⎭
            + 120a    DE (mn)
              120b    ET SOUS (mn)
```

Dans la première colonne nous avons disposé tous les stiques
concernant les méchants et l'aversion qu'ils suscitent, soit chez le
psalmiste (113a et 115a), soit chez YHWH (118a, 118b, 119a),
dans la deuxième tous les stiques exprimant l'attachement et la
fidélité du psalmiste à la loi (113b, 114b, 115b, 117b, 119b), dont le
premier et le dernier comporte J'AIME, dans la troisième colonne
enfin tous les stiques présentant l'attitude et l'action de YHWH
envers son fidèle (114a, 116a, 116b, 117a). La première et la
deuxième symétries (accolades à gauche, puis à droite) jouent sur
les trois thèmes, la troisième et la quatrième (dernières accolades à
gauche, puis à droite) sur seulement deux thèmes. Le lecteur peut
constater à nouveau sur ce tableau ce que nous avancions plus haut:
que la deuxième symétrie emprunte trois stiques à la première, la
troisième deux à la deuxième, et la quatrième un à la troisième. La
troisième symétrie (115b-117b) est bien indiquée par les positions de la conjonction ET: au début des stiques extrêmes, avant le
verbe final en 116a et 117a, et de nouveau au début du stique
central. Dans la quatrième symétrie (117b-119b) la claire correspondance entre 118a et 119a s'accompagne d'une récurrence de
l'adjectif TOUS. Dans la première symétrie le centre est suivi en
114b d'une occurrence de *j'espère* ; dans la troisième le centre

(116b) – de contenu homogène au précédent – comporte *attente*. Or les deux mots ainsi traduits se répondent de par leur contenu.[76] De même et inversement le centre 115a de la deuxième symétrie comporte la préposition DE (*mn*), alors que dans la quatrième le centre – de contenu homogène au précédent – est précédé en 118a d'un stique comportant la même préposition DE (*mn*). De la première à la troisième symétrie relevons encore, suivant ici le centre et là le précédant, les deux synonymes *ta parole* (114b) et *ton dire* (116a). De la troisième à la quatrième symétrie l'opposition est claire, dans les stiques intermédiaires (entre extrêmes et centres), entre les verbes terminant 116a et 117a: *je vivrai* et *je serai sauvé*, dont d'ailleurs nous avons déjà relevé la correspondance dans notre psaume,[77] et les verbes amorçant 118a et 119a: *tu renverses* et (comme une rouille) *tu ôtes*, les actions de YHWH envers son fidèle et envers les impies logiquement s'opposant. La transition de la troisième à la quatrième symétrie se fait à partir de l'opposition des contextes où nous lisons *tes volontés* en 117b (docilité) et 118a (indocilité), 117b appartenant aux deux symétries en question. De 113a, premier stique de la première symétrie, à 119b, dernier stique de la dernière symétrie, s'opposent *je hais* (les gens partagés) et J'AIME (tes témoignages).

Ainsi jusqu'ici le lecteur dispose, emboîtées l'une dans l'autre, comme de quatre petites strophes. Les deux premières (jouant sur trois termes) s'opposant entre elles comme les deux dernières (jouant sur deux termes) pour leur part, une alternance se découvre ainsi où s'apparentent première et troisième strophes ainsi que deuxième et quatrième. Mais alors qu'en est-il du dernier verset 120 ? A première vue il paraît hétérogène aux sept qui le précèdent. Pour échapper à cette fausse impression il importe tout d'abord de bien le comprendre. Sa structure interne est la suivante (nous modifions la traduction pour la mettre en valeur):

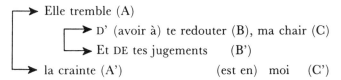

Soit: A.B.C. / B'.A.'C.', la 1ère pers. étant ici et là manifestée au terme (*ma chair* et le suffixe du verbe = *moi*). Les correspondances

---

[76] Chacun pour sa part forme avec *qwh* une paire de mots stéréotypée, selon Avishur pp. 660 (voir ci-dessus notre n. 45) et 664-665.
[77] Voir ci-dessus nos nn. 51 et 59.

entre trembler et crainte (verbe en hébreu) et entre redouter et
jugements (tous deux précédés de la même préposition *mn* = DE)
incitent à comprendre ceci: ma chair tremble de crainte d'avoir à
redouter tes jugements (ou: devant tes jugements redoutables), soit
selon AA'BB' (ou B'B, en laissant ici C et C').[78] Or ce thème de la
crainte ne survient pas ici inopinément dans la mesure précisément
où il s'oppose à celui de la sécurité évoqué dans le stique central
114a de 113-115a (mon abri et mon bouclier), et dans les stiques
116a (mon soutien) et 117a (mon appui), symétriques en 115b-
117b. La première impression d'opposition, de contradiction doit
laisser place en fait à la perception d'une complémentarité entre ces
deux données: non seulement il n'y a pas incompatibilité entre la
sécurité qu'offre YHWH et la crainte que doivent inspirer ses
jugements, mais au contraire l'une appelle l'autre. Sans cette
crainte, la sécurité offerte tournerait vite à une suffisance. Sans cette
sécurité, la crainte évacuerait la confiance et ne serait plus que
vaine angoisse. Ici en quelque sorte le psalmiste rassure YHWH: le
soutien, l'appui qu'il attend ne tourneront pas à l'oubli de celui qui
les aura dispensés. Isolé structurellement de l'ensemble 113-119, le
verset 120 n'en prend que plus de poids. On pourrait dire qu'à lui
seul il constitue comme une seconde partie dans notre strophe.

De la quinzième à la quatorzième strophe, de structures tout à fait
différentes, le rapport n'est à peu-près marqué que par des termes
désignant la loi, soit: *jugements* (106b, 108b, 120b), *parole* (105a,
107b, 114b), *loi* (109b, 113b), *témoignages* (111a, 119b), *volontés*
(112a, 117b, 118a). Par ailleurs nous ne trouvons que les récurrences de *vivifier* (107b) / *vivre* (116a), significative dans le contexte
de ces stiques, – *impies* (110a, 119a), – *car* (111b, 118b), sans portée
au vu des contextes, et la correspondance entre YHWH (107b,
108a) et *mon Dieu* (115b). Les positions structurelles de ces termes
ne nous permettent pas de parler d'un rapport marqué de ce point
de vue entre nos deux strophes. C'est la première fois que nous
rencontrons une telle césure.

---

[78] Le cas nous paraît très semblable à celui que présente J. S. Kselman dans « A
Note on Ps 51,6 », *CBQ* 39 (1977) 251-253 où les termes donnés dans le texte selon
l'ordre ABA'B' doivent s'entendre selon l'ordre AA'BB' (« You are just (*ṣdq*) and
blameless (*zkh*) in pronouncing (*dbr*) sentence (*špṭ*) »). Voir encore à l'échelon
d'une composition plus ample Mt 7,6 et Ct 1,5 cités par R. Meynet, *L'Analyse
Rhétorique* (Initiations, Paris 1989) pp. 77 (citant John Jebb) et 31-32 (citant R.
Lowth).

Strophe XVI ('ayin):

121a Ce que j'ai FAIT fut *jugement* et JUSTICE.
121b *Ne* me livre *pas* à ceux qui me *TORTURENT.*
122a Sois allié à *TON SERVITEUR* pour ce qui est bon.
122b Que les superbes *ne* me *TORTURENT pas* !
123a *Mes yeux* s'épuisent après ton *salut*
123b et après le *dire* de ta JUSTICE.
124a Avec *TON SERVITEUR* FAIS ce qui convient à ta fidélité,
124b *et apprends-moi tes volontés.*
125a Moi, je suis TON SERVITEUR. Fais-moi *comprendre*
125b et je saurai *tes témoignages.*
126a Il est temps de FAIRE (ce qui s'impose), YHWH,
126b on a violé *ta loi.*
127a *C'EST POURQUOI j'aime tes ordres*
127b plus que l'or, et l'or fin.
128a *C'EST POURQUOI* je trouve droits *TOUS tes préceptes.*
128b *Je hais TOUT* chemin de monsonge.[79]

Cette seizième strophe comporte trois symétries successives, deux symétries concentriques en 121-123 et 124-126a, une symétrie plus complexe en 126b-128. Examinons la première:

121a (j'ai FAIT)... JUSTICE
    121b nég. (*bl*) + TORTURENT
        122a Sois allié à TON SERVITEUR
    122b nég. (*'l*) + TORTURENT
123 (*salut*)...   JUSTICE

Les récurrences nous guident clairement. On se souviendra de la synonymie entre *salut* et JUSTICE qui forment même une paire de mots stéréotypée.[80] Ainsi 123 double d'une certaine manière 121a. Prenant appui sur son attachement à la JUSTICE, le psalmiste demande à YHWH que lui soient épargnées les TORTURES de ses ennemis, par où il montrera qu'il est bien l'allié de qui prétend justement être son SERVITEUR.

En 124-126a nous lisons encore une symétrie concentrique, soit:

---

[79] *Note sur la traduction*: On rend la récurrence de FAIRE en 121a, 124a et 126a (comme en 65a.73a.84b.112a, puis 166b), puis celle de TORTURE(R) comme en 122.134a, celle de *bon* en 122a (voir à la strophe IX), *épuiser* en 123a comme en 82a (voir là). Nous faisons apparaître le pron. ind. en 125a, C'EST POURQUOI en 127a et 128a (comme en 104b), *droit* en 128a comme en 7a.137b. La conjonction est absente du texte hébreu en 128b. Pour 128a nous nous rangeons aux options retenues et expliquées par Ravasi p. 488 n. 69.
[80] Selon Avishur p. 760 (à l'index). Voir aussi plusieurs autres références dans notre article «‹ Ils loueront YHWH, ceux qui le cherchent › Etude structurelle du psaume 22 », *NRT* 109 (1987) 672-690 et 840-855, p. 849 n. 48.

124a   (TON SERVITEUR)... FAIS...

    124b   *apprends-moi...*   (*tes volontés*)

    125aα   MOI, (je suis) TON SERVITEUR

    125aβb   *fais-moi comprendre* et *je saurai* (*tes témoignages*)

126a   ... de FAIRE... (YHWH)

De 124a à 126a nous retrouvons FAIRE et, le précédant ici et là le suivant, la mention des deux partenaires: le SERVITEUR et YHWH. De 124b à 125aβb nous retrouvons *apprendre* et ses synonymes (avec lesquels il constitue des paires de mots stéréotypées[81]) *comprendre* et *savoir*, les objets (tes volontés et tes témoignages) se répondant d'ici à là. Au centre 125aα le psalmiste se présente comme le SERVITEUR de YHWH.

Dans ces deux premières symétries nous retrouvons d'ailleurs cette proclamation ou cet appel à l'alliance: TON SERVITEUR se lit ici et là au centre. On le lit aussi en tête de 124-126a, en 124a dont le rapport est encore plus étroit avec 122a. Le verbe FAIRE, avec comme sujet YHWH, se lit aux extrêmes de 124-126a, mais se lisait déjà, avec comme sujet le psalmiste, en tête de 121-123. En 121-123 c'est le fidèle qui est sujet aux extrêmes, mais YHWH au centre ; inversement, comme en réponse, en 124-126a, c'est YHWH qui est sujet aux extrêmes, mais le fidèle au centre. Et pour ce qui concerne les unités intermédiaires (entre extrêmes et centres) l'action, à conjurer, des superbes en 121b et 122b, le cède à celle de YHWH en faveur du fidèle en 124b et 125aβb. On voit que ces onze premiers stiques sont structurellement bien unifiés.

Pour bien rendre compte de la structure de 126b-128 il nous faut rendre au dernier verbe sa place, c'est-à-dire la dernière (en hébreu). Apparaît alors la structure suivante:

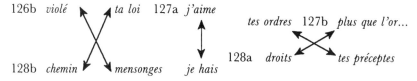

Viol (de la loi) et *mensonges* font écho aux méfaits des impies contre le fidèle en 121b et 122b (unités intermédiaires dans la première symétrie), *tes ordres* et *tes préceptes* à *tes volontés* et *tes témoignages* en 124b et 125aβb (unités intermédiaires dans la deuxième symétrie),

---

[81] Pour *apprendre-comprendre* voir quatrième strophe (n. 21) et pour *apprendre-savoir* voir dixième strophe (n. 44).

ce qui pourrait s'entendre également de *ta loi* et *chemin* (ici s'y opposant). En 127b et 128aα nous avons les qualifications des ordres sous mode d'image (l'or), puis en langage direct (droits). Les trois premiers termes et les trois derniers s'opposent, les quatre du centre sont entre eux homogènes. L'opposition est aussi suggérée entre *tes préceptes* et *chemin de mensonges*, par l'emploi ici et là du même adjectif TOUT. Un C'EST POURQUOI précède *j'aime* au terme de la première ligne (de notre tableau) ; un autre précède *droits* au début de la troisième, suggérant une convergence entre les deux appréciations: *aimer* (s'opposant à *haïr*) et *trouver droits* (qualité déjà suggérée par l'image de l'or). Ici, face aux violations de la loi elle-même (et non seulement aux tortures qu'il subit), le fidèle proteste de son attachement à la loi divine dont il connaît et apprécie les qualités. Les demandes de 124b et 125aβb ont donc porté leur fruit, et c'est à bon droit que le psalmiste peut se présenter devant YHWH comme son serviteur.

Le rapport de la seizième à la quinzième strophe repose, d'un point de vue structurel, sur les récurrences suivantes réparties selon les diverses symétries décelées dans ces deux strophes:[82]

113a	*je hais*		121a	*jugement*
113b	*j'aime ta loi*		121b	*(ne... pas !)*
114a	*toi*		122a	*bon*
114b			122b	*ne... pas !*
115a	*mal(faisants)*		123a	*salut*
115b	*mon Dieu*		123b	
116a			124a	
116b	*ne... pas !*		124b	*tes volontés*
117a	*sauvé*		125a	*moi*
117b	*tes volontés*		125b	*tes témoignages*
118a	*tes volontés* *tous*		126a	YHWH
118b			126b	*ta loi*
119a	*tous*		127a	*j'aime*
119b	*tes témoignages* *j'aime*		127b	
120a			128a	*tous*
120b	*jugements*		128b	*je hais* *tout*

Les récurrences de *je hais* et *jugement* dans les stiques extrêmes sont ordonnées en ordre exactement inverse, la haine du psalmiste pour les gens partagés ou le mensonge éclatant aux extrêmes (113a

---

[82] Nous n'avons pas porté sur ce tableau les synonymes *parole* (114b) et *dire* (123b), ce dernier étant subordonné à *justice*, ni les récurrences de la préposition *mn* employée en des contextes trop hétérogènes d'ici à là (115a, 118a, 120a et b, 127b: *bis*).

et 128b) tandis qu'à l'articulation entre les deux strophes est exprimée sa déférence envers le(s) jugement(s) (120b et 121a). Ajoutons d'ailleurs que d'une symétrie extrême (113-115a) à l'autre (126b-128) nous retrouvons, avec des objets comparables, *je hais* et *j'aime* ainsi que *la loi*, ici aimée, là violée. De la première symétrie (113-115a) et de la dernière (117b-119) ici à la symétrie centrale là (124-126a), notons d'abord du centre 114a au centre 125a l'emploi de deux pronoms indépendants: *toi* mon bouclier... et *moi* ton serviteur, les contenus étant complémentaires, puis aux extrêmes ici (117b et 119b) et autour du centre là (124b et 125b), se répondant symétriquement, *tes volontés* et *tes témoignages*, toujours objets de l'attente et de la docilité du fidèle. Dans la quinzième strophe nous lisons, une unité avant la fin de la deuxième symétrie, *mon Dieu* (115b), auquel fait écho YHWH dans la dernière unité de la symétrie centrale 124-126a, et au terme de la troisième symétrie *tes volontés* (117b) que nous retrouvons une unité après le début de la symétrie centrale 124-126a (soit en 124b). Ainsi la symétrie centrale de 121-128 est-elle comme préparée surtout par les symétries extrêmes de 113-119, mais peut-être aussi par les deux symétries centrales de 113-119.

Restent à relever quelques autres correspondances qui, pour s'inscrire moins clairement dans l'ensemble de nos deux strophes, n'en sont pas moins parlantes. De 114-116a (deuxième symétrie) à 121-123 (première symétrie) repérons aux centres les antonymes *mal* et *bon*, le premier devant être écarté, le second attiré, complémentairement pour ainsi dire. De 115b-117b (troisième symétrie) à 121-123 (première symétrie) relevons l'injonction négative ici au centre (116b), là avant et après le centre (121b et 122b, la négation étant différente en 121b, d'où les parenthèses dans notre tableau ci-dessus), puis à l'avant-dernier stique ici et là le salut attendu (117a et 123a). Mais les rapports sont le plus nettement marqués entre les deux dernières symétries 117b-119 et 126b-128. *Tous*, dans un contexte négatif, se lit dans les unités symétriques autour du centre en 118a et 119a, mais au terme de 126b-128 ; et inversement *(c'est pourquoi) j'aime* qui se lit dans la dernière unité 119b se retrouve avec son symétrique *je hais* (ce dernier sans *c'est pourquoi*) en 127a et 128b. Dans les deux dernières unités 119a et b nous lisons *tous* et *c'est pourquoi*, et inversement en 128a et b. Alors que dans les deux premières unités 117b et 118a *tes volontés* est utilisé successivement dans un contexte positif, puis négatif, c'est au terme, en 128a et b qu'on retrouve le même phénomène avec *tous*. Ces deux dernières symétries sont, semble-t-il, de toutes les plus apparentées. Nous avons donc ici retrouvé l'art de notre auteur, capable d'enchaîner puissamment deux strophes consécutives. Il nous semble qu'ici se trouvent mises particulièrement en valeur les deux symétries finales (117b-119 et 126b-128) et la symétrie centrale 124-126a.

Strophe XVII (Pé):

129a Merveilles que *tes témoignages* !
129b C'est pourquoi ma gorge les garde.
130a En se découvrant *ta parole ILLUMINE,*
130b donnant aux simples de *comprendre.*
131a J'ouvre largement ma bouche et j'aspire,
131b car je suis avide de *tes ordres.*
132a Tourne TA FACE vers moi ET prends pitié de moi,
132b selon le (juste) *jugement* pour ceux qui *aiment* ton nom.
133a Fixe mes pas en ton *dire.*
133b ET que *ne* triomphe *pas* de moi *toute* iniquité.
134a Rachète-moi de la *torture* de l'homme,
134b ET J'OBSERVERAI *tes préceptes.*
135a *ILLUMINE* TA FACE pour *ton serviteur*
135b *ET apprends-mois tes volontés.*
136a *Mes yeux* sont des cours d'eau qui ruissellent
136b parce qu'on n'OBSERVE pas *ta loi.*[83]

La dix-septième strophe fait alterner exclamations ou interpellations à propos de la loi et réactions ou engagements du psalmiste face à elle. En leur donnant respectivement les sigles x et y nous pouvons présenter comme suit la structure de notre strophe:

x	(129a)		y	(129b) *ma gorge... garde*
X	(130) *ta parole* ILLUMINE ... *comprendre*		Y	(131) *ma bouche*
X!	(132-133a) TA FACE – ET – *ton dire*			
X̄!	(133b-134a) ET *ne... pas* !		y̰	(134b) ET J'OBSERVERAI
X!	(135) ILLUMINE TA FACE – ET – *apprends-moi*		Ȳ	(136) *mes yeux* on n'OBSERVE *pas*

Les minuscules indiquent des unités d'un stique, les majuscules celles de deux ou trois stiques. Les points d'exclamation indiquent des impératifs (et un jussif en 133b). Le trait superposé à X̄! et Ȳ

---

[83] *Note sur la traduction:* On lit encore *c'est pourquoi* en 129b comme en 104b (voir là). En 131a le mot *large(ment)* n'est pas une récurrence de celui qu'on rencontre en 32b.45a.96b. *Car* se lit en 131b. En 132a nous rendons la récurrence de TA FACE comme en 58a.169a.170a. Nous préférons *iniquité* en 133b pour ne pas faire croire à une récurrence de *mal* (115a). Nous insistons sur l'image comme le *TM* en 136a, et évitons *car* en 136b pour ne pas faire croire à une récurrence de *ky.*

indique qu'il s'agit là de dénoncer ou faire pièce à quelque chose de négatif (iniquité, torture, indocilité). Autour de X! (132-133a) nous avons donc deux doubles enchaînements: xy + XY en 129-131 et X̄!y + X!Ȳ en 133b-136. On voit bien que ces derniers versets ont une structure plus complexe, à la fois parallèle en raison des contenus et du passage d'impératifs (!) à de simples affirmations, et en chiasme puisque les deux unités extrêmes contiennent des données négatives (les deux négations, différentes, n'ont donc pas été transcrites en capitales) et les deux unités centrales des contenus positifs. Les deux premières unités (X̄! et y) commencent l'une et l'autre par la conjonction ET. Les deux dernières (X! et Ȳ) comportent respectivement TA FACE et mes yeux, deux mots dont la correspondance est pour ainsi dire classique.[84] les yeux chargés de larmes du fidèle font contraste avec la face lumineuse de YHWH.

Considérons enfin les deux colonnes X et Y. Dans la première nous voyons jouer entre X, X! et X!:

```
X  (130)      ILLUMINE... comprendre              ta    parole ⎱
X! (132-133a)               ⎰ TA FACE  – ET –  ton   dire   ⎰
X! (135)      ILLUMINE... apprends   ⎰ TA FACE  – ET –
```

Nous connaissons déjà les synonymies entre *comprendre* et *apprendre* comme entre *parole* et *dire*. Le – ET – signifie la jonction de deux impératifs tant en 132 (tourne... ET prends pitié) qu'en 135 (illumine... ET apprends). De 130 à 135 nous retrouvons donc ILLUMINE et le synonyme *apprendre* de *comprendre*. De 130 à 132-133a nous voyons répartis les synonymes *ton dire* et *ta parole*, de 132-133a à 135 nous retrouvons les récurrences de TA FACE et – ET –. Chacune des unités est ainsi en lien avec les deux autres, la certitude de 130 donnant au psalmiste l'audace de formuler les demandes de 132-133a et 135.

Dans la colonne Y nous avons deux parties du corps en 129b (ma gorge) et 131 (ma bouche), puis une dernière au terme en 136 (mes yeux) ; mais alors que nous lisons le verbe *garder* seulement en 129b, première unité, nous lisons son synonyme OBSERVER tant en 134b qu'en 136. On voit l'inversion, le « blanc » étant en 131 pour

---

[84] On la trouve par exemple, avec une fonction structurelle, dans les Pss 11 (voir notre « Essai sur la structure littéraire du psaume 11 », *ZAW* 93 (1981) 401-418, pp. 412 et 415), 13 (« Essai sur la structure littéraire du psaume 13 » chapitre VI de *La Sagesse a bâti sa maison*, *OBO* 49, Fribourg (S.)et Göttingen 1982, p. 202), 116 (« Essai sur la structure littéraire du psaume 116 », *BN* 23 (1984) 32-47, p. 37), ainsi que – comme nous le montrerons dans une publication à venir – dans le Ps 5.

ce qui concerne *garder*/OBSERVER, en 134b pour ce qui regarde les parties du corps. Tant 129b que 136 cumulent les deux données, mais ici c'est pour exprimer la fidélité du psalmiste, là c'est pour déplorer l'indocilité constatée par lui. Cette merveille qu'est la loi, il faut la désirer et demander à en être imprégné. Constater qu'il peut en être autrement ne peut que conduíre à la désolation et faire redouter toute iniquité.

Le rapport de la dix-septième strophe à la seizième se fonde, d'un point de vue structurel, sur les récurrences et correspondances ainsi situées:

121a	*jugement*		129a	*tes témoignages*
121b	*torturent*		129b	
122a	*ton serviteur*		130a	*illumine*
122b	*torturent*		130b	*comprendre*
123a	*mes yeux… salut*		131a	
123b	*dire*		131b	*tes ordres*
124a	*ton serviteur*		132a	
124b	= 135b		132b	*jugement aiment*
125a	*comprendre*		133a	*dire*
125b	*tes témoignages*			
126a			133b	*toute* (nég.)
			134a	*torture*
126b	*ta loi*		134b	*tes préceptes*
127a	*j'aime tes ordres*		135a	*ton serviteur illumine*
127b			135b	= 124b
128a	*tous tes préceptes*		136a	
128b	*je hais tout* (nég.)		136b	*ta loi*

Des extrêmes 121a et 128b au centre 132b nous voyons converger *jugement* et les antonymes *haïr* (symétrique de *aimer* en 127a) et *aimer*. Inversement de la symétrie centrale 124-126a nous voyons passer, ici en s'inversant, d'une part *ton serviteur* (124a) + 124b dans la dernière unité X, soit en 135a (*ton serviteur*) et 135b (= 124a), d'autre part *tes témoignages* de 125b à la première unité x, soit 129a. Ainsi *tes volontés* et *tes témoignages*, qui se répondent symétriquement autour de 125a, se répondent aussi symétriquement, en ordre inverse, de 129a (au début de x + y) à 135 (au début de X! + Ȳ). Notons ici qu'il en va de même pour *tes ordres* et *tes préceptes*, mais en 127a et 128a c'est à l'échelle de la seule dernière symétrie, tandis qu'en 131b (en Y) et 134b (en y), c'est à l'échelle de l'ensemble de la strophe. Les dernières symétries ici et là ont leurs débuts et fins marqués de manières comparables et inversées. Nous lisons en effet, toujours dans des contextes négatifs, *ta loi* en 126b (violée) et 136b

(non observée), et *tout* en 128b (chemin de mensonge)[85] et 133b
(toute iniquité). Entre les deux premières symétries et les éléments
centraux ici et là nous voyons se croiser *comprendre* de 125a (fais-moi
comprendre) à 130b (le simple peut comprendre), et *dire* de 123b
(dire désiré par le fidèle) à 133a (dire où YHWH est prié de fixer les
pas du fidèle).[86] Enfin il convient de repérer du premier volet
121-123 au dernier 133b-136 les récurrences suivantes:

121b	ne... pas *(bl) torturent*			
122a	*ton serviteur*			
122b	ne... pas *('l) torturent*	//	ne... pas *('l)... torture*	133b-134a
123a	*mes yeux... ton salut*		*illumine ta face*	135a
			ton serviteur	
			mes yeux... ne... pas (l')	136a.b

Si, comme nous l'avons vu ci-dessus, *sauver* et *illuminer* (ou *salut* et
lumière) s'équivalent, ainsi que *yeux* et *face*, on voit comment 135a
répond à 123a: aux yeux du fidèle tournés vers le salut répond très
justement la lumière de la face divine (d'ici à là les termes se
correspondant sont ordonnés en chiasme). Précédant ici et là, en
122b et 133b-134a, nous lisons la négation *'l* suivie du mot (verbe
ou substantif) *torture(r)*. On lit la mention du bénéficiaire *ton serviteur* avant le tout en 122a, après en 135a. De même que avant *ton
serviteur* de 122a était déjà employé *torturer* avec une autre négation
(bl), de même et inversement après *ton serviteur* de 135a, nous lisons
yeux reprenant en quelque sorte *face*, suivi d'une autre négation (*l'*)
en 136a et b. Ainsi 121-123 insistent-ils plus sur la libération
attendue tandis que 135-136, en une sorte de face à face, témoi-
gnent plus directement de l'attachement réciproque de YHWH et
de son fidèle.

Strophe XVIII (Şadé):

> 137a Toi, tu es JUSTE, *YHWH*,
> 137b et tes jugements sont droiture.
> 138a TU ORDONNES comme JUSTICE *TES TÉMOIGNAGES*,
> 138b et comme VÉRITÉ ENTIÈREMENT.
> 139a Mon zèle me consume,
> 139b car mes ADVERSAIRES ONT OUBLIÉ *tes paroles*.
> 140a *Ton dire* est éprouvé ENTIÈREMENT,

---

[85] S'opposant, on l'a vu, au *tous* (tes préceptes) qui précède en 128a.
[86] De 123a à 130a on notera encore la correspondance entre *salut* et *lumière*
(illumine). A ce sujet voir Avishur p. 105 (paire de mots stéréotypée) et Girard
p. 34. On retrouve cette paire avec une fonction structurelle en Lc 1, 77-79 selon
notre « Note sur la structure littéraire du Benedictus », *NTS* 24 (1977-78) 248-258
et 418, p. 255 (tableau).

140b et ton serviteur l'*aime*.
141a Chétif, moi, et méprisé,
141b je n'OUBLIE pas tes préceptes.
142a TA JUSTICE, JUSTICE *POUR TOUJOURS*,
142b et *ta loi, VÉRITÉ*.
143a L'ADVERSITÉ et l'oppression m'ont trouvé.
143b *TES ORDRES* font mes délices.
144a JUSTICE que *TES TÉMOIGNAGES, POUR TOUJOURS*.
144b Fais-moi comprendre, et *je vivrai*.[87]

Cette strophe présente une structure assez nette et un surprenant dernier stique. Dans le tableau qui suit la première colonne concerne YHWH et les divers aspects de sa loi, la seconde le psalmiste dans sa situation et son attitude devant la loi, la troisième enfin les adversaires. Les récurrences sont aussi disposées, autant que possible, en colonnes pour permettre au lecteur de les repérer aisément d'une unité à l'autre:

```
137-138  (Toi) TU ORDONNES JUST(IC)E TES TÉMOIGNAGES VÉRITÉ ENTIÈREMENT
         139a .......................................................
                 139b MES ADVERSAIRES OUBLIÉ (Paroles)
140a     ............................ (Dire)..... ENTIÈREMENT
                 140b-141 (Moi) ......      n'OUBLIE pas
142      ............... JUSTICE ...........VÉRITÉ POUR TOUJOURS
                 143a      L'ADVERSITÉ
         143b  TES ORDRES
144a     ...............JUSTICE   TES TÉMOIGNAGES   POUR TOUJOURS
```

Le lecteur découvre ici autour de 140b-141 une symétrie concentrique régulière, 142 répondant à 140a, 143a à 139b, etc... Dans la première colonne, concernant YHWH, JUSTICE et TES TÉMOIGNAGES se lisent dans les unités extrêmes (137-138 et 144a) ; JUSTICE et VÉRITÉ sont en parallèle en 138 comme en 142 ; 137-138 et 140a s'achèvent sur ENTIÈREMENT, 142a et 144a sur POUR TOUJOURS. La correspondance de 139b à 143a est clairement indiquée par les deux mots de même racine ADVERSAIRES et ADVERSITÉ. Le pronom indépendant *toi* en 137a appelle au centre le pronom indépendant *moi*. Ce dernier non seulement se lit dans le stique central de 140b-141, mais il est immédiatement entouré (ce que notre traduction a voulu maintenir) par « chétif » et « méprisé »

---

[87] *Note sur la traduction*: Nous faisons apparaître le pron. ind. en 137a et 141a, la récurrence de ORDONNER (voir à 4a) en 138a. Nous traduisons ADVERSAIRES/ ADVERSITE (ṣr) en 139b.143a.157a, mais on pourrait garder *oppresseurs/oppression* de *BJ*. *Aimer* est récurrent en 140b (voir 47b.48a.97a.113b.119b.127a.132b, puis 159a.163b.165a.167b). L'expression POUR TOUJOURS revient en 142a et 144a (voir à 52a). *Trouvé* est plus littéral en 143a.

qui bien évidemment se répondent entre eux. Aux adversaires qui
ont OUBLIÉ les paroles de YHWH (139b) s'oppose le fidèle qui
n'OUBLIE pas ses préceptes (141b). Et les adversaires ont d'autant
plus tort d'oublier les *paroles* de YHWH (139b) que son *dire*
(synonyme de parole) est éprouvé entièrement (140a). Ne rentrant
nullement dans cette structure d'ensemble le stique 144b est
d'autant plus surprenant et percutant. Huit stiques (4 + 1 + 2 + 1)
sont consacrés à proclamer la valeur de la loi, cinq (1 + 3 + 1) à
témoigner de l'attachement du fidèle à la loi, deux (1 + 1) à
désigner adversaires et adversité (lesquels sont en quelque sorte en
fond de tableau du stique central 141a). Mais la brève prière finale
est unique. Son point d'appui le plus net semble être précisément le
stique 141a où le psalmiste paraît le plus éloigné de cette vie qu'il
demande en 144b par le moyen d'une compréhension de la loi.
Etant donné ce qui a été dit de la valeur de la loi et des épreuves
endurées par le fidèle pourtant attaché à la loi, on ne sera nullement surpris par cette prière finale. Il sait que là est pour lui l'issue
de ses épreuves et la vie, il sait aussi que seul YHWH peut lui
donner la compréhension de la loi qui fasse d'elle pour lui une
source de vie.

Le rapport de la dix-huitième strophe à la dix-septième n'est pas structurellement bien marqué. Relevons dans les deux centres 132-133a
et 140b-141 *aimer*, soit le Nom (132b), soit le dire (140b). On lit
dans des contextes apparentés *tes témoignages* dans la première unité
129a et dans les deux unités extrêmes (avant 144b) 137-138 et 144a.
D'ici à là les contextes s'inversent pour *ta parole* et *ta loi*, positif en
130 et négatif en 139b (pour *ta/tes parole/s*), négatif en 136b, positif
en 142 (pour *ta loi*). Les autres récurrences (*comprendre*: 130b et
144b ; *tes ordres*: 131b et 143b + 138a ; *jugement*: 132b et 137b ; *ton
dire*: 133a et 140a ; *tes préceptes*: 134b et 141b ; *ton serviteur*: 135a et
140b) ne semblent pas situées de manière à révéler un agencement
structurel significatif du rapport entre nos deux strophes.

Strophe XIX (Qof):

145a J'APPELLE de tout coeur, réponds-moi, *YHWH*.
145b Je garderai *tes volontés*.
146a JE t'APPELLE, *sauve*-moi,
146b et *j'observerai TES TÉMOIGNAGES*.
147a JE DEVANCE l'aurore et j'implore,
147b j'espère en *ta parole*.
148a Mes yeux DEVANCENT les veilles
148b pour méditer sur *ton dire*.

149a Ecoute ma voix selon *ta fidélité, YHWH.*
149b *Vivifie-moi selon ton jugement.*
150a ILS S'APPROCHENT, les infâmes *persécuteurs,*
150b *ils s'éloignent de ta loi.*
151a Toi, TU ES PROCHE, *YHWH,*
151b et tous *tes ordres* sont *vérité.*
152a En DEVANÇANT (le temps) j'ai su de *TES TÉMOIGNAGES*
152b que *(ky)* tu les as fondés *pour toujours.*[88]

Cette dix-neuvième strophe nous indique obligeamment sa structure par de nombreuses récurrences. On y distingue deux volets en 145-148 et 149-151, puis un dernier verset original dont le rapport aux deux volets apparaîtra en son temps. Le premier volet alterne et fait se correspondre les mots suivants:

145a	J'APPELLE	
145b		*je garderai*
146a	JE... APPELLE	
146b		*j'observerai*
147a	JE DEVANCE	
147b		*ta parole*
148a	DEVANCENT	
148b		*ton dire*

Nous connaissons, pour les avoir déjà maintes fois rencontrés dans notre psaume, les synonymes *garder-observer* et *parole-dire.* Les deux versets 145 et 146 sont exactement parallèles:

J'APPELLE	*réponds-moi*	*je garderai*	*tes volontés*
JE T'APPELLE	*sauve-moi*[89]	*j'observerai*	*tes témoignages*

Ici et là l'appel initial et l'engagement final du psalmiste encadrent un impératif visant à obtenir de YHWH le salut. Le parallélisme est un peu moins serré en 147-148, et cependant net, les premiers et les seconds stiques se répondant respectivement entre eux. En 147 et 148 *ta parole* et *ton dire* font évidemment écho à *tes volontés* et *tes témoignages* en 145 et 146. On peut en voir un également entre APPELER (en 145a et 146a) et DEVANCER (en 147a et 148a), les deux termes manifestant l'attente. Ainsi, tout en reconnaissant les caractères propres à 145-146 et 147-148, nous pouvons dire qu'une

---

[88] *Note sur la traduction*: Nous comprenons autrement que *BJ* (mais par exemple comme *TOB*) 150a. Nous rendons la récurrence de DEVANCER en 152a, celle *pour toujours* en 152b.

[89] Que *répondre* et *sauver* s'équivalent dans les Psaumes, c'est ce qu'on peut voir par exemple en Pss 3, 3.5 ; 13, 4.6 ; 17, 6-7 ; 18,42 ; 20,7 ; 22, 2-3.22 ; 27, 7.9 ; 34, 5.7 ; 38, 16.23 ; 60,7 ; 65,6 ; 69,14 ; 86, 1.2.7.16 ; 91, 15-16 ; etc . . .

alternance régulière commande les quatre versets 145-148 puisqu'on trouve en chacun l'enchaînement d'une attente avec une
orientation vers la loi.

En 149-151 nous lisons aux stiques extrêmes les deux termes de
la paire de mots stéréotypée *fidélité* et *vérité*, lesquels incluent ces
trois versets. Les versets extrêmes comportent en leur premier
stique (149a et 151a) une interpellation à YHWH. Le verset central, au sujet des persécuteurs, joue sur l'opposition entre S'AP-
PROCHER (150a) et *s'éloigner* (150b): s'approchant – avec de
mauvaises intentions – du fidèle, les persécuteurs montrent du
même coup qu'ils s'éloignent de la loi. Evidemment c'est d'une
toute autre proximité dont il est question au sujet de YHWH en
151a, proximité qui s'oppose en ses intentions à celle des persécuteurs. Les deux versets extrêmes au sujet de YHWH encadrent le
verset central au sujet des persécuteurs. En sa fidélité et sa vérité
YHWH, proche et écoutant, agit selon les ordres et le jugement
qu'on lui connaît. La proximité hostile des persécuteurs montre au
contraire à quel point ils sont éloignés de la loi.

Avant d'en venir au dernier verset notons de 145-148 à 149-151
une même interpellation à YHWH dans les premiers versets (en
145a et 149a), et même dans le dernier en 149-151 (151a). Par
ailleurs dans les premiers volets ici et là nous lisons deux impératifs
appelant le salut: *réponds-moi* (145a) et *sauve-moi* (146a), auxquels
répondent respectivement *écoute ma voix* (149a) et *vivifie-moi*
(149b)[90].

Le dernier verset reprend et conclut en quelque sorte, et dans le
même ordre, chacun des deux volets précédents. En 152a nous
lisons comme premier et dernier mots: DEVANCER et TES TÉMOIG-
NAGES. Or le premier commence 147a et le second achève 146b,
146b et 147a étant les deux stiques centraux de 145-148. Autrement
dit, en ses extrêmes, 152a reprend, en les inversant, les deux mots
centraux du premier volet. Son contenu d'ailleurs reprend, de façon
lapidaire et conclusive, celui des quatre premiers versets: DEVAN-
CER (ou APPELER) et orientation vers la loi, et ici il est même dit à
présent qu'il la connaît, qu'il la sait (l'hébreu emploie l'accompli).
Quant à 152b, il vante la solidité et le caractère durable à jamais
des témoignages, c'est-à-dire comme 149a (pour la fidélité) et 151b
(pour la vérité), stiques extrêmes de 149-151, des qualités de la loi.
Il nous semble donc que nous retrouvons l'enchaînement de 145-

---

[90] Nous avons relevé la correspondance enre *sauver* et *vivifier* (salut et vie)
ci-dessus dans notre n. 51 (voir aussi n. 59). Curieusement alors que l'écoute
précède logiquement la réponse, la vie fait plutôt suite au salut, les enchaînements
étant comme inversés.

148 + 149-151 dans celui de 152a + 152b (selon la formule ABab). Fondées sur les attentes et engagements du fidèle comme sur les qualités de la loi divine, les demandes du premier ont toutes les chances d'être exaucées.

Le rapport de la dix-neuvième strophe à la dix-huitième est structurellement assez bien indiqué. Situons d'abord quelques repères dans le tableau suivant:

137a	*YHWH*	145a	*YHWH*
137b	(*tes jugements*)	145b	
138a	(*tu ordonnes tes témoignages*)	146a	
138b	(*vérité*)	146b	(*tes témoignages*)
139a		147a	
139b	*tes paroles*	147b	*ta parole*
140a	*ton dire*	148a	
140b	⎫	148b	*ton dire*
141a	⎬	149a	(*YHWH*)
141b	⎭	149b	(*ton jugement*) / *vivifie-moi*
142a	*pour toujours*	150a	
142b	*ta loi* + *vérité*	150b	*ta loi*
143a		151a	(YHWH)
143b	*tes ordres*	151b	*tes ordres* + *vérité*
144a	*tes témoignages pour toujours*	152a	*tes témoignages* / *j'ai su*
144b	*je vivrai* / *comprendre*	152b	*pour toujours*

Rappelons qu'en 137-144 deux volets 137-140a et 142-144a encadrent le centre 140b-141, le stique final étant particulier, et qu'en 145-152 deux volets 145-148 et 149-151 précèdent le verset 152 qui les reprend et conclut dans le même ordre. Mais notons d'abord d'une strophe à l'autre pas moins de cinq termes situés exactement en parallèle dans la synopse ci-dessus, soit YHWH en 137a et 145a, *tes/ta parole/s* en 139b et 147b, *ta loi* en 142b (suivi de *vérité*) et 150b, *tes ordres* en 143b et 151b (suivi de *vérité*), *tes témoignages* en 144a et 152a. Si l'on considère les volets tels que rappelés ci-dessus, on lit dans les premiers *YHWH* dans le premier stique (137a et 145a) et *ton dire* dans le dernier (140a et 148b), et dans les derniers en y joignant ici les unités finales particulières *pour toujours* au premier vers (142) et au dernier (152), et inversement *vivre* au dernier stique (unité particulière, 144b) et *vivifier* au premier vers (149). Ajoutons ici que dans les deux derniers versets nous voyons se répondre non seulement *tes témoignages* de 144a à 152a, mais aussi en ordre inversé *pour toujours* + *comprendre* dans les deux stiques de 144 et *savoir*[91] +

---

[91] *Comprendre* et *savoir* constituent une paire de mots stéréotypée selon Avishur p. 759 (à l'index).

pour toujours dans ceux de 152, les contenus étant bien proches d'ici
à là. Les autres récurrences (mises entre parenthèses dans le tableau ci-dessus) ne semblent pas jouer suffisamment nettement dans
le rapport structurel entre nos deux strophes. Ce dernier est cependant suffisant pour laisser percevoir les parentés de thèmes, et
partant l'enchaînement entre ces deux strophes. La loi est telle que
YHWH, à qui l'estime, peut en donner l'intelligence, et par là lui
procurer la vie malgré ses épreuves présentes.

Strophe XX (Resh):

153a VOIS ma misère ET délivre-moi,
153b *CAR* je N'oublie PAS *ta loi.*
154a Plaide ma cause ET défends-moi,
154b en *TON DIRE* VIVIFIE-MOI.
155a *Le salut* est *loin* des impies,
155b *CAR* ils NE cherchent PAS *tes volontés.*
156a Tes tendresses sont *NOMBREUSES, YHWH.*
156b *VIVIFIE-MOI selon tes JUGEMENTS.*
157a *NOMBREUX* sont mes *persécuteurs* ET mes adversaires:
157b je N'ai PAS fléchi de *tes témoignages.*
158a J'AI VU les renégats ET ai été écoeuré
158b de ce qu'ils *N'observent PAS TON DIRE.*
159a VOIS que (*ky*) *j'aime* tes préceptes, *YHWH.*
159b *VIVIFIE-MOI selon ta fidélité.*
160a Le principe de *ta parole* est *vérité*
160b ET *pour toujours tout JUGEMENT de ta justice.*[92]

La vingtième strophe articule entre eux deux ensembles 153-155
et 156-160 que nous commencerons par présenter chacun pour son
propre compte. En 153-154 la motivation de 153b (CAR je N'oublie
PAS . . .) est encadrée par deux couples d'impératifs (VOIS ET
délivre, plaide ET défends), le second couple étant renforcé par
l'impératif de 154b (VIVIFIE-MOI). En 155a il est affirmé que *le
salut* est loin des impies. Nous connaissons les synonymies entre
délivrer et *sauver*,[93] *vivifier* et *sauver.*[94] Le psalmiste demande donc
pour lui ce qu'il sait être inaccessible aux impies. Ensuite 155b en
donne la motivation (CAR ils NE cherchent PAS). Nous pouvons
présenter comme suit l'ensemble de ces trois premiers versets:

---

[92] *Note sur la traduction*: En 155b nous traduisons simplement *chercher* comme en
2b.10a.45b.94b. Nous essayons de rendre '*šr* en 158b. En 159a nous rendons *ky* par
que comme déjà en 75a (voir aussi en 71a). Nous retrouvons *pour toujours* en 160b.
[93] Paire de mots stéréotypée selon Avishur pp. 88 et 225.
[94] Voir ci-dessus n. 51 (et aussi 59 et 90).

A (153a) ... ET *délivre-moi*
                                B (153b)   CAR je N'oublie PAS . . .
A (154)   ... ET   ...
                                VIVIFIE-MOI
Ā (155a)   *le salut* loin...
                                B̄ (155b)   CAR ils NE cherchent PAS...

En somme les demandes de 154 sont encadrées par deux petits panneaux parallèles et opposés: délivre-moi, CAR je N'oublie PAS ta loi // le salut loin . . ., CAR ils NE cherchent PAS tes volontés.

En 156-60 nous retrouvons des unités du même type que A et B (B̄) ci-dessus. Mais il faut y ajouter celles que nous désignerons par C, aux extrêmes 156a et 160, soit des énoncés de qualités de YHWH lui-même ou de sa parole. La correspondance entre 156b et 159b (VIVIFIE-MOI) se perçoit à première lecture. Quant à 157 et 158-159a ils opposent par deux fois les impies (157a et 158) et le psalmiste (157b et 159b), deux négations de sens opposés articulant entre eux 157b et 158, puis le verbe VOIR 158 et 159a. Récapitulons, en ajoutant dans le tableau ci-dessous quelques autres correspondances qui seront aussitôt après commentées:

C (156a)		*tes tendresses*	NOMBREUSES	YHWH		
A (156b)	VIVIFIE-MOI	TES JUGEMENTS				
B̄ (157a)			NOMBREUX		– ET –	
B (157b)		je N'...	PAS			
B̄ (158)		J'AI VU ils N'...	PAS	*ton dire* /	– ET –	
B (159a)		VOIS		YHWH		
A (159b)	VIVIFIE-MOI	*ta fidélité*				
C (160)		JUGEMENT TA		*ta parole*		

Au centre 157 et 158-159a nous lisons les deux oppositions B̄B, articulées entre elles par la négation en 157b et 158. Elles sont disposées en parallèle, 157a et 158 comportant, constitués par la conjonction ET, des couples de termes pour désigner les ennemis ou les réactions qu'ils provoquent. Aux extrêmes, disposés en chiasme, nous lisons CA et AC. Cependant, puisque *tendresses* et *fidélité* constituent une paire de mots stéréotypée[95] et que JUGEMENT avec une indication de la 2ème pers. est récurrent de 156b (TES) à 160 (de TA justice), on lit en CA et AC selon un ordre parallèle: *tes tendresses* + TES JUGEMENTS // *ta fidélité* + JUGEMENT de TA... Ainsi les couples extrêmes sont-ils encore mis en rapport entre eux. Dans le premier

---

[95] Selon Avishur p. 758 (à l'index).

stique de CA... AC, soit 156a, et dans le dernier stique de B̄B // B̄B, soit 159a, nous lisons au terme une interpellation à YHWH. Et de même que de C de CA nous voyons l'adjectif NOMBREUX revenir dans un contexte opposé en B̄ de B̄B de 157 (tendresses NOMBREUSES... NOMBREUX persécuteurs), de même et inversement de B̄ de B̄B en 158-159a à C de AC nous retrouvons en des contextes opposés les synonymes *ton dire* (non observé) et *ta parole* (dont le principe est vérité). En 158-160, second volet, de même que le verbe VOIR se retrouve de 158 à 159a, de même nous avons, répartis en 159b et 160, les deux termes de la paire stéréotypée *fidélité* et *vérité*. L'ensemble est donc solidement et soigneusement structuré, les deux prières de 156b et 159b fondées à la fois sur une connaissance de YHWH et de sa parole et sur le tableau contrasté de la fidélité du psalmiste et de l'indocilité de ses adversaires.

Si nous considérons l'ensemble, c'est-à-dire 153-155 et 156-160, nous pouvons opposer selon l'ordre et selon les contenus les emplois du verbe VOIR en 153a et 158a et de la négation en 155b et 157b, soit des unités extrêmes de 153-155 aux unités centrales en 156-160: YHWH est appelé à VOIR la détresse de son fidèle, et non ceux-là qui NE cherchent PAS ses volontés ; le premier N'a PAS fléchi par rapport à la loi, et il a VU les rénégats en leur perfidie. En 154, unité centrale de 153-155 nous lisions VIVIFIE-MOI que nous retrouvons dans la deuxième unité et l'avant-dernière (symétriques) en 156-160. L'opposition des contextes pour les négations en 153b et 155b, dans les panneaux extrêmes en 153-155, se retrouve dans les deux unités au centre de 156-160: 157b et 158. Bien qu'il n'y soit pas situé de manière très précise on relèvera encore TON DIRE au centre (154, deuxième stique) de 153-155 comme dans la deuxième unité (158) au centre de 156-160. Le thème nouveau en 156-160 est l'éloge de la loi et de son auteur. Il vient, avec l'opposition entre fidèle et impies, reprise de 153-155, donner tout son poids à la demande redoublée d'ici à là: VIVIFIE-MOI.

Entre la vingtième et la dix-neuvième strophes apparaît d'abord, comme le plus manifeste, un parallèle entre les trois premières unités de leurs deuxièmes volets, soit:

149a	... YHWH !	156a	... YHWH !
149b	*vivifie-moi selon ton jugement*	156b	*vivifie-moi selon tes jugements*
150a	... *persécuteurs*	157a	... *persécuteurs*

Les stiques 149b et 156b sont presque semblables. Ainsi cet appel à être vivifié se situe ici et là entre une interpellation à YHWH (demande en 149a, exclamation en 156a) et une évocation de la proximité (150a) ou du nombre (157a) des persécuteurs, deux manières de dire le danger qu'ils représentent. Entre ces deuxièmes volets 149-151 et 156-160 notons encore les récurrences disposées comme suit:

149a	*ta fidélité YHWH*	156a	*YHWH*
149b	*vivifie-moi*	156b	*vivifie-moi*
150		157-159a	*YHWH*
151a	*YHWH*	159b	*vivifie-moi ta fidélité*
151b	*vérité*	160	*vérité*

Le couple *fidélité-vérité* dont les termes sont répartis aux extrêmes de 149-151 se retrouve par contre dans les deux dernières unités de 156-160. Inversement en quelque sorte, *vivifie-moi*, qui ne se lit que dans la deuxième unité de 149-151, se lit par contre dans les deuxième et avant-dernière (symétriques) de 156-160. De façon moins strictement comparable, nous avons vu comment *YHWH* se lisait au départ de 149 (a + b) comme de 151 (a + b), tandis qu'il se lit au départ de 156 + 159b-160 et au terme de 157-159a. Ajoutons ici que de 152, verset particulier au terme de la dix-neuvième strophe, à 156-160, deuxième et dernier volet de la vingtième, nous lisons de 152a à 157b (fin du premier centre) *tes témoignages*, et de 152b à 160b (fin de la deuxième et dernière unité extrême) *pour toujours*. Les témoignages sont connus du psalmiste comme établis pour toujours. Entre les premiers volets, 145-148 et 153-155, il n'y a à signaler que l'opposition entre *sauve-moi* (146a) et *le salut* dont il est dit qu'il est loin des impies en 155a, et entre *tes volontés* comme gardées par le fidèle (145b) et non cherchées par les impies (155b), la séquence étant inversée approximativement du début de 145-148 (tes volontés + sauve) au terme de 153-155 (salut + tes volontés).

Restent à mentionner quelques récurrences passant du premier volet ici au deuxième là ou inversement. De 145-148 à 156-160 nous lisons:

145a	*YHWH*	156a	*YHWH*
145b	*je garderai*	156b	*vivifie-moi*
146a	*sauve-moi*	157a	
146b	*j'observerai tes témoignages*	157b	*tes témoignages*
147a		158	*ils n'observent pas ton dire*
147b	*ta parole*	159a	*YHWH*
148a		159b	*vivifie-moi*
148b	*ton dire*	160	*ta parole*

Aux extrêmes de 145-146 comme de 156-157 (premières moitiés) nous lisons *YHWH... tes témoignages*. De 147-148 à 158-160 (secondes moitiés) nous voyons, en ordre inversé d'ici à là, *ta parole* et *ton dire* accompagner le parallélisme entre 147 et 148 ou inclure l'ensemble

158-160. De 145-146 à 156-157 relevons encore les deux impératifs synonymes (voir ci-dessus n. 94) *sauve-moi* (146a) et *vivifie-moi* (156b). De 145-146 à 158-160 au départ s'inversent *YHWH* + *je garderai* (avec son parallèle *j'observerai* en 146b) et *ils n'observent pas* (synonyme de *garder*) + *YHWH*, et l'on retrouve ensuite *sauve-moi* (146a) et *vivifie-moi* (159b). De 149-151 à 153-155 nous retrouvons les termes de l'affirmation de 150b: *ils s'éloignent de ta loi* immédiatement autour du centre 154, soit *ta loi* en 153b et *loin* en 155a. Les impies sont *loin* de *ta loi* et en conséquence du *salut*, mais *la loi* n'est pas oubliée par le fidèle. On le voit, c'est surtout l'amorce des deuxièmes volets qui offre la meilleure articulation entre nos deux strophes, les autres récurrences étant structurellement situées d'une façon moins rigoureuse, même si elle reste significative. La dix-neuvième strophe insiste plus sur les recherches, engagements, certitudes du fidèle en ce qui le concerne lui, mais aussi ses persécuteurs ; la vingtième, reprenant à son compte le contenu de la précédente, se fait pour sa part plus pressante en multipliant les appels à YHWH (on y compte huit impératifs contre quatre dans la précédente, soit le double).

Strophe XXI (Šin):

161a Des princes me *persécutent* sans raison,
161b mais c'est *ta parole* que redoute mon coeur.
162a La jubilation, moi, (je la trouve) en *ton dire*
162b *comme* qui trouve un *NOMBREUX* butin.
163a Le mensonge, *je le hais* et je l'exècre.
163b *TA LOI, JE L'AIME.*
164a Sept fois le jour *je te loue*
164b pour les *jugements de ta justice.*
165a Paix en NOMBRE pour ceux qui *AIMENT TA LOI,*
165b et il n'est point pour eux de scandale.
166a J'attends *ton salut, YHWH,*
166b et (selon) *tes ordres* je fais.
167a *Ma gorge OBSERVE TES TÉMOIGNAGES*
167b et *JE LES AIME* entièrement.
168a *J'OBSERVE tes préceptes* et *TES TÉMOIGNAGES,*
168b *car toutes* mes voies sont devant toi.[96]

Cette avant-dernière strophe présente une structure assez subtile, et cependant bien repérable. Nous en présenterons d'abord les

---

[96] *Note sur la traduction: Jubilation* en 162a: voir à 14a, et pron. ind. En 162b et 165a NOMBRE(UX), récurrent par rapport à 156a.157a ; en 166b récurrence de *faire* (voir à 65a), en 168b de *car.*

deux chiasmes extrêmes en 161-163a et 165aβ-168, puis l'articulation qui s'en fait en 163b-165aα. En 161a et 163a nous voyons
récusés et les princes persécuteurs (sans raison), et le mensonge
(haï et exécré), tandis qu'en 161b et 162 nous voyons le fidèle
redouter la *parole* de YHWH ou se réjouir intensément de son *dire*,
parole et *dire* étant – on le sait – synonymes. De 161b à 162a on peut
d'ailleurs saisir une ordonnance en chiasme de

En employant l'image du butin en 162b le texte nous reporte à
l'idée de poursuite de 161a et nous prépare à l'idée d'hostilité (au
mensonge) présente en 163a.

Avant de considérer le chiasme final il nous faut préciser la
structure interne de l'unité 166b-168, la plus longue et la dernière
de notre strophe. Nous avons ici une symétrie concentrique autour
de 167b: « et JE LES AIME entièrement ». En effet la correspondance entre 167a et 168a n'est pas difficile a saisir, indiquée par deux
récurrences de taille: OBSERVER (avec pour sujet le psalmiste) et TES
TÉMOIGNAGES. De 166b à 168b nous avons un chiasme perceptible
à partir des contenus puisque « toutes mes voies » n'indique pas
autre chose que mon comportement en ce que « je fais » et que la
référence à YHWH est indiquée au départ par « selon tes ordres » et
au terme par « devant toi ». Si maintenant nous remontons dans le
texte nous pouvons voir se correspondre la simple mention de
« ceux qui AIMENT TA LOI » en 165aβ avec 166b-168 dont le centre
mentionne aussi le fidèle AIMANT sans réserve les témoignages
divins. Par ailleurs au non-scandale, non-trébuchement de 165b
équivaut le salut de 166a. Les deux unités 165aβ et 165b sont
données sous mode le généralité (au pluriel), celles de 166a et
166b-168 concernent le seul psalmiste (1ère pers.). Toutes disproportionnées que soient entre elles les unités extrêmes, le chiasme
qui couvre cet ensemble est patent.

Venons-en au centre. Autour de 164 quiest – nous le confirme-
rons bientôt – le centre de toute la strophe, nous lisons d'abord en
163b: TA LOI, JE L'AIME. C'est au singulier la même chose que ce
que dit au pluriel 165aβ (ceux qui AIMENT TA LOI), et, avec un
objet exprimé différemment la même chose qu'au centre 167b de
166b-168 (JE LES AIME...), l'appel étant donc aux deux unités
extrêmes du chiasme présenté ci-dessus au terme de la strophe.

Puis en 165a nous lisons: paix en NOMBRE. Comme *jubilation, paix* constitue avec *réjouissance* (*se réjouir*) une paire de mots stéréotypée,[97] cette commune parenté en établissant une entre eux (les amis de mes amis sont mes amis). Par ailleurs nous lisons NOMBRE(UX) ici comme en 162b. Ainsi *jubilation* + NOMBREUX et *paix* + NOMBRE justifient le rapport à poser entre 165aα et 162a, et partant avec 161b qui lui correspond. Ici donc, en 165aα, l'appel est fait aux unités centrales du chiasme présenté au départ de notre strophe. Récapitulons schématiquement en attribuant des sigles qui seront aussitôt commentés:

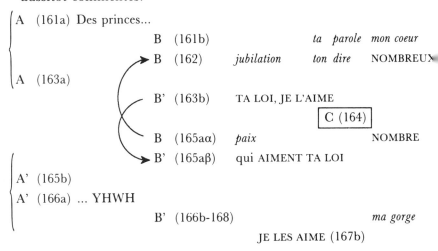

A   (161a) Des princes...

B   (161b)   *ta parole   mon coeur*

B   (162)   *jubilation*   *ton dire*   NOMBREUX

A   (163a)

B'   (163b)   TA LOI, JE L'AIME

C (164)

B   (165aα)   *paix*   NOMBRE

B'   (165aβ)   qui AIMENT TA LOI

A'   (165b)

A'   (166a) ... YHWH

B'   (166b-168)   *ma gorge*

JE LES AIME (167b)

A indique les épreuves affrontées (persécutent sans raison, mensonge haï) ou dépassées (A': point de scandale, salut). B indique l'attitude juste du fidèle (il redoute) ou les bienfaits à lui apportés (jubilation, paix) par la loi, B' le fond de cette attitude qui est amour de la loi. Le lecteur retrouve dans le tableau ci-dessus les correspondances expliquées précédemment et il voit la place centrale de la louange sept fois le jour en 164 (C). Ajoutons de AB en 161 à A'B' en 166-168 le parallèle entre d'une part les princes aux persécutions contestées et *le coeur* du fidèle redoutant, lui, la parole divine, et d'autre part YHWH opérant le salut et *la gorge* du fidèle observant les témoignages. Ces princes persécutent. YHWH sauve. Le coeur du fidèle redoute celui qui est à redouter (et non les princes) ; sa gorge s'en tient aux témoignages divins. *Coeur* et *gorge*, on le sait, forment une paire de mots stéréotypée.[98] Passé de ceux

---

[97] Selon Avishur p. 768 (à l'index, pour *śyś/smḥ*) et 537 (pour *šlwm/smḥh*).
[98] Selon Avishur p. 761.

qui menacent à celui qui sauve, trouvant jubilation et paix dans la loi qu'il aime, le fidèle ne saurait se lasser de louer YHWH sept fois le jour pour les jugements de sa justice.

Qu'en est-il du *rapport structurel entre les vingtième et vingt-et-unième strophes* ? Etablissons un tableau des récurrences et correspondances situées dans les structures telles que présentées ci-dessus:

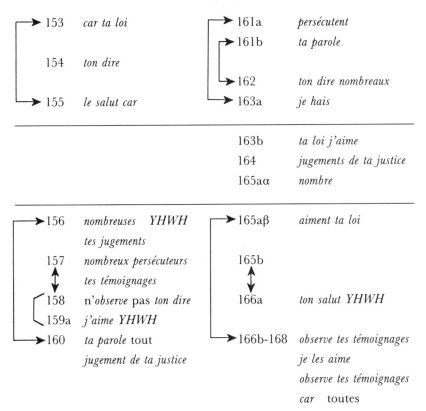

153	*car ta loi*		161a	*persécutent*
			161b	*ta parole*
154	*ton dire*			
			162	*ton dire nombreaux*
155	*le salut car*		163a	*je hais*

		163b	*ta loi j'aime*
		164	*jugements de ta justice*
		165aα	*nombre*

156	*nombreuses* **YHWH**		165aβ	*aiment ta loi*
	tes jugements			
157	*nombreux persécuteurs*		165b	
	tes témoignages			
158	n'*observe* pas *ton dire*		166a	*ton salut* **YHWH**
159a	*j'aime* **YHWH**			
160	*ta parole* tout		166b-168	*observe tes témoignages*
	jugement de ta justice			*je les aime*
				observe tes témoignages
				car toutes

Sur l'ensemble on peut voir s'appeler en chiasme les symétries extrêmes. Ainsi nous lisons *ta loi* en 153 et 165aβ comme *car* en 155 et 168, même si cette dernière récurrence n'est pas très significative au vu des propositions introduites. En 156 nous lisons *nombreuses* (tes tendresses) et en 160 *ta parole* (vérité), soit aux extrêmes de 156-160 ; et dans les centres de 161-163a nous retrouvons en ordre inverse *ta parole* en 161b (mon coeur la redoute) et *nombreux* en 162 (pour qualifier le butin symbolisant le dire divin). De plus des centres aux centres on peut voir aussi s'inverser *nombreux* (de 157 à

162) et *ton dire* de 158 qui appelle son synonyme *ta parole* en 161b. Du terme 155 au second centre 166a nous retrouvons *salut* dans des contextes opposés (loin des impies, attendu du fidèle), et du second centre 158-159a au terme 163a, en positions inverses donc, nous voyons se répondre les antonymes *aimer* (les préceptes) et *haïr* (le mensonge) avec le même sujet (1ère pers., soit le psalmiste). De 153-155 à 161-163a nous ne retrouvons que *ton dire* dans les centres (le second en 161-163a), dans des contextes apparentés. Mais de 156-160 à 165aβ-168 les rapports sont plus riches et plus étroits. Notons sans nous attarder l'interpellation à *YHWH* dans les seconds centres (158-159a et 166a) et la présence de l'adjectif *tout* dans le dernier stique ici et là. Puis des centres ici aux extrêmes là nous voyons se croiser *tes témoignages* de 157b à 167a.168a et *aimer* de 159a à 165aβ, même fidélité envers les témoignages, même amour des préceptes ou de la loi.

Il semble cependant que 156-160, dont on a déjà vu que les rapports à 161-163a et 165aβ-168 sont plus étroits que ceux de 153-155, présentent quelques rapports avec l'ensemble de la vingt-et-unième strophe. En ses centres en effet nous lisons d'abord en 157 *nombreux* et *persécuteurs* qu'on retrouve en ordre inverse de la première unité 161a à 165aα, juste après le centre 164, puis en 158-159a *observer* et *j'aime* qu'on retrouve en ordre inverse en 163b, juste avant le centre 164, et en 167a et 168a, dans la dernière unité 166b-168 (où de plus ils encadrent une nouvelle récurrence de *j'aime*). Reste enfin à signaler que *tes jugements* (156) et plus précisé-ment « tout *jugement* de *ta justice* » (160) aux extrêmes de 156-160 font précisément l'objet de la louange centrale (164) dans la vingt-et-unième strophe. Nous pouvons donc tenir que nos deux strophes sont étroitement apparentées, et plus particulièrement 156-160 à la vingt-et-unième strophe qui se présente en quelque sorte comme son développement.

Strophe XXII (Taw):

169a Que mon cri s'approche EN FACE DE TOI, YHWH !
169b Selon *ta parole* fais-moi comprendre.
170a Que ma prière vienne EN FACE DE TOI !
170b Selon TON DIRE délivre-moi.
171a Et que mes lèvres publient *LA LOUANGE*,
171b CAR tu m'apprends tes volontés.
172a Que ma langue donne le répons sur *TON DIRE*,
172b CAR tous TES ORDRES son *justice*.
173a Que ta main soit pour moi une AIDE,
173b CAR j'ai choisi *tes préceptes*.

174a J'ai désiré *ton salut, YHWH,*
174b et *ta loi* fait mes délices.
175a Que vive *ma gorge* et qu'*ELLE* te *LOUE,*
175b et que tes *jugements* me soient en AIDE !
176a Je m'égare, *comme* une brebis perdue:
176b recherche ton serviteur,
176c CAR je n'ai pas oublié *TES ORDRES.*[99]

La vingt-deuxième et dernière strophe se compose de deux ensembles 169-172 et 173-176. Nous les étudierons successivement et considérerons ensuite la strophe en son entier. Le parallélisme 169a + b // 170a + b est limpide. Notons seulement ici la différence entre les deux demandes finales: *fais-moi comprendre* et *délivre-moi.* Il s'agit aussi d'un parallélisme de 171 à 172, mais qui demande quelques précisions. De 171a à 172a nous lisons d'abord *mes lèvres* et *ma langue,* lesquelles forment une paire de mots stéréotypée,[100] puis « publier » et « donner le répons sur » (un seul mot en hébreu), avec leurs objets respectifs: LA LOUANGE et TON DIRE, qui diffèrent entre eux puisque le premier indique encore plus le mode que l'objet tandis que ce dernier est bien la fonction du second. Les stiques 171b et 172b commencent tous deux par CAR, mais alors que le premier parle d'*apprendre* les volontés divines au fidèle, des ordres divins le second assure qu'ils sont *justice,* le parallèle n'étant donc, ici non plus, pas parfait. A la différence de tous les autres stiques de 169-172, 171a et 172b n'indiquent explicitement que l'un des deux partenaires en présence, soit le psalmiste en 171a (*mes lèvres*) et YHWH en 172b (*tes* ordres), la relation indiquée partout ailleurs entre le fidèle (1ère pers.) et YHWH (2ème pers.) s'élargissant du même coup, à quoi concourt en 171a le contenu même énoncé (repris en 172a). S'il est vrai que tant *délivrer* que *justice* sont souvent équivalents à *sauver/salut,* formant l'un et l'autre avec lui une paire de mots stéréotypée,[101] ce qui est vrai déjà de *comprendre* et *apprendre,*[102] on comparera le parallèle dans les seconds stiques entre *fais-moi comprendre* + *délivre-moi* et *tu m'apprends* + *justice.* Dans les premiers stiques on voit que lèvres et langue adonnées à la louange prennent le relais de cri et prière adressés à YHWH. Enfin des

---

[99] *Note sur la traduction: vienne* en 170 comme en 41a et 77a, donner *le répons* en 172a pour manifester la récurrence de *répondre* de 26a.42a.145a, *pour moi* en 173a comme souvent auparavant, *comme* en 176a: voir à 14b, *rechercher* (*bqš*) est différent de chercher (*drš*: 155b et antea), *car* en 176c.

[100] Selon Avishur p. 768 (à l'index).

[101] Selon Avishur pp. 88 (*nṣl/yšʿ*) et 760 (à l'index, pour *yšʿ/ṣdq*).

[102] Voir ci-dessus aux strophes IV (n. 21), XVI (n. 81) et XVII (130b et 135b).

seconds stiques en 169-170 aux premiers en 171-172 nous passons
de la *parole* et du *dire* de YHWH aux *lèvres* et à la *langue* du
psalmiste: il est même dit en 172a que la langue du psalmiste donne
le répons sur le dire de YHWH. Tentons de récapituler schématiquement cette structure des quatre premiers versets:

169a	QUE	*mon cri...*			EN FACE DE TOI	
169b	SELON		*ta*	*parole*		*fais-moi comprendre*
170a	QUE	*ma prière*			EN FACE DE TOI	
170b	SELON		TON	DIRE		*délivre-moi*
171a	QUE	*mes lèvres...*				
171b	CAR		TES			*tu m'apprends*
172a	QUE	*ma langue*	TON	DIRE		
172b	CAR		TES			*justice*

En réponse au cri et à la prière du fidèle, parole et dire de YHWH
lui apportent compréhension et délivrance. En réponse aux volontés enseignées par YHWH et à ses ordres pleins de justice, lèvres et
langue du fidèle s'appliquent à la louange. La séquence chronologique suit celle des stiques en 169 et 170, elle la remonte en 171 et
172. Le dernier mot pour ainsi dire revient ici à YHWH (dans les
seconds stiques), là au fidèle (dans les premiers). La demande
précède et la louange suit l'action bienfaisante de YHWH.

Avec 173-176 nous avons à faire à une symétrie un peu plus
complexe. Considérons successivement les quatre premiers, puis les
quatre derniers stiques et nous pourrons ensuite en venir au stique
qui est au centre, et à l'ensemble. En 173-174 nous sommes en
présence d'une symétrie croisée, c'est-à-dire à la fois parallèle et en
chiasme. On se souvient de la synonymie entre *aide* et *salut*.[103] Elle
fonde ici le rapport de 173a à 174a. L'équivalence entre *tes préceptes*
et *ta loi* fonde celui de 173b et 174b. L'aide sera accordée à qui a
choisi les préceptes et le salut assuré à qui fait de la loi ses délices.
Mais remarquons aussi la syntaxe comparable pour les stiques
extrêmes d'une part, et de l'autre pour les stiques centraux, ce
qu'en une traduction un peu plus servile, respectant l'ordre des
termes de l'hébreu, nous pouvons faire voir ainsi:

---

[103] Voir ci-dessus notre n. 61.

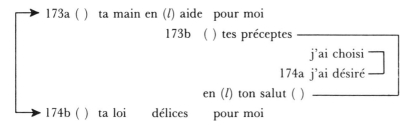

Il apparaît que l'initiative appartient aux extrêmes à YHWH (2ème pers.) et aux centres au fidèle (1ère pers.). Le dernier stique en effet peut s'entendre et de l'application du psalmiste à trouver ses délices en la loi (comme nous l'avons compris ci-dessus), et du don délicieux que fait en sa loi YHWH au fidèle (comme nous le comprenons ici). Ainsi tant le salut que la loi font l'objet et de l'attente du fidèle (aux centres) et des bienfaits de YHWH (aux extrêmes).

En 175b-176 nous avons encore une symétrie croisée, mais à partir d'autres repères. Le parallèle se fonde d'une part sur les deux demandes de 175b et 176b: tes jugements me soient en aide... recherche ton serviteur, où l'initiative appartient à YHWH, et d'autre part sur l'opposition entre 176a et c où c'est du fidèle que l'on part: je m'égare..., je n'ai pas oublié...[104] Autrement dit ce parallèle se fonde sensiblement sur les critères qui nous avaient fait découvrir le chiasme en 173-174. Mais par ailleurs nous lisons dans les stiques extrêmes *tes jugements* et *tes ordres*, qui se répondent, et dans les stiques centraux l'image de la brebis égarée recherchée par son berger. Ainsi, non seulement YHWH vient-il en aide par ses jugements à qui n'a pas oublié ses ordres, mais encore, tel un berger, il recherche qui était perdu, retrouvant son serviteur qui était égaré. Sur l'ensemble à l'égarement font pièce et 175b (aide), et 176b (recherche), et quant à la recherche du serviteur, elle est justifiée à la fois par le fait qu'il est égaré (il faut donc le chercher) et qu'il est serviteur, comme en témoigne son non-oubli (car...) des ordres divins.

Comparons 173-174 et 175b-176c. Les premiers stiques comportent ici et là en leur terme une demande d'AIDE, mot qui reçoit pour équivalent dans les troisièmes stiques ici *salut* (174a), là *rechercher* (176b). Il s'agit ici de deux substantifs (précédés de la préposition

---

[104] Comme le tiennent Jacquet (pp. 385-386) et Ravasi (pp. 498-499), l'égarement de 176a n'a pas à voir avec le péché du fidèle. L'opposition entre 176a et c est donc objective: la fidélité aux ordres de YHWH mérite (et méritera) mieux que la situation où se trouve présentement le fidèle.

l), là de deux verbes, ce qui n'est pas sans accuser le caractère plus pressant des derniers versets par rapport aux premiers. Les seconds stiques de 173 et 176bc sont de contenus très proches, introduits l'un et l'autre par CAR (173b et 176c). Mais on a vu que si 174b faisait écho d'une certaine manière à 173b, pour sa part 176a s'oppose à 176c. Au centre de 173-176 nous lisons l'enchaînement de deux souhaits en 175a: Que vive ma gorge et qu'elle te loue ! C'est la seule mention de la louange en 173-176, mais le verbe *vivre* – nous l'avons relevé maintes fois – exprime le contenu du *salut*,[105] soit ici en d'autres termes celui de l'AIDE et de la recherche, tous termes que nous lisions dans les premiers stiques de 173, 174, 175b-176a, 176bc. La fidélité du psalmiste (173b, 174b, 176c) lui permet d'appeler YHWH à l'aide (173a, 174a, 175b, 176b) pour qu'une fois retrouvée la vie il puisse louer celui qui la lui aura rendue (175a).

Si maintenant nous considérons l'ensemble de la strophe, nous voyons d'abord qu'en 169-172 LA LOUANGE est mentionnée dans le premier stique de la seconde partie (en 171a), ne pouvant être, d'un point de vue structurel, plus centrale puisqu'ici nous n'avons pas de stique central unique équivalent à 175a en 173-176. De plus les derniers stiques (172b et 176c) comportent l'un et l'autre CAR + TES ORDRES, pour en vanter la justice ou redire la fidélité du psalmiste envers eux. D'ici à là deux thèmes ont disparu, soit la prière de demande de 169a et 170a et son premier contenu, soit l'intelligence de la loi selon 169b et 171b. Mais, nous l'avons vu, le second contenu de cette demande, c'est le salut selon 170b et–au moins par allusion – 172b ; et l'aboutissement de ce salut, c'est la louange selon 171a et 172a. Ces deux thèmes du salut et de la louange sont précisément ceux qui sont enchaînés dans le stique central 175a de 173-176, stique dont nous avons vu comment, par le thème du salut il s'articulait à ce volet dont il est le centre. Ainsi les deux stiques centraux ici et le stique central là enchaînent nos deux thèmes, puisqu'on y lit avec la même conjonction ET:

170b	... *délivre-moi*	175a	Que *vive*
171a	ET que *mes lèvres*		*ma gorge*
	publient LA LOUANGE		ET qu'elle te LOUE.

Joliment les deux parties du corps sont rapportées ici (mes lèvres) à la louange, là (ma gorge) à la vie obtenue (d'où la position différente de la conjontion). Ainsi nous pouvons rapprocher les deux centres de 170-172 et 173-176. Mais on voit aussi qu'une étape est franchie d'ici à là: les thèmes de la prière et de la compréhension de la loi le cèdent à celui de la fidélité, comme si la prière avait été entendue et la loi comprise et qu'il n'y ait plus qu'à mettre en relief cette fidélité capable d'obtenir le salut, source de louange comme il avait déjà été dit.

Le rapport de la vingt-deuxième à la vingt-et-unième strophe s'appuie sur de nombreuses récurrences. La plus manifeste est celle de *louer/ louange*. Elle se lit au centre ici de la strophe (en 164a) et là de chacun des deux volets (en 171a et 175a). En 164a et 175a nous lisons dans le stique précédent *ta loi* (163b et 174b), et dans le stique suivant *jugements* (164b et 175b). Le mot *justice* qu'on lit en 164b se retrouve aussi sensiblement au centre de la dernière strophe puisqu'il est le dernier mot du premier volet (en 172b). Si l'on compare entre eux les premiers volets 161-163a et 169-172, on y voit passer des centres, ici, aux extrêmes, là, *ta parole* (161b et 169b) et *ton dire* (162 et 172a), sans oublier que *ton dire* est encore parallèle à *ta parole* en 169-170 (comme en 161b-162a). Dans les derniers volets 165aβ-168 et 173-176 nous lisons, ici au départ des unités entourant les termes centraux du chiasme, *ta loi* en 165aβ et *tes ordres* en 166b, mais, là à la fin des unités entourant 175a, *ta loi* en 174b et *tes ordres* en 176c. De plus, situés dans les mêmes onzième et treizième stiques de chaque strophe (comme *ta parole* dans les deuxièmes et *justice* dans les huitièmes), nous lisons *ton salut* + *YHWH* en 166a et 174a et *ma gorge* en 167a et 175a, c'est-à-dire pour les premiers d'abord dans le (deuxième) centre, et deux stiques avant le centre, pour le second inversement, deux stiques après le (même deuxième) centre, et dans le centre. Sans qu'il y en ait le symétrique, notons encore que *tes préceptes* se lit un stique avant la fin en 165aβ-168 et un stique après le début en 173-176. Enfin du premier volet ici au dernier là on notera, sans que leurs positions structurelles soient strictement les mêmes, les deux images introduites par *comme*, soit le butin réjouissant en 162, symbolisant le dire divin, et la brebis perdue en 176, représentant le fidèle égaré, une image du côté de YHWH, évoquant une aubaine rare, une du côté du fidèle, évoquant une pénible errance. Tourné vers *la parole* et *le dire* de YHWH (161b.162a), le fidèle en attend l'intelligence et la délivrance (163b.172a). Aimant cette *loi* (165aβ) dont il fait ses délices (174b), il agit en tout selon *les ordres* divins (166b), qu'il n'a garde d'oublier (176c). De YHWH il attend *le salut* (166a.174a), et *sa gorge*, observant les témoignages (167a), attend de lui la vie (175a). Ainsi s'accomplira *la justice* des jugements (164b) comme des ordres divins (172b). C'est alors que surgira des lèvres (171a) et de la gorge (175a) du fidèle, sept fois le jour (164a), *la louange* de ce YHWH auteur de tous les bienfaits salutaires dont il jouit. La lounge est un coeur de ces deux strophes et conclut ainsi l'ensemble du psaume.

* * *

Nous n'avons pas découvert de structure d'ensemble à notre psaume.[106] Il nous semble cependant que quelques rapports structurels existent de la première strophe à la dernière comme de la deuxième à l'avant-dernière, l'ensemble du psaume étant ainsi puissamment inclus. On voudra bien ici se rappeler les structures respectives de chacune de ces quatre strophes où nous allons inscrire ci-dessous certaines récurrences et correspondances jouissant précisément d'une position structurelle significative. De la première à la dernière strophe nous retrouvons, du premier au dernier verset, l'opposition déjà présente dans les Pss 1 et 112 entre *le bonheur* de qui marche selon la loi et *la perte* des méchants.[107] Ici il s'agit en fait de la perte du fidèle lui-même, dont rien n'impose de croire qu'elle soit la conséquence d'un péché.[108] Néammoins l'opposition entre bonheur et perte reste pertinente, le premier étant le fruit justement attendu de l'obéissance à la loi, la seconde devant en conséquence disparaître pour qui est fidèle à la loi. En 2 *heureux* est suivi de *chercher*, en 176 *perdue* de *rechercher*, synonyme du précédent.[109] Et les deux recherches se font écho d'ici à là puisque c'est le fidèle qui cherche YHWH – et c'est la raison de son bonheur –, tandis que c'est YHWH qui est invité à rechercher le fidèle – brebis perdue – . Vers le centre de 5-8, deuxième volet de la première strophe, nous lisons en 7a: *je te rendrai grâce en droiture de coeur*, et au centre de 173-176, deuxième volet de la dernière strophe: *Que vive ma gorge et qu'elle te loue*. Nous avons déjà maintes fois mentionné la synonymie de *coeur* et *gorge*. Signalons ici que

---

[105] Voir ci-dessus n. 51 (de la strophe XI, mais aussi aux nn. 59, 90 et 94).

[106] Pour Bazak (voir ci-dessus n. 1), il conviendrait de distinguer successivement deux ensembles de huit, puis deux ensembles de trois strophes, les deux ensembles de huit étant agencés de la même façon que chacune des strophes (deux fois trois, puis deux), et l'ensemble du psaume à son tour . . . De notre point de vue (structurel), nous n'avons pas pu établir une vue d'ensemble comme le fait W. Soll (voir ci-dessus n. 1). Il distingue (pp. 108-110) un prologue dans les strophes I-II (strophes dont nous avons montré l'étroite articulation d'un point de vue structurel), puis cinq ensembles en III-VI, VII-X, XI-XV, XVI-XVIII, XIX-XXII. Nous avons seulement repéré les plus fortes articulations structurelles en I-II, XI-XII, XIII-XIV, XV-XVI, XX-XXI, et d'autres encore assez nettes en II-III, IV-V, VII-VIII, IX-X, X-XI, XVI-XVII, XVIII-XIX, XIX-XX, XXI-XXII. Mais il n'y a pas grande convergence entre nos conclusions et celles de Soll. Peut-être de futures recherches pourront-elles pousser plus loin la confrontation.

[107] W. Vogels, « A Structural Analysis of Ps 1 », *Bib* 60 (1979) 410-416, a relevé que les Pss. 1 et 112 se trouvaient « included between ‹ happiness › and ‹ perish ›». Nous pouvons en dire autant du Ps 119. Le fait est d'autant plus intéressant que ces trois psaumes s'intéressent au bonheur de qui connaît et pratique la loi.

[108] Voir ci-dessus notre n. 104.

[109] Voir sur leurs rapports *THAT* I, 461, et *TWAT* I, 763-768.

rendre grâce et *louer* constituent même une paire de mots stéréotypée.[110] Dès lors on voit comment se répondent l'action de grâce du coeur (7a) et la louange de la gorge (175a), structurellement situées de manière très comparable de la première strophe à la dernière.

Mais les articulations semblent encore plus fortes de la deuxième strophe à l'avant-dernière. D'un centre à l'autre de ces deux strophes nous lisons *bénir* (12a) et *paix* (165aβ, au terme du centre 163b-165aβ), deux termes dont la complémentarité de sens (la bénédiction à Dieu, la paix aux frères) et même souvent la fonction structurelle jouent déjà dans d'autres psaumes.[111] De plus *bénir* (12a) et *louer* (164a en 163b-165aβ) constituent une paire de mots stéréotypée,[112] bénédiction et louange de YHWH se faisant écho d'ici à là. Ajoutons à cela deux remarques concernant les volets encadrant ici et là ces deux centres. Au centre (13-14) du dernier volet de la deuxième strophe nous lisons en 14 *je jubile* suivi d'une comparaison introduite par *comme*, et de même dans le deuxième centre (il s'agit d'un chiasme) du premier volet de l'avant-dernière strophe: *la jubilation... comme* (162). Enfin, même si ici le repérage structurel est plus délicat, relevons au départ du premier volet de la deuxième strophe *observer* (juste avant le centre 10 de ce volet), que nous retrouvons au terme du dernier volet de l'avant-dernière strophe, encadrant 167b dont nous avons dit qu'il était le quatrième et dernier terme d'un chiasme à quatre termes (venant donc après le deuxième terme central). La jubilation que donne au fidèle la découverte de la loi lui suggère des images bien voisines: richesse et butin. Quant à l'observance de la parole ou des témoignages, notons qu'ici (en 9) elle garde pur *le chemin* du jeune homme, tandis que là (en 167-168) elle est précédée par une présentation à YHWH de toutes *ses voies* par le fidèle. Nous connaissons déjà la synonymie entre *chemins* et *voies*. On voit ici l'interaction entre l'observance de la loi et le comportement (chemin – voies) du fidèle: elle permet de garder droit ce chemin, mais la franche soumission de ce dernier à YHWH est une condition pour parvenir à une authentique observance de la loi. Notons enfin la récurrence de *mon coeur* en des contextes apparentés du centre 10 du premier

---

[110] Selon Avishur p. 757 (à l'index).
[111] Par exemple Pss 28, 3.9 ; 29,11 ; 34, 2.15 ; 37, 22.26.37 ; 72, 3.7.17 ; 128, 4.6 ; 147, 13.14 ; Lc 1, 68.79. Voir nos études sur les Pss 28 (*EstBib* 46 (1988) 187-215, p. 204) ; 34 (*EgT* 19 (1988) 5-31, p. 21) ; 128 (*La Sagesse a bâti sa maison*, *OBO* 49 (1982), aux pp. 478-479) ; et de A. Vanhoye, « Structure du ‹ Benedictus › », *NTS* 12 (1965/66) 382-389, à la p. 383.
[112] D'après Avishur p. 765 (à l'index).

volet de la deuxième strophe, au premier centre (puisqu'il s'agit d'un chiasme) 161b du premier volet de l'avant-dernière strophe.

Sur l'ensemble de ces quatre strophes récapitulons nos remarques. De même que s'appellent les centres (7a et 175a) des derniers volets de la première à la dernière, de même les centres (10 et 161b) des premiers volets de la deuxième et de l'avant dernière. Mais les autres remarques que nous avons faites s'ordonnent entre elles selon le large chiasme que voici:

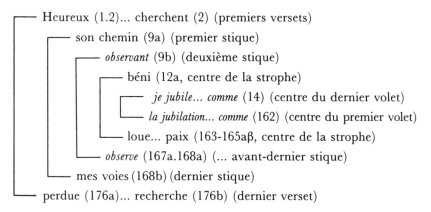

Heureux (1.2)... cherchent (2) (premiers versets)

son chemin (9a) (premier stique)

observant (9b) (deuxième stique)

béni (12a, centre de la strophe)

je jubile... comme (14) (centre du dernier volet)

la jubilation... comme (162) (centre du premier volet)

loue... paix (163-165aβ, centre de la strophe)

observe (167a.168a) (... avant-dernier stique)

mes voies (168b) (dernier stique)

perdue (176a)... recherche (176b) (dernier verset)

Il n'est donc pas injustifié de voir l'ensemble de notre psaume structurellement inclus par les deux premières et les deux dernières strophes. Et puisque – nous l'avons vu – les deux strophes centrales (XI et XII) sont structurellement liées l'une à l'autre, on tiendra que, sur l'ensemble du psaume, I et II appellent XXI et XXII comme au centre XI appelle XII. Mais il ne semble pas qu'on puisse aller plus loin en ce qui concerne l'ensemble en sa structure littéraire. Ce psaume n'en est pas moins une prière aux mouvements inscrits dans de significatives compositions par strophes ou couples de strophes inclus entre les strophes centrales et extrêmes. Ces dernières se font écho par les thèmes de la bénédiction, de la louange de YHWH, sur une note de jubilation pour l'orant, thèmes qui colorent ainsi l'ensemble des vingt-deux strophes.[113]

---

[113] Notre propos étant l'étude structurelle du psaume, nous n'avons pas montré les nombreuses fois où cela eut été possible comment l'établissement de la structure dissuade de maintes corrections du texte telles que par exemple les pratique L. Jacquet (à la suite de plusieurs autres). Souvent les répétitions d'un même terme servent précisément d'indices de structures, et c'est bien souvent ce qui apparaît à certains commentateurs comme une faute de scribe, qui est la clef d'interprétation de telle ou telle strophe dans la mesure où se trouve par là déterminée sa structure. Le lecteur intéressé aura vite fait de réaliser la pertinence de ces remarques en comparant à nos propositions de structures les corrections apportées au texte dans le commentaire de L. Jacquet.

SUPPLEMENTS TO VETUS TESTAMENTUM

2. POPE, M.H. *El in the Ugaritic texts.* 1955. ISBN 90 04 04000 5
3. *Wisdom in Israel and in the Ancient Near East.* Presented to Harold Henry Rowley by the Editorial Board of Vetus Testamentum in celebration of his 65th birthday, 24 March 1955. Edited by M. NOTH and D. WINTON THOMAS. 2nd reprint of the first (1955) ed. 1969. ISBN 90 04 02326 7
4. *Volume du Congrès* [International pour l'étude de l'Ancien Testament]. Strasbourg 1956. 1957. ISBN 90 04 02327 5
8. BERNHARDT, K.-H. *Das Problem der alt-orientalischen Königsideologie im Alten Testament.* Unter besonderer Berücksichtigung der Geschichte der Psalmenexegese dargestellt und kritisch gewürdigt. 1961. ISBN 90 04 02331 3
9. *Congress Volume,* Bonn 1962. 1963. ISBN 90 04 02332 1
11. DONNER, H. *Israel unter den Völkern.* Die Stellung der klassischen Propheten des 8. Jahrhunderts v. Chr. zur Aussenpolitik der Könige von Israel und Juda. 1964. ISBN 90 04 02334 8
12. REIDER, J. *An Index to Aquila.* Completed and revised by N. Turner. 1966. ISBN 90 04 02335 6
13. ROTH, W.M.W. *Numerical sayings in the Old Testament.* A form-critical study. 1965. ISBN 90 04 02336 4
14. ORLINSKY, H.M. *Studies on the second part of the Book of Isaiah.* — The so-called 'Servant of the Lord' and 'Suffering Servant' in Second Isaiah. — Snaith, N.H. Isaiah 40-66. A study of the teaching of the Second Isaiah and its consequences. Repr. with additions and corrections. 1977. ISBN 90 04 05437 5
15. *Volume du Congrès* [International pour l'étude de l'Ancien Testament]. Genève 1965. 1966. ISBN 90 04 02337 2
17. *Congress Volume,* Rome 1968. 1969. ISBN 90 04 02339 9
19. THOMPSON, R.J. *Moses and the Law in a century of criticism since Graf.* 1970. ISBN 90 04 02341 0
20. REDFORD, D.B. *A study of the biblical story of Joseph.* 1970. ISBN 90 04 02342 9
21. AHLSTRÖM, G.W. *Joel and the temple cult of Jerusalem.* 1971. ISBN 90 04 02620 7
22. *Congress Volume,* Uppsala 1971. 1972. ISBN 90 04 03521 4
23. *Studies in the religion of ancient Israel.* 1972. ISBN 90 04 03525 7
24. SCHOORS, A. *I am God your Saviour.* A form-critical study of the main genres in Is. xl-lv. 1973. ISBN 90 04 03792 2
25. ALLEN, L.C. *The Greek Chronicles.* The relation of the Septuagint I and II Chronicles to the Massoretic text. Part 1. The translator's craft. 1974. ISBN 90 04 03913 9
26. *Studies on prophecy.* A collection of twelve papers. 1974. ISBN 90 04 03877 9
27. ALLEN, L.C. *The Greek Chronicles.* Part 2. Textual criticism. 1974. ISBN 90 04 03933 3
28. *Congress Volume,* Edinburgh 1974. 1975. ISBN 90 04 04321 7
29. *Congress Volume,* Göttingen 1977. 1978. ISBN 90 04 05835 4
30. EMERTON, J.A. (ed.). *Studies in the historical books of the Old Testament.* 1979. ISBN 90 04 06017 0
31. MEREDINO, R.P. *Der Erste und der Letzte.* Eine Untersuchung von Jes 40-48. 1981. ISBN 90 04 06199 1
32. EMERTON, J.A. (ed.). *Congress Vienna* 1980. 1981. ISBN 90 04 06514 8
33. KOENIG, J. *L'herméneutique analogique du Judaïsme antique d'après les témoins textuels d'Isaïe.* 1982. ISBN 90 04 06762 0

34. BARSTAD, H.M. *The religious polemics of Amos.* Studies in the preachings of Amos ii 7B-8, iv 1-13, v 1-27, vi 4-7, viii 14. 1984. ISBN 90 04 07017 6
35. KRASOVEC, J. *Antithetic structure in Biblical Hebrew poetry.* 1984. ISBN 90 04 07244 6
36. EMERTON, J.A. (ed.). *Congress Volume,* Salamanca 1983. 1985. ISBN 90 04 07281 0
37. LEMCHE, N.P. *Early Israel.* Anthropological and historical studies on the Israelite society before the monarchy. 1985. ISBN 90 04 07853 3
38. NIELSEN, K. *Incense in Ancient Israel.* 1986. ISBN 90 04 07702 2
39. PARDEE, D. *Ugaritic and Hebrew poetic parallelism.* A trial cut. 1988. ISBN 90 04 08368 5
40. EMERTON, J.A. (ed.). *Congress Volume,* Jerusalem 1986. 1988. ISBN 90 04 08499 1
41. EMERTON, J.A. (ed.). *Studies in the Pentateuch.* 1990. ISBN 90 04 09195 5
42. McKENZIE, S.L. *The trouble with Kings.* The composition of the Book of Kings in the Deuteronomistic History. 1991. ISBN 90 04 09402 4
43. EMERTON, J.A. (ed.). *Congress Volume,* Leuven 1989. 1991. ISBN 90 04 09398 2
44. HAAK, R.D. *Habakkuk.* 1992. ISBN 90 04 09506 3
45. BEYERLIN, W. *Im Licht der Traditionen.* Psalm LXVII und CXV. Ein Entwicklungszusammenhang. 1992. ISBN 90 04 09635 3
46. MEIER, S.A. *Speaking of Speaking.* Marking direct discourse in the Hebrew Bible. 1992. ISBN 90 04 09602 7
47. KESSLER, R. *Staat und Gesellschaft im vorexilischen Juda.* Vom 8. Jahrhundert bis zum Exil. 1992. ISBN 90 04 09646 9
48. AUFFRET, P. *Voyez de vos yeux.* Étude structurelle de vingt psaumes, dont le psaume 119. 1993. ISBN 90 04 09707 4
49. GARCÍA MARTÍNEZ, F., A. HILHORST and C.J. LABUSCHAGNE (eds.). *The Scriptures and the Scrolls.* Studies in honour of A.S. van der Woude on the occasion of his 65th birthday. 1992. ISBN 90 04 09746 5

DATE DUE

DEC 24 '84			
			Printed in USA